KB212616

한 국 불 교 사 탐 구

저자 고영섭

- 동국대학교 불교대학 불교학과(불교철학, 인도철학) 졸업
- 동국대학교 대학원 불교학과 석박사과정(인도불교, 한국불교) 졸업
- 고려대학교 대학원 철학과 박사과정(동양철학, 한국철학) 수료
- 고려대학교 민족문화연구원 연구교수 역임
- 동국대, 서울대, 서울대대학원, 한림대, 강원대, 서울시립대에서 강사 역임
- 일본 용곡대학에서 한국불교 교환 강의(2006, 2012)
- 미국 하버드대학교 아시아센터 한국학연구소 연구학자(2010~2011) 역임
- 동국대학교 불교학과 교수(한국불교사, 동아시아불교 유식/기신/화엄/선 사상 전공)
- 현 한국불교사학회 및 한국불교사연구소 소장
- 저서: 『원효, 한국사상의 새벽』(한길사), 『한국불학사』(연기사), 『한국불교사연구』(한국학술정보), 『원효탐색』(연기사), 『한국의 사상가 10인 원효』(예문서원) 외 다수

한국불교사탐구

초판인쇄 2015년 02월 23일
초판발행 2015년 02월 28일

저 자 고영섭
발행인 윤석현
발행처 도서출판 박문사
등 록 제2009-11호

주 소 서울시 도봉구 우이천로 353 3F
전 화 (02) 992－3253 (대)
전 송 (02) 991－1285

전자우편 backmunsa@hanmail.net
홈페이지 http://www.jncbms.co.kr
책임편집 최현아

ISBN 978－89－98468－54－5 93220 　　　　값 49,000원

한국불교사탐구

고영섭 저

박문사

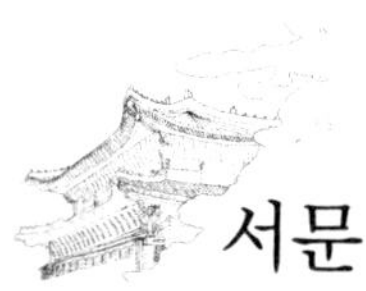

서문

마중물과 한우물

불교는 인도의 북방을 넘어 실크로드를 따라 한국의 북부로 전해졌다. 동시에 인도의 남방을 넘어 동남아를 거쳐 한국의 남부에 이르렀다. 지난 1700여 년 이래 불교는 한국인들의 주체적인 노력과 능동적인 역할에 의해 한국 사회에 깊이 뿌리를 내렸다. 불교의 연기적 세계관은 우리들의 삶의 도리와 질서이자 문화가 되었으며 우리는 어떻게 살아야 하고 어떻게 성숙해야 하며 어떻게 관계 맺어야 하는지에 대해 가르쳐 주었다. 그 결과 한국사는 한국불교사와 한우물이 되었고 한국불교사는 한국사의 마중물이 되었다.

또한 불교는 우리에게 철학하는 법과 사유하는 법을 가르쳐 주었다. 불교는 한국인의 국가관, 윤리관, 생사관, 예술관, 복식관, 식습관 등에도 깊은 영향을 끼쳤다. 불교는 이 땅에서 깊게 토착화되었고 넓게 한국화되었다. 그 결과 한국 사상은 한국불교 사상과 한우물이 되었고 한국불교 사상은 한국 사상의 마중물이 되었다. 그러면 한국불교는 이 땅에서 어떻게 주체화되고 자내화되었을까? 이 책에서 나는 이 땅에 전래된 불교가 어떻게 한국불교의 독특성 혹은 한국불교의 고유성으로 자리해 오고 있는지를 염두에 두면서 한국사와 한국불교사의 접점, 한국불교와 국가 사회, 한국불교와 역사 인물, 한국불교와 시대정신의 4부로 나누어 살펴보았다.

제1부 한국사와 한국불교사의 접점에서는 한국사와 한국불교사가 어떻게 만나왔는지에 대해 조망해 보았다. 제1장의 「한국불교사 기술의 방법과 문법」에서는 종래의 한국불교사 통사류에서 결핍된 사가들의 시대구분 방법과 역사서술 문법, 사관과 주체, 주제와 쟁점, 사건과 제도, 학통과 인물 등에 관한 인식이 왜 필요한지에 대해 탐색해 보았다. 우리가 살고 있는 이 시대는 동서가 소통되고 남북이 융합하는 문화의 세기이자 국제화, 세계화시대다. 때문에 지식의 집적체로서 통사(通史)가 요청된다. 전문성과 대중성을 겸비한 한국불교 통사를 간행하기 위해서는 한국불교사 기술의 방법과 문법에 대한 깊은 인식 아래 업설(業說) 또는 연기설(緣起說) 혹은 중도(中道) 사관의 확고한 정립과 사부대중의 주체 확립, 그리고 인간 이해와 세계 인식에 대한 본질적인 주제와 쟁점의 확보 등의 몇몇 문제들을 의식하면서 집필해 가야만 한다. 고승의 행적과 사상에 대한 연구로 일관해 온 기존의 연구를 확장시켜 그들의 행적과 사상이 당시 사회 속에서 어떠한 역할을 담당해 왔는지에 대해서까지 다루어야 할 것이다. 또 한국불교사의 주체를 출가자 중심이 아니라 사부대중 중심으로 확대해야 하며 그들이 활동했던 한국사회라는 공간까지 아우르며 기술해야 한다. 나아가 한국불교사의 주체를 사부대중 중심으로 확대하기 위해서는 비구 이외에 비구니와 거사와 부인들을 발굴하고 그들의 존재감을 사료를 통해 복원하여 사부대중을 균형있게 기술하려는 노력을 기울여야 할 것임에 대해 논하였다.

제2장의 「한국불교의 전통과 원효불학의 고유성」에서는 한국불교의 전통을 한국의 대표 사상가인 분황 원효(芬皇元曉, 617~686) 불학의 고유성과 관련하여 살펴본 글이다. 원효의 화회(和會) 즉 화쟁 회통

논법은 인도 용수(龍樹)의 회쟁(廻諍), 중국 길장(吉藏)/혜사(慧思)의 무쟁(無諍)과 변별되는 독특한 사유체계라고 할 수 있다. 한국불교의 고유성은 곧 원효가 확립한 전통에 영향 받아 '물리적 비빔'으로 '발효'되고 화학적 '달임'(고움)으로 '숙성'되어 한국불교의 특성 혹은 성격으로 나타났다. 원효는 화쟁 회통의 논리를 통해 해당 주제나 쟁점의 부분성, 해당 교학과 종학의 국부성을 뛰어넘고자 하였다. 그는 불교 전체의 맥락에서 통합 지향과 무종파 지향의 성격을 보여주었다. 그것은 교학의 제약을 넘어서고 종파의 구애를 뛰어넘는 초종파성과 선교(禪敎)를 종합하고 제종(諸宗)을 통합하여 이해하려는 통합불교 지향으로 나타났다. 이처럼 한국불교의 초종파성과 통합불교 지향은 분황 원효의 화쟁 회통의 논리를 통해 보다 구체화되어 왔다. 여기에서는 그것이 한국불교의 전통과 고유성으로 자리매김되었음을 그의 '해'(異諍)-'화'(會文)의 과정과 '통'(文異)-'회'(義同)의 과정에 대해 조명하였다.

제2부에서는 한국불교와 국가 사회의 관계에 대해 조망해 보았다. 제1장의 「한국 고대불교의 연구성과와 과제」에서는 한국 고대불교 즉 사국과 남북국시대의 불교 연구 성과와 향후 과제를 분석 검토해 보았다. 한국불교의 서론에 해당하는 한국 고대불교 즉 사국-통일신라와 대발해시대 불교는 인도불교와 중국불교의 전래와 수용과 공인을 거쳐 주체적으로 소화해 나간 탐구의 과정이었다. 이 시기의 불교는 한국불교의 서두라는 점에서 인도불교와 중국불교를 주체화하고 자아화하여 '우리 자신을 찾아가는 과정'이었으며 '한국학의 자존심'과 '한국불교의 자긍심'을 수립해 가는 과정이었다. 한국의 불학자들은 인도불교와 중국 불교를 받아들이면서도 이론보다는 실천에 집중하는 인도의 '교학'과 실천보다는 이론에 치중하는 중국의 '종학'을 뛰어넘어

이론과 실천을 치우침 없이 아우르는 한국의 '불학'의 틀로 녹여 내었다. 때문에 사국-통일신라시대 불학자들의 성취는 이후에 전개되는 모든 연구 영역에서 '한국학의 자존심'이자 '한국불교의 자긍심'으로 자리하고 있으며, 이 시대의 불교에 대한 연구 역시 이러한 기조를 견지하고 있다고 논하였다.

제2장의 「정중 무상의 살림살이와 사고방식」에서는 신라 출신 정중 무상(淨衆無相, 680~756, 684~762)의 생애와 사상에 관하여 탐구해 보았다. 정중 무상의 정체성을 기술하고 있는 대부분의 사서들은 '그 나라 왕의 제삼왕자'(彼土王第三王子, 『송고승전』, 『신승전』), '신라왕의 제삼태자'(新羅王之第三太子, 『북산록』), '신라왕의 혈통'(新羅王之族, 『역대법보기』), '먼 해외의 나라 진한의 귀족'(海遐奉辰韓顯族, 『사증당비』) 등 모두 '신라왕의 셋째 왕자' 혹은 '진한의 현족'라고 했지 명시적으로 성덕왕의 이름을 거론하지 않았다. 후대의 사료들 일부에서 무상이 중국으로 건너올 때의 왕이었던 성덕왕을 거론하여 그의 셋째 아들로 기록하고 있다. 하지만 사료 상의 정합성을 따져볼 때 오히려 그는 신문왕의 셋째 아들 부군(副君)일 가능성이 매우 높다. 무상은 출가한 뒤 신라를 떠나 중국으로 건너가 수행에 몰입하여 명성을 얻었다. 그는 사천 일대를 무대로 무억(無憶)-무념(無念)-막망(莫妄)의 삼구를 계학(戒學)-정학(定學)-혜학(慧學)에 접목시켜 인성염불선(引聲念佛禪)이라는 독자적인 가풍을 세웠다. 그리고 무상의 문하에서 공부한 마조 도일과 보당 무주 및 정중 신회 등은 뒷날 초기 선종사의 기반을 다진 중심인물이었음을 밝혔다.

제3장의 「국가불교의 '호법'과 참여불교의 '호국'」에서는 과거의 국

가와 종교, 교단과 왕권 사이의 관계를 거울삼아 호법과 호국의 개념과 의미에 대해 새로운 해석을 시도해 보았다. 붓다의 가르침을 실현하려 했던 전륜성왕들은 '바른 법으로 나라를 다스린다'[正法治國]는 원칙 아래 '국가를 보호하여'[護國] 왔다. 그리하여 인도 서역의 전륜성왕은 불국(佛國)을 실현하기 위해 정법에 의해 나라를 다스리고 교화하였다. '정법을 역설하는' 교단(불교)과 정법으로 '나라를 다스리는' 국가(왕권)는 일종의 사회계약을 맺은 관계와 같았다. 하지만 불교가 동아시아로 전래된 이후 불교 지형은 변화하였다. 전륜성왕 추구와 호국사찰 건립 및 문두루비법(文豆屢秘法)을 통한 외침 격퇴 등은 종래 역사 밖으로 벗어나는[脫領土化] 사상으로 인식되었던 불교를 역사 안으로 들어가는[再領土化] 사상으로 재인식하는 계기를 만들었다. 때문에 붓다의 가르침으로 나라를 다스리고 나라를 보호하려는 제왕에 의해 주도된 호법불교는 타자화된 국가불교이며, 불자에 의해 주도된 호국불교는 주체화된 참여불교라고 할 수 있다. 불교를 통치 이념으로 했던 우리나라의 고대 사국과 통일신라 및 대발해와 고려시대와 달리 유교를 통치 이념으로 하는 조선시대 국왕들의 불교 보호적 경향은 지극히 미미하였다. 때문에 불자들은 호국(護國)적 참여를 통해 불교의 존재감을 스스로 확보해야만 했다. 국왕의 부름에 의해 의승군(義僧軍)의 궐기가 촉발되었지만 그들이 월계(越戒)를 감수하면서까지 일어선 것은 그 역사의식과 시대정신의 체인(體認)에 의해 가능할 수 있었다. 조선시대 의승군이 보여준 '호국'을 위한 불교의 의미 역시 바로 이러한 주체의 능동성과 적극성에서 비롯된 '참여'로 나아간 불교로 이해해야 할 것이라고 논하였다.

제4장의 「광해군의 불교 인식」은 조선 중후기의 급변하는 동아시아

정세 속에서 안으로는 자강(自强)을 꾀하고 밖으로는 기미(羈縻)를 취하여 조선을 구하려한 광해군의 불교 인식에 대해 살펴보았다. 광해군은 분조(分朝) 시기는 물론 명(明)의 쇠멸과 후금(淸)의 등장 및 일본(日本)의 재편과 같은 격변하는 국제 정세 속에서 재위 15년 동안 전후 문화 복구 사업을 통한 안으로의 자강(自强)과 밖으로의 기미(羈縻) 정책을 통해 백성들의 윤택을 최우선시한 '지혜로운' 군주였다. 광해군은 제1차 분조(分朝)시기와 제2차 무군사(撫軍司) 활동을 통해 나라를 위하여 목숨을 바치는 수많은 승려들의 애국심을 보며 불교에 대한 종래의 인식을 새롭게 하였다. 하지만 광해군은 선조 이래의 상궁 김개시(金介屎)와 모녀관계를 맺으며 왕실녀들과 폭넓은 관계를 맺고 왕실불교에 깊은 영향을 미친 예순(禮順)과 같은 비구니와 교유함으로써 기복적인 신앙으로 흐를 수밖에 없었다. 또 유자들에게 술승(術僧) 또는 광승(狂僧)의 풍모로 비쳐진 성지(性智)와 가까이 지냄으로써 광해군의 불교 인식은 기복적으로 흐를 수밖에 없었고 불교를 사회 속으로 확장시키거나 발전시키는 데에는 일정한 한계가 있었다. 다행히 부휴 선수(浮休善修)와 같은 선승과 그 제자인 벽암 각성(碧巖覺性)과 고한 희언(孤閑熙彥)과 같은 선사들과 교유함으로써 자신의 원찰인 봉인사(封印寺)에 사리를 봉안하고 세자의 원찰인 청계사(淸溪寺)에서 재회를 시설할 수 있었다. 그리하여 광해군의 불교에 대한 인식은 선조시대 이전과는 분명 달랐다. 광해군은 분조시기를 통해 나라를 위하여 목숨을 던지는 승려들을 통해 불교에 대한 새로운 이해에 접할 수 있었다. 그리고 왕위에 오른 이후에는 경직된 유교의 사유만이 아니라 유연한 불교의 사유에도 관심을 기울였다. 그리하여 불교에 대한 왕과 유자들의 부정적 인식도 어느 정도 완화시킬 수 있었다. 분조 시기의 불교 이해와 함께 광해군 시대의 불교 지원은 이러한 맥락에서 이루어진 것임을 밝혔다.

제3부에서는 한국불교와 해당 지역의 역사 인물의 관계에 대해 조망해 보았다. 제1장의 「경기도 이천 북악사(영월암)의 역사와 인물」에서는 경기 남부 지역의 대표적 사찰이었던 이천 북악사(영월암)의 역사와 인물에 대해 살펴 보았다. 경기 남부 지역 불교 역사와 문화 중 이천 지역의 불교 역사 문화는 북악산 즉 설봉산을 구심으로 이루어져 왔다. 이 산의 중심에 자리한 북악사는 신라 문무왕 때 의상(義湘)이 초창한 것으로 전해지며, 통일신라 말 고려 초기에는 석불 대좌와 연화 광배 및 삼층석탑이 조성되었다. 고려 중기에는 산악(山岳)이 마애여래입상을 조성하여 유가업(瑜伽/法相業)의 성지가 되어 왔다. 고려 후기에는 나옹(懶翁)이 마애여래입상 앞에서 지장기도를 하여 어머니의 병을 낫게 함으로써 지장기도 도량이 되어 왔다. 조선 중기의 임란과 호란을 거치면서 사찰이 쇠락하자 조선 후기는 영조 때의 영월 낭규(映月朗奎)가 낡은 절을 중창(重修)한 이후 북악사는 밀교와 의례를 아우른 정토계 신앙의 사찰로 자리하였다. 한편 조선 후기 문신이었던 홍한주(洪翰周)의 시(1858년작)에서는 북악사를 영월암이라고 부르고 있어 당시에는 이미 영월암으로도 불리고 있었음을 알 수 있다. 그리고 『이천부읍지』(1871)에는 '북악사'라고 되어 있지만, 『이천읍지』 내의 지도인 「경기좌도이천부일경지도」(1872)에는 '영월암'이라고 적고 있다. 그렇다면 이 절에 대해 관찬 사서(지리지)에서는 임란과 호란 이전까지는 북악사라고 적어 왔으며, 영월 낭규에 의해 '북악사'로 중창되었지만 사찬 사서(지리지)에서는 이 절을 중창한 영월의 위상을 의식하여 속칭 혹은 통칭 '영월암'으로 불러왔음을 알 수 있다. 해서 영월 낭규의 입적 뒤 19세기 중엽 이후부터 사명은 '영월암'(映月庵)으

로도 불렸으며 1899년 이후 폐사된 뒤에는 보은(普恩)에 의해 중건(1911)되면서 비로소 공식적으로 '영월암'으로 명명하였음을 알 수 있다. 대한시대 이후 북악사(영월암)는 미륵신앙과 지장기도 도량으로 널리 알려져 오고 있음에 대해 조명하였다.

제2장의 「조선 후기 승군제도의 불교사적 의미」에서는 조선후기 불교의 대사회적 존재감과 사회적 역할을 담지하였던 승군제도(僧軍制度)의 불교사적 의미에 대해 조망해 보았다. 조선후기 승군제도는 당시 불교의 사회적 역할, 불교의 사회경제적 실태를 보여주는 주요한 제도였다. 임란과 호란을 전후하여 승군총섭제(僧軍總攝制) 아래 통솔되는 불교계의 현실에서 승역(僧役)은 불교계가 대내외에 존재감을 과시할 수 유일한 길이었다. 조선 중기 이래 불교계는 선교양종(禪教兩宗)이 혁파된 이래 교단이라는 주체적인 구심은 상실했지만 승군총섭제를 통해서나마 원심(遠心)을 유지하고 있었다. 이 원심을 동인으로 삼아 불교계는 임진왜란과 병자호란에 참여한 '의승군'(義僧軍)을 통해 어느 정도 구심을 회복해 갈 수 있었다. 17세기 전반에 이르러 승군이 상설 제도화 되어 '승군제'로 정착되면서 불교계는 유교의 통치이념 아래에서 모처럼 자신들을 객관화하고 타자화할 수 있었다. 중반에 이르러 승군제가 확대되면서 팔도도총섭 중심으로 이루어진 구심(求心)은 '임제태고법통설'(臨濟太古法統說)과 '삼문수업'(三門修業) 체계를 수립하는 데에 하나의 동인(動因)이 되었다. 이를 계기로 불교계는 고승비석(高僧碑石)의 건립과 승려문집(僧侶文集)의 간행을 통해 승려들의 자의식을 형성하고 인식틀을 확보하였다. 아울러 승려에 대한 사회적 지위와 위상이 변모되면서 공인(公人)으로서 승려들의 사회적 역할도 보다 적극적으로 요청 받기 시작하였다고 논하였다.

제3장의 「조선 후기 고승의 비석 건립과 문집 간행」에서는 조선 후기 고승의 비석 건립과 문집 간행을 통해 불교와 유교가 어떻게 소통했는지에 대해 살펴보았다. 조선 전기 불교사는 고려 이래의 국가불교적 여운이 남아있었다. 반면 조선 후기 불교사는 자생불교적 기운에 입각하여 보다 역동적이었다. 임란과 호란 이후 불자들은 유자들과 긴밀하게 교유하면서 불교 선법의 정통성을 주장하기 위해 행장을 찬술하고 비석을 수립하려는 노력을 기울였다. 특히 그들은 17세기에 고승의 비문 건립을 위해 당시 명망있는 유자들에게 비문 찬술을 부탁함으로써 유자들의 사회적 지위를 빌어 자신들의 정체성을 수립하려고 하였다. 불자들은 선법의 법통을 수립하고 임란과 호란에 참여한 승장(僧將)들의 전공(戰功)을 기렸다. 그리하여 유자들이 찬술한 고승의 비문으로 비석을 건립함으로써 자신들의 존재감을 확장해 나갔다. 당시 고승 비석은 현실 세계에 존재하는 세속 권력의 질서 속에 참여하기 위한 매개체였다. 그것은 조선 사회 내에서 불교 집단의 정당성을 증대시키는 기제이기도 했다. 이 사실을 잘 아는 유자들은 처음에는 불자들의 비명 작성을 거절하였다. 하지만 유자들은 불자들의 지속적인 요청과 해당 승장들과의 친분 관계를 끊을 수 없어 고승 비문 찬술에 동참하기 시작하였다. 이들의 동참에 힘입어 불자들도 비문 찬술에 점진적으로 참여하였다. 그 과정에서 불교계는 자신의 정체성을 확립하고 자기의 인식틀을 확보하면서 불교의 구심력을 회복했다고 밝혔다.

제4장의 「삼각산 화계사의 역사와 인물」에서는 경산 사찰문화의 집대성지이자 진경시대 문화의 본산지인 삼각산 화계사의 역사와 인물에 대해 살펴보았다. 고려 광종의 때에는 왕사와 국사를 역임한 탄문

(坦文法印, 900~975)이 주석하였다. 이후 조선 중기에 이르기까지 화계사의 전신인 보덕암은 경산의 명찰로서 자리하였다. 조선 중기 이래 왕실의 인척이었던 서평군 이공과 덕흥대원군 집안, 그리고 조선 후기에는 흥선대원군 집안의 원찰이 되면서 사격과 사세가 드높았다. 특히 흥선대원군과 그의 손자인 영선군, 대왕대비 조씨, 왕대비 홍씨, 경빈 김씨, 엄상궁(순헌황귀비, 엄비), 김상궁, 황상궁(무심화), 남상궁, 이상궁 등이 자주 드나들며 후원 불사를 하여 '궁절'이라고 불렸다. 조선 후기 이래 화계사는 추사서파(秋史書派)의 수제자인 흥선대원군 이하응(李昰應, 1820~1898)과 신관호를 필두로, 정학교와 박춘강, 오세창과 이남식 등이 찾아와 편액과 주련을 남김으로써 조선후기 진경문화의 본산이 되었다. 더욱이 선말 한초에는 고종 왕실과 대척점에 있던 흥선대원군과 영선군을 비롯한 방외인들의 집합소였으며, 개화승과 개화사상가들 및 한글학회 회원들의 주요 활동 무대였다. 당시 화계사는 염불도량으로 자리해 오고 있었다. 대한시대 초기에는 화계사 주지 월초 거연(月初 巨然, 1858~1934)이 봉원사(奉元寺) 주지 보담(寶潭)과 함께 신학문의 연구와 교육을 목적으로 불교연구회를 창설하고 근대적 교육기관인 동국대학 전신 명진학교를 개교(1906)하였다. 대한시대 중기 이후에는 선찰(禪刹)로서의 위상을 확립시킨 고봉 경욱(古峰景昱/煜, 1890~1961), 덕산 종현(悳山宗晛, 1895~1986), 숭산 행원(崇山行願, 1927~2004) 등이 머무르며 한양(서울)의 대표 사찰로서 확고하게 자리매김해 왔다. 이후 화계사는 동국대학교 불교대학 비구수행관인 백상원을 건립하여 한국불교의 미래를 이끌어갈 종비생들이 수행과 공부를 병행할 수 있도록 뒷받침해 오고 있다. 근래에는 경허-만공-고봉으로 이어지는 선맥을 이은 숭산 행원의 해외전법 교두보가 되고 있음을 논하였다.

第5장의 「영호(석전) 정호(한영)와 중앙불교전문학교」에서는 동국대학교(1906~)의 역사 전반기에 이 학교의 정신적 사상적 문화적 좌표를 제시하였던 영호(石顚) 정호(漢永)(1870~1948)의 살림살이와 사고방식에 대해 살펴보았다. 동국대학교의 전신이었던 중앙불교전문학교(1930~1940)는 한국 인문학의 본산이었다. 1930년대 당시부터 불교계의 중앙불전은 기독교계의 연희전문과 천도교계의 보성전문과 함께 한국의 3대 사학으로 널리 알려졌다. 중앙불전의 전통을 이은 혜화전문학교는 동국대학-동국대학교로 이어졌다. 당시 중앙불전의 제4대 학장이었던 영호 정호가 불교학과 동양 문학에 관한 전문 교육을 실시하였던 학풍은 오늘날 대학평가에서 세계 최고의 대학들로 평가 받는 하버드-예일-프린스턴 대학을 제치거나 필적하는 미국의 북동부 매사추세츠 주에 자리한 작은 대학인 윌리엄스 칼리지(Williams College, 1793~)와 앰허스트 칼리지(Amherst College, 1812~)에 상응하고 있다. 당시 불교학 및 동양 문학에 관한 전문 교육을 실시하기 위해 세운 중앙불전의 교육 목적은 지금도 우리나라 불교 교육사의 한 상징을 넘어 한국 인문대학의 지향에 일정한 유효성을 지니고 있다. 더욱이 우리 학문의 시대정신인 융합하고 복합하는 지평은 불도유 삼교와 선교율 삼학 및 문사철 삼학에 막힘없던 영호의 가풍에 긴밀하게 부합하고 있다. 그가 펼친 인문적 지성은 명진학교의 강사 이래 불교사범학교-불교고등강숙의 숙장(塾長) 및 중앙학림의 학장과 중앙불교전문학교의 교장 그리고 혜화전문학교의 명예교수에 이르기까지 동국대학교 반세기 역사의 디딤돌이자 금자탑이 되었다. 그리고 영호의 인문적 지성은 이후 동대 학풍의 기반이 되었음을 조명하였다.

第6장의 「육당 최남선의 『삼국유사』 인식과 『삼국유사』 「해제」」에서는 육당 최남선(六堂 崔南善, 1890~1957)의 『삼국유사』 인식과 그의 「삼국유사해제」에 대해 살펴보았다. 어린 시절부터 고전과 서양문물을 접하였던 그는 일본 유학 이전부터 단군에 대한 지식과 인식이 있었고, 일본 유학 이후에는 『삼국유사』를 재발견하여 단군을 복원하고 역사를 복원하였다. 최남선의 민족의식과 문화의식은 일련의 「단군론」 기술과 『삼국유사』에 대한 장문의 「해제」 서술로 이어졌다. 최남선의 「해제」는 그의 「단군론」과 『불함문화론』을 뒷받침하는 주요한 논설이며, 이후 『삼국유사』 '해제'의 '전범'이자 '전형'이 되었다. 그는 『삼국유사』의 재발견을 통하여 단군을 복원하고 역사를 복원하여 불함문화권을 확충하려 하였다. 최남선의 역사 복원과 문화 민족의 열망은 『삼국유사』를 통해서 표출되었다. 그리고 여러 편의 「단군론」과 『불함문화론』의 입론을 통해 확장되었다. 그는 대립 의식을 통해 문화민족을 자각하려 하였고 역사의식을 통해 신화를 넘어서고자 하였다. 최남선의 민족의식이 수립될 수 있었던 것은 『삼국유사』와 단군과 가야의 발견에 의해서였다. 이 발견을 계기로 그가 쓴 『삼국유사』에 대한 장문의 「해제」는 이후 『삼국유사』 「해제」의 한 '모범'이 되었음을 밝혔다.

第7장의 「효성 조명기의 불교사상사 연구」에서는 한국의 대표적인 인문학자이자 불교학자였던 효성 조명기(曉城 趙明基, 1905~1988)의 학문과 인간에 대해 살펴보았다. 그는 원효 저술의 발굴과 『원효전집』의 편집 출간, 『고려대장경』의 영인 간행과 『한글대장경』의 기획 편찬 등 불교 연구의 기초 자료인 서지류(書誌類)와 금석문(金石文) 발굴과 집성을 위해 생평을 보냈다. 효성은 원효학 연구의 기반을 다졌고, 의천학 연구의 저변을 넓혔다. 아울러 그는 불교사상사와 불교문화사

연구의 지평을 확장하여 한국불교사상사 연구에 중추적 역할을 하였으며, 불교의 유신과 민족 독립을 위해 헌신하였던 만해의 글들을 집대성하여 『한용운전집』을 편찬하였다. 또 효성은 불교의 중도론을 화(和)와 쟁(諍)의 연동적(連動的) 인식에 의한 '총화사상' 또는 '통화사상'으로 파악하고 원효의 화쟁에 상응시켰다. 그는 붓다의 중도법문을 '총화론'과 '화쟁론'을 통해 한국불교사상사를 탐구하면서 한국불교를 '대소승을 초월한 통불교'로 파악하였다. 이처럼 효성은 육당의 '결론적 불교론'을 심화 확장하여 통불교론으로 더욱 발전시켰다. 그의 통불교론은 이후 한국불교의 성격 규명에서 주요 담론으로 자리하게 되었으며, 김동화, 이기영, 안계현, 김영태 등으로 계승되었다. 그는 장경호 거사가 설립한 불교계 최초의 교양대학인 대원불교대학 학장을 맡아 재가불자 교육에도 일익을 담당하는 등 불교대중화 운동에도 관심을 가졌다. 효성은 이러한 불교 대중화뿐만 아니라 『불교학대요』와 『불교학사략』 등을 저술하고 간행하여 마지막까지도 한국불교학 발전을 위한 정진의 고삐를 내려놓지 않았던 대학자였고 사상가였음을 조명하였다.

제4부 한국불교와 시대정신에서는 한국불교와 전통의 변화를 갈구하는 시대정신의 함수관계에 대해 조망해 보았다. 제1장의 「불교 조계종 종합수도장 오대총림 연구」에서는 불교 조계종의 종합수도장인 오대 총림의 역사와 전통 및 가풍과 문화 그리고 역할과 기능에 대해 살펴보았다. 통도사(靈鷲), 해인사(海印), 송광사(曹溪), 수덕사(德崇), 백양사(古佛)를 기반으로 한 오대 총림들은 어려운 여건에도 불구하고 불교계 안팎에서 여러 가지 역할을 해 왔다. 조계종의 3대 지표는 '역경'(譯經)과 '포교'(布敎)와 '도제양성'(徒弟養成)이다. 경전 번역은

불교의 기반을 정비하여 전문화하는 일이며, 포교는 양성된 도제를 통해 역경하고 전법(傳法)하는 일이다. 도제양성은 역경과 포교를 담당할 전문적인 인재와 대중화의 주역을 육성하여 적재적소에 배치하는 일이다. 불교가 이 시대에 해줄 수 있는 가장 큰 명약은 눈앞에 부딪치는 '현상' 혹은 '대상'에 대해 흔들림이 없는 마음자세를 확보해주는 일이다. 총림은 우리의 몸과 마음을 다스리는 수행의 공간이다. 동시에 수행자를 배출하는 곳이며 물질문명에 지쳐있는 현대인들에게 마음의 평화를 가져다주는 훌륭한 공간이다. 해서 '급속'(急速)한 물질문명에 지쳐 있는 현대인들에게 불교 총림이 보여주는 '서행'(徐行)의 정신문명은 치유의 명약이 될 수 있을 것이다. 총림의 기능과 역할을 극대화하는 지름길은 불교의 전인적 인간상의 제시와 이러한 인간을 만들어내기 위한 시스템을 확보하는 것임을 논하였다.

제2장의 「조계총림 송광사의 수행과 문화」에서는 불교 조계종의 팔대총림(八大叢林) 중 조계총림의 본산이자 삼보사찰 중 승보종찰(僧寶宗刹)인 송광사의 역사와 문화 및 수행과 인물에 대해 살펴보았다. 조계총림 송광사(松廣寺)의 원 절터였던 길상사(吉祥寺)를 초창한 신라말 혜린(慧璘) 대사, 고려 인조 때 중창을 진행하다가 갑작스레 입적한 석조(釋照) 대사, 거조사(居祖寺)에서 이곳으로 이주하여 정혜균습(定慧均習)의 살림살이를 제창하고 선교일원(禪敎一元)의 사고방식을 창안한 지눌(知訥)선사 등 16국사와 나옹(懶翁)과 무학(無學) 등 왕사, 그리고 조선 중기 이후에 이곳에 머무르며 송광사의 임제 법통(臨濟法統)을 주도하고 승풍(僧風) 진작에 힘썼던 부휴계(浮休系) 문도들의 수행과 문화에 대해 조명해 보았다. 대한시대 이래 이곳에 머물렀던 가야총림의 초대방장이었던 효봉 학눌(曉峰學訥), 조계총림의 1·2대

방장인 구산 수련(九山秀蓮), 제3·4대 방장인 회광 일각(廻光壹覺) 및 제5대 방장인 범일 보성(梵日菩成), 무소유의 삶을 역설한 에세이를 통해 대중적인 지명도를 지녔던 불일 법정, 한국을 대표하는 시인이 된 일초(一超, 高銀/泰), 불교시인인 석지현(釋智賢), 돈연(頓然), 보원(普願), 지원(智原) 등 일련의 문인 가풍을 지닌 승려들이 주도한 문서 포교와 문화 지형의 형성에 대해서도 검토해 보았다. 또한 조계총림 송광사는 눈 푸른 납자들을 위한 국제선원을 만들어 한국 간화선을 선도적으로 세계화하였고, 서울에 송광사 분원(法蓮寺)을 만들어 보조사상연구원을 통한 학술불사를 펼쳐내었으며, 불일출판사를 통한 불교 포교와 연구 후속세대 양성을 위한 구산장학금 수여 그리고 법련갤러리를 운영함으로써 현대판 사찰운영의 전형을 제시하였다고 밝혔다.

제3장의 「현대 한국불교의 교육 공동체 확보와 수행 공동체 확산」에서는 현대 한국불교(1946~)의 흐름과 과제를 '해행'(解行)불교의 관점에서 살펴보았다. 한국 현대불교의 가장 두드러진 현상은 1980년대의 과도기를 거쳐 1990년대에 이르러 본격화된 '교육 공동체'와 '수행 공동체' 건립이며 이것은 불교교양대학의 확보와 불교유치원의 확산 및 수행센터의 확충과 사찰 순례의 확대로 집약된다. 동시에 이것은 이론과 실천의 균형인 교육과 수행의 통섭 즉 의천의 '교관 병수'(教觀併修)와 실천과 이론의 통합인 지눌의 '선교 일원'(禪教一元)의 또 다른 버전이라고 할 수 있다. 이러한 교육공동체의 활성화와 함께 최근에는 수행센터 확충과 움직이는 수행 공동체인 사찰 순례의 확대가 다양해졌다. 특히 수행의 전문화를 시도해 온 도심 속의 시민선방과 수행의 대중화를 도모해 온 위빠사나 수행은 한국 현대불교의 두드러진 특징 중의 하나로 자리하고 있음에 대해 조명하였다.

제4장의 「동대 법당 정각원의 역사와 위상」에서는 동국대학교 법당 정각원이 지닌 불교사적 의미와 가치에 대해 조망하였다. 동서를 막론하고 세계 유수의 대학들은 국가(왕실, 국립)와 공공기관(공립) 및 도시(시립) 또는 개인(사립) 혹은 종교(종립) 계통에 의해 세워졌다. 유치원·초·중·고·대학을 운영하는 종교계는 종교적 이념과 교육적 이념을 결합시켜 '건학이념'(建學理念) 혹은 '창학정신'(創學精神)이라 명명하고 그 이념과 정신을 지속적으로 환기 독려시키고 있다. 동대의 건학이념과 교육 목적에 나타난 인간상은 '불교를 비롯한 한국문화의 세계화에 노력'하며, '민족과 인류사회의 이상실현에 기여하는 지도적 인재'임이 분명하다. 그렇다면 동국대학교의 존재 이유는 건학이념과 교육 목적이 제시하는 인재의 양성에 있다. 동국대학교와 정각원은 이러한 인재를 양성하려는 동국대학교의 건학이념과 교육 목적 제고의 중심센터가 되어야 한다. 그러기 위해서 동대 정각원은 불교 종단의 대표적 대학법당이자 종립 초중고대학 내 법당의 역할 모델로서 자리하지 않으면 아니된다. 여기서는 동국대학교 법당인 정각원은 종립대학교의 법당이라는 제한적 의미를 넘어서서 한국 정신사의 근간인 불교사상을 선양하고 있는 곳이라는 점에서 대학의 강의실과는 또 다른 위상을 지니고 있음에 대해 논하였다.

1700여 년의 한국불교사는 한국사와 함께 흘러오고 있다. 이 때문에 고중세는 물론 근현대까지 한국불교사의 내포는 단단하고 한국사의 외연은 넉넉하다. 이 한 권의 저술로 한국불교사의 내포와 한국사의 외연은 온전히 조망하기는 쉽지 않다. 하지만 이러한 조망이라도 이루어지지 않는다면 한국불교사와 한국불학사의 전관은 더 늦어질 것이다. 한국불교사의 빈틈을 조금씩 채워나가는 과정 속에서 한국불학사의 전모가 드러나리라 생각한다. 내가 한국불교사와 한국불학사의 연찬 작업을 중단할 수 없는 이유가 여기에 있다.

인문학 학술서적의 판매 불황에도 불구하고 졸저를 펴내 주신 박문사 윤석현 사장님, 책을 낼 수 있는 인연을 만들어 주신 권석동 이사님, 자세한 교열과 시원한 편집을 해 주신 최현아 대리 등 박문사 편집부 분들에게 감사를 드린다. 그리고 표지 사진을 보내준 강소연 박사, 부록에 실은 영문 목차 작성과 영문 초록 교정을 보아준 김한상 박사와 원고를 읽어준 계미향 연구원, 명계환 · 박철용 · 연명준 석사반생들에게도 고마움을 표하고 싶다.

2015년 2월 20일
동국대 만해관 321호에서
시당거사 고영섭 삼가 쓰다

차례

제3부 한국불교와 역사 인물 289

제4부 한국불교와 시대정신 597

일러두기

1. 이 책은 저자의 한국불교사 관련 논고를 모아 펴낸 학술서이다.
2. 한국불교사 연구에서 주요한 주제가 된 '한국사와의 접점', '국가 사회', '역사 인물', '시대정신'으로 각 부에 소속된 논고들을 분류해 보았다.
3. 서문에서는 각 부와 각 장에서 다루는 핵심 내용들을 간략히 소개하였다.
4. 본문에서는 한자를 괄호 안에 표기했지만 각주에서는 노출하였다.
5. 한국불교사의 지평 확대를 위해 이 책의 말미에 '영문 목차'와 '영문 초록'을 넣어 국제화, 세계화시대에 부응하고자 했다.

제1부 한국사와 한국불교사의 접점

1장 한국불교사 기술의 방법과 문법

- 역사 기술의 방법과 문법 -

1. 문제와 구상

역사 기술에서 가장 유념해야 할 것들은 역사의 정의와 함께 그 방법과 문법이라고 할 수 있을 것이다. 예컨대 우리가 역사란 "역사가와 사실의 부단한 상호작용의 과정, 즉 현재와 과거의 끊임없는 대화"[1]로 파악하든, 또는 역사를 "인류사회의 아(我)와 비아(非我)의 투쟁이 시간적으로 발전하고 공간적으로 확대되는 심적(心的) 활동 상태의 기록"[2]으로 이해하든, 혹은 "그 모든 역사적 판단의 기초를 이루는 것은 실천적 요구이기 때문에, 모든 역사는 현대의 역사라는 성격이 부여되며 서술되는 사건이 아무리 아득히 먼 시대의 것이라고 할지라도 역사

1 E. H. Car(곽복희 역), 『역사란 무엇인가』(청년사, 1996), p.27.
2 신채호, 『조선상고사』(동서문화사, 1977), p.9.

가 실제로 반영하는 것은 현재의 요구 및 현재의 상황이며 사건은 다만 그 속에서 메아리칠 따름이다"[3]라고 하든 "어떤 시대가 다른 시대 속에서 주목할 만한 가치가 있다고 생각한 일들의 기록"[4]이 되던 우선 염두에 두어야 할 것은 역사 기술이 지니고 있는 주요 방법과 기본 문법을 소홀히 해서는 안 된다는 것이다.

역사가 시간의 흐름 위에 펼쳐지는 공간에 사는 인간들의 기록이라고 할 때 역사 기술의 방법과 문법은 매우 중요한 기제가 된다. 더욱이 그것이 서양의 역사나 동양의 역사와 같은 타자의 역사가 아니라 우리의 역사일 경우에는 객관적 방법과 구체적 문법이 더욱 더 중요시 된다. 여기서 방법이 어떠한 목적을 이루기 위해 취하는 방식이나 수단이라면, 문법은 언어의 구성 및 운용상의 규칙 혹은 그것을 연구하는 어법이 된다. 방법이 객관적인 진리에 도달하기 위하여 연구하는 수법이라면, 문법은 문장의 작법 및 구성법이라 할 수 있다. 또 역사 기술에서 적용되는 시대구분은 역사가의 편의에 의한 임의적인 것이기는 하지만 거기에는 해당 사가의 역사관이 투영되어 있다는 점에서 방법의 영역이라 할 수 있다. 그리고 시대구분법과 함께 편년체와 기전체[5] 및 기사본말체[6]와 강목체[7] 등도 역사 서술의 방법적 영역이라 할 수

3 B. Croce(Egal. transl), *History as the story of Liberty*, 1941, p.19. 이탈리아의 역사가이자 철학자이며 정치가인 베네데토 크로체(1866~1952)는 "모든 역사적 판단의 기초를 이루는 것은 실천적 요구이기 때문에, 모든 역사는 현대의 역사라는 성격이 부여된다. 서술되는 사건이 아무리 먼 시대의 것이라고 할지라도 역사가 실제로 반영하는 것은 현재의 요구 및 현재의 상황이며 사건은 다만 그 속에서 메아리칠 따름이다"라고 했다. E. H. Car, 앞의 책, p.83 재인용.

4 J. Burchhardt, *Judgements on History and Historians*, 1959, p.158. E. H. Car, 앞의 책 p.83 재인용.

5 역사 현상의 총체를 本紀(임금 일대의 연보), 列傳(민족이나 개인의 전기), 志(관직, 재정, 지리, 예, 천문, 역법 등 특수한 분야의 변천 과정), 表(연표, 세계표, 인명표)로 분류하여 적는 역사 기술 체재를 가리킨다.

6 연대나 인물에 중점을 두지 아니하고 사건마다 내용을 묶어 그 원인이나 결과를

있다. 나아가 역사 기술에서 드러나는 사관과 주체, 주제와 쟁점, 사건과 제도, 학통과 인물 등의 기호들은 통사의 편찬에 있어 고려해야 할 주요한 문법이라고 할 수 있다.

시대구분과 역사 서술 방법과 함께 주목해야 할 문법으로서 주체성과 민족성 및 정체성과 체계성 등도 고려해야 한다. 한국사 기술의 경우에는 한국사의 주체성과 민족성[8]의 검토 위에서 한국인들의 역사 인식과 철학정신을 서술하지 않을 수 없다. 그러기 위해서는 한국인들이 반만년 동안 대륙과 반도와 열도에 걸쳐 살아오면서 일구어왔던 문명과 문화 등에 투영된 역사성과 철학성을 검토해야만 한다. 한국의 민족문화와 정신문화의 7할 이상을 담지하고 있는 한국불교사의 경우 역시 대륙과 반도와 열도에 걸쳐 살아오면서 수놓았던 불교 문명과 문화 속에 투영된 한국불교인들의 주체성과 정체성 등을 분석해야 한다. 한국불교사에는 불교의 연기적 세계관인 업설사관 혹은 연기사관 또는 중도사관에 의거하여 이루어진 불교사의 여러 현상들과 사태들이 훈습되어 있기 때문이다.[9]

그렇다면 한국사의 주체를 통치자인 왕을 정점으로 하는 국가체제(왕조) 중심의 사관으로 볼 것인가.[10] 또는 시대를 선도하는 지식인인 사림(士林) 중심의 사관으로 볼 것인가.[11] 혹은 지배자에 의해 지배를

밝혀 기술하는 형식으로서 대개 중국의 역사 서술방식에서 볼 수 있다.

7 역사 현상에 대한 大綱과 細目을 중심으로 기술하는 서술 형식을 가리킨다.

8 이기백, 『한국사신론』(일조각, 1967; 1972), pp.1~12.

9 『삼국유사』의 체재와 지향으로 볼 때 일부 학자들이 '神異史觀'으로 보는 관점은 佛敎史觀 즉 業說史觀 또는 緣起史觀 혹은 中道史觀으로 수정되어야 한다.

10 한영우, 『다시 찾는 우리 역사』(경세원, 1997; 2004; 2007), p.56. 저자는 한국사의 시대구분을 연맹국가(삼국이전, 귀족국가(삼국과 남북국), 귀족·관료국가(고려), 관료국가(조선), 근대산업국가(개항 이후), 민주국가(해방 이후)로 이해하면서, 시간적인 의미로는 고대(고려 이전), 중세(고려), 근세(조선), 근대(개항 이후), 현대(해방 이후)로 구분한다.

11 이기백, 앞의 책. 저자는 이 책에서 서장. 한국사의 새로운 이해, 제1장. 씨족사회와

당하는 피지배자인 민중 중심의 사관으로 볼 것인가. 그렇지 않으면 민주시대를 살아가는 새로운 계층인 중산층 혹은 서민층 중심의 사관으로 볼 것인가가 문제가 된다. 우리 사회는 민주화시대와 산업화시대를 넘어 정보화시대를 경험하면서 민중 중심의 사관은 이미 넘어선 것으로 여기고 있다. 하지만 우리 사회가 직면하고 있는 계층 간의 문제 등을 돌아볼 때 계층 중심의 사관은 여전히 설득력을 지니고 있다고 할 수 있다. 그렇지만 종래의 한국불교사 기술에서는 이러한 문제들에 대한 깊은 인식 아래 기술된 통사는 거의 없었다. 동시에 앞 세대 선학들의 한국불교 사류들에서도 사관과 주체, 주제와 쟁점, 사건과 제도, 학통과 인물 등에 대한 서술이 거의 이루어지지 못했다. 이 글에서는 한국불교사 기술의 방법론적 반성을 위해 선행연구[12]의

부족국가, 제2장. 부족연맹의 시대, 제3장. 고대국가의 성장, 제4장. 고대 전제국가, 제5장. 호족의 시대, 제6장. 귀족사회의 융성, 제7장. 무인정권, 제8장. 사대부의 등장, 제9장. 양반사회의 성립, 제10장. 양반사회의 발전, 제11장. 농촌의 분화와 상업자본의 발달, 제12장. 양반 신분체제의 변화와 농민의 반란, 제13장. 국제무대에의 등장과 개화세력의 성장, 제14장. 농민전쟁과 근대적 개혁, 제15장. 제국주의 침략과 민족국가의 태동, 제16장. 일본의 무단정치와 민족주의의 성장, 제17장. 민족주의의 발전, 제18장, 민주주의의 성장으로 차례를 짜고 있다. 반면 1976년의 개정판과 1990년의 新修 초판 및 중판 이래 저자는 이 책의 목차를 서장. 한국사의 새로운 이해, 제1장. 원시공동체의 사회, 제2장 성읍국가와 연맹왕국, 제3장. 중앙집권적 귀족국가의 발전, 제4장. 전제왕권의 성립, 제5장. 호족의 시대, 제6장. 문벌귀족의 사회, 제7장. 무인정권, 제8장. 신흥사대부의 등장, 제9장. 양반사회의 성립, 제10장. 사림세력의 등장, 제11장. 광작농민과 도고상인의 성장, 제12장. 중인층의 대두와 농민의 반란, 제13장. 개화세력의 성장, 제14장. 민족국가의 태동과 제국주의의 침략, 제15장. 민족운동의 발전, 제16장. 민주주의의 성장, 종장. 한국사의 발전과 지배세력 등으로 체재를 바꾸었다.

12 김영태 외, 『한국불교사의 재조명』(불교시대사, 1994); 이봉춘, 「한국불교사 연구의 현황과 과제」, 『한국의 불교학연구, 그 회고와 전망』(동국대 불교문화연구원, 1994); 이기백 외, 『한국사상사방법론』(소화, 1997); 길희성, 「한국불교사 연구의 어제와 오늘」, 『한국종교연구』 제1호(서강대 종교연구소, 1999); 심재룡, 「한국불교의 오늘과 내일: 한국불교학의 연구연황을 중심으로」, 『철학사상』 제11집(서울대학교 철학사상연구소, 2000); 심재룡, 「한국불교는 회통불교인가」, 『불교평론』 제3호(불표평론사, 2000); 조은수, 「'통불교' 담론을 중심으로 본 한국불교사 인식」, 『불교평론』 제21호(불교평론사, 2001); 고영섭, 「한국불교학 연구의 어제와 그 이

검토와 분석 위에서 불교사 기술의 새로운 대안과 방향에 대해 생각해 보고자 한다.

2. 한국사와 한국불교사의 연속과 불연속

한국사회에 불교가 전래되면서 이 땅의 정신적 지형은 크게 변모하게 되었다. 고조선의 영향권 아래 있었던 부여와 고구려 및 동예와 옥저, 삼한 등은 고조선의 신앙 체계였던 환인(환웅)에 대한 천신신앙과 단군에 대한 산신신앙 및 풍류(仙郞)사상을 믿고 의지해 왔다. 특히 환인-환웅-단군의 삼신숭배는 시대가 흐르면서 국조(國祖)신앙으로 승화되고, 민간 차원에서는 삼신 숭배를 주재하는 사제인 무당의 굿이라는 형태로 전승되면서 한국인의 정서에 깊게 뿌리내렸다.[13] 이러한 종교 생활은 고조선 해체 이후 삼한을 거쳐 삼국의 건립 이후까지 지속되었다. 국조신앙으로 승화된 천신신앙과 이를 주재하는 사제인 무

後」, 『문학 사학 철학』, 제11호(동국대 한국불교사연구소, 2005); 고영섭, 「대한시대 불교학 연구의 지형」, 『불교 근대화의 전개와 성격』(조계종출판사, 2006); 조성택, 「근대불교학과 한국근대불교」, 『민족문화연구』 제45집(고려대 민족문화연구원, 2006); 이재헌, 「근대 한국불교학 성립의 배경과 과정」, 『이능화와 근대불교학』(지식산업사, 2007); 이봉춘, 「한국불교지성의 연구활동과 근대불교학의 정립」, 『근대 동아시아의 불교학』(동국대출판부, 2008); 고영섭, 「한중일 삼국의 근대불교학 연구방법론」, 『불교학보』 제51집(동국대학교 불교문화연구원, 2009); 김용태, 「근대불교학의 수용과 불교전통의 재인식」, 『한국사상과 문화』 제54집(한국사상문화연구원, 2010); 「동아시아 근대 불교 연구의 특성과 오리엔탈리즘의 투영」, 『역사학보』 제210집(한국역사학회, 2011).

13 한영우, 앞의 책, p.27. 저자는 단군의 탄생 과정에는 1) 우리 민족의 조상이 하느님이라는 천손의식이 들어있고(주체성), 2) 홍인인간의 도덕정신이 깃들여 있으며(도덕성), 3) 인간은 죽지 않고 영생불사 한다는 낙천성이 들어 있으며(낙천성), 4) 환인, 환웅, 단군의 삼신은 각기 天地人을 대표하는 신으로서 합치면 하나요, 나누면 셋이라는 삼신일체사상(삼위일체성)이 반영되어 있다고 하였다.

당을 구심으로 한 산신신앙 그리고 풍류도가 널리 퍼졌다.

고대국가가 성립될 즈음 '높이 받들어 믿으면 복을 구할 수 있는 불법'[崇信佛法求福]이 이 땅에 전해져 왔다. 신라 법흥왕의 출가와 이차돈 순교는 고유신앙과 불교신앙의 대결을 보여준 사건이었다. 결국 불교의 승리를 통해 나라 곳곳에 '복을 빌고 죄를 멸하는 곳'[修福滅罪之處]인 사찰이 들어섰다. 그리하여 천신신앙과 고목신앙에 익숙해 있던 이들에게 소박한 업설이 수용되면서 사람들은 점차 불교에 귀의하였다. 결국 불교는 고목신앙과 천신신앙을 껴안으며 토착화에 성공하였다. 그 결과 고대국가들은 불교의 영향을 받으며 고대국가로 공고히 서기 시작했다. 그리고 고구려와 백제와 가야와 신라는 불교를 공인하면서 문명적 삶과 문화적 삶을 함께 누릴 수 있었다.

불교의 수용 이후 불학자들은 사유 체계와 인식 방법에 근거해 새로운 인간관과 세계관을 제시했다. 불교의 연기적 세계관은 우리들의 삶의 도리이자 질서이고 문화였으며 우리는 어떻게 살아야 하고 어떻게 발전해야 하며 어떻게 관계 맺어야 하는지에 대해 가르쳐 주었다. 동시에 철학하는 법과 사유하는 법을 제시해 주었다. 그 결과 불교사찰을 중심으로 교육과 문화가 꽃을 피우면서 지식인들과 서민들은 점차 불교 주변으로 몰려들었다. 계속해서 불교는 아름다움에 대한 미학적 관점을 제시하여 종교적 사유와 예술적 감성을 일깨워 주었고 지식인들과 서민들은 붓다의 가르침을 통해 심미적 안목을 흡수하였다. 여기에다 신앙심까지 배어들면서 불교는 한민족의 이해와 요구, 풍습과 토양, 언어와 문화 속으로 스며들어 갔다. 하지만 사국시대와 남북국시대 및 고려시대의 주도적인 사상이었던 불교가 조선시대 이래 억불을 당하면서 불교 지형은 크게 변화하기 시작했다.

고려 중기 이래 불교계는 왕실과 호족의 지원 아래 경제적 독과점

(獨寡占)과 정치적 독과참(獨寡參)에도 불구하고 사회 계도라는 종교 본연의 역할과 임무를 완수하지 못하고 본궤도에서 이탈하였다. 심지어는 일부 사찰은 백성들을 대상으로 고리대금업을 하였으며, 일부 출가자들은 계율을 온전히 지키지 못해 사회적 지탄을 받았다. 이즈음 새롭게 전래된 성리학으로 무장한 유자들은 불교 비판을 통해 새로운 왕조 창안을 모색하였다. 신흥사대부들은 이성계를 내세워 조선을 건국하였고 고려와의 단절을 위해 본격적인 억불정책을 단행하였다. 하지만 고려이래 불교 신행에 대한 관행적 기풍과 유학의 종교적 기능에는 명확한 한계가 있었기 때문에 불교를 근절할 수는 없었다. 억불시책 또한 사원세력과 사원경제를 붕괴시키기 위한 전략적 의미에서 이루어진 측면도 있었다.[14] 그리하여 조선조 불교는 국가의 공식적 지원을 받지 않으면서 자생불교의 길을 걸어 나갔다.[15] 대한시대 불교 역시 마찬가지였다. 이처럼 한국불교사는 고중세와 대한시대 이래 한국사와 역사적 흐름을 함께 형성해 왔다.

3. 한국불교사 기술의 문법과 방법

불교사는 붓다의 가르침을 믿고 따르는 이들에 의해 이루어진 역사적 사실과 철학적 사태를 범주로 한다. 불교의 역사는 중도적 실천관과 연기적 세계관에 기초한 불교인들이 업설 또는 연기설 혹은 중도사관에 의해 실현한 역사이며, 불교 통사(通史)는 붓다의 세계관에 입

14 김용조, 「허응당 보우의 불교 부흥운동」, 보우사상연구회 편, 『허응당보우대사연구』(제주: 불사리탑, 1993).

15 고영섭, 『한국불교사: 조선·대한시대편』(연기사, 2005). 물론 왕실 내의 왕비와 후비 및 궁녀들의 간접적인 지원은 끊어지지 않고 지속되었다.

각하여 이루어진 모든 역사적 사실과 철학적 사태를 업설 혹은 연기설 또는 중도 사관에 의해 기술한 종합사를 의미한다. 통사란 한 시대에 한정되지 아니하고 전 시대와 전 지역에 걸쳐 역사적 줄거리를 서술하는 역사 기술의 양식이다. 때문에 역사의 전면에서 이루어진 역사적 사실과 철학적 사태를 해당 시대 역사가의 관점 아래 기술하는 통사의 양식은 근대 이후에 들어서면서 본격적으로 자리를 잡아 왔다.

제국주의의 침략을 경험한 동양의 여러 나라들은 자민족의 보호와 각성을 통해 민족에 대한 자의식을 형성하면서 민족자결주의를 실현하려고 했다. 때문에 '민족'(nation) 혹은 '인종'(ethnic)의 재인식은 민족국가 혹은 국민국가의 건설에 큰 기반이 되었다. '민족'이라는 개념이 근대의 산물이라면 '국민' 혹은 '인종' 역시 근대의 아우라를 머금고 있는 용어이다. 민족이 문화 단위라면 인종은 종족 혹은 언어 단위가 된다. 그런데 역사를 민족이라는 문화단위로 볼 것인가, 인종이라는 언어단위로 볼 것인가에 따라 역사 서술의 문법이 달라진다. 근대와 현대에 들어 지식의 양이 폭발적으로 늘어나면서 이들 지식을 일목요연하게 분석 검토 할 수 있는 '총서' 또는 '사전'이 요청되었다. '한 권' 혹은 '단 권'으로 된 '사전' 혹은 '총서'는 지식의 대중화와 전문화를 위해 필수적인 것이었다. 통사는 이러한 배경 위에서 이루어진 근대적 산물이었다.

대한시대(1897~)의 지식인들도 '조선' 혹은 '대한'에 대한 자의식이 형성되었고 조선역사와 조선불교 및 조선종교에 대한 자의식과 타의식이 공존하였다. 조선 혹은 대한의 불교인들은 청나라 내지 일본을 통해 전달된 서양의 교양을 흡수하면서 조선불교 또는 대한불교에 대한 자의식이 배태되었다. 그들의 자의식은 불교 통사류에 대한 인식을 새롭게 해 주었다. 이 시기 이래 간행된 불교 통사류는 일정한 성과와 의미를 지닌 것이 적지 않다. 하지만 자료집성적 성격 또는 개설서류도 적지 않아 방법과 문법, 사관과 주체, 주제와 쟁점, 사건과 제도, 학통과 인물 등의 검토의 방식에 일정한 한계와 제약이 엄존하고 있다. 그렇다고 하더라도 한국불교사 기술의 방법론적 반성과 선행연구 검토라는 맥락에서 이것은 반드시 거쳐야할 과정으로 생각하고 있다.

1 ‖ 한국불교사 통사류의 분류

논자는 조선불교 혹은 한국불교에 관한 대표적인 통사류를 검토하여 아래와 같이 도표를 작성해 보았다. 이들 저자들은 각기 1종 내지 3종 남짓에 이르는 한국불교 통사류를 간행하였다. 이들을 간략하게나마 시대구분의 방법과 역사 서술의 문법, 사관과 주체, 주제와 쟁점, 사건과 제도, 학통(종파, 학파)과 인물(고승, 거사) 등의 범주로 분류해 보았다. 대표적인 한국불교사 통사류 기술에는 한국인뿐만 아니라 일본인과 중국인 및 러시아인도 통사류 기술에 참여하였다.

〈표 1〉 한국불교사 통사류 목록

▸ 국내

번호	저자	책 명	출판사/간행연도/분량	방법&문법/	사관&주체	주제&쟁점	학통&인물
1	權相老	조선불교약사	新文館, 1917/ 寶蓮閣, 1972/ 328면	삼국불교(72면) 고려불교(82면) 조선불교/ 編年體의 國漢文混用體		사건, 제도, 인물, 사찰, 의례, 부록: 제종종요, 불조약계, 편중인명고, 조선역대약계	
		新撰조선불교사	연대 미상	삼국초~고려말			

		조선 불교사 개설	불교시보사, 1939/ 71면	불교向上시대, 불교平行시대, 불교衰退시대, 갱생過渡시대, 補說/ 編年體			
2	李能和	조선 불교통사	新文館, 1918/ 상(674) 중(378) 하(1241면) 3편 2책	佛化時處, 三寶原流, 二百品題/ (삼국)經教蔚興시대, (나말여초)禪宗蔚興시대, (고려)禪教倂隆시대, (조선)禪教統一시대, (근대)禪教保守시대/編年體		삼국與선사 고거, 출서역 삼천년역사, 입동방 이백구품제	시흥종은 천태종
		이조 불교사	佛教誌1-28, 1924~1926	제1장 태조와 불교~ 제18장 사찰의 재산			
3	金海隱 泰治 (大隱)	조선불교 사대강 : 조선 불교종파 변천사론 (부록)	송광사지 방학림, 1920, 油印本	선종, 교종		臨濟 禪宗, 華嚴 教宗	臨濟太古 法統, 高麗懶翁 法統
4	金映遂	조선 불교사 (藁)	중앙불전, 1939, 油印本, 1956; 民俗苑, 2002/ 125면	삼국시대, 고려시대, 이조시대 (조선조시대로 수정)			
5	鄭宇洪	한국불교 사화	매일신보, 156회 연재분, 1934; 通文館, 1965/ 401면	序, 自序, 삼국시대편, 고려시대편, 이조시대편, 跋文, 索引			

6	李載丙	조선불교 통교사론 -통교조에 관한 신연구	奉先寺 元曉院. 1946/ 75면				
		『朝鮮佛教史之研究』	東溪文化研究社, 1946/ 319면	自序, 凡例, 제1편朝鮮佛教史研究에 對한 管見, 제2편高麗兩宗五教史之根本的研究			
7	趙明基	한국불교 사상사	고려대 민족문화 연구소, 1975/ 39면	提言, 韓族으로서의 불교파악, 통화설의 타당성 창도, 이론의 전개와 실천성, 대승경지에서 본 역대사상의 公約値			
		불교 문화사	동국대 출판부, 1984/ 250면	인도의 불교문화, 중국의 불교문화, 한국의 불교문화			
8	李英茂	한국의 불교 사상	민족문화사, 1987/ 333면	제1장, 신라의 불교초전에 대한 소고~ 제12장, 한국 불교사상사上 한용운의 지위			
9	禹貞相/ 金煐泰	한국 불교사/	進修 堂, 1969/ 196면/ 부록 199면	삼국시대(6면), 신라시대(27면), 고려시대(38면), 조선시대(36면), 최근대(대한시대 이후, 31면), 부록/연표)	응동성, 보화성		

10	安啓賢/金煐泰	한국 불교사/고대편-이조·근대편	고려대 민족문화 연구소, 1970;1979/187면	불교전래와 초기불교의 성격/삼국시대불교/통일신라시대불교/발해불교/후삼국시대 불교; 건국초의 불교/배불정책과 종단의 변천/세조의 흥불과 그 후의 폐불/가냘픈 법맥/문정왕후의 흥불과 그 후/청허, 부휴의 구국 홍교, 혜명의 계승/이조말기의 교계/ 승직과 승풍규정; 국가의 관리와 원흥사/ 원종과 임제종/일제의 사찰령과 교단의 체제/조계종의 성립/ 교육 및 문화사업			
11	安啓賢	한국 불교사 연구	同和出版社, 1982/342면	제1장 총론, 제2장 신라 불교의 전개, 제3장 고려 불교의 새로운 전개, 제4장 배불하의 조선불교	국가불교, 주술불교, 장례불교의 성격 -호국 신앙, 호국 불교, 통착 신앙의 습합, 삼국통일 이념, 사상사적 방향 연구		

		한국불교 사상사 연구	현음사, 1983/ 404면	삼국시대의 불교 사상, 신라 미륵정토사상, 고려불교의 연구, 부록: 조선 전기의 승군		미륵정토, 미타정토	
12	金煐泰	한국불교사 개설	經書院, 1986/ 328면	삼국시대의 불교, 통일시대의 불교, 고려시대의 불교, 조선시대의 불교, 최근대 불교, 부록: 한국 종파사 이해	응동성과 보응성		부록: 선문구산, 대각국사 묘지의 6학종, 고려의 종파들 (業·宗), 11종과 7종, 선·교 양종, 원종 ·임제종· 조계종
		한국불교사	經書院, 1997/ 464면	초기불교의 국가적 수용과 전개, 민족불교의 완성, 기양적 경향의 불교, 산승시대의 불교, 개화 격동기의 불교, 부록: 한국불교의 종파 역사	응동성, 진리성		부록: 선문 구산, 대각국사 묘지의 6학종, 고려의 종파들 (業·宗), 11종과 7종, 선 ·교 양종, 원종 ·임제종· 조계종

▸ 일본

번호	저자	책 명	출판사/간행연도/분량	방법&문법/	사관&주체	주제&쟁점	학통&인물
1	高橋亨	李朝佛教	大阪, 寶文館, 1929/1062면	국초의 불교, 이조불교제2기, 이조불교제3기, 이조불교 여설			
2	忽滑谷快天	朝鮮禪教史	동경: 春秋社, 1930/710면	교학傳來의 시대, 선도興隆의 시대, 선교竝立의 시대, 선교衰退의 시대		불교교학, 고유신앙, 통일신라 후반기의 선종 전래, 선교의 병행 양상, 인물들의 행적과 종풍 및 사상	조동종 임제종하 위설 비판, 진귀조사 설의 비판
3	江田俊雄	조선 불교사의 연구	日本國書刊行會, 1977復刊/481면	조선의 불교 ~조선불교 고찰서설까지 논문 29편 집성			
	江田俊雄/權相老	李朝實錄佛教抄存	1934	19책			
4	田村圓澄	일본 불교사: 백제의 불교	1980	5권 시리즈 중 1책			
5	鎌田茂雄	조선 불교사/한국 불교사	동경대학 출판회, 1987; 민족사, 1988/318면	고대 삼국의 불교, 통일신라의 불교, 고려의 불교, 조선의 불교, 현대 한국의 불교			
		신라불교 사서설	동경대학 동양문화	신라불교의 전개,			

			연구소, 1988/ 478면	신라 의상의 연구			
6	河村道器	조선 불교사: 자료편 1.2	大阪: 楞伽林, 1995/ 1700면				

▸ 외국어 한국불교사 통사류 목록

국가	저자	책 명	출판사/ 간행연도/ 분량	방법&문법/	사관 &주체	주제&쟁점	학통 &인물
중국	何勁松	한국 불교사 -북경대학 한국학 연구중심 한국학 총서	종교문화 출판사 출판발행, 1997/ 상/332면, 하/377면	제1장 불교의 초전~제15장 근대한국불교 술략			
러시아	볼코프/ 박노자 [티호노프] 번역	한국고대 불교사	서울대 출판부, 1998/ 226면	삼국통일신라의 사회 경제 정치적 발전~삼국통일신라에서의 종단의 정치사회적 역할			
미국	프레데릭 스타	Korean Buddhism	First published in 1918, Forgotten Books, 1918/ 104면	History, Condition, Art			

한국불교사 통사류를 기술한 학자들로는 한국인이 대부분이지만 일본인 학자들[16]과 중국인[17]과 러시아인[18] 및 미국인[19]도 있다. 우선 한국의 학자들은 자국의 역사이자 자국의 불교사라는 점에서 시대구분의 방법과 역사기술의 문법에 있어 개성적 시각을 보여주고 있다. 그러면 여기서는 한국인에 의해 기술된 한국불교사 통사류에 대해 하나씩 검토해 보자.[20]

2 한국불교사 통사류의 검토

권상로(1870~1965)의 『조선불교약사』는 편년체의 국한문혼용체로 쓴 최초의 한국불교 약사(略史)이다. 저자는 범례에서 책 이름을 '통사' 또는 '사'가 아니라 '약사'라 한 것은 각 사원의 지방학림 교과서로 쓰기 위해 집필했기 때문이라고 했다. 또 당시 상황이 자료를 충분히 살펴

---

16 각 시대나 각 주제와 내용을 다룬 부분사에 대해서는 검토하지 않았다. 일본의 今西龍의 『朝鮮寺刹史料』(1911)와 『朝鮮佛教關係書籍解題』는 사료와 해제 형식으로 기술된 것이어서 여기서는 다루지 않았다.

17 何勁松, 『한국불교사』 상하(종교문화출판사출판발행, 1997). 상권은 1. 불교의 초전, 2. 삼국불교세력의 소장, 3. 불교의 신라화 과정, 4. 통일신라불교 개황, 5. 원효 의상과 화엄종교학, 6. 밀교와 법상종, 7. 통일신라 중기 이후의 선종으로 되어 있으며, 하권은 8. 고려전기 불교와 정치, 9. 고려전기 활약의 불교 각 종파, 10. 지눌과 조계종, 11. 조선 후기의 불교 개황, 12. 이조전기 불교, 13장. 휴정과 이조중기 불교, 14장. 이조후기 불교, 15장. 近代韓國佛教 述略, 부록: 韓國歷代學僧著作目錄, 後記로 되어 있다.

18 볼코프, 『한국고대불교사』, 박노자(서울대출판부, 1998). 러시아인으로서는 처음으로 한국 고대 불교사를 다룬 이 책은 목차가 1. 삼국·통일신라의 사회·경제·정치적 발전, 2. 삼국·통일신라 불교의 수용과 발전, 3. 삼국·통일신라에서의 종단의 정치·사회적 역할, 4. 부록 / 삼국·통일신라 주요사찰목록으로 구성되어 있다.

19 *Frederic Starr(1858~1933), Korean Buddhism, History-Condition-Art: Three Lectures, 1918, Boston Marshall Jones Company.* '한국불교소사'를 역사와 지위와 예술의 3부로 소략히 다루고 있다.

20 錦溟 寶鼎(1861~1930)의 『曹溪高僧傳』(1920)과 『佛祖錄贊頌』은 僧傳과 偈頌의 방식과 체재에 의해 기술한 것이어서 여기서는 다루지 않았다.

내지[考出] 못할 뿐만 아니라 초등학생에게 간단한 인상을 주기 위하여 그렇게 한 것이라 해명하고 있다. 나아가 다른 날 갖춘 역사책[具足史]이 출현하기를 양보하고 기대하면서 붙인 것이라고 하였다. 중국 연호나 서력 등을 쓰지 않고 단순히 조선 역대의 연수로 연도를 기재하며, 통일시대는 큰 글씨로 쓰고 분립시는 분주(分註)로 써서 시대의 분리와 통합을 표시하고 있다.[21] 권상로는 전체를 상(175세목)·중(136세목)·하(248세목) 3권으로 구성하고 부록에 제종종요(諸宗宗要), 불조약계(佛祖略系), 편중인명고(篇中人名考), 조선역대누계(朝鮮歷代累系)를 덧붙이고 있다.

제1편 삼국시대는 '불교시대'에서 '신라왕자형제출가'까지 다루고 있다. 제2편 고려불교는 '고려통일'부터 '일본승사십여인래'로 이어지고 있고, 제3편 조선불교는 '태조 수선(受禪)'부터 '각황사' 개축까지 일목요연하게 다루고 있다. 반면 권상로의 『신찬(新撰)조선불교사』[22]는 간행 연대를 알 수 없으나 『조선불교약사』보다는 소략한 저작이지만 『조선불교사개설』보다는 내용이 더 풍부한 역사서이다. 하지만 아쉽게도 고려 말까지만 다루고 있어[23] 온전한 한국불교통사로 보기는 어렵다. 그의 『조선불교사개설』은 『한국사찰전서』와 『한국불교사초존』과 마찬가지로 조선불교에 대해 개설적으로 서술한 책이다.

이능화(1869~1943)의 『조선불교통사』(1918)[24]는 자료집의 성격이

---

21 권상로, 『조선불교약사』(신문관, 1917.8), pp.1~2.

22 권상로, 『퇴경당전서』에 『조선불교약사』와 함께 실려 있다.

23 권상로는 인문학 한국학 전 분야에 저술을 남겼지만 불교학 분야로는 『조선종교사』, 『한국선종약사』, 『韓國佛教資料抄存』, 『韓國寺刹全書』(1963), 『李朝實錄佛教抄存』, 『삼국사기불교초존』, 『증보문헌비고불교초존』, 『釋均如傳譯註』 등을 남겼다. 그의 저술들은 『퇴경당전서』에 실려 있다.

24 이능화의 이 책은 한학자 尹在瑛에 의해 발췌 번역되어 1980년에 도서출판 박영사의 박영문고(214~216)로 출간되었다. 그 뒤 동국대학교 불교문화연구원의 『한국불교통사』 역주팀이 한국학술진흥재단의 연구지원을 받아 2010년 8월에 동국대출판

강한 한국불교 최대 분량의 통사라 할 수 있다. 2권 3편의 순한문 책으로 구성되어 있다. 각 권마다 '이능화 상현거사 집술(輯述)'과 '최남선 육당학인 교열(校閱)'이라고 밝히고 있어 '자료를 수집하고[輯] 정리[述]한' 주체를 또렷이 밝히고 있다. 이 저술의 상편인 '불화시처'(佛化時處)는 고구려-백제-신라의 삼국과 고려와 조선시대의 불교 사실을 왕의 재위 년도에 따라 시기순으로 저술한 강목체의 사서 형식을 띄고 있다. 해당 조목 말미에는 '비고' 항목을 두어 인용의 출처를 달고 있으며, '참고' 항목을 두어 사료의 주요 사실을 보충하고 있다. 이 때문에 기존 정사류인 『삼국사기』와 『고려사』와 『조선왕조실록』의 불교 사실을 적출하여 편집한 느낌을 주고 있다.

중편인 '삼보원류'(三寶源流)는 석가모니 부처 이후 인도와 중국의 불교 역사를 간단히 서술한 뒤 각 종파의 연원을 밝히고 있다. 여기서 주목되는 것은 이능화가 조선 선종 임제적파인 임제 19세로서 태고 보우와 나옹 혜근, 임제 20세 태고 1세로서 보각국사, 왕사 묘엄존자, 임제 21세 태고 2세 구곡 각운선사와 함허 특통선사, 임제 22세 태고 3세 벽계 정심선사와 천봉 만우선사, 임제 23세 태고 4세 벽송 지엄선사, 임제 24세 태고 5세 부용 영관선사와 경성 일선선사, 임제 25세 서산대사와 홍각 등계선사를 주축으로 한 임제종 중심의 선종을 한국불교 전통의 주류로 보고 있다는 점이다. 하편인 '이백품제'(二百品題)는 한국불교 관련 주제와 사건 200개의 세목으로 정리하였으며, 제200세목으로 정리한 뒤, 제200세목에 2편의 단편소설을 수록하였다. 그가 직접 세목으로 추린 중요인물은 266인(일본과 관계있는 고구려 17인, 백제 20인, 신라 65인, 고려 71인, 조선 93인 승려포함 300인)이다.

부에서 상권 2책, 중권 1책, 하권 3책과 원문교감 1책 및 색인 1책을 포함한 전8책으로 간행하였다.

또 이능화의 『이조불교사』(1924. 7~1926. 10)는 월간 『불교』지에 제1호에서 제28호까지 20회(일부는 續篇으로 분재) 연재한 국한문 혼용체의 글이다. 일부 기록에는 54회를 연재했다고 했으나 현재 『불교』지 영인본에는 20회만 수록되어 있다. 순한문으로 된 『조선불교통사』를 펴낸 이능화는 조선불교에 대해 널리 알릴 필요성을 인식하고 이 연재를 시작한 것으로 짐작된다. 현존본은 제1장-태조와 불교, 제2장-고려판 대장경과 일본의 청구, 제3장-이조 이래 해인장경 인출사실, 제4장-고려 이래의 대장경에 관한 사적, 제5장-고려 조조 대장경판의 고증, 제6장-불교의 종파와 오교 양종, 제7장-오교 양종이 선교 양종으로 됨, 제8장-승록사로부터 선교양종 도회소, 제9장-선교 양종의 중폐(中廢), 제10장-선교 양종의 복립, 제11장-선교 양종의 우폐(又廢), 제12장-선교 양종의 부흥, 제13장-선교 양종과 승과의 시종, 제14장-연중 양왕조의 승선상(僧選狀), 제15장-명종조의 승과 부설, 제16장-선조시에 전공을 립(立)한 승도에게 선과(禪科)를 특수(特授), 제17장-사찰의 재산, 제18장-사찰의 재산으로 구성되어 있다. 각 장은 매우 소략하며 사찰의 재산의 경우만 분량이 많은 편이다.

김해은(金海隱, 泰治, 大隱, 1899~1989)의 『조선불(교)사대강』(1920)은 송광사 지방학림에서 유인본으로 간행한 것이다. 겉표지에 『불사대강』으로 간행된 이 책의 부제는 '조선불교종파변천사론'으로 되어 있다. 이 저술은 한국불교사를 선종과 교종으로 개관하고 있다. 하지만 3년 전에 간행된 권상로의 『조선불교약사』나 2년 전에 간행된 이능화의 『조선불교통사』에 견주어 볼 때 서술방식과 편집체제가 향상된 것은 아니다. 다만 이 책에서는 조선 후기 불교의 지형을 '임제 선종'과 '화엄 교종'으로 분류하고 '임제태고법통'과 '고려나옹법통'에서 제기된 역사와 법맥의 권위를 모두 수용하면서 이를 포괄하고 통섭하는 시각을 견지하고 있다. 이 시기에 이러한 관점을 견지한 책이 간행되었음은 매우 고무적인 일이라고 해야 할 것이다. 책의 말미에 실린 부록에는 13개 종파에 대한 개요와 해인사 대장경판의 내력 및 조선불교에 선교 양종(兩宗) 명사(名詞) 내력과 교주 불타의 소(小)역사가 수록되어 있다.

김영수(1884~1967)의 『조선불교사(고)』(1932; 1939)는 중앙불교전문학교의 교재로 사용하기 위해 집필한 것이었다. 이후 원광대학 교학과에서 유인본으로 간행(1956, 민속원, 2002)되었으며, 그의 전집인 『한국불교 사상논고』에 수록되어 있다. 제1편의 삼국시대는 12장, 고려시대는 23장, 이조시대(조선조시대)는 20장으로 구성되어 있다. 총 55장으로 구성된 이 저술은 비록 한자를 혼용하기는 했지만 한국불교전사를 다룬 최초의 한국불교사라고 할 만하다. 삼국시대는 불교의 수입부터 교리개명까지, 고려시대는 도선과 고려에서부터 불교의 쇠퇴조맹까지, 이조시대(조선조시대)는 이태조의 불교에서 사찰령 이후까지 기술하고 있다. 이 저술에서 주목되는 것은 '5교 9산설'과 '조계종명'에 대한 저자의 주장이다.

그의 오교구산설은 한국불교가 오교양종을 거쳐 선교양종으로 이어졌다는 주장이다. 이 설은 한국불교사의 통설이 되어 중고등학교 교과서에 실려 왔으나 한국의 종파 성립 시점에 대한 이설들이 제기되면서 최근에는 빛을 잃었다. 또 태고법통에서 벽계 정심이 구곡 각운을 이었다는 기록은 둘 사이의 시차와 실제의 법맥 단절을 고려한 기술이라고 파악하였다. 그리고 조선 중기 이전에는 사승의 기준이 득도사(得度師)였는데 중기 이후부터 전법사(傳法師)로 바뀌었다는 사실을 밝혀내고 있다. 김영수는 『조선불교사(고)』에서 문제적 주장들을 담아내면서도 쉽고 평이하게 논의를 전개하고 있어 각 대학의 여러 강좌에서 이 저술을 주교재로 채택하게 했다.

정우홍(鄭宇洪, 1897~1949)은 총독부 기관지인 『매일신보』에 달마 대사의 별칭인 벽안호(碧眼胡)라는 이름으로 「한국불교사화」(韓國佛教史話, 1934)를 연재하였다. 그는 전라북도 정읍군 태인면 낙양리에서 태어났으며 아호가 마명(馬鳴)이었다. 한때 그의 이름은 일본식 발음 착오로 인해 정우호(鄭宇鎬) 또는 정우진(鄭宇鎭)으로 알려졌었다. 정우홍은 일찍부터 독립운동에 투신하여 항일운동단체인 북풍회, 건설사, 연문사 등을 조직하였다. 이후 그는 조선노농총동맹 상무위원으로 활동하였다.[25] 정우홍은 1934년 4월부터 『서울신문』의 전신인 『매일신보』에 총 156회에 걸쳐 「조선불교사화」를 연재하였다. 그의 연재물은 지인(知人)에 의해 『한국불교사화』(通文館, 1965, p.401)로 출간되었다. 목차에는 박한영(朴漢永)과 황의돈(黃義敦)과 김관호(金觀鎬)의 서(序)와 자서(自序)를 필두로 삼국시대편, 고려시대편, 이조시대편으로 되어 있으며 발문(跋文)과 색인(索引)이 덧붙여져 있다. 학계에서 이루어진 불교사는 아니지만 역사이야기 형식[史話] 속에다 실존 인물과 『삼국유사』 등에 실린 고승을 담아내고 있다.[26]

---

25 鄭宇洪은 京城基督青年學館을 퇴학(1916.11)하고 중국 間島로 갔다(1917.4)가 7월에 고향으로 돌아와 1924년 7월에 朝鮮勞農總同盟 常務委員이 되었다. 국사편찬위원회가 간행한 『일제침략하 36년사』 7(1974), p.291에서 인용한 朝鮮總督府警察局의 『高等警察關係年表』(成雄文化社, 1930; 1974)에 의하면 정우홍은 1924년 3월 22일에 북성회원인 金鐘範와 모의하여 좌경적 노동운동을 하였으며, 1924년 3월 23일에는 北星會원인 金鍾範 등과 建設社를 조직하였다고 되어 있다. 또 국사편찬위원회에서 간행한 상기 책의 인용에 의하면 조선총독부 경무국이 간행한 『용의조선인명부』(국사편찬위원회, 1934)에는 그를 제3인터내셔널과 北風會 계열의 과격 공산주의자로서 용의조선인 221로 분류하고 있다. 마명 정우홍, 「마명 정우홍 선생 약력」, 『유일한 강력주의 완전변증법』(월간 원광사, 1998.) 이 유고집에는 그의 연보에 대해서는 잘 정리하고 있다. 황인규, 「한국근현대 불교사 서술과 고승」, 『한국불교사연구』 창간호(2012.8) 참고.

26 정우홍의 이 책은 같은 제목으로 출간된 一鵬 서경보의 『한국불교사화』(구로시보사, 1992)에도 일정한 영향을 끼쳤다. 一鵬의 책은 고려시대(제1장)와 조선시대(제2

이재병(李載丙, 1915~1981)은 이재열(李在烈, 改名) 거사로 불렸으며 아호는 상공(相空)이고, 법명은 불화(佛化)이다. 특히 불화거사로 널리 알려진 이재병은 상당한 분량의 글을 발표하여 보조종조설을 강조하였다. 그의 『조선불교통교사론-통교조에 관한 신연구』는 해방 이후 처음으로 간행된 사서류이다. 봉선사 원효원에서 간행한 이 책은 또 하나의 저술인 『조선불교사지연구』와 함께 그의 대표작으로 널리 알려져 있다. 『조선불교사지연구』는 자서(自序)와 범례(凡例)를 필두로 제1편의 조선불교사연구에 대한 관견(管見)과 제2편의 고려양종오교사지근본적연구(高麗兩宗五教史之根本的研究)로 되어 있다. 여기에서 그는 오교 양종의 역사에 대한 자신의 입장을 역설하였다.[27] 이후 그는 이종익과 함께 조계종과 보조(普照)종조설을 주장하여 태고(太古)종조설과 도의(道義)종조설에 맞서면서 논쟁의 한복판에 섰었다.

조명기(1905~1988)의 『불교문화사』(1984)는 동국대학교 교양교재로 편찬된 책이다. 그는 일찍이 『신라불교의 이념과 역사』(1962)를 통해 신라불교의 총화성과 민족성을 밝혀내었고, 『고려 대각국사와 천태사상』(1962)을 통해 고려 대각국사의 천태사상과 교장 및 여러 업적에 대해 깊이 있게 조명해 내었다. 또 『원효전서』(10권) 편찬을 통해 원효학 연구의 기반을 마련했으며 『한국불교역사사전』 편찬을 통해 한국불교 연구의 기반을 확립하였다. 그 이후 그는 동국대학교 신입생들의 불교문화에 대한 기본적인 이해를 돕기 위해 『불교문화사』를 저술하였다. 이 저술은 일반인의 불교문화 전반에 대한 종합적 이해를 돕기 위한 교양서이지만 불교문화를 전관하고 있다는 점에서 한국불

장)로 되어 있으며 마명(정우홍) 책보다 분량이 매우 소략하다.

27 李載丙, 「한국불교 禪·溪兩宗史: 어떻게 연구할 것인가」(1968). 여기서 그는 한국불교사의 시대구분으로 제1기 佛教傳布시대, 제2기 五教一宗시대, 제3기 五教兩宗시대, 제4기 曹溪一宗시대, 제5기 僧俗兩宗시대로 구분하고 있다.

교문화사로 읽을 수 있다.

제1편에서는 불교의 발생지인 인도의 불교문화에 대해, 제2편에서는 인도의 불교문화를 수용해 화려하게 발전시킨 중국의 불교문화에 대해, 제3편에서는 이들 두 나라와는 다른 독창적인 불교문화를 꽃피운 한국의 불교문화에 대해 서술하고 있다. 이 저술은 불교문화라는 공통분모를 통해 인도, 중국, 한국이라는 서로 다른 문화권에 대한 포괄적 이해를 가능하게 하고 있다. 제1편의 인도의 불교문화에서는 '불교이전의 인도문화'로부터 '불교예술의 발전'까지 다루고 있다. 제2편의 중국의 불교문화에서는 '불교문화의 전래'로부터 '불교예술의 발전'까지를 언급하고 있으며, 제3편의 한국의 불교문화에서는 '삼국시대'로부터 '최근대'에 이르기까지의 불교문화에 대해 기술하고 있다. 우리 학계에서 처음으로 간행된 불교문화사라는 점, 불교문화 전반에 대한 종합적인 이해를 돕는 교양서라는 점에서 그 의의가 적지 않다.

이영무(1922~2006?)의 『한국의 불교 사상』(1987)은 종래의 한국불교 관련 연구를 모은 저작이다. '신라의 불교초전에 대한 소고'로부터 '한국불교사상사 상(上) 한용운의 지위'에 이르기까지 12편의 논구를 모은 것이다. 12편 중 저자가 집중해 온 원효 연구 결과물을 3장~6장(인물과 사상, 유심안락도, 인권론, 판비량론)까지 엮고 있어 원효 연구에 보인 그의 관심을 보여주고 있다. 특히 효당 최범술 고찰에 의거한 원효의 『판비량론』 고찰과 저자 가탁설이 있는 원효의 『유심안락도』에 의거한 정토사상 논구는 주목된다. 이외에도 신라불교의 문화사상사적 고찰에서 오교를 다루고 있으며, 보조 지눌의 인물과 사상에서는 한국불교종조론을 논구하고 있다. 이어서 태고 보우국사의 인물과 사상, 매월당 김시습의 인물과 사상, 연담사기와 조선화엄학 등도 검토하고 있다.

우정상(1917?~1966)·김영태의 『한국불교사』(1969)는 해방 후 간행한 한국불교사의 첫 개설서라는 점에 그 의의가 있다. 한국불교사 간행을 염두에 두었던 우정상의 타계 3주기를 맞이하여 그의 강의안(고려, 조선시대)을 김영태가 모으고 새롭게 추가 집필(삼국, 통일신라)하여 간행한 '강의교재용 약사'[28]라고 할 수 있다. 제1장의 서설에서는 한국불교사와 그 연구의 의의와 한국불교의 특징 그리고 시대구분과 참고서에 대해 기술하고 있다. 제2장의 삼국시대는 고대신앙과 초기불교의 성격과 고구려와 백제와 신라불교, 승직과 사예(寺隷), 불교문화, 가락국 불교에 대해 다루고 있다. 제3장의 (통일)신라시대에서는 통일기 불교의 성격, 연구와 교화, 구법 및 전교, 선법의 전래, 승관과 사성전(寺成田), 불교문화, 후삼국과 불교에 대해 기술하고 있다.

제4장의 고려시대에서는 고려불교의 성격, 태조 및 왕실의 신불(信佛), 선종과 각 교종, 의천과 천태종, 지눌과 그 후의 선종, 교단의 문란과 병폐, 승과 및 승록사, 대장경 조판과 불교문화, 제종법회를 주요 내용으로 하며 구산선문 성립, 화엄과 법상 교종, 의천의 천태종 창설과 지눌의 조계종 중흥 등을 기술하고 있다. 제5장의 조선시대에서는 이조불교의 성격, 태조와 초기의 교계, 배불정책과 종단의 변천, 세조와 문정왕후의 흥불, 청허 부휴 및 그 문하, 그 후의 각 문파, 교단의 변천과 후기의 교계, 불교문화를 언급하고 있다. 제6장의 최근대(대한시대 이후)에서는 국가의 관리와 교계의 자각, 원종과 임제종, 일제하의 교단, 교육 및 문화사업, 오늘의 한국불교와 그 전망을 서술하고 있다. 하지만 이 책은 해방 이후의 불교에 대해서는 전망과 과제로 간단히 언급하고 있지만 분단과 정화 및 불교의 도시화와 교단의 세속화 등에

28 김영태, 「머리말」, 『한국불교사개설』(경서원, 1986), p.7.

대해서는 기술하지 않고 있다.

안계현(1927~1981)·김영태의 『한국불교사』(1970; 1979)는 고려대학교 민족문화연구소가 기획 간행한 『한국문화사대계』[29](전12책) 중 종교·철학사(상, 제11책)에 들어 있다. 안계현은 고대편(삼국과 통일신라불교 및 고려시대) 상권의 집필을 맡았고, 김영태는 이조(조선시대)·근대편(대한시대) 하권의 집필을 맡았다. 상권 제1편 고대편의 차례는 제1장. 불교전래와 초기불교의 성격, 제2장. 삼국시대불교, 제3장. 통일신라시대불교, 제4장. 발해불교, 제5장. 후삼국시대불교로 되어 있다. 하권 제1편 이조불교사의 차례는 제1장. 건국초의 불교, 제2장. 배불정책과 종단의 변천, 제3장. 세조의 흥불과 그 후의 폐불, 제4장. 가냘픈 법맥, 제5장. 문정왕후의 흥불과 그 후, 제6장. 청허, 부휴의 구국 흥교, 제7장. 혜명의 계승, 제8장. 이조말기의 교계, 제9장. 승직과 승풍규정으로 되어 있다. 제2편 근대불교사의 차례는 제1장. 국가의 관리와 원흥사, 제2장. 원종과 임제종, 제3장. 일제의 사찰령과 교단의 체제, 제4장. 삼십본산 연합과 중앙교무원, 제5장. 조계종의 성립, 제6장. 교육 및 문화사업으로 되어 있다. 이들 두 저자는 특히 한국불교가 세계불교의 일환이면서 인도나 중국 또는 일본 등 기타 지역의 불교와 엄연히 구별되는 독자적인 성격을 지니고 있는 불교라고 주장하고 있다.

이들 두 사람의 『한국불교사』 기술에 이어 이 기획 시리즈에는 조명기의 『한국불교사상사』(제12권)와 목정배의 『한국종교운동사』(불교, 제5권)도 포함되어 있다. 조명기는 『한국불교사상사: 한국불교 사

---

29 이 기획은 우리의 문화 전반을 12개 부문으로 구분하여 分類史로 편찬한 것이며, 제1권(상하)에 '민족·건국사', 제2권(상하)에 '정치·경제사', 제3권(상하)에 '과학·기술사', 제4권(상하)에 '풍속·예술사', 제5권(상하)에 '언론·문학사', 제6권(상하)에 '종교·철학사'를 담고 있다.

상의 특질』에서 제언(提言), 한족(韓族)으로서의 불교 파악, 통화설(統和說)의 타당성 창도(創道), 이론의 전개와 실천성, 대승경지에서 본 역대사상의 공약치(公約値)로 나누어 기술하였다. 또 고려대 민족문화연구소는 『한국문화사대계』의 속편으로 『한국현대문화사대계』(1975~1980)를 편찬하였다. 이것은 『한국문화사대계』에서 다룬 이후의 개항기를 전후하여 문학·예술·학술·사상·종교·과학·기술·정치·경제·문화운동·민족항쟁사의 11개 부문을 모두 78개 분야로 나누어 총5권으로 서술한 분류사라고 할 수 있다. 여기에서 불교부문은 제2권(1976)의 학술·사상·종교사[30]에서 학술사와 불교 사상으로서 기술되었고, 제5권(1980)의 문화운동·민족항쟁사에서 한국종교운동사(불교)[31]로서 기술되었다. 이기영은 『불교 사상』에서 머리말, 조선왕조 말년의 한국불교계, 일제통치 초기의 한국불교, 한용운의 불교유신 논의, 일제시대 한국불교계의 추이, 해방 후의 한국불교, 결어로 목차를 구성하고 있다. 목정배는 『한국종교운동사』(韓國宗教運動史, 佛教, Ⅱ)에서 합방 이전의 일본불교, 본원사파(本願寺派)의 정체, 사찰령과 한국불교계, 3·1운동과 불교, 불교 교육의 당위성, 결(結)로 목차를 구성하여 기술하고 있다.

안계현의 『한국불교사연구』(1982; 1986)는 그의 또 다른 유작들인 『한국불교사상사연구』(1983)와 『신라정토사상사연구』(1987)와 함께 저자의 학문적 지향을 보여주는 저작들이다. 이들 3부작은 모두 유고작이어서 저자의 서문이 없고 스승과 선배의 서문 및 후배의 발문 등으로 채워져 있다. 이들 일련의 유작들은 저자가 평소 사상사 연구에 관심을 가지고 역사학, 불교학,[32] 역사학을 넘나들며 학문의 지형도를

30 고려대학교 민족문화연구소 편, 『한국현대문화사대계』 2, 학술·사상·종교사(고려대 민족문화연구소 출판부, 1985, 3판), p.787.

31 고려대학교 민족문화연구소 편, 『한국현대문화사대계』 5 문화운동·민족항쟁사(고려대 민족문화연구소 출판부, 1980), 2책.

그려왔다. 이 책은 잡지에 연재한 원고인 탓에 각주가 없으나 그의 다른 유작에 견주어 전문성과 대중성이 적절히 어우러진 저작이라고 할 수 있다.

제1장 총론에서는 한국사에 있어서의 불교의 위치, 불교의 수용과 특질, 한국의 신화와 불교에 대해 서술하고 있다. 제2장의 신라불교의 전개에서는 신라불교의 교학사상, 신라불교의 국가관과 사회윤리, 신라불교신앙의 전개를 다루고 있다. 제3장의 고려불교의 새로운 전개에서는 고려불교의 시각, 조계종과 오교양종, 호국신앙과 불교행사, 불교사서, 불교와 유학의 교류에 대해 기술하고 있다. 제4장의 배불하의 조선불교에서는 불교억제책과 불교계의 동향, 조선불교의 제문제, 삼일운동과 불교계의 동향, 근대불교 속의 두 인물로 만해 한용운과 간정 이능화를 다루고 있다.

김영태(1932~)의 『한국불교사개설』(1986)과 『한국불교사』(1997)는 가장 최근에 간행된 본격적인 한국불교사라고 할 수 있다. 이 책들에서 저자는 한국불교사 통사류 기술에서 소략하게나마 불교의 '응동'(應同)사관 혹은 '보응'(普應)사관에 대해 언급하고 있다. 즉 한국에 전래된 불교가 고대신앙을 섭수하고 융화하여 응동시키고 섭화하였다는 것이다. 전자에서 삼국시대의 불교, 신라시대의 불교, 고려시대의 불교, 조선시대의 불교, 최근대 불교와 같이 왕조사 중심으로 구성한 것을, 후자에서는 초기불교의 국가적 수용과 전개, 민족불교의 완성, 기양적 경향의 불교, 산승시대의 불교, 개화 격동기의 불교, 부록: 한국종파사 이해와 같이 각 시대의 불교적 특징 또는 주제를 드러내어 서술하였다. 부록으로는 한국불교의 종파역사를 덧붙이고 있다.

---

32 그는 1953년에 동국대학교 대학원 불교학과가 개설되자 제1회로 입학하였다.

『한국불교사개설』(1986)은 우정상 교수와 공저로 냈던 '강의교재용 약사'인 『한국불교사』(1969)가 절판된 이후 강의교재의 필요에 의해 만든 것이다. 이후 저자가 정년을 앞두고 이 책을 다시 다듬고 각 시대의 특징 내지 주제를 뽑아 『한국불교사』를 간행하였다. 저자는 신라시대 불교를 '민족불교의 완성'이며 그것이 '통일기 불교의 성격'이라 규정하고 있다. 그 이유를 신라는 고구려·백제 두 나라를 병합하긴 하였으나 그들의 훌륭한 문화는 그대로 받아들였으므로 불교 역시 두 나라의 것을 합하여 더 나은 결과를 가져왔다 볼 수 있다고 했다. 그러므로 신라 통일기의 불교는 바로 삼국불교의 연장 그것이면서 그것을 다시 융합 총화하여 창의적인 민족불교를 이룩하였던 것이라고 할 수 있다. 이러한 통일기 신라불교의 성격은 그 역사성에서 요약해 보면, 왕실 귀족을 중심한 국가적인 불교가 서민 대중화가 되어서, 다시 고구려·백제 두 나라의 오랜 역사를 거쳐 온 불교와 합하여져 하나의 민족불교로 형성된 것이라고 할 수 있다고 했다.

저자는 불교사의 주체를 교단 혹은 승단을 구성하는 승려로 보고 있으며 그들을 구심으로 하는 교단사를 중심으로 한국불교사를 기술하고 있다. 하지만 교리사와 사상사 내지 철학사와 지성사적 관점에서 불교사를 파악해 보면 이러한 관점에는 이론이 있을 수 있다. 또 문화사와 생활사 및 여성사 등의 관점에서 볼 때 교단사 중심의 불교사 인식은 일정한 한계가 있을 수밖에 없다. 그리고 종래 선학의 연구처럼 고려시대 불교를 기양적 경향의 불교이자 기복 양재 불교의 특성을 지니고 있다고 보아야 하는지, 아울러 조선불교를 산승시대의 불교이며 산중 승단불교의 성격으로만 보아야 하는지에 대해서도 이론이 있을 수 있다.[33]

한국인 학자들에 의한 한국불교사 기술 이외에도 한국에 건너와 살았거나 자주 왕래하였던 일인 학자들과 중국학자 및 러시아학자들과 미국학자들에 의해 한국불교사가 씌어졌다. 가장 대표적인 인물과 저작들은 다카하시 도오루(高橋亨)의 『이조불교』와 누카리야 카이텐(忽滑谷快天)의 『조선선교사』, 또 에다 토시오(江田俊雄, 1898~1957)의 『조선불교사의 연구』와 타무라 엔쵸(田村圓澄)의 『일본불교사: 백제의 불교』, 그리고 가마타 시게오(鎌田武雄)의 『조선불교사』와 가와무라 도키(河村道器, 1899~1988)의 『조선불교사 자료편 1.2』, 아요야나기 난메이(靑柳南冥)의 『조선종교사』,[34] 나아가 중국인 하경송(河勁松)의 『한국불교사』(상하)와 러시아인 볼코프의 『한국고대불교사』,[35] 프레데릭 스타의 『한국의 불교』 등이 있으나 여기서는 국내 필자들의 통사류를 주로 다룰 것이다. 그러면 지금까지 다룬 이들 통사류에 투영되어 있는 사관과 주체, 주제와 쟁점, 사건과 제도, 학통(종파)과 인물(고승) 등에 대해 살펴보기로 하자.

33 고영섭, 『한국불학사: 조선시대편』(연기사, 2005). 논자는 조선시대 불교를 교단사 중심으로만 볼 것이 아니라 교리사와 사상사와 철학사와 생활사 등도 고려해야 하며, 조선조 불교는 국가의 공식적 지원을 받지 않고 풀뿌리처럼 자라난 '자생불교'로 보아야 한다 파악하고 있다. 논자는 연구의 범주나 층위를 고려하여 주로 사상사와 철학사를 아우르는 방향으로 연구를 해가고 있다.

34 靑柳南冥, 『조선종교사』(경성: 조선연구회, 명치 44).

35 볼코프(박노자 역), 『한국고대불교사』(서울대출판부, 1998).

4. 한국불교사 기술의 사관과 주체

1 ▌불교 사관의 특성

직립 이후 인간은 자유로워진 앞발로 도구를 발명하고 문명과 성대의 울림에 기초한 대뇌의 자극을 통해 언어를 발견(문화), 삶을 영위하게 되었다. 인간에 의해 변화 발전되어 온 문명과 문화의 자취와 기록은 인간의 역사가 되었다. 때문에 역사 기술은 사료인 '문헌'과 '유물'과 '유적' 및 기억으로서의 역사인 '구술'에 전적으로 의존하게 되었다. 이렇게 마련된 이들 자료들은 역사가의 해석에 의해 역사 기술의 주요 사료가 된다. 이때 우리는 이들 사료가 머금고 있는 역사적 현상을 전적으로 파악하고 그것을 해석하는 경우의 체계적인 견해나 처지 혹은 입장을 사관(史觀)이라고 한다. 그리고 남아있는 문헌의 총체인 사료의 해독작업을 역사해석이라 하고, 역사해석을 지배하는 역사가의 인식체계 혹은 사유 관념을 역사인식이라고 한다.

여기에서 역사를 어떻게 볼 것이냐 또는 역사를 어떻게 해석할 것이냐 하는 사관의 문제는 해당 철학 또는 역사 체계의 세계관적 범주가 된다.[36] 역사를 지배하는 사가들의 인식체계인 사관이 문제가 되는 것은 어떠한 역사적 사실이 과거의 한 시점으로서의 역사적 흔적이 아니라 언제나 역사가의 현재의 관점 혹은 견해로서 해석 또는 인식되기 때문이다. 다시 말하면 사관이라는 역사인식은 오늘 여기에 사는 역사적 주체로 하여금 '어떻게 살 것인가' 혹은 '왜 사는가'라는 물음을 불러일으키기 때문이다.[37] 그런데 종래의 불교사가들은 이러한 사관의 문

---

36 고영섭, 「『삼국유사』의 연기사관」, 『한국불학사: 고려시대편』(연기사, 2005), pp.375~376.
37 고영섭, 위의 글, 위의 책, pp.377~388.

제에 대해 깊이 사유하지 않았다.[38] 그것은 지극히 짧은 불교사 연구사에서 이러한 문제의식을 확보할 수 있는 계기를 마련하지 못했기 때문으로 짐작된다.

드물게나마 불교사관에 대해 얘기한 것은 김영태의 『한국불교사개설』과 『한국불교사』이다. 저자는 이 땅에 전래된 "불교는 인도를 비롯하여 모든 지방에서 종래의 습속과 신앙을 버리지 않고 응동(應同)시켜 보화(普化)하는 태도를 견지하여 왔으며" 바로 이 점에서 "불교 특유의 역사성이 있고 보응성이 있으며 진리성이 있는 것"이라고 하였다. 그러므로 이러한 역사성과 보응성 및 진리성에 입각하여 "모든 문화와 풍속을 융화 섭합하고, 그 시대 그 지방을 교화 선도하여 독특한 불교를 형성하였던 것"이라고 하였다. 저자는 "불교는 그 자체가 배타성이 없고 응동 보화의 무애한 역사적 원리성을 지니고 있다"고 했다. 그러면서 자연신적 속신이 불교적으로 정리되고 모든 재래의 신과 신앙이 불교신앙의 범주 안에 들게 된 것은 "불교가 지닌 보응성과 위대한 교화력 내지는 감화적 권위에 의한 당연한 귀결이었다"[39] 역설하고 있다. 이처럼 저자는 불교의 응동성과 보응성을 통해 자신의 역사관을 보여주고 있다.

이 땅에 전래된 불교가 한국 고대신앙을 섭수 융화하여 응동시키고 보화하였다[40]는 김영태의 주장은 특히 주목되는 지점이다. '섭수'와 '융

---

38 한영우, 앞의 책, pp.54~54. 논자는 "사관은 역사해석의 주관성을 의미하는 것으로 사관이 전혀 없어도 현실감각이 결여된 역사가 되고, 사관이 너무 뚜렷해도 역사를 과장하고 왜곡하는 단점이 있다"고 했다. 따라서 그는 "사관은 不可遠 不可近, 즉 너무 멀리해도 안 되고 너무 가까이해도 좋지 않은 것이다"고 했다. 하지만 기존의 한국불교사 통사류에서는 사관에 대한 인식이 부족했다고 하지 않을 수 없다. 설사 해당 통사류에 '일정한 사관이 반영되어 있다고 하더라도' 그것을 기호화하거나 담론화하지 못해 연구자들에게 사관의 존재감을 온전히 부각시켜 내지 못했으므로 '사관에 대한 인식이 있었다'고 단정할 수만은 없다.

39 김영태, 『한국불교사개설』(경서원, 1986), p.21.

화' 및 '응동'과 '보화'라는 이들 기호들은 대승불교의 지향과 성격을 잘 보여주고 있기 때문이다. '섭수'는 타자를 주체적으로 껴안는 것을 의미한다. '융화'는 껴안은 것을 되먹임의 과정을 통해 질적으로 변화시키는 것이다. '응동'은 질적으로 변화시킨 것과 함께 하는 것이며, '보화'는 함께한 것들을 널리 펼치는 과정이다. 그러니까 한국에 전래된 불교는 종래의 고유신앙을 배타하거나 외면하지 아니하고 그들을 주체적으로 껴안아 질적으로 변화시키고, 더불어 함께 하여 널리 펼쳤다는 것을 의미한다. 이러한 과정은 고중세 이래 불교가 산신과 칠성과 풍류(仙郞) 등을 껴안고 함께 널리 펼쳐왔음에서도 확인된다. 우리는 이러한 관점을 불교의 응동(應同)사관 또는 보화(普化)사관이라고 할 수 있을 것이다.

2 업설 및 연기 사관

불교는 현실의 고통에 대한 자각(苦)과 진단(集)과 처방(道)과 치유(道)를 동시에 보여준다. 즉 내가 고통스럽다는 자각으로부터 그 원인을 밝혀낼 수 있으며, 그 원인 진단으로부터 처방의 방법과 치유가 이루어지는 것이다. 그것은 인간의 역사가 현실에 대한 불만족과 존재에 대한 불안정으로 표현되는 고통의 역사임을 간파한 부처의 가르침에서 이미 확인된다. 부처는 우리의 역사 속에서 비롯되는 현실적 인간의 고통인 불만족과 불안정을 보다 근원적으로 해결하기 위해서 상속이 가능한 권력과 재력을 버리고 내면의 아름다움인 매력을 구하기 위해 숲 속으로 향했던 것이다.

40 김영태, 『한국불교사』(경서원, 1997), p.19.

때문에 '불교를 믿으면 복을 구할 수 있다[崇信佛法求福]'는 믿음은 불교가 확고한 진리임을 보여주는 표현이라고 할 수 있다. 이러한 믿음은 인과론에 입각한 업설(業說)의 수용을 의미한다. 아직 토속신앙으로부터 자유롭지 못했던 이들에게 새로운 가르침으로 등장한 불교의 업설은 상당한 메아리를 일으킨 것으로 짐작된다. 업설은 미혹의 세계 속에 사는 중생이 이전 세상에서 자기가 뿌린 업력에 의하여 지금 이 과보를 받으며, 그 순서는 죽음(死有), 죽음이후(中有), 태어남(生有), 죽어감(本有)의 차례로서 끝없는 옛적부터 번뇌로 업을 짓고, 업에 의하여 윤회 전생하며, 이 업력에 의해 국토도 물질의 원소들을 모으고 흩고 하여 세계를 이룩한다는 주장이다.

불교에서는 역사의 동인을 인간의 업식으로 본다. 무명의 업풍에서 비롯된 우주(세계) 속에서 이루어지는 인간의 삶은 깨달음의 전기(轉機)를 통해 진여의 삶으로 전환할 수 있다. 때문에 시작은 없지만 끝이 있는[無始有終] '무명'으로부터 비롯된 업풍은 시작은 있지만 끝이 없는[有始無終] 반야의 '진여'로 전환될 수 있다고 파악한다. 물론 이 전환은 부단한 수행을 통해 가능한 것이다. 우리는 무명 업풍의 연생으로 비롯된 유전연기의 미혹한 현실세계를 노사의 연멸을 통해 환멸연기의 깨달음의 세계로 전환시킬 수 있다. 이러한 관점에 의하면 인간의 자유의지인 업은 불변적인 것이거나 숙명적인 것이 아니다. 여기에서 더 나아가면 대승불교에는 자발적인 '발심'과 능동적인 수행으로 얻은 깨달음을 모든 인연들에게 나눠주는 '서원'에 의해 회향과 구제의 길도 열려 있다.[41]

연기는 '함께 모여서 일어나다'라는 어원처럼 연(緣)이라는 타자를

---

41 고영섭, 앞의 책, pp.375~376.

통해서 생겨나는 원리를 가리킨다. 오늘의 나의 성취는 무수한 사람들의 도움과 협동에 의해서 이루어졌다. 때문에 오늘의 나의 성취가 무수한 인연들에 의해서 이루어졌음을 머리와 가슴을 넘어 온몸으로 체인하게 되면 남의 어려움을 구하기 위해서 기꺼이 나의 어려움도 감수하지 않을 수 없게 된다. 연기는 나의 업식(욕망)의 확장이 남의 욕망에 대한 장애나 피해나 희생을 최소화(현실적 인간) 내지 무화(보살적 인간)시키는 원리이다. 나의 업은 너의 업과 이어지고 우리와 그들의 업으로 이어져서 모두들의 업이 된다. 이러한 사실의 통찰은 인간의 업이 역사의 동인이며 인간의 자유의지에 의해 역사는 얼마든지 새롭게 만들어질 수 있음을 시사해 준다.

3 출가자 주체

불교계의 주체는 비구, 비구니, 우바새, 우바이의 사부대중이다. 그렇다면 불교사의 주체는 누구일까? 마땅히 사부대중일 수밖에 없을 것이다. 하지만 대승불교 권역인 한국불교계임에도 불구하고 불교의 주체는 예부터 지금까지 출가자 중심과 비구 중심으로 이어져 오고 있다. 이러한 편식 현상은 학문 연구에도 그대로 투영되어 연구대상들 역시 비구 중심이 되어왔다. 그 결과 종래의 한국불교사 기술 대부분에서는 '순도', '마라난타', '아도' 등을 중심으로 서술해 오고 있다. 이들은 모두 세 나라 불교의 전래자들이다. 그리고 이들은 하나의 독립된 조목으로 시설되어 있다. 하지만 종래의 불교사에서 재가자의 존재감은 주연과 조연이 아니라 엑스트라에 지나지 않았다. 이렇게 불교사를 지극히 제한적인 영역과 범주로 축소시킨 결과 승복(법복)을 입은 몇몇의 승려들을 제외하고는 불자의 존재감은 드러나지 않았다.

이 논고의 대상으로 삼은『한국불교사』통사류들 대부분에서는 불교사의 주체를 출가자 중심으로 기술하고 있다. 권상로의『조선불교약사』는 제1편 삼국불교에서 신라왕자 형제가 순도에게서 출가를 한 사실을 기록하고 있다. 법흥왕은 재위 중 출가하여 비구 법공(法空)으로서 황제의 집무를 보았고 그 부인 역시 출가하여 묘법(妙法) 비구니가 되었지만 어린 진흥왕이 친정을 할 때까지 발을 드리우고 정사에 참여하였다. 전왕에 이어 후왕이었던 진흥왕도 말년에 출가하여 비구 법운(法雲)이 되었으며, 그 부인도 출가하여 묘주(妙住) 비구니가 되었다. 정신(淨神, 神文)왕의 아들이었던 보천(寶叱道)태자의 동생 효명(孝明)태자는 환속하여 성덕왕이 되었다. 경문왕의 아들이었던 궁예는 출가했다가 황제에 올라 마하진단(摩訶震檀, 위대한 동방) 즉 마진(摩震)의 황제에 올랐다.

신라의 원측(圓測), 무상(無漏), 지장(智藏), 무루(無漏), 보천(寶泉), 효명(孝明)과 자장(慈藏), 명랑(明朗), 의상(義湘) 등은 왕족 혹은 왕손이었거나 귀족출신이었다. 또 고려의 현종은 출가 이후 왕위를 이었으며, 의천은 왕자 출신이었다. 그리고 고려시대와 조선 초기까지 책봉되었던 왕사와 국사들 중 대부분은 왕족 내지 귀족 출신의 자녀들이었다. 때문에 자녀를 출가시킨 왕이나 왕족 및 귀족들은 대다수가 정치인이었으며 불교가 중심인 시대에 살면서 거사로서 신행을 하였다. 하지만 그들에게는 정치인적인 삶이 종교인적인 삶에 앞섰으며 종교인적 삶은 정치인적 삶의 방편이었다. 때문에 정치인들은 정치적 이해를 위해서 종교를 등지는 일이 종종 있었다. 그 결과 불교의 대사회적 존재감은 미미해졌고 불교사는 출가자 중심으로 기술되었다.

출가자 원효가 환계한 뒤 스스로 불렀던 소성(小性/姓, 617~686)거사나 서산의 제자 의엄(義嚴)처럼 출가에서 재가로 돌아온 거사도 적지 않았다.[42] 반면 재가에서 출가자로 옮겨간 이들도 적지 않았다. 더욱이 재가적 삶을 살면서도 출가적 삶에 상응하였던 거사들도 적지 않았다. 신라시대의 박염촉(異次頓)거사, 사복(蛇巴)거사, 부설(浮雪, 진광세)거사, 고려시대의 윤필거사(潤筆, 광종 때)거사, 청평 이자현(淸平 李資玄, 1061~1125)거사, 백운 이규보(白雲 李奎報, 1168~1241)거사와 동안 이승휴(動安 李承休, 1224~1300)거사 등이 있었다. 조선시대의 송헌(松軒, 이성계)거사, 효녕(대군)거사, 김수온거사, 월창(김대현)거사, 이침산(경허 당시)거사, 대한시대의 효성(조명기)거사, 뇌허(김동화)거사, 백봉(김기추)거사, 종달(이희익)거사, 무애(서돈각)거사, 불연(이기영)거사 등이 있다. 부인으로는 덕만(선덕여왕)부인, 승만(진덕여왕)부인, 육영수부인, 김경한(법련사 기증)부인, 김영한(길상사 기증)부인, 명원(김미희, 차인)부인 등이 있다. 그 외의 거사와 부인들도 있었지만 그 존재감이 기록으로 남아 있지 않다. 이들의 삶과 생각을 반추해 볼 때 출가자 중심의 기록은 불교사의 지평을 제한하는 일이라고 할 수 있다.

4 사부대중 주체

대승 이전의 불교 승단은 비구와 비구니 이부중으로 승가를 구성했다. 그러나 대승불교가 흥기하면서 불교계는 비구, 비구니, 우바새, 우바이의 사부대중으로 승가의 범주를 확장시켰다. 인도불교는 여전히 출가자 중심이었지만 재가자의 존재감을 어느 정도나마 인정하였다. 중국불교 역시 출가자와 재가자의 역할을 서로 인정하면서 교단을 유

42 일본불교의 영향을 강력히 받았던 대한시대 이후 출가자들 다수는 결혼하여 居士로 자신의 정체성을 바꾸었다.

지해 왔다. 양나라 시절 고구려 승랑에게 삼론을 배워 『삼종론』을 지은 주옹(周翁)거사, 이통현(李通玄, 635~730)장자, 소주자사(韶州刺史) 위거(韋據)거사, 방온(龐蘊, ~808?)거사, 배휴(裵休, 797~870)거사 등 중국불교에서는 적지 않은 거사들이 수행과 학문을 병행하였다. 그들은 당당히 불자로서 출사하고 저술하며 살았다.

출가와 재가의 경계는 굳건한 벽으로서 존재하는 것이 아니라 경우에 따라서는 서로 넘나드는 것이다. 발심과 수행의 마음이 깊어지면 출가하여 신분을 바꾸며, 서원과 회향의 마음이 깊어지면 환속하여 신분을 바꾸기도 하는 것이다. 문제는 발심과 수행 혹은 서원과 회향의 정도에 달려있다. 때문에 재가자와 출가자는 상호 협동을 통해서 부처의 가르침을 널리 선창하여 평화와 행복의 삶을 사는 것이 목표가 된다. 하지만 종래의 『한국불교사』 통사류에서 불자 즉 사부대중을 주체로 한 저술은 보이지 않는다. 때문에 재가자는 출가자에 견주어 객체적이고 수동적인 지위로서 존재해 왔다.[43] 때문에 불교와 불교인의 존재감은 상대적으로 위축될 수밖에 없었다.

불교의 특장은 수행이론의 정치함과 실천체험의 진지함에 있다. 이것은 상구보리와 화하중생 혹은 좌구보리(左求菩提)와 우화중생(右化衆生), 또는 내구보리(內求菩提)와 외화중생(外化衆生)으로 표현된다. 출가자는 안으로는 부처상을 잉태하고[內佛] 밖으로는 보살행을 실천하는[外薩] 것이다. 이를 구체적으로 말하면 출가자는 선방 수좌의 수행 과정과 강원 강사의 논증과정 모두에 시선을 열어두는 것이다. 동시에 역사를 향하여 중생 교화의 시선을 열어두는 것이다. 바로 이것이 불교가 지니고 있는 강한 미덕이자 열린 특장이라 할 수 있다. 때문에 역사의

43 불자의 정체성이 '삼보의 귀의'와 '오계의 수지'에서 출발한다고 해서 재가자의 존재가 객체적이고 수동적인 존재라고만 이해할 수는 없다.

주체를 황제 또는 왕으로 보든, 제후와 신하로 보든 간에 불교는 수행의 체험을 우선시하려는 경향이 있다. 출가자는 수행의 담지자이자 교화의 주도자이기 때문이다. 불교사 기술의 주체를 출가수행자로 삼아온 것은 이러한 배경에서 비롯된 것이라고 할 수 있다. 하지만 불교사의 주체인 불자의 범위는 초기 율장에서의 출가자 중심의 제한된 범주를 넘어 비구와 비구니 및 우바새와 우바이 사부대중으로 구성된다. 그뿐만 아니라 시대적 변화를 담아 남녀 전법사를 포함한 육부중(六部衆)[44]으로 확장되고 있으며 이들 모두가 불교사의 주체가 되고 있다. 때문에 이들 '넷' 혹은 '여섯' 주체 가운데 어느 한 주체라도 빠지게 되면 불교사 기술은 균형을 잃게 되고 만다. 종래와 같이 비구 중심 혹은 출가자 중심으로만 기술해 간다면 불교의 대사회적 존재감은 더욱더 위축될 것이다. 그렇다고 재가자 중심으로만 기술해야 한다는 것은 아니다. 출가자가 이끌고 재가자가 뒤따르든, 출가자와 재가자가 나란히 역할을 나누어 가든 사부대중이 함께 한다는 생각이 확립되어야 하는 것이다. 이 문제를 해결하기 위해서는 우선 비구 이외에 비구니와 거사와 부인들의 살림살이와 사고방식을 발굴하고 그들의 존재감을 역사 안(위)에다 복원하는 것이다. 필요하다면 한국비구니사[45]와 한국거사불교사[46] 및 한국부인불교사[47] 등의 기술이 이루어져야 한다.

44 1982년 조계종의 개혁 과정에서 6部衆에 대해 검토한 적이 있었으나 일부 출가자들의 반대로 무산되고 말았다. 반면 태고종에서는 2007년 이래 비구 비구니와 우바새 우바이의 4부중에다 남녀 전법사를 포함시킨 6부중 제도를 시행해 오고 있다.

45 중앙승가대학교 비구니연구소에서 『한국고중세 불교여성 비구니 자료집』(1책), 『한국비구니수행명감』(1책), 『한국비구니수행담록』(3책), 『비구니와 여성불교』(5종 6권); 하춘생, 『깨달음의 꽃』상하(1998; 2001); 하춘생, 「한국근현대비구니의 문중형성과 그 의의」, 동국대학교 대학원 불교학과 박사 논문, 2012년 등의 선행연구와 자료들을 활용하여 비구니사를 편찬하고 이것을 통사 기술에 반영하는 것이다.

46 한국거사불교 관련 사료를 모아 자료집을 간행하고 이를 기초로 거사불교에 대한 논의도 이루어져야 할 것이다.

47 한국여성사 연구의 차원에서 종래의 비구니사 연구와 함께 불교여성 특히 부인(보

이를 토대로 한국불교사 기술에서 사부대중을 균형있게 기술하려는 노력을 기울여야 한다. 한국불교사 기술에서 사관과 주체의 문제는 바로 이러한 인식 위에 기초해야만 할 것이다.

5. 한국불교사 기술의 주제와 쟁점

불교사 기술에 있어 방법과 문법은 매우 중요하다. 대다수 역사서의 시대구분 방법 속에는 이미 역사가의 역사 인식이 투영되어 있으며 역사 서술의 문법 속에는 합당한 시선이 내재되어 있다. 때문에 불교사 기술에서 시대구분의 방법과 역사 서술의 문법은 불교사가들이 유념해야 할 의제들임에 분명하다. 특히 사관과 주체, 주제와 쟁점, 사건과 제도, 학통(종파)과 인물(고승) 등의 범주는 불교사 기술에서 고려해야 할 주요한 문법이라고 할 수 있다. 이들 문법 속에는 대한시대 이후 한국불교사에서 적지 않게 논의되어온 통불교론과 호국불교론, 선종우위론과 선교일치론 및 돈점론, 종조론과 법통론의 주제와 쟁점들이 놓여있다.

1 통불교론

통불교론은 일종(一宗) 일파(一派) 중심의 종파불교화한 중국불교와 일본불교와 달리 한국불교는 일종 일파에 매이지 않고 통합적이고 종합적이며 회통적이고 총화적인 성격을 지니고 있다는 주장이다. 대

살) 관련 사료를 모아 자료집을 간행하고 이를 기초로 부인불교에 대한 논의도 이루어져야 할 것이다.

한시대에 제기된 통불교론은 구한말에 영국의 사회학자 허버트 스펜서(1820~1903)가 정립한 사회진화론이 널리 보급되면서 일정한 영향과 자극을 받아 촉발된 것이라고 할 수 있다. 스펜서는 우주는 '진화'한다는 입장에 서서 천체의 발생에서 인간 생활에 이르는 모든 것을 총체적으로 설명하려 하였다.[48] 그는 사회진화론의 원동력을 '경쟁'으로 파악했으며 사회 모든 성원들은 '생존경쟁의 과정'에서 오직 가장 잘 적응하는 자만이 살아남는다고 하여 적자생존을 강조하였다. 즉 스펜서는 생물계에서의 자연도태와 마찬가지로 인간사회에서도 지적으로 가장 우수한 자는 살아남고, 지적으로 열패한 자는 도태되기 마련이라고 했다.[49]

우리나라에 사회진화론이 본격적으로 보급되면서 큰 영향을 끼친 것은 1905년 러일전쟁과 일제의 을사5조약 강요에 의한 국권 강탈 전후이며 그 도입 경로는 서양(특히 미국), 중국, 일본을 통한 것이었다.[50] 사회진화론은 첫째, 민족정신의 앙양으로 애국계몽운동의 이론적 기초로 작용하였으며 둘째, 국민의 정신과 자세를 새롭게 하려는 신민사항이 고취되어 구학문 내지 구사상, 그리고 수구파에 대해 맹렬한 비판이 제기되었고 셋째, 국민들의 역사의식이 고조되어 전통적인 왕조 중심의 권선징악적 사관과는 달리 민족이 처한 역경을 타개해 보려는 현실적인 요구에서 우러난 민족주의적 사관을 갖고 역사를 서술하게 되었다.[51]

구한말에 널리 퍼졌던 사회진화론과 일제 식민지 현실에서 제기된

48 임석진 감수, 『철학사전』(이삭, 1986), pp.343~344.
49 고영섭, 「한국불교학 연구의 어제와 그 이후」, 『문학 사학 철학』 통권 9호(대발해동양학한국학연구원 한국불교사연구소, 2007), pp.54~55.
50 신용하, 「구한말 한국민족주의와 사회진화론」, 『인문과학연구』 창간호(동덕여대, 1995).
51 이광린, 「구한말 진화론의 수용과 그 영향」, 『한국개화사상연구』(일조각, 1979), pp.255~287.

통불교론은 민족주의와 결합하여 상당한 울림을 주었다. 즉 한국불교에 대해 다카하시 도오루는 『이조불교』에서 '지나불교의 이식'(고착성, 비독립성, 부재론)이라 했고,[52] 누카리야 카이텐은 『조선선교사』에서 '지나불교의 연장'(고착성, 부재론)이라 하였다.[53] 또 에다 토시오는 '중국불교의 종속'(의존성, 종속성, 조화성)으로 파악[54]하여 식민사관을 입론했다. 이에 대해 식민지 조선을 대표해서 하와이에서 조선불교의 독자성을 표방한 육당 최남선(1890~1957)은 논문 「조선불교」에서 "인도 및 서역의 서론적 불교, 지나의 각론적 불교에 대하여, 조선은 최후의 결론적 불교를 건립하였다"[55]는 통불교론을 제시하였다. 조명기는 『신라불교의 이념과 역사』에서 "인도불교의 특색이 소승에서 출발하여 대승으로 발전한 것이라면[일승은 대승의 본질로서 주장하기는 했음], 중국불교의 특질은 대승에서 출발하여 일승으로 진전된 것이고[교리-화엄과 천태-와 실천-정토와 선의 완전한 구비-], 한국불교의 특질은 일승(一乘)에서 출발하여 일대승(一大乘)의 이론까지 전개하여 대승 소승을 초월한 통불교를 건립했으며, 일본불교의 특색은 한국불교와 중국불교를 현상 그대로 보존하고 실천을 철저히 하고 있는 것"[56]이라고 했다.

김영태는 『한국불교사개설』에서 "처음부터 일대승의 불교를 받아들인 한국불교는 총화불교·통불교를 완성하여 인도의 부파불교 이래 선전적·기념적이며 산만적·종파적이던 불교를 통일적이고 중도적이

52 高橋亨, 『李朝佛教』(보련각, 1979).
53 忽滑谷快天, 정호경, 『朝鮮禪教史』(보련각, 1978).
54 江田俊雄, 『朝鮮佛教史の研究』(산희방불서림, 1979).
55 최남선, 「朝鮮佛教-동방문화사상에 있는 그 지위」, 『불교』 제74호, 불교사, 1930.8. 육당은 1930년 7월 하와이에서 열린 '범태평양불교청년회'에서 이 논문을 발표하고 당시 권상로가 주관하는 『불교』지에 이 글을 수록했다.
56 조명기, 『신라불교의 이념과 역사』(경서원, 1980).

며 총화적인 통불교를 이루어 놓았으니, 한국불교는 불타 최고 이상을 그대로 발휘하여 실현한 것"[57]이라며 진정된 통불교론을 펼치고 있다. 이후 '통불교론'에 대한 비판론이 적지 않게 제기되었다. 하지만 대부분의 논의들이 비판만 무성할 뿐 한국불교의 성격 또는 특성에 대한 담론화 내지 기호화를 해내지 못하고 있다. 아무튼 통불교론에 대해서는 보다 종합적이고 통섭적인 논의가 더 요청되고 있다. 다만 중국과 일본의 종파불교와 달리 불교의 원류와 맥을 같이 하는 통불교론을 원효처럼 불교를 총체적으로 바라보는 인식틀 또는 연구법[58]으로 본다면 오히려 불교 연구 방법의 특장으로 재인식할 수도 있을 것이다.

2 호국불교론

불교를 회통과 총화의 시각에서 바라보는 통불교론과 함께 논의되는 주제가 호국불교론이다. 대한시대에 호국불교론이 제기된 계기를 일본의 진호국가, 황도불교론이 국내에 소개되면서 불교가 국가체제에 부응하고 협조해야 한다는 정치적 사회적 홍보논리에 의해 본격화되었다고 일부 학자들은 보고 있다. 호국불교론에 대해서는 불교계 안팎에서 지지론과 반대론이 공존하고 있다. 불교계 내부와 불교 외부에서도 비판론이 적지 않게 논구되었다.[59] 비판론의 핵심은 "호국불교론은 분단체제에서 독재정권의 도구로서 기능한 이데올로기"[60]라는

---

57 김영태, 『한국불교사개설』(경서원, 1986), pp.17~18.

58 고영섭, 「한중일 삼국의 근대불교학 연구방법론」, 『불교학보』 제51집(동국대 불교문화연구원, 2009), p.181.

59 김종명, 「'호국불교' 개념의 재검토」, 『불교 연구』 제17호(한국불교 연구원, 2000); 김종만, 「호국불교의 반성적 고찰: 한국불교 전통에 대한 비판적 검토」, 『불교평론』 제21호(불교평론사, 2004); 박한용, 「호국불교의 비판적 검토」, 『불교평론』 제49호(만해사상실천선양회, 2011 겨울).

것이다. 그 쟁점은 '호국의 대상은' 누구이며 '호법의 주체'는 누구인가로 모아진다. 즉 '국'을 통치하는 황제(왕) 1인을 수호하기 위한 것인가 아니면 '법'을 수호하기 위해 황제(왕)를 수호하기 위한 것인가에 맞춰져 있다.

불교에서의 '호국'이란 인도적 토양과 사유에서 출발한 개념이다. 카스트제도를 통해 정치보다 종교의 우위를 확보해 온 인도의 종교전통에서 세간의 통치자는 출세간의 통치자인 부처 혹은 종교 지도자의 지혜를 빌어 세간의 통치에 원용했다. 해서 인도에서 국가란 국왕이 아니라 국토였고 그것이 불교의 국가관이 되었다. 때문에 불경에서 말하는 '호국'은 '국왕이 각종 재난으로부터 국토를 지키는 것'을 가리킨다. 여기서 국토를 수호하기 위한 전제조건은 국왕의 불교 보호라고 할 수 있다. 그리고 이것은 부처가 열반하면서 국왕에게 특별히 당부한 내용이기도 하다. 이렇게 본다면 호국은 '불교가 위기로부터 국가(국왕)를 수호하는 것'으로 풀이할 수 있다.

『인왕경』과 『범망경』은 불교의 국가관을 잘 보여주는 경전들이다. 16나라의 왕들이 국토를 수호할 인연에 대해 물었다. 부처는 호국의 절대적 조건은 '호법'에 있으며, 반대로 불법을 파괴시키는 것은 '파국'(破國)의 인연이 되므로 경계해야 한다고 했다. 수·당대의 중국과 신라·고려대의 한국은 이 경전에 의거하여 수차례 백고좌 법회를 열어 난국을 타개하려고 했다. 100명의 고승을 초빙하여 공양을 대접하고, 100개의 등불을 밝히고 온갖 향을 피우며, 불상과 보살상과 나한상을 각기 100구씩 시설하고 이 자리에 참석한 국왕은 매일 『인왕경』을 몸소 읽는 성대한 불교 의식이었다. 이 경의 메시지는 "불교가 국가를

60 박한용, 위의 글, 위의 책, p.222. 논자는 "호국불교는 전통이 아니라 병통이다"라고 역설하고 있다.

위하여 무엇을 할 것인가"[護國]가 아니라 "국왕이 불교를 위하여 무엇을 할 것인가"[護法]에 겨냥되어 있었다.[61] 이렇게 본다면 『인왕경』의 메시지는 '호국'이 아니라 '호법'에 맞추어져 있음을 알 수 있다. 황(왕)실은 호국론에 입각하여 황제(왕)는 곧 '당금(當今)의 여래(如來)'이니 승려들은 마땅히 황제(왕)에게 절을 해야한다고 강변하였다. 그는 이것을 황제(왕)에게 절하는 것이 아니라 부처님께 절하는 것이라고 강변하였다. 이러한 황(왕)즉불 또는 황(왕)즉여래 혹은 황(왕)즉보살의 관념은 중국 남북조와 신라 진평왕 전후기 그리고 후고구려(마진, 태봉)의 궁예 등이 절대 왕정을 꿈꾸며 널리 활용한 기제였다.

세간의 통치자인 황제(왕)와 출세간의 통치자인 부처를 동일시 할 수는 없다. 그런데 황제(왕)는 세간과 출세간을 동일시했고 자신과 부처를 동일시했다. 그러나 내면의 각성을 추구하는 출가자와 현실의 행복을 추구하는 재가자들의 가치는 동일할 수 없다. 하지만 동일하지 않다고 해서 불교와 사회, 교단과 국가와의 관계를 분리해서 볼 수만도 없다. 만일 국왕을 민(民)을 포함하는 사회전체로 확산시킬 수 있다면 호국이 황제(왕) 한 사람만을 위한 충성으로만 한정되지는 않을 것이다. 동시에 호법이 불법만을 보호하기 위한 것으로만 강조되지도 않을 것이다. 이처럼 국가와 국왕을 동일시하든 차별시하든 간에 국가와 불법의 관계는 분리될 수도 없고 일치될 수도 없다. 그렇다면 불교와 국가의 관계를 어떻게 대등한 관계로 설정할 수 있을까? 호국불교 담론은 이러한 점들을 고려하여 논의가 이루어져야만 생산적인 결론을 내올 수 있을 것이다.

61 남동신, 「한국불교사의 인식과 방법론」, 『불기 2552년 부처님 오신날 봉축세미나: 한중일 삼국의 불교와 인문학의 소통』(동국대학교 불교문화연구원, 2008), p.49.

3 선종우위론과 선교일치론 및 돈점론

불교 전래 이래 한국불교는 선학과 교학의 구도 아래 이루어져 왔다. 고려시대에는 의천의 교관병수(敎觀竝修)나 지눌의 선교일원(禪敎一元) 역시 핵심은 '병수'(竝修)와 '일원'(一元) 또는 '일치'(一致)에 있다. 물론 선과 교에서 더러는 선학이 교학보다 주도적인 때가 있었는가 하면 교학이 선학보다 주도적인 때가 있었다. 중기에 들어서면서 지눌에 의해 구산선문이 조계종으로 통합되었고 요세의 천태종과 함께 선종이 불교계의 주도적인 분위기를 형성하였다. 고려 말 임제선이 다시 전래되면서 선종의 흐름은 강화되었으며 조선 초기 교단의 통폐합 과정 이후 선이 주도적인 흐름을 이어갔다.

청허 휴정(淸虛休靜, 1502~1604)의 문도들은 종래의 나옹 혜근-무학 자초-득통 기화-설준-설잠 등으로 이어지는 흐름을 제치고 태고 보우-환암 혼수-구곡 각운-벽계 정심-벽송 지엄-부용 영관-청허 휴정으로 이어지는 계보를 정통으로 세웠다. 나옹의 문손들은 경론을 소홀히 하지 않으면서 선법을 이어간 반면 태고의 법손들은 심인(心印)을 참구하는 데에 집중하였다. 휴정의 문도들은 참선(參禪)과 간경(看經)과 염불(念佛)을 축으로 하는 삼문 수업(三門修業)을 주요 흐름으로 임제법통을 세워 나갔다. 이러한 흐름은 조선 후기 백파 긍선(白坡亘璇)과 초의 의순(草衣意恂)의 임제선 삼구 논쟁으로 이어졌으며 이 논변 역시 선의 본래정신에 대한 환기였다. 선법을 조사선과 여래선 및 격외선과 의리선으로 분류한 백파에 대한 초의의 비판으로 촉발된 임제삼구(三句)의 주장도 사실은 선종우위론과 선교일치론의 대립이라고 할 수 있다.

또 인도로부터 티베트 삼예사에서 벌인 대론의 주제인 '깨침'[悟]과

'닦음'[修]의 방법에 대한 논의는 동아시아에서 본격적으로 거론되었다. 돈점(頓漸)논쟁은 '돈'과 '점'을 '오'와 '수' 앞에 붙이면서 점차 돈오점수(頓悟頓修)와 돈오돈수(頓悟頓修)로까지 나아갔다. '돈'(頓)이 시간적 틈새를 개입시키지 않는 즉각적인 것이라면, '점'(漸)은 시간적 흐름을 개입시키는 점차적인 것이라고 할 수 있다. 이것은 무시이래(無始以來)의 미세망념(微細妄念)을 돈단(頓斷)하기 위해서는 돈오의 칼날이 아니면 아니된다는 입장과 다생의 습기는 한 번에 끊을 수 없으므로 시간을 두면서 점차 끊어 나가겠다는 입장이다. 이 과정에서 돈점 논쟁은 더 깊어져 갔다.

이러한 논변은 송광사 서울분원인 법련사에 보조사상연구원(1987~)에 의해 주도되고 송광사에서 연 학술대회와 연구원에서 펴내는 학술지 『보조사상』에 의해 확산되어 갔다. 이 학술지가 간행(1987)되기 시작하면서 "깨침 이후에 닦을 것이 남아 있다면 그것은 온전히 깨친 것이 아니다"[頓悟頓修]라는 주장과 "온전히 깨치기 위해서는 점차 닦지 않고서는 이뤄질 수 없다"[頓悟漸修]는 주장이 제기되었다. 결국 돈오돈수와 돈오점수 논쟁의 초점은 오후불수(悟後不修)와 오후수(悟後修), 즉 '닦을 것이 남아있지 않지 않다'와 '닦을 것이 여전히 남아 있다'는 주장으로 모아졌다. 대표적인 한국불교사 통사류들에서는 이러한 논변에 대한 본격적인 기술을 아직까지 온전히 담아내지 못하고 있다.

4 종조론과 법통론

조선 중종 때 사라졌다가 명종 때 복원된 종파는 허응 보우(虛應普雨) 순교 이후 사라졌다가 대한시대에 들어 원종이 창종되면서 수면 위로 떠올랐다. 퇴경 권상로는 『불교』지를 운영하면서 남종선을 계승한 조계종의 종조로서 도의종조설(道義宗祖說)을 주장했다. 이것은 당시 한암 중원(漢巖重遠) 등이 지지하면서 도의종조설로 일컬어졌다. 하지만 도의종조설을 취하게 되면 종래의 임제정맥을 이어온 태고종조설을 부정하게 된다. 또 도의국사로 종조를 삼게 되면 국내에서 수행했던 지눌의 성취는 수렴되지만 국외에서 유학했던 태고의 위상은 배제된다. 바로 이러한 미묘한 차이점에서 조계종의 종조 담론이 이루어졌다.

비구와 대처 사이의 분규시절 때에도 종조론은 힘을 발휘했다. 불교의 임제정맥을 면면히 계승해 온 이들은 태고종조설을 주장했고, 해동전래 이래 이 땅에서 뿌리내린 자생적인 선법을 부정할 수 없었던 이들은 보조종조설을 주장해 왔다. 이재병과 이종익 등은 보조종조설을 주장했고 성철과 청담 등은 태고종조설을 지지했다. 도의-태고-보조 종조설은 불교 정화시기(1954~1962)에 첨예하게 대립되었고 결국 1994년 조계종 개혁회의에서는 도의를 조계종의 종조(宗祖)로 하면서도 보조를 중천조(重闡祖)로 하고 태고를 제종포섭(諸宗包攝)의 중흥조(中興祖)로 하는 선에서 임시 봉합하였다.

법통론 역시 종조론과 함께 제기된 쟁점 중의 하나였다. 휴정의 문도들에 의해 나옹법통설이 부정되고 태고법통설이 확립되면서 조선 중기 이후 불교의 법통은 서산종으로 확립되었다. 허응 보우에 의해 사라진 교단이 복원되었지만 그가 순교 이후 다시 교단은 암흑기에 들어섰다. 그런데 다행스럽게도 보우가 회복시킨 승과에 합격했던 휴정과 그 제자들(유정, 영규, 의암, 부휴)이 임진왜란과 정유재란에서 승장으로 크게 활약하면서 불교 교단의 존재감은 잠시나마 되살아났다. 하지만 불교 교단의 실체가 부재함으로써 구심이 모호해지자 삼문수업을 중심으로 구심을 회복하려는 노력 속에서 임제법통론이 확립되었다.

서산의 직계였던 4대 문파와 방계였던 7대 문파에 의해 주도된 법통론은 임제의 법통을 공고히 하자는 것이었지만 사실은 서산종을 선포하는 것이라고 할 수 있었다. 그러자 종래의 나옹법통론은 위축되었고 선문은 단일화되면서 경직되었다. 이러한 서산을 주축으로 하는 법통론은 태고종조설과 결합되면서 교단의 중심으로 확고하게 자리매김되었고 이후 대한시대에도 커다란 영향을 미쳤다. 한국불교사 통사류들 대부분에는 이러한 사실을 종파사로서 수록하고 있다.

6. 한국불교사 기술의 학통과 인물

한국불교사에서 학통과 인물은 대개 산문과 문중 및 종파와 고승 등으로 분류되었다. 대개 학문의 계통을 뜻하는 학통(學統)은 개조의 유력한 학설을 지지하고 확산해 가면서 이루어진다. 선법의 계통을 뜻하는 법통(法統)은 위로는 눈 밝은 선지식의 정법안장(正法眼藏)을 잇고, 아래로는 후생가외(後生可畏)의 제자를 길러 법맥을 계승시키고 보림(保任)시켜 가면서 형성된다.

이러한 학통과 법통은 재가를 중심으로 하는 유교와 달리 출가의 교단 내에서 특히 강조되어 왔다는 점에 그 특수성이 있다. 한국불교사에서 학통 내지 선통(禪統)은 고구려의 승랑과 보덕, 백제의 겸익과 현광, 신라의 원측-도증/승장-태현 학통 이외에 원효학통과 의상학통, 고려의 지눌선맥과 요세학통, 태고선맥과 나옹학통, 조선의 서산선맥과 백파학통, 경허선맥과 용성학통 등이 두드러진다.

1 ‖ 승랑학통과 보덕학통

신삼론학을 정초한 승랑(僧朗)학통은 승전-법랑-길장/혜균-관륵 등으로 이어졌다. 승전(僧詮)은 양무제가 파견한 10명의 고승들 중 한 명으로서 그의 학맥을 이었다. 지관사 승전의 문하에서는 다시 네 명의 고족이 나왔으며, 그중 1인인 흥황사 법랑(法朗)의 문하에서 중국인 길장(吉藏)과 요서(遼西)백제인 혜균(慧均)이 공부했다.[62] 고구려의 혜관(惠灌)은 길장에게서 삼론학을 배운 뒤 고구려로 돌아왔다가 일본으로 건너가 백제승 관륵(觀勒)에 이어 일본의 제2대 승정이 되었다.

열반학과 방등학을 정초한 보덕(普德)은 11명의 제자들에 의해 하나의 학통으로 자리를 잡았다. 그의 뛰어난 제자[高弟]는 1) 금동사(金洞寺)의 무상(無上, 제자 金趣 등), 2) 진구사(珍丘寺)의 적멸(寂滅), 3) 진구사의 의융(義融), 4) 대승사(大乘寺)의 지수(智籔), 5) 대원사(大原寺)의 일승(一乘, 心正, 大願 등), 6) 유마사(維摩寺)의 수정(水淨), 7) 중대사(中臺寺)의 사대(四大, 契育 등), 8) 개원사(開原寺)의 개원(開原), 9) 연구사(燕口寺)의 명덕(明德), 10) 처소 미상의 개심(開心), 11) 처소 미상의 보명(普明)이다. 보덕의 빼어난 제자들이 이들 11명이었다면 실제의 제자들은 이보다 훨씬 더 많았을 것이다. 그리고 이러한 숫자의 제자들이라면 보덕의 열반학은 중국과 달리 독자적인 학통을 형성하고 있었을 것으로 짐작된다. 그리고 보덕의 영탑학통은 중국 남부의 열반학이 끊어진 이후에 형성된 것이어서 주목된다.

---

62 논자는, 2006~2009년에 한국불교학계와 한국사학계에서 이루어졌던 『대승사론현의기』의 저자와 국적을 둘러싼 플라센, 최연식, 김성철, 이토 교수 등의 논변에서 쟁점이 되었던 몇몇 실마리들을 당시 백제를 구성하였던 半島백제와 遼西백제 및 倭백제를 아우르며 풀어 나가면 해결될 수 있을 것이라 생각하고 있다.

2 ‖ 겸익학통과 현광선맥

불광 겸익(佛光謙益)은 한국불교사에서 인도로 유학을 떠나(526) 백제로 돌아온(531) 최초의 구법승이었다. 그는 배달다(倍達多) 삼장 등과 함께 아비담장과 오부 율문을 가져와 함께 번역을 하였고 강론을 하였다. 겸익의 아비담장에 대한 이해와 오부(五部) 율문(律文)에 대한 인식은 자세히 알 수 없다. 그는 오부 율문을 가져와 번역하고 강론함으로써 중국보다 약 1세기 앞서 백제에서 오부 율문 모두를 연구할 수 있게 했다. 이러한 사실로 미루어 볼 때 겸익의 율맥에 대한 기록은 남아 있지 않지만 그를 따르는 문생들에 의해 형성된 학맥은 공고했을 것으로 추정된다. 그리고 그것은 이후 백제의 계율학과 삼론학 및 성실학과 법화학의 이론적 토대를 마련했을 것으로 짐작된다. 겸익의 비담 사상은 설일체유부의 존재 이해(極微無分說)를 충실히 계승하면서도 경량부의 존재 이해(極微有分說)까지 수용하는 탄력성을 잃지 않았을 것으로 추정된다. 또 겸익은 인도의 아비담장을 수용하면서도 백제의 대승교학적 토대와 충돌하지 않고 상호 수용했을 것으로 짐작된다. 아울러 그의 율학사상은 설일체유부의 『십송율』을 수용하면서도 법장부의 『사분율』 등 율문들과도 윤활하는 역동성을 잃지 않았을 것으로 이해된다. 때문에 그는 한국사상사 최초의 삼장법사이자 백제 율학의 비조였다고 할 수 있다.

해동 웅주 출신이었던 현광은 일찍이 중국으로 건너가 진(陳)나라의 남악 혜사(慧思, 515~577) 문하에서 법화삼매를 닦았다. 치열한 수행 끝에 법화 안락행문(安樂行門)을 은밀히 전수받고 정밀하게 수행하여 법화삼매를 증득한 뒤 스승에게 인가를 받았다. 혜사에게 "본국으로 돌아가 선교방편을 베풀어서 교화 제도하라"라는 부촉을 받고 귀국하였다. 백제로 돌아오는 도중 바다 위에서 천제의 부름을 받고 용궁으로 들어가 몸소 증득한 법화삼매법문을 설해주고 고향인 웅주로 돌아와 옹산에 자리를 잡고 범찰(사원)을 지어 크게 교화를 떨쳤다. 그는 중국의 남악(慧思) 영당(影堂) 내 28인의 도상 중 한 사람으로 들어 있으며 천태산 국청사 조당에도 모셔져 있다고 한다. 현광 문하의 승당수별자(1인), 화광삼매자(1인), 수광삼매자(2인) 및 백제의 혜현과 신라의 연광(緣光) 이후 법화수행은 주로 천태 지의의 '법화삼매참법' 혹은 '법화참법'으로 이어진 것으로 추정된다. 이후 법화 계통에서는 법화삼매 수행을 계승한 것으로 짐작되지만 자세한 것은 알 수 없다.

3 ‖ 원효학통과 의상학통

원효(元曉, 617~686)의 학문을 따르고 기린 원효학통은 주로 분황사를 무대로 이루어졌으며 분황종(芬皇宗)으로 불렸다. 고선사에 세워진 「서당화상비」(誓幢和上碑)에 의하면 분황의 문하에는 현륭(玄隆) 등 9명의 고족이 있었다고 전한다. 원효가 고선사에 있을 때 자기 어머니의 장사를 지내주도록 청했던 사복, 도반인 광덕과 수행을 하던 도중 광덕이 먼저 입적하자 그 아내를 탐하다가 원효를 만나 정관법(淨觀法)을 배워 수행을 계속하던 엄장(嚴莊), 원효가 오래도록 주석하면서 저술 활동을 한 집필 성지 분황사에서 그를 시봉했을 현륭, 원효가 주석했던 절이자 나중에 그의 비가 세워졌던 고선사의 만선(萬善)화상 등이 그의 제자였을 것이다.[63] 이들은 분황사에 머물며 경전과 계율을 혁신한 원효가 민중과의 광범위한 기반을 확보하면서 성취한 전통을 계승한 주체들이었다. 이들로부터 비롯된 학통은 고려시대까지 면면

63 고영섭, 『원효, 한국사상의 새벽』(한길사, 1997; 2002), p.253.

히 이어져 고려대장경 판각에도 일정한 영향을 미친 것으로 나타난다.[64]

의상(義湘, 625~702)의 학문을 따르고 기렸던 오진(悟眞), 지통(智通), 표훈(表訓), 진정(眞定), 진장(眞藏), 도융(道融), 양원(良圓), 상원(相願), 능인(能仁), 의적(義寂) 등의 십 대덕(大德)은 의상학통을 형성한 주요 인물들이다. 이들 중 표훈(表訓)은 흥륜사 금당에 스승 의상과 함께 십성(十聖)으로 모셔졌다. 이들 10성뿐만 아니라 그의 문도들은 3,000 제자들이 있었다고 전한다. 이들은 의상의 화엄을 계승하여 고려시대와 조선시대로까지 이어왔다. 균여의 『일승법계도원통기』와 체원(體元)의 『법화도량발원문약해』와 『법계도기총수록』 및 설잠(雪岑, 1435~1493)의 『화엄일승법계도주』와 유문(有聞)의 『법계도과주』 등은 의상 화엄학통이 어떻게 계승되어 왔는지를 잘 보여주고 있다.

4 지눌선맥과 요세학통

구산선문을 조계종으로 통합한 지눌(知訥, 1158~1210)을 따르던 이들은 팔공산 거조사에서 송광산 수선사(修禪社)로 무대를 옮기면서 새로운 선맥을 확립했다. 지눌의 선맥은 혜심(慧諶)으로 이어져 이후 16국사를 배출하였다. 수선사는 제1세 보조국사 지눌, 제2세 진각국사 혜심, 제3세 청진국사 몽여, 제4세 진명국사 혼원, 제5세 원오국사 천영, 제6세 원감국사 충지, 제7세 자정국사 일인, 제8세 자각국사 도영, 제9세 담당국사 □□, 제10세 혜감국사 만항, 제11세 자원국사 묘엄, 제12세 혜각국사 묘구, 제13세 각진국사 복구, 제14세 정혜국사 복암, 제15세 홍진국사 혜영, 제16세 고봉국사 법장으로 법주(法主)를 이어

64 守其, 『大藏校正別錄』(『高麗藏』 제38책, pp.513하~514하).

가면서 고려시대와 송광사의 입지를 공고히 했다.

고려 중기 천태종을 창종한 요세(了世)학통 역시 강진 만덕산 백련사(白蓮社)를 기반으로 8국사를 배출하면서 새로운 학통으로 자리를 잡았다. 백련사는 『법화경』의 「보현보살권발품」에 기초하여 보현도량을 세우고 새로운 결사 공동체를 구성하였다. 이후 백련사는 제1세 원묘국사 요세, 제2세 정명국사 천인(天因), 제3세 원환(圓睆)국사 □□, 제4세 진정국사 천척(天頙) 제5세 정조국사 이안(而安), 제6세 원혜(圓慧)국사 □□, 제7세 무외국사 정오(丁午), 제8세 목암국사 혼기(混其)로 법주(法主)를 이어가면서 고려 후기의 개성 묘련사(妙蓮寺)와 함께 천태종을 이끄는 견인차가 되었다.

5 ‖ 태고선맥과 나옹학맥

고려말의 삼대화상으로 널리 알려진 백운 경한(白雲景閑)과 태고 보우(太古普愚)와 나옹 혜근(懶翁慧勤)은 모두 중국의 임제종맥을 이은 선사로 알려져 있다. 백운 경한과 태고 보우는 소구 호륭계의 임제 정맥을 이은 석옥 청공(石屋淸珙)의 선법과 접목했으며, 나옹 혜근은 같은 계통인 평산 처림(平山處林)의 선법과 지공 선현(指空禪賢)의 선법도 받았다. 태고법통은 당대 보다는 후대의 휴정 문도에 의해 '법통'으로서 확립된 것으로 알려져 있다. 태고로부터 비롯되었다는 환암 혼수-구곡 각운-벽계 정심-벽송 지엄-부용 영관-청허 휴정으로 이어지는 법통은 그의 문도들에 의해 서산종(西山宗)을 방불케 할 정도로 하나의 법통 혹은 학통으로서 공고히 자리하여 조선 후기 이후 한국불교의 주류를 형성하였다.

반면 나옹 혜근으로부터 비롯된 환암 혼수(1320~1392)/무학 자초

(1327~1405)-득통 기화(得通己和, 1376~1433)-설준(雪峻)-설잠(雪岑)은 서산종이 성립되기 이전 한국불교의 주류를 형성하였다. 태종과 세종 이후 교단이 통폐합되고 선교 양종이 폐지되는 시대를 맞이하면서 득통 기화의 법통이 명료하게 드러나 있지는 않다. 다만 설잠에게 선을 가르친 이는 설준(雪峻)이었고 그의 스승이 득통 기화였다는 점, 설잠이 출가했다고 전해지는 삼각산 중흥사(重興寺)가 나옹 혜근이 머물렀던 곳이며, 설잠이 자신이 존경하는 나옹 혜근을 추모하는 시를 지었고, 혜근이 법을 전해 받은 지공에 대해서도 그의 법을 찬양하는 시를 남기고 있는 점[65]에서 볼 때 득통의 제자 9명[66] 이외에 설준과 설잠은 득통과 학맥을 같이 하는 이들이라고 할 수 있을 것이다.

6 서산선맥과 백파학통

부용 영관에게서 선법을 전해받은 청허 휴정(淸虛休靜, 1520~1604)에게서 나온 정관 일선(靜觀一禪, 1533~1608)/사명 유정(四溟惟政, 1544~1610)/편양 언기(鞭羊彥機, 1581~1644)/소요 태능(逍遙太能, 1562~1649) 등은 4대 문파를 형성하였다. 이들 이외에도 중관 해안(中觀海眼, 1567~?)/영허 해일(暎虛海日, 1541~1609)/제월 경헌(霽月敬軒, 1544~1633)/청매 인오(靑梅印悟, ?~1623)/진묵 일옥(眞默一玉, 1563~1633), 기허 영규(騎虛靈圭), 처영(處英), 의엄(義嚴) 등도 있었다. 그리고 방계로서 청허와 함께 동문의 사제지간이었던 부휴 선수(浮休善修, 1543~1615)가 있었으며 그의 문하에서는 고한 의언(孤閑熙彥, 1561~1647)/벽암

---

65 이기운, 「김시습의 법화 천태사상」, 『한국천태종사』(천태종출판사, 2010), pp.275~276.
66 김영태, 『한국불교사』(경서원, 1997), p.247. 득통의 제자로는 文秀·學眉·達明·智生·海修·道然·允悟·允澄·洪預 등이 있었다.

각성(碧巖覺性, 1575~1660)/뇌정 응묵(雷靜應默)/대가 희옥(待價希玉)/송계 성현(松溪聖賢)/환적 인문(幻寂印文)/포허 담수(抱虛淡水) 등 7대 문파가 형성되었다. 이들 정계와 방계의 문도들은 서산종을 형성하여 태고법통설을 창안하고 주류로 자리매김을 하였다.

백파 긍선(白坡亘璇, 1767~1852)은 선운사(禪雲寺)를 무대로 조선후기 당시 선법을 정리하여 『선문수경』(禪門手鏡)을 간행해 내었다. 그는 선의 전체를 비판하여 임제의 3구로서 배대하였다. 그리하여 3종의 선을 세워 조사선을 제1구 인공인(印空印) 삼요(三要)에, 여래선을 제2구 인수인(印水印) 삼현(三玄)에, 의리선을 제3구 인니인(印泥印)에 각각 붙여서 조사선과 여래선을 총칭하여 격외선(格外禪)이라 하고, 의리선(義理禪)을 최하급의 선이라고 하였다. 조사선(祖師禪)은 묘유(妙有)와 진공(眞空)을 깨닫고 평상심이 곧 부처임을 깨닫는 선경(禪境)이며, 여래선(如來禪)은 만법(萬法)을 통합하여 일심(一心)을 다루고 일심의 실재함을 깨달아 얻는 선경이며, 의리선은 이의(理義)에 있어서의 사(事)와 리(理), 유(有)와 무(無), 현상(現象)과 실재(實在)의 관계를 판별하나 아직 유심의 체험에는 이르지 못한 구두선을 가리켰다.[67] 이러한 논의에 대둔사의 초의 의순(草衣意恂, 1786~1866)은 『선문사변만어』(禪門四辨漫語)를 지어 통렬하게 반박하였다. 백파의 학통은 설두 유형(雪竇有炯, 1824~1889)을 거쳐 구암사 학통으로 이어졌다.

67 김영태, 앞의 책, p.314.

7 경허선맥과 용성선맥

조선 말기에는 삼정의 문란과 외세의 침입에 의해 나라가 위기에 직면했다. 불교 교단 역시 피폐해져서 어지러웠다. 경허 성우(鏡虛惺牛, 1846~1912)는 동학사에서 강의를 하다가 환속한 스승 계허(桂虛)를 찾아 나섰다가 때마침 인근을 휩쓸던 콜레라(胡熱剌)로 수많은 죽음을 체험한 뒤 강원을 폐쇄하고 참선에 몰입하여 오도를 하였다. 그로부터 조선의 선맥은 소생하여 수월(水月)/혜월(慧月)/만공(滿空)/한암(漢巖)과 같은 고족이 출현하였다. 혜월 문하의 선맥은 운봉(雲峰)-향곡(香谷)-진제(眞諦)로 이어졌고, 만공의 선맥은 청담(靑潭)/금오(金烏)/벽초(碧楚)/혜암(慧巖)/전강(田岡)-송담(松潭)/월산(月山)/월주(月柱)/월탄(月誕) 등으로 이어져오고 있다. 한암의 선맥은 보문(普門)/난원(煖遠)/탄허(呑虛)로 이어졌다. 경허선맥은 수덕사와 월정사 및 법주사와 불국사를 주축으로 한국불교의 주류를 형성해 오고 있다.

용성 진종(龍城震鍾, 1864~1940)은 대각교(大覺教)를 제창하여 송광사 사하촌을 무대로 선농일치의 가풍을 드날렸다. 또 삼장역회(三藏譯會)를 만들어 한글 역경과 찬불가 보급에도 전력하였다. 서울 종로에 대각사(大覺寺)를 개창하여 불교의 대중화에 크게 기여하였다. 그는 만해와 함께 기미독립선언 33인의 한 사람으로 참여하였으며, 그의 선맥은 동은(東恩)/동헌(東軒)/동산(東山)-고암(古庵)/자운(慈雲)/성철(性徹)/혜암(慧庵)/광덕(光德)/법전(法傳)으로 이어지고 있다. 이들로부터 비롯된 선맥은 해인사와 범어사 및 통도사를 중심으로 하여 현재 한국불교의 주류를 형성하고 있다.

기존의 한국불교사에서 학통 내지 선맥(禪脈)은 크게 주목해 오지 않았다. 학문과 종교의 경계가 명료하지 않다보니 재가자들은 출가자 중심의 일이라고 여겼고, 출가자 역시 학통 혹은 선맥은 출가 내부의 일이라 여겼다. 그 결과 유교의 문중과 학통에 견주어 불교의 학통과 선맥은 대외적인 지평을 확보하지 못하고 존재감을 잃었다. 하지만 고구려의 승랑과 보덕, 백제의 겸익과 현광, 신라의 원측-도증/승장-태현 학통 이외에도 원효학통과 의상학통, 고려의 지눌선맥과 요세학통, 태고선맥과 나옹학통, 조선의 서산선맥과 백파학통, 경허선맥과 용성선맥 등은 크게 두드러졌다.

앞으로의 한국불교사 기술에서는 이들 학통과 선맥에 대해 단지 교단 내의 종파와 고승의 시각에만 한정할 것이 아니라 보편적인 학통과 선맥으로 주목하여 밀도있는 분석과 기술이 요청된다. 그렇게 될 때 한국불교사가 한국사 전반으로 확장되고 한국사상사 전역으로 펴져나가 한국불교사의 대중화와 전문화가 균형있게 이뤄질 것으로 짐작되기 때문이다.

7. 한국사와 한국불교사의 접점과 통로

한국사와 한국불교사는 한국사회라는 동일한 공간을 공유해 오고 있다. 동시에 한국불교사 1,700여 년이라는 동일한 시간을 공유해 오고 있다. 기나긴 시간과 드넓은 공간을 공유해 오고 있는 한국불교사와 한국사는 긴밀한 상관관계를 맺어오고 있다. 이처럼 1,700여 년 동안 불교와 함께 해 온 한국인들의 아뢰야식 속에는 깊은 흔적과 기억이 내장되어 있다. 이러한 기억과 흔적에 기초하여 보면 한국사회라는 공간은 한국인들의 삶의 마당이었음을 알게 된다. 한국사회는 한국인들이 횡적으로는 문학, 역사, 철학, 종교, 예술의 영역이었고, 종적으로는 정치, 경제, 사회, 문화, 과학의 영역이었다. 이 공간에서 불교의 거사와 보살 및 유교의 유자와 부인들은 각자의 종교 영역을 넘나들며 교유하고 길항해 왔다.

또 한국불교는 한국사회에서 교육과 수행의 기능을 담당하면서 사회의 자정(自淨)과 문화의 선도 및 국난의 극복을 주도하였다. 고구려의 승병 3만 명은 당 태종의 침입에 맞서 안시성의 전세를 뒤집으며 국난을 극복하였다.[68] 그뿐만 아니라 신라와 왜국에 불교와 선진 문명을 전해 주었고, 가야와 백제 역시 왜국에 선진 문명과 불교를 전해 주었다. 통일신라는 고구려와 백제와 가야의 민족적 에너지를 종합하여 한민족의 선진문화를 꽃을 피웠다. 대발해는 고구려 이후의 문화를 계승하면서 고려에 이어 주었고, 고려는 후삼국의 통일을 통해 유목문화와 농경문화를 통합하였다. 고려는 불교를 한민족의 정신세계로 승화시켜 거란(遼)과 여진(金) 및 몽골(元)과 홍건적(明)의 침입을 능동적으로 극복했으며, 이를 기반으로 하여 고려의 주체성과 자주성을 동아시아에 과시하였다.

지눌(知訥)의 정혜결사와 진억(津億)의 수정결사 및 요세(了世)의 백련결사는 생활공동체인 '결사'(結社)의 형식을 통해 교단 내의 정화뿐만 아니라 사회 내의 정화를 주도했다. 두 차례의 고려대장경 판각과 고려 교장 간행 및 인쇄술의 발명과 고려 불화의 완성, 그리고 고려 청자를 발명하여 선진문화를 선도하였고 우리 민족의 창발성을 국내외에 과시하였다. 한국불교사는 이러한 역사를 온전히 담아내고 있으며 한국사의 내포를 단단히 하고 외연을 넉넉히 해오고 있다. 때문에 한국불교사는 한국사이며 한국사는 한국불교사라 할 정도로 일체감

---

68 『高麗史』「崔瑩傳」

을 형성해 왔다. 그리하여 한국불교는 한국사회에 전통문화와 민족문화의 상징으로 자리잡게 되었고, 한국인들은 한국불교 안에 의지하여 민족문화와 전통문화를 꽃피웠다.

한국불교는 조선 이후에도 유교와 함께 한국사회의 주도적인 역할을 해왔고 임진왜란, 병자호란과 같은 국난 때에는 승병을 일으켜 나라를 구하였다. 일제식민지 체제와 분단 체제 이후에는 독립운동과 친일청산 및 사회 정화의 선두를 이끌어 왔다. 최근에는 전통문화의 수호와 생태 환경 자연보호를 위한 이론의 창안과 실천의 구현을 주도해 가고 있다. 이처럼 한국불교사와 한국사는 오랫동안 접점을 공유해 왔으며 통로를 함께 확보해왔다. 하지만 기존의 한국불교사 통사류들은 여전히 고승의 행적과 사상에 대한 연구로 일관해왔을 뿐 그들의 행적과 사상이 당시 사회 속에서 어떠한 역할을 담당해 왔는지에 대해서는 소홀히 해왔다. 새로운 한국불교사는 한국불교사의 주체를 출가자 중심이 아니라 사부대중 중심으로 확대해야 하며 그들이 활동했던 한국사회라는 공간까지 아우르며 기술해야 할 것이다.

8. 정리와 맺음

인도에서 발생한 불교는 중국을 거쳐 한국에 전래되었다. 고구려와 백제와 가야의 왕실은 적극적으로 불교를 받아들였고 신라는 전통신앙과 한바탕 결전을 치른 뒤에 불교를 수용하였다. 결국 한국불교는 한국인들의 요청에 의해 수용되었고 한국인들의 능동적이고 주체적인 노력과 역할에 의해 한국사회에 깊이 뿌리를 내렸다. 그리하여 불교의 연기적 세계관은 우리들의 삶의 도리이자 질서이고 문화였으며 우리는 어떻게 살아야 하고 어떻게 발전해야 하며 어떻게 관계 맺어야 하는지에 대해 가르쳐 주었다. 동시에 우리에게 철학하는 법과 사유하는 법을 제시해 주었다. 그런데 종래의 한국불교사 통사류는 사가들의 방법과 문법, 사관과 주체, 주제와 쟁점, 사건과 제도, 학통과 인물 등에 관한 깊은 인식 아래 기술되지 못하였다. 그 결과 한국불교사의 중층적이고 입체적인 시각들을 도외시한 채 학통(종파)과 인물(고승) 등의 생애와 사상 일변도로 기술해왔다. 하지만 앞으로 이러한 몇몇 관점을 수용하여 한국불교사를 파악하게 된다면 한국불교사를 보다 입체적으로 기술할 수 있게 될 것이다. 이들 몇몇 관점 속에는 역사적 현실과 철학적 사태에 대한 사가들의 또렷한 시각이 내재되어 있기 때문이다.

그동안 한국불교사 기술에 대한 종합적 이해와 요청이 없다보니 사가들 역시 한국불교사 기술의 방법과 문제에 대해 깊이 고뇌하지 못했다. 때문에 한국불교사가 대중화되지 못했고 한국사에서 주류사학으로 자리매김되지도 못했다. 그 결과 한국불교사 연구자의 숫자가 확보되지 못했고, 아직까지 온전한 한국불교사 통사류를 간행하지 못하고 있다. 이렇게 된 까닭은 아마도 불교사 연구 역사가 짧아 이러한 문제의식을 확보할 수 있는 계기를 마련하지 못했기 때문일 것이다. 우리는 문화의 세기인 21세기의 국제화 세계화시대에 살고 있다. 동서가 소통되고 남북이 융합하는 이 시대에는 무엇보다도 지식의 집적체로서 통사(通史)가 요청된다. 전문성과 대중성을 겸비한 한국불교 통사를 간행하기 위해 한국불교사 기술의 방법과 문법에 대한 깊은 인식 아래 업설(業說) 또는 연기설(緣起說) 혹은 중도(中道) 사관의 확고한 정립과 사부대중의 주체 확립, 그리고 인간 이해와 세계 인식에 대한 본질적인 주제와 쟁점의 확보 등의 몇몇 문제들을 의식하면서 집필해 간다면 보다 입체적인 한국불교통사 기술도 먼 미래의 일은 아닐 것이다.

그리하여 한국불교사 기술에서 요청되는 방법과 문법들이 보다 깊이 환기되고 사관과 주체, 주제와 쟁점, 사건과 제도, 학통(종파)과 인물(고승) 등이 주요한 문제의식이 될 수 있다면 우리는 전문성과 대중성을 겸비한 한국불교사를 조만간 간행할 수 있을 것이다. 그러기 위해서는 고승의 행적과 사상에 대한 연구로 일관해 온 기존의 연구를 확장시켜 그들의 행적과 사상이 당시 사회 속에서 어떠한 역할을 담당해왔는지에 대해서까지 다루어야 할 것이다. 또 새로운 한국불교사 기술에서 주의해야 할 대목 역시 한국불교사의 주체를 출가자 중심이 아니라 사부대중 중심으로 확대해야 하며 그들이 활동했던 한국사회라는 공간까지 아우르며 기술해야 할 것이다. 한국불교사의 주체를 사부대중 중심으로 확대하기 위해서는 비구 이외에 비구니와 거사와 부인들을 발굴하고 그들의 존재감을 사료를 통해 복원하여 사부대중을 균형있게 기술하려는 노력을 기울여야만 할 것이다.

따라서 앞으로 간행해야할 한국불교사는 불교사 내부의 사관과 주체, 주제와 쟁점, 사건과 제도, 학통과 인물 뿐만 아니라 한국사의 전 영역으로까지 확장하고 분석 검토하여 기술해야만 할 것이다. 그렇게 될 때 한국불교사가 한국사 전 지평으로 확산되고 한국사상사 전역으로 퍼져나가 한국불교사를 대중화시킬 수 있게 될 것이다. 그러기 위해서는 연구자들 사이의 보다 유기적인 협동 체제가 요청되며 그러한 체제에 의해 대중성과 전문성을 겸비한 한국불교사의 간행 시일도 앞당길 수 있을 것이다. 종래의 한국불교사 통사류에 대한 검토와 분석 작업 역시 새로운 한국불교통사의 간행을 위해 전제되어야 할 주요한 업무의 하나라고 할 수 있을 것이다.

2장 한국불교의 전통과 원효불학의 고유성

- 원효의 '和諍會通' 논법과 관련하여 -

1. 문제와 구상

사상사에서 '전통'(傳統)이란 개념은 '근대'(近代)라는 개념과 맞물려 정의해왔다. 전통은 "어떤 집단이나 공동체에서 과거로부터 이어 내려오는 바람직한 사상이나 관습, 또는 행동 따위가 계통을 이루어 현재까지 전해진 것"을 가리킨다. 이에 대응하는 '근대'는 역사 서술에서 전제되는 시대구분의 하나로서 '전통'에 맞서는 개념으로 통용되고 있다. 근대는 봉건시대 혹은 봉건사회 단계가 끝난 뒤에 전개되는 시대를 일컫는다. 때문에 전통은 근대의 이전 시대를 가리키는 개념일 뿐만 아니라 근대 이전의 사상과 관습 및 행동의 계통이 현재까지 전해지는 것을 의미한다.

반면 세계사에서 '전통'에 대응하는 '근대'란 개념은 "공동체에 대한 '나'라는 개인의식의 성립이나 개인 존중 등의 '개인우월 사상'이 이루어지는 15~16세기 유럽의 르네상스나 종교개혁의 시기 이후"를 일컫는다. 동시에 "자본주의의 형성과 시민사회의 성립이 이루어지는 17~18세기 이후의 유럽사회"를 가리킨다. 다시 말해서 전통이란 사농공상(士農工商)과 같은 신분적 구분에 의해 지배되지 않는 '근대 이전의 사회'를 일컫는 표현이라고 할 수 있다.[1]

고조선의 해체 이후 삼한을 거쳐 삼(사)국시대로 전개된 이래 한민족 의식이 회복된 것은 신라의 삼(사)국통일이었다. 한국인들은 당(唐)이라는 타자(외세)의 개입을 통해 비로소 주체성과 자내성을 지니게 되었다. 동시에 불교 전래 이후 인도불교와 중국불교 및 일본불교와 변별되는 한국불교의 전통[2]을 주체화하고 자내화할 수 있게 되었다. 나아가 한국유교와 한국도교와 구분되는 한국불교의 고유성도 확보하였다. 해서 반만년의 유구한 역사를 이어온 한국인의 모국어인 국어가 인도말과 중국말 및 일본말과 서로 다르듯이, 한국인의 사유 체계 또는 관념 체계 혹은 가치 체계는 인도인과 중국인 및 일본인의 것과

1 '당대' 혹은 '동시대'를 나타내는 '현대'의 시점 이전을 '근대'라고 한다면 100년 또는 200년 이후의 사람들은 자기 시대인 '현대' 이전을 일반명사로서 '근대'라고 할 것이다. 때문에 최근 아시아권에서는 '전통'에 상응하는 '근대'는 일반명사 혹은 보통명사일 수밖에 없지 않느냐 반문한다. 그러나 개념의 적절성에 대해 문제 제기를 하면서도 별다른 대안 없이 원용해 쓰고 있다.

2 한국불교의 '특성' 혹은 '성격'을 '통불교'로 파악하는 선행연구(최남선, 조명기, 김동화, 이기영, 안계현, 우정상, 김영태, 고익진, 이봉춘, 김상현 등)에 대한 비판적 입장(유동식, 심재룡, 길희성, 오지섭, 로버트 버스웰, 존 요르겐센, 조은수 등)과 '호국불교'로 파악하는 기존연구(김동화, 홍정식, 이기영, 이재창, 김영태, 고익진, 목정배, 서윤길 등)에 대한 비판적 시각(심재룡, 최병헌, 김종명, 김종만, 헨릭 소렌슨 등)이 제기되어 있다. 반면 '통불교론'과 '호국불교론'의 순기능과 역기능에 대한 전관적 성찰에 대한 논구는 매우 적다. 이봉춘, 「회통불교론은 허구의 맹종인가-한국불교의 긍정적 자기인식을 위하여」, 『불교평론』 제5호(만해사상실천선양회, 2004년 겨울); 고영섭, 「한국불교사 기술의 방법과 문법」, 『한국불교사연구』 제1호(한국불교사학회·한국불교사연구소, 2012년 봄·여름); 고영섭, 「국가불교의 '호법'과 참여불교의 '호국'- 호국불교의 전개와 의미」, 『불교학보』 제64집(동국대학교 불교문화연구원, 2013).

다를 것이다. 그렇다면 '근대'에 대응하는 한국불교의 '전통'은 무엇이며 한국불교의 '고유성'에는 어떤 것이 있을까? 세계 여러 나라들은 서로 다른 전통과 고유성이 분명히 있을 것이다. 한국인들은 전법승들에 의해 '전래'된 불교를 어떻게 '수용'하였을까? 황(왕)실은 어떠한 맥락에서 불교를 '공인'하였을까? 그리고 한국불교인들은 불교를 어떻게 '유통'시켜 나갔을까? 아마도 그 유통과정 속에는 한국불교가 오랫동안 자연스럽게 온축해 온 전통과 고유성이 있을 것이다.

새로운 문명인 불교가 전래되자 고구려와 백제 및 가야와 달리 신라인들은 종래의 무속(神教)사상에 입각하여 배타와 공격을 거듭하였다. 한동안 그들은 두 사상 사이에서 갈등하다가 점차 보편적 진리를 주장하는 불교를 자신들의 신념 체계로 받아들였다. 동시에 그들은 불교를 변용하여 자신의 세계관과 가치관으로 만들어 나갔다. 때문에 한국불교 속에는 대륙과 반도와 열도에 걸친 한국이라는 지리적, 문화적, 정치적, 사회적 토양 속에서 이루어진 특유의 성장과정과 독특한 성취결과가 어우러져 있다.[3] 이 글에서는 화쟁 회통의 논리를 통해 인도불교와 중국불교 및 일본불교와 변별되는 한국불교의 전통과 고유성[4]을

---

3 고영섭, 「한국불교의 보편성과 특수성」, 『대학원연구논집』 제6집(중앙승가대학교 대학원, 2013), p.13.

4 한국불교의 보편성과 특수성의 구명 맥락에서 이루어진 선행연구들은 다음과 같은 것들이 있다. 권상로, 「조선불교사의 이합관」, 『불교』, 제62호(불교사, 1929. 4); 최남선, 「조선불교-동방문화사상에 있는 그 지위」, 『불교』 제74호(불교사, 1930); 조명기, 『신라불교의 이념과 역사』(신태양사, 1960); 이기영, 「한국불교의 근본사상과 새로운 과제」, 『한국불교 연구』(한국불교 연구원, 1982); 심재룡, 「한국불교 연구의 한 반성」, 「동양의 智慧와 禪」(세계사, 1990); 김영호 엮음, 『한국불교의 보편성과 특수성』(한국학술정보(주), 2008); 고영섭, 「한국불교의 보편성과 특수성-생태관, 평등관, 여성관」, 『한국불교사연구』(한국학술정보(주), 2012); 최병헌, 「한국불교사의 체계적 인식과 이해방법론」, 『한국불교사연구입문』 상(지식산업사, 2013); 김상영, 「한국불교의 보편성과 특수성」, 한국불교 연구원, 『2013년 불교학술세미나자료집: 불교의 특수성과 보편성』(한국불교 연구원).

확보하여 종파성을 초월하고 통합불교를 지향해 간 분황 원효(芬皇元曉, 617~686)의 사유 체계와 인식 방법에 대해 살펴보고자 한다.[5]

2. 인중(印中)불교의 주체적 수용

고타마 붓다에 의해 천축에서 탄생한 가르침, 즉 불교는 서역과 동방으로 널리 전해졌다. 그의 가르침은 실크로드 즉 초원과 오아시스(사막) 및 해양의 세 갈래의 비단길을 통해서 동아시아로 퍼져 나갔다. 전한(前漢) 애제(哀帝) 때 전래된(기원전 2년) 불교는 전법승들인 위진남북조시대의 축법호(竺法護, 231~308?)와 불도징(佛圖澄, 232~348) 및 구마라집(鳩摩羅什, 350~409)과 불타발타라(佛駄跋陀羅, 覺賢, 359~429) 등의 수많은 경전 번역과 '격의'(格義)불교의 터널을 오고간 상인들에 의해 대중화 되었다. 그들 중 일부는 한국으로 건너와 '아도'(我道/阿道) 혹은 '묵/흑호자'(墨/黑胡子)라는 이름으로 불렸다.[6]

고구려는 북조의 전진(前秦)왕 부견(符堅)이 파견한 순도(順道)에

5 한국불교사에서 원효는 회통(會通)과 화쟁(和諍)의 기호로 一心의 철학을 펼쳤다. 고영섭, 「원효 一心의 神解性 연구」, 「불교학연구」 제20호(불교학연구회, 2008); 고영섭, 「분황 원효 本覺의 決定性 탐구」, 『불교학보』 제67집(동국대학교 불교문화연구원, 2014. 4); 고영섭, 「분황 원효의 和諍會通 논법 탐구」, 『한국불교학』 제71집(한국불교학회, 2014. 9).

6 한편 중국의 東晋의 法顯(339~420?), 唐의 玄奘(602~664)과 義淨(635~713)과 한국 고구려의 阿離耶跋摩와 백제의 謙益(~526~531~) 및 신라의 慧超(704~?) 등은 佛典과 佛法의 입수를 위해 天竺으로 구법을 떠난 뒤 돌아와 格義를 넘어 本義로 경전을 한역함으로써 漢譯大藏經의 기초를 다졌다. 중국 隋唐시대에는 天台 智顗(538~597)와 嘉祥 吉藏(549~623) 및 慈恩 窺基(632~682)와 賢首 法藏(643~712) 등이 세운 '敎判'에 의해 많은 종파가 형성되었다. 達摩(?~?) 이래 大鑑 慧能(638~713)과 그의 법자 법손들은 인도의 요가 명상 등의 수행법을 정비하여 '禪法'의 수행 체계를 완성시켰다.

의해 교학(敎學)불교를 받아들였다(372). 불상과 경문을 가지고 온 순도는 고구려인들에게 '인과로 교시하고[示以因果] 화복으로 설유'하였다[誘以禍福]. 하지만 '당시 사람들이 질박했기에 그가 교학적인 온축이 깊고 학해가 넓었지만 그 교화를 많이 펴지 못했다.'[7] 또 고구려는 남조의 동진(東晋/魏)에서 건너온 아도 계통의 인과화복(因果禍福)의 교설에 입각한 업설(業說) 중심의 신행(神行)불교도 받아들였다(374).

순도와 달리 아도는 신승(神僧)이어서 질박한 세인들에게 신이한 현상과 영험의 교화를 적극적으로 폈다. 그 결과 고구려 초기불교는 순도 계통의 교학불교와 아도 계통의 신행불교 두 갈래를 모두 수용하여 널리 연구하고 신행하였다. 이윽고 중대 이후에 들어서자 승랑(僧朗)과 의연(義淵) 및 보덕(普德) 등이 삼론학과 지론학 및 열반학과 방등교를 받아들여 주체적으로 소화하면서 자생적인 불교로 정착하였다.

백제는 남조의 동진에서 건너온 인도 서역승 마라난타(摩羅難陀)에 의해 교학불교를 받아들였다. 이후 겸익(謙益)[8]의 계율학과 비담학, 현광(玄光)과 혜현(慧顯)의 법화학과 연광(緣光, 신라인)의 천태학, 혜총(惠聰)과 관륵(觀勒) 및 혜균(慧均)과 도장(道藏) 등의 삼론학과 성실학을 받아들여 주체적으로 소화하고 능동적으로 변용하였다. 그리고 전기 가야연맹을 이끌었던 금관가야는 허황옥의 오빠인 장유(長遊)화

---

7 覺訓, 「釋順道」, 『海東高僧傳』(『韓國佛敎全書』 제6책, p.90중). "示以因果, 誘以禍福."

8 역사학계에서는 李能和가 『朝鮮佛敎通史』(1918) 내의 「彌勒佛光寺史蹟」에서 謙益의 印度 유학(526~531)을 기술하고 있지만 100여 년도 안 된 이 저술 이외에 다른 어떤 기록에도 겸익의 인도 유학에 대해 기술하고 있지 않기 때문에 그의 인도 유학을 인정할 수 없다고 주장하고 있다. 하지만 당대 일급의 한국학자인 이능화가 사료에도 없는 기록을 마치 역사적 사실인 것처럼 견강부회하여 기술하였다고만 볼 수는 없다. 논자는 『논어』의 '(부정하는) 증거가 없는 한 믿지 않는다'[無證不信]는 것과 『史記』의 '(오랫동안) 많이 들어왔던 것은 의심하지 않는다'[多聞闕疑]는 동양적 역사관을 따라 이능화의 『조선불교통사』의 기록에 실린 겸익의 인도 유학을 역사적 사실로 보고자 한다.

상을 통해서 인도의 부파불교를 수용하였고, 후기 가야연맹을 이끌었던 대가야는 백제를 통해 중국 남조의 대승불교를 수용하였다.[9]

인도 서역 및 중국의 전법승이 전래하고 백성들이 수용하자 고구려와 백제 왕실은 '불법을 높이 받들어 믿고 복을 구하라'[崇信佛法求福]는 교지를 내려 불교를 공인하였다. 이에 당시 사람들은 불교 사찰을 '복을 닦고 죄를 멸하는 곳'[修福滅罪之處]으로 인식하였고,[10] 불법을 믿으면 복을 구할 수 있다는 소박한 믿음을 지니게 되었다. 동시에 백성들은 불교를 '이익'(求福)과 '평안'(修福) 및 '해탈'(滅罪)을 주는 가르침으로 이해하였다.

반면 신라는 미추왕대에 입국(263)한 아도(我道)와 눌지왕대(訥祇王, 417~458)의 묵호자(墨胡子) 그리고 비처(毗處/炤知王, 479~499)왕대의 아도화상(阿道和尙) 외 시자 3인과 법흥왕(法興王) 대의 아도(阿道)를 통해[11] 불교를 수용하였다. 이어 이차돈의 순교(殉敎)와 원종(原宗, 법흥)의 멸신(滅身)에 의해 불교를 공인[12]한 뒤 비로소 고대국가로서 공고히 설 수 있었다.

이와 맞물려 진흥왕 대인 천가(天嘉) 6년(565)에 진(陳)나라 사신 유사(劉思)와 명관(明觀)이 불경과 논장 1천 7백여 권을 실어왔다. 또 정관(貞觀) 17년(643)에는 자장(慈藏)이 삼장 4백여 상자를 싣고 와서 통도사에 안치하였다. 이후에도 중국으로부터 전해온 여러 경교(經敎) 서적을 기반으로 하여 불교연구에 더욱 집중할 수 있었다.[13]

이처럼 고구려는 요동 출신으로서 남경 일대를 중심으로 활동한 승

---

9 고영섭, 「부파불교의 전래와 전통 한국불교」, 『한국선학』 제24집(한국선학회, 2008).
10 一然, 「興法」, 『三國遺事』(『韓佛全』 제6책).
11 一然, 『三國遺事』 「興法」, '阿道基羅' 條.
12 一然, 『三國遺事』 「興法」, '原宗興法 猒髑滅身' 條.
13 一然, 『三國遺事』, 「興法」, 「塔像」, 「義解」.

랑(僧朗)의 삼론학과 재상 왕고덕의 후원으로 후연에 유학하고 돌아온 의연(義淵)의 지론학 및 보덕(普德)의 열반학과 방등교로 열어갔다. 백제는 겸익(謙益)의 비담율학 사상과 현광(玄光)의 법화삼매 사상 및 요서백제에서 활동한 혜균(慧均)의 삼론학과 일본에서 활동한 도장(道藏)의 성실학으로 이어갔다. 신라는 원광(圓光)의 성실학과 섭론학, 안함(安含)의 참서사상 및 자장(慈藏)의 여래장학과 계율사상 등에 의해 그 길이 다져졌다. 이들이 확립한 불교학적 토대 위에서 비로소 신라 원효의 일심법(一心法)과 화회론(和會論)이 창출될 수 있었다.

이처럼 원효의 화회(和會)[14] 즉 화쟁 회통 논법은 인도 용수(龍樹)의 회쟁(廻諍), 중국 길장(吉藏)/혜사(慧思)의 무쟁(無諍)과 변별되는 독득한 사유체계라고 할 수 있다.[15] 그것은 이론 중심의 틀에 서서 쟁론을 전회시키는 용수의 '회쟁'과 쟁론 자체를 인정하지 않으려는 길장/혜사의 '무쟁'과 달리 쟁론을 인정하면서 화회시켜가는 '화쟁회통'은 원효의 독자적인 방법론이라고 할 수 있다. 그의 이러한 방법론은 널리 확장되어 한국불교의 보편적인 방법론으로 자리를 잡았다. 따라서 한국불교의 고유성은 곧 원효가 확립한 전통에 영향 받아 '물리적 비빔'으로 '발효'되고 '화학적 달임'(고움)으로 '숙성'되어[16] 한국불교의 특성 혹은 성격으로 나타났다.

---

14 金暎泰, 「『열반경종요』에 나타난 和會의 세계」, 고영섭 편, 『한국의 사상가 원효』(예문서원, 2002).

15 김영호, 「원효 和諍 사상의 독특성 - 廻諍(인도) 및 無諍(중국)과의 대조」, 앞의 책, pp.47~79.

16 고영섭, 「한국불교의 보편성과 특수성」, 앞의 글, pp.11~14.

3. 통일성과 개체성의 화쟁(大和諍)

한국불교는 원효를 기점으로 이전의 수용기와 이후의 자생기로 나눠볼 수 있다. 원효는 붓다의 중관(中觀), 용수의 공관(空觀), 승랑의 정관(正觀),[17] 천태의 묘관(妙觀)[18]에 이어 두 극단에 치우치지 않는 화관(和觀)을 제시하였다. 즉 그는 존재에 대한 두 극단의 인식을 넘어 '바른 관찰'을 의미하는 인도의 '중관'과 '공관' 및 중국의 '정관'과 '묘관'에 상응하는 '화관'을 역설하였다.[19] 당시 원효는 구마라집(鳩摩羅什)-진제(眞諦) 삼장 등의 구역(舊譯) 이후 현장(玄奘) 삼장의 신역(新譯)과 함께 중국에서 새롭게 제기된 여러 불교 이론들이 전해져 오자 이들 사유 체계를 정리할 필요성을 느끼고 있었다.

해서 그는 당시 유행해 온 삼론(三論)과 유가(瑜伽/唯識), 법화(法華)와 화엄(華嚴), 계율(戒律)과 정토(淨土) 등의 다양한 주장들을 전체적으로 통섭하여 불설(佛說)의 핵심인 중도에 입각하여 '일심'(一心)과 '일미'(一味)의 틀 위에서 종합과 통합을 시도하였다. 법장(643~712)의 화엄에서 강조하는 것처럼 부분[一]과 전체[多], 본체[一]와 현상[多]이

---

17 고영섭, 「섭령 승랑의 無得正觀 사상」, 『문학 사학 철학』 제30호(대발해동양학한국학연구원·한국불교사연구소, 2012년 가을). 승랑의 철학적 입장은 '約敎二諦說', '中道爲體說', '二諦合明中道說', '橫竪並觀說' 등 여러 가지로 정의되고 있지만 이들은 '無得正觀' 사상으로 총괄할 수 있다.

18 南嶽 惠思의 삼종지관을 전한 天台 智顗의 사상은 여러 가지로 정의되고 있지만 龍樹의 空觀에 대응하여 天台의 '妙觀'으로 총괄할 수 있다. 그의 三種止觀 즉 점차적으로 단계를 올려 가는 漸次지관을 설하는 『석선바라밀차제법문』, 낮은 단계의 지관에서 높은 단계의 無生法忍을 깨달아 들어가는 不定지관을 설하는 『六妙法門』, 처음부터 실상을 관조하는 圓頓지관을 설하는 『마하지관』을 통해서도 알 수 있는 것처럼, 『묘법연화경』을 '妙經', 천태종을 '妙宗', 천태학을 '妙學', 천태 수행관을 '妙觀'이라 하는 이유도 바로 여기에 있다.

19 二邊 즉 待對인 팽팽함/느슨함을 넘어서는 中觀, 無/有를 넘어서는 空觀, 無所得/有所得을 넘어서는 正觀, 空/假 또는 單/兼을 넘어서는 妙觀, 破/立 혹은 奪/與를 넘어서는 和觀이다.

모두 유기적인 관계를 지니고 있지만, 원효는 전체가 아니면서도 부분이 아니고[不一而不二], 부분이 아니면서도 전체가 아닌[不二而不(守)一] 유기적인 관계를 보여주고 있다. 이것은 통일성과 개체성을 모두 살려나가는 대긍정의 화쟁 과정이라고 할 수 있다.

원효는 거울이 온갖 형태를 다 받아들이고, 바다가 온갖 물줄기들을 다 받아들이듯, 붓다의 올바른 진리에 근거하여 화쟁 회통의 논법이라는 독특한 방법론을 제시하였다. 이를 통해 그는 동아시아 불교사상사에서 이루어진 삼론학과 열반학, 비담학과 성실학, 지론학과 섭론학, 밀학과 율학 및 법상학, 천태학과 화엄학, 정토학과 선(법)학 등의 다양한 사유들을 '일심'(一心)의 철학으로 꿰어 내었다.[20] 특히 그의 『열반경종요』는 당시 동아시아 지론학통의 맹주였던 정영사 혜원(慧遠)의 이해를 주체적으로 활용하고 있다.[21]

원효는 화쟁회통의 논법을 통해 붓다의 근본 가르침을 올곧게 이해할 수 있도록 했다. 그리고 붓다의 근본 가르침에 근거하여 온갖 주장들[異諍]을 화쟁 회통시켜 내고자 하였다.

불교경전의 부분적 이해를 통합하여
온갖 흐름의 한 맛[一味]으로 돌아가게 하고,
부처의 뜻의 지극히 공정함[至公]을 전개하여

---

20 元曉에 앞서 고구려의 僧朗, 백제의 慧均, 신라의 圓測 등의 성취가 있었지만 그들의 활동무대가 중국 및 遼西百濟였다는 점을 고려하면 국내에서 활동한 元曉의 존재감은 한층 더 부각된다.

21 금강대학교 불교문화연구소 편, 『지론사상의 형성과 변용』(씨아이알, 2010). 여기에는 서장(1편)을 비롯하여 제1장 지론사상의 형성과 그 주변(5편), 제2장 지론종 관련 문헌의 제문제(5편), 제3장 지론사상과 여타 교학(3편), 제4장 지론사상에서 화엄사상으로의 변용(3편) 등 17편의 논문이 수록되어 있다. 아울러 『藏外地論宗文獻』(씨아이알, 2012); 『藏外地論宗文獻續集』(2013)을 간행하여 이 분야 연구에 크게 도움을 주고 있다.

> 백가(百家)의 뭇 주장을 화회(和會)시킨다.[22]

원효의 '화회게'는 『열반경』이 그렇다는 것이지만 그 함의는 『열반경』에만 제한되지 않는다. 이 경전이 부처가 가장 나중에 설한 경전이라는 점, 이전에 시설한 수많은 경전의 지공(至公)적 관점을 제시하는 점, 그리고 그가 대립과 갈등을 화쟁하고 회통하기 위해 일미(一味)로 화회(和會)시키는 점 등에서 이 게송의 함의는 모든 경전에게로 확장되고 있다.[23]

원효의 화회 논법은 일심사상을 이해할 수 있는 중심축이다. 그의 화회 논리는 인도불교와 중국불교 및 일본불교에서 찾아볼 수 없는 독특한 논법이다. 이 때문에 원효는 '화쟁국사'(和諍國師)[24] 또는 '화회논사'(和會論師)로 일컬어졌고 화쟁 회통의 논법은 그 이후의 한국불교의 전통과 고유성이 되었다. 그러므로 원효에게 화쟁과 회통은 '일심의 근원으로 돌아가게 하는'[歸一心源] 논법이자 '중생을 풍요롭고 이익되게 하는'[饒益衆生] 논리였다. 「고선사서당화상비」(高仙寺誓幢和上碑) 잔편(殘片)에는 『십문화쟁론』의 내용이 실려 있다.

> 부처님이 세상에 있었을 때는 온전한 가르침[圓音]에 힘입어 중생들이 한결같이 이해했으나 ……쓸데없는 이론들이 구름 일어나듯 하여 혹은 말하기를 '나는 옳고 남은 그르다' 하며, 혹은 '나는 그러하나 남들은 그렇지 않다'고 주장하여 드디어 하천과 강을 이룬다 ……유(有)를 싫어하고 공(空)을 좋아함은 나무를 버리고 큰 숲에 다다름과 같다. 비유컨대

22 元曉, 『涅槃宗要』, 『韓國佛教全書』 제1책, p.524상. "統衆典之部分, 歸萬流之一味, 開佛意之至公, 和百家之異諍."

23 고영섭, 「분황 원효의 和會論法 탐구」, 『한국불교학』 제71집(한국불교학회, 2014. 9).

24 義天, 「祭芬皇寺曉聖門」. "和百家之異諍, 得一代至公之論."; 河千旦, 「海東宗乘統官誥」. "曉公, 挺生羅代, 和百家之異諍, 合二門之同歸."

> 청(靑)과 남(藍)이 같은 바탕이고, 얼음과 물이 같은 원천이고, 거울이 만 가지 형태를 다 용납함과 같다.[25]

붓다가 살아있을 때는 온전한 가르침[圓音]이 진리임을 확고히 믿었으므로 교단 내에는 이설(異說)이 없었다. 그러나 붓다가 열반에 든 뒤로는 많은 이설이 횡행하였다. 해서 각기 자신만이 옳고 남은 그르다고 주장하였다. 계율의 해석 문제에 의해 교단이 분열되었듯이, 원효 시대에도 이미 정립된 다양한 불교학파들이 자신의 주장만이 옳고 다른 학파의 주장들은 잘못되었다고 하였다. 여기서 화쟁과 회통이 요청되었다.

원효는 현존하는 『열반경종요』[26]에서는 '화쟁문'[27]과 '회통문'[28]의 작은 항목을 통해 화회 논리에 대해 보여주고 있다. 그의 다른 저술인 『금강삼매경론』, 『대승기신론소』, 『십문화쟁론』(斷簡本),[29] 『본업경소』, 『미륵상생경소』 등에서는 '화회'(和會)의 용례를 볼 수 있다.

화쟁에서 '화'(和)는 '회통'(會通), '화합'(和合), '화해'(和解), '화회'(和會),

---

25 元曉, 『十門和諍論』 『韓國佛敎全書』 제1책, p.838상. "十門論者, 如來在世, 已賴圓音, 衆生等 …… 雨驟, 空空之論雲奔. 或言我是, 或他不是, 或說我然, 說他不然, 遂成河漢矣. 大 …… 山而投廻谷, 憎有愛空, 猶捨樹以赴長林. 譬如靑藍共體, 氷水同源, 鏡納萬形."

26 원효는 慧嚴과 慧觀 및 謝靈運 등이 6권 『大般泥洹經』(法顯譯)과 北本 『大般涅槃經』(曇無讖譯)을 손질하여 완성시킨 南本 36권 『열반경』을 저본으로 삼아 저술하였다.

27 元曉는 『涅槃經宗要』를 저술하면서 전체 4문 중 II. 廣開分別門, 2. 明敎宗, 1) 涅槃門, (6) 四德門, ④ 和諍門으로 科文을 펼치고 있다. 화쟁문은 다시 '次第4. 明和相諍論'으로 시설하여 풀고 있다.

28 元曉는 『열반경종요』를 저술하면서 전체 4문 중 II. 廣開分別門, 2. 明敎宗, 2) 佛性(義)門, (6) 會通門으로 科文을 펼치고 있다. 會通門은 다시 ① 通文異와 ② 會義同으로 나누어 풀고 있다.

29 현존하는 『十門和諍論』 단간본에는 '空有異執화쟁문'과 '佛性有無화쟁문' 및 '我法異執화쟁문' 3문 밖에 남아 있지 않다. 李鐘益과 崔凡述 및 李晩容은 10문으로 복원하고 있다.

'화통'(和通)의 뜻이다. '쟁'(諍)은 '주장'이며 '이쟁'(異諍)은 상이한 혹은 다양한 주장을 가리킨다. 때문에 화쟁은 '상이한 주장'을 해명(이해)하고 '경문을 모아' 조화(융화)시키는 것이다. 그런데 모든 주장들은 그 나름대로 도리(道理)를 지니고 있다. 이 때문에 모든 주장들은 모두 화쟁의 대상이 될 수 있다.[30] 그런데 불학자들은 논사들이 보여주는 주제나 쟁점이 경전들의 내용과 서로 충돌된다고 이따금씩 지적해 왔다. 하지만 원효는 이러한 지적에 대해 경론들이 의도하는 뜻이나 관점이 다를 뿐 '그렇지 않다'고 말하였다.

여기서 화쟁과 회통은 시작된다. 원효의 저술 속에서 만나는 화쟁과 회통의 표현은 몇 가지 특징을 지니고 있다. 즉 '유시(차)도리'[由是(此)道理], '유시의고(개/리)불상위(배)'[由是義故(皆/理)不相違(背)], '불위도리(不違道理) 고무과실(故無過失) 고무취사(故無取捨), '개(구)도리'[皆(具)道理] 등으로 정형화해서 나타난다. 여기서 도리(道理)는 인식방법[量] 상 추리[比量]와 깨친 성인의 증언[聖言量] 즉 경전 속에 내재되어 있다. 원효의 일관된 주장과 논리는 그 자신의 진리와 실상에 대한 직접지각(現量)이 뒷받침 되어 있다고 추정할 수 있다. 그리고 이 도리에 상응하는 말은 "무량한 경문과 법문은 오직 한 가지 맛을 가지고 있다"[31] 혹은 "마치 수많은 냇물이 큰 바다로 들어가서 한 가지 맛이 되는 것과 같다"[32]라는 것이다.

이렇게 본다면 화쟁의 대상은 '두 가지'[二說, 二義, 二師所說], '세 가지'[三義] 혹은 여러 가지[諸難, 諸師所說] 또는 무량한 법문들의 주장 혹은 개념 또는 의취(義趣, 義, 意)라고 할 수 있다. 원효는 그의 저술

---

30 元曉, 『大乘起信論別記』(『韓佛全』 제1책, p.621하). "百家之諍, 無所不和也."

31 元曉, 『열반경종요』(『韓佛全』 제1책, p.545상하).

32 元曉, 『金剛三昧經론』(『韓佛全』 제1책, p.638중).

에서 '문'과 '논'을 시설하여 다양한 주장들을 화쟁 회통하고 있다.[33] 여기서 '문'은 '교문' 혹은 '법문' 또는 '양상'을 가리킨다. '측면' 또는 '계통' 혹은 '계열'[34]을 가리키기도 한다. 그는 『대승기신론』의 이문 일심의 구조에 의해 『대승기신론소』에서 일심을 생멸연기적 전개[開]와 환멸연기적 수렴[合]으로 갈라서 설명한다. 『이장의』에서는 현료문과 은밀문으로, 『열반경종요』[35]에서는 '화쟁문'[36]과 '회통문'[37]으로, 그리고 그 하위에서는 취심론(就心論)과 약연론(約緣論) 등으로 나누어 해명하고 있다.[38]

원효가 이렇게 두 문으로 범주화해서 나눠 보는 것은 화회 즉 화쟁하고 회통하기 위해서이다. 그의 다른 저술인 『금강삼매경론』, 『대승기신론소』, 『십문화쟁론』(斷簡本),[39] 『본업경소』, 『미륵상생경소』 등에서는 각 '문'을 통해 화쟁하고 회통하는 '화회(和會)'의 용례를 볼 수

---

33 고영섭, 「분황 원효의 화쟁회통 논법 탐구」, 『한국불교학』 제71집(한국불교학회, 2014. 9).

34 박태원, 『원효의 十門和諍論』』(세창출판사, 2013), p.21. 저자는 '門'의 개념을 '견해/관점/이해를 성립시키는 조건들의 인과 계열', '견해 계열의 의미 맥락'이라고 풀고 있다.

35 元曉는 慧嚴과 慧觀 및 謝靈運 등이 6권 『大般泥洹經』(法顯譯)과 北本 『大般涅槃經』(曇無讖譯)을 손질하여 완성시킨 南本 36권 『열반경』을 底本으로 삼아 저술하였다.

36 元曉는 『涅槃經宗要』를 저술하면서 전체 4문 중 II. 廣開分別門, 2. 明教宗, 1) 涅槃門, (6) 四德門, ④ 和諍門으로 科文을 펼치고 있다. 화쟁문은 다시 '次第4. 明和相諍論'으로 시설하여 풀고 있다.

37 元曉는 『涅槃經宗要』를 저술하면서 전체 4문 중 II. 廣開分別門, 2. 明教宗, 2) 佛性(義)門, (6) 會通門으로 科文을 펼치고 있다. 會通門은 다시 ① 通文異와 ② 會義同으로 나누어 풀고 있다.

38 김영일, 「원효의 和諍論法 연구」(동국대학교 박사논문, 2008), p.138. 논자는 원효 저술의 宗要類(47개), 註疏類(16개), 創作類(4개)의 전수조사를 통하여 〈주장〉, 〈논란〉, 〈회통〉의 3가지 부분으로 나누고 원효의 각 저술에 나타난 화쟁 사례를 67개로 정리하였다. 이 중 26개 사례에서 이러한 二門을 설정하여 회통하였다고 하였다.

39 현존하는 『十門和諍論』 단간본에는 '空有異執화쟁문'과 '佛性有無화쟁문' 및 '我法異執화쟁문' 3문 밖에 남아 있지 않다. 하지만 崔凡述의 제3문의 복원에 대해서는 이정희의 문제제기가 있다. 이정희, 「『십문화쟁론』과 관련된 몇 가지 문제점」, 『제4차 한국불교학결집대회논집』 별집(2008.5), p.329~332; 한편 李鐘益과 崔凡述 및 李晚容은 10문으로 복원해 놓았다.

있다.[40] 원효의 『십문화쟁론』이 온전히 남아 있지 않아 '문'의 용례를 자세히 알 수는 없다.[41] 하지만 이 저술을 인용하고 있는 후대 불학자들의 '문'의 사용례에서도 그가 사용한 교문의 모습을 그려볼 수 있다.

신라의 견등은 『대승기신론동이약집』에서 원효 즉 丘龍이 佛智의 萬德을 '원인에 따라서 생겨나고 일어나는 교문'[從因生起之門]과 '(생멸하는) 조건을 그치고 근원으로 돌아가는 교문'[息緣歸原之門]으로 풀이했음을 전해주고 있다.[42] 이처럼 원효는 '문'의 시설을 통해 불지의 만덕을 '생겨나고 일어나는 관점'과 '근원으로 돌아가는 관점'의 두 계열로 나누어 두 주장을 화회하고 있다.[43]

또 견등은 원효 즉 丘龍和尙이 新熏/成種子와 本有/性種子의 관계를 '원인을 지어서 과보를 받는 교문'[作因受果之門]과 '본성에 따라 과보를 이루는 교문'[從性成果之門] 그리고 '과보를 받는 교문'과 '과보를 이루는 교문'의 둘을 '종합해서 보는 교문'[和合生果門]으로 시설했음을 알려주고 있다.[44] 이것은 원효가 신훈종자와 본유종자의 관계에 대한 쟁론을 각기 신훈[生]과 본유[果]와 이 둘을 아우르는 합생과[生果]의 교문으로 화회했음을 알려주는 것이다.[45]

그뿐만 아니라 고려의 균여는 『석화엄교분기원통초』에서 曉公 즉 曉師의 『십문화쟁론』에서 오성차별설과 개유불성설의 두 가지 교문

---

40 고영섭, 앞의 논문, pp.107~108.

41 『十門和諍論』에서 '門'의 함의에 대해 '열 가지 部門' 정도의 의미로 볼 수도 있을 것이다. 하지만 원효의 글에 나타난 '門'의 의미와 관련시켜 해석해 보면 '門'은 '部門'의 의미를 넘어 '敎門' 혹은 '法門' 등의 의미로도 확장되고 있어 '부문' 정도의 제한적 의미보다는 '方式'의 의미가 더 가까울 것으로 생각된다.

42 見登, 「大乘起信論同異略集」本(『韓佛全』 제3책, p.695상).

43 고영섭, 앞의 논문, p.108.

44 見登, 「大乘起信論同異略集」本(『韓佛全』 제3책, p.709상; 균여, 『釋華嚴敎分記圓通鈔』 권3(『韓佛全』 제4책, p.315상).

45 고영섭, 앞의 논문, p.108.

을 시설하여 화회하였음을 전해주고 있다. 여기에 따르면 원효는 '다섯 가지 성품이 차별되는 가르침'[五性差別之教]은 '차이가 의존하는 관계로 수립되는 교문'[依持門]과 '모두 불성이 있다는 주장'[皆有佛性之說]은 '연기의 통찰에 의해 하나로 보는 교문'[緣起門][46]으로 파악하면서 이들 두 가지 쟁론[兩家之諍]을 '이와 같이 모아서 통하게'[如是會通] 하고 있다.[47]

원효는 『열반경종요』의 열반문에서는 화쟁문(和諍門) 항목을 시설하여 열반(涅槃)의 사덕(四德)에 대한 서로 쟁론을 화쟁하고, 불성문에서는 회통문(會通門) 항목을 시설하여 불성(佛性)의 문의(文意)가 다른 것을 회통하고 있다. 따라서 그의 화쟁 회통 논리에서 화쟁(和諍)은 회통(會通)을 성립시키는 근본 원리가 된다. 화쟁의 논법에는 '해(異諍)의 과정'과 '화(會文)의 과정'이 전제되어 있다. 그리고 회통의 논법에도 '통(文異)의 과정과 '회(義同)의 과정'이 전제되어 있다.

1 解(異諍)의 과정

원효의 『열반경종요』에 나타난 이쟁(異諍)의 대표적 사례는 다음과 같다. (1) 경교의 종지에 대한 두 설, (2) 열반의 성품에 대한 두 설, (3) 왕복결택의 두 설, (4) 불신의 상주와 무상에 대한 두 설, (5) 불성의 몸체에 대한 두 설이 있다. 특히 다섯 번째의 불성의 몸체에 대한 두 설에서 ① 백마사 애(愛)법사의 도생공(道生公)의 설, ② 장엄사 승민(僧旻)법사의 설, ③ 광택사 법운(法雲)법사의 설, ④ 양무제 소연천자(蕭衍天子)의 설, ⑤ 신사(新師) 현장(玄奘)의 설, ⑥ 진제(眞諦)

46 均如, 『釋華嚴教分記圓通鈔』 권3(『韓佛全』 제4책, p.311하; p.325중하; p.326상).
47 고영섭, 앞의 논문, p.107.

삼장의 설을 제시한다. 그리고 이들 이설(異說)들에 대해 해명(이해)한 뒤 이들을 조화(융화)시키고 있다.[48] 원효는 먼저 앞의 두 설의 차이에 대한 '해명(이해)의 마당'을 연 뒤의 세 설의 소통을 위한 '조화(융화)의 지평'을 열어나간다.

(1) '경교의 이설에 대한 해명'에서는 '그 견해가 주장하는 이마다 다르다'[諸說不同]고 전제한 뒤 곧 '유사설언'(有師說言)과 '혹유설자'(或有說者)로 해명해 간다. 원효는 여섯 법사[六師]의 주장을 제시하면서 '여섯 법사의 견해 중 어떤 주장이 옳은가'라고 반문하며 질문에 대한 대답의 형식으로 이쟁(異諍)을 해명해 나간다.

"어떤 이는 '여러 설이 다 옳다. 부처님의 뜻은 특정한 방소(方所)가 없어서 해당되지 않음이 없기 때문이다'라고 하였다. 어떤 이는 '나중에 말한 것이 옳다. 여래는 방소(方所)가 없다는 뜻에 잘 들어맞았기 때문이다. 그러므로 두 설이 또한 틀리지 않음을 알 수 있다'"라고 하였다. 여기에서 원효는 『열반경』의 종지에 대한 여러 법사들의 견해를 판명한 뒤 두 가지 설을 원용하여 두 설이 서로 다르지 않음을 밝혀내고 있다.

(2) '열반의 체성 두 설에 대한 해명'에서는 앞의 두 가지 설을 옮긴 다음에 그 두 견해를 화해시키고 있다. "그러한 설에는 두 가지가 있다. 그 까닭은 열반과 보리는 공통됨이 있고 구별됨이 있다. 구별되는 부문에서 말하자면 보리는 곧 과위로 (열반을) 능히 증득하는 덕(德)에 있으므로 도제(道諦)에 섭수된다. 열반은 과위의 증득될 바의 법(法)이므로 멸제(滅諦)에 섭수된다. 공통되는 부문에서 말하자면 과지(果地)의 도제 또한 열반이며, 증득될 진여(眞如) 또한 보리(菩提)인 것이

48 元曉, 『涅槃宗要』(『韓佛全』 제1책, p.538상중).

다"[49]라고 하였다. 그런 뒤에 원효는 문답 형식으로 서술해 나가고 있다.

"'만일에 시각(始覺)이 갖는 공덕 또한 열반이라고 한다면 이것은 곧 열반에도 생인(生因)이 있게 된다'며 「가섭품」의 '삼해탈문(三解脫門)과 삼십칠조도품(三十七助道品)은 능히 일체의 번뇌를 다시 내지 않는 생인(生因)이 되지만, 또한 열반에서는 요인(了因)이 된다. 선남자여, 번뇌를 멀리 여의면 곧 또렷또렷[了了]하게 열반이 드러남을 얻게 된다. 그러므로 열반에는 오직 요인만 있고 생인은 없다'는 설을 원용하여 '위아래의 여러 경문에는 오직 요인만 있음을 말씀하셨을 뿐 또한 생인이 있다고 말씀하시지 않았는가?"[50]라고 원효는 질문한다.

"시각(始覺)에 있는 공덕이 비록 열반이지만 열반의 뜻은 적멸(寂滅)에 있다. 적멸의 덕은 요달하는 바에 따라 계합되는데, 그러므로 말씀하시기를 오직 요인(了因)만 있다고 하는 것이다. 마치 보리는 생인에서 나왔지만 또한 요인으로 요달(了達)한 바라고 하는 것과 같다. 곧 이러한 뜻에 준하여 마땅히 열반은 요인으로 나타난 것임을 알 수가 있다. 그러나 또한 생인에서 일어난 것이라고도 말할 수가 있다. 이러한 도리(道理)이기 때문에 서로 틀리지 않는 것이다"[51]라고 원효는 대답한다.

이처럼 원효는 두 설 모두 도리가 있으며 생인에서 나왔지만 요인으로 요달하고 바라는 것이라며 생인이라 해도 도리가 있고, 요인이라고 해도 도리가 있다고 해명한다. 이러한 '다양한 주장'에 대한 해명(이해)의 과정을 거쳐 원효는 다시 '경문의 회석'(會釋)에 대한 조화(융화)의 과정으로 나아간다.

49 元曉, 위의 글, 위의 책, p.528상.
50 元曉, 앞의 글, 앞의 책, p.533상.
51 元曉, 앞의 글, 앞의 책, p.533중.

2 ▌和(會文)의 과정

원효는 이러한 '이쟁'에 대한 해명(이해)의 과정[解異諍]을 거쳐 다시 '회문'에 대한 조화(융화)의 '과정'[和會文]으로 이어간다. 여기서는 '왕복결택(往復決擇) 두 설의 개실구득의 조화', '불신(佛身)의 상주와 무상 두 설의 조화', '불성(佛性)의 몸체에 대한 제설의 옳고 그름의 조화'로 제시된다.

"이들 법사들의 주장은 다 옳고도 다 그르다. 그러한 까닭은 불성은 그렇지 않으면서도 그렇지 않음이 없는 것이기 때문이다. 그렇지 않기 때문에 모든 주장이 모두 그릇되며, 그렇지 않음이 없기 때문에 모든 주장이 모두 옳은 것이다.[52] 때문에 "불성은 있는 것도 아니고 없는 것도 아니며, 있기도 하고 없기도 하다."[53] 이것은 불성의 존재 유무를 존재론적으로 해명하는 대목에서 제기되는 문제이다.

(1) '왕복결택 두 설의 개실 구득의 조화'에서는 '두 법사의 견해 중에 누가 그르고 누가 옳은가'를 물으며, 왕복 결택의 두 가지 설에 대한 득실(得失) 판단을 문답 형식으로 풀이한다. "결정적으로 한쪽 가장자리만 취하면 두 설이 모두 틀린 것이다. 만일 실다운 것으로 집착하지 않는다면 두 주장이 모두 옳다. 어째서 그러한가 하면 불지(佛地)의 만덕(萬德)은 대략 두 부분이 있다. 만일 상(相)을 버리고 일심으로 돌아가는 문(門)에 나아간다면, 일체의 덕상(德相)은 같은 법계이기 때문에 오직 제일의신(第一義身)이라 색상(色相)의 차별된 경계는 없다고 말하게 된다.

52 元曉, 『涅槃宗要』(『韓佛全』 제1책, p.538중). "此諸師說皆是非, 所以然者, 佛性非不然非不然故, 以非然故諸說悉非, 非不然故諸說悉是."

53 元曉, 위의 글, 위의 책, p.542하.

만일 성(性)을 따라 만덕을 이루는 문(門)에 의한다면 색상과 심법(心法)의 공덕을 갖추지 아니한 것이 없기 때문에 무량한 상호(相好) 장엄을 말하게 되는 것이다. 비록 그러한 두 가지 문이 있으나 다른 모양[異相]은 없다. 그러므로 제설이 모두 장애가 없으며, 이러한 무애의 법문을 드러나게 한다."[54] 여기에서 원효는 상대되는 두 설을 모두 틀리고 모두 옳다라고 하여 불의(佛意)의 진실에 의거하여 조화시켜 간다.

(2) '불신의 상주와 무상의 이쟁에 대한 조화'에서는 '두 법사가 설한 것 중 누가 옳고 누가 그런가?'라고 물으며 문답의 형식으로 이해해 간다. 원효는 '혹유설자'(或有說者)라고 하여 두 법사(二師 혹은 二家)의 주장에 대한 득과 실을 서술한다. 또 "모두 옳고 모두 틀렸다. 그 까닭은 만일 결정적으로 한쪽 가장자리만을 고집한다면 모두 과실이 있다. 마치 그 무장애설과 같이 그 도리가 있는 것이다"[55]라고 하였다.

원효는 "쟁론이 일어남에는 많은 사단(事端)이 있다"라고 전제하고 "여기에 법신(法身)이 상주(常住)하고 화신(化身)이 기멸(起滅)한다는 이쟁이 치우쳐 일어난다. 이 두 가지 '불신'[二身]에 대한 제설이 동일하지 않다. 오직 보신(報身)에 대해서 두 가지 집론(執論)이 일어났으며 그 따로 일어난 쟁론은 두 갈래에 지나지 않는다. 이를테면 첫 번째의 보신불은 상주(常住)한다고 고집하는 설과 두 번째의 무상(無常)하다고 고집하는 설이다. 두 번째의 주장은 보신불의 무상(無常)이라는 두 가지 고집이 따로 일어난다고 언표한다. 그리고 상주를 고집하는 데에도 두 가지의 주장이 있다"[56]라고 전제한다. 첫 번째의 주장은 "보신불의 공덕은 생(生)은 있으나 멸(滅)은 없다. 그것은 생인(生因)이

---

54 元曉, 앞의 글, 앞의 책, p.533상.
55 元曉, 앞의 글, 앞의 책, p.537중. "若決定執一邊, 皆有過失. 如其無障碍說, 俱有道理."
56 元曉, 앞의 글, 앞의 책, p.531하.

멸한 것이기 때문에 생이 없음을 얻을 수 없다. 그리고 이치를 증득한 것이 구경(究竟)이기 때문에 모양을 벗어났고 모양을 벗어났기 때문에 상주하여 변하지 않는다"[57]라고 한다.

두 번째의 주장은 "'보신불'의 공덕은 비록 생인으로 얻었지마는 그러나 생의 모양을 벗어난다. 그러기에 비록 '본래 없었던 것이 비로소 있는 듯' 하지만 그러나 '본래 없었던 것이 지금에 있는 것'이 아니다. 이미 '지금에 있는 것'이 아니라면 또한 '뒤에 없어지는 것'도 아닐 것이다. 이러한 도리로 말미암아 삼제(三際, 三世)를 멀리 초월하는 것이요, '삼제를 초월'하기 때문에 응연(凝然)히 상주하는 것이다."[58]

또 "그러나 도를 성취한 뒤에야 비로소 '보신의 공덕'이 성취되는 것이므로 본디 시초가 있는 것이 아니며, 삼제(三際)를 초월하였으므로 생이 있는 것이 아니며, 생이 있는 것이 아니기 때문에 또한 멸이 없다. 생도 멸도 없으므로 결정코 이는 무위(無爲)이어서 상주하여 변하지 않는다. 만일 이와같은 정견(正見)을 얻지 못하면 결정코 '유위(有爲)니 무위니 하는 말을 할 수 없다'고 하였다."[59] 이렇게 전제한 원효는 '붓다의 보신이 무상하다고 고집하는 이들'의 관점을 소개하면서 옳지 못한 것들에 대해서 비판한다.

그런 뒤에 "'무상'을 고집하는 사람들[執無常家]의 주장에는 미진한 뜻이 있다. 이를테면 '법신을 결정코 상주'라고 말하는 것이다. '법신'을 결정코 상주로만 주장하면 이는 곧 작위하는 법이 안 될 것이다. 작위하는 법이 아니고서는 '보신과 화신'의 두 몸을 지을 수가 없다. 그러기에 법신이 또한 무위인 것만은 아니다"[60]라고 조화시킨다. 원효는 『능

57 元曉, 앞의 글, 앞의 책, p.532상.
58 元曉, 앞의 글, 앞의 책, p.532중.
59 元曉, 앞의 글, 앞의 책, p.532중.
60 元曉, 앞의 글, 앞의 책, p.537중.

가경』의 경증(經證)과 『섭대승론』의 해석을 원용하여 논증(論證)을 삼는다. 그런 뒤에 다시 "'상주'를 고집하는 이들이 비록 상주를 좋아하지마는 '상주'의 정의에 부족한 것이 있다"[61]라고 하였다.

"또 '상주'를 고집하는 사람들[執常家]은 비록 상주를 좋아하기는 하지만 그 상주의 주장 또한 부족한 뜻이 있다. 말하자면 비로소 간직된 공덕은 그 앞의 위계에 두루하지 못하기 때문이다. 만일 이 공덕이 두루하지 못한 바가 있다면 곧 법계를 증득하지 못한 것이 있게 된다. 법계에 있어서 증득하지 못한 것이 없어야만 곧 평등한 법성(法性)이 두루하지 못하는 바가 없는 것이다."[62] 다시 원효는 『화엄경』의 교설을 덧붙이고 있다.

원효는 "여래께서 정각하시어 보리를 성취하셨을 때에 불방편(佛方便)에 머물러서 '일체중생등신'(一切衆生等身)을 얻고, '일체법등신'(一切法等身)을 얻으며, '일체찰등신'(一切刹等身)을 얻고, '일체삼세등신'(一切三世等身)을 얻으며, '일체법계등신'(一切法界等身)을 얻고, '허공계등신'(虛空界等身)을 얻으며 내지 '적정열반계등신'(寂靜涅槃界等身)을 얻으셨다. 불자여, 여래의 얻으신 몸을 따라서 마땅히 음성(音聲)과 무애의 마음[無碍心] 또한 이와 같은 줄을 알아야 한다. 여래는 이러한 세 가지의 청정무량함을 다 갖추셨다"[63]라고 하였다.

따라서 원효는 "이것은 '여래께서 성도하신 뒤에 얻으신 색신과 음성 및 무애심이 평등하지 못한 것이 없고 두루하지 못한 데가 없음'을 밝힌 것이다. 이미 '일체삼세에 평등하다'고 말씀하셨는데 어찌 금강(金剛) 이전의 지위에는 두루하지 못하였겠는가? 그러나 이 도리는 제

61 元曉, 앞의 글, 앞의 책, p.537중.
62 元曉, 앞의 글, 앞의 책, p.537중.
63 元曉, 앞의 글, 앞의 책, p.537하.

불의 비장(秘藏)이어서 사량하는 것으로 능히 헤아릴 수가 없다. 다만 여래의 말씀에 의하여 우러러 믿음을 일으킬 뿐이다"[64]라고 조화시켜 낸다.

(3) '불성의 몸체에 대한 제설의 옳고 그름의 조화'에서 앞에서 불성의 몸체에 대한 여러 이설을 보았다고 언급한다. 그런 뒤에 그 다양한 주장들[異諍]에 대해 옳고 그름을 가려서[判是非] 화해(和解)하고 있다. 이어 '옳고 그름을 가려서'라는 항목 아래에서 "이들 법사의 주장은 모두 옳기도 하고 모두 그르기도 하다"[65]라며 총괄적인 평가를 하고 다음과 같이 서술하고 있다.

"그 까닭은 불성(佛性)이 그러한 것도 아니고 그러하지 않은 것도 아니기 때문이다. 그러하지 않음으로써 여러 주장이 모두 옳지 않으며, 그러하지 않은 것도 아닌 까닭으로 여러 견해가 다 옳은 것이다. 그 의미가 무엇인가 하면, 여섯 법사의 주장은 두 갈래에서 벗어나지 않는다. 처음의 하나는 당래에 있을 불과[當有之果]를 가리킨 것이고, 나중의 다섯은 지금에 있는 원인[今有之因]을 근거로 하였다. 이들 다섯 주장 중에서도 또한 두 갈래가 되는데, 맨 나중의 하나는 진제(眞諦)에 머물렀고, 그 앞의 네 가지는 속제(俗諦)에 따른 것이다. 속제에 따른 4설은 인(人)과 법(法)을 벗어나지 않았다. 앞의 1설은 인(人)을 들었고, 나중의 3설은 법을 근거하였다. 법을 근거로 하는 세 주장도 기(起)와 복(伏)에 지나지 않는다. 뒤의 1설은 종자(種子(伏)요, 앞의 2설은 상심(上心(起)으로서, 상심을 의거한 것에도 주장[義]을 따라 설을 달리한다."[66] 이처럼 원효는 여섯 법사의 주장을 평석한 뒤 자신의

64 元曉, 앞의 글, 앞의 책, p.537하.
65 元曉, 앞의 글, 앞의 책, p.538중. "此諸師說, 皆是皆非."
66 元曉, 앞의 글, 앞의 책, p.538중.

견해를 총설로 덧붙이고 있다.

“불성의 몸체는 곧 일심이다. 일심의 바탕은 여러 가장자리[諸邊]를 멀리 여읜다. 여러 가장자리를 멀리 여의기 때문에 도무지 해당하는 것이 없고, 해당하는 것이 없기 때문에 해당되지 않는 것도 없다. 이를 마음에 의거하여 논한다면[就心論], 일심은 인(因)도 아니고 과(果)도 아니며, 진(眞)도 아니고 속(俗)도 아니다. 따라서 인(人)도 아니고 법(法)도 아니며, 기(起)도 아니고 복(伏)도 아니다. 그러나 조건[緣]에 결부시켜 논한다면[約緣論], 마음은 기(起)도 되고 복(伏)도 되며, 법(法)도 되고 인(人)도 되며, 속(俗)도 되고 진(眞)도 되며, 인(因)도 짓고 과(果)도 짓는다. 그래서 그러한 것도 아니고 그러하지 않은 것도 아니라는 뜻[義]이므로 여러 주장[諸說]이 모두 옳지 않기도 하고 옳기도 하다는 것이다.”[67] 이어 원효는 각론으로 자신의 생각을 마무리하고 있다.

“일심법에는 두 가지의 뜻이 있으니 하나는 더럽히지 않아도 더럽혀지는 것[不染而染]이고, 하나는 더럽혀도 더럽혀지지 않는 것[染而不染]이다. 뒤의 것 즉 ‘염이불염’은 일미(一味)의 적정(寂靜)이며, 앞의 것 즉 ‘불염이염’은 육도(六道)의 유전(流轉)이다. 이 경의 아래 글에 이르시기를 ‘한맛[一味]의 약은 그 흐름의 처소에 따라 갖가지의 맛이 있으나, 그 참맛[眞味]은 산에 머무르고 있다”라고 하셨다. 『부인경』에서는 ‘자성의 청정한 마음은 확실하게 알기가 어렵다. 그 마음이 번뇌에 더럽히는 것도 또한 확실하게 알기가 어렵다’라고 말했으며, 『기신론』 가운데서도 이 뜻을 자세히 드러내었다. 이것은 진제(眞諦)삼장의 주장으로 여섯 번째 법사가 설한 진여불성(眞如佛性)이니 염이불염(染而不染)의 문(門)에 해당한다.”[68]

---

67 元曉, 앞의 글, 앞의 책, p.538중하.
68 元曉, 앞의 글, 앞의 책, p.538하.

"앞의 다섯 주장은 모두 염문(染門)에 있게 된다. 왜냐하면 염(染)을 따르는 마음은 하나의 성품을 지키지 못하고, 연(緣)을 상대하여 과(果)를 바라보면 반드시 생함이 있게 된다. 가히 생하게 되는 성품은 훈습으로 인하여 이루어지는 것이 아니므로 이름을 법이종자(法爾種子)라고 말하는 것이니 다섯 번째 법사의 주장이 이 문에 해당한다. 또 이와 같은 염을 따르는 마음이 변전하여 생멸하는 식위(識位)를 짓는 데까지 이르게 되지만, 언제나 신해(神解)하는 성품은 잃지 않는다. 잃지 않음으로 말미암기 때문에 끝내는 심원(心原)으로 돌아가게 되니, 네 번째 법사의 주장이 또한 여기에 해당한다."[69]

"또 염(染)을 따르는 생멸의 마음이 안에서 훈습하는 힘에 의해 두 가지의 업(業)을 일으키게 된다. 이를테면 염고(厭苦)와 구락(求樂)의 능인(能因)이다. 이를 근본으로 하여 당래의 극과(極果)에 이르게 되니 세 번째 법사의 주장이 여기에 해당한다. 그와 같은 일심(一心)이 염(染)을 따라 변전할 때 이르는 곳을 따라 제법을 모두 부려서 곳곳에 생을 받으니 이를 일컬어 중생(衆生)이라고 한다. 두 번째 법사의 설이 여기에 부합한다. 그러한 중생은 본각(本覺)이 변전한 것이므로 반드시 대각(大覺)의 과(果)에 이르게 된다. 하지만 지금은 나타나지 않았으므로 당과(當果)라고 일컫는데 첫 번째 법사의 주장이 여기에 해당한다."[70] 이처럼 원효는 여섯 법사의 설을 각기 따로 논하여 자리매김을 시킨다. 그런 뒤에 불성의 체상에 대해 마무리하며 전체를 화해시킨다.

"이러한 의미로 말미암기 때문에 여섯 법사의 주장은 비록 불성의 실체에는 모두 미진하나 각기 그 부문에서 설명한다면 모두 그 뜻에 부합한다. 때문에 경설에서 마치 장님들의 코끼리에 대한 설명이 비록

69 元曉, 앞의 글, 앞의 책, p.538하.
70 元曉, 앞의 글, 앞의 책, pp.538하~539상.

그 실체를 적중하지는 못하였으나 코끼리를 설명하지 않은 것은 아니듯이, 불성을 설명한 것도 또한 그와 같아서 여섯 법사의 주장 그대로도 아니고 그 여섯 가지를 벗어난 것도 아님을 알아야 할 것이다."[71]

위에서 살펴온 것처럼 화쟁의 사례는 '이쟁의 해명' 위에서 '회문의 조화'가 이루어지고 있다. 앞의 두 가지 '해(이쟁)의 과정'을 거쳐 뒤의 세 가지 '화(회문)의 과정'으로 전개되는 화쟁의 사례는 불교의 '다양한 주장을 해명'하고 다시 '경문의 회석(會釋)을 조화'시키는 과정 속에서 화쟁의 실제를 보여주고 있다. 즉 장님들의 코끼리에 대한 설명과 여섯 법사의 불성에 대한 설명 모두가 적중한 것도 아니지만 그것을 벗어난 것도 아니듯이 말이다. 이처럼 마지막의 불성의 체상을 밝히는 부분에서 화쟁의 논법은 비교적 정연하게 드러나고 있다. 원효는 이러한 화쟁의 기반 위에서 다시 회통의 활로를 열어가고 있다.

4. 공통성과 유사성의 회통(會通)

원효는 '불성의 뜻'[佛性之義]을 설명하는 대목에서 종래 백가(百家)의 해석을 여섯 가지로 축약하고 대표적인 여섯 법사[六師]의 주장을 요약하여 시비(是非)를 가리고 있다. 그러면서 하나하나의 주장들이 나온 근거를 경전을 인용하여 화쟁하고 회통하여 간다. 화쟁의 논법에 이은 회통(會通)의 논리에서 '회'(會)는 '뜻이 서로 같은 것에 맞추는 것'(會義同)이며, '통'(通)은 '글이 서로 다른 것에 통하는 것'(通文異)이다. 그러니까 회통의 논법은 '글이 서로 다른 것을 통해서', '뜻이 서로

71 元曉, 앞의 글, 앞의 책, p.539상.

같은 것에 맞추는' 것이라고 할 수 있다.

1 ‖ 通(文異)의 과정

원효는 경전을 분석하면서 먼저 다양한 방편적인 언교들을 모아내고[先會權敎] 뒤에 실제적인 도리들과 소통한다[後通實理][72]고 풀이한다. 그러면서도 그는 언교와 도리가 회통하여 어긋나지 않는다[73]고 말한다. 때문에 원효의 논의 과정에서 '언교'[敎]와 '도리'[理] 대신에 '글'[文]과 뜻[義]을 대응시키면 글[文]은 '통'의 대상이 되고, 뜻[義]은 '회'의 대상이 된다.[74] 때문에 논리 전개 방식은 '서로 다른 글'을 '통합하는 과정'[通文異]을 거쳐 '서로 같은 뜻'을 '회합하는 과정'[會義同] 순으로 이루어진다.

'문의(文意)가 다른 것을 회통한다는 것'은 1) 글의 서로 다른 것을 통합하고, 뒤에는 2) 뜻이 공통되는 것을 회합한다는 것이다. 경문을 보면 "아직 가장 높은 보리(菩提)를 얻지 못하였을 때의 일체의 선(善)과 불선(不善)과 무기(無記)의 법을 들어서 다 부처의 성품이라 한다"라고 하였다. 만일 이 경문에 의하여 보면 "보리의 마음과 육바라밀의 행이 모두 '부처의 성품'이라 하리라"[75]라고 하였다. 이에 대해 원효는 이 경문은 "성(性)으로서는 포섭되지만 행(行)에서는 포섭되지 않음을 나타낸 것이다. 그것은 '성으로 보아 일체를 다 부처의 성품'이라 이름한다는 것이다"[76]라고 하였다.

---

72 元曉, 『本業經疏』(『韓佛全』 제1책, pp.511하~512상). "先會權敎, 後通實理, 此是會敎, 次通道理."

73 元曉, 위의 글, 위의 책, p.511중. "會通敎理不違."

74 元曉, 『涅槃宗要』(『韓佛全』 제1책, p.543하). "初通文異, 後會義同."

75 元曉, 위의 글, p.538하.

원효는 "일체를 깨달으신 분을 '부처의 성품'이라 이름한다. 보살은 아직 '일체를 깨달은 분'이라 이름할 수 없다. 그러기에 '부처의 성품'을 보지마는 밝고 뚜렷하지 못하다"[77]라고 하였다. 또 그는 경문에서 "보살은 아직 일체를 깨달은 부처라 할 수 없다. 그러하기에 비록 '부처의 성품을 보기는 하였지마는 밝고 뚜렷하지는 못하다'고 하였다. 그 나머지의 다른 경문들이 서로 맞지 않는 것도 이를 기준하여서 통합해야 한다"[78]라고 하였다.

원효는 "'십지보살이 비록 일승(一乘)은 보지마는 부처의 상주하는 법을 알지 못한다' 함은 이는 인위(因位)와 과위(果位)를 들어서 어렵고 쉬움을 나타낸 것이다. '일승'이라 말한 것은 주가 되는 정인(正因)의 불성(佛性)을 말씀한 것이요, '부처의 상주(常住)하는 법'이라 말한 것은 과위(果位)의 불성을 말씀한 것이다. 십지의 보살은 인행(因行)의 지위가 원만히 성취되었다. 그러기에 인위의 불성을 보는 것이다. 그러나 아직 부처의 원만한 과위는 얻지 못하였다. 그러기에 과위의 불성을 보지 못한다고 말한 것이다"[79]라고 하였다.

이처럼 원효는 불성(佛性)에 대하여 왜 두 경문의 주장이 다른가에 대하여 서로 가리키는 측면이 다르기 때문이며, 이러한 도리(道理, 實理)로 말미암아 서로 어긋나지 않는다[80]고 답하고 있다. 다만 나머지 글은 서로 어긋나지만 자신이 제시한 기준에 의거하면 통할 수 있다[81]고 하였다. 여러 경전은 글은 다르지만 취지는 같다[82]고 하였다. 이것은

76 元曉, 앞의 글, p.539하.
77 元曉, 앞의 글, p.540상.
78 元曉, 앞의 글, p.540중.
79 元曉, 앞의 글, p.540하.
80 元曉, 위의 글, p.543하. "由是道理, 故不相違故也."
81 元曉, 앞의 글, p.544중. "餘文相違, 準此可通."
82 元曉, 앞의 글, 위의 책, p.511중. "諸經異文同旨."

원효의 회통의 논법 중 '통(文異)의 과정'을 보여주는 것이다.

2 會(義同)의 과정

'회(의동)의 과정'은 서로 같은 뜻을 회통하여 서로 다른 글을 통합하는 과정에서 이루어지는 논리의 단계이다. 즉 같은 종류의 뜻을 가졌으면서도 표현된 문구가 서로 다른 것들은 뜻이 같은 종류대로 묶어서 여러 경문들을 회통하려는 것이다. 이를테면 '부처의 성품'이라는 뜻에는 헬 수 없는 부문이 있지마는 그것을 뜻이 같은 종류로 묶어보면 5종을 벗어나지 않는다. 다시 말해서 수많은 시냇물이 큰 바다로 모여드는 '통(文異)의 과정' 이후에 한 가지 짠 맛으로 전개되는 '회(義同)의 과정'이 이루어진다고 할 수 있다.

즉 '뜻이 서로 같은 것에 맞추는 것'의 근거는 "같은 류의 뜻인데도 다른 문구가 있고, 뜻의 동류성으로 인하여 여러 문구의 만남이 있다."[83] 이것은 언교[教]와 취지[義]가 회통의 근거와 매개체가 된다는 사실을 보여준다. "'부처의 성품'이라는 뜻에는 헬 수 없는 부문이 있지만 그것을 뜻이 같은 종류로 묶어 보면 다섯 가지를 벗어나지 않는다. 첫째는 자성이 청정한 부문이요, 둘째는 물듦을 따르는 부문의 무상한 불성이다. 셋째는 현재의 과위(果位)이니 이는 모든 부처가 얻은 것이다. 넷째는 당래(當來)에 있을 부처의 과위이니 이것은 중생들이 머금고 있는 것이다. 다섯째는 부처의 성품은 바로 일심(一心)이어서 인위(因位)도 아니요 과위도 아닌 것이다."[84] 앞의 첫째와 둘째 부문은 인위의 불성을, 셋째와 넷째의 두 부문은 당래에 있을 붓다의 과위를 말한다.

---

83 元曉, 앞의 글, 앞의 책, p.544하. "會義同者, 於同類義有移文句, 以義類而會諸文."
84 元曉, 앞의 글, 앞의 책, p.545중.

원효는 이와 같은 5종의 부문에 의하여 여러 경문들에 의거하여 논증하고 있다. 이어 첫 번째와 두 번째 부문의 2종의 인(因)과 세 번째와 네 번째 부문의 2종의 과(果)는 그 성품이 둘이 아니어서 오직 일심(一心)이라고 회통한다. 뒤이어 "'일심의 성품은 오직 부처만이 몸소 증득한다'며 이 마음을 일러 '부처의 성품'[佛性]이라 한다. 다만 여러 부문을 의지하여 일심의 성품을 나타낸 것이어서 다른 부문을 따라 따로 성품이 있는 것은 아니다"라고 하였다.

원효는 염정(染/淨) 2인(因)과 당현(當/現) 2과(果)의 "'4종 부문'이 다른 것이 아니라면 무엇 때문에 새삼 '일심'이라고 하는가, 일심이라 할 것이 따로 없다면 능히 여러 부문에 해당하는 것이며, 다른 것이 아니기 때문에 여러 부문이 모두 일미평등(一味平等)한 것"이라고 회통한다. 이것은 '통(文異)의 과정' 위에서 이루어지는 '회(義同)의 과정'이다. 이처럼 화쟁 즉 '해(이쟁)의 과정'과 '화(회문)의 과정'을 통해 회통 즉 '통(문이)의 과정'과 '회(의동)의 과정이 완성된다. 원효가 모색한 화쟁 회통의 논리는 해당 주제나 쟁점의 부분성, 해당 교학과 종학의 국부성을 뛰어넘어 불교 전체의 맥락에서 통합 지향과 초종파 지향의 성격을 지니고 있다.

5. 초종파성과 통합불교 지향

한국인 즉 한국불교인들은 인도불교와 중국불교를 원용하고 변용하여 한국불교의 전통과 고유성을 만들어 내었다. 그 과정에서 인도의 교학과 중국의 종학을 아우르며 한국의 불학으로 자리매김시켰다. 때문에 한국불교는 인도불교를 종학적으로 받아들인 중국불교와 강렬한 종파성을 유지해 오면서 정치사회적 구조와 긴밀하였던 일본불교와 달리 종파성이 없으며 있어도 종파적 성격이 매우 엷다. 왜냐하면 한국불교는 오랫동안 교학의 제약과 종파의 구애에서 벗어나려고 해왔기 때문이다. 이러한 선학(禪學教)과 교학(教學)의 팽팽한 '긴장'과 종파(宗派)의 '탄력'이 한국불교의 원동력이 되었다. 그리하여 한국불교는 인도와 서역의 '교학'과 중국에서 열반, 삼론, 비담, 성실, 지론, 섭론, 율, 밀, 법상, 천태, 화엄, 정토, 선법 등으로 꽃을 피운 '종학'을 받아들여 한국의 '불학'으로 열매를 맺었다.[85]

한국불교는 원효가 보여준 것처럼 종파를 넘어서는 초종파성과 부분을 넘어서 통합성을 지향하고 있다. 원효가 보여준 화회(和會)와 보법(普法)에서처럼 초종파성과 통합지향은 원효 이전 고구려 승랑(僧朗)의 진제와 속제를 '통합하여 (중도를) 밝히는 합명'(合明)과 횡관(橫觀)과 수관(竪觀)을 '나란히 살피는 병관'(併觀), 신라 원측(文雅圓測)의 공(空)이면서도 또한 유(有)를 이루면 이제(二諦)를 '수순하여 이루는 순성'(順成)과 비공(非空)이면서도 또한 비유(非有)를 이루며 중도(中道)와 '계합하여 만나는 계회'(契會) 등의 이론적 논법과 실천적 관법에서도 확인된다. 또 원효가 의상이 전해 온 화엄학 텍스트의 입수와 화엄학 연구의 지형에 일정한 영향을 받았지만 그 나름대로의 독자성은 분명히 존재한다. 원효 이후의 의상(義湘)과 균여(均如)의 주인과 손님이 '서로 (다라니법을) 이루는 상성'(相成)과 횡진법계(橫盡法界)와 수진법계(竪盡法界)를 '원만히 통섭하는 원통'(周側), 지눌과 휴정의 선과 교를 '겸하여 닦는 겸수'(兼修)와 불도유 삼교를 '모아서 통합하는 회통'(會通) 등에서도 확인된다.[86] 유교를 숭상하고 불교를 억제했던

85 고영섭, 「한국불교의 보편성과 특수성」, 앞의 책, pp.73~74.
86 고영섭, 위의 글, 위의 책, pp.74~75.

조선 정부가 교단을 통폐합하고 승과(僧科)와 도승(度僧) 조목까지 폐지하여 형식적으로 개별 종파는 단절되었지만, 내용적으로 참선-간경-염불-주력 등을 겸수하는 통합 사상은 계승되어 지금까지 이어지고 있다.

이처럼 한국불교 사상가들은 부분적인 종파성보다는 전체적인 통합성을 선호했음을 보여준다. 그리고 이러한 관점은 한국불교 사상가들이 해당 명제에 대한 논의의 양 극단을 넘어서서 전체를 종합적으로 인식하려는 사상적 노력과 통합적으로 이해하려는 학문적 태도에서 비롯된 것이라고 할 수 있다. 이것은 곧 다양한 이질적 개물들에 대한 물리적 비빔을 통한 발효와 화학적 달임을 통한 숙성의 과정과 상통한다.[87] 다양한 이질적 개물들을 비비고 달이는(고우는) 노력은 대륙과 열도를 잇는 '반도'(半島)라는 지리적 특성도 있겠지만 그보다는 원효의 화쟁 회통의 논법과 긴밀하게 이어진다고 보아야 할 것이다.

일심의 철학을 구축한 원효의 최종적 교판인 4교판은 삼승(三乘)과 일승(一乘)의 구도로 조직되었다. 즉 그는 성문(聲聞)과 연각(緣覺)과 보살(菩薩) 즉 삼승이 함께 배우는 것인 '삼승교'(三乘教)와 이승과 함께 하지 않는 수분교(隨分教, 瓔珞經/ 梵網經) 및 보법(普法)을 완전히 밝힌 원만교(圓滿教, 華嚴經, 普賢教)를 아우르는 '일승교'(一乘教)로 분류하였다. 그는 이들을 다시 연기된 제법의 공성을 밝히지 못한 삼승의 별(상)교(別(相)教, 四諦經/ 緣起經)와 제법의 공성을 두루 설하는 삼승의 통교(通教, 般若經/ 解深密經)로 구분하였다.[88] 원효는 이승과 함께 하지는 않지만 보법이 드러나지 않은 것을 수분교라 하고, 보법을 밝게 궁구한 것을 원만교라 하였다. 여기서 주목되는 것은 '보

87 고영섭, 위의 글, 위의 책, p.75.

88 表員, 『華嚴經文義要決問答』 권4(『韓佛全』 제2책, p.385중); 法藏, 『華嚴經探玄記』 권1(『大正藏.』 제35책, p.11); 靜法寺 慧苑, 『華嚴經刊定記』 권1(『卍續藏經』 1輯 5套 9冊 p.18상); 澄觀, 『華嚴經疏』 권2(『大正藏』 제35책, p.51).

법을 완전히 밝혔다'는 기준에서처럼 원효의 화엄 이해는 매우 구체적인 관점이 있었다는 것이다. 원효는 일승을 설정하는 기준에 별상으로서의 '보법'뿐만 아니라 총상으로서의 '광엄'(廣嚴)을 제시하였다.[89]

이러한 교판 아래서 원효는 화쟁과 회통의 논법을 통해 동아시아 불교사상사의 얽힌 난맥을 풀고자 하였다. 그는 먼저 동아시아 불교사상사의 주요한 쟁점인 1) 경교의 종지에 대한 두 설, 2) 열반의 성품에 대한 두 설, 3) 왕복 결택에 대한 두 설, 4) 불신의 상주와 무상에 대한 두 설, 5) 불성의 몸체에 대한 여러 설의 옳고 그름에 대해 '해명'(이해)과 '조화'(융화)를 모색하였다. 원효는 '소통하여 풀이함'[通解]과 '회합하여 밝혀냄'[會明]을 '통(文異)의 과정'과 '회(義同)의 과정'으로 파악하였다. 그리하여 글이 서로 다른 것을 통합하여[通文異] 뜻이 서로 같은 것으로 회합했다[會義同]. 이 과정을 통해 원효의 화쟁과 회통의 논리는 단지 『열반경종요』의 주석에 나타난 논법을 넘어 불교사상사에서 가장 중요한 주제인 열반과 불성에 대한 깊은 천착으로 자리매김되었다.

원효의 이러한 사상적 편력과 성취는 고스란히 한국불교 사상가들의 성취로 계승되어 왔다. 즉 한국불교는 인도불교의 공유(空有)체계와 중국불교의 이사(理事)체계의 종합적 인식 위에서 성상(性相)체계 또는 선교(禪敎)체계의 통합적 이해를 도모해 왔다. 한국불교 사상가들의 사유 체계와 인식 방법에 보이는 중국불교 13종 등의 다양한 종학들에 대한 물리적 비빔과 화학적 달임이 지속되는 것은 바로 이러한 학문적 태도에서 비롯된 것이었다. 그리고 그러한 결과가 곧 무종파성과 통불교성 다시 말해서 초종파성과 통합불교 지향으로 나타난 것이라 할 수 있다. 따라서 원효의 일심법에 기초한 화쟁 회통의 논리는

---

89 고영섭, 「원효의 화엄학」, 『한국의 사상가 10인: 원효』(예문서원, 2002), pp.515~517.

이러한 한국불교의 전통과 고유성을 보여주는 구체적인 사례이자 실제적인 기제라고 할 수 있다.

6. 정리와 맺음

한 나라의 전통은 "어떤 집단이나 공동체에서 과거로부터 이어 내려오는 바람직한 사상이나 관습, 또는 행동 따위가 계통을 이루어 현재까지 전해진 것"을 가리킨다. 해서 한국의 역사문화 나아가 한국불교의 전통은 한국불교인들의 사상과 관습 및 행동 따위 계통이 지금까지 실마리[統]로 전해져 오는[傳] 역사이자 문화이다. 한국에 불교가 처음 전래되자 종래의 한국인들은 종래의 무속(神教)사상에 입각하여 배타와 공격을 더하였다. 한동안 그들은 두 사상 사이에서 갈등하다가 점차 불교를 자신들의 신념체계로 받아들였다. 동시에 그들은 불교를 변용하여 자신의 세계관과 가치관으로 만들어 나갔다.

때문에 한국불교 속에는 대륙과 반도와 열도에 걸친 한국이라는 지리적, 문화적, 정치적, 사회적 토양 속에서 이루어진 특유의 성장과정과 독특한 성취 결과가 어우러져 있다. 그렇다면 인도불교와 중국불교 및 일본불교와 변별되는 한국불교의 전통은 무엇인가? 또 여타의 불교와 변별되는 한국불교의 고유성은 어떤 것인가? 종래의 선학들은 한국불교의 특성 혹은 성격을 '호국불교론'과 '통불교론'으로 제시하였다. 그런데 '호국불교는 국가불교 시절의 호법(護法)에 대응하는 참여불교 내지 실천불교의 기제였다. 때문에 호국불교'는 한국의 전통과 고유성을 온전히 담보하고 있다고 보기는 어렵다. 반면 무종파성과 통합불교를 지향하는 통불교론은 호국불교론과 달리 한국불교의 전통이자 고유성이 되어 왔다. 이러한 전통은 동아시아 불교사상사를 화쟁 회통의 논리로 종합과 통합을 시도한 분황 원효를 기점으로 본격화되어 왔다.

원효는 화쟁을 통해 '다양한 주장'에 대한 해명(이해)의 과정을 거쳐 다시 '경문의 회석'(會釋)에 대한 조화(융화)의 과정으로 나아갔다. 먼저 앞의 두 가지 '해(異諍)의 과정'을 거쳐 뒤의 세 가지 '화(會文)의 과정'으로 전개하였다. 그리하여 불교의 '다양한 주장을 해명'하고 다시 '경문의 회석(會釋)을 조화'시켜 나갔다. 특히 마지막의 불성의 체상을 밝히는 부분에서 화쟁의 논법은 비교적 정연하게 드러나고 있다. 원효는 이어 회통을 통해 글이 서로 다른 것에 통하는 '통(文異)의 과정'과 뜻이 서로 같은 것에 맞추는 '회(義同)의 과정'으로 나아갔다. 그는 염정(染/淨) 2인(因)과 당현(當/現) 2과(果)의 '4종 부문'이 다른 것이 아니라면 무엇 때문에 새삼 '일심'(一心)이라고 하는가. 일심이라 할 것이 따로 없다면 능히 여러 부문에 해당하는 것이다. 다른 것이 아니기 때문에 여러 부문이 모두 일미평등(一味平等)한 것이라며 회통한다. 이것이 '통(文異)의 과정' 위에서 이루어지는 '회(義同)의 과정'이다. 여기에서 화쟁 즉 '해(이쟁)의 과정'과 '화(회문)의 과정'을 통해 회통 즉 '통(문이)의 과정'과 '회(의동)의 과정이 완성되는 것이다.

원효의 화회(和會) 즉 화쟁 회통 논법은 인도 용수(龍樹)의 회쟁(廻諍), 중국 길장(吉藏)/혜사(慧思)의 무쟁(無諍)과 변별되는 독득한 사유 체계라고 할 수 있다. 따라서 한국불교의 고유성은 곧 원효가 확립한 전통에 영향 받아 '물리적 비빔'으로 '발효'되고 화학적 '달임'(고음)으로 '숙성'되어 한국불교의 특성 혹은 성격으로 나타났다. 원효는 화쟁 회통의 논리를 통해 해당 주제나 쟁점의 부분성, 해당 교학과 종학의 국부성을 뛰어넘고자 하였다. 그리하여 불교 전체의 맥락에서 통합 지향과 무종파 지향의 성격을 보여주었다. 그것은 교학의 제약을 넘어서고 종파의 구애를 뛰어넘는 초종파성과 선교(禪敎)를 종합하고 제종(諸宗)을 통합하여 이해하려는 통합불교 지향으로 나타났다. 따라서 초종파성과 통합불교 지향은 분황 원효(芬皇元曉)의 화쟁 회통의 논리를 통해 구체화되어 왔다. 그리고 그것은 한국불교의 전통과 고유성으로 자리매김되었다.

제2부 한국불교와 국가 사회

1장 한국 고대불교의 연구성과와 과제

- 1970~2010년대의 불교사학과 불교철학 연구를 중심으로 -

1. 문제와 구상
2. 한국 고대불교 연구의 범위
3. 기존 연구 현황과 성과의 검토
4. 향후 연구 과제와 방안의 제시
5. 해외 연구 성과와의 비교 분석
6. 정리와 맺음

1. 문제와 구상

한 분야의 논구를 총체적으로 검토하는 것은 학문적 엄정함을 필요로 하는 일이다. 더욱이 지난 반세기 가까이의 연구 성과를 종합적으로 검토하고 향후 과제와 방안을 제시하는 일은 더욱 그러하다. 대략 50여 년간 이루어진 한국 고대불교에 대한 역사적 고찰 및 철학적 연구의 검토와 분석은 전래-수용-공인의 과정을 통해 형성된 한국불교의 연구기반을 탐구하는 필수적인 작업이라는 점에서 엄밀한 점검과 정밀한 비평이 요구된다. 더욱이 한국의 대표적 불교 연구 단체인 한국불교학회의 창립 40주년(1973~2013)을 맞이하여 한국불교학 연구에서 특히 한국불교 분과 속의 한국 고대불교에 대한 방대한 연구 성과를 검토하고 향후 연구 과제를 제시하는 일은 한국학 연구자의 한 사람으로서 막중한 일이 아닐 수 없다.

종래에 한국 고대불교에 대한 불교역사와 불교철학의 연구사 검토[1]는 부분적으로 진행되어 왔다. 즉 이 시기의 주요한 교학이었던 삼론학과 성실학 및 유식학[2]과 원효학[3] 그리고 화엄학[4]과 밀교학 등과 같은 주제별 연구 동향[5]과 과제 및 통일기[6]와 한일 불교 교류에 대한 연구사적 검토[7]가 이루어져 왔다.[8] 하지만 유식학과 원효학 및 화엄학과 달리 삼론학[9]과 성실학[10] 및 밀교학 등에 대한 연구는 기초 사료와 찬술 문헌이 온전히 존재하지 않아 이들 분야에 대한 검토는 지극히

1 김영태, 「한국불교학연구의 회고와 전망: 그 잠정적 결론」; 이봉춘, 「한국불교사 연구의 현황과 과제」; 장휘옥, 「한국불교학 연구의 회고와 전망」, 동국대 불교문화연구원, 『한국의 불교학 연구, 그 회고와 전망』(동국대출판부, 1994); 이봉춘, 「한국불교지성의 연구 활동과 근대불교학의 성립」, 『근대 동아시아 불교학』(동국대출판부, 2008); 이기운·조기룡·윤기엽, 「불교학보를 통해 본 한국불교 연구의 동향」, 『불교학보』 제63집(동국대 불교문화연구원, 2012); 고영섭, 「한국불교사 연구의 방법과 문법」; 김순석, 「한국불교사 기술의 사관과 주체」; 김용태, 「한국불교사 기술에 나타난 주제와 쟁점」; 황인규, 「한국 근현대 한국불교사의 서술과 고승」, 『한국불교사연구』 제1호(한국불교사학회·한국불교사연구소, 2012).

2 정영근, 「신라유식학 연구의 현황과 과제」, 『한국종교사연구』 제3집(한국종교사연구회, 1973); 김성철, 「한국유식사상사」, 『불교학리뷰』 제1호(금강대 불교문화연구소, 2001); 최연식, 「신라 유식학 연구의 현황과 과제」, 최병헌 편, 『한국불교사연구입문(상)』(지식산업사, 2013).

3 고영섭, 「원효 연구의 어제와 오늘」, 『한국의 사상가 10인: 원효』(예문서원, 2002).

4 최연식, 「8세기 신라 불교의 동향과 동아시아 불교계」, 『불교학연구』 제12호(불교학연구회, 2005).

5 정병삼, 「고대 한국과 일본의 불교 교류」, 『한국고대사연구』 제27집(한국고대사연구회, 2002); 최연식, 「7-9세기 신라와 일본의 불교 교류에 대한 연구동향 검토」, 『불교학리뷰』 제8호(금강대 불교문화연구소, 2010).

6 정병삼, 「통일기 신라 불교계의 동향」, 『西巖趙恒來敎授華甲紀念論叢 韓國史學論叢』(아세아문화사, 1992), pp.407~420.

7 고영섭, 「한국불교학 연구의 어제와 그 이후」, 『문학 사학 철학』 통권 제9호(대발해동양학한국학연구원 한국불교사연구소, 2007).

8 석길암, 「동아시아 불교 연구의 변화 양상」; 이종수, 「2000년대 한국불교사 연구의 회고」, 『불교평론』(만해사상실천선양회, 2009년 겨울호).

9 주로 고구려 승랑에 대해 김잉석, 김영태, 김인덕, 고익진, 박상수, 이현옥, 김성철, 남무희 등의 논구가 있었다. 주) 37, 주) 38 참조.

10 김천학, 「도장의 『성실론소』에 대한 연구」, 『불교학리뷰』 제4호(금강대 불교문화연구소, 2008).

미미하였다. 때문에 이 시대의 기초 사료를 발굴하고 기본 저작을 집성하여 불교의 역사적 고찰과 철학적 연구가 이루어진다면 이 시기 한국불교의 연구과제를 총체적으로 볼 수 있게 될 뿐만 아니라 향후 이 시기 한국불교에 대한 연구방안을 제시할 수 있을 것이다.[11]

근래 우리나라의 불교학 연구자들은 크게 늘어났으며 이들에 의한 연구성과들도 매우 다양화 되고 있다. 즉 불교학 전공자뿐만 아니라 국문학, 역사학, 철학, 종교학, 예술학 분야의 전공자들까지 가세하고 있다. 또 부분적이기는 하지만 정치학, 경제학, 사회학, 문화학, 과학 분야의 전공자들까지 불교 관련 연구에 참여하고 있다. 이러한 노력들에 의해 불교 연구는 인문학 전역은 물론 사회과학과 자연과학의 영역으로 확산되고 있으며 불교의 대중화에도 큰 기여를 하고 있다. 이들 학자군들이 확장되면서 이들의 연구성과를 발표하기 위한 학회와 연구소들도 급격히 확산되고 있다. 그 결과 일천한 사료를 발굴하고 산일된 문헌을 집일하면서 한국 고대불교의 연구 범위도 넓어지고 깊이도 더해가고 있다.

동시에 매년 전국에서 수십 차례의 학술대회가 열리고 수십 종의 학술지가 간행되면서 불교 사상에 대한 이해도 널리 확산되고 있다. 이러한 연구 환경은 몇몇 선학들의 화갑 혹은 고희 기념 논총[12]과 일부 학술지[13]에 발표하던 1970년대 이전과는 비교할 수 없을 정도로 호전되었다. 더욱이 인터넷의 발달과 학회 및 연구소의 홈페이지 개설로

11 한국 고대불교 관련 미술사학과 종교학 연구에 대해서는 다른 필자의 발표가 기획되어 있으므로 여기에서는 제외한다.

12 『백성욱박사 송수기념 불교학논문집』(1959); 『조명기박사 화갑기념 불교사학논총』(1965).

13 동국대 불교대학, 『동국사상』(1958~1999); 동국대 불교문화연구원, 『불교학보』(1962~2013).

인해 학자들의 연구성과를 곧바로 출력해 볼 수 있어 선행연구 검토와 연구과제 모색을 위한 시간과 비용을 크게 절감시켜 주고 있다. 이 과정에서 불교 연구는 크게 진전되고 있으며 불교 사상은 넓게 대중화되고 있다. 이 글에서는 약 반세기 동안 이루어진 한국 고대불교의 역사적 고찰과 철학적 연구의 성과를 검토하고 분석하여 향후의 과제를 모색하고 제시하여 본다.

2. 한국 고대불교 연구의 범위

고구려와 백제 및 가야와 신라의 사국 중 가야 연맹의 금관가야(532)와 대가야(562)가 신라에 일찍 합병되면서 신라와 고구려와 백제의 삼국시대가 열렸다. 이후 나당연합군에 의해 백제와 고구려가 무너지고 신라가 삼국을 통일하면서 고구려와 백제 불교의 문헌은 대부분이 사라져 버렸다. 그 결과 한국 고대불교의 범위는 일부 사료에서만 언급되는 고구려와 백제의 불교보다는 사료와 문헌(저술)을 모두 갖추고 있는 신라 불교 중심으로 연구가 이루어져 왔다. 논자는 여기에서 한국 고대불교의 연구범위를 국가별과 시대별, 주제별과 인물별로 분류해서 살펴보게 될 것이다.

국가별 분류는 고구려와 백제 및 가야와 신라, 그리고 대발해로, 시대별 분류는 삼(사)국과 통일신라 및 대발해로, 주제별 분류는 반야중관 삼론, 유가 유식 법상, 밀교, 지론 섭론 기신, 법화 천태 교관, 화엄 일승 법성, 정토 염불 염불선, 선법 선관 선수(禪修)로, 인물별 분류는 승랑, 의연, 보덕, 겸익, 현광, 혜균, 원광, 안함, 자장, 원측, 원효, 문궤, 도증, 의상, 경흥, 의적, 둔(도)륜, 태현, 견등, 원표, 무상,

무루, 지장, 혜각, 현초, 혜초, 불가사의, 월충 등 삼국의 대표적 학승들로 중심으로 살펴볼 것이다.[14] 여기에서 시대별 분류는 주로 불교사학 고찰의 범주에 해당되며, 주제별 분류는 주로 불교철학 연구의 범위에 상당한다.

우선 연구 검토는 고대불교 관련 불교사학 고찰 및 불교철학 연구에 관한 일반 논문과 박사 논문[15]을 대상으로 할 것이다. 부분적으로는 박사 논문을 수정 보완해 펴낸 단행본과 논문들을 집성하거나 단독으로 집필한 단행본을 포함할 것이다. 일반 논문은 불교계 학회 및 연구소 간행 학회지와 불교계 대학 내 연구소 간행 학술지에 실린 불교 연구 성과들을 검토할 것이며, 학위 논문은 불교학과와 (국)사학과 및 철학과에서 나온 박사 논문과 주요 저술들을 대상으로 할 것이다.

그 사이 불교학계에서는 『한국찬술불서전관목록』(韓國撰述佛書展觀目錄, 1966)을 간행한 뒤 1,700여 년의 한국불교 연구의 기초자료 편찬을 위한 『한국불교찬술문헌총록』(韓國佛教撰述文獻總錄)[16]에 기초하여 『한국불교전서』(韓國佛教全書, 전 14책)[17]를 집대성하였다. 또 『고려대장경』(高麗大藏經, 제48책)[18] 영인과 함께 『한글대장경』(전 318책)[19]을 간행하였다. 동시에 『한국불교사료』(韓國佛教史料, 해외문헌초집),[20] 『고려불적집일』(高麗佛籍集佚),[21] 『한국불교자료초』(韓

---

14 고영섭, 「한국불교의 보편성과 특수성: 물리적 '비빔'과 화학적 '달임'」, 『동아시아 불교에 있어서 한국불교』(중앙승가대학교 대학원, 2012. 10).

15 석사학위의 경우에는 본격적인 연구를 통한 학문축적의 성과로 보기 어렵다고 판단하여 여기에서는 제외하였다.

16 한국불교전서편찬위원회, 『한국불교찬술문헌총록』(동국대출판부, 1976). 이 총록은 이재창·이만 역, 『한국불교해제사전』(동경: 국서간행회, 1982)으로 간행되었다.

17 한국불교전서편찬위원회, 『한국불교전서』 전14책(동국대출판부, 1979~2004).

18 고려대장경편찬위원회, 『고려대장경』(동국역경원, 1963~1966).

19 한글대장경편찬위원회, 『한글대장경』(동국역경원, 1965~2000).

20 김영태, 『한국불교사료초존』(동국대 불교문화연구소, 1981).

21 효성조명기선생팔십송수편찬위원회, 『고려불적집일』(동국대출판부, 1985).

國佛教資料抄)[22]를 간행하면서 한국불교사 연구를 위한 기본사료를 확보하였다. 이외에도 불교학계에서는 『한국사찰사전』(韓國寺刹事典, 전2책),[23] 『한국불교 사찰사전』(韓國佛敎寺刹事典),[24] 『초록역주 조선왕조실록불교사료집』(抄錄譯註 朝鮮王朝實錄史料集, 전24책)[25] 등의 사료들을 간행하였다. 이어 『삼국신라시대불교금석문고증』,[26] 『역주 고승비문』(전7책)을 간행하면서 금석문 자료까지 집성하고 역주하였다.[27]

여기서는 먼저 한국 고대불교의 연구 성과를 담고 있는 학술지에 대해 살펴보기로 하자. 국내 불교계 최초로 결성된 한국불교학회(1973~현재)를 비롯하여 이후에 창립된 인도철학회(1988~현재), 한국선학회(2000~현재), 불교학연구회(2001~현재), 한국정토학회(2003~현재), 동아시아불교문화학회(2006~현재), 한국불교사학회(2012~현재) 등 불교계 내의 학회[28]와 불교계의 조계종, 태고종, 천태종, 진각종 등의 종단 연구소/학회와 동국대학교 불교문화연구원을 비롯한 각 대학 내의 연구소와 대학 외의 연구소에서 간행하는 학술지에 실린 한국 고대불교에 대한 불교사학과 불교철학 관련 연구 성과를 검토하고 향후 연구 방향을 제시해 볼 것이다.

---

22 퇴경당전서편찬위원회, 『한국불교자료초』(이화문화사, 1990).

23 退耕權相老박사전서간행위원회, 『韓國寺刹全書』(이화문화출판사, 1994); 권상로, 『한국사찰사전』(이화문화출판사, 1998).

24 李政 편저, 『한국불교 사찰사전』(서울: 불교시대사, 1996).

25 동국대학교 불교문화연구원, 『초록역주 조선왕조실록 불교사료집』(불교학술연구소, 2003).

26 김영태, 『삼국신라시대불교금석문고증』(민족사, 1997).

27 이지관 편, 『역주 고승비문』(가산문고, 1995~2013).

28 한국역사학회(『역사학보』), 한국사연구회(『한국사연구』), 한국철학회(『철학』), 한국철학연구회(『철학연구』), 한국동양철학회(『동양철학』), 한국동양철학연구회(『동양철학연구』), 한국사상사학회(『한국사상사학』), 한국사상문화학회(『한국사상과 문화』) 등을 비롯한 불교계 밖의 학회에 실린 불교 연구도 검토의 대상이 된다.

3. 기존 연구 현황과 성과의 검토

현존하는 학회의 각 저널에 실린 논문들은 한 호당 적게는 7~8편에서 많게는 14~15편 정도를 싣고 있다. 여기에 근거해 본다면 한 학술지(연 3~4회)당 대략 10편을 잡아도 일 년에 40여 편의 논문을 게재하고 있다. 이 중에서 한국 고대불교 관련 논문을 2~3편으로 잡으면 한 학술지당 1년에 약 10여 편의 논문이 실리고 있다. 이들 학회지와 연구소 간행 학술지를 대략 40여 종만 잡아도 한국 고대불교 관련 논문이 1년에 약 400여 편이 발표되고 있음을 알 수 있다.

〈표 1〉 불교계 학회 및 연구소 간행 학회지

구분	학회지 이름	발행기관 이름	간행년도	비 고
1	한국불교학	한국불교학회	1975	1~67집
2	인도철학	인도철학회	1988	1~36집
3	한국선학	한국선학회	1999	1~32집
4	불교학연구	불교학연구회	2000	1~35집
5	선문화연구	한국선문화학회	2003	1~3집
6	원효학연구	원효학회/원효학연구원	1994	1~18집
7	가산학보	가산불교문화연구원	1992	1~10집
8	구산논집	구산장학회	1997	1~6집
9	보조사상	보조사상연구원	1987	1~40집
10	한암사상	한암사상연구회	2007	1~4호
11	백련불교논집	백련불교 재단/성철선사상연구원	1991	1~16집
12	태고사상	태고학회	2002	1~3집
13	정토학연구	한국정토학회	2004	1~20집
14	불교 연구	불교 연구학회/한국불교 연구원	1985	1~39집
15	불교평론	만해사상선양실천회	2000	1~60호
16	대각사상	대각사상연구원	1995	1~20집
17	천태학연구	천태학연구원/원각불교 사상연구원	1998	1~15집
18	선문화연구	한국선리연구원	2005	1~15집

19	일본불교사연구	일본불교사연구소	2009	1~9호
20	한국불교사연구	한국불교사학회/한국불교사연구소	2012	1~3호
21	전법학연구	불광연구원	2012	1~4호
22	승가교육	대한불교교계종 불학연구소	2003	1~8호
23	한국교수불자연합 학회지	한국교수불자연합회	2000	1~20호
24	문학 사학 철학	대발해동양학한국학연구원 /한국불교사연구소	2005	1~35호
25	International Journal of Buddhist Thought and Culture	국제불교문화사상학회	2000	1~20호

『한국불교학』의 경우 1년 1회(1975~1999)[29]를 간행해 왔으나 한국연구재단의 지원과 평가를 받기 시작하는 2001년 이후부터는 1년 2회(2000), 1년 3회(2001~2012), 1년 4회(2013)로 늘려 간행하였다. 때문에 한 해 동안 게재하는 논문들의 편수가 한 호당 15편 내외로 셈해도 60여 편에 이르고 있다. 한국연구재단의 지원을 받는 다른 등재(후보) 학술지 역시 연 2~4회를 간행하면서 20~40편의 논문들을 게재하고 있다.

현재 이들 학회지 중에서『한국불교학』,『인도철학』,『한국선학』,『불교학연구』,『정토학연구』,『불교 연구』,『보조사상』,『대각사상』,『선문화연구』,『한국교수불자연합학회지』와『국제불교문화사상저널』(International Journal of Buddhist Thought and Culture),『동아시아불교문화연구』는 한국연구재단의 등재(후보) 학술지들이다. 이들 학회에서 간행하는 등재(후보)학회지들은 2001년을 기점으로 하여 한국연구재단의 규정에 의해 무기명 심사자(3명)에 의해 심사를 거친 논문들을 싣고 있다.

때문에 이들 학술지에는 해당 분야 전공자의 심사를 통과한 논문들

29 1997년에는 예외로 '백제고찰 수덕사 특집'을 위해 연 2회 간행하였다.

만 싣고 있다는 점에서 게재 논문들은 일정한 질적 수준을 유지하고 있다고 할 수 있다. 이들 학술지에 수록된 논문들은 일부를 제외하고는 거의 대부분이 단독 집필(주요 저자)로 이루어지고 있다.

〈표 2〉 불교계 대학 내 연구소 간행 학술지

구분	학회지 이름	발행기관 이름	간행년도	비 고
1	동국사상	동국대 불교대학	1958	1~29집
2	불교학보	동국대 불교문화연구원	1963	1~67집
3	불교원전연구	동국대 불교문화연구원	1998	1~15집
4	전자불전	전자불전문화콘텐츠연구소	1998	1~15집
5	동국대학교논문집	동국대학교	1964	1~30집
6	동국대학원연구논집	동국대 대학원	1964	1~30집
7	동국사학	동국대 사학과	1970	1~50집
8	동국역사교육	동국대 역사교육과/동국역사교육학회	2008	1~5집
9	철학 사상 문화	동국대 철학과/ 동서사상연구소	2001	1~15집
10	불교문화연구	동국대 불교문화연구소	2000	1~14집
11	신라문화	동국대 신라문화연구소	1992	1~42집
12	불교 사상과 문화	중앙승가대 불교학연구원	2008	1~4집
13	대학원연구논집	중앙승가대 대학원	2008	1~5집
14	불교사연구	중앙승가대 불교사학연구소	1997	1~5집
15	불교학리뷰	금강대 불교문화연구소	2002	1~9집
16	밀교학보	위덕대 밀교학연구원	1999	1~14집
17	회당학보	진각대학/ 회당학회	2001	1~15집
18	불교학논총	서울불교대학원대 불교학연구소	2004	1~6집
19	불교문예연구	동방대학원대 불교문예연구소	2013	1집

대학 내에서 불교 연구 성과를 전문적으로 담아내는 학술지는 동국대학교 불교대학의 『동국사상』과 불교문화연구소(원)의 『불교학보』로부터 본격화되었다. 이후에는 동국대학교(서울, 경주) 내의 간행물들과 중앙승가대, 금강대, 위덕대, 진각대, 서울불교대학원대, 동방문화대학원대의 연구소들에서 간행된 학술지들이다. 이들 중에는 『불교

학보』, 『동국사학』, 『철학 사상 문화』, 『신라문화』 등과 같은 등재(후보) 잡지도 있지만 아직 등재(후보)잡지로 인정받지 못한 학술지들도 있다.

이 글에서는 이들 학술지에 실린 논문을 통계상으로 집계[30]하지는 않을 것이다. 다만 대다수 불교 연구자들은 학회지와 함께 이들 대학 내 연구소들이 간행하는 학술지를 통해 자신의 연구결과를 발표하고 있다. 그리고 이들 학회지와 연구소 저널들은 한국연구재단(KCI) 등재(후보)학술지와 일반학술지로 구분되고 있다. 특히 2000년대 들어서면서 각 대학교의 교원평가와 업적평가가 모두 한국연구재단 등재(후보)잡지를 기준으로 이루어지고 있어 대다수 연구자들은 자신들의 연구결과를 이들 학술지에 발표하고 있다. 하지만 이 글에서는 등재(후보)학술지와 일반학술지를 구분하지 않고 연구 성과를 검토할 것이다.

학술지 발표 논문 이외에도 이 시기의 주요한 연구 성과라고 할 수 있는 각 대학의 대학원에서 수여한 박사학위 논문과 이들을 단행본으로 출판한 다수의 연구결과가 발표되었다. 지난 50여 년간 국내외 각 대학교에서 수여한 한국 고대 불교사학과 불교철학 관련 박사 논문은 대략 아래와 같이 집계할 수 있다.

〈표 3〉 한국 고대불교 관련 불교사학 및 불교철학 박사 논문

구분	이름	박 사 학 위 논 문 제 목	취득대학	년도
1	황성기	원측 유식학설 연구	동국대	1976
2	안계현	신라시대 정토왕생사상 연구	동국대	1975
3	김영태	삼국유사 소전의 불교신앙 연구	경도불교대	1976
4	박성배	원효의 대승기신론소 연구	캘리포주립	1977
5	홍윤식	불교의례의 연구	경도불교대	1978

30 이철교, 『한국불교관계문헌총록』(미간) 참고.

6	채인환	신라불교의 계율사상 연구	동경대	1976
7	신옥희	원효와 칼 야스퍼스의 믿음의 이해	바젤대	1976
8	강영계	철학자 원효의 인식과 방법	디스 비대	1981
9	김준형	원효의 교판관 연구	동국대	1986
10	은정희	기신론소·별기에 나타난 원효의 일심사상	고려대	1982
11	김삼룡	한국 미륵신앙의 연구	축파대	1984
12	로버트 버스웰	금강삼매경론의 한국적 기원	UCLA대학	1985
13	고익진	한국 고대불교사상사 연구	동국대	1986
14	목정배	의적의 보살계본소 연구	동국대	1988
15	오법안	원효의 화쟁사상	뉴욕주립대	1988
16	최유진	원효의 화쟁사상 연구	서울대	1988
17	이평래	신라불교여래장사상의연구	구택대	1986
18	이범홍	신라불교여래장사상의연구	구택대	1989
19	김복순	신라 하대 화엄종 연구	고려대	1989
20	신종원	신라 초기 불교사 연구	고려대	1988
21	장휘옥	신라 정토교의 연구	동경대	1988
22	이만	신라 태현의 성유식론학기에 관한 연구	동국대	1988
23	한태식 (보광)	신라 정토사상의 연구	경도불교대	1989
24	김상현	신라 화엄사상사 연구	동국대	1990
25	전해주	신라 의상의 화엄교학 연구	동국대	1990
26	추만호	나말여초 선종사상사 연구	고려대	1991
27	정영근	원측 유식사상 연구	서울대	1992
28	최원식	신라 보살계사상사 연구	동국대	1992
29	김종의	원효의 사상 체계에 관한 연구	동의대	1992
30	황규찬	표원의 화엄경요결문답 연구	동국대	1993
31	김영미	신라 아미타신앙 연구	이화여대	1992
32	방 인	태현의 유식사상 연구	서울대	1994
33	박태원	대승기신론사상 평가에 관한 연구 - 원효의 소·별기를 중심으로	고려대	1994
34	김남윤	신라 법상종 연구	서울대	1994
35	정병삼	의상 화엄사상 연구	서울대	1994
36	정희수	경흥의 무량수경연의술문찬 연구	위스콘신대	1995
37	남동신	원효의 대중교화와 사상 체계	서울대	1995

38	강상원	일미관행에 있어 중도관에 관한 연구	동국대	1995
39	김병환 (원영)	원효의 금강삼매경론 연구	동국대	1996
40	장지훈	한국고대미륵신앙연구	고려대	1996
41	여성구	신라 중대의 입당구법승 연구	국민대	1997
42	조범환	낭혜무염과 성주산문	서강대	1997
43	최인선	한국 철불 연구	한국교원대	1998
44	최인표	나말여초 선종불교 정책 연구	효성가톨릭대	1998
45	고영섭	문아 원측과 그 교학 연구	동국대	1988
46	신동하	신라 불국토 사상의 전개양상과 역사적 의의	서울대	2000
47	류승주	원효의 유식사상 연구	동국대	2001
48	김도공	원효의 수행 체계 연구	원광대	2002
49	김종인	원효의 불교해석학의 철학적 맥락	스토니부룩	2002
50	김흥삼	나말여초 굴산문 연구	강원대	2002
51	석길암	원효의 보법화엄사상 연구	동국대	2003
52	서영애	신라 원효의 금강삼매경론 연구	대곡대	2003
53	김재경	신라신불융합사연구	경북대	2004
54	박서연	도신장의 화엄사상 연구	동국대	2004
55	정선여	고구려 불교사 연구	충남대	2005
56	조경철	백제불교사의 전개와 정치변동	한중연	2006
57	이정희	원효의 실천수행관 연구	동국대	2006
58	박광연	신라 법화사상사 연구	이화여대	2006
59	길기태	백제 사비시대의 불교신앙 연구	충남대	2006
60	남무희	원측의 생애와 유식사상 연구	국민대	2006
61	김원명	원효 열반경종요의 열반론 연구	한국외대	2006
62	정원용	원효의 평화사상과 그 실천방안 연구	동국대	2007
63	박미선	신라 점찰법회 연구	연세대	2007
64	김양정	경흥의 무량수경연의술문찬 연구	한중연	2008
65	김영일	원효의 화쟁논법 연구	동국대	2008
66	이병학	원효의 『금강삼매경』사상 연구	국민대	2008
67	장진영	화엄경문답 연구	동국대	2010
68	박세규 (선응)	문궤의 입정리론소에 관한 연구	동국대	2010
69	장정태	한국불교와 민간신앙의 습합관계 연구 - 삼국유사를 중심으로	동국대	2010

70	남순태 (현송)	삼국유사로 본 신라정토신앙 연구	중앙승가대	2010
71	조우연	4~5세기 고구려 국가제사와 불교신앙 연구	인하대	2010
72	장규언	원측 해심밀경소 무자성상품 연구	한중연	2012
73	정동락	신라하대 선승의 현실인식과 대응	영남대	2012
74	김병곤	법화장소의연구 - 해동신라찬술·서역출토본을 중심으로 하여	입정대	2013
75	渡辺顯正	신라 경흥사술문찬의 연구	용곡대	1976
76	사또 시게끼	원효에 있어서 화쟁의 논리	동국대	1993
77	후지 요시나리	원효의 정토사상 연구	동국대	1995
78	후쿠시 지닌	원효교학이 한중일에 미친 영향	원광대	2000
79	당아미 (유과)	원측의 해심밀경소 연구	동국대	2000

이들 박사학위 논문들 중 불교사학 연구의 논제들과 달리 불교철학 연구의 논제들은 주로 『한국불교전서』 신라시대편(1~3책)에 수록된 인물들의 저작을 대상으로 연구한 것들이다. 즉 신라시대편에 저술이 수록되어 있는 원측, 신방, 원효(제1책), 의상, 법위, 경흥, 승장, 현일, 의적, 표원, 명효, 둔륜(제2책), 혜초, 불가사의, 견등지, 태현, 순지, 최치원(제3책) 등에 대해 논구한 것들이 대부분이다.[31] 신라인으로 추정되는 문궤의 『인명입정리론소』에 대한 논구도 있다.[32] 역시 신라인으로 추정되는 월충의 『석마하연론』에 대한 논구도 이루어지고 있다.[33]

31 고영섭 편, 『한국불학자의 생애와 사상: 신라시대편』(동국대학교 BK21 교육연구단 제1팀 연구팀, 2010). 이 집성은 고려시대1, 고려시대 2·조선시대1, 조선시대2 등 총 4권으로 간행되었다. 신라시대편에서는 원효, 원측, 신방, 의상, 법위, 경흥, 승장, 현일, 의적, 명효, 둔륜, 혜초, 불가사의, 태현, 견등, 순지 등 총 16명의 학승들의 생애와 사상을 논구하고 있다.

32 박세규(선응), 「문궤의 『인명입정리론소』의 연구」(동국대 대학원 박사 논문, 2010).

33 김지연, 「『대승기신론』 의 智淨相에 대한 『釋摩訶衍論』의 고찰」, 『한국불교학』 제66집(한국불교학회, 2013). 논자는 「『석마하연론』의 주석적 연구」를 동국대 대

지난 반세기 동안 국내외에서 수여된 한국 고대 불교사학 및 불교철학 관련 박사 논문은 대략 80여 편에 이른다.[34] 여기에는 한국인으로서 한국에서 학위를 받은 이들은 물론 외국에서 학위를 받은 이들도 있고, 외국인으로서 국내에서 학위를 받은 중국인, 일본인, 미국인들도 있다. 이들 학위 논문의 내용과 경향에 따라 국가별과 시대별 및 주제별과 인물별로 살펴볼 수 있을 것이다. 이들 학위 논문 이외에도 한국 고대불교 관련 인물과 주제 등에 대한 적지 않은 단행본들이 간행되었다. 이들 중에는 이 시대에 관련된 독립된 연구를 비롯하여 박사 논문을 수정 보완하여 간행한 저술들도 다수가 있다.

〈표 4〉 한국 고대 불교사학 및 불교철학 연구서

구분	저 자	저 / 역 서	출판사	출판년도
1	조명기	신라불교의 이념과 역사	신태양; 경서원	1960; 1984
2	이기영	원효사상: 세계관	홍법원	1967; 1986
3	우정상/김영태	한국불교사	서문당	1969
4	김지견/채인환	신라불교 연구	동경: 산희방불서림	1973
5	채택수(인환)	신라불교계율사상연구	동경: 국서간행회	1977
6	김동화	한국불교 사상의 좌표	보림사	1976; 1990
7	박종홍	한국사상사: 불교 사상편	서문당	1972; 1978
8	渡辺顯正	신라 경흥사 술문찬의 연구	경도: 영전문창당	1978
9	愛宕顯昌	한국불교사	동경: 산희방불서림	1982
10	이영무	한국의 불교 사상	민족문화사	1987
11	겸전무웅	신라불교사서설	동경: 동경대학문화연구소	1988
12	김영태	삼국유사 소전의 불교신앙 연구	신흥문화사	1984

학원 박사 논문(2014년 2월)으로 제출하였다. 월충의 『석마하연론』은 『한국불교전서』 보유편은 제11책에 실려있다.

34 심리학계(김현준)와 의학계(이죽내)와 교육학계(박쌍주, 정희숙)에서 수여된 원효 관련 박사 논문은 집계에서 제외하였다.

13	김삼룡	한국미륵신앙의연구	동경: 교육출판센타	1985
14	한기두	한국불교 사상연구	일지사	1985
15	안계현	신라정토사상사연구	현음사	1987
16	김영태	백제불교 사상 연구	동대출판부	1985
17	김영태	삼국시대 불교신앙 연구	불광출판사	1990
18	최유진	원효의 화쟁사상 연구	경남대출판부	1990
19	추만호	나말여초 선종사상사	이론과 실천	1992
20	한기두	한국선사상연구	일지사	1993
21	이기영	원효사상연구 I. II	한국불교 연구원	1994; 2001
22	조명기	불교문화사	동대출판부	1960; 1984
23	김영태	신라불교 연구	신흥문화사	1987; 1993
24	이종익	원효의 십문화쟁사상 연구	동방사상연구원	1977
25	안계현	한국불교사연구	동화출판사	1982
26	안계현	한국불교사상사연구	현음사; 동대출판부	1983; 1990
27	김영태	삼국신라시대 불교금석문고증	민족사	1997
28	이만용	원효의 사상	전망사	1983
29	김영태	한국불교사개설	경서원	1986
30	김영태	한국불교사	경서원	1997
31	김영태	한국불교 사상	민족사	1997
32	신현숙	원효의 판비량론 연구	민족사	1988
33	불교사학회	한국조계종의 성립사연구	민족사	1987
34	불교사학회	초기불교교단사연구	민족사	1987
35	불교사학회	한국불교선문의 형성사 연구	민족사	1987
36	불교사학회	한국화엄사상사연구	민족사	1988
37	불교사학회	한국미타정토사상연구	민족사	1988
38	불교사학회	고대한국불교교학연구	민족사	1988
39	고익진	한국의 불교 사상	동대출판부	1987
40	고익진	한국고대불교사상사	동대출판부	1989
41	고익진	한국찬술 불서의 연구	민족사	1993
42	동대불문연	한국관음사상	동대출판부; 한국언론간행회	1985; 1997
43	동대불문연	한국미륵사상	동대출판부; 한국언론간행회	1985; 1997
44	동대불문연	한국천태사상	동대출판부; 한국언론간행회	1985; 1997

45	동대불문연	한국정토사상	동대출판부; 한국언론간행회	1985; 1997
46	동대불문연	한국화엄사상	동대출판부; 한국언론간행회	1985; 1997
47	동대불문연	한국선사상	동대출판부; 한국언론간행회	1985; 1997
48	동대불문연	한국불교의 역사와 문화(영어판)	동대불교문화연구원	1997
49	동대불문연	한국불교 사상개관	동대불교문화연구원	1997
50	동대불문연	한국불교 사상개관(중어판)	동대불교문화연구원	1997
51	동대불문연	한국불교 사상개관(영어판)	동대불교문화연구원	1997
52	김두진	의상, 그의 생애와 사상	민음사	1995
53	신종원	신라초기불교사연구	민족사	1989
54	김복순	신라화엄종연구	민족사	1989
55	한보광	신라 정토의 연구	대판: 동방출판사	1991
56	심재열	원효사상: 윤리관	홍법원	1991
57	김영태	불교사상사론	민족사	1992
58	이평래	신라여래장사상연구	민족사	1996
59	김지견 외	도선연구	민족사	1995
60	김상현	신라화엄사상사연구	민족사	1993
61	김상현	한국불교사산책	우리출판사	1995
62	김상현	역사로 읽는 원효	고려원	1993
63	전호련(해주)	의상화엄사상사연구	민족사	1993
64	정병삼	의상 화엄사상 연구	서울대출판부	1998
65	박태원	대승기신론사상연구	민족사	1997
66	장휘옥	해동고승전연구	민족사	1997
67	장지훈	한국고대미륵신앙연구	집문당	1997
68	채택수(인환)	한국불교의 계율사상연구	토방	1997
69	사또 시게끼	원효의 화쟁논리	민족사	1997
70	후지 요시나리	원효의 정토사상 연구	민족사	1998
71	리영자	한국 천태사상의 전개	민족사	2000
72	방학봉	발해불교	연변출판사	1989
73	방학봉	발해의 불교 유적과 유물(박상일 역)	연변출판사; 서경문화사	1985; 1998

74	하경송	한국불교사(상/하)	북경: 종교문화출판사	1997; 1999
75	김상현	신라의 문화와 역사	일지사	1998
76	최석환 외	정중무상선사	불교영상회보사	1993
77	최석환 외	신라육신보살지장선사	불교영상회보사	1994
78	김상현	원효연구	일지사	2000
79	정무환(성본)	신라 선종 연구	민족사	1995
80	이 만	태현의 유식사상 연구	불지사	1995
81	고영섭	원효, 한국사상의 새벽	한길사	1997; 2009
82	남동신	원효	새누리	1999
83	황규찬	신라 표원의 화엄경요결문답 연구	민족사	1996
84	최원식	신라 보살계사상사 연구	민족사	1999
85	이 만	한국유식사상사	장경각	2000
86	고영섭	신라 서명문아(원측)학통 연구: 문아대사	불교춘추사	1999
87	후쿠시 지닌	신라원효연구	동경: 대동출판사	2000
88	신옥희	일심과 실존	이화여대출판부	2000
89	김복순	한국 고대불교사 연구	민족사	2002
90	고려대 한국사상연	자료와 해설: 한국의 철학사상	예문서원	2002
91	고영섭	원효탐색	연기사	2002; 2010
92	고영섭	한국불학사: 신라시대편	연기사	2002; 2005
93	신오현	원효 철학 에세이	민음사	2003
94	김종의	일심과 일미	신지서원	2003
95	김성철	원효의 판비량론 기초 연구	지식산업사	2003
96	김상일	원효의 판비량론 비교 연구	지식산업사	2004
97	한국불교 원전연구회	인물로 보는 한국의 불교 사상	예문서원	2004
98	조범환	신라선종연구	일조각	2001
99	고영섭 편	한국의 사상가 10인: 원효	예문서원	2002
100	김두진	신라화엄사상연구	서울대출판부	2004
101	서윤길	한국밀교사상사	운주사	2006
102	서윤길	한국불교 사상	운주사	2006
103	김형효	원효의 대승철학	소나무	2006

104	길기태	백제 사비시대의 불교신앙 연구	서경	2006
105	김재경	신라 토착신앙과 융합사상사 연구	민족사	2007
106	서영애	신라 원효의 금강삼매경 연구	민족사	2007
107	정선여	고구려 불교사 연구	서경문화사	2007
108	김두진	신라하대 선종사상사 연구	일조각	2007
109	하정룡	삼국유사 사료 비판	민족사	2008
110	김종의	원효, 그의 삶과 사상	한국문화사	2007
111	김복순	신사조로서의 신라 불교와 왕권	경인문화사	2008
112	변인석	정중무상대사	한국학술정보	2008
113	최석환	정중무상평전	차의세계	2009
114	조범환	나말여초 선종산문 개창 연구	경인문화사	2008
115	최연식	교감 대승사론현의기	불광출판부	2009
116	김원명	원효의 열반론 연구	한국학술정보	2009
117	한종만	불교와 한국사상	불교춘추사	2009
118	남무희	신라 원측의 유식사상 연구	민족사	2009
119	박성배	한국사상과 불교	혜안	2009
120	이주형	동아시아 구법승과 인도의 불교 유적	사회평론	2009
121	이병욱	한국불교 사상의 전개	집문당	2010
122	허남진편역	삼국과 통일신라의 불교 사상	서울대출판문화원	2011
123	박찬국	원효와 하이데거의 비교 연구	서강대출판부	2010
124	남무희	고구려 승랑 연구	서경문화사	2011
125	김성철	승랑, 그 생애와 사상의 분석적 탐구	지식산업사	2011
126	남무희	신라 자장 연구	서경문화사	2012
127	고영섭	한국불교사연구	한국학술정보	2012
128	김창호	한국 고대 불교고고학의 연구	서경문화사	2007; 2012
129	박태원	원효	한길사	2012
130	박태원	원효의 십문화쟁론	세광출판사	2012
131	최병헌	한국불교사연구입문(상/하)	지식산업사	2013
132	박광연	신라법화사상사연구	혜안	2013
133	조범환	나말여초 남종선 연구	일조각	2013

지난 약 반세기 동안 간행된 한국 고대불교 관련 단행본 학술서들은 대략 130여 종이 된다. 이들은 주로 인물과 주제 중심으로 연구한 학술서들이 대다수이다. 내용별로는 논문들을 집성한 학술서와 석박사 학위를 수정 보완하여 간행한 것들이 대부분이며 자료와 해설을 덧붙인 것도 있다.

이 중에서도 동국대 불교문화연구원에서 기획하고 발표한 논문들을 집성한 『한국의 불교 사상』[법화, 화엄, 관음, 정토, 선, 밀교 사상]과 『한국불교의 역사와 문화』(영어판) 및 『한국불교 사상개관』(한글판, 영어판, 중어판, 전10책) 등은 관련 학자들이 한국불교사상사 전반에 대해 몇 년에 걸쳐 집중 기획하여 발표한 것을 집성했다는 점에서 특별한 의미가 있다.[35]

이들 학술연구서들은 고구려·백제·신라·가야의 사국과 통일신라 및 대발해의 시대별, 그리고 승랑, 의연, 보덕, 혜균, 원측, 신방, 원효, 문궤, 의상, 경흥, 의적, 둔(도)륜, 태현, 견등, 표원 등의 인물별과 법화, 화엄, 정토, 선법 등과 『판비량론』, 『화엄경요결문답』, 구산선문 형성 등 주제별로 분류해서 살펴볼 수 있을 것이다. 그러면 기존 연구 현황에 대한 성과를 검토해 보기로 하자.

1 나라별과 시대별 분류

1) 고구려 불교 연구

고구려 불교 전래에 대해서는 한국 고대불교의 출발이라는 점에서

---

35 동국대 불교문화연구원 편, 『한국의 법화사상』; 『한국의 화엄사상』, 『한국의 관음사상』, 『한국의 정토사상』; 『한국의 선사상』; 『한국의 밀교사상』; 『한국의 역사와 문화』(영어판); 『한국불교 사상개관』(한글판); 『한국불교 사상개관』(중어판); 『한국불교 사상개관』(영어판), 1985; 1997.

연구가 진행되어 왔다. 하지만 신라의 삼국통일 이후 고구려 지역에 대한 사료가 부족할 뿐만 아니라 일제식민지와 남북한 분단까지 겹쳐 온전히 연구되어 오지 못했다. 때문에 고구려 불교사에 관한 연구는 사료와 문헌이 일천하여 승랑, 의연, 보덕 등 몇몇 인물들과 불교 정책들에 대해 주로 논구되어 왔다. 그러나 사료가 영성함에도 불구하고 근래에 4~5세기 불교의 수용과 교학의 발전, 6세기 승관제의 수용과 지론종의 발전, 7세기 도교의 수용과 불교 억압 등 고구려 불교 전반을 논구한 박사 논문이 제출되었다.[36]

한편 고구려 불교 수용의 루트를 만주의 집안 지역과 대동강 유역으로 구분하여 기술한 논구도 나왔다. 논자는 이 논구에서 집안 지역은 현세 이익의 불교와 계율을 중시하고 『반야경』이 유행하였으며, 대동강 지역은 격의불교를 기반으로 하면서 정토신앙과 계율을 중시하였고, 『반야경』이 유행하였다고 파악하고 있다.[37] 이러한 관점은 집안 지역 불교와 대동강 지역 불교를 종합적으로 파악하기 위한 노력이라는 점에서 고구려 불교 이해의 폭을 넓힌 것이라고 할 수 있다.

승랑의 생애와 사상은 선학들의 연구에 의해 그의 정체성 그리고 삼론사상의 체계 등에 대해 검토가 이루어져 왔다.[38] 이들은 승랑의 사상을 무득정관설에 기초한 약교이제설, 이제합명중도설, 중도위체설, 횡수병관설 등으로 정리하였다. 근래에는 승랑의 생몰년(450~530?)

36 정선여, 「고구려 불교사 연구」(충남대 대학원 사학과 박사 논문, 2005).
37 박윤선, 「고구려의 불교 수용」, 『한국고대사연구』 제35집(한국고대사연구회, 2004).
38 박종홍, 「고구려 승랑의 인식 방법론과 삼론사상」, 『한국사상사』(서문당, 1972; 1999); 김잉석, 「고구려 승랑의 삼론사상의 진실성」, 『불교학보』 제1호(동국대학교 불교문화연구소, 1963); 김영태, 「고구려 승랑의 재고찰」, 『한국불교학』 제20집(한국불교학회, 1995); 김인덕, 「승랑대사 사상학설의 관계자료」, 『한국불교학』 제8집(한국불교학회, 1982); 고익진, 「승랑의 중관적 공관」, 『한국의 불교 사상』(동국대출판부, 1987) 등의 논구들이 있다.

과 그의 사상 연구가 심층적으로 이루어졌다.[39] 또 승랑의 생애와 사상적 특성에 대해 중도 종지의 체득을 위한 도구로 이제의 구실을 긍정하면서 무소득의 정신에 철저했던 섭령·흥황 전통의 이제설은 변증법적 이제설인 '삼종이제설'(三種二諦說) 또는 '삼중이제설'(三重二諦說)이라고 해명한 학술서가 간행되었다.[40] 아울러 승랑의 신삼론사상과 고구려사를 연계한 연구서도 간행되었다.[41]

의연은 그의 생애와 사상의 검토를 통해 지론종의 법상과의 관계를 통해 유식가[42] 혹은 섭론가 또는 계율가로서 연구되어져 왔다. 보덕의 생애와 사상에 대한 연구는 소장학자들에 의해 논구가 이루어졌다. 한 논자는 보덕의 열반학과 방등교를 『열반경』과 『유마경』을 통해 재구성을 시도했으며,[43] 다른 논자는 비래방장(飛來方丈)의 배경에 대해 논구를 하였다.[44] 또 다른 논자는 고구려 의연과 보덕의 사상 및 그들이 추구하고자 했던 불교 사상의 내용뿐만 아니라 그러한 흐름이 한국 불교사에서 어떠한 의미를 갖고 있었는지를 다루고 있다. 이외에는 고구려 유민으로서 서역과 중국 및 신라에서 활동한 원표에 대한 연

---

39 이중표, 「삼론학의 삼종중도와 삼종방언에 대한 일고」, 『한국불교학』 제9집(한국불교학회, 1984); 박상수, 「승랑의 삼론학과 사제설에 대한 오해와 진실」(I·II), 『불교학연구』 창간호(불교학연구회, 2000); 『한국불교학』 제50집(한국불교학회, 2008); 이현옥, 「삼론 체용중가론의 형성배경과 그 의의」, 『한국불교학』 제28집(한국불교학회, 2001); 김성철, 「승랑의 생애에 대한 재검토」(I·II·III), 『한국불교학』 제40집(한국불교학회, 2005); 『보조사상』 제23집(보조사상연구원, 2007); 『한국불교학』 제50집(한국불교학회, 2008); 김성철, 「신삼론 약교이제설의 연원에 대한 재검토」, 『한국불교학』 제45집(한국불교학회, 2006); 김성철, 「삼론가의 호칭과 승랑의 고유사상」, 『불교학연구』 제17호(불교학연구회, 2007).

40 김성철, 『승랑, 그 생애와 사상의 분석적 탐구』(지식산업사, 2011).

41 남무희, 『고구려 승랑 연구』(서경문화사, 2011).

42 이 만, 「고구려 의연의 유식교학」, 『한국불교학』 제27집(한국불교학회, 1996).

43 정선여, 「고구려 의연의 활동과 사상」, 『한국고대사연구』 제15집(한국고대사연구회, 2000).

44 김방룡, 「신라통일기 불교 사상의 전개와 보덕의 열반종」, 『보덕화상과 경복사지』(전북대 전라문화연구소, 2005).

구[45]도 고구려 불교의 범주 속에서 이해할 수 있다.

2) 백제 불교 연구

백제의 불교 전래와 수용 과정에 대해서도 사료가 부족하여 부분적인 연구는 있었지만 본격적인 연구가 이루어지지 못했다. 백제 불교에 대한 연구[46]는 『백제불교 사상연구』(1985)[47] 이후 간간이 백제 불교사[48]와 불교 사상에 대한 연구가 이어졌을 뿐이다.[49] 하지만 최근에 들어 백제 연구는 몇몇 소장학자들의 박사 논문을 통해 다양하게 이루어지고 있다. 즉 백제 사비시대의 불교신앙의 국가적 전개에서 석가불신앙과 미륵신앙 및 천신신앙에 대해 살펴보면서 정치 사회적 확장의 측면에서 법화신앙과 약사신앙이 크게 부각되었음을 논증한 「백제 사비시대의 불교신앙 연구」(2006)가 제출되었으며 이를 수정 보완한 단행본도 간행되었다.[50] 그는 백제가 불교를 수용한 뒤 불교신앙이 전개되는 과정을 역사 속에서 부각시켜 사비시대의 불교신앙의 정치 사회적인 의미를 부각시키고 있다.

또 백제불교의 수용 시기에 대해 논증한 뒤 웅진의 대통사가 『법화경』에 등장하는 전륜성왕의 아들 대통불에 기원하였고, 미륵사의 건립의 주체였던 사택 지적이 『법화경』의 지적보살에 기원했음을 논증

---

45 여성구, 「원표의 생애와 천관보살신앙 연구」, 『국사관논총』 제48집(국민대 국사학과, 1993); 계미향, 「원표의 보림사 창건설 재고찰」, 『한국불교사연구』 제1호(한국불교사학회·한국불교사연구소, 2012. 8).

46 안계현, 「백제불교 사상의 제문제」, 『백제문화연구』(충남대 백제문화연구소, 1977).

47 김영태, 『백제불교 사상연구』(동국대출판부, 1985).

48 김영태, 「백제 고찰 수덕사의 사적 고찰」, 『한국불교학』 제22집(한국불교학회, 1997).

49 김인덕, 「백제의 삼론 고승」, 『한국불교학』 제22집(한국불교학회, 1997); 이기운, 「백제 현광의 교화행에 대한 연구」, 『한국불교학』 제27집(한국불교학회, 2000); 이기운, 「현광의 법화삼매 연구」, 『한국불교학』 제21집(한국불교학회, 1996).

50 길기태, 『백제 사비시대의 불교신앙 연구』(서경, 2006).

하여 백제불교의 신앙적 기반이 법화신앙임을 밝힌 「백제불교사의 전개와 정치변동」이라는 박사 논문도 제출되었다.[51] 이후 익산 미륵사 서탑의 사리봉안기의 발견으로 인해 불사 조성의 주체에 대한 다양한 주장들이 속출하여 미륵사 관련 논문이 크게 양산되었다.

이어서 혜균의 『대승사론현의기』 필사본 일부가 발견되어 종래 백제불교의 성격과 권역에 대한 새로운 인식의 지평을 제시하였다. 이 저술은 종래 '삼론'(三論)으로 불리는 용수의 『중론』과 『십이문론』 및 제바의 『백론』의 삼론에다 용수의 『대지도론』을 아우르는 '사론'(四論)이 아니라 당시 삼론학과 경쟁관계에 있던 지론학, 섭론학, 성실학, 비담학의 '사론'학에 대해 구체적으로 언급함으로써 이들과 삼론학의 사상적 차이를 분명하게 밝히고 있는 개론서이다.

이 논자는 2000년에 발견된 목간에 의거해 보면 이 텍스트에 실린 '보희연사기원운공'(寶熹淵師祇洹雲公)에서 '보희'는 '보희사'(寶熹寺)를 의미한다고 보아 혜균이 백제인이며 이 텍스트가 백제에서 성립되었다고 주장하였다.[52] 반면 '보희연사기원운공'에서 '보희연사'는 남북조시대의 '보량법사'(寶亮法師, 442~507)의 오기이고, '기원 운공'(467~529) 역시 보량법사의 제자인 '기원 법운'(祇洹 法雲)이며 이렇게 보면 사상과 내용적으로도 유사하므로 이 텍스트는 중국 찬술(撰述)이라고 주장한 반론도 제기되었다.[53] 이에 대해 논자는 다시 반론[54]을 제기하면서 논쟁이 지속되었다.

---

51 조경철, 「백제불교사의 전개와 정치변동」, 한국학중앙연구원 박사 논문(2006).

52 최연식, 「백제 찬술 문헌으로서의 『대승사론현의기』」, 『한국사연구』 제136집(한국사연구회, 2007).

53 김성철, 「『대승사론현의기』는 백제 찬술이었나」, 『한국사연구』 제137집(한국사연구회, 2007).

54 최연식, 「『대승사론현의기』 백제찬술 재론」, 『한국사연구』 제138집(한국사연구회, 2007).

반면 첫 반론자는 더 이상 재반론을 시도하지 않았지만 아직 해결되지 않은 문제가 적지 않게 남아 있다. 하지만 첫 논자는 백제 찬술을 거듭 주장하면서 『교감 대승사론현의기』(2009)를 간행하였다. 그의 주장대로 이 텍스트가 백제 찬술임이 논증된다면 이것은 현존 최고(最古)의 백제 논소이자 백제 불교의 성격을 규명할 수 있는 한 계기가 될 것으로 짐작된다. 또 백제계로 알려진 도장의 「성실론소」에 대해 처음으로 논구되었다. 앞으로 이 텍스트의 현존 여부와 내용 여부에 대한 심화된 논구가 기대된다.[55]

이외에도 백제 불교 연구는 미륵사 서탑 속의 「사리봉안기」에 실린 '아백제왕후좌평사택적덕녀'(我百濟王后佐平沙宅積德女)라는 기록의 발견으로 이 절 발원의 주역에 대한 논란(선화공주와 사택 왕비)과 신앙 배경의 쟁론(미륵신앙과 법화신앙의 결합 여부) 그리고 3원 3탑의 가람 양식(미륵 삼회의 양식) 등에 대한 논의들이 새롭게 진행되고 있다. 반면 종래의 관점처럼 선화공주를 백제 무왕의 첫 왕비로 보고 그의 아들인 무왕과 왜국과 긴밀했던 사택왕비 집안과의 역학관계 아래에서 해명한 논구도 이루어졌다.[56] 이러한 쟁점들의 부각을 통해 최근에는 백제 불교의 신앙적 특성에 대한 논의가 점차 더 심화 확장되고 있다.

3) 가야불교 연구

가야불교는 기초 사료가 부족하고 찬술 문헌이 전해지지 않아 전래와 수용 및 공인의 과정을 엄밀하게 확정하기 어렵다. 그뿐만 아니라

---

55 김천학, 「道藏의 『성실론소』에 대한 연구」, 『불교학리뷰』 제4호(금강대 불교문화연구소, 2008).

56 정 민, 『불국토를 꿈꾼 그들 - 정민 교수의 삼국유사 깊이 읽기』(문학의 문학, 2012).

가야불교 전문 연구자들도 없어 가야불교 연구가 향토사 분야에서만 거론되고 있다. 때문에 종래 가야불교에 대한 논구는 몇몇 선학들에 의해 이루어져 왔을 뿐이다.[57] 가야불교에는 내용적으로 북방불교와 남방불교가 함께 전래하였다. 선행연구에서 가야불교 즉 대가야불교는 중국의 남제(南濟)에서 백제를 거쳐 신라, 백제의 접경지인 일선군에 들어왔을 것이며, 소지왕대에 백제 불교의 동점(東漸) 가능성을 제기하고 있다.[58] 당시 백제의 성왕은 고구려에게 빼앗긴 한강 유역을 회복하기 위하여 가야군과 신라군과 함께 북진군을 일으켜 한강 하류의 6개 군을 차지하고 신라는 한강 하류의 120개 군을 차지하였다. 그 후 신라의 배신으로 벌어지게 된 관산성 전투(554)에서 대가야는 백제왕을 도와 함께 출전하였다. 이처럼 이들 두 나라 사이의 지속적인 군사동맹은 두 나라의 긴밀성을 대변해 주는 것이라 하겠다.[59]

다른 선행연구에서는 가야와 가락 등 국명의 어원적 특징에 대한 분석을 통해 가야불교의 성격을 모색하였다.[60] 또 다른 연구[61]에서는 선행연구의 논의를 이어 가야불교 전래의 여러 문제와 사적 의의에 대해 논의하였다. 반면 근래의 연구에서는 대가야의 불교가 고아동 벽화고분의 천정에 새겨진 연화문과 그 형식을 근거로 볼 때 중국 남조의 불교를 백제를 통해 전해 받았다[62]고 논증하였다. 반면 인도 출신인 논자는 가야 불교의 전래설은 김유신계의 적극적인 개입에 의해

57 이병도, 천관우, 김영태, 홍윤식, 김복순과 반고지 등에 의해서 이루어졌다.

58 신종원, 『신라초기불교사연구』(민족사, 1989), p.153.

59 천관우, 『가야사연구』(문학과 지성사, 1991), pp.24~29.

60 김영태, 「가락불교의 전래와 그 전개」, 『불교학보』 제27집(동국대 불교문화연구원, 1991); 김영태, 「가야의 국명과 불교와의 관계」, 『가야문화』 제6호(가야문화연구원, 1993).

61 홍윤식, 「가야불교에 대한 제문제와 그 사적 의의」, 가야문화연구소 편, 『가야고고학논총』(가락국사적개발연구원, 1992).

62 김복순, 「대가야의 불교」, 『가야사연구』(경상북도, 1995).

이루어졌다고 주장하고 있다.[63] 또 「봉암사지증국사탑비」의 '처음에는 비비사(소승)가 전해 왔고, 나중에는 마하연(대승)이 전해 왔다'는 구절에 근거하여 가야를 통해 부파불교의 전래를 밝힌 논구도 있다.[64] 이러한 논의들을 좀 더 심화 확장시켜 가면 가야불교의 본격적인 연구가 더 지속될 것으로 기대된다.

4) 신라불교 연구

신라는 가장 늦게 불교를 받아들였지만 가장 주체적이고 독창적인 성취를 이루었다. 고구려와 백제 및 가야의 불교문헌은 신라에 의해 삼국이 통일되면서 거의 전해지지 않고 있다. 때문에 삼국-신라시대 불교 연구는 결국 신라-통일신라 불교의 탐구로 집중될 수밖에 없다. 아도와 정방(正方 혹은 滅垢疵)의 순교 이후 이차돈의 순교와 법흥왕의 멸신(滅身, 捨身)에 의해 본격적으로 수용되고 공인된 삼국-신라불교는 중국불교를 흡수하여 한민족의 독자적인 역사적 면모와 독창적인 철학적 성취를 이루어냈다. 해서 신라불교 연구는 한국불교의 연구 기반으로서 연구자들에 의해 가장 활발하게 탐구되어 왔다.

일찍이 『원효대사전집』의 간행[65] 이후 『한국불교전서』 신라시대편(1~3책)이 집성되면서 신라불교 연구는 본격화되었다. 『한국불교전서』[66] 편집 체재 상으로 볼 때 원측, 신방,[67] 원효, 의상 등의 상고기(제1책)

---

63 반고지, 「대가야의 불교 전래와 수용」, 『대가야사 국제학술회의 자료집: 대가야의 정신세계』(고령군&계명대 한국학연구원, 고령군 대가야 박물관, 2009).

64 고영섭, 「부파불교의 전래와 전통 한국불교」, 『한국선학』 제24집(한국선학회, 2008).

65 조명기, 『원효대사전집』(삼양사, 1949~1950; 보련각, 1978).

66 『한국불교전서』는 1979부터 2004년까지 25년에 걸쳐 전14책으로 집대성되어 있다. 2009년부터 『한글본 한국불교전서』를 간행하여 2020년까지 250책으로 완간할 예정이다.

67 이 만, 「신라 神昉의 유식사상」, 『한국불교학』 제35집(한국불교학회, 2003), pp.29~55.

의 저작들을 필두로 하여 경흥, 태현, 의적, 현일 등으로 이어지는 중고기(제2책)의 저작들 그리고 태현과 견등(지), 불가사의 등 하고기의 저작들(제3책)을 통해 신라불교의 성취를 엿볼 수 있다. 신라불교에 대한 지금까지의 연구를 살펴보면 원측, 원효, 의상에 대한 연구가 비교적 압도적이라고 할 수 있다. 반면 중국에서 활동하였음에도 불구하고 최근에는 원측에 대한 연구가 크게 확장되고 있다.[68]

최근에는 의상[69]과 그의 제자들에 대한 연구들[70]이 지속되고 있으며 특히 원효에 대한 연구는 불교사학과 불교철학 계통의 박사 논문만도 수십 종을 헤아린다.[71] 원효 관련 연구서들만도 20여 종을 헤아린다. 앞으로는 원측, 원효, 의상, 의적, 경흥, 태현, 표원[72] 등 지명도가 있는 인물들만이 아니라 무상, 혜각, 지장, 무루, 혜초, 원표, 불가사의, 월충, 순지 등에 대한 논구, 오대산 결사 및 화엄만다라 신앙에 대한 연구,[73] 장보고 등 한-중, 한-인, 한-일 불교 교류 및 입당[74] 및 입축 구법승들 연구[75] 그리고 최치원의 결사문에 대한 연구 등까지 확장되기를 기대해 본다.

---

68 도엽정취 등 일본학자들의 연구와 양백의 등 중국학자들의 연구에 이어 황성기, 정영근, 고영섭, 당아미(유과), 남무희, 장규언 등의 박사 논문들과 각 학회지에 게재된 논문들의 수가 점차 늘어나고 있다.

69 김두진, 『의상, 그의 생애와 사상』(민음사, 1995).

70 박서연; 장진영; 이선이(태경), 「균여의 원통사상 연구」, 동국대 대학원 박사 논문 등이 의상학통에 대한 본격적인 연구라고 할 수 있다.

71 박성배, 김준형, 은정희, 로버트 버스웰, 이평래, 김종의, 최유진, 박태원, 사또 시게끼, 후지 요시나리, 강상원, 남동신, 김병환(원영), 후쿠시 지닌, 류승주, 석길암, 김도공, 서영애, 이정희, 김원명, 정원용, 김영일 등 20여명이 넘는다.

72 황규찬, 「표원의 『화엄경요결문답』 연구」(동국대 대학원 박사 논문, 1993).

73 박노준, 「오대산 신앙의 기원 연구」, 『영동문화』(영동문화원, 1986); 한국불교학회, 『2013년 여름워크샵 자료집: 오대산 적멸보궁의 순례와 기도』(2013. 8).

74 근래에 들어 정중 無相, 상산 慧覺, 구화 地藏, 하란 無漏, 천관 元表 등에 대한 연구들이 발표되었다.

75 이주형 책임편집, 『동아시아 구법승과 인도의 불교 유적』(사회평론, 2009).

5) 대발해불교 연구

고구려를 계승한 후고구려 즉 대씨의 발해인 대발해(698~926)는 고왕 때에 불교를 수용한 것으로 알려져 있다. 대발해는 당의 문물제도를 수용하면서도 나름대로 변주하여 자기화하였다. 특히 당과 말갈 및 일본과 불교와 문물을 교류했던 것으로 보인다. 중국의 『책부원구』(冊府元龜)에는 713년 12월 대조영(말갈) 왕자가 왔을 때 교역과 입사(入寺) 예배를 청하였다는 기록(권971)을 상진문(上進文)에서 확인할 수 있으며, 814년 대원유(大元瑜) 때 사신 고예진(高禮進) 등 37인을 보내어 조공하고 금과 은으로 된 불상 각 1구씩을 헌상했다고 기록(권972)하고 있다.

일본문헌 『속일본기』(권34)에는 776년 사신 사도몽(四都蒙) 일행이 다음해 귀국할 때 '수정염주 4관(貫) 등을 부가하였다'고 적고 있다. 『일본후기』(권24)에는 '814년 조공사신 왕효렴(王孝廉) 일행에 기록하는 일을 맡은[錄事] 승려 석인진'(釋仁眞)의 이름도 보이고 있다. 또 『유취국사』(권193)에는 '795년 11월 출우국(出羽國)에 표착한 발해 사절 여정림(呂定琳)이 당에 유학하고 있던 승려 영충(永忠)의 상서를 봉정했다고 기록하였다. 그리고 원인의 『입당구법순례행기』(권3)에는 '대발해 승려 정소(貞素)가 『대승본생심지관경』(大乘本生心地觀經)을 번역했을 때 수필과 번역에 임했던 영산(靈山)삼장에 대해 일본 조정에서 대발해 사절단에 부탁해서 황금 100금을 내려 주었다고 읊은 시'가 실려 있다.[76]

이러한 몇몇 기록들을 통해 대발해와 대발해 불교계는 일본과 당과의 관계 속에서 많은 부분 영향을 주고 받았으며, 이들 두 나라의 교유

76 고영섭, 『한국불교사』(강의안, 2013).

시 대발해는 자주 경유지로 이용되었던 것으로 보인다. 그동안 한국과 러시아 및 중국과 일본 등에 의해 몇 차례 발굴이 있었지만 대발해의 수도였던 상경용천부에 소재한 사찰들에 대해서는 자세히 알 수 없다. 하지만 1933년과 1934년의 동아고고학회의 발굴보고서인 『동경성』(東京城)에 따르면 적지 않았던 것으로 보인다. 사지에서 나온 유물을 통해 사원에는 여러 벽화들이 장식되었고 그곳에서 출토된 석가와 다보 두 부처가 나란히 앉아있는[二佛 並坐] 석상을 통해 『법화경』 신앙이 널리 퍼져있었음을 알 수 있다.

이러한 보고서를 토대로 만주 일대의 불교 유물과 유적 조사를 통해 대발해불교의 실체를 밝혀냈으며,[77] 대발해역사를 연구하는 과정에서 대발해불교의 연구의 불교 정책에 대해 연구하였다.[78] 이외에도 이들 선행연구에 의거하여 대발해 문황대 불교 지형의 동향에 대해 살폈다.[79] 앞으로 대발해 연구는 남북한의 통일과 관련한 것뿐만 아니라 만주지역의 포용과 민족문화의 계승이라는 점에서도 적극적인 연구와 노력을 기대하게 된다.

2 ‖ 주제별과 인물별 분류

1) 반야-중관-삼론

반야경을 기반으로 형성된 중관학과 『중론』, 『십이문론』, 『백론』의

77 방학봉, 『발해불교 연구』(연변출판사, 1989); 방학봉, 『발해의 불교 유적과 유물』(연변출판사, 1990).

78 송기호, 「발해불교의 유물과 유적」, 『가산이지관스님화갑기념논총 한국불교사상사』(상)(가산불교문화원, 1992); 송기호, 「발해불교의 정책」, 『동북아역사논총』(동북아역사재단, 2008).

79 고영섭, 「대발해 문황대 이래 불교지형의 동향」, 『문학 사학 철학』 제17호(대발해동양학한국학연구원 한국불교사연구소, 2009 여름).

세 논서에 기초한 삼론학은 고구려의 승랑과 백제의 혜현 및 관륵 등에 의해 널리 선양되었다. 이들의 저술이 온전히 남아 있지 않아 아직 본격적인 논구들이 이루어지지 않고 있다. 위에서 살펴본 것처럼 아직까지는 고구려의 승랑에 대한 연구가 주종을 이루고 있다. 최근에는 승랑의 생애와 사상에 대한 선행연구[80]에서 제시한 인식 방법 및 사유체계에 입각한 연구가 후학들[81]에 의해 심화 확장되고 있다.

김잉석은 승랑 이해의 기반을 다졌으며, 박종홍은 김잉석의 논지에 기초하여 승랑의 사상에 대한 철학적 체계화를 시도하였다. 김인덕은 승랑 사상 학설 관련 자료의 집성과 승랑 상승 삼론학의 삼종중도론을 밝혔다. 김영태는 삼론 정맥을 이은 청의학통을 고찰했으며, 고익진은 무득정관설에 기초하여 승랑의 사상을 중관적 공관으로 조명하고 있다. 박상수는 승랑→주옹 간의 사제설을 주옹→승랑 간의 사제설로 주장하는 일본학자들의 논지를 반박하고 있으며, 김성철은 승랑의 생애와 사상을 탐구하여 그의 정체성과 인식틀의 재구성을 시도하였다. 앞으로는 승랑의 삼종이제설과 천태의 공가중 삼제사상의 영향관계

80 김잉석, 「승랑을 상승한 중국 삼론의 진리성」, 『불교학보』 제1호(동국대 불교문화연구소, 1963); 김잉석, 「고구려 승랑과 삼론학」, 『불교학보』 제3집(동국대 불교문화연구원, 1965); 박종홍, 「고구려 승랑의 인식 방법론과 본체론」, 『한국사상사』(서문당, 1972; 1999); 김영태, 「고구려 승랑에 대한 재고찰」, 『한국불교학』 제20집(한국불교학회, 1995); 김영태, 「삼론정맥 청의학통의 사적 전개」, 『한국불교학』 제24집(한국불교학회, 1988); 김인덕, 「승랑대사 사상 학설의 관계자료」, 『한국불교학』 제8집(한국불교학회, 1983); 김인덕, 「승랑 상승 삼론학의 삼종중도론」, 『한국불교학』 제24집(한국불교학회, 1988); 고익진, 「승랑의 중관적 공관」, 『한국의 불교 사상』(동국대 출판부, 1987).

81 이중표, 「삼론학의 삼종중도와 삼종방언에 대한 일고」, 『한국불교학』 제9집(한국불교학회, 1984); 박상수, 「승랑의 삼론학과 사제설에 대한 오해와 진실」(I·II), 『불교학연구』 창간호(불교학연구회, 2000); 『한국불교학』 제50집(한국불교학회, 2008); 이현옥, 「삼론 체용중가론의 형성배경과 그 의의」, 『한국불교학』 제28집(한국불교학회, 1984); 김성철, 「승랑의 생애에 대한 재검토」(I·II), 『한국불교학』 제40집(한국불교학회, 2005); 『보조사상』 제23집; 남무희, 『고구려 승랑 연구』(서경문화사, 2012).

에 대한 연구가 보다 심화되기를 기대해 본다. 승랑 이외에도 혜균의 『대승사론현의기』와 『삼론유의의』(三論遊意義), 원효의 『삼론현의』[82] (혹은 『삼론종요』) 등에 대한 논구로도 이어지기를 기대해 본다.

2) 유가-유식-법상

『유가사지론』과 『섭대승론』 및 『성유식론』 등을 소의 논서로 하는 유식학과 법상학은 고구려의 의연과 신라의 원광 및 자장 등에 의해 널리 선양되었다. 하지만 이들의 저술은 전해지지 않아 본격적인 연구가 이루어지지 않고 있다. 원광은 성실학과 섭론학을 주로 연찬했으며, 자장은 여래장학과 계율학을 주로 탐색한 것으로 짐작된다. 이 만과 정선여 등은 의연의 생애와 활동을 탐구하였고, 김복순과 최연식은 원광의 생애와 사상을 연구[83]하였으며, 신종원과 남동신,[84] 김경집,[85] 남무희 등은 자장의 생애와 유학 및 계율과 수행관 등에 논구하였다.[86] 특히 이 만은 고구려, 백제, 신라 등의 유식사상을 집중적으로 조명하여 『한국유식사상사』를 펴냈다.

신라 법상학의 연구는 당나라에서 활동하였던 문아 원측과 도증 및 승장과 신라의 태현 등에 의해 이루어졌다. 규기-혜소-지주로 이어지는 자은학통과 원측-도증/승장-태현으로 이어지는 서명학통의 대립은 인간과 세계를 바라보는 관점의 차이에서 비롯되었다. 황성기,[87] 원의

---

82 福士慈稔, 『일본불교각종の新羅·高麗·李朝佛教認識に關する研究』 제2권 上(일본 동경: 身延山大學, 2012), p.110; 최연식, 「『삼론현의』의 성립 배경 검토: 신라 삼론학 문헌들과의 관련성을 중심으로」, 『잊혀진 한국의 불교 사상가: 신자료의 발굴과 사상의 발견』(금강대-동국대 인문한국사업단 공동학술대회자료집, 2013. 11).

83 김복순, 『신사조로서의 신라 불교와 왕권』(경인문화사, 2008).

84 남동신, 「자장의 불교 사상과 불교치국책」, 『한국사연구』 제76집(한국사연구회, 1992).

85 김경집, 「자장과 금강계단」, 『동아시아불교문화』 제2호(동아시아불교문화학회, 2008).

86 남무희, 『신라 자장 연구』(서경문화사, 2012).

87 황성기, 「원측 유식학설 연구」(동국대 대학원 박사 논문, 1976).

범, 오형근, 신현숙, 이만,[88] 정영근,[89] 방인,[90] 김남윤,[91] 고영섭,[92] 남무희,[93] 장규언,[94] 기츠모토 토모아키 등의 연구를 통해 삼성설, 일성개성설, 심분설, 불성론, 수행론 등의 측면에서 신구 유식을 비판적으로 종합한 원측의 인식 방법과 사유 체계 등이 조명되었다.[95]

또 태현의 『성유식론학기』와 『범망경고적기』 및 『약사경고적기』에 대한 분석을 해왔고, 둔(도)륜의 생애와 그의 저술인 『유가론기』와 『해심밀경회본』에 대한 연구[96]와 성문지와 보살지에 대한 인식 그리고 『유가론기』에 나타난 혜경(惠景)의 사상 경향 분석도 검토되었다.[97] 또 원효의 학계로 추정되는 현륭(玄隆)의 유식사상도 연구되었다.[98] 앞으로는 진제와 원측 유식의 차이점과 원측과 규기의 일성개성

88 이 만, 「태현의 성유식론학기에 관한 연구」(동국대 대학원 박사 논문, 1988).
89 정영근, 「원측 유식사상 연구」(서울대 대학원 박사 논문, 1992).
90 방 인, 「태현의 유식사상 연구」(서울대 대학원 박사 논문, 1994).
91 김남윤, 「신라 법상종 연구」(서울대 대학원 박사 논문, 1994).
92 고영섭, 「문아 원측과 그 교학 연구」(동국대 대학원 박사 논문, 1998); 고영섭, 「문아 원측의 『성유식론소』의 연구」, 『문학 사학 철학』 제14호(대발해동양학한국학연구원 한국불교사연구소, 2008 가을).
93 남무희, 「원측의 생애와 유식사상 연구」(국민대 대학원 박사 논문, 2006).
94 장규언, 「원측의 해심밀경소 무자성상품 연구」(한국학중앙연구원, 2012).
95 고영섭, 「동아시아 불교에서 유식 법상의 지형도: 원측 유식과 규기 유식의 동처와 부동처」, 『불교학보』 제61집(동국대학교 불교문화연구원, 2012).
96 김영태, 「신라 둔륜의 해심밀경기 회본의 이해」, 『불교문화연구』 제5집(동국대학교 불교문화연구소, 2000); 고익진, 「새로 확인된 신라승 둔륜의 저술과 그 성격」, 『한국불교학』 제11집(한국불교학회, 1986); 최원식, 「신라 둔륜의 유가계 인식」, 『가산학보』, 제6집(가산불교문화연구원, 1997); 최종남, 「신라 도륜의 유가론기에 대하여」, 『제11회 국제불교학술회의자료집: 나당불교의 재조명』(대한전통불교연구원, 1993); 박보람, 「둔륜, 7~8세기 동아시아 유식학의 집성자」, 고영섭 편, 『한국불학자의 생애와 사상-신라시시대편』(동국대학교 BK21 교육연구단 제1연구팀, 2010); 박인석. 「도륜의 유식 오종성설의 이해와 특징」, 『철학사상』 제29집(서울대 철학사상연구소, 2012).
97 박인석, 「『유가론기』에 나타난 惠景의 사상경향 분석」, 『잊혀진 한국의 불교 사상가』(동국대·금강대 HK사업단 공동 국제학술대회, 2013. 11).
98 이 만, 「법상관련 논소와 신라인의 찬술서」, 『불교학보』 제27집(동국대 불교문화연구원, 1990); 김상현, 「신라 서당화상비의 재검토」, 『황수영박사고희기념미술사학논총』(동국대출판부, 1998); 김성철, 「현륭의 유식사상」, 『잊혀진 한국의 불교

설(一性皆成說)과 오성각별설(五性各別說)의 인식 그리고 서명학통과 일본 및 티베트로의 계승, 나아가 순경과 문궤[99] 등 불교 인명론(因明論)을 연구하였던 신라계 유가 유식 법상가들에 대한 기초 사료 발굴과 찬술 문헌 복원을 통해 보다 확장된 연구와 심도 있는 논구를 기대해 본다.

3) 밀교

비밀불교 즉 밀교는 붓다가 언어 문자로 설한 가르침인 현로(顯露) 불교 즉 현교에 대응하는 표현이다. 다시 말해서 깨달음의 법열을 타인을 위해 수용하는 응화신이 중생의 근기를 따라 설한 가르침인 현교와 달리 깨달음의 법열을 자기를 위해 수용하는 법성신이 자내증의 경지를 그대로 설한 것이다. 신라 사상가들의 밀교학에 대한 연구는 온전히 이루어지지 못했다. 그동안 기초 사료와 찬술 문헌이 온전히 전해지지 않아 단편적인 연구에 머물러 있었다. 당나라 때에 활동했던 현초, 의림, 불가사의,[100] 혜일과 혜통과 밀본 및 명랑과 혜초[101] 등에 대한 일부 연구가 있었다. 그동안 박태화, 원의범, 이기영,[102] 서윤길[103] 등의 선행연구와 일본 및 티베트 밀교 소개에 이어 선상균, 장익, 김영덕, 이정수 등이 박사 논문을 통해 밀교의 학문적 토대를 마련

사상가』(동국대·금강대 HK사업단 공동 국제학술대회 2013. 11).

99 이태승, 「문궤의 因明觀考-문궤 『인명입정리론소』 연구 서설」, 『한국불교학』 제25집(한국불교학회, 1999); 박세규(선응), 「문궤의 『인명입정리론소』에 관한 연구」(동국대학교 대학원 불교학과 박사 논문, 2010).

100 정성준, 「신라시대 주술신앙의 전개와 불교 진언의 상관관계- 신라승 불가사의의 『비로자나경공양차제법소』서평」, 『문학 사학 철학』 제14호(대발해동양학한국학연구원 한국불교사연구소, 2008).

101 김영태, 정수일 등이 밀교승으로서의 혜초에 대해 검토하였다.

102 이기영, 「석마하연론의 밀교사상」, 『한국밀교사상연구』(동국대출판부, 1986).

103 동국대 불교문화연구원, 『한국의 밀교사상』(동국대출판부, 1985); 서윤길, 『한국고대밀교사상사연구』(불광출판부, 1994).

하였다. 하지만 현교와 달리 밀교는 아직 널리 대중화되지 못하고 있다. 앞으로는 밀교의 대중화를 위한 다양한 노력이 더욱 기대된다.

4) 지론-섭론-기신

『십지경론』을 기반으로 하는 지론학과 『섭대승론』을 토대로 하는 섭론학 그리고 『대승기신론』에 의거한 기신학은 중앙아시아와 동아시아에서 넓은 기반을 확보하였다. 그런데 신라 사상가들의 지론학과 섭론학에 대한 인식이 담긴 저작은 현존하지 않는다. 다만 기신학에 대한 논구들은 원효와 태현 및 견등과 월충 등의 저작이 남아 있다. 선행연구에서는 원효의 『대승기신론별기』와 『대승기신론소』 및 태현의 『대승기신론내의약탐기』, 견등의 『대승기신론동이약집』, 월충의 『석마하연론』을 중심으로 논구해 왔다.[104] 한편 원효에 대한 논구는 논문 양으로도 700여 편 이상을 상회하고 있으며,[105] 저작만도 수십 권을 넘어서고 있다. 그동안 원효의 일심사상,[106] 화쟁사상(논법),[107] 『금강삼매경론』,[108] 대중교화와 사상 체계[109]와 수행 체계[110]를 다룬 박사

104 김영미, 「고려와 요나라의 불교 교류 『석마하연론』을 중심으로」, 『한국사상사학』 제33집(한국사상사학회, 2009); 김지연, 「『대승기신론』의 智淨相에 대한 『석마하연론』의 해석 고찰」, 『한국불교학』 제66집(한국불교학회, 2013. 8).

105 고영섭, 「원효연구의 어제와 오늘」, 『한국의 사상가 10인: 원효』(예문서원, 2002); 고영섭, 『원효탐색』(2002; 2010).

106 은정희, 「『기신론소별기』에 나타난 원효의 일심사상」(고려대 대학원 박사 논문, 1983).

107 오영봉(법안), *Wonhyo's theory of hamonization*, New York(New York University, 1988); 최유진, 「원효의 화쟁사상 연구」(서울대 대학원 박사 논문, 1988); 사또 시게끼, 「원효에 있어서 화쟁의 논리」(동국대 대학원 박사학위 논문, 1993); 김영일, 「원효의 화쟁논법 연구」(동국대 대학원 박사 논문, 2009).

108 Robert E. Buswell, *Korean origin of The Vajrasamadhi-sutra, Califonia*(University of Callifonia, Berkeley, 1985); 강상원, 「일미관행에 있어 중도관에 관한 연구」(동국대 대학원 박사 논문, 1995); 김병환(원영), 「원효의 『금강삼매경론』 연구」(동국대 대학원 박사 논문, 1996); 서영애, 「원효의 금강삼매경론 연구」(대곡대 대학원 박사 논문, 2003).

논문들도 제출되었다. 그뿐만 아니라 원효의 불교해석학의 철학적 맥락의 구명[111]과 원효사상과 서양철학을 비교하는 박사 논문들도 제출되었다.[112]

원효의 『기신론』 이해에 대한 연구는 박성배,[113] 고익진,[114] 은정희,[115] 이평래,[116] 박태원, 고영섭,[117] 이정희,[118] 석길암[119] 등의 연구가 있다. 고익진은 원효가 입론한 진속원융무애로서 일심의 구조를 밝히고 있으며, 은정희는 원효가 법장과 변별되는 삼세 육추설을 창안했음을 밝히고 있다. 이평래는 여래장사상의 입장에서 원효 일심의 성격을 밝혀내고 있다. 박태원은 『기신론소/별기』에 대한 원효의 인식의 변화를 치밀하게 밝혀 그의 일심 이해가 중관사상과 유식사상을 종합 지양한 여래장사상에 있는 것이 아니라 유식사상에 입각하고 있다고 주장하였다.[120]

---

109 김종의, 「원효사상의 수행 체계에 대한 연구」(동의대 대학원 박사 논문, 1992); 남동신, 「원효의 대중교화와 사상 체계」(서울대 대학원 박사 논문, 1995).

110 이정희, 「원효의 실천수행관 연구」(동국대 대학원 박사 논문, 2006); 김도공, 「원효의 수행 체계 연구」(원광대 대학원 박사 논문, 2006).

111 김종인, *Philosophical Contexts for Wonyyo's Interpretation of Buddhism*, Stony Brook University, 2003.

112 신옥희, *Understanding of faith in Wonhyo and Karl Jaspers and its significance for the Christian faith in Korea*, Swiss, Wasel University; 강영계, Prinzip und Methode in der Pjilo'sophie Wonhyo's, Germany, Diss Wii, 1981.

113 박성배, *Wonhyo's commentaries on awakening of faith in Mahayana*, Califonia, University of Berkeley, 1979.

114 고익진, 『한국고대불교사상사 연구』(동국대 대학원 박사 논문, 1988); 고익진, 「원효의 『기신론소·별기』를 통해 본 진속원융무애관과 그 성립이론」, 『불교학보』 제10집(동국대학교 불교문화연구원, 1973).

115 은정희, 「원효의 삼세·아리야식설의 창안」, 『원효연구논총』(국토통일원, 1987).

116 이평래, 『신라여래장사상연구』(민족사, 1996).

117 고영섭, 『원효탐색』(연기사, 2001; 2010).

118 이정희, 「원효의 실천수행관 연구」(동국대 대학원 박사 논문, 2006).

119 석길암, 「일심의 해석에 나타난 원효의 화엄적 관점」, 『불교학보』 제49집(동국대 불교문화연구원, 2007).

120 박태원, 『대승기신론사상연구』(민족사, 1995).

고영섭은 원효 일심의 신해성과 본각의 결정성을 통해 제8아려야식과 제9아마라식 사이에서 펼쳐지는 각에 대한 인식을 조명하고 있다.[121] 이처럼 『기신론』 주석서의 연구들은 원효의 『소/별기』와 법장의 『의기』의 비교 연구에 이르러 더욱더 본격화되고 있다.[122] 앞으로는 원효연구가 『기신론소/별기』와 『금강삼매경론』을 넘어서서 『열반종요』[123]와 『십문화쟁론』[124] 등 현존하는 여러 텍스트까지 확대되어야 하며, 원효사상과 선사상과의 관계 및 남북종의 전래 이전 이땅에서 자리 잡아 왔던 신라 선법(禪法)의 정체성과 한국선의 원류로서 원효선(元曉禪) 혹은 유가선(瑜伽禪)에 대해서[125]도 보다 더 쉽고 명료하게 조명해 내기를 기대해 본다. 원효 이외에 기신학은 태현과 견등의 저술과 사상에 대한 연구[126]와 신라인으로 추정되고 있는 월충의 저술에 대한 연구[127]로 이어져 왔다.

---

121 고영섭, 「원효 일심의 신해성 연구」, 『불교학연구』 제20집(불교학연구회, 2009); 고영섭, 「분황 원효는 깨달음을 어떻게 보았는가?」, 『깨달음총론』(범성, 2013).

122 한자경, 『대승기신론강해』(불광출판부, 2013).

123 김원명, 「원효 『열반경종요』의 열반론 연구」(한국외국어대학교 대학원 박사 논문, 2006).

124 조명기, 최범술, 이종익, 이만용의 선행연구 이어 최근에는 박태원, 『원효의 십문화쟁론』(세광출판, 2012)이 출간되었다.

125 吳亨根, 「新羅前期的禪思想」, 『禪與東方文化』(商務印書館, 1996); 오형근, 「원효의 瑜伽禪」, 『제3차 현장국제학술회의 자료집』(중국 사천성 성도, 2006).

126 이 만, 「견등의 대승기신론동이약집에 인용된 태현의 유식사상」, 『한국불교학』 제11집(한국불교학회, 1985); 김두진, 「신라 견등지의 화엄성불사상」, 『역사학보』(한국역사학회, 2001); 최연식, 「신라 견등의 저술과 사상경향」, 『한국사연구』 제115호(한국사연구회, 2001); 이정성, 「견등지, 유식과 기신론의 동이성 분석자」, 고영섭 편, 『한국불학자의 생애와 사상-신라시시대편』(동국대학교 BK21 교육연구단 제1연구팀, 2010); 고영섭, 「통일신라시대 유식학과 화엄학」, 『한국불학사』(연기사, 2005).

127 김지연, 「『석마하연론』의 주석적 연구」(동국대학교 대학원 불교학과 박사 논문, 2014).

5) 법화-천태-교관

『법화경』에 기초한 법화학과 중관학과 유식학의 교리를 아울러 체계화한 천태학 그리고 이론과 실천의 병수를 모색하는 교관의 연구는 고구려와 백제와 신라에서 수행과 신앙의 체계로 전해져 왔다. 하지만 고구려의 파사나 백제의 현광 그리고 신라의 연광 등 법화 수행자들의 저작이 전해지지 않아서 제대로 연구되어 오지 못하였다. 때문에 그동안 저작이 남아 있는 원효와 의적 및 원홍(圓弘) 등에 대한 연구가 조금씩 진행되어 왔다.

김영태는 신라『법화경』신앙의 전래와 전개 및 삼국시대의 법화수용과 그 신앙 그리고 삼국의 관음신앙에 대해 구명하였다.[128] 그는 역사학적 측면에서 신라의『법화경』신앙의 유래와 변화에 대해 상세히 고찰하였다. 한편 철학적 측면에서 원효의『법화경종요』에 대한 연구는 이기영, 리영자, 이병욱 등에 의해 본격화 되었다. 이기영은『법화경종요』에 나타난 원효의 법화경관을 밝히고 있으며,[129] 리영자 역시 이 텍스트에 나타난 원효의 법화경관을 구명하고 있다.[130] 이병욱은 이 텍스트에 나타난 교리체계를 밝히고 있다.[131]

또 신라 중고기와 하고기의 법화신앙에 대한 연구에서 김상현과 이기운은『법화경집험기』에 투영되어 있는 법화사상을 밝히고 있으며,[132] 신라 법화사상사 전반을 분석한 박광연[133]과 천태사상을 연구하

---

128 金煐泰,「법화신앙의 전래와 그 전개」,『한국불교학』 제3집(한국불교학회, 1977); 金煐泰,「삼국시대의 법화수용과 그 신앙」,『한국천태사상연구』(서울: 동국대학교출판부, 1983); 金煐泰,「삼국(려·제·라)의 관음신앙」,『한국관음사상연구』(서울: 동국대학교출판부, 1982).

129 이기영,「『법화종요』에 나타난 원효의『법화경』관」,『한국천태사상연구』(동대출판부, 1983).

130 리영자,「원효의『법화경』이해」,『한국학의 과제와 전망』2(한국정신문화연구원, 1988).

131 이병욱,「원효『법화종요』의 교리체계 연구」,『한국불교학』 제23집(한국불교학회, 1997).

는 오지연은 『법화영험전』을 통해 신라의 법화신앙의 유형에 대해 고찰[134]하고 있다. 그리고 김천학은 원홍(圓弘)의 『법화경론자주』에 대해 새롭게 발굴하여 소개하고 있다.[135] 한편 곽승훈은 신라 하대 전기에 신정권이 어떻게 법화신앙에 대응했는가에 대해 구명하고 있다.

비록 법화신앙이 천태종으로 이어지지는 못했지만 통일기의 법화신앙은 통일 신라인들에게 커다란 의지처가 되었고 희망이 되었다. 이러한 기반에 힘입어 나말 여초에는 부분적이기는 하지만 법안선과의 접목이 이루어졌으며 이것은 훗날 의천에 의해 천태종 창종의 인연으로 이어졌다. 앞으로는 화엄가로서 천태종을 창종한 의천의 사상체계에 대한 검토가 보다 심화되기를 기대해 본다.

6) 화엄-일승-법성

화엄은 일승을 지향하면서 심신(心身)으로서의 자연(法界)과 본연(本然)으로서의 자연(法性)으로 발현된다. 본연으로서의 자연인 법성은 아비달마 교학 이래 '모든 존재의 진실성'[諸法眞實性相]이자 올바

---

132 金相鉉, 「義寂의 『法華經集驗記』에 대하여」, 『동국사학』 제34집(동국사학회, 2000); 李起雲, 「신라 義寂의 『法華經集驗記』 연구」, 『彌天睦禎培박사화갑기념논총: 未來佛敎의 向方』(서울: 장경각, 1997); 三友健容, 「寂撰 法華經集驗記의 一考察」, 『渡辺宝陽선생고희기념논문집: 법화문화사논총』(일본 동경); 박광연, 「의적의 『법화경집험기』 편찬 배경과 특징」, 『역사와 현실』 66(한국역사연구회, 2007); 오지연, 「『법화영험전』의 신앙유형 고찰」, 『천태학연구』 제12집(원각불교 사상연구원, 2008); 곽승훈, 「신라 하대 전기의 신정권과 법화사상」, 『한국사상사학』 제32집(한국사상사학회, 2009. 6) 등이 있다.

133 박광연, 「신라 법화사상사 연구」(이화여대 대학원 박사 논문, 2006); 박광연, 「의적의 『법화경집험기』 편찬 배경과 특징」, 『역사와 현실』 제66집(역사와 현실학회, 2007); 박광연, 『신라법화사상사연구』(혜안, 2013).

134 오지연, 「『법화영험전』의 신앙 유형 고찰」, 『천태학연구』 제11집(천태학연구원·원각불교 사상연구원, 2010).

135 김천학, 「또 하나의 신라승려 『법화경론』 주석서에 대해서」, 『잊혀진 한국의 불교 사상가』(동국대·금강대 HK사업단 공동 국제학술대회, 2013. 11).

른 이치[正理]에 의해 입증된 진실을 의미한다. 소승의 상대되는 대승을 넘어선 일불승 즉 일승은 화엄의 지향이며 법성은 존재하는 제법의 본성이자 진실성이다.

때문에 신라의 화엄가들은 법장 이래 '연기 즉 인연생기의 건립'을 추구한 당나라 화엄가들과 달리 의상의 '성기 즉 여래성의 취입'으로 나아갔다. 해서 법장은 수진의 법계관을 추구한 반면 의상은 횡진의 법계관을 지향하였다. 해동화엄의 정체성을 확립한 의상 이래 신라의 화엄가들은 일승 지향과 법성 지향을 통해 실천적 화엄을 실현하려 하였다.

신라 화엄에 대한 연구는 김잉석, 김지견, 김인덕, 이도업,[136] 김상현, 전호련(해주),[137] 정병삼 등에 의해 연구되었다. 전해주는 해동 화엄 즉 의상화엄의 특징은 법장의 '법계 연기'적 화엄과 달리 '법성 성기'적 화엄사상임을 밝혀내었다. 이어 신라 화엄연구는 박서연,[138] 석길암, 장진영 등에 의해 폭이 다양화되었다. 박서연은 『법계도기총수록』의 「도신장」의 사상을 분석하여 종래에 알려진 것처럼 이 텍스트의 저자를 도신으로 볼 수 없다고 주장하였다. 그는 자신의 논지를 주장하는 과정에서 「도신장」은 의상의 강의를 그의 제자들이 기록한 것이라고 볼 수 없을 뿐만 아니라 『화엄경문답』과 「추동기」는 같은 저작이 아니라고 하였다. 이에 대해 두 저술을 동일시해 온 김상현은 박서연의 주장을 수용할 수 없다며 반박하였지만[139] 박서연의 재반론은 다시 나오지 않았다.

---

136 이도업, 「화엄경사상 연구」(일본 경도불교대학 대학원 박사학위 논문, 1989).
137 전해주, 「신라의 의상의 화엄교학 연구」(동국대 대학원 박사학위 논문, 1990); 전해주, 『의상화엄사상사연구』(민족사, 1994).
138 박서연, 「도신장의 화엄사상 연구」(동국대 대학원 박사학위 논문, 2004).
139 김상현, 「『화엄경문답』 재고」, 『동국사학』 제40집(동국사학회, 2006).

석길암은 원효의 화엄은 『기신론』에 기초한 '보법화엄'이라고 보았으며 그의 화엄은 중국 화엄에 영향을 주었다고 보았다.[140] 한편 장진영은 종래 법장의 저술로 인식되어 오면서도 문세와 사상의 괴리를 의심해 오던 『화엄경문답』이 의상의 강론을 기록한 것이므로 그의 저작이라고 주장하였다.[141] 이외에도 화엄 연구는 균여와 의천의 가풍으로 이어져 진전되고 있으며, 『법계도기총수록』의 본격적인 연구가 이루어진다면 신라 화엄의 독자성이 더욱 더 드러날 것으로 기대하고 있다.

7) 정토-염불-염불선

정토는 자력 수행을 통해 깨침을 얻는 여러 수행법과 달리 아미타불의 구제를 믿고 극락세계에 왕생하여 아미타불을 만나 여러 성인들과 교유하다가 다시 사바세계로 와서 다른 중생들을 교화하여 구제하고자 한다. 동시에 정토의 염불선은 '염불하는 자가 누구냐'[念佛者是誰]라는 화두를 들고 자성을 참구하는 수행법이다.

신라 정토사상에 관한 연구는 일본인 학자들인 무라모찌, 오찌아이, 혜곡융계와 안계현의 연구[142]를 필두로 하여 고익진,[143] 장휘옥, 한보광,[144] 신현숙, 김영미,[145] 김양순[146] 등의 논구로 이어졌다. 신라 정토

140 석길암, 「원효의 보법화엄사상 연구」(동국대 대학원 박사학위 논문, 2006).
141 장진영(진수), 「화엄경문답 연구」(동국대 대학원 박사학위 논문, 2009).
142 안계현, 「경흥의 미타정토왕생사상」, 『불교학보』 제1집(동국대 불교문화연구원, 1963); 안계현, 「신라시대 정토왕생사상 연구」(동국대 대학원 박사 논문, 1975); 안계현, 『신라정토사상사연구』(현음사, 1987).
143 고익진, 「『遊心安樂道』의 성립과 그 배경」, 『불교학보』 제13집(동국대학교 불교문화연구원, 1982).
144 한보광, 「신라 정토사상의 연구」(일본 경도불교대 대학원 박사 논문, 1989).
145 김영미, 「신라 아미타신앙 연구」(이화여대 대학원 박사 논문, 1992).
146 김양순, 「경흥의 『무량수경연의술문찬』 연구」(한국학중앙연구원 박사학위논문, 2009).

사상에 대한 연구는 저술이 전해지고 있는 원효와 경흥에 집중되었다. 1914년에 발견된 원효의 「서당화상비」 단편에 의해서 원효의 입적 연대가 686년이라는 결론이 나오자 이를 근거로 『유심안락도』의 찬술자가 원효가 아닐 것이라는 주장이 나왔다. 왜냐하면 『유심안락도』에는 인도 승려인 보리유지가 원효 사후인 706~713년에 번역한 「대보적경 발승지락회」와 707년에 번역한 「불공견색신변진언경」이 인용되어 있었기 때문이다. 해서 1960년에 일본학자 무라모찌(村地哲明)는 후인이 원효의 저술이라고 가탁했다는 주장을 했고, 이에 대해 안계현은 내용의 일부분을 바꾸어 놓은 정도라고 했다.

한편 일본인 오치아이 토시노리(落合俊典)는 일본 밀교승이나 정토승이 찬술했으리란 추론을 했고, 혜곡융계(惠谷隆戒)는 『유심안락도』는 최소한 12세기 경의 『장서록』에 처음으로 원효의 찬술이라는 기록이 나오는 등, 5가지 이유를 들어 원효의 찬술로 보기에는 힘들다고 했다. 이에 대해 고익진은 8~9세기경 신라사회에 원효의 정토 신앙을 선양할 목적으로, 원효가 저술한 『유심안락도』를 개편하고 보완한 것이라고 주장하였다. 반면 신현숙은 원효의 진찬인 『무량수경종요』와 『유심안락도』 사이의 교학사상적, 제작방법상의 차이를 설명함으로써 『유심안락도』가 원효의 진찬이 아니라고 규정하였다. 아울러 그 뒤를 이어 제작목적과 방법, 찬자에 관한 자신의 가설을 서술하였다.

신현숙은 『유심안락도』가 원효의 찬술이 아님을 재차 강조하였다.[147] 한편, 한보광은 "만약 『유심안락도』가 원효의 저작이라고 본다면, 굴욕마저 느낀다"라고 했다. 이는 『대정신수대장경』에 수록된 『유

---

147 신현숙, 「신라 원효의 『遊心安樂道』 撰者考」, 『동방학지』 제51집(연세대학교 국학연구원, 1988); 신현숙, 「원효 『無量壽經宗要』와 『遊心安樂道』의 정토사상 비교」, 『불교학보』 제29집(동국대학교 불교문화연구원, 1992).

심안락도』가 오자, 탈자, 도착이 많고 저술 속의 교학 사상이 『무량수경종요』에 비해 너무 격이 낮아 그랬을 것으로 짐작된다. 이에 대해 신현숙은 한보광이 『유심안락도』가 『무량수경종요』의 논지를 너무 어그러뜨려 놓았기 때문에 그렇게 파악한 것이라고 하였다.

반면 한보광은 원효가 주창한 나무아미타불은 불교적인 어려운 이론이나 해박한 지식이 아니라 단순한 실천이었다고 평하고 있으며, 앙신(仰信)이 사의범부로부터 보살종성에 이르기까지 기반이 되며, 이 앙신이 원효 신관의 처음이자 마지막이라고 하였다. 이어 그는 『유심안락도』는 『무량수경종요』에 비해 특별한 신관은 없으나, 범부뿐만 아니라 축생인 용이나 귀신까지도 믿음과 원이 있으면 왕생할 수 있다고 한 것은 정토사상사에서는 획기적인 발상이라고 평가했다.[148]

김양순은 경흥의 『무량수경연의술문찬』을 역주하고 해석하면서 경흥이 중국 법상종의 사상적 토대 위에서 분석하고 있음을 밝혀내었다. 경흥이 이러한 태도를 취한 이유는 정토사상이 타력적으로 흐르는 것을 경계하기 위하여 자력적으로 해석하고 있다고 보았다. 이어 고영섭은 신라 무상(無相, 684~792)의 선풍이 염불선이며 이는 무억(無憶), 무념(無念), 막망(莫妄)의 삼구가 '무념'(無念)으로 통섭되고 있음을 밝히고 있다.[149] 앞으로 정토·염불·염불선의 과제는 염불과 선법의 만남에 대한 이론적 기반을 더 확보하는 일이 될 것이다.

8) 선법-선관-선수

선법(禪法) 또는 선관(禪觀) 혹은 선수(禪修)는 진정한 이치를 사유

---

148 한보광, 「원효의 정토관계 저술에 나타난 신관」, 『원효학연구』 제2집(원효학연구원, 1997).

149 고영섭, 「무상의 無念觀」, 『한국불교학』 제49집(한국불교학회, 2007).

하고 생각을 고요히 하여 선악(善惡)을 생각하지 않고, 시비(是非)에 관계하지 않고, 유무(有無)에 간섭하지 않아서 마음을 안락 자재한 경계에 노닐게 하는 수행법이다. 달마-혜가-승찬-도신-홍인으로 이어진 선법은 그 아래의 신수(北宗)과 혜능(南宗)으로 크게 분기하여 동아시아 전역에 널리 전해졌다. 신라 중고기에 전래된 선종은 북종선과 남종선의 길항을 거쳐 최종적으로 남종선 중심으로 자리를 잡게 된다. 이 과정에서 신라 하대에 전국에 일곱 산문이 성립되었고 고려 초기에 수미산문과 희양산문의 안착으로 아홉 산문이 정착하였다. 나말 여초의 선종산문에 대해서는 권상로, 김영수, 김영태, 고익진,[150] 최병헌, 김두진, 허흥식 등의 연구가 진행되었다. 김영태는 법랑-신행-양부 이래 북종선을 수용한 희양산문의 성립과 정진 긍양에 의해 남종선으로 전향해 간 법계를 자세히 밝히고 있다.[151] 김두진은 신라 하대의 북종선과 남종선 전래와 수용의 문제와 성주산문, 사굴산문, 동리산문, 희양산문의 사상 경향과 변화를 조망하고 있다.[152]

이어 권덕영,[153] 조범환, 이덕진,[154] 차차석, 김방룡, 최연식,[155] 박문기(종호), 정선여 등의 연구가 이어졌다. 조범환은 낭혜 무염과 성주산문 연구를 필두로 하여 구산 선문 전체를 탐구하여 나말여초 선종산문의 지형도를 그려내었다.[156] 이덕진은 동리산문의 법통과 법계의 문제

---

150 고익진, 「신라 下代 禪法의 전래」, 『한국고대불교사상사』(동국대출판부, 1989).
151 김영태, 「희양산선파의 성립과 그 법계에 대하여」, 『한국불교학』 제4집(한국불교학회, 1978).
152 김두진, 『신라하대 선종사상사 연구』(일조각, 2007).
153 권덕영, 「신라 도의선사의 초기 법계와 억성사」, 김광식 편, 『도의선사연구』(인북스, 2010).
154 이덕진, 「동리산문의 일고찰」, 『한국선학』 제2집(한국선학회, 2002).
155 최연식, 「사자산 선문의 성립과정에 대한 재검토」, 『사자산 법흥사』(법흥사, 2007).
156 조범환, 『나말 여초 선종산문 개창 연구』(경인문화사, 2008); 조범환. 『나말여초 남종선 연구』(일조각, 2013).

점을 상세히 고찰하고 있다. 김방룡은 나말 여초 구산선문의 전모에 대해 조망하고 있으며[157] 차차석은 남종선의 초전자인 도의선사의 사상과 그 연원 및 그의 구법에 대해 밝혀내고 있다.[158] 구산선문에 대한 적지 않은 논구들이 축적되고 있지만 각 산문의 개조와 개산조들의 비문들을 좀 더 꼼꼼히 살펴 중국선과 인도선과 변별되는 신라선과 한국선의 정체성과 인식틀을 밝혀야 할 과제로 남아 있다.

4. 향후 연구 과제와 방안의 제시

일제 식민지를 거쳐 해방을 맞이한 이후 지난 반세기에 이르는 동안 삼국-신라시대 불교사학과 불교철학 연구는 양적 질적인 면에서 상당한 진전이 있었다. 그동안 불교 연구자들이 어느 정도나마 식민사관을 극복하고 민족사관을 수립하면서 한국학 연구에 매진한 덕분에 기본 사료와 찬술 문헌(저술)들이 어느 정도 축적되었다. 하지만 한국학에 있어서 불교 연구 즉 불교사학과 불교철학 연구는 우리사회 전반에서 특수 학문 분야, 특정 종교 분야로 축소 왜곡되어 왔다. 이러한 왜곡된 인식을 광정하고 한국학 전반을 향해 나아가는 것은 불교 교단의 노력도 전제되어야 하고 우리 사회 전반의 인식 변화도 있어야 할 것이다. 하지만 무엇보다도 중요한 것은 불교를 연구하는 학자들의 노력과 인식의 전환에 달려 있다고 해야 할 것이다.

지난 반세기 동안 동국대학교를 중심으로 하여 불교 연구의 기본

157 김방룡, 「나말 제산문과 선사상」, 『한국선학』, 제2호(한국선학회, 2001).

158 차차석, 「도의국사의 구법과 중국 선불교」, 김광식 편, 『도의국사연구』(인북스, 2010); 차차석, 「남종선의 초전자 도의선사의 사상과 그 연원 탐색」, 『한국선학』 제2호(한국선학회, 2001).

사료와 찬술 문헌(저술)이 집성되어 왔다. 이를테면 『고려대장경』의 영인(전48책, 동국역경원, 1963), 『한국찬술불서전관목록』(동국대 불교문화연구소, 1966)과 『한국불교찬술문헌총록』 간행(동국대출판부, 1976), 『한국불교전서』의 집성(동국대출판부, 1979~2004)과 『한글본 한국불교전서』(동국대출판부, 2009~), 『한글대장경』의 완간(전318책, 동국역경원, 2001), 『초록역주 조선왕조실록 불교사료집』(동국대 불교문화연구원, 전24책, 1996), 『한국불교사료』(김영태, 해외문헌초집), 『고려불적집일』(조명기), 『한국불교자료초』(동국대 불교문화연구소), 『한국사찰사전』(권상로, 전2책), 『삼국신라시대 불교금석문고증』(김영태, 1992), 『역주 고승비문』(이지관, 전7책), 『한국불교 사찰사전』(이정, 1996), 『한국불교 인명사전』(1993) 등 기본 사료와 찬술 문헌들을 집성하고 역주하여 연구를 위한 기초 자료는 어느 정도 확보하였다.

향후 과제로는 먼저 한국 고대불교 연구를 위한 기초 사료와 찬술 문헌의 발굴과 집성 및 역주와 간행 작업이 이루어져야 한다. 이를 토대로 삼국-신라시대뿐만 아니라 이후의 고려시대와 조선시대 및 대한시대의 불교 연구를 위한 기초 사료의 확보와 찬술 문헌의 간행도 이루어져야 한다. 이를 위해 몇 가지 연구 방안을 아래와 같이 제시해 보려고 한다.

첫째, 신라, 후백제, 후고구려(마진/태봉)로 진행되었던 후삼국 불교에 대한 연구가 이루어져야 한다. 약 50여 년간이나 유지되었던 이 시대의 불교를 신라 중심 혹은 고려 중심의 불교에 포함시켜 볼 것이 아니라 후백제와 후고구려(마진/태봉)의 불교라는 장으로 독립시켜 연구해야 한다.

둘째, 신라의 원측, 원효, 의상, 의적, 경흥, 둔(도)륜, 태현, 표원 등 지명도가 있는 인물들만이 아니라 고구려의 의연, 보덕과 원표 등, 백제의 혜균, 도장, 행기 등, 신라의 신방, 문궤, 혜경, 현륭, 혜초, 불가사의, 월충, 순지 등에 대한 논구가 이루어져야 할 것이다.

셋째, 통일신라 오대산의 결사 및 화엄만다라 신앙에 대한 연구 그리고 장보고 등 나당 교류와 입축 구법승들 연구까지 확장되어야 할 것이다.

넷째, 대륙을 무대로 한 고구려 불교와 열도로 나아간 백세불교 및 통일신라와 남북국시대를 형성한 대씨의 발해 즉 대발해의 불교 연구도 본격적으로 이루어져야 한다. 특히 평안도와 함경도 및 만주일대를 약 300여 년간 지배하였던 대발해의 불교 연구는 통일을 앞둔 우리의 소중한 유산에 대한 연구라는 점에서 각별히 이루어져야 한다.

다섯째, 각 사찰의 사지(寺誌) 및 학승들의 사기(私記)가 집성되고 역주되어야 한다.[159] 현재 전국의 사찰과 국외에 흩어져 있는 한국불교 사기들을 '집성'하고 이에 대한 '역주'와 '활용'이 이루어져야 한다.[160]

여섯째, 조선시대 『문집총간』(현재 약 450책 간행) 내의 불교자료의 집성과 역주가 이루어져야 한다. 이를 위해서는 먼저 문집총간』 속의 불교관련 자료를 확보하고 이것을 자료집으로 편찬한 뒤 번역과 주석이 이루어져야 한다.

일곱째, 불경 언해본의 집성과 역주가 이루어져야 한다. 간경도감에서 이루어진 언해본 이외에 각 사찰 등에서 이루어진 언해본을 확보 집성하고 번역 주석을 덧붙인 교감 역주본이 간행되어야 한다.

여덟째, 『한글대장경』의 번역과 주석이 보완이 되어야 한다. 종래 세로판 한글대장경의 가로본 편집뿐만 아니라 이 시대 사람들과 상통

---

159 현재 동국대 학술원 아카이브팀에서는 정부의 지원을 받아 私記의 집성과 역주 작업을 진행하고 있다.

160 학술원 아카이브 팀 역시 집성-역주-편찬-교육-활용 팀으로 구성되어 진행되고 있다.

할 수 있는 문장과 언어로 재번역하고 주석을 덧붙인 통용본 『한글대장경』이 간행되어야 한다. 그런 뒤에 전자불전연구소와 협력하여 누구나가 『한글대장경』 데이터를 공유할 수 있는 제도적 장치가 확보되어야 한다.

아홉째, 『한국불교전서』의 역주에 이어 영역 작업이 이루어져야 한다. 현재 진행하고 있는 한글 역주 작업에 이어 이것을 다시 영어로 번역하고 주석을 덧붙인 영역본이 간행되어야 세계 속의 한국불교로 자리매김할 수 있을 것이다.

아울러 한국불교학 연구의 확장을 위해 새로운 문헌의 발굴에 노력해야만 한다. 원측의 『성유식론소』(집일본)과 둔륜의 『유가론기』, 의적의 『법화경집험기』, 혜균의 『대승사론현의기』, 도장의 『성실론소』(현존 여부 확인) 등이 집성되는 과정처럼 아직 지하 창고 속에서 한국인의 손길을 기다리고 있는 선학들의 문헌을 발굴하는 일에 보다 적극적인 노력을 기울여야 할 것이다. 나아가 연해주 블라디보스톡의 극동대학 도서관이나 북경의 북경대학 도서관 그리고 일본의 정창원 등의 고서 창고에서 한국불교문헌을 발굴해 내는 일도 적극적으로 시도되어야 한다.

이러한 작업을 완수하기 위해서는 한문 전적을 다룰 수 있는 인력을 확충해야 한다. 동국대학교 불교대학과 일반대학원과 불교학술원 불교한문아카데미의 긴밀한 협동체제 아래 인재의 양성과 후속 세대의 배출을 제도화 해야만 한다. 그러기 위해서는 동국대학교 불교대학과 대학원 및 각 대학 문사철학과 대학원과의 긴밀한 유대와 유기적 교류가 이루어져야 할 것이다.

5. 해외 연구 성과와의 비교 분석

한국 고대 불교사학 고찰과 불교철학 연구는 주로 동아시아학 관련 연구자들 속에서 이루어져 왔다. 미국의 한국인 연구자들인 박성배, 오강남, 허남린, 박진영, 박포리, 이향순 등의 한국학 관련 연구자들과 미국인 동아시아불교 연구자들인 루이스 랭카스터, 로버트 버스웰, 찰스 뮬러, 베르나르 포르, 리차드 맥브라이드 등에 의해 이루어졌다. 이 중에서 루이스 랭카스터는 해인사 『팔만대장경』을 오랫동안 연구하여 디지털 대장경의 가능성을 지속적으로 열어가고 있다. 미국 유학 한국학 연구자들[박성배, 이영호(진월), 박진영 등]이 그의 문하에서 지도를 받고 학문을 시작했다는 점에서 그의 공은 적지 않다고 해야 할 것이다.

박성배는 동국대 불교대학 교수로 재직하다가 미국으로 유학하여 미국 내 한국학 연구의 기반을 다졌다. 종래에 주로 한국문학과 한국 역사 및 미술사와 정치/사회사 중심의 한국학 연구에다 불교와 유교를 기반으로 한 연구의 지평을 넓혔다는 점에서 그 공이 적지 않다고 해야 할 것이다. 그는 『대승기신론』에 대한 원효의 주석(소/별기)에 대해 연구하였으며, 여기에 기반하여 종래의 체용론을 '몸과 몸짓의 논리'[161]라는 말로 바꾸어 우리말로 철학하기의 한 모범을 제시하였다. 그는 또 한국사상으로서 불교 사상뿐만 아니라 퇴계사상 연구[162]로 확장하여 미국 내 한국사상 연구의 기반을 확립하였다. 특히 지눌-성철의 돈점논쟁과 퇴계-고봉의 사단칠정론을 중심으로 한국사상의 주요 담론을 널리 알렸다는 점에서 큰 기여를 하고 있다.

---

161 박성배, 『몸과 몸짓의 논리』(민음사, 2007).
162 박성배, 『한국사상과 불교』(혜안, 2008).

로버트 버스웰은 『금강삼매경』의 한국적 기원으로 박사 논문을 제출한 뒤 동아시아불교사에서 한국불교의 위상에 대해 지속적인 관심과 연구성과를 내오고 있다. 그는 송광사로 출가하여 구산(九山, 1909~1982) 선사[163]의 문하에서 수행한 인연을 통해 지눌의 저서들을 영역[164]해내어 한국선의 세계화에 공헌하고 있다. 그의 문하에서 미국 유학 동아시아 불교학 연구자들(박포리, 김종명, 고승학 등)이 국내에서 활발히 활동하고 있다. 또 챨스 뮬러와 리차드 맥브라이드는 한국불교 연구와 함께 한국불교 문헌을 영역[165]하여 한국학으로서의 불교학을 영미권에 전하고 있다. 특히 챨스 뮬러는 오랫동안 『한영불교사전』 간행을 위해 노력하고 있어 한국학 발전의 또 다른 기여를 하고 있다.

그런데 무엇보다도 선행되어야 할 것은 이들 연구성과의 한글번역 문제라고 할 수 있다. 해외 한국학자들의 연구가 국내 학자들의 연구를 상호비교하기 위해서는 이들의 연구성과가 우리말로 번역되어야 한다. 지금까지는 주로 영미권 학자들의 연구성과가 중심이 되어있지만 앞으로는 일본과 중국권 학자들에 대한 관심도 가져야 할 것이다. 그러기 위해서는 이들과 지속적인 교류와 인간적 유대감을 확보해야만 한다. 학자들의 교류뿐만 아니라 학부와 대학원 학생들의 지속적 교류가 전제되어야 한다. 이러한 교류의 토대 위에서 한국학으로서의 불교학의 외연이 넓어질 수 있다는 점을 명심해야 한다.

해외의 한국불교 연구자 중에서 일본의 타무라 엔초는 『백제불교사』[166]

163 고영섭, 「구산 수련의 살림살이와 사고방식」, 『구산스님 열반 30주기 국제학술회의 자료집』(보조사상연구원, 2013. 10).

164 Robert E. Buswell, *The Korean Approach to Seon: The Collected Works of Chinul*(University of Hawaii Press, Honolulu. 1983).

165 이들은 대한불교조계종에서 정부지원을 받아 진행한 '전통사상총서' 전13책을 분담하여 영역하고 있다.

166 田村圓澄, 『백제불교사』 1~5책(동경대출판부, 1982).

를 간행하였다. 또 가마다 시게오는 『조선불교사』와 『신라불교사서설』[167] 을 간행하였고, 가와무라 도키는 『조선불교사』(자료편 1, 2)[168]를 간행하였다. 그리고 중국인 하경송은 『한국불교사』(상하)[169]를 간행하였다. 러시아의 볼코프는 『한국고대불교사』[170]를 간행하였으며, 독일인 플라센은 고구려 승랑의 삼론사상에 대한 논구를 지속해 오고 있다.[171] 이들의 성취 역시 국내에 공유되어 해외 한국학의 장에서 논의되어야 할 것이다. 그러기 위해서는 이들의 연구 성과를 우리말로 번역하는 일뿐만 아니라 이들의 연구를 한국학 탐구의 성과로 포용하는 일이 급선무라고 해야할 것이다.

6. 정리와 맺음

한국불교의 서론에 해당하는 한국 고대불교 즉 사국-통일신라시대 불교에 대한 연구는 인도불교와 중국불교의 전래와 수용과 공인을 거쳐 주체적으로 소화한 불교의 첫 탐구과정이라고 할 수 있다. 이 시기의 불교는 한국불교의 서두라는 점에서 인도불교와 중국불교를 주체화하고 자아화하여 '우리 자신을 찾아가는 과정'이었으며 '한국학의 자존심'과 '한국불교의 자긍심'을 수립해 가는 과정이었다고 할 수 있다.

---

167 鎌田茂雄, 『조선불교사』(동경: 동경대출판부, 1985), 신현숙(민족사, 1989); 鎌田茂雄, 『신라불교사서설』(동경대 동양문화연구소, 1988).

168 河村道器, 『조선불교사: 자료편 1.2』(대판: 능가림, 1995).

169 何勁松, 『한국불교사』(북경: 종교문화출판사, 1997).

170 볼코프, 『한국고대불교사』, 박노자(서울대출판부, 1988).

171 Joerg Plassen, *Sung Tonang(僧 道朗) (a.k.a. Sungnang 僧朗, fl. 476~512) and his role in Chinese San-Lun*, International Journal of Buddhist thought & culture Vol.3, 서울: International Association for Buddhist thought & culture, 2004.

논자는 여기에서 한국 고대불교를 국가별, 시기별로 구분한 뒤 반야 중관 삼론, 유가 유식 법상, 밀교, 지론 섭론 기신, 법화 천태 교관, 화엄 일승 법성, 정토 염불 염불선, 선법 선관 선수 등 불교사상사의 전개에 따라 주제별, 인물별로 분석해 보았다. 고구려의 승랑과 의연과 보덕, 백제의 겸익과 현광과 혜균, 신라의 원광과 안함과 자장을 필두로 통일신라의 원측과 원효와 의상, 그리고 경흥과 의적과 태현 등으로 이어지는 성취는 동아시아 사상사에서 다른 사상가들과 당당히 견줄 수 있을 정도로 넓고 깊었다. 이들 이외에도 원표, 혜초, 무상, 지장, 혜각 등은 세계인으로 살았던 한국인들이었다. 한국의 불학자들은 인도 불교와 중국 불교를 받아들이면서도 이론보다는 실천에 집중하는 인도의 '교학'과 실천보다는 이론에 치중하는 중국의 '종학'을 뛰어넘어 이론과 실천을 치우침 없이 아우르는 한국의 '불학'의 틀로 녹여 내었다. 때문에 사국-통일신라시대 불학자들의 성취는 이후에 전개되는 모든 연구영역에서 '한국학의 자존심'이자 '한국불교의 자긍심'으로 자리하고 있다.

그런데 이들에 대한 지금까지의 연구가 거시적이고 거치른 연구였다면, 앞으로의 연구는 미시적이고 섬세한 연구로 나아가야 할 것이다. 그리하여 이들의 진면목을 밝혀내고 우리의 참얼굴로 이어가기 위한 노력이 확충되어야 한다. 지난 반세기 동안의 한국 고대불교 연구는 일제 식민사관의 극복과 민족사관의 수립을 위하여 거칠게나마 윤곽을 잡아내기 위한 노력의 시기였다. 이제는 세계의 보편사관과 특수사관의 균형에 기반하여 우리 시대의 역사를 두발로 걸어가고 철학을 올곧게 세워 가야만 한다. 그러기 위해서는 고구려와 백제, 가야와 신라 및 대발해의 불교 전래와 수용 및 공인과정에 대한 연구가 심화되어야 한다. 또 오대산 결사와 오대산 화엄만다라 신앙에 대한 분석이 이루어져야 한다. 아울러 각 학통별, 사상별, 인물별 연구가 특정 학통과 사상 및 인물 중심을 넘어 보다 다양화되고 세분화되어야 한다. 나아가 한-일, 한-중, 한-인 불교 교류와 구법승과 전법승에 대한 연구가 보다 심화 확장되어야 한다.

지난 반세기 동안의 한국 고대불교에 대한 선학들의 연구는 셀 수 없을 정도로 축적되어 왔다. 이제 우리가 직면한 과제는 이들 선행연구의 성찰적 평가에 기초하면서 새로운 연구를 위한 다양한 방법론을 모색하는 것이다. 한국의 불교학자들이 우선적으로 직면하는 것은 한국불교의 기본 사료 발굴과 찬술 문헌 복원에 입각하여 이들 사료와 문헌 속에 담겨 있는 한국불교의 독자적 인식과 독특한 논리를 분석하여 적출해내는 것이다. 그리하여 이들 이론이 지니고 있는 보편성과 특수성, 구심성과 원심성, 종합성과 독자성을 의식하면서 우리의 불교 연구를 모색해 가는 것이다.

근래에 들어 한국학으로서의 한국불교 연구는 새로운 국면을 맞이하고 있다. 우리는 국제화와 세계화의 시대에 통섭의 요청 즉 융복합적 정보의 제공이라는 시대적 요청에 따라 고대불교 연구와 연관된 내부 학문뿐만 아니라 인접 학문과도 긴밀하게 소통해야만 한다. 이 분야 전공자들에게 이러한 요청이 거듭되는 것은 한국 고대불교가 한국학에서의 불교학의 진면목을 간직하고 있을 뿐만 아니라 내부 학문과 인접 학문과 소통할 수 있는 논리적 근거이자 실제적 기반이기 때문이다.

2장 정중 무상의 살림살이와 사고방식*

1. 문제와 구상

신라의 승려들은 한반도뿐만 아니라 동서아시아를 무대로 활동했다. 이들은 신라에서 태어났으나 출가한 뒤 인도와 서역으로 '불적 순례'와 '불전 입수'를 위해 떠났다. 신라 출신의 구법승들 일부는 돌아오지 않고 그곳에서 삶을 마감한 이들[1]도 적지 않다. 또 그 일부는 당나라로 돌아와 그곳에서 삶을 마감하거나[2] 신라로 돌아와 활동한 이들[3]

* '한국선종사의 기점을 언제로 볼 것인가?'에 대한 물음은 지금도 학계에서도 제기되고 있다. 종래 신라 하대 및 고려 초기의 九山禪門 형성을 기점으로 보아왔던 논의를 좀 더 넓히기 위해서는 통일신라시대 동서아시아에서 활동했던 禪僧들의 살림살이와 사고방식에 대한 논구의 확장이 요청된다.

1 長安을 출발하여 總領을 넘어 인도에 가서 날란다에서 입적한 阿離耶跋摩와 현조와 함께 인도에 가서 보드가야를 방문하고 그곳에서 병사한 玄恪과 인도의 날란다에서 입적한 慧業 등이 대표적이다.

2 티베트와 네팔을 거쳐 인도 보드가야에 들러 土浴渾까지 갔다 다시 인도로 돌아와 중국으로 귀국한 玄太와 인도로 가다가 돌아와 하란산 백곡현에서 띠를 엮어 깃들어 살았던 無漏와 바닷길로 인도에 가서 오천축국과 페르시아를 순례하고 북도로

도 있다. '불전 입수'와 '불적 순례'를 위해 인도와 서역 및 당나라로 떠나 '교학 연찬'에 매진한 이들도 있지만 '선법 수행'을 위해 당나라로 떠난 이들도 있다. 이들은 당나라와 서역을 무대로 한국선의 원류를 창안했으며 이후 구산선문의 개조 및 개산조들은 무상-마조-서당/장경/남전/마곡/염관으로 이어지는 선맥을 잇고 있다.

대표적인 선사들로는 정중 무상(淨衆無相,[4] 680~756,[5] 684~762)과 구화 지장(九華地藏, 696~794, 698~797,[6] 699~803)과 하란 무루(賀蘭[7]

중국으로 돌아온 慧超 등이 대표적이다. 인도로 떠나지는 않았지만 서명학통의 시조 文雅(圓測)도 당나라에서 활동하다 그곳에서 생을 마쳤다.

3 경덕왕 때 신라로 돌아와 長興 寶林寺를 세웠다고 알려진 화엄가 元表가 대표적이다.

4 無相의 정체성과 생몰년의 확정은 쉽지 않다. 다만 현존하는 다음의 몇 가지 사료를 통해 그 가능성을 좁혀 볼 수 있을 뿐이다. ① 無住 제자 편찬, 『歷代法寶記』(774년경) 「無相傳」(『大正藏』 제51책, p.184하) ② 神淸, 『北山錄』 권6과 이것에 대한 慧寶의 注記 ③ 宗密, 『圓覺經大疏鈔』 권3의 下(『續藏經』 제14책, pp.555하~556상) ④ 李商隱, 『唐梓州慧義精舍南神院四證堂碑銘並序』(836~840년경)(『全唐文』 권780) ⑤ 贊寧, 『宋高僧傳』 권19, 「無相傳」(『大正藏』 제50책, p.832중). 이들 이외에도 ① 『宋高僧傳』 권9의 「神會傳」 ② 같은 책 권20의 「處寂傳」 ③ 같은 책 권22의 感通篇總論의 평가 일절인 '無相免其任俠'(『大正藏』 제50책, p.854하) 등을 통해 그의 생몰년과 행장을 어느 정도 재구해 볼 수는 있다.

5 無相의 沒年에 대해 贊寧의 『宋高僧傳』은 至德 원년(756) 5월 15일에 춘추 77세로 입적했다고 기술하고 있다. 반면 돈황 출토의 『歷代法寶記』에는 報應 원년(762) 5월 19일에 세수 79세로 입적하였다고 전한다. 이들 기록을 종합하여 계산해 보면 淨衆 無相의 생평은 『송고승전』의 680~756년 설과 『역대법보기』의 684~762년 두 설로 압축된다. 돈황에서 출토되어 비교적 첨삭이 없다고 평가받는 『역대법보기』가 불교사 정전으로 평가받는 『송고승전』(988년)에 견주어 약 200여 년 앞선 기록이라는 점은 무상의 정체성 확정에 있어 비교적 유리한 입장에 있다고 할 수 있다. 하지만 이 텍스트 역시 保唐 無住(714~774)를 부각시키기 위하여 荷澤 神會(685~760)와 정중 무상을 적절히 원용하고 있다는 점에서 본다면 단지 시대가 앞선 기록이라고 해서 더 정합성을 지니고 있다고 단정하기 어렵다. 만일 무상이 신문왕의 셋째 아들인 '副君'이라면 모후인 왕비 김씨(金欽突女)가 出宮당한 681년 8월 이전에 태어났을 것이다. 결국 무상이 누구이냐에 따라 생년이 680년 가능성도 배제할 수 없다.

6 費冠卿, 「九華山 化城寺記」, 『全唐文』 694권, p.3159; 贊寧의 『宋高僧傳』 권20, 「感通」 6-3, '唐池州九華山化城寺地藏傳'(『大正藏』 제50책); 『新修科分六學僧傳』 권5; 『神僧傳』 권8 「釋地藏」.

7 贊寧의 『宋高僧傳』 권21, 「感通」 6-4, '唐朔方靈武下院無漏傳'(『大正藏』 제50책). 무루는 賀蘭의 白草谷에 들어가 띠를 엮은 곳에 깃들어 살았다.

無漏, ?~762) 등이다. 이들은 대부분 왕자[王子金氏近屬]이거나 왕의 친척[王之支屬, 國王族子]으로 추측되고 있다. 여기에서 다루는 무상(無相) 역시 그 『어록』이 펠리오 문헌 속에 그 일부가 남아 있다고 알려져 있다. 하지만 『무상어록』이 온전히 공개되고 있지 않아 그의 사상에 대한 연구[8]가 크게 진전되지 못하고 있는 현실이다.

정중 무상은 권력 주도권과 왕위 계승 문제가 늘 잠재되어 있는 복잡한 궁궐에서 왕자로 태어났다. 하지만 그는 궁궐에 머물지 않고 출가하여 당나라의 섬서(장안) 지역을 거쳐 사천(성도) 지역에 머물렀다. 치열한 두타행을 통해 내면의 성취를 얻어 자신의 살림살이를 널리 알렸다. 한때 익주에서 머물렀던 무상(益州無相, 金和尙)은 달마 이래 혜가-승찬-도신-황매 홍인(黃梅弘忍, 594~674)으로 이어지는 초기 선종사의 법맥 가운데에서 홍인 문하의 자주 지선(資州智詵, 609~702)-자주 처적(資州處寂, 665~732)으로 이어지는 선법을 전해 받아 초기 선종사에 커다란 족적을 남긴 대표적인 선사였다.

특히 혜능(惠能, 638~713)이 측천무후에게 보낸 달마 이래 전법의 상징인 가사를 지선-처적을 통해 전해 받고 무주에게 전했다는 「사증당비」(唐梓州慧義精舍南神院四證堂碑銘並序)의 기록으로 볼 때 초기 선종사에서 무상은 결코 지워버릴 수 없는 존재라고 할 수 있다. 그럼에도 불구하고 초기 선종사의 굴절과 단절로 인해 그의 존재는 선종사에서 오랫동안 지워지거나 잊혀져 왔다. 해서 그의 '살림살이'(생애)와

---

8 이종익, 「동아시아 선종사에서 정중 무상의 지위」, 『한국불교학』 제1집(한국불교학회, 1975); 불교전기문화연구소 편, 『정중무상선사』(서울: 불교영상, 1995); 고영섭, 「無相의 無念觀」, 『한국불교학』 제49집(한국불교학회, 2007); 고영섭, 「無相과 馬祖: 무상선과 마조선의 연속과 불연속」, 『불교학보』 제44집(동국대 불교문화연구원, 2005); 변인석, 『정중무상대사』(파주: 한국학술정보(주), 2009); 최석환, 『정중무상평전』(서울: 불교영상, 2009).

'사고방식'(사상)은 정당하게 평가받아 오지 못했다. 다행히 최근 들어 무상에 대한 관심[9]이 증폭되고 있어 초기 선종사 연구의 내포와 외연이 확장되고 있다. 이 글에서는 정중 무상의 생애와 사상을 검토하여 한국불교사에서 그의 위상을 새롭게 자리매김해 보고자 한다.

2. 출자(出自)와 출가(出家) 결행

세계는 지금 국제화와 세계화 방안에 몰두하고 있다. 한중일 삼국 역시 새로운 정치 질서와 경제 질서를 모색하기 위해 노력하고 있다. 이와 맞물려 '한류'의 원류였던 중국내 신라 승려들의 활동도 부각되고 있다. 특히 왕자(王子) 혹은 왕의 친척(近屬, 支屬)으로 기록된 무상과 지장과 무루의 정체성과 인식틀이 주목받고 있다. 하지만 그러한 부각과 주목에도 불구하고 무상과 무루와 지장의 출자와 출가 결행에 대해서 온전히 밝혀내지 못하고 있다.[10]

『송고승전』은 무상을 신라왕의 셋째 왕자[11]로 기록하고 있다. 하지

9 또 2009년 5월 1일 '부처님 오신날'을 기념한 KBS 〈역사추적〉에서는 「선의 황금시대를 열다: 신라승 무상」을 방영하여 무상을 역사와 대중 속으로 이끌어 왔다.

10 呂聖九, 「新羅 中代의 入唐求法僧 硏究」(국민대학교대학원 국사학과 박사 논문, 1997), p.145. 필자는 지장의 父를 효소왕과 성덕왕의 異母兄으로 확정하고 "효소왕은 地藏의 10살 위인 숙부가 되며, 효성왕과 경덕왕과는 사촌이 될 것이다. 이러한 관계는 당시인들이 보았듯이 '왕의 近族'이라고 하기에 충분한 것이다. 또 그의 父가 누구인지 찾아볼 수 없는데 김흠돌녀가 지장의 祖母였다면 그이 가계는 몰락하였거나 약세를 면치 못하였을 것이며 효소왕·성덕왕·요성왕·경덕왕과도 친근한 관계는 아니었을 것으로 보인다"라고 추정하고 있다. 그렇게 본다면 논자는 지장의 부는 寶川이 아니면 副君으로 좁혀지지 않을까 추정해 본다.

11 무상의 神異와 感通에 대해서는 『宋高僧傳』과 신청의 『北山錄』에 대한 慧寶의 注記에서 비교적 자세히 언급하고 있다. 이들 사서들은 모두 무상을 '本新羅國人也, 是彼土王第三子'(『宋高僧傳』)와 '新羅王 第三太子'(『北山錄』)라고 하여 셋째 왕자 혹은 셋째 태자로 기술하고 있다. 그런데 『송고승전』과 『신승전』에서 무상의 아우

만 후대의 일부 기록은 무상이 중국에 건너올 당시의 왕으로 비정하고 그를 성덕왕의 셋째 왕자라고 기술하였다. 그러나 이 주장은 논리적 정합성이 떨어져 수용하기 어렵다. 무상의 출자에 대한 다양한 문제제기는 신라 왕실의 복잡한 가계구조 때문으로 보인다. 일찍이 오대산 사적 설화를 분석한 신종원은 신문왕과 첫째 부인 사이의 둘째 아들인 효명(孝明)을 성덕왕으로 비정하면서 아래와 같은 가계도[12]를 통해 효명이 곧 성덕왕이라고 주장하고 있다.

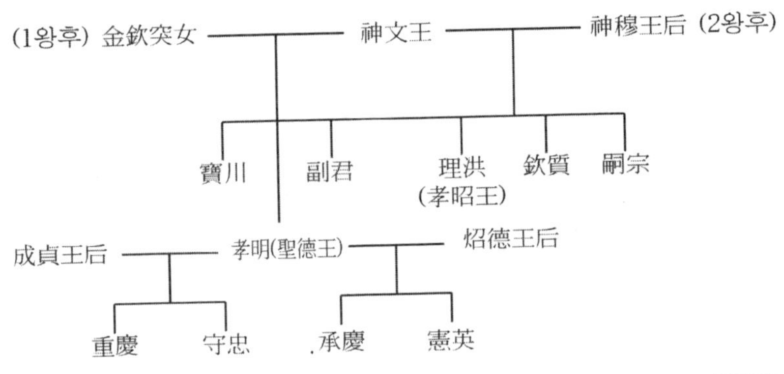

가계도1

『삼국사기』는 신문왕이 태자 시절에 결혼하여 약 1개월간 왕비로 재위한 첫째 부인인 김씨(金欽突女) 사이에서 자식을 얻지 못했다[13]고

가 새로 왕이 된 뒤에 무상이 신라로 돌아오면 자기 자리가 위태로울까 저어하여 자객을 보내 해치려 하였다고 기록하고 있다.

12 辛鍾遠, 「新羅五臺山事蹟과 聖德王의 卽位背景」, 『최영희선생화갑기념: 한국사학논총』(탐구당, 1987), pp.122~127.

13 문무왕의 장남인 政明(신문왕)은 665년 태자로 책봉되어 김흠돌의 여식과 결혼하였으나 그녀는 681년 8월에 출궁당했다. 그런데 665년부터 681년 8월까지 약 16년 동안 한 명의 자식도 없었다는 기록은 자연스럽지 못해 보인다. 신종원은 "문무왕은 7월 1일에 승하하고 欽突亂은 신문왕 원년 8월 8일에 일어나므로 欽突女는 적어도 1개월간은 王妃로 在位하였다"라고 했다. 위의 논문, p.123, 주) 125.

기록하고 있다. 이것은 김흠돌의 난으로 인해 모든 기록들이 지워진 때문으로 추측된다. 해서 학계 일부에서는 오대산 사적 설화를 부정[14] 하고 있다. 오대산 사적에 따르면 신문왕과 첫째부인 사이에는 효소왕(理洪, 687~702)의 이모형(異母兄)인 보천(寶川)과 효명(孝明)과 부군(副君)이 있었다고 한다.[15] 그리고 둘째인 효명은 흥광(興光)이며 후손이 없던 효소왕이 16세(26세?)의 나이로 죽자 그의 동모제(同母弟)인 융기(隆基, 孝明)를 왕으로 세웠다. 그가 바로 12세(22세?)에 왕위에 오른 성덕왕이다.

김흠돌의 난 이후 신문왕은 둘째 부인인 신목왕후(金欽運女) 사이에서 이홍(理洪)을 낳아 태자로 삼았으며 후에 그를 효소왕으로 추대했다. 11년을 재위한 효소왕에 이어 왕위에 오른 성덕왕은 성정왕후 사이에서 태어나 당나라에 숙위(宿衛)로 가 있던 수충(守忠)을 내치고 대신 엄정왕후 사이에서 태어난 중경(重慶)을 태자로 책봉하였다. 하지만 왕비(金妃, 엄정왕후)의 출궁을 빌미로 중경 태자를 물러나게 하고 소덕왕후 사이에서 태어난 승경(承慶)을 태자로 삼았다. 그가 바로 효성왕이다.

효성왕은 결혼한 지 오래지 않아 갑자기 동모제(同母弟)인 헌영(憲英)을 태자로 책봉하였다. 재위 5년의 효성왕에 이어 헌영은 경덕왕으로 즉위하였다. 만일 오대산 사적 설화를 부정한다면 신문왕의 아들은 이홍(효소왕)뿐이지만 설화를 사실로 인정한다면 효소는 보천-효명-부군-이홍 네 아들 중 막내가 된다. 그렇게 되면 흠질(欽質)[16]과 사종(嗣宗)

---

14 李基白, 「浮石寺와 太白山」, 『김원룡정년기념사학논총』(일지사, 1987); 李基白, 「三國遺事 塔像篇의 意義」, 『이병도구순기념사학논총』(지식산업사, 1987). 여기서 필자는 이 설화는 신빙성이 없으며 중대의 일이 아니라 下代의 일이라고 해석한다.

15 一然, 『三國遺事』 권3, 塔像4, '溟州五臺山寶叱徒太子傳記'; 辛鍾遠, 앞의 논문, p.123.

16 『三國史記』 권8의 성덕왕 25년 5월조에서는 '金訢質'로 적고 있으나 『冊府元龜』

이 신목왕후 사이에서 낳은 신문왕의 아들이냐 종제이냐가 문제가 된다. 오대산 사적 설화를 수용해 알 수 있는 것은 효소왕-성덕왕-효성왕-경덕왕이 모두 적장자가 아니면서도 왕위에 올랐다는 사실이다.

만일 흠질과 사종을 신문왕의 아들로 보려면 적어도 성덕왕(691?~737)보다 어려야 할 것이다. 그렇다면 아마도 그들은 692~693년에 태어났어야만 할 것이다. 하지만 당시 출생 터울이 평균 3년인 것을 감안하면 흠질과 사종이 동생일 가능성은 적어진다.[17] 효소왕이 692년에 재위에 올랐을 때는 6세(16세?)[18]의 나이였다. 때문에 효명과의 년차를 고려해 볼 때 흠질과 사종(嗣宗)은 신문왕의 아들이기보다는 그 종제(從弟)로 보는 것이 자연스럽다.

이것은 성덕왕 27년 견당사로 파견된 왕의 종제 김사종이 입당하여 방물을 바치고 아울러 신라 자제들을 국학(國學)에 입학시켜 주기를 청하자 당은 그것을 허락하고 김사종에게 과의(果毅)의 관작을 줌과 동시에 머물러 숙위(宿衛)하게 하였다는 기록을 통해서도 알 수 있다.[19] 한편 『송고승전』 등의 기록에 따르면 무상은 신라왕의 셋째 아들로 기술되어 있다. 그런데 박해현은 무상을 성덕왕과 엄정왕후 사이에서 태어난 셋째 아들로 비정하고 있다.[20]

권971 및 권975의 '朝貢'조와 '褒異'조는 '金欽質'로 표기하고 있다.

17 呂聖九, 「入唐求法僧 無漏의 生涯와 思想」, 『선사와 고대』 10, p.164.

18 『삼국유사』(권3)의 「탑상」 제4, '臺山五萬眞身'조의 오대산 사적 설화와 『삼국사기』 권8, 신문왕 7년 조의 "2월에 元子가 태어났다"는 기록을 대비해 보면 10년간의 차이가 있다. 이렇게 되면 효소왕과 성덕왕의 탄생년이 10년씩 올라가 효소왕은 16세에 즉위하여 26세에 승하하게 되고, 성덕왕은 12세에 즉위한 것이 아니라 22세에 즉위한 것이 된다.

19 權悳永, 『古代韓中外交史: 新羅遣唐使硏究』(서울: 일조각, 1997), p.51; p.59.

20 朴海鉉, 「新羅 孝成王代 政治勢力의 推移」, 『역사학연구』 12(전남대, 1993), p.338.

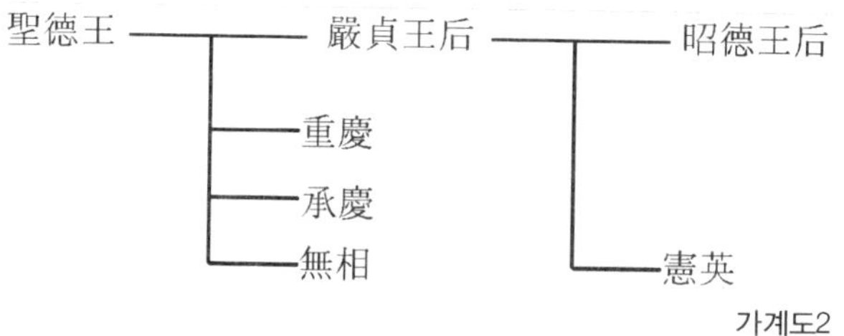

가계도2

박해현에 따르면 성덕왕은 엄정왕후 사이에서 중경-승경-무상의 세 아들을 두었고 소덕왕후 사이에서 헌영을 둔 것이 된다. 이것은 위의 신종원이 밝히고 있는 성덕왕과 성정왕후 사이의 중경-수충과 성덕왕과 소덕왕후 사이의 승경-헌영의 가계와 변별된다. 또 다른 문제는 신종원이 비정한 2왕자 수충 및 3왕자 승경과 박해현이 비정한 2왕자 승경 및 3왕자 무상의 차이이다. 이것은 성덕왕의 왕후를 성정왕후와 소덕왕후만을 인정하는 신종원과 엄정왕후와 소덕왕후만을 인정하는 박해현의 인식차이에서 비롯된다. 반면 중국의 사수전은 성덕왕이 성정왕후 사이에서 수충을 낳았고, 김비 사이에서 중경을 낳았으며, 소덕왕후 사이에서 승경-헌영-오자(五子)를 낳았다고 했다. 그리고 그는 김수충을 지장으로 보고 있다.[21]

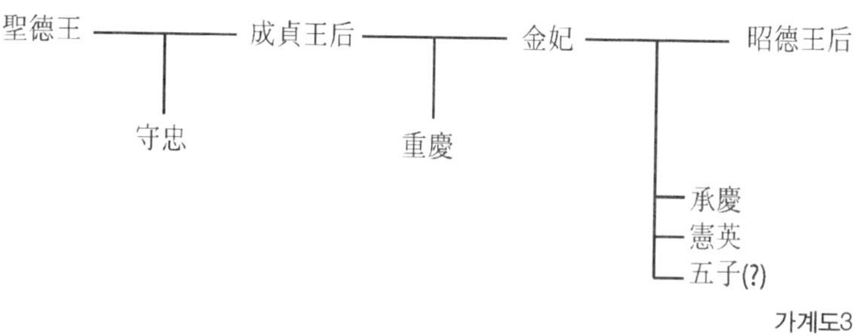

가계도3

21 謝樹田, 「慈風長春 慧日永曜」, 『불교대학원논총』, 제1집(동국대학교 불교대학원, 1993), pp.386~387.

하지만 사수전의 주장에 따르면 수충은 8~9세인 714년 1월에 입당숙위(入唐宿衛)한 것이 되므로 지장의 생몰년(696~794)으로 보아 무리가 있다고 지적받아 왔다.[22] 사수전의 주장에 따라 '수충'이 지장이라면 '오자'는 누구인지 불명확하며, 박해현의 주장처럼 성덕왕의 제3왕자가 무상이라 하더라도 무루와의 문제는 풀리지 않고 있다. 또 무루(無漏)가 성덕왕의 아들일 가능성이 있다면 그가 무상(無相)과는 어떤 관계가 되는가가 문제가 된다. 가마다 시게오처럼 지장을 경덕왕의 아들로 보려는 주장 역시 같은 문제를 안고 있다.[23] 이와 달리 변인석은 무상을 성덕왕의 셋째 아들이 아니라 신문왕의 넷째 아들이라고 주장하고 있다.[24]

그는 『삼국사기』에 근거하여 아래와 같이 가계도를 그린 뒤 제3왕자 '근(흠)질'과 제4왕자 '사종'은 모두 입당한 기록이 있으나 이후의 기록은 남기지 않았다면서, 특히 사종은 728년 7월에 입당하여 왕실 자제들의 국학 입학을 받아 달라는 요청을 성공시키는데 공을 세웠다는 사실에 근거하여 신문왕의 제4왕자의 입당 연대(개원 16년)가 중국 측 문헌과 일치하고, 또 그가 거둔 탁월한 외교활동에서 보면 사종이 무상선사일 가능성이 크다며 이 문제는 왕자가 많은 가계(家系)가 고려되어야 할 것이라고 주장하고 있다.

---

22 呂聖九, 앞의 논문, pp.164~165. 필자는 현재 이 이상의 추론은 불가능하나 無漏가 신문왕의 아들일 가능성보다는 성덕왕의 아들일 가능성이 많다고 주장하고 있다.

23 鎌田武雄, 「中國佛教聖地 九華山を 開いた 新羅僧」, 『羅唐佛教의 再照明』(제11회 국제학술회의, 1993), p.232. 여기서 논자는 地藏을 경덕왕의 아들이라는 주장을 하고 있지만 地藏의 출생년인 696년을 감안해 보면 경덕왕의 아들이 될 수는 없어 보인다. 『삼국사기』와 『삼국유사』는 '乾運'(혜공왕) 왕자만을 경덕왕의 아들로 기록하고 있다. 아마도 『九華山志』나 『安徽旅遊』의 일부 주장처럼 경덕왕의 친족이 될 수는 있을 것이다('新羅國金憲英之近族也', 『九華山志』 권5; '新羅國國王金憲英的近親', 『安徽旅遊』(1983), p.36).

24 卞麟錫, 『淨衆無相禪師』, 앞의 책, pp.36~40.

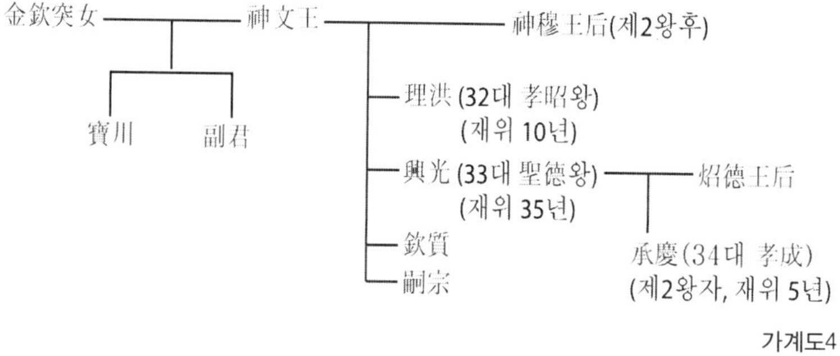

가계도4

계속해서 변인석은 "예컨대 새 왕으로 등극한 아우가 자객을 보내올 것이라고 한 것은 '편찬자의 객관적인 파악'으로서 그 뜻은 '왕자의 신분과 단절하고, 불세계로 돌아가는 굳은 결심'이라고 보아야 할 것"이라고 역설한다. 그러면서 신문왕의 가계가 당나라와의 교류에서 단순하지 않았기 때문에 중국 측 문헌이 '제3왕자', '제3태자', '왕제'(王弟) 등의 다양한 기록을 낳게 했는지도 모른다면서 이 같은 오류들은 약간의 원사료(原史料)에서 갖는 온도 차이에서 비롯된 것이기 때문에 큰 의미를 갖는다고 볼 수 없다고 주장하고 있다.[25]

그러면서도 그는 무상의 비정 기준이 되어야 할 점으로 1) 총명함, 2) 입당한 개원 16년, 3) 신라 왕제의 국학 입학에 따른 외교성과 등이 일치하는 데서 신문왕의 제3왕자와 제4왕자 가운데 후자일 가능성이 크다며 이것은 무상선사가 안사난(安史亂)이 일어나기 전에 장안을 떠난 것도 앞을 내다 본 결과일 것이라고 언표하고 있다. 아울러 변인석은 무상 선사가 입당하였을 때의 나이가 40대였다고 한다면 사종이 어느 정도 맞아 떨어진다고 보고 있다. 그는 이와 같이 눈 밝게 앞일을 내다보는 영민함에서 본다면 무상은 사종일 가능성이 없지 않다고 주

25 卞麟錫, 위의 책, p.40.

장한다.[26]

그런데 논자는 이미 위에서 신문왕의 승하와 효소왕과 성덕왕의 생년을 기준으로 볼 때 흠질과 사종은 신문왕의 아들이자 효소왕과 성덕왕의 종제[王弟]가 된다고 했다. 무상의 생년(『송고승전』의 680~756; 『역대법보기』의 684~762년)인 680(684)은 아직 신문왕이 재위에 있던 해가 된다. 그리고 당시 형제의 터울을 세 살 정도로 본다면 흠질은 신문왕의 재위 시절에 태어난 것으로 볼 수 있게 된다. 하여 흠질을 신문왕의 아들로 보려면 그는 성덕왕(691?~737)보다 어려야 하고 적어도 692~693년에 태어났어야 할 것이다.

또 변인석의 주장처럼 사종을 신문왕의 아들로 보려면 그 역시 692~693년에는 태어났어야 할 것이다. 그런데 무상의 생년이 680(684)년임을 고려해 볼 때 사종이 무상일 가능성은 적어 보인다. 그리고 691년(?)에 태어난 성덕왕이 680(혹은 684)년에 태어난 무상을 낳을 수 없으며, 동시에 696년에 태어난 지장을 낳기도 어렵다. 해서 지금까지의 논의를 종합해 보면 오대산 사적 설화를 일부에서 부정한다 하더라도 논자에게는 오히려 신문왕의 아들 부군은 680[27](혹은 684)년에 태어난 무상과 친연성이 있어 보이고, 흠질 혹은 사종은 오히려 지장과 친연성이 있어 보이며, 성덕왕의 오자는 무루와 친연성이 있어 보인다.

그러므로 무상은 성덕왕의 셋째 아들이 아니라 오히려 665년에 태

---

26 이외에도 변인석은 "입당하였을 때의 나이가 40대였다고 본다면 『역대법보기』가 말한 보응 원년(762)의 입적에서 역산할 경우 거의 맞는다. 이러할 때 『역대법보기』(無相章)에서 언급한 '화도중생, 경이십여년'이 중요한 셈법(計算)의 기준이 된다며 1) 長安에서 보낸 시간, 2) 尋師 訪道의 시간, 3) 聖蹟 遍歷, 4) 資中 德順寺까지 오는데 소요된 旅程, 5) 處寂선사를 모셨던 좌우 2년(便留左右二年) 등을 합치면 입당하였을 때의 나이는 거의 40대 중반에 들어선 壯年이었을 것이다"라고 주장하고 있다. 변인석, 앞의 책, p.40.

27 신문왕과 결혼했던 첫째 부인 金欽突의 여식은 681년 8월 出宮을 당했다. 보천과 효명과 부군은 첫째 부인에게서 태어난 소생들로 추정된다.

자가 된 신문왕의 셋째 아들이었던 부군(副君)일 가능성이 큰 것으로 보인다. 『삼국유사』의 기록에 의하면 신문왕의 첫째 아들 보천은 오대산 신성굴 일대에 머물며 50년 동안 도를 닦았다고 하므로 그가 무상일 가능성은 희박해 보인다. 그리고 둘째 왕자인 효명이 출가 생활을 마치고 경주로 돌아와 성덕왕이 되었다면 김흠돌의 여식 사이에서 남는 이는 부군뿐이다. 그렇다면 부군은 692년 승하한 신문왕의 둘째 아들인 성덕왕이 태어난 691년(?) 직후인 692~693년에 태어난 신문왕의 셋째 아들일 것으로 추정된다.

이렇게 되면 부군은 신문왕의 둘째 아들인 성덕왕의 동생이 되며 신문왕의 셋째 아들이 된다. 하지만 종래 부군에 대한 기록은 왜곡되어 왔다. 그런데 신종원은 "지금까지의 모든 번역은 부군(副君)이 주멸(誅滅)되었다고 했지만, 「진신」조(眞身條)의 '국인입지'(國人立之)를 참고해 보면 왕이 주멸(誅滅)된 것으로 봐야 한다"라고 주장한다. 그리고 신종원은 "그래야 전기조(傳記條)에 연이어 나오는 '나라 사람들이 장군 네 사람을 파견하여 오대산 효명태자 전에 이르러 만세를 불렀다' [國人遣將軍四人, 到五臺山孝明太子前, 呼萬歲]는 구절도 순리적으로 이해된다"라며, 나아가 "정신태자(淨神太子)의 제(弟) 부군(副君)은 하대(下代)의 수종(秀宗, 興德王)처럼 왕제(王弟)로서 왕위계승권자(王位繼承權者)의 직함은 아니고, 단순한 존칭인지 그렇지 않으면 이름인지 분명하지 않다"[28]라고 하고 있다.

논자는 부군이 출가하여 중국으로 건너가 활동했기 때문에 후대의

28 신종원, 앞의 논문, p.123. 필자는 "효소왕의 의문의 죽음과 성덕왕을 〈國人立之〉한 데 대한 저간의 사정을 「眞身」조목에서는 淨神王의 弟와 王이 爭位하여 國人이 (孝昭王을) 廢하였다 한다. 「傳記」條에서는 보다 자세히, 淨神太子의 弟 副君이 신라에서 왕위를 다투다가 (王을) 誅滅했다고 한다"라는 기록에 근거하여 자신의 논지를 뒷받침하고 있다.

사가들이 이렇게 기술한 것이 아닐까 추측해 본다. 대부분의 사료들은 '그 나라 왕의 제삼왕자'(彼土王第三王子, 『송고승전』, 『신승전』[29]), '신라왕의 제삼태자'(新羅王之第三太子, 『북산록』), '신라왕의 혈통'(新羅王之族, 『역대법보기』), '먼 해외의 나라 진한의 귀족'(海遐奉辰韓顯族, 『사증당비』) 등 모두 '신라왕의 셋째왕자' 혹은 '진한의 현족'이라고 했지 성덕왕의 이름을 명시적으로 거론하지 않았다. 아마도 후대의 사료들 일부는 무상이 중국으로 건너올 때(728년)의 신라 국왕인 성덕왕을 염두에 두고 그의 셋째 아들로 비정하여 기록한 것으로 추정된다.

따라서 이들 기록을 종합 검토하여 본다면 무상은 성덕왕의 셋째 아들이 아니라 오히려 신문왕의 셋째 아들로 보는 것이 자연스럽다. 하지만 691년(?)에 태어난 성덕왕을 중심으로 놓고 볼 때 무상과 부군의 동일인 확정 여부는 여전히 문제로 남아 있다. 『송고승전』의 680년 탄생 기록 및 『역대법보기』의 684년 탄생 기록과 출입이 적지 않기 때문이다. 이를 해결하기 위해서는 우선 성덕왕의 생년 문제가 확정되어야 할 것이다.[30]

---

29 『神僧傳』「無相傳」의 "상의 아우(相之弟)가 본국의 새 왕이 되었다(本國新爲王矣). 相이 돌아가면 그 나라에서 자기가 위태로울까 두려워하여 자객을 보내서 죽이게 하였다"라는 기록은 『송고승전』의 것을 그대로 옮긴 것으로 추정된다. 문제는 이 왕이 신문왕의 아들인 효소왕이냐 아니면 대를 낮추어 성덕왕의 아들인 효성왕 혹은 경덕왕이냐가 문제가 될 수 있다. 무상이 신문왕의 아들이 되려면 이 왕은 異母弟인 孝昭王이 되어야 할 것이다.

30 辛鍾遠, 앞의 논문, p.123. 필자는 "성덕왕이 효소왕의 異腹兄이라고 하면, 성덕왕의 즉위시 나이는 효소왕 沒年의 나이(16세)보다 많아야 한다. 그렇다면 성덕왕의 卽位時 나이 22세는 타당한 사실일지도 모르며, 효소왕 薨年의 나이 26세는 同王이 성덕왕의 異腹兄이라는 기정 사실에 의거하여 一然이 실제보다 10년 올린 것이 아닌가 추측된다"라고 해석하고 있다.

3. 법통(法統)과 법계(法系)의 분석

무상은 왕위 계승 문제로 일어난 난들을 겪으면서 심한 갈등을 느꼈을 것으로 추측된다. 때문에 그는 하루 빨리 왕실의 정치문화에서 벗어나고자 애썼을 것이다. 그즈음 막내 누이동생[季妹]이 원치 않은 배우자와 결혼할 것을 요청받게 되었다. 그녀는 결혼을 거부하기 위해 칼로 얼굴에 생채기를 내고 출가 수도를 결행하였다. 이 모습을 보고 놀란 무상은 '굳센 장부로서 내 어찌 무심할 수 있겠는가'라고 탄식하였다. 마침내 그는 부모님 곁을 떠나 분연히 머리카락을 깎고 수행자가 되었다.[31]

무상이 출가한 군남사는 '○○군의 남사'인지 혹은 '군남사'라는 사명인지 정확히 비정할 수는 없다.[32] 성덕왕 27년(728) 무상은 바다를 건너 당나라 섬서성 장안에 이른 뒤 현종의 부름을 받았다. 그는 내전에서 황제와 함께 예를 표한(供禮) 뒤 현종의 요청으로 장안의 선정사(禪法定寺)에 머무르게 되었고 황제로부터 무상이란 호를 받았다.[33] 그 뒤에 사천성 자중의 덕순사(德純寺)에 들어가서 지선선사(智詵禪師)

---

31 無住 제자 편찬, 「劍南成都府淨衆寺無相禪師」, 『歷代法寶記』(『大正藏』 제51책, p.184하). 여기서 막내 여동생은 同腹인지 異腹인지 분명하지 않다. '누나'가 아니라 '누이'라는 점을 여러 맥락에서 고려해 보면 異腹일 가능성이 커 보인다.

32 卞麟錫, 앞의 책, pp.36~37. 필자는 『역대법보기』와 『송고승전』(권19)의 '群南寺' 표기의 오류를 지적하며 神淸의 『북산록』(권6)의 "本新羅王第三太子, 於本國月生郡南寺出家"에서처럼 '郡南寺'로 바르게 표기하고 있으며 '군남사는 산속의 지형상 군의 남쪽에 있는 절이라는 뜻일 것이다'라며 현재 경상남도 함안군 군북면에 자리한 절로 비정하고 있다.

33 『神僧傳』 「無相傳」. "玄宗召見, 隸於禪定寺號無相." 이 기록에서처럼 당나라 현종이 내린 '無相'을 法號로 그의 본다면 그의 법명은 500나한상의 455번째에 붙어있는 '無相空尊者'에서 '○空'으로 보아야 할 것이다. 『송고승전』 「무상전」에서는 스승 處寂이 그에게 '無相'이란 법호를 주었다고 적고 있다. 하지만 현재로서는 그의 법명이 무엇인지 정확히 비정할 수 없다. 해서 '정중사의 무상'처럼 오히려 '정중'을 법호로, '무상'을 법명으로 보는 것이 자연스러울 수밖에 없다.

를 뵈러갔으나 그는 이미 입적한 뒤였다. 할 수 없이 지선의 제자였던 당화상(唐和尙) 처적(處寂)을 만나려 하였다.

하지만 몸의 병으로 인해 당화상은 무상을 만나주지 않았다. 그러자 그는 곧 자기 손가락에 불을 붙여 등불로 삼아 이를 당화상에게 바쳤다. 당화상은 그가 보통 인물이 아님을 알아차리고 곧바로 가까이에서 두어 해를 머물게 하였다. 그 뒤 무상은 천곡산(天谷山, 四川省 灌縣)에 들어가 수행하다가 다시 덕순사로 돌아왔다. 당화상은 집사인 왕굉(王鍠)을 사자로 보내어 달마조사 이래 전승되어온 가사를 몰래 무상에게 넘겨주었다 한다.[34] 그 뒤 무상은 법통과 법의를 전해 받고[35] 다시 천곡산 바위굴에 숨어 깊이 수행했다고 하였다.

현종이 안사(安史, 安錄山+史思明)의 대란(755~763)을 맞아 성도로 몽진(蒙塵)와 있을 즈음이었다. 무상은 당시 성도 현령이었던 양익(楊翌)과 대론을 치른 뒤 그의 귀의를 받아 정중사(淨衆寺),[36] 대자사(大慈寺),[37] 보리사(菩提寺), 영국사(寧國寺) 등의 사원과 난야(蘭若), 종, 탑 등을 희사 받았다. 그리고 정중사에 거주해 달라는 전 익주 절도사 대부

---

34 李商隱, 『唐梓州慧義精舍南禪院四證堂碑銘幷序』, 불교전기문화연구소 편, 『정중무상선사』(서울: 불교춘추, 1994).

35 이것은 무주 계통이 기록한 가사전의설(袈裟傳衣說)에 따른 것이다.

36 贊寧, 『宋高僧傳』 「無相傳」(『大正藏』 제50책, p.832하). 여기에는 '(무상은) 먼저 정중사 본원에 살았는데 뒤에 松溪寺라고 불린 것이 이것이다'(先居淨衆本院, 後號松溪是歟)고 적고 있다. 閔泳珪, 『四川講壇』(민족사, 1997), pp.108~172. 西餘 민영규는 "淨衆寺는 본디 後漢 延熹 연간에 초창되었던 터에 남조의 梁代에 安蒲寺가 세워졌던 자리에 다시 세워진 것이다. 정중사는 北宋 초에는 淨因寺로 이름이 바뀌었다. 그 뒤 다시 竹林寺, 萬佛寺, 萬福寺로 바뀌었다. 明나라 말의 병란으로 불에 타 폐사된 채 현재 萬福橋 옆에 자리한 城北中學과 成都鐵道國이 자리한 두 지점을 지도상에 대각으로 선을 그을 때, 사각의 일변은 2킬로미터 남짓한 정사방형이 된다. 대체로 唐代 정중사를 전후한 사찰의 경내는 성도시 성곽을 반달처럼 에워싼 府河의 北岸 西半部 일대를 점거한 盛觀을 이루고 있었던 것"으로 추측하고 있다.

37 成都 시내에 자리한 '大慈寺'는 會昌 연간의 파불 법난에도 불구하고 네 절 가운데에서 유일하게 남아 '古大聖慈寺'란 편액을 달고 있다. 최근 복원의 노력을 기울여 번창 때의 영광을 재현하고 있다.

장구겸경(章仇兼瓊)의 간청을 뿌리칠 수 없어 이후 이십여 년간 정중사에 머물며 대중들을 제접하고 교화하였다.

무상 선법의 상승 계보에 따르면 각 전적마다 일정한 출입이 있다.[38] 무엇보다도 무상은 문하에 마조 도일(道一),[39] 보당 무주(無住), 혜의 혜오(惠悟), 서역 출신인 정중 신회(西域亡名, 神會, 720~794), 융(融) 선사, 왕두타(王頭陀), 신청(神淸(?~814) 등을 두었음을 알 수 있다. 이 중에서 주목되는 것은 무상의 주요 법계는 무주의 제자가 편찬한『역대법보기』와 이상은의『사증당비』에서 보이는 세 가지 계보이다.

1) 정중 무상→보당 무주의 전법 계보

2) 정중 무상→정중 신회(淨衆 神會)→익주 남인(益州 南印)→수주 도원(遂州 道圓)→규봉 종밀(圭峰 宗密)로 이어지는 정중종 계보[40]

3) 정중 무상→마조 도일→서당 지장(西堂 智藏)/ 남전 보원(南泉 普願)/ 장경 회휘(章敬 懷暉)/ 마곡 보철(麻磨 寶徹)/ 염관 제안(鹽官 齊安) →신라 칠산 선문의 개조 및 개산조 계보

그런데 무상 문하에서 수행했던 혜의사(慧義寺) 신청(神淸)의 편저인『북산록』(北山錄) 권6의 기록은 두타행에 몰입했던 무상의 가풍과 법통 및 법계를 이해하는데 참고가 되고 있다.

---

38 李商隱,『唐梓州慧義精舍南禪院四證堂碑銘并序』; 神淸,『北山錄』; 慧寶,『北山錄注記』.

39『圓覺經大疏鈔』권3과『中華傳心地禪門師資承襲圖』등 宗密의 저술에서만 馬祖가 無相의 제자였다고 적혀 있다. 무상에게 두타행과 선법을 공부하고 장송산에서 수행했던 마조이니만큼 종밀이 무상의 제자 마조를 '長松山 馬'라고 기록한 것은 분명한 역사적 사실일 것이다.

40 宗密,『圓覺經大疏鈔』권3과『中華傳心地禪門師資承襲圖』; 胡適,「跋裵休的唐故圭峰定慧禪師傳法碑」, 柳田聖山 편,『胡適禪學案』(正中書局).

나는 옛날 정중선문을 참문한 적이 있었는데 (선사의 가르침은) 드높으면서도 사치스럽지 않았고, 넓으면서도 가볍지 않았으며, 이상한 것을 내세워 세상 사람들을 놀라게 하는 것을 아직도 맛보지 못했다. 참으로 커다란 지혜를 지닌 더없이 편안한 스승이라고 할 수 있었다. 드디어 (나는 선사의) 발에 예를 드리고 스승으로 삼아 섬기기를 청하여 이 종지를 받았다.[41]

[주(注): 촉땅 정중사 김화상은 호가 무상선사인데 본디 신라왕의 셋째 아들이다. 본국에서 모월 모일 태어나 군남사(郡南寺)에서 출가했다. 개원 16년 장안에 이르렀다. 후에 촉 땅에 들어 자주에 이르러 지선공(智詵公)을 알현하고 선정을 배웠다. 촉 땅에 든 뒤 정중사에 머무르며 문인 신회(神會)에게 법을 부촉했다. 또 남인(南印)과 혜광(慧光)이 있었고, 안승(安僧)과 양승(梁僧) 등이 있었는데 모두 선법의 종장이었다.]

신청은 「사증당비」가 세워진 혜의정사에 머무르다가 814년에 입적하였다. 이 입적년을 근거로 짐작해 볼 때 신청은 아마도 무상의 마지막 제자쯤 되었을 것으로 보인다. 신청은 이 기록에서 무상의 가풍을 "드높으면서도 사치스럽지 않았고, 넓으면서도 가볍지 않았으며, 이상한 것을 내세워 세상 사람들을 놀라게 하지 않았다"라고 전해 주고 있다. 이것은 당시의 풍경을 있는 그대로 그려낸 것으로 보인다.

당시 무상은 두타행을 자신의 가풍으로 삼았다. 청정한 지계행은 대중을 자연스럽게 제접하고 교화할 수 있게 했다. 그래서 무상은 두타행에 입각한 선풍을 통해 커다란 지혜로 더없이 편안하게 해주는, 그리고 이상한 것을 내세워 사람들을 놀라게 하지 않는 '평상심'(平常心)의 가르침을 보여주고 있다.

---

41 神淸, 『北山錄』 권6(『大正藏』 제52책, p.611중).

해서 무상은 제자들에게 "참으로 커다란 지혜를 지닌 더없이 편안한 스승"으로 각인되었다. "많은 대중들이 발에 예를 드리고 스승으로 삼아 섬기기를 청하였다." 이러한 표현을 통해 그는 당시 사람들로부터 지극한 존경을 받았던 스승으로 추측된다. 신청의 『북산록』에 주(注)를 단 송대의 혜보(慧寶) 역시 무상 문하 제자들에 대한 정보를 새롭게 전해주고 있다[42]는 점에서 무상의 직계로 추정된다.

한편 이 기록은 또 무상의 문하인 '정중 신회'와 '익주 남인'뿐만 아니라 누군지를 알 수 없는 '혜광'과 '안승'과 '양승'까지 언급하고 있어 무상의 법계를 부분적이나마 재구성해 주고 있다. 일부에서는 이들을 인도의 승려들로 보고 있지만, 혜광에 대한 정보는 전혀 알 수가 없다. 반면 안승과 양승 두 사람은 법명으로 볼 것이 아니라 안씨 성과 양씨 성을 지닌 신라의 승려로 보아야 된다고 논자는 생각하고 있다. 불교사상사에서 출가자임에도 불구하고 대중들이 '친근함'을 표시할 때 속성을 붙여쓰는 예는 종종 보이기 때문이다.

이상은(李尙隱)이 쓴 「당 재주 혜의정사 남선원 사증당비명」(唐梓州慧義精舍南禪院四證堂碑銘)[43]은 익주 정무상(靜無相)대사-보당 무

---

42 『역대법보기』의 기록에 비추어 볼 때 無相이 702년에 입적해 버린 智詵화상을 알현하고 선정을 배웠다는 『송고승전』의 기록은 적절하지 못하다고 할 수 있다. 이것은 지선의 입적 이후 그 계통을 이어갔던 處寂과의 인연을 기술하는 대목에서 빚어진 것으로 추측된다. 處寂의 말년 혹은 입적 이후에 德順寺를 찾아온 馬祖가 처적을 만나 출가하였다는 기록도 같은 맥락에서 읽어낼 수 있다. 당시의 몇몇 기록들은 마조가 처적을 만나러 왔었던 점만을 기술했다. 무상이 처적 입적 이후에 덕순사의 가풍을 계승하고 있었음을 몰랐거나 기술하지 않았기 때문에 『송고승전』의 찬술자가 이들 정보들을 依用하여 편찬하면서 이렇게 기록하였을 것이다. 이와 다른 또 하나의 가능성은 處寂과의 연계를 맺음으로써 處寂의 입적 이후 그 계통을 이어갔던 無相과의 인연을 감추려는 의도로부터 빚어진 것으로 추정된다. 이것은 신라인 무상과의 인연을 감추고 곧바로 중국인 처적에게서 그 법통을 잇고자 한 의도에서 만들어진 기록이었다고 할 수 있다.

43 『欽定全唐文』 권780.

주(無住)대사-홍주 도일(道一)대사-서당 지장(智藏)대사의 순서로 기리고 있다. 그런데 신청의『북산록』은「사증당비」와 달리 보당 무주에 대해서는 전혀 언급하지 않고 있다. 신청이 당시 혜의정사에 머물며「사증당비」를 조성하는 주역을 담당했는지에 대해서는 확인할 길이 없다. 다만 정중 신회의 계보를 이은 신청과 보당 무주의 계보가 달랐기 때문에 이렇게 되었을 것으로 짐작된다.

하여튼 이상은의 글은 무상-무주/마조-지장으로 이어진 정중 선맥의 사승관계를 보여주고 있다. 정중선의 가풍이었던 두타행은 무주(無住)나 마조(馬祖)도 실제 수행하였고 그들 역시 두타행을 강조하였다. 때문에 두타행은 당시 선법의 주요한 수행법으로 자리매김되었고 이 수행법은 곧 무상의 가풍을 상징하는 것으로 알려져 있다.

무상의 법계는 이상의 세 계보 이외에도 염불선 계통의 계보를 고려해 볼 수 있다.[44] 무엇보다도 처적(處寂)-승원(承遠)-법조(法照)로 이어진 선맥 중에서 법조(法照)가 이어간 오회염불(五會念佛)과 무상(無相)의 인성염불(引聲念佛) 및 오경전(五更轉)의 수행법과의 관련에 대해서는 좀 더 신중한 검토가 요청된다. 이를 위해서는 법조(法照)의 법통에 대한 재검토가 선행되어야 한다. 그래야만 무상과 닿아있는 법조의 살림살이를 알 수 있기 때문이다.

이것은 법조의 스승인 승원(承遠) 역시 염불삼매 혹은 염불정진에 전력했다는 점과도 상통하는 대목이다. 여온(呂溫, 767~806)이 지은「남악미타사승원화상비」(南嶽彌陀寺承遠和尙碑,『全唐文』제630권)와 유종원(柳宗元, 773~819)이 지은「남악미타화상비」(南嶽彌陀和尙碑)[45]

44 고영섭,「慧遠·無相·法照의 修行觀: 念佛과 茶와 禪法의 求心과 遠心」,『선문화』 80호~90호(선문화사, 2007년 12월~2008년 1월호); 선문화 편집부, '무상의 자취를 따라'(12, 13회 연재분), 월간『禪文化』61호, 62호(선문화사, 2005). 이 연재에서는 法照의 五會念佛과 無相의 引聲念佛과의 관계를 밝히고 있다.

에 의하면 승원(承遠, 712~802)은 처적(處寂)의 문인이 되어 수년을 배우다가 깊은 뜻[奧旨]을 엿보고 진실한 가르침[眞乘]을 깨닫게 되었다.

그 뒤 승원은 여러 곳을 유행하다가 개원 23년에 형주(荊州) 옥천사(玉泉寺)에 이르러 진화상(眞和尙)을 알현하고 그의 교시로 당시 광주(廣州)에 머무르던 자민삼장(慈愍三藏)에게 염불삼매(念佛三昧)를 배웠으며, 천보(天寶) 원년에 다시 남악산(南嶽山)으로 돌아가 미타대(彌陀臺)라는 정사를 세우고 염불에 정진하며 법조(法照) 등의 제자를 배출하였다고 했다. 이러한 전후 맥락을 고려해 볼 때 무상을 이은 계보는 위의 세 계보 이외에도 그의 오회염불을 이어간 염불선 계통의 계보도 있을 것으로 추정된다. 바로 이 점이 무상과 법조의 접점이 될 수 있을 것이다.

전기류를 기본 연구자료로 활용했던 종래의 논구에서 한 걸음 더 나아가 무상선의 정체성 탐구로까지 나아가게 된 결정적 계기는 20세기 초 돈황에서 발견된 『역대법보기』(歷代法寶記,[46] 774년경 성립)의 출현이었다. 초기 선종사의 많은 과제들을 머금고 있는 『역대법보기』는 무상으로부터 계승한 '무념'(無念) 개념을 감추고 무주 계통 스스로가 하택 신회에게 그 맥을 대고 있다. 해서 이 전적은 초기 선종사의 여러 측면을 새롭게 바라보게 해 주는 주요한 자료라고 할 수 있다.

논자 역시 돈황 발견 초기 선종문헌 중 가장 장편인 『역대법보기』 등에 힙입어 무상 관련 기록과 여타의 기록들을 종합하여 무상의 생애와 사상을 탐구해 보고 있다. 『역대법보기』는 무상의 법을 이은 제자를 무주(無住) 한 사람으로 기술하고 있다. 하지만 종밀의 『원각경대

45 『中國思想資料選集』 제4권(동경: 弘文館), p.356.

46 이 『歷代法寶記』는 『師資血脈傳』 또는 『定是非摧邪顯正破壞一切心傳』 또는 『最上乘頓悟法門』이라고도 일컬어진다.

소초』 권3의 하의 '할주'(割註)에서는 무상의 제자를 '당사 석'(當寺石), '장송산 마'(長松山馬), '수주 이'(遂州李), '통천현 이'(通泉縣李) 네 명[47]으로 비정하고 있다. 이 기록에 의하면 종밀은 '당사 석'이 '익주 석'이며 '정중 신회'라는 사실을 분명히 알고 있음을 보여준다.

> '삼구로 마음을 쓰는 것[三句用心]이 계정혜가 된다는 것'은 세 번째 살림살이[第三家]다. 근원은 오조(弘忍)에서 분출하였으니, 이름은 지선(智詵)이다. …… 본시 자주인이며, 후에 덕순사(德純寺)에 돌아가서 개화하였다. 제자에 처적당(處寂唐)이 있어 뒤를 이었다. …… 당(唐)은 네 제자를 두었다. 성도부 정중사 김화상의 법명은 무상이니 그 중의 하나이다. (그는) 크게 교법을 교화하였다. [金의 弟子는 當寺의 石, 장송산의 馬, 수주의 李, 통천현 李(통천현은 당의 梓州를 이르는 말이다.)이다.] 삼구라고 말하는 것은 무억(無億)·무념(無念)·막망(莫忘)[48]이다. …… 계정혜를 삼구에 짝지었다.[49]

이러한 기록에서도 종밀은 (정중사) 신회를 그의 조종이라 승인하지 아니하고 있다. 그는 고의로 저 멀리 동경 낙양의 하택사 신회를 그의 조종이라고 승인하고 있다. 이것은 터럭 끝만치도 의심할 것 없

---

47 宗密, 『圓覺經大疏鈔』 권3하(『續藏經』 제14책, p.278하)에 종밀이 열거한 당시 칠가의 선학 중 제2가에 대해 언급하고 있다. 이 책에서는 '唐'이 '當'으로, '石'이 '召'로, '遂'가 '逐'으로 되어있고, 遂州와 通泉縣 뒤에는 모두 '李'가 '季'로 되어 있으나 본문에서는 바로잡아 사용하겠다.

48 여기의 '忘'은 마땅히 '妄'이 되어야 한다. 뒷날 無住는 無相의 가풍에 기대어 무상의 '莫妄'을 '莫忘'으로 바꾸어 자신의 가풍을 새롭게 세우려고 했다. 柳田聖山 역시 그의 『禪の語錄3: 初期の禪史 II』(동경: 筑摩書房, 1976), p.143과 그의 『초기선종사: 歷代法寶記』 상, 양기봉 역, 『초기선종사』 상(서울: 김영사, 1992) p.314와 p.318에서도 무상의 '莫妄'을 무주의 '莫忘'으로 적고 있어 큰 혼란을 불러일으키고 있다. 주요 개념의 誤記는 조속히 정정되어야 할 것이다.

49 宗密, 앞의 글, 같은 책, 같은 쪽.

이 양심이 없는 사기 행위이며 용(龍)에 반연(攀緣)시키고 봉(鳳)에 부가(附加)시키고자 마음을 쓴 의도[50]라 할 수 있다.

그런데 여기에서 또 하나 주목되는 것은 달마 이래 전승된 가사를 전해받았다는 보당 무주의 이름이 전혀 보이지 않는 점이다. 이것은 황매 홍인-자주 지선-자주 처적-정중 무상으로 이어지는 법계를 자신의 법통으로 삼고 있는 무주계와 황매 홍인-조계 혜능-하택 신회-자주 지여-익주 남인-동경 원조/수주 도원으로 이어지는 법계를 자신의 법통으로 삼고 있는 종밀계의 보이지 않는 갈등을 엿보여주는 대목이다.

여기서 '당사의 석'은 무상의 가풍을 이어 정중사를 실질적으로 이끌었던 속성이 '석씨'(石氏)였던 정중 신회이며, '장송산의 마'는 젊은 시절 무상의 문하에서 가르침을 받았던 속성이 '마씨'(馬氏)였던 마조 도일이다. '수주의 이'와 '통천현의 이'는 정확히 알 수 없지만 당대에는 '통천현'이 '재주'(梓州)였던 것이 확인된다. 이렇게 보면 무상의 법계는 황매 홍인-조계 혜능-자주 지선-자주 처적-정중 무상-정중 신회-익주 남인-수주 도원-규봉 종밀로 이어진다고 할 수 있다. 그렇다면 종밀은 남종 7조 하택 신회 문하의 5세가 아니라 성도 정중 신회(淨衆神會) 문하의 3세이자 정중 무상 문하의 4세가 된다.

현존하는 기록 중 『역대법보기』와 종밀의 『원각경대소초』 권3의 하와 『중화선문사자승습도』만이 마조의 무상제자설을 기록하고 있다. 하지만 무상과의 사제 관계에 대한 기록은 위의 세 곳에서 확인된다. 마조가 당화상에게서 출가하였다는 『송고승전』, 『조당집』, 『경덕전등록』의 기록은 논리적 정합성이 떨어지고 있다. 마조는 분명히 처적 문하에 들어왔으나 이미 그(당화상)가 입적한 뒤여서 뛰어난 수행

---

50 胡適, 「裵休가 쓴 唐의 圭峯定慧禪師傳法碑의 跋文」, 『淨衆無相禪師』(불교영상회보사, 1993), p.330.

자로 존경을 받고 있는 무상에게서 지도를 받았음이 분명해 보이기 때문이다. 그렇다면 무상은 마조의 '득도사'(得度師)였음이 분명하며 나아가 마조의 가풍에 지대한 영향을 미친 '전법사'(傳法師)의 의미로까지 확장될 수 있을 것으로 보인다.

마조의 문하에서 나온 서당 지장의 문하에서 갈려나온 가지산문의 개조인 가지 도의(道義, ?~825)와 실상산문의 개조이자 개산조인 실상 홍척(洪陟/直, ?~828), 동리산문의 개조인 동리 혜철(惠哲, 785~861)과 염관 제안의 문하에서 갈려나온 사굴산문의 개조인 사굴 범일(梵日, 810~889), 마곡 보철의 문하에서 나온 성주산문의 개조인 성주 무염(無染, 800~858), 남전 보원의 문하에서 나온 사자산문의 개조인 철감 도윤(道允, 798~868), 장경 회휘의 문하에서 갈려나온 봉림산문의 개조인 원감 현욱(玄昱, 787~868) 등은 모두 조사돈오선의 가풍을 꽃피운 선가의 종장이었다. 이들은 모두 마조 문하의 고족들 아래서 나와 독자적인 선풍을 드날렸다.

4. 삼학(三學)과 삼구(三句)의 접목

1 念起와 不念起의 경계

무상에게도 그의 가풍을 담은 『무상어록』이 있었던 것이 분명해 보인다. 때문에 돈황에서 출토된 자료중 스타인의 사본(6077호)으로 알려진 『무상오경전』(無相五更轉)과 펠리오의 자료(116호)에 실린 『무상어록』(無相語錄)을 통해서 그의 사상을 검토해 보아야만 한다. 하지만 아직까지 그 전문이 공개되지 않고 있어 무상의 살림살이를 온전히 재구하기 어렵다. 우선 현단계에서는 『무상어록』의 일부를 싣고 있는 티베트의 옛 역사서인 『바셰전』(바氏의 陳述)의 기록과 문하 제자들의 저작 그리고 전기류 등에 인용된 간접 자료에 의해서 무상의 가풍을 엿볼 수밖에 없다.

그동안 익주 김, 김화상, 김선사 등으로 불려진 무상의 어록은 티베트 불교의 연구자들의 노력에 의해 일부나마 공개되었다. 야마구찌(山口瑞鳳)와 오바타(小畠宏允) 등에 의한 연구는 무상의 정체성과 인식틀을 밝히는 데에 있어 귀중한 성과가 되었다. 특히 오바타는 돈황출토본 티베트어역 문서인 펠리오 문헌(116-8)으로부터 무상의 어록 두 점이 번역되어 있다는 사실을 언급하고 있다. 무상의 어록에 대한 오바타의 일본어 번역은 아래와 같다.

마음이 평등하면 일체법이 평등한 것이다. 참된 성품[眞性]을 깨닫는다면 부처님 법 아닌 것이 없다. 이치를 깨달을 때에 이젠 탐착하는 마음이 일어나지 않는다. 참된 수행의 경계를 잃어버리는 일이 없을 때엔 구할 것도 없다. 왜냐하면 반야바라밀의 그러한 성품[如性]은 본래 평등하고 경계가 없기[無境] 때문이다.[51]

도를 닦는 사람이 일체의 견해와 분별을 멀리한다면, ……(결락)……은 한번 깨달은[一覺]의 사람이라고 말한다. 이와 같이 깨달음을 얻게 될 때는 일체의 습기와 번뇌는 일어나지 않는다. 이것이 바로 해탈도인 것이다.[52]

---

51 小畠宏允, 「チベットの禪宗と『歷代法寶記』」, p.154. 펠리오 116의 8, 자료(A): 『金禪師禪錄』.

52 小畠宏允, 위의 논문, p.154. 펠리오 116의 8, 자료(B): 『金禪師禪錄』.

위의 두 번역은 펠리오 문헌(116-8)에 남아있는 두 점에 대한 번역이다. 이들 자료는 모두 티베트로 되어 있을 뿐 한문 자료를 얻어볼 수는 없다. 또 무상의 주요한 삼구어 교설이 무주의 것으로서 전해지고 있다. 때문에 무상의 것과 무주의 것의 경계를 가르기가 쉽지 않다. 현존하는 티베트 문헌에 없는 것은 문제이며 바로 이 점 때문에『역대법보기』의 재고를 요한다.[53]

하지만 우리는 이 자료를 통해 김선사의 가풍을 담은『무상어록』이 당시에 유통되고 있었음을 미루어 알 수 있다. 티송데첸 왕자가 왕이 되었을 무렵 티베트 불교 공인의 결정적 역할을 한 무상이고 보면 그의 어록이 티베트어로 번역된 것은 지극히 자연스런 일이다. 티베트 기록들은 무상이 중국의 대표적 선사로서 인정받았으며 티베트인들에게 상당한 존경과 영향력을 지니고 있었음을 보여주고 있다.[54]

그런데 무상의 삼구 중 특히 제 삼구에 대한 표기가 텍스트마다 일정하지 않아 많은 혼란을 불러일으키고 있다. 이것을 도표로 정리해 보면 아래와 같다.

〈표 1〉 無相의 三句 表記

三學	歷代法寶記 (無住제자)	圓覺經大疏鈔 (宗密)	景德傳燈錄 (道原)	禪の語錄[55] (柳田聖山)
戒학	無憶	無憶	無憶	無憶
定학	無念	無念	無念	無念
慧학	莫妄[56]	莫忘[57]	莫妄[58]	莫忘

53 小畠宏允, 앞의 논문, p.154.

54 고영섭,「無相의 無念觀」, 앞의 책, p.203.

55 柳田聖山이 편집한『禪の語錄3: 初期の禪史II』(동경: 筑摩書房, 1976), p.143.『역대법보기』임에도 '莫忘'으로 되어 있다. '莫忘'으로 된 판본을 인쇄한 것인지 아니면 인쇄상의 오류인지 분명하지 않다.

56 無住 제자 편찬,『歷代法寶記』(『大正藏』제51책, p.185상). "無憶無念莫妄, 無憶是戒,

무주의 제자가 편찬한 『역대법보기』(『신수대장경』)는 무상의 삼구 중 마지막을 '막망'(莫妄)으로 표기하고 있다. 그런데 같은 『역대법보기』임에도 『신수대장경』본과 야나기다 세이잔이 편집한 책 부록의 인쇄본에서는 '막망'(莫忘)으로 적고 있다. 이것이 인쇄상의 표기 잘못인지 아니면 판본의 차이인지는 정확히 알 수 없다. 무상의 삼구어는 무주의 것으로 전해져온 펠리오 문헌에서부터 이러한 혼란의 소지를 제공하고 있다. 그런데 『경덕전등록』(『신수대장경』)은 제 삼구를 '막망'(莫妄)으로 표기하고 있고, 『원각경대소초』(『속장경』)는 '막망'(莫忘)으로 표기하고 있다.

왜 이런 오류가 나오고 있는지 정확하게 규명하기는 쉽지 않다. '막망'(莫妄)을 '막망'(莫忘)으로 고쳤다는 얘기는 오바타도 종밀의 저작을 인용하며 설명하고 있다. 때문에 오바타는 무주 계통에서 편찬한 『역대법보기』를 다시 살펴야 된다고 한 것으로 보인다. 그렇다면 무주는 이 삼구어를 달마로부터 전해 받았다는 무상의 권위를 빌어 자신의 정통성을 세우면서도 다시 무상과의 차별화를 도모하기 위하여 제삼구를 바꾼 것으로 추측해 볼 수 있다.

때문에 무상의 사상을 전관해 보면 삼구어의 마지막 구절은 '막망'(莫妄)이라야 옳다. 그래야 무억과 무념이 '언제나 틀림없이 지혜롭게 살라'는 '주혜'(住慧, 莫妄)와 상통하기 때문이다. 그렇다면 무주는 무상의 권위를 활용하기 위하여 '막망'(莫妄)을 '막망'(莫忘)으로 바꾸어

無念是定, 莫妄是慧."

57 宗密, 『圓覺經大疏鈔』 권3의 下(『續藏經』 제14책, p.556하). "亦傳金和上三句言教, 但改忘字爲妄字."

58 道原, 『景德傳燈錄』 권4(『大正藏』 제51책, p.234중). "公曰: 弟子聞金和尚說無憶無念莫妄三句法門是否? 曰: 然. 公曰: 此三句是一是三. 曰: 無憶名戒, 無念名定, 莫妄名慧. 一心不生具戒定慧, 非一非三也."

보당종이라는 새로운 종파를 세워나갔던 것으로 추측된다. 이 점을 고려하지 않고 읽으면 무상과 무주의 경계가 불분명해질 뿐만 아니라 무상의 삼구어를 온전히 이해하기 어려워진다.

위의 어록에 근거해 보면 무상의 가풍은 반야바라밀의 진여성을 기반으로 하고 있다. 반야는 분별을 넘어선 무분별지(無分別智)를 말한다. 무분별지는 분별로 일으키는 생각을 모두 끊어버린 무념과도 통한다. 그리고 분별을 넘어선 지혜의 마음은 평등하다. 그러므로 평등한 마음을 체득하면 일체법이 평등하게 된다. 참된 성품(眞性)을 깨닫는 것은 곧 붓다의 법을 깨닫는 것이다. 일체의 견해와 분별을 멀리한다면 깨달음을 얻게 되고, 이치를 깨달으면 더 이상 탐내고 집착하는 마음이 일어나지 않아서 참된 수행의 경계를 잃어버리지 않게 된다. 무상은 이것을 곧 해탈의 도라고 역설하고 있다.[59]

이 해탈의 도는 자연스럽게 생각이 일어나지 않는 무억, 무념, 막망의 삼학 법문을 닦는 것으로 이어진다. 그리고 생각이 없는 무념 속에는 이미 계정혜 삼학이 있고 동시에 기억이 없는 무억과 망상하지 않는 막망이 수렴되어 있다. 때문에 무념은 무상 사상의 벼리가 된다.

> 나의 이 삼구는 달마조사가 본래부터 전한 교법이며 이것은 (지)선 화상이나 당(처적) 화상이 설한 것이 아니다. ……생각이 일어나지 않는 것이 곧 계문(戒門)이요, 생각이 일어나지 않는 것이 곧 정문(定門)이요, 생각이 일어나지 않는 것이 곧 혜문(慧門)이다. 생각이 없으면 곧 계정혜가 갖추어지는 것이다. 과거와 미래와 현재의 셀 수 없는 부처님들도 모두 이 문으로 들어갔던 것이니, 만일 다른 문이 있다면 이것은 옳지 않다.[60]

59 고영섭,「無相의 無念觀」, 앞의 책, p.203.

인도에서 결집된 초기 경전에서부터 대승경전에 이르는 불교 수행법에는 언제나 계정혜 삼학이 전제되어 있다. 삼학은 흔히 '세숫대야(戒)에 담긴 물(定) 속에 뜬 보름달(慧)'로 비유된다. 칠불통계게(七佛通誡偈)와 팔정도(八正道) 및 육바라밀(六波羅蜜)의 구조 역시 이 삼학의 체계로 이루어져 있다. 따라서 두타행을 실참했고 계정혜 삼학 위에서 자신의 가풍을 선창한 무상의 사상은 중국 전통보다 오히려 인도의 근본불교 이래 반야 중관 계통과 긴밀하게 닿아있다고 할 수 있다.

무상은 자신의 법이 지선과 처적 선사에게서 받은 것이 아니라 인도 출신의 달마로부터 전해 받은 것이라고 언제나 역설했다. 때문에 이것은 무억, 무념, 막망의 삼구(三句)와 계학, 정학, 혜학의 삼학(三學) 구조로 짜여있는 무상의 가풍이 지선-처적으로 대표되는 중국불교의 검남종 가풍 속에서 나온 것이 아니라 불교 발생지인 인도로부터 비롯된 것이라는 의미를 지닌다. 이처럼 무상의 가풍은 불교의 원류인 인도불교의 흐름에 긴밀하게 닿아 있다.

> 이 삼구는 무억, 무념, 막망(住慧)을 말하는데 그 뜻은 제자들로 하여금 과거의 기억에 집착하지 말며, 미래의 일에 대해서 근심하지 말고, 언제나 틀림없이 지혜롭게 살라는 것인데 이 마지막 것을 막망이라 불렀다. 바깥의 일이 기억 속에 남아 있지 않고 마음속에 아무런 생각이 없으므로 사람은 집착에서 완전히 벗어날 수가 있다. 계정혜 삼학이 이 삼구에 대응되고 있다.[61]

과거의 기억에 집착하지 않는 무억과 미래의 일에 대해서 근심하지

---

60 무주 제자 편찬, 『歷代法寶記』(『大正藏』 제51책, p.185중).

61 柳田聖山, 『禪の語錄 3: 初期の禪史』(동경: 筑摩書房, 1976), p.143.

않는 무념 그리고 언제나 틀림없이 지혜롭게 살라는 막망은 무상 사상의 주축이 된다. 그런데 무상은 이 삼구어를 자신의 직계 스승과는 무관한 독자적인 것임을 주창하면서 그 맥을 달마대사에게로 잇고 있는 것이다. 그래서 무상은 지선과 처적 화상과의 차별성을 드러내는 대목에서 이 삼구의 의미를 특히 강조하고 있다. 이것은 『역대법보기』에서 특히 잘 드러나 있다.

> 김화상은 (지)선화상이나 당화상이 설한 것을 인용하지 않고 매양 언제나 제자들에게 진언으로 가르쳐 경계하였다. '내가 달마대사로부터 전해 받은 이 삼구어는 바로 총지문이다.'[62]

이 대목을 어떻게 읽어내야 하느냐가 매우 중요하다고 할 수 있다. 보당 무주의 정통성을 강조하기 위해 편찬한 『역대법보기』가 역점을 두고 있는 가사전의(袈裟傳衣)의 법통설과 삼구어(三句語)의 선사상은 무상과 무주의 관계를 푸는 열쇠일 뿐만 아니라 마조의 관계까지 엿볼 수 있는 주요한 키워드라고 할 수 있다. 그렇다면 무상의 스승인 지선과 처적을 건너뛰고 곧바로 달마로부터 받았다[63]는 이 삼구어는 무상의 말임은 분명하다.

하지만 무주를 높이고 있는 『역대법보기』 전체의 성격에서 볼 때 가사전의의 법통설과 삼구어의 선사상에는 상당한 비약이 내재해 있는 것으로 보인다. 그 이유를 호적은 "일찍이 보리달마 남종의 정법이

62 무주 제자 편찬, 『歷代法寶記』(『大正藏』 제51책, p.185중). "金和上所以不引詵唐二和上說處, 每常座下教戒眞言: 我達磨祖師所傳, 此三句語是總持門.'"

63 南宋시기에 편찬된 「五百羅漢圖」에 근거하여 조성된 운남성 공죽사 오백나한상 가운데에는 달마를 307번째로, 무상을 455번째 조사로 조성하여 받들고 있다. 그런데 중국 선종사를 빛낸 인물들중 하필이면 이 두 사람만을 나한의 반열에 올려두고 있는지에 대해 주목하게 된다.

육조 혜능에게 전래되었다는 사실을 주장한 하택 신회가 외부적으로는 달마소전의 가사로서 전법의 신표로 삼았으며, 내면적으로는 선사상으로서 달마가 여래선을 전하였다고 주장한 남종의 입장을 교묘히 응용하고 있는 것"이라고 하였다.[64] 논자 역시 이 지적이 적절한 것이라고 생각하고 있다.

무상의 선사상에 대해 주목을 했던 종밀은 『원각경대소초』 권3의 하에서 이 삼구를 다음과 같이 풀이하고 있다.

> '삼구'라고 하는 것은 (과거를) 기억하지 말고, (미래를) 생각하지 말고, (현재에 대해) 망상을 일으키지 말라는 것이다. 즉 마음에 지난 경계들을 미루어 기억하지 말고, 미래의 성함과 시듦 등의 일들을 염려하지 말며, 늘 (지금의) 이 지혜와 상응하여 흐려지지 않고 그릇되지 않는 것을 '망녕되지 않는 것'(莫妄)이라 한다. 혹은 바깥 경계를 기억하지 않고, 안의 마음을 생각하지 않으며, 다스려지더라도 의지하지 않는 것이니, 계, 정, 혜 삼학은 차례대로 이 삼구에 배치된다. 비록 종지를 열고 주장을 펴는 방편의 실마리는 많지만 종지가 돌아갈 곳은 이 삼구에 있는 것이다.[65]

위에서 살핀 것처럼 무상의 삼구어 중 제 일구는 과거를 기억하지 말라고 하고 있다. 무상의 제자인 무주는 이 무억에 대해 이렇게 풀고 있다.

---

64 鄭性本, 『中國禪宗의 成立史的 硏究』(민족사, 1991), p.516.

65 宗密, 『圓覺經大疏鈔』 권3의 下(『續藏經』 제14책, p.556상). 여기에서는 無相의 '莫妄'을 모두 無住의 '莫忘'으로 잘못 적고 있어 연구자들에게 큰 혼란을 주고 있다. 이것은 『역대법보기』(『대정장』 제51책, p.185중)에서 無相의 三句를 無憶·無念·莫妄으로 적고 있는 것과는 판이하게 다르다.

기억하지 않는 것[無億]은 도(道)요, 관찰하지 않는 것[不觀]은 선(禪)이다. 잡을 수도 없고 놓을 수도 없다. 사물이 나타나더라도 사람은 조금도 끌리지 않는다.[66]

무상의 삼구를 그대로 이으면서도 그의 '막망'(莫妄)을 자신의 '막망'(莫忘)으로 바꾼 무주는 기억하지 않는 무억이 도요, 관찰하지 않는 불관이 선이라고 역설한다. 그렇다면 무억은 무념의 상태 위에서 기억하지 않는 것이라 해야 할 것이다. 이미 흘러가 버린 과거는 '기억' 속에 있고, 아직 오지 않은 미래는 '예지' 속에 있다. 그러므로 막망은 오직 현재의 나의 지혜에 상응하는 것임을 보여주는 것이다. 그러므로 이미 흘러가 버린 바깥의 일에 대해서는 어떠한 기억도 남겨두지 말아야 한다는 것이다.

무념 자체가 계, 정, 혜를 완전히 갖추고 있다. 과거 현재 미래 모든 부처님들이 모두 이 문을 통하여 큰 깨달음에 드셨으니 이 문 말고는 달리 다른 문이 없다.[67]

과거는 이미 흘러가 버려서 우리들의 '기억' 속에서만 남아 있고, 미래는 아직 오지 않아서 우리들의 '예지' 속에서만 그려질 수 있음에 비해, 현재는 오직 지금 이 순간 깨어있는 나의 '인식' 속에서 확인되는 것이다. 현재의 이 순간 아무런 생각이 일어나지 않는다는 것은 곧 과거의 기억을 부정하는 '무억'과 미래의 예지를 부정하는 '무념'이 모두 이 '막망' 개념 속에 통섭되는 것임을 보여주는 것이다.

---

66 柳田聖山, 『禪의 語錄 3: 初期의 禪史』(동경, 1976), p.239.
67 柳田聖山, 『禪의 語錄 3: 初期의 禪史』(동경, 1976), p.144.

그런데 여기서 '무념'은 계정혜 삼학의 체계까지 아우르고 있다. 우리들의 의식 속에 일어나는 순간 순간의 상념들은 모두 현재 바로 이 순간에 일어나는 것이다. 그래서 한 생각(想念)이 일어나는 것과 일어나지 않는 것은 한 순간의 찰나의 순간이며 그 순간 전념(前念)과 후념(後念)의 분기와 상속이 있는 것이다. 현재 이 순간 속에는 이미 과거 미래 현재가 들어 있으며 동시에 계와 정과 혜가 갖추어져 있다. 때문에 한 생각이 일어나지 않는 이 무념의 문을 통하여 삼세의 모든 붓다들도 큰 깨달음을 이루었다.[68]

> 생각이 일어나지 않는다[念不起]는 것은 마치 거울 앞면이 모든 상들을 비출 수 있는 것과 같으며, 생각이 일어나는[念起] 것은 거울 뒷면이 아무 것도 비출 수 없는 것과 같다.[69]

생각이 일어나지 않는다[念不起]는 것은 다른 무엇을 일으키지 않아서 모든 것을 비출 수 있는 거울 앞면과 같은 것이다. 하지만 생각이 일어나는[念起] 것은 이미 그 생각이 다른 무엇을 다 가려 버려서 더 이상 아무것도 비출 수 없는 거울 뒷면과 같게 되는 것이다. 따라서 생각이 일어난다는 것은 곧 다른 사물들이 참여할 수 있는 시선을 다 가려 버리는 것이며 동시에 자신이 다른 사물들에 참여할 수 있는 시선을 다 막아 버리는 것이다. 그러므로 생각을 일으키지 않는 것은 모든 사물을 있는 그대로 볼 수 있는 안목을 열어 두는 것이다.[70]

막망에 대한 무상의 설명은 더 이상 전해지지 않는다. 해서 『무상어

---

68 고영섭, 앞의 논문, p.208.
69 무주 제자 편찬, 『歷代法寶記』(『大正藏』 제51책, p.185상).
70 고영섭, 앞의 논문, p.208.

록』이 온전히 전해지지 않는 한 우리는 그의 제자였던 무주의 언표에 기대지 않을 수 없게 된다. 이것은 무상의 무억-무념-막망의 삼구 중에서 무억과 무념의 문은 그대로 계승하면서도 특히 마지막의 '막망'(莫妄)만을 '막망'(莫忘)으로 바꾼 무주의 이력에서 확인할 수 있다.

그런데 무주는 "유념이 만일 없다면 무념도 있을 수 없다"[71]라고 했다. 언어가 존재를 규정하는 입각지에서 볼 때 유념이 없이 무념이 있을 수 없다는 것은 지극히 당연하다. 해서 유념과 무념에 대한 무상과 무주의 이해는 크게 다르지 않을 것으로 추측된다.

> 중생은 생각을 가지고 있기에 임시로나마 생각이 없다고 말하는 것이다. 유념이 만일 없다면 무념도 있을 수 없다. 생각이 일어나지 않는 것[無念]은 곧 생겨날 생각이 없는 것[無生]이며, 생각이 일어나지 않는 것[無念]은 곧 사라질 생각이 없는 것[無滅]이다.[72]

유념과 무념은 완전히 분리될 수 없는 것이다. 오직 우리의 언어 속에서만 분리될 수 있는 것이다. 무상은 『기신론』을 원용하여 "무념은 곧 진여문이요, 유념은 곧 생멸문이며, 무명이 나타나면 반야는 사라지고, 무명이 사라지면 반야는 사라진다"[73]라고 했다. 우리 마음의 두 측면 혹은 두 모습인 진여문과 생멸문은 떨어질 수도 없고 뒤섞일 수도 없는 것이다. 생각을 일으킨다는 것이 없다면 생각이 사라진다는 것도 없게 된다. 그러므로 생각이 없다는 것은 곧 생겨날 생각이 없는 것이고, 동시에 사라질 생각이 없는 것이다. 결국 생멸이 사라진 생각이 곧 평정심이자 평상심인 것이다. 그래서 무주는 무념을 이렇게 풀

---

71 무주 제자 편찬, 『歷代法寶記』(『大正藏』 제51책, p.186상). "有念若無, 無念不自."
72 柳田聖山, 『禪의 語錄 3: 初期의 禪史』(동경, 1976), p.213.
73 『歷代法寶記』(『大正藏』 제51책, p.185상).

이해 내고 있다.

> 무념은 곧 형상이 없고 유념은 곧 허망한 것이다. 무념으로는 삼계를 벗어날 수 있지만 유념으로는 삼계를 벗어나지 못한다.[74]

우리가 생사윤회의 세계를 벗어나기 위해서는 무념이 되어야 한다. 생각을 놓아버릴 때 우리는 모든 형상으로부터 벗어나 자유로워진다. 그러나 무상 당시의 율사와 법사들은 모습과 형상에 집착하여 부처님의 가르침을 어기고 있었다. 해서 이러한 무념 즉 평상심을 확보하기 위해서 지속적인 수행의 단련이 요구되었다. 무상에게 있어 그 지속은 바로 인성염불 수행이었다. 때문에 무상에게 있어 인성염불은 무념을 체인해 가는 수행의 실제였다고 할 수 있다.

2 인성염불선(引聲念佛禪)의 제창

무상은 '인성염불선'(引聲念佛禪)이라는 독자적인 선법을 제창하였다. 이것은 능가종 이래의 여래청정선을 조사돈오선으로 소통시키는 계기를 만들어 주었다. 그의 선법은 달마 이래 여래 청정선의 선법을 따르면서도 무억-무념-막망을 통해 인성(引聲)하고 염불(念佛)하는 '좌선'(坐禪)을 통해 소리-명호-실참으로 이어지는 인성염불선이라는 독자적인 수행법을 제창하였다. 이러한 그의 가풍은 수계설법의 과정 속에서 나타났으며 「오경전」을 통해 수행의 실제로 자리 잡았던 것으로 추측된다.

무상의 인성염불과 긴밀하게 연관되는 수계설법에 관한 기록 역시

74 柳田聖山, 위의 책, p.239.

부족하여 현 단계에서는 자세히 논할 수 없다. 무상의 수계설법은 주로 매년 12월과 정월에 이루어졌던 것으로 보인다. 1년에 한 번 혹은 2~3년에 한 번씩 21일[三七]에서 35일[五七]에 걸쳐 『방등경』 등의 도량예참을 실시했던 것에 근거하면 아마도 한해가 마무리되는 12월에서 새해가 시작되는 정월로 넘어갈 때에 이루어졌던 것임을 알 수 있다.

여기에서 우리는 이 수계설법이 초저녁에서 끝새벽까지 이어지면서 다섯 단위로 이루어지는 무상의 「오경전」과도 통하는 것임을 알 수 있다. 그는 인연이 있는 곳에 도량을 엄숙히 시설하여 인성염불을 통해 대중들을 교화하였다. 무상의 인성염불은 삼학으로 구성된 삼구와 긴밀하게 관련되었던 것으로 추정된다. 총지문인 삼구는 소리를 끌어당겨[引聲] 부처의 명호를 부르는[念佛] 수행의 엑기스[摠持]였던 것이다. 그는 인성염불을 방편으로 하여 수계설법을 함으로써 사람들을 널리 교화하였던 것이다.[75]

> 김화상은 매년 12월과 정월에 사부대중 백 천 만인을 위해서 수계설법을 하였다. 인연이 있는 곳에 도량을 엄히 시설하여 높은 자리에 앉아 법을 설하였다. 먼저 소리를 끌어당겨 부처의 명호를 부르고 일기(一氣)의 숨을 다 내쉬게 한 뒤에 소리를 끊고 생각이 멈추었을 때 '기억하지 말고, 생각하지 말고, 망녕되지 말라. 기억을 하지 않는 것이 곧 계요, 생각을 하지 않는 것이 곧 정이며, 망녕되지 않는 것이 곧 혜이니 이 삼구어가 곧 총지문이다'고 하였다.[76]

주로 야간에 이루어졌던 인성염불은 한 목소리를 호흡과 함께 천천

---

75 고영섭, 앞의 논문, p.214.
76 무주 제자 편찬, 『歷代法寶記』(『大正藏』 제51책, p.185상).

히 내쉬면서 부처님을 염하는 수행법이다. '인성'은 소리를 끌어당기는 것이며 '염불'은 부처님의 명호를 부르는 것이다. 무상은 한 기운의 숨을 다 내쉬어 소리를 끊고 생각을 멈추게 되었을 때 무억, 무념, 막망의 삼구어를 설했다. 다시 말해서 소리와 명호가 멈추었을 때 다라니 중의 다라니이자 그것의 엑기스(摠持)로서 계정혜 삼학의 총지 법문을 열어 젖혔던 것이다.

여기서 소리를 끌어당기는 것과 명호를 부르는 것을 매개하는 것은 일기(一氣)의 숨이다. 때문에 호흡을 어떻게 내 쉬고 들이마시느냐가 중요한 기제가 된다. 소리를 '인'(引)함과 명호를 '염'(念)함이 만나는 지점도 호흡이고 넘어가는 지점도 호흡이 된다. 무상은 길게 한 목소리를 끌어당겨서 호흡에 맞추어 천천히 내쉰 뒤, 다시 소리가 끊어졌을 때에 기억하지 말고, 생각하지 말고, 망녕되지 말라는 삼구의 법요를 설했던 것이다. 뒷날 무주는 '망녕됨'[妄]을 '잊어버림'[忘]으로 바꾸었지만[77] 무상의 삼구는 '망녕되지 않는 것'[莫妄]이었다.

무상은 염불만을 가르친 것이 아니었다. 수계의식이 끝나면 대중들에게 잡념을 쉬게 하기 위하여 7일 혹은 14일간 좌선을 시켰다. 이것은 무상의 가풍이 단순한 염불수행이 아니었음을 보여주는 증좌라고 할 수 있다. 특히 인성-염불-좌선으로 이어지는 연결 구조는 무상의 독자적 가풍이라고 할 수 있다. 해서 소리-명호-실참으로 이어지는 이러한 구조는 염불선의 시원이 되고 있다.

77 보당 無住가 정중 無相의 '막妄'을 '막忘'으로 바꾸었다. 이것을 두고 일부에서는 스승이 오랫동안 세워놓은 권위를 빌어 자신의 권위를 덧붙이려 했다는 해석을 하고 있다. 이것은 인도 전통의 여래 청정선을 가풍으로 삼았던 無相과 달리 무상의 가풍을 수용하면서도 중국적 가풍을 가미시키려 했던 無住의 의도가 투영된 것으로 읽을 수도 있을 것이다. 이러한 예는 如來淸淨禪과 祖師頓悟禪이 접목되는 시점에서 이루어졌던 無相-馬祖의 계보에서도 비슷한 상황을 유추해 볼 수 있다.

종밀은 당시 7가의 선풍들을 낱낱이 소개하고 있다. 그중에서 제6가에 해당하는 남산염불문선종(南山念佛門禪宗)은 선십(宣什), 과주미(果州未)화상, 낭주 온옥(閬州蘊玉), 상여현(相如縣) 일승니(一乘尼) 등이 중심이었다고 했다. 그리고 그들의 수행 실제를 '향을 전하는 것에 의지하여 부처님을 마음속에 계시게 하는 것'[藉傳香而存佛]이라 하면서 김화상 문하의 행화와 그 수행법이 같은 것으로 소개하고 있다.

'전향'과 '존불'을 전거로 하는 일자염불은 김화상의 문하와 같다는 점에서 무상의 염불선과 긴밀하게 상응하고 있다. 일자염불 때의 전향과 존불은 전체 수계의식을 매개하는 중요한 의식절차로 보인다. 스승과 제자 사이의 신표를 상징하는 세 차례의 전향이 끝나면 뒤이어 존불의식이 거행된다. 존불은 바르게 법을 수여할 때에 먼저 법문의 도리와 수행의 취지가 설명되고 나서 이어지는 일자 염불의 의식이다.[78]

처음에는 목소리를 길게 뽑아 부처님을 부르고 점차로 목소리를 줄이어 미약한 소리를 내거나 혹은 소리를 내지 않고 부처님의 마음을 깊숙이 부른다. 그러다가 생각이 거칠게 되면 다시 또 반복하여 부처님을 마음에 두고 부른다. 그리하여 생각 생각마다 부처님의 명호를 외우고 생각하게 하여 언제나 마음속에 계시게 하는 것이다. 위의 기록에 의하면 결국 도를 얻기 위해서는 '부처님의 명호를 외우고 생각함'의 전제가 강조되고 있다.

인성염불에 대한 기록이 없어 자세한 방법은 알 수 없으나 '전향'과 '존불'을 통해 수행했던 남산염불문선종에 대한 종밀의 이 기록은 무상의 염불선의 내용을 그대로 보여주고 있다. 대중을 모으는 예참 등의 의식이 김화상의 문하와 같다는 점에서 이 일자염불은 무상의 인성염

78 고영섭, 앞의 논문, p.217.

불을 원용한 수행법인 것으로 보인다. 그것은 곧 여래의 명호를 '외우고', '생각함'을 기저로 하는 수행법이라 할 수 있다.

이렇게 본다면 무상의 위상은 염불선종의 창시자로서 뿐만 아니라 그 가풍과 수행의 실제를 통해 당시 유행했던 하택종, 홍주종, 석두종 및 보당종에도 상당한 영향력을 미쳤던 것으로 보인다.[79]

3 오경전(五更轉)의 창작

돈황에서 출토된 사본으로 알려진 『무상오경전』(無相五更轉, Stein 6977호)[80]은 무상 수행법의 이론과 실제를 잘 보여주고 있다. 원래 '경'(更)은 하루의 해질녘부터 새벽까지 야간의 시각을 말한다. 당시 유행했던 속요의 형식이기도 했던 「오경전」에서 오경은 하룻밤의 시각을 초저녁, 늦저녁, 한밤중, 첫새벽, 신새벽의 다섯 등분으로 나눈 것을 일컫는다.

좀 더 구체적으로 말하면 7~9시(甲夜)의 초경, 9~11(乙夜)시의 이경, 11~1시(丙夜)의 삼경, 1~3시(丁夜)의 사경, 3~5시(戊夜)의 오경의 다섯 단위의 시각을 가리킨다. 이들 오경은 통상 두 시간 단위의 가운데인 8시, 10시, 12시, 2시, 4시가 된다. 무상은 무명과 번뇌에 가득한 인간

---

79 무상의 인성염불은 당대 죽림사의 法照로 이어진 오회염불(五會念佛)의 원류로 인식되고 있다. 중국의 『五臺山志』 제5절 정토종 조목에는 '法照가 770년에 오대산 竹林寺를 창건하고 오회염불로써 대중을 교화했다'고 기록되어 있다. 월간 『禪文化』 61호, 62호(선문화사, 2005). 이 잡지는 '무상의 자취를 따라'(12. 13회 연재분)의 기획 기사 중 무상과 오대산 죽림사의 연관 관계를 다루고 있다.

80 W. Pachow, 『燉煌韻文集』(高雄, 1965), pp.50~51. "一更, 淺 衆妄諸緣何所遣, 但依正觀且妄念, 念念眞如方可顯; 二更, 深 菩提妙理誓探尋, 曠徹淸虛無去住, 證得如如平等心; 三更, 半 宿昔塵勞從此斷, 先除過去未來因, 伏唯成規超彼岸; 四更, 遷 定慧雙行出盖纏, 了見色空圓淨體, 澄如戒月瑩晴天; 五更, 催 佛日凝然妙境界, 過透四禪空寂處, 相應一念見如來."

이 초경의 '얕은(淺) 밤'에서 이경의 '깊은(深) 밤', 삼경의 '절반(半)의 밤', 사경의 '기움(遷)의 밤', 오경의 '재촉(催)의 밤'에 이르기까지 다섯 단위의 '전환'(轉)을 통해 열반과 해탈로 나아가는 과정을 일야(一夜)에 맞추어 노래하고 있다.

즉 오경의 전환은 번뇌와 무명 속에 있는 한 인간이 깨달음에 이르기까지 닦아가는 수행의 과정을 다섯 단위의 시각 위에서 설명하는 것이라 할 수 있다. 당시 유행하던 속곡의 장르를 원용하여 형상화 한「오경전」은 초경의 얕은 염불로부터 이경의 깊은 염불, 삼경의 깊지도 얕지도 않은 염불, 사경의 힘찬 염불, 오경의 바른 염불로 나아가는 과정을 대중적인 속요의 형식으로 만든 것으로 보인다.

이「오경전」은 다섯 경차(更次)에 따라 각기 염불의 속도를 달리하면서 무명과 번뇌가 가득찬 인간이 전환의 과정을 어떻게 변모해 가는가를 잘 보여주고 있다. 해서 노래의 형식으로 된 이「오경전」은 일반 대중들에게 심층적으로 전달되었던 것으로 보인다.

가. 초저녁(一更, 얕은 염불, 淺)

온갖 망상으로 일어난 인연들을 어디다 버릴 손가
다만 올바른 관찰에 의해 망념을 잊어버린다면
생각 생각에 진여가 비로소 드러날 수 있으리니.

나. 늦은 밤(二更, 깊은 염불, 深)

깨달음의 묘한 이치를 맹세코 찾아가세
넓고 밝고 맑고 비어 감과 머묾 없으면

그렇고 그러한 평등한 마음 깨쳐 얻으리니.

다. 깊은 밤(三更, 얕지도 깊지도 않은 염불, 半)

지난날의 모든 티끌 예서부터 끊으세나
먼저 과거 미래 인연 없애버리고
뗏목 비유를 모범 삼아 피안으로 넘어가세.

라. 첫새벽(四更, 힘찬 염불, 遷)

선정 지혜 함께 닦아 덮인 번뇌 벗으세나
색법과 공성을 둥근 정체로서 또렷이 보니
맑고 맑은 계율의 달 맑게 갠 하늘 비추네.

마. 끝새벽(五更, 빠른 염불, 催)

부처님 해의 높고 빼어난 미묘한 경계가
네 선정의 텅 비고 고요한 곳 꿰뚫고 지나가니
한 생각과 상응하여 여래를 뵙게 되네.

「오경전」은 당시의 불자들 사이에서 널리 유행하던 5수로 된 1편의 민요(俗曲)를 말한다. 때문에 선가에서는 대중화의 방편으로 자신의 수행 경계를 흔히 짧은 시 형식으로 표현해 내었다. 특히 당시의 선사들은 출가시, 오도시, 시법시, 열반송 등으로 분류되는 시들을 통해 자신의 마음 경계를 표현하거나 전교(傳教)의 방편으로 삼았다. 「오경전」은 초기 선종의 선승들이 각각 독자적인 선사상을 속곡으로 만들

어 대중 교화의 한 방편으로 널리 사용하였던 양식이었다.[81]

신회의 「남종정사오경전」(南宗正邪五更轉), 「하택화상오경전」(荷澤和尙五更轉)은 그중에서도 유명하며, 이 밖에도 「유마오경전」(維摩五更轉), 「달마오경전」(達磨五更轉) 등 다수가 돈황에서 발견되어 알려졌다.[82] 초기 선종의 「오경전」의 특색은 어떤 사람의 선사상을 요약한 내용을 평이한 말로써 반복해서 노래하도록 설한 것에 주안점을 둔 점[83]이라 할 수 있다. 이들은 수당 이래 불교를 대중화시키기 위해 유행했던 속강(俗講) 등의 자료로써 자주 사용되었다.

두타행과 인성염불을 주요한 수행법으로 삼았던 무상이었기에 이 「오경전」 역시 그가 나름대로 자기 수행의 깊은 의미를 깔고 지은 노래라 할 수 있다. 그는 초저녁부터 무명과 번뇌를 지닌 인간이 늦은 밤과 깊은 밤을 거쳐 첫새벽과 끝새벽으로 이어지는 전환 속에서 열반과 해탈의 세계로 나아가는 과정을 그리고 있다.

아마도 당시 돈황 및 티베트 일대에서는 리듬에 맞춘 무상의 「오경전」이 노래로 널리 불려졌을 것으로 추정된다. 돈황에서 출토된 스타인과 펠리오의 문헌 속에 들어있는 『무상어록』과 『무상오경전』의 책명이 그 사실을 확인해 주고 있다. 특히 무상의 「오경전」은 가장 대표적인 것으로서 후대에 많은 영향을 끼쳐 「오경전」의 전범이 되었던 것으로 보인다.

---

81 고영섭, 앞의 논문, p.221.

82 川崎ミチコ, 「修道偈, II - 定格聯章 -」, 田中良昭 等 편, 『敦煌佛典と禪』(대동출판사, 1980), p.263.

83 鄭性本, 「淨衆無相硏究」, 불교영상회보 편, 앞의 책, p.144.

5. 구산선문과의 접점

중국의 호적(胡適,[84] 1891~1962)이 밝혀낸 것처럼, 홍인(弘忍) 문하에서 뻗어 나온 검남종(劍南宗)의 갈래로부터 비롯된 무상의 법맥은 남북종을 아우르는 독자적인 가풍을 형성했다. 때문에 오조 홍인의 법맥에서 출발한 사천의 선종을 집성한 정중종은 한국선의 또 다른 법맥으로 접목되었다. 특히 남북종이 갈려지기 이전뿐만 아니라 오히려 갈려진 이후의 가풍까지도 아우르는 광대한 선풍이었다. 이것은 신수의 북종과 혜능의 남종과 변별되는 독자적인 선풍이었다.

하여 정중선풍은 신라 하대 칠산 선문의 개(산)조들의 법맥으로 이어졌으며 그 때문에 정중 무상의 제자였던 마조 도일(馬祖道一, 709~788)과 긴밀한 관련을 맺고 있는 점도 확인된다. 바로 이러한 점에서 볼 때 한국선은 이미 신라 중기 무렵부터 정중선(淨衆禪)의 계보를 통해 연결되고 있었다고 볼 수 있다.

무상은 당시 사람들에게 '김화상'(金和上), '김선사'(金禪師), '익주김'(益州金)[85] 등 속성을 덧붙여 불릴 정도로 친근한 스승으로 받아들여졌다. 속성을 덧붙인 예로는 화엄종의 초조였던 '두순'(杜順)과 뒷날 조사선의 출발이라 여겨졌던 '마조'(馬祖) 등에서도 보이고 있다. 종래 종밀의 『중화전심지선문사자승습도』(中華傳心地禪門師資承襲圖)와 『원각경대소초』(圓覺經大疏鈔, 823년 이후 저술), 찬녕의 『송고승전』 권19

84 胡適, 「跋裵休的唐故圭峰定慧禪師傳法碑」, 柳田聖山 편, 『胡適禪學案』(正中書局); 胡適, 「裵休가 쓴 唐의 圭峯定慧禪師傳法碑의 跋文」, 『淨衆無相禪師』(불교영상회보사, 1993), 번역문 재수록.

85 崔致遠, 「聞慶 鳳巖寺 智證大師寂照塔碑」, 朝鮮總督府 편, 『朝鮮金石總覽』 卷上, p.90. 여기에서는 "중국에서 입적한 이는 정중사의 무상과 상산사의 혜각이니 禪譜에서 '익주김', '진주김'이라고 한 것이 이것이다."(西化則靜衆無相, 常山慧覺. 禪譜益州金, 鎭州金者是)라고 하였다.

「감통편」의 "당성도정중사무상전"(唐成都淨衆寺無相傳, 988년) 등의 전기류는 신이한 고승의 면모와 두타행(頭陀行)을 실천하며 산 무상을 자세히 기술하고 있다.

서당 지장의 문하에서 나온 가지산문의 개조인 도의(道義, ?~825)와 실상산문의 개조이자 개산조인 홍척(洪陟/直, ?~828), 동리산문의 개조인 혜철(惠哲, 785~861)과 염관 제안의 문하에서 나온 사굴산문의 개조인 범일(梵日, 810~889), 마곡 보철의 문하에서 나온 무염(無染, 800~858), 남전 보원의 문하에서 나온 사자산문의 개조인 철감 도윤(道允, 798~868), 장경 회휘의 문하에서 나온 봉림산문의 개조인 원감 현욱(玄昱, 787~868) 등은 모두 조사돈오선의 가풍을 꽃피운 선가의 종장이었다. 이들은 모두 마조 문하의 고족들 아래서 독자적인 선풍을 드날렸다.

> 건부 2년(875) (신라승 行寂이) 성도부에 이르러 참알하다가 정중정사에 다달아 무상대사의 영당에 예를 올렸으니, 대사는 신라 사람이셨다. 영정을 참배한 인연으로 아름다운 행적을 자세히 들으니 (대사는) 당 황제 현종을 인도한 스승이셨다. 모국은 같건만 오직 그 때가 달라서 후대에 그의 자취를 찾게됨이 한스러울 뿐이다.[86]

이 비문은 무상 입적 113년 만에 고국 신라에서 건너온 행적에 의해 추모가 계승되고 있었음을 보여주고 있다. 행적 이후에도 신라 현휘(玄暉)가 성도를 찾아가 무상과의 인연을 확인하고자 했음을 보여주

86 崔仁滾, 「奉化太子寺朗空白月栖雲塔碑」, 朝鮮總督府 편, 『朝鮮金石總覽』 卷上(아세아문화사, 1976), p.183. "建符二年, 至成都府, 巡謁到靜衆精舍, 禮無相大師影堂. 大師新羅人也, 因謁寫眞, 具聞遺美, 爲唐帝導師, 玄宗之師. 同鄕, 唯恨異其時, 後代所求追其跡."

는 기록이 남아 있다. 당말 오대였던 그때에 사천 지역은 이미 강(羌)족과 장(壯)족 등 요민(獠民)으로 불리는 이민족의 관할 속에 들어서 있었다. 때문에 현휘는 19년간의 재당(在唐) 행적을 기술하면서도 다만 '서쪽으로 (성도와 그 서쪽 변두리의 산악 지대인) 공 땅과 촉 땅을 돌아보았다'(西臻[至]邛蜀)[87] 고만 적을 수밖에 없었던 것이다.

이처럼 무상과의 지중한 인연은 마조 문하의 고족들에게 선맥을 이은 신라 칠산 선문의 개(산)조 뿐만이 아니라 그 이후에도 행적과 현휘로 이어졌던 것으로 보인다. 하지만 회창 법난(會昌法難) 이후 북송 때 정중사는 정인사(淨因寺)로 개명되면서 무상과의 인연은 단절되었던 것으로 보인다. 절 이름의 개명에서 알 수 있는 것은 무상의 법맥의 단절을 뜻하는 것으로 이해되기 때문이다. 이러한 일련의 과정에 대한 연구는 다음 과제로 남겨둘 수밖에 없게 되었다.

6. 정리와 맺음

정중 무상의 정체성을 밝히기 위해서는 먼저 그의 출자와 출가 결행에 대해 살펴야 한다. 대부분의 사서들은 '그 나라 왕의 제삼왕자'(彼土王第三王子, 『송고승전』, 『신승전』), '신라왕의 제삼태자'(新羅王之第三太子, 『북산록』), '신라왕의 혈통'(新羅王之族, 『역대법보기』), '먼 해외의 나라 진한의 귀족'(海遐奉辰韓顯族, 『사증당비』) 등 모두 '신라왕의 셋째 왕자' 혹은 '진한의 현족'라고 했지 성덕왕의 이름을 명시적으로 거론하지 않았다. 후대의 사료들 일부에서 무상이 중국으로 건너올

---

87 崔彦僞, 「忠州淨土寺法鏡大師慈燈塔碑」, 朝鮮總督府 편, 『朝鮮金石總覽』 卷上(아세아문화사, 1976), p.153.

때의 왕이었던 성덕왕을 거론하여 그의 셋째 아들로 기록하고 있다. 하지만 사료 상의 정합성을 따져볼 때 그는 오히려 신문왕의 셋째 아들 부군(副君)일 가능성이 있다.

신문왕과 김흠돌의 여식 사이에서 태어난 것으로 추정되는 보천-효명-부군은 김흠돌의 난 이후 역사에서 지워져 버렸다. 이와 달리 신문왕과 신목왕후 사이에서 태어난 이홍과 흠돌과 사종은 역사의 주류로 자리하였다. 다행히 효명이 성덕왕으로 복귀하여 선정을 베풂으로써 신라 중대 왕실은 어느 정도 안정과 번영을 도모할 수 있었다. 무상은 출가한 뒤 신라를 떠나 중국으로 건너가 수행에 몰입하여 명성을 얻었다. 그는 사천일대를 무대로 무억(無憶)-무념(無念)-막망(莫妄)의 삼구를 계학(戒學)-정학(定學)-혜학(慧學)에 접목시켜 독자적인 가풍을 세웠다. 그의 문하에서 공부한 마조 도일과 보당 무주 및 정중 신회 등은 뒷날 초기 선종사의 기반을 다졌다.

무상(無相)의 계보는 정중사를 이어갔던 신회(神會)계를 비롯하여 정중종에서 분기해 나가 보당종을 개창했던 무주(無住)계와 일찍이 독립하여 홍주종을 창안한 마조(馬祖)계 등의 세 흐름으로 분기되었다. 그 외에서 승원(承遠)을 이은 법조(法照)의 염불선과의 상통성도 확인되고 있다. 무상 이후 각 선종의 계보들이 모두 무상과 긴밀한 관계 속에서 분기되었던 사실은 초기 선종사에서 주목해야 한다. 왜냐하면 무상의 선풍은 남북종이 갈려지기 이전뿐만 아니라 오히려 갈려진 이후의 가풍까지도 아우르는 광대한 선풍이자 신수의 북종과 혜능의 남종과 변별되는 독자적인 선풍이기도 했기 때문이다.

무상의 무념학을 온전히 탐구하기 위해서는 『무상어록』의 온전한 소개가 선행되어야 한다. 다만 일부나마 소개되어 있는 자료를 통해 그의 무심학의 구조를 정립해야 하는 현실을 생각할 때 무억-무념-막망의 삼구와 계학-정학-혜학의 삼학과의 관련은 핵심적 관심이 된다. 무억과 막망은 모두 무념에 통섭되는 개념들이며 인성염불의 내용과 방법은 무념학의 또 다른 한 축을 형성하고 있다. 「오경전」 역시 인성염불을 실행하는 수행법의 하나라 할 수 있다. 따라서 무상의 무념학은 무억-무념-막망과 계학-정학-혜학이 서로 수반되는 날줄 위에다 인성염불의 씨줄로서 건립되어 있다고 할 수 있다. 그것은 곧 소리-명호-실참을 통해 인성-염불-좌선으로 확립되어 인성염불선(引聲念佛禪)으로 종합된 것으로 보인다.

3장 국가불교의 '호법'과 참여불교의 '호국'*

- 호국불교의 전개와 의미 -**

1. 문제와 구상

붓다의 가르침은 '지극한 현실'의 실현에 있다. 여기서 말하는 현실은 우리가 살고 있는 오늘 여기의 삶의 질을 '지극히 끌어올린' 상태를 가리킨다. 불교의 출가는 지금 이곳의 현실에서 활짝 깨어 살기 위해 잠시 재충전의 길을 가는 것이다. 그럼에도 불구하고 일반인들은 불교가 삶의 가치를 역사 밖에 설정하는 것으로 종종 오해해 왔다. 이 때문에 불교의 목적이 '집'[家]을 '나아가는'[出] 것에 있다는 그릇된 '오해'는 불교에 대한 올바른 '이해'를 가로막아 왔다. 경전[1]에 의하면 출가는

* 이 논문은 2011년도 정부(교육과학기술부)의 재원으로 한국연구재단의 지원을 받아 연구되었다(NRF-2011-261-A00008).

** 이 글은 2012년 11월 23일(금) 남한산성 만해기념관에서 열린 남한산성 전통문화원형복원사업을 위한 '남한산성 의승군 학술세미나'에서 발표한 논문을 수정 보완한 것이다.

1 『雜阿含經』(『고려장』 제18책; 『대정장』 제2책).

'집이 있는 곳[有家]에서 집이 없는 곳[非家]으로 넘어가는 것'을 의미한다. 즉 집에서 바른 믿음[正信]을 가지고 의탁하며 살다가[信家] 좀 더 나은 삶을 추구하기 위해 고을나라[城邑]를 벗어나[出家] 집이 아닌[非家] 숲과 나무를 향해 가는 것이다. 그리하여 치열한 수행을 통해 내면의 힘을 기른 뒤에 다시 역사 속으로 돌아와 지극한 현실을 만들기 위해 온몸을 던지는 것이다.

불교의 장대한 교리는 사성제(四聖諦)와 십이연기(十二緣起) 즉 중도(中道)와 연기(緣起) 철학으로 수렴된다. 이것은 구극적 진리인 진제(眞諦)에 의한 '중도'와 방편적 진리인 속제(俗諦)에 의한 '연기'로 해명할 수 있다. 중도는 현실에 대한 지극한 통찰에서 이루어진 삶의 가장 올바른 길이다. 즉 중도적 삶이란 우리에게 주어진 상황 앞에서 극단의 길을 선택하지 않고 전체를 살리는 지혜의 활로로 나아감을 의미한다. 다시 말해서 '바람이 분다'[風動]는 주장과 '깃발이 흔들린다'[幡動]는 주장을 그대들의 '마음이 흔들린다'[心動]는 근원적 통찰로 활로를 열어가는 성기문(性起門)의 깨침[悟]이다. 이러한 통찰 위에서 저절로 우러나는 자비행을 펼쳐 내는 것이다. 반면 연기는 '연'(緣)이라는 타자를 자기 존재의 조건으로 삼는 차연성(此緣性, 相依性)의 원리이다. 연기법은 인간과 세계에 대한 통찰의 벼리이자 이와 관련되어 있는 인간과 자연의 연속의 세계[法界]에 관한 이법이다. 때문에 현실적 인간에게는 현실세계에 대한 해명으로부터 출발하는 연기문(緣起門)의 닦음[修]이 요청된다. 그런데 불교인들은 이 연기의 원리를 확장하여 다양한 연기설로 변주시켜 왔다. 이러한 노력은 역사의 동인인 업(業)에 대한 남다른 해석과 노력에 힘입은 것이라고 할 수 있다.

아함(阿含)교의에서는 현실적 인간인 나의 삶의 일생이자 삼계를 통해 지은 미혹의 인과를 나타내는 십이(十二)연기설로, 아비달마(部

派)교의에서는 일체의 만상이 모두 중생들이 지은 업에 의해 생겨난다는 업감(業感)연기설로 변주시켰다. 즉 미혹의 세계 속에 사는 중생이 이전 세상에서 자기가 뿌린 업력에 의하여 지금의 이 과보를 받아 업을 짓고, 업에 의하여 윤회 전생하며, 이 업력에 의해 국토도 물질의 원소들을 모으고 흩고 하여 세계를 이룩한다[2]는 업감(業感)연기설을 시설하였다. 유식(唯識)교의에서는 우주 삼라만상이 중생 각자의 아뢰야식으로 상속되어 그 아뢰야식이 우주만상을 변화시킨다는 (아)뢰야(阿賴耶)연기설로, 여래장(如來藏)교의에서는 우주 만상이 모두 일심 진여의 이체(理體)로부터 일어난다는 여래장(如來藏/眞如)연기설로 변주시켰다. 화엄(華嚴)교의에서는 법계(현상계)의 사물이 천차만별하나 상호 동일성과 상호 투영성의 원리에 의해 무애자재하게 연기하므로 피차가 단독으로 존재하는 것이 없다는 법계(法界)연기설로, 비밀(秘密)교의에서는 우주의 중심인 지·수·화·풍·공·식(地水火風空識)의 육대(六大)가 우주 법계에 두루하여 터럭 하나 티끌 하나에도 육대 법체가 현상화한 사법계(육대)가 일체 제법의 체성으로 존재한다는 육대(六大)연기설을 시설하였다.[3]

존재의 원리인 연기설의 다양한 변주는 국가가 지향하는 현실 세계와 종교가 추구하는 이상 세계가 어떻게 조화될 수 있는가를 잘 보여준다. 인도 당시 출세간을 다스렸던 붓다는 세간을 다스리는 왕보다 상위에 있었다. 세간을 다스리는 왕은 출세간을 다스리는 붓다의 가르침을 배우고 실천하면서 현실세계의 통치 이념으로 원용하였다. 때문에 아쇼카왕 등처럼 붓다의 가르침을 실현하려 했던 전륜성왕들은

---

2 고영섭, 「한국불교사 연구의 방법과 문법」, 『한국불교사연구』, 제1호(한국불교사연구소·한국불교사학회, 2012. 8), p.35.
3 고영섭, 『불교경전의 수사학적 표현』(경서원, 1997), pp.19~20.

'바른 법으로 나라를 다스린다'[正法治國]는 원칙 아래 '국가를 보호하여'[護國] 왔다. 그리하여 인도 서역의 전륜성왕들은 불국(佛國)을 실현하기 위해 정법에 의해 나라를 다스리고 교화하였다. 때문에 '정법을 역설하는' 불교(교단)와 정법으로 '나라를 다스리는' 국가(왕권)는 일종의 사회계약을 맺은 관계와 같았다. 하지만 불교가 동아시아로 전래된 이후 불교 지형은 변화하였다. 즉 정법에 의해 나라를 다스리는 경우에는 호국의 명분이 정당화 될 수 있었으나 비법에 의하여 나라를 다스리는 경우에는 호국의 명분이 정당화 될 수 없었다. 따라서 통치자의 치세가 정법(正法)에 의한 것이냐, 혹은 비법(非法)에 의한 것이냐에 따라 호국은 달리 해석될 수밖에 없었다. 고구려와 백제 및 가야와 신라의 사국시대와 통일신라와 대발해의 남북국시대, 조선시대와 대한시대 역시 마찬가지였다. 이 글에서는 유교를 통치 이념으로 내세운 조선시대에 불교인들은 '정법'(호법)을 어떻게 이해하고 '호국'(참여)을 어떻게 실천하였는지에 대해[4] 살펴보고자 한다.

4 호국불교 관련 선행연구에는 아래와 같은 논구들이 있다. 이기영, 「인왕반야경과 호국불교- 그 본질과 역사적 전개」, 『동양학』 제5호(단국대 동양학연구소, 1975); 김영태, 「신라불교 호국사상」, 『崇山박길진박사화갑기념 한국불교사상사』(원광대출판국, 1975); 김동화, 『불교의 호국사상』(불교신문사출판국, 1976); 김상현, 「고려시대의 호국불교 연구」, 『학술논총』 제1집(단국대학교, 1976); 장지훈, 「신라 중고기의 호국불교」, 『한국사학보』 4(한국사학회, 1998); 신동하, 「신라 불국토사상의 전개양상과 역사적 의의」(서울대 국사학과 박사 논문, 2000); 김종명, 「'호국불교' 개념의 재검토-고려 인왕회의 경우」, 『종교연구』 제21호(한국종교학회, 2001); 김영진, 「식민지 조선의 황도불교와 공(空)의 정치학」, 『한국학연구』 제22집(인하대 한국학연구소, 2010); 조준호, 「인도에서의 종교와 정치권력-세간과 출세간에서의 정교분리를 중심으로」, 『불교와 국가권력, 갈등과 상생』(조계종 불학연구소·종교평화위원회, 2010); 조준호, 「경전상에 나타난 호국불교의 검토」, 『제2차 종책토론회 자료집: 한국불교사에서 호국불교 전통의 재조명』(조계종 불교사회연구소, 2011); 김용태, 「한국불교사의 호국 사례와 호국불교 인식」, 『대각사상』 제17집(대각사상연구원, 2012. 6).

2. 정법치국과 보호국가

불교는 실천 원리인 중도관과 이론 근거인 연기법을 사유의 근간으로 제시한다. 실천의 원리인 팔정도 즉 팔중도는 양극단을 넘어선 가장 올바른 길이며 불교적 인간상을 추구하는 이들의 삶의 구심이 된다. 가장 올바른 길인 중도는 진제문 즉 성기문에 의해 불법의 몸체[體]가 되고 존재자의 존재 방식인 연기는 속제문 즉 연기문에 의해 불법의 몸짓[用]이 된다. 여기서 중도는 불교가 말하는 정법이며 정법은 곧 불법이다. 그리고 불법은 바른 법으로 나라를 다스리는[正法治國] 원리가 된다. 이러한 원리를 우리는 불전 여러 곳에서 확인할 수 있다. 붓다는 코살라 국왕인 파세나디에게 이렇게 가르쳤다.

> 대왕이시여! 바른 법[(正)法]으로써 다스리고 바르지 않은 법[非法]으로써 다스리지 마십시오. 바른 도리[(正)理]로써 백성을 다스리고 도리가 아닌 것[非理]으로써 다스리지 마십시오. 대왕이시여! 정법(正法)으로써 백성을 다스리는 사람은 죽어서도 하늘에 태어나는 것[生天]입니다.[5]

붓다가 경전에서 누누이 강조해 왔듯이 중도와 연기는 불교의 핵심이 된다. 때문에 붓다가 말하는 법(法)은 중도이자 연기가 된다. 해서 붓다는 당시의 통치자들에게 법과 비법, 도리(道理)와 비리(非理)의 구도를 원용하여 '정법답지 않은 정법'과 '도리가 아닌 도리'로 다스리지 말고 '바른 법'과 '바른 도리'로 다스릴 것을 역설하고 있다.[6] 그리고

---

5 『增一阿含經』 제 51권(『대정장』 제2책).

6 『長阿含經』「遊行經」 등에서 붓다는 남의 나라의 침입을 받지 않고 국가 공동체를 유지하는 길로서 七不衰法을 주장하였다. 이것은 마가다국이 밧지족을 무력으로 점령하고자 붓다에게 자문을 구할 때 전쟁을 무마시키는 가르침으로써 붓다가 설

그 결과 하늘에 태어난다고 강조하고 있다. 정법과 도리에 대한 가르침은 아함경전군에서 뿐만 아니라 여러 대승경전군에서도 발견할 수 있다. 『금광명최승왕경』(권8)은 정법으로 치국하는 원리에 대해서 자세히 설하고 있다.

1) 국왕이 되는 것은 정법(正法)에 의하는 것이므로 만일 그 법을 법대로[如法] 행하지 않는다면 국민은 파멸하게 된다.
2) 정법으로서 국가를 다스리되 만일 아첨하는 자가 있으면 그것을 법대로 다스려야 한다.
3) 국민의 악행을 여법(如法)히 다스려 물리치지 않는 것은 정리(正理)에 어긋나는 일이다.
4) 국민의 악행을 폐지시키지 않으면 비법이 더욱 늘어나서 간사함이 날로 더해진다.
5) 악인은 벌(罰)로써 다스리고 보통인은 십선(十善)으로 화(化)하여야 한다.
6) 아첨하는 자와 위선자가 행세하게 되면 타국(他國) 원적(怨賊)의 침입을 받아 국토가 파괴된다.
7) 왕이 정법을 버리고 비법으로 국민을 다스리게 되면 곡식과 과일이 익지 않아 국토가 기아에 빠지고 질병이 유행하게 된다.
8) 왕이 비법을 행하면 악당들이 서로 뭉쳐져 왕위가 오래가지 못하고 그 결과 국가가 패망하게 된다.
9) 왕이 비법을 행하면 국내에는 편당(偏黨)이 생겨서 투쟁과 간사와

한 것이다. 칠불쇠법은 1) 구성원 간에 자주 모임(집회)을 가질 것, 2) 화합의 정신으로 뜻을 모으는 의논을 할 것, 3) 전통을 존중하여 함부로 정해진 것은 깨뜨리지 않을 것, 4) 나이든 사람을 존중하며 공양하고 말씀을 드릴 것, 5) 여자에게 폭력을 행사하지 않을 것, 6) 조상의 靈地나 祠堂 등을 폐지하지 않고 기념할 것, 7) 아라한을 잘 보호하고 공경할 것 등이다. 이 칠불쇠법은 다시 출가수행 공동체에 적용하여 거듭 설해지고 있다.

허위가 유행하게 된다.

10) 왕이 정법을 버리고 비법으로 국민을 교화하면 제천(諸天)과 제신(諸神)이 모두 분노하여 그 국왕을 버리게 되므로 왕은 고액(苦厄)을 받고 국민은 부모 처지와 형제 자매가 이별하며 마침내 패가망신하고 그 국토마저도 멸망하게 된다.

11) 국왕은 정법왕(正法王)이 되어 비법(非法)을 따르지 말고 비법 친구를 따르지 말며 친한 자와 친하지 않은 자를 평등히 관하여 국내에 편당(偏黨)이 없게 하여야 한다.

12) 국왕은 정법에 의하여 국왕이 된 것이므로 정리(正理)에 따라야 하며 차라리 목숨을 버릴지언정 비법(非法)에 순종해서는 안 된다.[7]

『금강명경』에서 정법과 비법을 대비하여 거듭 강조하는 메시지는 국가의 통합과 안정의 역설이라고 할 수 있다. 이 경전에서는 특히 '비법'을 행하면 '파멸'과 '패망'이 생겨나고, '편당'과 '투쟁'이 일어나며, '간사'와 '허위'가 유행하게 될 것을 경고하고 '정법'으로 '여법'(如法)하게 다스리도록 권장하고 있다. 이것은 통치자에게 있어 정법 치국이 얼마나 중요한 것인지를 역설하는 대목이라고 할 수 있다. 이처럼 제왕이 말한 '바른 법으로 나라를 다스리는' 정법치국(正法治國)의 이념은 불경 곳곳에서 확인할 수 있다.

『제법설요경』「왕자치국품」에서는 "왕은 정법을 수호해야 한다"라고 강조하며 또 "정법을 이해함으로써 백성을 애육한다"라고 하였다. 『대살차니건자소설경』「왕론품」에서는 "능히 법에 의지해 중생을 섭수하고 보호하며 안락하게 하므로 이름하여 왕이라 한다"라고 설하며,

---

7 『金光明經』 권8, 「王法正論品」.

『간왕경』에서는 "왕의 다스림에는 당연히 정법으로써 하며 절도를 상실함이 없이 항상 자비심을 가지고 백성을 보살펴야 한다"라고 하였다. 이들 경전에서는 통치자인 왕의 존재 이유를 정법 수호에 두고 있으며 정법 이해로부터 비로소 백성을 사랑하고 기를 수 있음을 강조하고 있다. 『승군왕경』에서는 "그대가 이제 대국왕이 되어 정법(正法)으로서 나라를 다스릴 것이요, 사법(邪法)으로서 하지 말 것이며"라고 하였다. 『사십화엄경』에서는 "왕의 정전(正殿)에 여러 보물로 논좌(論座)를 장엄하게 설치하여 국내의 지혜 있는 사문과 바라문을 초청하여 정법(正法)을 연설케 해서 그 뜻을 청문하고……(중략)……무엇이 선법(善法)이며 악법(惡法)인가를 자문할 것이며……"라고 하였다. 『보행왕정론』에서는 "만일 그대의 왕국이 명예를 추구하지도 욕망을 추구하지도 않고 법을 받든다면 진실로 대부분의 것이 이루어지리라. 만일 그렇지 못하다면 불행에 빠지리라"라고 하였다.[8]

이들 경전 속에 나타난 불교의 국왕관은 자신의 특권만을 옹호하는 존재가 아니라 일체 중생의 이익과 안락을 도모하는 존재이며, 자기의 신하와 백성뿐만 아니라 모든 중생의 행복을 원하는 것이 이상적인 왕의 모습이다.[9] 때문에 불교의 정법 치국 사상에 의하면 왕이 법을 지키지 않으면 그 왕의 권위나 신성함도 보장되지 않는다. 제왕의 신성함이나 국가의 존재 의의도 법에 의거하여 부여받을 뿐이다. 국왕이나 국가는 본래 법을 실현하는 존재에 불과했다. 권위나 가치의 기준은 국왕이나 국가에 있지 않고 영원하면서도 보편적인 법에 있다. 해서 불교의 정법 치국 사상은 국가와 국왕에게 신성한 의의를 부여하지 않는다. 왕이란 존재는 초월적이고 신성한 지위를 가지고 백성 위에

8 金東華, 『불교의 호국사상』(불교신문사출판국, 1976), pp.143~146 참고.
9 中村 元, 『宗教と社會倫理』(동경: 암파서점, 1969), pp.327~331.

군림하는 존재가 아니다. 그러므로 불교적 관점에서 보면 왕도 일반 백성과 다를 바 없는 하나의 인간에 불과하다. 국왕도 악행에 몸을 맡기면 살아서(生前) 그 과보를 받음은 물론 죽은 뒤에도 지옥에서 고통을 받는다. 따라서 이러한 국왕관이 제왕의 권위나 신성성을 강조하는 사상과 정반대라는 것은 말할 것도 없다.[10]

이와 같은 정법 치국 사상은 여타의 경전에서도 확인할 수 있다. 붓다는 모국인 석가족과 이웃의 꼴리야국 사이의 물싸움을 중재하면서 자신의 국가관을 보여주고 있다. 로히니 강을 사이에 두고 극심한 가뭄을 만난 석가국과 꼴리야국의 농부들이 서로 물을 더 확보하기 위한 싸움을 일으켜 일촉즉발의 전쟁 상황으로 발전하였다. 이에 붓다는 몸소 분쟁 지역을 방문하여 두 나라 왕들에게 싸움의 원인이 어디에 있는지를 물었다. 두 왕은 모두 물 때문이라고 답하였다. 그러자 붓다는 물보다 더 가치 있는 것은 무엇이냐고 되물었다. 왕들은 사람의 목숨이라고 대답하였다. 이에 붓다는 "물을 위해 소중한 사람의 목숨을 버리겠단 말인가"라고 묻자 두 나라 왕들은 크게 깨닫고 싸움을 중단하였다.[11] 이 일화에서 우리는 중생의 안락과 이익을 위한 붓다의 국가관을 읽어낼 수 있다. 붓다의 국가 보호는 중생의 이익과 안락을 위한 것이며 그것은 곧 중생의 생명을 보호하는 것에 있다.[12]

위의 경전들의 주장을 종합해 보면 '정법의 치국' 위에서 비로소 '국가를 보호'할 근거가 생겨남을 확인할 수 있다. 정법치국은 불교의 중

---

10 中村 元, 위의 책, pp.323~324.

11 Jataka, vol. V, p.414.

12 『大正藏』 제2책, pp.690상~693하. 이것은 붓다가 과거에 석가족에 당한 치욕을 갚기 위해 군사를 일으켜 석가국으로 진격해 오는 코살라국의 毘流離王을 막으려고 몸소 왕이 오는 길목에 가부좌를 틀고 앉아 두 차례나 군대를 물리게 한 예에서도 잘 드러나고 있다.

도와 연기의 통찰 위에서 이루어지는 이타행과 보살행, 즉 자비와 보리, 상호존중행과 상호의존성이 이루어질 수 있음을 시사해 준다. 보살은 오늘의 나의 성취는 무수한 사람들의 도움과 협동에 의해 이루어질 수 있었다는 깊은 통찰 위에서 자신의 모든 것을 나누어 주는 존재이다. 나아가 그는 남의 목숨을 구하기 위해 자신의 목숨까지 던지는 존재이다. 정법 치국 사상은 통치자인 왕에게 이러한 보살행의 실천을 강하게 요구하고 있다. 국왕은 일체 중생의 도움과 협동에 의해 오늘의 자리가 보장되어 있음을 자각해야만 한다. 그리고 그 자각은 일체 중생의 이익과 안락을 위한 회향과 서원으로 나타나야 한다. 때문에 그들이 국왕에게 내는 조세 역시 백성에 대한 봉사의 대가로서 백성이 지불하는 임금인 것이다.[13] 따라서 정법 치국 사상의 입장에서 볼 때 왕은 백성에게 봉사하는 것을 본질로 삼아야 한다.

이렇게 볼 때 '정법 치국'에 상응하는 '보호국가' 즉 '호국'은 왕들로 하여금 정법 치국 사상의 중요성을 인식하게 하여 그것을 국가 사회에 실천할 것을 강력히 요구하는 사상이라고 할 수 있다. 그리고 정법 치국 사상은 일반 백성을 위한 정치를 하라는 것이며, 그것은 불교의 근본정신인 자비와 보시 및 평등의 정신을 기본 바탕으로 하고 있다. 따라서 호국사상은 지배 계층의 특권만을 옹호해 줄 수 있는 사상이 아니다. 오히려 나라 국민 전체를 위하는 것이 불교 호국사상의 진정한 의미라고 할 수 있다.[14] 불교가 국가를 보호하는 근거는 제왕의 정법 치국에 있다. 만일 제왕이 정법 치국에 의거하여 정치를 한다면 불자들은 제왕의 사상을 적극 지지하고 동참할 것이다. 국왕은 백성이 고용하거나 선출한 사람이며 조세란 백성이 국왕에게 지급하는 일종

---

13 中村 元, 위의 책, p.119.
14 장지훈, 앞의 논문, p.19.

의 봉급이기 때문이다. 따라서 이러한 정법 치국의 사상은 불교가 '강력한 힘'이 있을 때 가능하였으며 동시에 제왕이 불교 사상을 통치 이념으로 깊이 수용했을 때 가능할 수 있었다.

하지만 불교가 인도에서 동아시아로 전래되면서 이러한 정법 치국 사상의 의미는 왜곡되거나 퇴색되어 왔다. 때문에 출세간의 가치를 추구하는 사문과 세간의 질서를 다스리는 제왕의 영토는 충돌할 수밖에 없었다. 여산 혜원은 「사문불경왕자론」(沙門不敬王者論)을 써서 "출세간의 가치를 추구하는 사문은 세간에서 왕노릇하는 통치자를 공경할 수 없다"[15]라고 강변했지만 수용되지 않았다. 결국 지극한 현실을 추구하며 최고의 가치를 탐구하는 불교는 강대한 권력이라는 비법(非法)으로 현실 사회를 다스리는 통치자에게 휘둘리지 않을 수 없었다. 정법 치국 사상에 의한 정치는 중국 양나라의 양무제(梁武帝)와 신라 법흥왕(法興王)과 진흥왕(眞興王)과 같은 호불(好佛) 황제시대에 잠시나마 유지되는 듯했지만 이후 지속되지 못하였다. 그 결과 불교는 국가와의 관계 설정에서 '상위의 지위'나 '대등한 지위'를 유지하지 못하고 '종속적 지위'로 밀려나게 되었다. 따라서 불교는 통치자의 장막 아래서 이루어지는 '국가불교'의 강역과 통치자의 장막에 동참하면서 '호국불교' 즉 참여불교의 영토를 새롭게 그려갈 수밖에 없었다.

3. 탈영토(脫領土)와 재영토(再領土): 호법과 호국

불교적 인간의 좌표는 역사 밖으로 나아가 치열하게 수행한 뒤 다시

15 廬山 慧遠, 「沙門不敬王者論」.

역사 안으로 들어와 활달하게 교화하는 것이다. 그는 역사 밖의 영토로 나아가 자기와의 치열한 싸움을 벌이게 된다. 그리하여 불교적 인간은 '불법을 보호'하기 위하여 역사 밖으로 나아가 힘을 기른 뒤 다시 '국가를 보호'하기 위하여 역사 안으로 복귀한다. 그의 임무는 먼저 바른 법으로 나라를 다스리는 왕으로 하여금 보살행을 실천하기를 요청하는 것이다. 그리고 스스로도 보리심에 기반하여 자비심을 펼쳐낸다. 여기서 역사 밖으로 나아가 힘을 기르는 과정은 탈영토(출세간)에 상응하며 역사 안으로 들어와 힘을 나누는 과정은 입영토(입세간) 즉 재영토에 상응한다. 해서 탈영토는 '현실적 삶의 질적 제고'의 과정이며 입영토(입세간) 즉 재영토(출출세간)는 현실적 삶의 양적 제고의 과정이다. 그러므로 국가불교(호법)와 참여불교(호국) 즉 영토에서 대지로의 탈영토화(국가불교)와 대지에서 영토로의 재영토화(참여불교)는 중생의 이익과 안락을 위한 노력이자 과정이다.[16]

불교에서의 '호국'이란 인도적 토양과 사유에서 출발한 개념이다. 카스트제도를 통해 정치보다 종교의 우위를 확보해 온 인도의 종교전통에서 세간의 통치자는 출세간의 통치자인 부처 혹은 종교 지도자의 지혜를 빌어 세간의 통치에 원용했다. 해서 인도에서 국가란 국왕이 아니라 국토였고 그것이 불교의 국가관이 되었다. 그리고 불경에서 말하는 '호국'은 '국왕이 각종 재난으로부터 국토를 지키는 것'을 가리

16 질 들뢰즈·페릭스 가타리(이정임·윤정임 역), 『철학이란 무엇인가』(현대미학사, 1995), pp.125~166. 저자들은 '대지'와 '영토'를 통해 사유의 영토들을 해명한다. 이들은 영토에서 대지로의 탈영토화와 대지에서 영토로의 재영토화를 통해 철학의 영토와 철학의 대지를 묻고 있다. 이들에 의하면 재영토화 없는 탈영토화는 있을 수 없으며, 철학은 개념을 영토화 한다. 개념이란 대상이 아니라 영토이며 그것은 대상을 소유하는 것이 아니라 하나의 영토를 소유하는 것이다. 이러한 사유는 신체를 국토화하거나 국토를 신체화하는 身土不二의 사유와도 밀접하게 관련되어 있다. 고영섭, 『연기와 자비의 생태학』(연기사, 2001), p.34 재인용.

킨다. 여기서 국토를 수호하기 위한 전제조건은 국왕의 불교 보호라고 할 수 있다. 이것은 붓다가 열반하면서 국왕에게 특별히 당부한 내용이기도 하다. 이렇게 본다면 호국(護國)은 '불교가 위기로부터 국가(국왕)를 수호하는 것'[17]이며, 백성들을 보호하기 위한 안민(安民) 혹은 애민(愛民)의 과정이며, 호국불교는 국왕의 국가불교에 대한 불자의 참여불교라고 할 수 있다. 나아가 국가불교시대의 주체가 국왕이었음에 대해 참여불교시대의 주체는 불자였다는 사실을 알 수 있다.

사국시대와 남북국시대[18] 및 고려시대는 불교 중심의 시대였다. 각 나라의 왕실은 왕권 강화를 위해 다양한 기획과 정치한 장치를 만들었다. 고구려와 백제 및 가야와 달리 사국을 통일한 신라는 통일 전후부터 7처 가람설과 같은 과거 불연국토(佛緣國土)사상에 입각하여 고유신앙과 불교신앙과의 조화를 모색하였다. 특히 황룡사 9층탑의 조탑과 장육존상의 조성 및 진신인 관음과 정취의 낙산 상주신앙과 오대산의 오만 진신 등과 같은 다불 상주신앙을 전개하였다. 또 성골과 진골의 시설을 통한 진종설(眞種說)의 확산과 불교를 정치이념으로 활용한 불교식 왕명 사용, 그리고 전륜성왕 추구와 호국사찰 건립 및 문두루비법(文豆屢秘法)을 통한 외침 격퇴 등은 역사 밖의 탈영토의 사상으로 인식되었던 불교를 역사 안의 재영토의 사상으로 인식하는 계기를 만들었다.

사국 중 신라는 국민 통합과 왕권 강화를 위해 팔관회와 백고좌법회 등과 같은 호국법회를 자주 열었다. 진흥왕 12년(551)에 고구려에서 귀화한 승통 혜량(惠亮)에 의해 팔관회는 처음 시작되었다. 팔관회는

---

17 고영섭, 「한국불교사 기술의 방법과 문법」, 『한국불교사연구』 제1호(한국불교사연구소·한국불교사학회, 2012), p.45.

18 여기서 사국(四國)은 고구려, 백제, 가야, 신라를 총칭하는 개념이며, 남북국시대는 통일신라와 대발해를 아우른 시대 구분이다.

호국의례로 시작된 국가의례로서 워낙은 죽은 혼령들을 위무하는 위령제적 성격을 띄고 있었다. 이것은 불교의례와 명산대천과 용신 신앙 및 전통적 제천의례가 습합된 대표적인 의례였다. 진흥왕 33년(572) 10월 20일에는 전몰장병의 위령을 위해 외사(外寺)에서 7일간 팔관회가 개최되었다.[19] 한편 백고좌법회는 『인왕호국반야바라밀경』 제5 「호국품」에 의거하여 시설되었다. 이 경전에 입각하여 거행된 백고좌회는 국가위기나 천재지변을 막고 국왕의 병을 고치는 호국적 기원법회로 이해되면서 '호법은 곧 호국'이라는 등식이 강조되었다.[20] 이 『인왕경』 및 『법화경』과 함께 '호국삼부경'으로 알려진 『금광명최승왕경』은 703년에 의정(義淨) 삼장이 번역한 이듬해에 당에서 돌아온 김사양(金思讓)에 의해 왕실에 바쳐졌다.[21]

그리고 김유신을 구출하기 위해 등장했던 나림(奈林)과 혈례(穴禮)와 골화(骨火) 세 곳의 호국신인 세 낭자 이야기는 고유의 명산대천 신앙을 보여 주고 있다.[22] 또 문무왕이 "짐은 죽어서 호국대룡이 되어 불법을 받들고 나라를 수호하고자 한다"라고 한 대목에서는 신라의 용신 신앙과 호국염원의 결합을 볼 수 있다. 그뿐만 아니라 삿된 신앙을 꺾어버린 밀본(密本),[23] 용궁에 들어가 신인(神印, 文豆屢)을 얻고 신유림에 사천왕사를 처음 세워 용을 항복시킨 혜통(惠通)[24] 그리고 당나라의 대병을 문두루 비법으로 물리친 명랑(明朗)[25]의 호국신앙이

19 金富軾, 『三國史記』 권46.

20 金煐泰, 「신라불교 호국사상」, 『숭산박길진박사화갑기념 한국불교사상사』(원광대 출판부, 1975).

21 金富軾, 『三國史記』, 신라본기」 8, 성덕왕 3년(704) 1월.

22 一然, 『三國遺事』 권1, 「紀異」 제1, 金庾信.

23 一然, 『三國遺事』 권4, 「神呪」, 密本催邪.

24 一然, 『三國遺事』 권4, 「神呪」, 惠通降龍.

25 一然, 『三國遺事』 권4, 「神呪」, 明朗神印.

있다. 나아가 세속오계를 제시한 원광(圓光), 황룡사 9층탑을 조탑한 자장(慈藏), 암호문을 해독하여 고구려 군의 공격에서 신라군을 구한 원효(元曉), 당나라의 신라 침공 정보를 알리기 위해 귀국한 의상(義湘), 김유신의 용화향도(龍華香徒), 황룡사 9층탑과 황룡사 장륙상 및 진평왕의 옥대 등의 신라 삼보(新羅三寶) 혹은 호국삼보(護國三寶) 등은 모두 호국신앙을 주도한 인물들이자 호국신앙을 뒷받침하는 기제들이었다.

고려시대에 시설된 여러 승제들에도 호국을 위한 흔적들이 적지 않게 투영되어 있다. 일찍이 태조가 훈요십조(訓要十條)의 제1조에서 "우리 국가의 대업은 제불(諸佛)을 호위하는 힘에 의지하였기 때문에 선교(禪敎) 사원을 중창하고 주지를 보내 그 업을 닦도록 한다"라고 명시하였다. 그리고 제2조에는 사원의 위치가 국조(國祚)의 흥륭과 관련되어 있다는 비보사탑(裨補寺塔)의 관념이 표명되어 있다. 또 제6조에는 "연등회와 팔관회의 지속적 거행을 당부"하고 있으며[26] 이후 이들 의례는 국가에서 성대한 의식으로 거행하였다. 이후에도 거란군을 맞서 전쟁에 참전하였으며, 또 숙종 9년(1104)에는 여진정벌을 위해 윤관이 별무반(別武班)을 설치하여 승도들로 구성된 항마군(降魔軍)도 선발하였다.[27]

30년간의 대몽항쟁기에 승려 김윤후(金允侯)가 용인 처인성(處仁城)에서 몽고군의 총사령관 살리타(撒禮塔)를 주살하고 충주 방호별감(防護別監) 낭장(郎將)을 맡아 2개월간의 몽골군과의 전쟁에서 승리를 이끌었다. 당시 고려는 연등회와 팔관회와 같은 국가의례의 거행

26 『高麗史』「世家」 2, 太祖 26년 6월조.
27 『高麗史』 권113, 列傳, 崔瑩. 이러한 전통은 이미 고구려말 보장왕 4년(645)에 당 태종이 50만 대군을 이끌고 고구려를 침략하였을 때 고구려 僧軍 3만 명이 안시성에서 唐軍을 대파하였다는 사실에서도 확인된다.

뿐만 아니라 도교와 결합된 형태의 의례도 왕실에서 실행하였다. 고려는 국초부터 내외 사찰은 모두 수원승도(隨院僧徒)가 있어서 국가가 매번 군사를 일으킬 때마다 모든 사찰이 그를 징발하여 제군에 나누어 소속시켰다.[28] 이들 승군들은 고려시대만이 아니라 조선시대로 이어져 국초부터 창고의 조성, 도성의 구축, 산릉의 조영, 사찰의 증축, 운하의 개착, 방축의 공사 등 다양한 부역에 동원되었다.[29]

조선은 억불숭유의 기치 아래 유교를 국시로 내세웠지만 퇴계와 율곡의 성리학이 공고화되기 이전까지는 외유내불(外儒內佛) 혹은 양유음불(陽儒陰佛)의 시대였다. 새 왕조가 건국되었지만 고려 이래의 명산대천과 성황당 신앙 등은 신격(神格)을 유지한 채 사라지지 않고 면면히 명맥을 이어갔다.[30] 그러나 유교적 법제가 정착되어 가면서 고려 이래 의례의 기본 전제인 '호국'(護國)의 표기는 점차 삭제해 갔다.[31] 하지만 이러한 호국의 관념은 국가가 존재하는 한 더불어 갈 수밖에 없었다. 연산조를 지나 중종조에 이르자 조선시대 통치 이념의 근간이 담긴 『경국대전』 속에서 도승(度僧)조를 폐지하기에 이르렀다. 이후 명종의 어머니였던 문정대비는 불교의 가치와 내용을 파악할 줄 아는 남다른 의식을 지니고 있었다. 그는 허응 보우(虛應普雨)를 발탁하여 선교양종과 승과를 복원하고 15년간 불교 중흥을 뒷받침하였다. 그렇다면 허응 보우[32]와 문정대비는 호'법'의 의미와 호'국'의 의미를 어떻

28 『고려사』 권81, 志, 兵一.

29 安啓賢, 「韓國僧軍譜」, 『한글대장경』 제152책(동국역경원, 1970), p.685 이하 참조.

30 『太祖實錄』 권3, 태조 2년(1393) 1월 21일(정묘). 여기에서는 "智異山·無等山·錦城山·鷄龍山·紺嶽山·三角山·白嶽의 여러 산과 진주의 성황은 護國伯이라 하고 그 나머지는 護國의 神이라 하였으니 예조에 명하여 상정하였다"라고 하였다.

31 『世宗實錄』 권76, 세종 19년(1437) 3월 13일(계묘). 여기에서는 "예조에서 嶽·海·瀆·山川의 壇廟와 信牌의 제도를 상정하였다. 海豊郡의 白馬山은 단의 위판에 '白馬護國之神'이라고 썼는데 호국 두 글자는 삭제하게 한다"라고 했다.

32 고영섭, 「虛應 普雨의 불교 중흥」, 『한국불교학』 제56집(한국불교학회, 2010).

게 이해하고 있었을까?

본디 '국'(國)의 개념은 나라를 뜻하는 것만은 아니었다. 고대 국가의 역사에서 가장 작은 단위는 개 짖는 소리와 닭 우는 소리가 들리는 '리'(里)였고, 이들을 연합 확대한 최초의 연맹체는 '고을'[邑]이었다. 읍들을 연합 확대한 것은 '성'(城)으로 이어졌고, 성들의 연합은 다시 국(國)으로 확장되었다. 고을나라[邑城國]의 연합으로 이루어진 고조선은 해체 이후 70여 나라로 유민들이 갈라졌으며 점차 번잡해져 78개국으로 나누었다고 전한다. 특히 한(韓)의 후예인 마한은 54개국, 진한은 12개읍, 변한도 12개읍이라고 하였다.[33] 부여와 고구려 및 백제와 가야 그리고 신라 등의 호구(戸口) 통계를 보면 크게 다르지 않았다. 황제가 다스리는 제국(諸國)과 제후국의 국(國)의 구분은 국의 숫자나 영토의 강역에 의한 것이기보다는 문명권을 주도하는 선진문물의 공작소 기능의 확보에 있었다. 그리고 거기에 의해 역사기술의 방법과 문법도 달라졌다. 『삼국사기』나 『삼국유사』에는 고구려와 백제와 신라 모두 황제 중심의 역사 기록인 '본기'(本紀)를 쓰고 있으며, 황제의 죽음인 붕어(崩御) 등도 사용하고 있다.[34] 여기에서 우리는 사국(실은 삼국인 고구려/백제/신라) 역시 중국과 대등한 연호를 쓰고 독자적인 선진문물을 창안해 온 '국토'이자 '백성'이었음을 알 수 있다. 그렇다면 호국의 '국'(國) 개념을 황제나 왕의 의미 뿐만 아니라 '국토' 내지 '민'의 의미로 이해해야 하지 않을까 한다.

『인왕경』과 『범망경』은 불교의 '국'(國)에 대한 관점을 보여주는 경

33 一然, 『三國遺事』 「紀異」 제1, 72국.

34 『禮記』에 의하면 황제의 崩, 王/諸侯의 薨, 大夫의 不祿, 士의 卒, 庶人의 死처럼 죽음에도 위계를 나타내는 표기가 구분되어 있었다. 현재 우리가 보고 있는 조선 중종 임신본 『삼국사기』와 『삼국유사』는 조선시대의 편제와 의식 구조에 따라 표기한 예들이 적지 않다.

전들이다. 16나라의 왕들이 '국토'를 수호할 인연에 대해 물었다. 부처는 호국의 절대적 조건은 '호법'에 있으며, 반대로 불법을 파괴시키는 것은 '파국'(破國)의 인연이 되므로 경계해야 한다고 했다. 수·당대의 중국과 신라·고려대의 한국은 이 경전에 의거하여 수차례 백고좌 법회를 열어 난국을 타개하려고 했다. 100명의 고승을 초빙하여 공양을 대접하고, 100개의 등불을 밝히고 온갖 향을 피우며, 불상과 보살상과 나한상을 각기 100구씩 시설하고 이 자리에 참석한 국왕은 매일 두 차례에 걸쳐 『인왕경』을 몸소 읽는 성대한 불교 의식이었다.

이 경의 메시지는 "불교가 국가를 위하여 무엇을 할 것인가"[護國]가 아니라 "국왕이 불교를 위하여 무엇을 할 것인가"[護法]에 겨냥되어 있었다.[35] 이렇게 본다면 『인왕경』의 메시지는 불자가 주체가 되는 '호국'이 아니라 국왕이 주체가 되는 '호법'에 맞추어져 있음을 알 수 있다. 황(왕)실은 호국론에 입각하여 "황제(왕)는 곧 '당금(當今)의 여래(如來)'이니 승려들은 마땅히 황제(왕)에게 절을 해야 한다고 강변하였다. 그는 이것을 황제(왕)에게 절하는 것이 아니라 붓다에게 절하는 것이라고 강변하였다. 이러한 황(왕)즉불 또는 황(왕)즉여래 혹은 황(왕)즉보살의 관념은 중국 남북조와 신라 진평왕 전후기 그리고 후고구려(마진, 태봉)의 궁예 등이 절대 왕정을 꿈꾸며 널리 활용한 기제였다.[36]

허응 보우 역시 이러한 개념을 적극적으로 원용하여 명종을 대신하는 문정대비를 여래로 보았고 여래를 명종을 대신하는 문정대비로 보았다.[37] 바로 이 대목을 통해 우리는 조선 이전의 '타자화된 국가불교

---

35 南東信, 「한국불교사의 인식과 방법론」, 『불기 2552년 부처님 오신날 봉축세미나: 한중일 삼국의 불교와 인문학의 소통』(동국대학교 불교문화연구원, 2008), p.49.

36 고영섭, 「한국불교사 기술의 방법과 문법」, 『한국불교사연구』 제1호(한국불교사연구소·한국불교사학회, 2012), pp.45~46.

37 普雨, 「寫經跋」, 『懶庵雜著』(『韓佛全』 제8책). 보우는 선교양종이 복립된 이후 사경

의 호법적 지향'과 달리 조선 이후의 '주체화된 참여불교의 호국적 지향'을 엿볼 수 있다. 다시 말해서 역사 밖에서 국왕에 의해 실현되는 정법 치국을 객관적으로 바라보는 호법(護法)과 달리 역사 안에서 불자에 의해 구현되는 실천불교를 주체적으로 움켜안는 호국(護國)은 실천불교의 다른 이름이었다. 그것은 '왕사를 다하고', '충성을 다하는' 즉 '근왕'(勤王)을 위해 이루어진 것도 아니고, 국왕의 명령에 의해 움직이는 것도 아니었다. 오히려 국왕들에 의해 이루어지는 호법적 국가불교와 달리 불자들에 의해 이루어진 호국적 참여불교였다.

이것은 종래의 국왕 주도의 정책을 수동적으로 받아들이는 호법적 국가불교와 달리 국민들에 대한 애민(愛民) 또는 안민(安民)을 실현하려는 호국적 참여불교라고 볼 수 있다. 문제는 호법의 '주체'를 누구로 보고 호국의 '의도'를 어디에 두느냐에 달려 있다고 할 수 있다. 조선조 국왕들의 불교(정법) 인식은 지극히 미미하였다. 때문에 불교계에서는 불자들의 호국적 지향을 통해 불교의 존재감을 확보하지 않으면 아니 되었다. 승군은 국왕의 부름에 의해 촉발된 측면이 없지 않았지만 그들이 지계의 원칙을 뛰어넘는 월계(越戒)를 감수하면서까지 일어선 것은 불자들의 역사의식과 시대정신 속에서 내린 결정이라고 할 수 있다. 이것은 역사 속에 능동적이고 적극적으로 동참한 '참여불교'의 모델이라고 할 수 있다.

물론 세간의 통치자인 황제(왕)와 출세간의 통치자인 부처를 동일시 할 수는 없다. 그런데 절대 왕정시절의 황제(왕)는 세간과 출세간을 동일시했고 자신과 부처를 동일시했다. 그러나 내면의 각성을 추구하는 출가자와 현실의 행복을 추구하는 재가자들의 가치는 동일할 수

불사를 지원한 대비에 대한 문구에서 "우리 성령 전하께서는 곧 여래이시며 우리 여래는 곧 우리 성렬전하이시다"라고 축원하고 있다.

없다. 하지만 이들의 가치가 동일하지 않다고 해서 불교와 사회, 교단과 국가와의 관계를 분리해서 볼 수만도 없다. 만일 '국'(國)을 '국토' 또는 '불국' 혹은 '민'(民)을 포함하는 '사회전체'로 확산시킬 수 있다면 호국이 황제(왕) 한 사람만을 위한 충성으로만 한정되지는 않을 것이다. 동시에 호법이 불법만을 보호하기 위한 것으로만 강조되지도 않을 것이다. 바로 이 지점에서 국왕에 의해 실현되는 정법 치국을 객관적으로 바라보는 호법과, 불자에 의해 구현되는 실천불교를 주체적으로 움켜 안는 호국의 화쟁회통(和諍會通)이 요청되는 것이다.

따라서 국가와 국왕을 동일시하든 차별시하든 간에 국가와 불법의 관계는 분리될 수도 없고 일치될 수도 없다. 그렇다면 불교와 국가의 관계를 어떻게 대등한 관계로 설정할 수 있을까? 과연 제왕이 통치하던 조선시대에 정교분리(政教分離)가 가능할 수 있었을까? 불가능하였다면 불교는 통치 이념의 방편이었는가, 외부종교였는가? 가능하였다면 유교는 종교였는가, 통치 이념이었는가? 호국불교 담론은 이러한 점들을 고려하여 논의가 이루어져야만 생산적인 결론을 내올 수 있을 것이다.[38]

4. 근왕(勤王)과 승군(僧軍): 부역과 월계

충의(忠義)를 기치로 하는 유교를 통치 이념으로 삼았던 조선시대는 국가불교시대라고 할 수 있었던 이전 시대와는 변별해서 보아야 할 것이다. 알다시피 조선은 수기(修己)와 안민(安民)을 주요한 삶의

38 고영섭, 「한국불교사 기술의 방법과 문법」, 『한국불교사연구』 제1호(한국불교사연구소·한국불교사학회, 2012), p.46.

가치로 삼았던 유자(儒者)들의 나라였다. 유자들은 국가와 제도 및 질서와 문화(문명) 등을 통해 현실 세계를 구성하고 해명하고자 하였다. 때문에 발심(發心)과 서원(誓願), 보리심과 자비심을 삶의 주요한 가치로 삼았던 불자들의 세계관은 유자들의 세계관과 부딪치지 않을 수 없었다. 유자들은 국난이 있을 때 국왕을 위한 충의의 발현으로서 '왕사를 다하고', '충성을 다하는' 행위를 모두 '근왕'(勤王)으로 인식하고 있었다. '근왕'이란 개념 속에는 역사의 주체를 국민 중심이 아니라 제왕 중심으로 보려는 의식이 투영되어 있다.

이렇게 본다면 조선조는 국왕들과 실권을 지니고 있던 몇몇 신하들이 주도하던 나라였다. 때문에 조선조 이래 불교에 대한 정책 역시 제한적이었고, 불교 사상은 종종 역사 밖의 가치를 추구하는 것으로 오해되어 왔다. 하지만 사국시대 이래 고려조까지 불교의 가치는 역사 안에서 구현되어 왔다. 그럼에도 불구하고 이러한 이해가 저러한 오해를 불러온 것은 체제의 변동이 가장 큰 이유였다. 사국시대 이래 고려조까지는 불법을 보호하고 불교의 지혜를 빌려 통치에 원용하려는 제왕 중심의 '국가불교시대'였다. 하지만 조선조는 유교를 보호하고 유교의 지혜를 빌려 통치에 원용하려는 '국가유교시대'였다. 때문에 종래까지 국가의 보호와 지원을 받았던 국가불교시대와 달리 불교계는 '자생'(自生) 혹은 '자립'(自立) 불교의 터전을 일구지 않으면 아니되었다.[39] 자생 또는 자립 불교 시대에는 경제권과 생활권을 뿐만 아니라 정치권과 문화권 등을 스스로 확보해야만 존립할 수 있었다.

그렇다면 당시의 의승군들은 왜 '지계의 원칙을 초월하면서도'[越戒][40]

---

39 고영섭, 『한국불학사: 조선시대편』(연기사, 2005). 논자는 여기서 조선조 불교의 성격을 국가의 공식적인 지원을 받지 않고 풀뿌리 민주주의처럼 스스로 선 '자생 혹은 자립 불교의 특성'을 지닌 불교로 파악하였다.

40 智冠 편, 「海南大興寺淸虛堂休靜大師碑文」, 『韓國高僧碑文總集: 朝鮮朝·近現代』

전쟁에 참여하지 않으면 아니되었을까? 당시 일부에서 '계를 뛰어 넘는다'[越戒]는 비판을 받으면서도 승군활동을 할 수밖에 없었던 까닭은 어디에 있었을까?[41] 그들이 월계까지 하면서 지켜내고자 했던 '국'의 실체는 과연 무엇이었을까? '국가'였을까, 아니면 '민'이었을까? 아니면 '국가'와 '민' 모두였을까? 조선시대 의승군들에게 '국'은 '국가'이자 '민'이었다. 해서 그들은 임진왜란과 정유재란 동안에 국가와 민을 위하여 전쟁의 현실에 적극적으로 참여하여 왜적을 물리쳤다.

송운 유정(宋雲惟政, 1544~1610)은 임진왜란 중에 휴정을 승계하여 도총섭으로 활동한 실질적인 도승장으로 분충서난(奮忠紓難)의 상징적 존재이다. 평양성 탈환을 비롯하여 의승군 활동과 관련된 그의 다양한 역할은 일일이 기록하기 어려울 정도로 많다. 1593년 3월에는 수도 근교 양주목의 노원평(蘆原坪, 1993. 3. 25~28)과 우관동(우이동) 전투의 공로로 선조로부터 선교양종판사(禪教兩宗判事)를 제수받았다. 1594년에는 의령에 주둔하면서 각 사찰에 봄보리를 심도록 하고 산성주위를 개간하여 정유재란이 끝날 때까지 군량미 4,000여 석을 비장한 공로로 선조로부터 가선대부동지중추부사(嘉善大夫同知中樞府事)를 제수받았다. 그의 지휘 아래 수축한 산성은 팔공산성·용기산성·약견산성·이숭산성·부산성·남한산성 등[42]을 헤아릴 수 있다.

또 갑사 청련암의 기허 영규(騎虛靈圭, ?~1592)는 의승군 8백 명을 규합하여 왜군이 점령한 청주성을 공략하여 전공을 세웠다. 그 뒤 매복에 걸린 조헌(趙憲, 1544~1592)의 의병을 구하기 위해 금산전투를

(가산불교문화연구원, 2000), p.61.

41 중국에서 수행자는 오전에는 공양을 하지만 午後 不食時에는 藥石 혹은 藥果를 공양 대용으로 하였다.

42 양은용, 「조선시대 국난과 의승군의 활동」, 『불교사회연구소 호국불교 의승군 세미나 자료집』(2011), p.10.

전개하다가 장렬한 최후를 마쳤다. 뇌묵 처영은 전주 금산사를 중심으로 승병 1천여 명을 모아 권율(權慄, 1537~1599)과 함께 1592년 7월에 근산 배고개 전투에 참가하여 오바야가와 다카가게(小早川隆景, 1533~1597) 군을 무찔러 왜군의 호남진격을 저지하였다. 이듬해 2월에는 권율과 함께 독왕산성에 주둔하여 우키다 히데이에(宇喜多秀家, 1573~1655)의 공격을 물리치고, 행주대첩에서는 임진왜란 이후 최대의 승첩을 이끌었다. 이러한 공로를 기려 정조는 승장으로의 격을 높여 두륜산에 표충사(表忠祠), 묘향산 보현사에 수충사(酬忠祠)를 짓고 휴정·유정·뇌묵 3승 대장의 영정을 안치하도록 하였다.[43] 삼혜(三慧, ?~1633?)와 의능(義能, 1534?~1614?) 두 승장은 1592년 8~9월에 전라좌수사 이순신 휘하에서 의승수군(義僧水軍) 400명을 조직하여 활동하였다.[44]

유정에게서 승장(僧將) 추천을 의뢰받은 부휴 선수(浮休善修, 1543~1615)는 제자 대가 희옥(待家熙玉, ?~?)을 대신하여 의승 수군 활동을 거친 벽암 각성(碧巖覺性, 1574~1659)을 보냈다. 이후 휴정과 유정 다음으로 가장 명성이 높았던 벽암 각성은 남한산성을 주로 수호하였다. 그를 따르던 송광사의 자운 윤눌(慈雲潤訥, ?~?) 등 4형제의 승장이 잘 알려져 있었다. 이들 이외에도 화엄사 화상이었던 홍신(弘信)과 전라좌수영 의승 수군 조직 당시 구례군 토지면 송정리의 석주관(石柱關)에 파견된 전 통정대부 호남총섭 겸 주지인 신해(信海) 등이 있었다.[45] 이처럼 임진왜란에 참여한 승장으로는 청허 휴정, 송운 유정, 기허 영규, 뇌묵 처영 외에 의엄(義嚴, 郭秀彦), 우용 쌍익(寓慵 雙翼, 卞獻), 중관 해안(中觀海眼), 제월 경헌(霽月敬軒), 청매 인오(靑梅印悟), 기암

43 覺岸, 『東師列傳』 권2, 淸虛尊者傳.
44 『忠武公全書』 권3, 「分送義僧把守要害狀」.
45 「華嚴寺先生設案錄」, 『불국사화엄사사적』 부록(고고미술동인회, 1955); 양은용, 앞의 글, p.14 재인용.

법견(奇巖法堅), 소요 태능(逍遙太能), 신열(信悅) 등이 있다.[46] 또 이들 이외에도 송월 응상(松月應祥), 허백 명조(虛白明照, 1593~1661), 회은 응준(晦隱應俊), 허정 법종(虛靜法宗), 용담 조관(龍潭慥冠), 월파 태율(月波兌律), 연담 유일(蓮潭有一, 1720~1799) 등[47]이 있었다.

당시 임진왜란과 정유재란에 참여했던 의승군은 약 5,000여 명에 이르는 것으로 알려져 있다. 그리고 병자호란 당시에는 각성과 명조 등의 승장들이 다시 참여하고 있다. 특히 전란이 이어지면서 승병은 상설조직화 형태를 띠면서 남북한 산성의 수호대가 결성되고 의승입번제(義僧立番制)로 이어지다가 의승방번제(義僧防番制)로 바뀌었다. 숙종 40년 의승입번제가 결성될 당시 남북한 산성에 배치된 의승의 정원은 각기 350명으로 도합 700명이었다. 정부는 이들 의승군에게 축성(築城)과 방수(防守) 등의 임무를 부여하고 있어서 전국 사찰의 부담은 매우 컸다.

영조 3년(1756)에는 반감 조치를 하면서 남한산성에 356명, 북한산성에 351명으로 도합 707명의 정원으로 늘어났다. 성내에 상주하는 승려들을 정원으로 하고 대신 방번전(防番錢)을 내는 방식의 방번제(防番制)를 시행하면서 남북한 산성 합계는 모두 14,354냥이었다.[48] 이러한 과정을 거쳐 불교계는 존재감을 대내외에 과시할 수 있었고 각 지역의 사찰들의 중흥불사를 완수하면서 교계는 임제법통을 확립해 갔고 삼문 수업 체계를 정비해 갔다. 그렇다면 이들이 제1계인 불살생계를 뛰어넘으면서[越戒]까지 의승군으로 분연히 일어선 까닭은 어디에 있을까?

46 김영태, 『壬辰倭亂의 僧將들』(동국대출판부, 1979).

47 高橋亨, 「李朝僧將の詩」, 『조선학보』 제1호(조선학회, 1951), p.141 이하.

48 김갑주, 「남북한산성 義僧番錢의 종합적 고찰」, 『불교학보』 제25집(동국대학교 불교문화연구원, 1989), p.233 참조.

당시 불교계는 다수의 승병들이 전란에 참여하면서 심각한 어려움에 봉착하였다. 병화(兵火)와 약탈, 사찰의 소진과 토지의 황폐화로 인한 사원 재정 기반의 위축은 말할 것도 없었다. 더욱이 승군 활동 자체가 승려의 본분에 어긋날 뿐만 아니라 그로 인해 수행에 전념하지 못하는 현실이 더 큰 문제로 부각되었다.[49] 그뿐만 아니라 전공을 세워 직책을 받은 승려들 중 일부는 전란 이후에 환속(還俗)하는 경우가 적지 않았다.[50]

휴정의 제자인 청매 인오는 "참상(慘狀)과 간과(干戈)가 날로 심하고 부역이 해마다 더욱 압박하여 남북으로 갈리고 산중에 희비가 끊어져 통병(痛病)이 이루 말할 수 없다"라고 탄식하였다.[51] 또 정관 일선(靜觀 一禪)은 "말법이 쇠하고 세상이 어지러워 백성이 안도하지 못하며 승려 또한 편히 머물지 못한다. 적(敵)의 잔해와 사람의 노고를 이루 다 말할 수 없는데 더욱 슬픈 것은 승려가 속복을 입고 종군하면서 죽거나 도망치는 것이다. 또 출가의 뜻을 잊고 계율 실천을 폐하며 허명을 바라고 돌아오지 않으니 선풍이 장차 멈출 것이다"[52]라고 하여 당시의 현실을 개탄하였다.[53]

불교계 내부의 혼란에도 불구하고 이처럼 의승군으로 일어선 것은 불자들 스스로 역사 속에 참여하고자 하는 강렬한 의지때문이었다. 역사 밖에서 시대를 주도하는 유자들을 바라보는 방관자가 아니라 역

---

49 김용태, 「한국불교사의 '호국' 사례 검토와 호국불교 개념의 재고」, 『조계종불교사회연구소세미나 자료집: 호국불교의 재검토』, 2011년, p.51.

50 惟政, 「乙未派兵後備邊司啓」, 『奮忠紓難錄』(『한불전』 제8책, p.97). 휴정 문하의 義嚴은 도총섭까지 올랐으나 뒷날 환속하여 벼슬을 제수받았다.

51 青梅, 「悼世」, 『青梅集』(『한불전』 제8책, p.150).

52 靜觀, 「上都大將年兄」, 『靜觀集』(『한불전』 제8책, pp.30~31).

53 고영섭, 「광해군의 불교 인식」, 『한국불교사연구』 제2호(한국불교사연구소·한국불교사학회, 2013. 2).

사 안에서 그들 스스로 애민과 안민의 마음으로 참여하고자 하였다. 유교의 이념에 의해 국가를 통치하는 시대 상황에서 불교의 정법에 의한 치국이 이루어질 수 없는 현실이었지만 불자들은 백성들에 대한 사랑과 연민으로 시대의 한복판에 참여하여 주체적인 호국의 지평을 열어젖히려 하였다. 국왕이 주체인 타자화된 국가불교 아래에서 호법을 기대할 수 없는 상황을 뛰어넘어 이제는 불자가 주체가 된 자내화된 참여불교 아래에서 호국을 실천하기로 하였다.

따라서 '근왕'(勤王)이 제왕을 섬기기[王事]를 다하고 충성을 다하려는 부역(赴役)이었던 반면, '월계'(越戒)는 오직 백성들에 대한 애민과 안민의 일념에서 비롯된 호국(護國)이었다. 그리하여 왜군으로부터 백성들을 보호하려는 일념으로 의승군들은 자신들의 존재 이유인 불살생계를 뛰어넘으며[越戒] 역사 안에 참여하였고 시대 속에 투신하였다. 이러한 보살행의 극적인 전개가 바로 월계이자 호국이었던 것이다.

5. 국가불교와 참여불교

고대 인도에서 출가자들은 '상가'(samgha)의 일원이었지만 국민들은 국가의 일원이었다. 상가는 고대 인도에서 집단 혹은 집회 또는 회의를 의미하는 말이었다. 하지만 점차 국가의 '정치체제'와 '종교집단' 등과 같은 종교적, 사회적 조직을 가리키는 개념으로 사용되었다. 당시에는 '가나'(gana)라는 말도 함께 사용하였다. 때문에 제정일치(祭政一致) 혹은 신정일치(神政一致)로 이루어지던 고대사회에서는 사제권과 왕권이 분리되지 않았다. 하지만 통일국가가 출현하기 시작하면서 점차 왕권과 사제권이 분화되었고 왕권이 우위에 서기 시작했다.

사성계급의 위계에서 크샤트리아가 바라문보다 우위에 있게 된 것도 이러한 이유 때문이다. 국가기원설에서 볼 때 바라문교가 왕권신수설(王權神授說)에 입각하여 왕권과 국가의 기원을 설명했다면, 불교는 사회계약설(社會契約說)을 의거하여 국가와 왕권의 기원을 해명하였다.[54] 하지만 불교가 동아시아로 전래되면서 사회계약설은 자취를 감추고 왕권신수설 즉 왕권천수설(王權天授說)이 주류를 이루었다.

고대에는 '국'='왕'이었고 '민'='왕의 신민'이었다. 때문에 고중세의 국가불교란 '국'을 대표하는 제왕에 의해 불교 정책이 이뤄지던 시대라고 할 수 있다. 여기서 '나라'의 법적인 호칭인 '국가'는 '국'(國)과 '가'(家)가 결합된 매우 근대적인 개념이다. 즉 근대 이후의 국가는 일정한 영토에 거주하는 다수인으로 구성된 정치조직이나 그 단체를 가리킨다. 때문에 국가는 영토와 국민과 주권이라는 국가 구성의 세 요소를 지닌다. 그리고 국가의 형태인 민족국가란 일정한 민족을 기초로 구성된 국민국가(states of nation)를 가리킨다. 즉 민족국가란 공동체적 가치를 지닌 '국'과 개인적 가치를 지닌 '가'의 결합에 의해 생겨난 공동체를 가리킨다. 국가가 비록 허체이기는 하지만 통치자가 권력을 통해 체제를 유지시켜가기 때문에 국가를 허체라고만 볼 수도 없다. 때문에 국가는 허체이면서도 실체의 모습을 공유하고 있다는 점을 간과해서는 아니된다.

참여불교와 달리 국가불교는 제왕의 의도에 의해 불교 정책을 입안하고 집행하는 불교라고 할 수 있다. 제왕이 불교의 가치를 믿고 따르며 불교의 세계관을 통치 원리에 반영한다고 할 때 그는 국가불교를 추구한다고 말할 수 있다. 그리고 왕은 불교적 왕명을 붙이고 불교적

---

54 中村 元(차차석 역), 『불교정치사회학: 불교적 이상사회에 대한 경전자료의 새해석』(불교시대사, 1993), pp.61~62.

법식을 제도화시켜 불교적 통치 이념으로 백성을 다스릴 수 있다. 반면 조선조의 경우에는 국왕이 유교적 법식을 취하고 유교적 통치 이념으로 백성을 다스린다고 해서 전통시대의 통치 이념이었던 불교를 온전히 배척하기는 쉽지 않았을 것이다. 그렇다면 불교인들은 유교적 통치 이념으로 다스리는 조선조에서 이루어지는 불교 정책을 어떻게 이해하였을까? 그들 모두가 국왕을 위한 충의의 발현으로서 '왕사를 다하고', '충성을 다하며' 그들의 행위 모두를 '근왕'(勤王)으로 인식하고 있었을까?

'근왕'이란 개념 속에는 역사의 주체를 국민 중심이 아니라 제왕 중심으로 보려는 의식이 투영되어 있다. 그렇다면 왜적에 의해 목숨을 도륙당하는 조선 백성들을 보호하기 위해 출가자의 제1계인 불살생계를 초월하면서[越戒]하면서 왜란에 맞선 의승군들의 의식 속에는 어떠한 마음이 있었을까? 충의의 발현으로서 근왕의 임무를 다하기 위해 분연히 일어섰을까? 아니면 백성들에 대한 사랑과 안위를 위하여 일어섰을까? 국가불교 시대에서 국가란 국왕이 아니라 국토였고, 불경에서 말하는 '호국'은 '국왕이 각종 재난으로부터 국토를 지키는 것'을 가리킨다.

그렇다면 국토를 수호하기 위한 전제조건은 국왕의 불교 보호라고 할 수 있다. 그리고 이것은 붓다가 열반하면서 국왕에게 특별히 당부한 내용이기도 하다. 이렇게 본다면 호국은 '불교가 위기로부터 국가(국왕)를 수호하는 것'[55]이며, 호국불교는 백성들을 보호하기 위한 안민(安民) 내지는 애민(愛民) 불교이며, 국왕의 국가불교에 대한 불자의 참여불교라고 할 수 있다. 그리고 국가불교 시대의 주체가 국왕이었음

55 고영섭, 「한국불교사 기술의 방법과 문법」, 『한국불교사연구』 제1호(한국불교사연구소·한국불교사학회, 2012. 8), p.45.

에 대해 참여불교시대의 주체는 불자였다는 사실을 알 수 있다. 고구려와 백제 및 가야와 신라의 사국 그리고 통일신라와 대발해의 남북국시대 및 고려시대의 '타자화된 국가불교의 호법적 지향'과 달리 조선 이후의 '주체화된 참여불교의 호국적 지향'을 엿볼 수 있다.

조선시대 의승군들의 궐기는 선조의 부름을 받은 휴정의 격문에 촉발되었다. 하지만 의승군의 궐기는 종래의 국왕 주도 정책을 수동적으로 받아들이는 호법적 탈영토화 과정과 달리 국민들에 대한 애민(愛民) 내지 안민(安民)을 실현하려는 호국적 재영토화 과정이라고 볼 수 있다. 다시 말해서 국왕이 주체인 국가불교의 호법적 지향이 아니라 불자가 주체인 참여불교의 호국적 헌신으로 나아간 것이라고 할 수 있다. 여기에서 호법의 '주체'를 왕으로 보고 호국의 '의도'를 어디에 두느냐가 문제라고 할 수 있다.

유교를 통치 이념으로 하는 조선시대 국왕들의 불교 보호적 경향은 지극히 미미하였다. 때문에 불자들은 호국적 지향을 통해 불교의 존재감을 스스로 확보해야만 했다. 의승군은 국왕의 부름에 의해 촉발된 측면이 없지 않았지만 월계(越戒)를 감수하면서까지 일어선 것은 불자들의 역사의식과 시대정신 속에서 내린 결정이라고 할 수 있다. 때문에 호국불교는 특정 정권에 충성하는 '어용불교'가 아니라 역사 속에 능동적이고 적극적으로 동참한 '참여불교'의 모델이라고 할 수 있다.

국왕이 주체가 되는 국가불교와 달리 불자가 주체가 되는 참여불교는 역사 안으로 참여하고 시대 속으로 동참하는 불교이다. 역사 밖에서 국왕에 의해 실현되는 정법 치국을 객관적으로 바라보는 호법(護法)과 달리 역사 안에서 불자에 의해 구현되는 실천불교를 주체적으로 움켜안는 호국(護國)은 실천불교의 다른 이름이었다. 그것은 '근왕'(勤王)만을 위해 이루어진 것도 아니고, 국왕의 명령에 의해 움직이는 것도 아니었다. 오히려 국왕들에 의해 이루어지는 호법적 국가불교와 달리 불자들에 의해 이루어지는 호국적 참여불교였다.

따라서 '호법'은 국왕들의 불교 정책에 의해 이루어졌지만, '호국'은 불자들의 불교 참여에 의해 자내화된 불교정신을 실현할 수 있었다. 그리고 그것은 국왕에 의해 실현되는 정법치국을 객관적으로 바라보는 호법이 아니라 불자에 의해 구현되는 극락정토를 주체적으로 움켜안는 호법이었다. 나아가 역사와 현실에 대한 피투(被投, 던져짐)가 아니라 적극적인 기투(企投, Entwurft,[56] 던져감)였으며, 오늘 여기의 현실을 뛰어서 넘어가는 초월(超越)이 아니라 지금 이곳의 현실을 껴안고 넘어가는 능동적인 '포월'(抱越)[57]이었다. 이러한 기투와 포월의 마

---

56 하이데거(이기상 역), 『존재와 시간』(살림, 2008). 하이데거는 '被投'와 '企投' 개념의 대비를 통해 현존재인 존재자에 대해 해명하고 있다. 그는 현존재가 살고 있는 이 세계는 물론 그러한 '사람'의 세계이며, 현존재가 이 세계에 출생되었다 함은 바로 그가 이 세계에 내던져져 있음을 의미한다. 이것은 '현존재' 혹은 '생존'을 뜻하는 'Dasein'에서 '여기' 또는 '저기'를 가리키는 'da'의 뜻을 음미하면 명백히 이해된다. Dasein은 '거기에 있음'을 뜻하나, 그것은 현존재인 존재자가 어디에서 와서 어디로 가는지도 모른 채 거기에 '내던져져 있음'[被投性, Geworfenheit]을 나타낸다. 'da'에 포함되어 있는 이 계기는 의욕이나 인식에 앞서서 현존재의 근원적인 존재양식으로 되어있는 실존범주로서는 '정상성'(Befindlichkeit)이며 보통 '기분'(Stimmung)이라고 한다. 그런데 'da'에는 또 하나의 계기가 현존재의 존재를 구성하고 있다. 현존재는 거기에 '내던져져 있음'과 동시에 무엇인가를 위하여 있는 존재의 모든 연관, 즉 그의 유의 의성을 요해하고 있다. 이 요해(Verstehen)라는 것은 하나의 실존범주이다. 여기서 '요해하고 있다', '알고 있다'는 말속에는 '무엇을 할 수 있다' 는 의미가 포함되어 있다. '요해' 속에는 본래적인 존재 가능으로서의 현존재의 존재 양식이 깃들어 있다. 그러므로 현존재는 단지 내던져져 있는 것일 뿐 아니라, 동시에 거기에 본래적인 존재 가능으로서 '자기를 내던지는 것', 즉 '기투하는 것'(ent-werfen)이다. 요해의 이 구조를 '기투'(企投, Entwurft)라고 부른다. Dasein(현존재)의 'da'는 이와 같은 두 개의 계기로 되어 있다. Heidegger는 이것을 '피투적 기투'(被投的企投, geworfener Entwurf)라고 말한다. 현존재는 과연 거기에 내던져져 있는 것, 거기에 놓여져 있는 것, 이것을 몸에 받아들이려고 하지 않는다면 현존재는 자기를 가능적 공상적인 것 속에 잃어 버려야 하나, 그렇다고 하여 거기에 내던져져 있는 상태에 그친다면 가능성으로도 자유도 있을 수 없다. 그러므로 우리는 '내던져져 있으면서'도, 오히려 '스스로를 내던지는 것', 그것은 '스스로를 만드는 것'이며, '자기를 초월하는 것'이며, 거기에 바로 실존의 자유가 있다. 실존이 실존인 까닭, 즉 그 실존성은 바로 이 자유에 있다고 하이데거는 말하고 있다.

음가짐은 오늘날 생태와 자연과 환경 및 통일과 인권 문제 등과 같은 현실적 이슈에 대한 능동적이고 적극적인 동참으로 나아가는 참여불교와 상통하고 있다. 조선시대 의승군이 보여준 '호국'을 위한 불교의 의미 역시 바로 이러한 주체의 능동성과 적극성에서 비롯된 '참여'로 나아간 불교로 이해해야 할 것이다.

6. 정리와 맺음

붓다의 가르침을 실현하려 했던 전륜성왕들은 '바른 법으로 나라를 다스린다'[正法治國]는 원칙 아래 '국가를 보호하여'[護國] 왔다. 그리하여 인도 서역의 전륜성왕은 불국(佛國)을 실현하기 위해 정법에 의해 나라를 다스리고 교화하였다. 때문에 '정법을 역설하는' 교단(불교)과 정법으로 '나라를 다스리는' 국가(왕권)는 일종의 사회계약을 맺은 관계와 같았다. 하지만 불교가 동아시아로 전래된 이후 불교 지형은 변화하였다.

전륜성왕 추구와 호국사찰 건립 및 문두루비법(文豆屢秘法)을 통한 외침 격퇴 등은 종래 역사 밖으로 벗어나는[脫領土化] 사상으로 인식되었던 불교를 역사 안으로 들어가는[再領土化] 사상으로 재인식하는

---

57 김진석, 『초월에서 포월로』(솔, 1994). 저자는 이 책에서 현실을 뛰어넘어 기어가는 '超越'과 달리 현실을 껴안으며 넘어가는 '抱越' 개념을 창안했다. 그는 '기어가며 넘어감' 혹은 '껴안으며 넘어감'이란 抱越은 현실에서 수직적 초월이나 해탈이나 섭사리 질서와 평형을 찾으려는 유혹을 떨치고 무질서할 정도의 복잡하고 혼돈스런 시장바닥에 배를 깔고 피투성이로 치열하게 포복하면서 그 포복 과정에서 어느덧 생겨나는 그 혼돈을 넘어서는 성실하고 거룩한 삶의 태도로 해명하고 있다. 그는 또 인간을 병들게 하는 원인은 서양의 형이상학적 도덕과 종교를 수단으로 하여 축적된 제도적 권력이라고 강조하고 있다.

계기를 만들었다. 때문에 붓다의 가르침으로 나라를 다스리고 나라를 보호하려는 제왕에 의해 주도된 호법불교는 타자화된 국가불교이며, 불자에 의해 주도된 호국불교는 주체화된 참여불교라고 할 수 있다. 불교를 통치 이념으로 했던 우리나라의 고대 사국과 통일신라 및 대발해와 고려시대와 달리 유교를 통치 이념으로 하는 조선시대 국왕들의 불교 보호적 경향은 지극히 미미하였다. 때문에 불자들은 호국(護國)적 참여를 통해 불교의 존재감을 스스로 확보해야만 했다.

국왕의 부름에 의해 의승군(義僧軍)의 궐기가 촉발되었지만 그들이 월계(越戒)를 감수하면서까지 일어선 것은 그 역사의식과 시대정신의 체인(體認)에 의해 가능할 수 있었다. 때문에 호국불교는 특정 정권에 충성하는 '어용불교'가 아니라 역사 속에 능동적이고 적극적으로 동참한 '참여불교'의 모델이라고 할 수 있다. 국왕이 주체가 되는 국가불교와 달리 불자가 주체가 되는 참여불교는 역사 안으로 동참하고 시대 속으로 투신하는 불교이다. 다시 말해서 참여불교는 역사 밖에서 국왕에 의해 실현되는 정법치국을 객관적으로 바라보는 호법(護法)과 달리 역사 안에서 불자에 의해 구현되는 실천불교를 주체적으로 움켜안는 호국(護國)은 실천불교의 다른 이름이었다. 그것은 '근왕'(勤王)만을 위해 이루어진 것도 아니고, 국왕의 명령에 의해 움직이는 것도 아니었다. 오히려 국왕들에 의해 이루어지는 호법적 국가불교와 달리 불자들에 의해 이루어지는 호국적 참여불교였다.

따라서 '호법'은 국왕들의 불교 정책에 의해 이루어졌지만, '호국'은 불자들의 불교 참여에 의해 자내화된 불교정신을 실현할 수 있었다. 그리고 그것은 국왕에 의해 실현되는 정법치국을 객관적으로 바라보는 호법이 아니라 불자에 의해 구현되는 극락정토를 주체적으로 움켜안는 호법이었다. 나아가 호국은 역사와 현실에 대한 소극적인 '피투'

(被投, 던져짐)가 아니라 적극적인 '기투'(企投, Entwurft, 던져감)였으며, 오늘 여기의 현실을 뛰어서 넘어가는 피동적인 '초월'(超越)이 아니라 지금 이곳의 현실을 껴안고 넘어가는 능동적인 '포월'(抱越)이었다. 이러한 기투와 포월의 마음가짐은 오늘날 생태와 자연과 환경 및 통일과 인권 문제 등과 같은 현실적 이슈에 대한 능동적이고 적극적인 동참으로 나아가는 참여불교와 상통하고 있다. 조선시대 의승군이 보여준 '호국'을 위한 불교의 의미 역시 바로 이러한 주체의 능동성과 적극성에서 비롯된 '참여'로 나아간 불교로 이해해야 할 것이다.

4장 광해군의 불교 인식

1. 문제와 구상

조선시대 27명의 왕들 중 '왕'(王)이 아니라 '군'(君)으로 불리고 '실록'(實錄)이 아니라 '일기'(日記)로 기록된 왕은 연산군(燕山君, 1476~1506)과 광해군(光海君, 1575~1641)이다. 이들은 죽어서도 무덤이 강등되어 '릉'(陵)이 아니라 '묘'(墓)로 불려지고 있다. 이들 이전에는 삼촌인 수양대군(세조)의 반정에 의해 단종(端宗)'왕'에서 쫓겨나 노산(魯山)'군'으로 강등된 예가 있었지만 훗날 그는 다시 단종(莊陵)으로 복위되었다. 그런데 중종반정으로 쫓겨나 '군'으로 강등된 연산군과 달리 인조반정으로 쫓겨나 '군'으로 강등된 광해군은 다른 시각에서 보아야 할 것이다. 그는 분조(分朝) 시기는 물론 명(明)의 쇠멸과 후금(淸)의 등장 및 일본(日本)의 재편과 같은 격변하는 국제 정세 속에서 재위 15년 동안 전후 문화 복구사업을 펼쳤으며 안으로의 자강(自强)과 밖으로의 기미(羈縻)[1] 정책을 통해 백성들의 윤택을 최우선시한 '영명한' 군주였다. 때문에 근래 광해군을 대동법(大同法) 시행과 화폐 주조 그리고 은광을 개발하여 사회와 경제 정책을 적극적으로 추진하고 탁월한 외교 감각으로 실리외교를 수행한 현명한 군주로 보려는 시각이 확산되고 있다.

광해군(1608~1623년 재위)은 전통적 우방인 명나라와 신흥 강국 후금 사이에서 어느 한쪽에도 기울지 않는 기미 정책을 통해 임진왜란과 정유재란 이후 조선사회의 전후 복구를 위한 최선의 방책을 세웠다. 그러나 광해군의 후금에 대한 유화(宥和) 또는 강화(講和)를 위한 유연한 기미 정책은 존화양이(尊華攘夷)의 명분론에 붙들린 양반 사대부들에게 수용될 수 없었다. 그리하여 부모의 나라인 명에 대한 의리, 즉 '대명의리'(對明義理)와 망해가는 나라를 다시 세워 주었다는 은혜, 즉 '재조지은'(再造之恩)에 대한 명분을 중시하던 당시 보수 기득권층이 주도한 '인조반정'에 의해 그는 재위 15년 만에 조카에 의해 폐위되었다. 때문에 광해군은 이후 조선 유자들의 대다수 문집에서 폐위된 임금이라는 '폐주'(廢主) 혹은 어둡고 용렬한 왕이라는 '혼군'(昏君) 또는 계모와 동생을 죽인 '패륜아'(悖倫兒)로 불렸고 묘호 역시 광조(光祖)나 광종(光宗)이 아니라 '광해주'(光海主)로 기술되었다. 아울러 그의 재위 연간은 어둡고 문란한 시대라는 '혼조'(昏朝)라고까지 매도되었다.

때문에 광해군 재위 시절의 역사는 '실록'이 아닌 '일기'(日記)로 격하되어 있을 뿐만 아니라 그에 대한 평가조차 매우 극단적이다. 하지만 입장을 바꾸어 보게 되면 그를 얼마든지 새롭게 바라볼 수 있다. 즉, 죽은 뒤에 적는 기록에서조차도 광해군이 의도적인 격하를 계속

---

1 기미(羈縻)는 대상과 상호 견제는 하되 관계는 단절하지 않으면서 상황의 악화를 유연하게 막아내는 국익 우선의 외교 정책를 가리킨다.

당하였다면 살았을 때의 그의 업적이 만만치 않았다는 것을 반증하는 것은 아닐까? 이러한 극단적 평가는 여타의 역대 실록과 달리 초초본(初草本)과 중초본(中草本)과 정초본(正草本)으로 이어지는 일련의 실록편찬 과정에서 특이하게 남아있는 정초본과 중초본을 통해 엿볼 수 있다.[2] 그를 폐위시킨 당시 보수 기득권층인 서인들은 광해군의 폐위 명목을 1) 명나라에 대한 은혜를 저버린 반인륜적 실정(失政), 2) 계모인 인목황후의 '폐모'(廢母)와 동생인 영창군의 살제(殺弟)를 자행한 패륜 폭군, 3) 후반에 추진된 여러 궁궐[3] 건축 사업으로 백성들의 부담을 늘렸다는 것으로 삼았다. 하지만 이러한 폐위 명목은 여타의 왕에게서도 확인되는 일상적인 것이었다. 때문에 광해군에 대한 역사의 평가는 공정하지 않았으며 그 평가는 이후 조선 정국에 커다란 영향을 미쳤다.

대한시대(1897~) 이래 광해군과 관련된 연구들은 적지 않게 축적되어 오고 있다. 식민지시대에는 조선과 만주를 연계시키며 중국의 간섭을 막으려했던 일본 학자들의 만선사관(滿鮮史觀)에 의해 집중적으로 연구되어 왔다.[4] 이후 역사 학계에서는 적지 않은 연구[5]들이 축적

---

2 한명기, 『광해군: 탁월한 외교정책을 펼친 군주』(역사비평사, 2000), pp.17~18; pp.21~22. 흔히 정초본이 완성되면 그것을 대본으로 활자를 뽑아 조판 작업을 벌이고 인쇄에 들어가 완성된 실록을 간행한다. 실록이 완성되면 그것들을 각지에 산재한 史庫에 보관하는 한편 초초본, 중초본, 정초본 등의 대본들은 물로 씻어내는 洗草의 과정을 거친다. 세초를 하는 이유는 초고를 만드는 과정에서 사용한 방대한 분량의 종이를 재활용하기 위함과 이미 활자로 인쇄된 실록의 최종본과 비교하여 혹여 시비가 생길 것을 우려해서다.

3 선조의 적장자가 아니었던 광해군은 왕권과 왕실의 위엄을 세우기 위해 궁궐 축성에 열성을 보였다. 임진왜란 때 법궁(法宮)인 경복궁과 이궁(離宮)인 창덕궁과 창경궁이 모두 소실되자 선조는 먼저 법궁인 경복궁 복구를 시작했으나 그 공사 범위가 넓었음에도 불구하고 내전이 잘 조성되지 않자 중건을 포기하고 중건 대상을 창덕궁으로 바꾸었다. 이에 광해군은 창경궁과 경운궁(덕수궁)을 보수하고 인경궁과 경덕궁(경희궁)을 신축하여 경복궁을 기초로 한 조선 5대 궁궐의 기본틀을 마련하였다.

되고 있으며, 최근에는 불교 학계에서도 광해군과 그 주변에 대한 연구[6]를 확장시켜 가고 있다. 이것은 아마도 당시 후금(청)과 명과 일본과의 관계 설정에 남다른 고뇌를 했던 광해군에게서 현재 미·중·러·일 4대 강대국과 마주하고 있는 현재의 한반도 상황을 슬기롭게 헤쳐 나갈 지혜를 시사받을 수 있기 때문인 것으로 짐작된다. 여기에서는 후궁 소생의 차자(次子)였던 광해군이 취약한 유교적 정통성을 만회하기 위해 불교에 우호적인 시각을 가졌는지 혹은 임란 때 위국(爲國) 헌신(獻身)하는 승병들의 의기(意氣)를 보면서 불교 인식에 변화를 가져 왔는지 또는 단지 죽은 모후(母后)의 명복을 빌기 위한 개인적 신앙 차원에서 불교를 수용하였는지 등에 대해 살펴볼 것이다.

---

4 稻葉岩吉, 「光海君時代の滿鮮關係」(경도제국대학 박사학위 논문, 1933). 그는 자신의 모교인 경도제국대학 박사학위 논문으로 제출한 뒤 이듬해 같은 제목으로 서울에서 책을 출간했다. 400여 쪽에 이르는 방대한 분량으로 된 이 책은 광해군대의 대외관계를 본격적으로 연구한 최초의 연구서이다. 이나바 이와키치는 광해군대의 대명·대후금 관계를 세밀하게 살핀 뒤 결론 부분에서 명과 후금 어느 쪽에도 휩쓸리지 않고 중립을 지키려 했던 광해군을 '澤民主義者'라고 찬양하였다. 그는 아마도 '택민주의'라는 중립적인 외교를 통해 또 다른 전쟁이 일어나는 것을 방지함으로써 백성들에게 혜택이 돌아가도록 했다는 뜻으로 여겨진다. 그의 지도를 받은 조선인 洪熹는 「廢主光海君論」, 『靑丘學叢』 20(1935)을 썼다. 한명기, 위의 책, pp.28~28 참조.

5 이병도, 「광해군의 대후금정책」, 『국사상의 제문제』 1(국사편찬위원회, 1959). 그는 광해군이 명과 후금 사이에서 중립적인 외교정책을 찬양하였다. 그의 논지는 이나바 이와키치와 다카와 고조(前川孝三)의 논지를 그대로 따른 것이었지만 이후 국내의 대부분 개설서들은 이병도의 평가를 채택하고 있다.

6 광해군의 원찰인 봉인사에서 광해군追善기념학술회의를 3차례(2008; 2009; 2011) 개최하면서 관련 논문들이 축적되어 가고 있다. 김경집, 「광해군의 불교관과 봉인사의 창건」(2008); 고영섭, 「한국불교에서 봉인사의 사격」(2008); 황인규, 「광해군과 봉인사」(2008); 이덕진, 「한국역사에서 광해군의 위치」(2008); 김방룡, 「봉인사의 고승 부휴선사의 사상과 그의 법통관」(2008); 차차석, 「백곡처능의 『간폐석교소』와 탈유교주의」(2009); 박해당, 「광해군(1575~1641)시대 대표적인 고승들의 국가의식」(2009); 김용태, 「임진왜란 이후 불교시책의 변화와 불교계의 동향」(2009); 탁효정, 「조선시대 왕실 원당의 의미」(2011); 양혜원, 「광해군의 궁궐 축성과 승려 인식」(2011); 이종수, 「임진왜란 후 유학자의 인식 변화」(2011); 김상일, 「광해군대 문인 사대부의 불교 인식과 승려와의 시적 교유」(2011) 등 12편이 나와 있다.

2. 조선 중기의 불교 지형

조선 건국 이후 왕실은 고려 이래 불교의 기능을 극도로 축소시켰다. 조선 건국의 기획자들은 고려 이래 불교 신행에 대한 관행적 기풍과 유교의 종교적 기능의 한계를 인식하고 불교의 존재는 인정하였으나 사회에 대한 영향력은 지극히 제한하였다. 조선정부의 억불시책의 과녁은 사원 세력과 사원 경제를 붕괴시키기 위한 전략적 의미에서 이루어진 것으로 보인다.[7] 이런 기획 아래 고려 이래 11종이던 교단을 태종은 7종으로 통합하였고 7종이었던 교단을 세종은 다시 선교 양종으로 재통합하였다. 교단의 통합은 불교의 위상을 추락시켰고 불교의 지형을 위축시켰다. 이어 연산군은 선교 양종제와 승과제를 폐지하였고, 중종은 『경국대전』의 '도승'(度僧) 조목조차 빼버렸다.

이것은 국가가 더 이상 승려의 배출과 관리에 신경을 쓰지 않겠다는 것을 암시하는 것이었다. 이렇게 되자 불교계의 존재감은 겨우 왕실 내외의 일부 원찰 주변에서 확인될 뿐 크게 무력해졌다. 하지만 중종의 후비이자 명종의 모후인 문정대비(文定大妃, 1501~1565)가 수렴청정을 하면서 회암사에 머무르던 허응 보우(虛應 普雨, 1509?~1565)를 발탁하여 봉선사에서 선교 양종과 승과제를 복원함으로써 불교는 다시금 존재감을 회복했다. 당시 조정은 양민이 날로 줄어들어 승려가 되고 군졸의 형편이 날로 줄어들어 매우 곤란한 지경에 이르렀다. 백성들의 자제들은 군역의 고통을 싫어하고 꺼려서 도망하여 승려가 되었다. 하지만 문정대비는 불교의 중흥을 위해 선교 양종을 복원하라고 하지 않았다. 그는 「비망기」를 통해 "조종조(祖宗朝)의 『경국대전』에

7 金容祚, 「허응당 보우의 불교부흥운동」, 『허응당보우대사연구』(제주: 불사리탑, 1993), p.89.

서 선종과 교종을 세웠던 것은 불교를 숭상하려고 한 일이 아니다"라는 전제는 "함부로 승려가 되는 길을 막고 금하기 위해서"였다는 것이다. 이것은 곧 섭정대비(攝政大妃)가 선교 양종을 부활시켜 도승(度僧)과 승선(僧選)을 합법적으로 시행토록 하기 위한 교지였다.[8]

문정대비의 「비망기」에는 불교가 민생에 이익이 있다거나 국가에 해로운 존재가 아니라거나, 또는 그 폐기의 부당성과 신봉의 필요성 등에 관해서는 한 마디의 언급도 없다. 단지 그때 조정의 골칫거리로 커다란 사회문제가 되어 있었던 백성들이 '군역을 도피하기 위해 승려가 되어'[軍役逃避爲僧] 승려가 날로 늘어나고[僧徒日繁] 군액이 날로 줄어드는[軍額日縮] 현상을 타개하기 위한 방법으로써, 그리고 잡승(雜僧) 통령(統領)의 가장 요긴한 방법으로써 양종이 부활되어야 한다는 통치차원의 당위성만을 그 사유로 내세우고 있을 뿐이다.[9] 이처럼 「비망기」 속에는 불교 중흥을 정당한 명분 속에서 추진하려고 했던 문정대비의 지혜가 담겨 있다.[10] 하지만 문정대비의 승하(1565) 이후 곧 보우는 제주도로 유배를 가서 제주 목사 변협(邊協)에게 장살(杖殺) 당함으로써 15년의 불교 중흥은 막을 내렸다.

비록 보우가 세상을 떠났지만 그가 주관한 승선(僧選)을 통해 불교계는 청허 휴정(淸虛休靜)과 송운 유정(宋雲/四溟惟政)과 같은 지도적 승려를 발탁함으로써 그 명맥을 이어갈 수 있었다. 임란과 호란 때 일어난 승병들은 모두 휴정 이래 사명 유정과 정관 일선(靜觀一禪) 및 소요 태능(逍遙太能)와 편양 언기(鞭羊彦機)의 4대 문파와 부휴 선수(浮休善修) 이래 벽암 각성(碧巖覺性)과 고한 희언(孤閑熙彦) 등을 필

8 金煐泰, 「普雨 殉教의 역사성과 그 의의」, 『불교학보』 제30집(동국대학교 불교문화연구원, 1993), p.6.
9 金煐泰, 위의 글, 위의 책, p.6.
10 고영섭, 「虛應 普雨의 불교 중흥」, 『한국불교학』 제56집(한국불교학회, 2010년 춘계).

두로 한 7대 문파가 주축이 되었다. 이들 문파는 더욱더 활성화되어 조선 후기 불교의 지형을 바꾸어 놓았다. 하지만 선조시대의 불교의 위상은 아직까지 문정 대비 이전의 위상과 크게 다르지 못했다. 광해군은 제1차 분조(分朝)와 제2차 무군사(撫軍司) 활동을 통해 나라를 위하여 목숨을 바치는 수많은 승려들의 애국심을 보며 불교에 대한 종래의 인식을 새롭게 하였다.

3. 분조(分朝)시기의 불교 이해

선조(1552~1609, 1567~1608 재위)는 의인왕후(懿仁王后) 박(應順)씨를 정비로 맞아들였지만 자식이 없었다. 나중에 인목왕후(仁穆王后) 김(悌男)씨 사이에서 영창대군(永昌大君)을 낳기 전까지 여섯 명의 후궁 사이에서 열 세 명의 아들을 두었다. 첫째 후궁인 공빈 김씨(恭嬪金氏) 사이에서 임해군(臨海君)과 광해군(光海君)을 낳았다. 둘째 후궁인 인빈 김씨(仁嬪金氏) 사이에서 의안군(義安君), 신성군(信城君), 정원군(定遠君, 元宗), 의창군(義昌君)을 낳았다. 셋째 후궁인 순빈 김씨(順嬪金氏) 사이에서 순화군(順和君), 넷째 후궁인 정빈 민씨(靜嬪閔氏) 사이에서 인성군(仁城君)과 인흥군(仁興君), 다섯 째 후궁인 정빈 홍씨(貞嬪洪氏)사이에서 경창군(慶昌君), 여섯 째 후궁인 온빈 한씨 사이에서 흥안군(興安君), 경평군(慶平君), 영성군(寧城君)을 낳았다. 이들 후궁들은 각기 자기의 소생을 선조의 후계자로 낙점받기 위해 치열한 암투를 벌였다. 그 과정에서 임해군과 광해군을 낳은 공빈 김씨는 마음의 병으로 인한 산후병으로 일찍 세상을 떠났다.

공빈(恭嬪) 김씨(金氏)가 졸(卒)하였다. 공빈은 사포(司圃) 김희철(金希哲)의 여식으로 임해군(臨海君)과 광해군(光海君) 두 왕자를 낳았는데 산후병으로 졸하였다. 김씨는 본래 임금의 총애를 입어 후궁(後宮)들이 감히 사랑에 끼어들지 못하였다. 병이 위독해지자 임금에게 하소연하였다.

'궁중에 나를 원수로 여기는 자가 있어 나의 신발을 가져다가 내가 병들기를 저주하였는데도 임금이 조사하여 밝히지 않았으니, 오늘 죽더라도 이는 임금이 그렇게 시킨 것이다. 죽어도 감히 원망하거나 미워하지 않겠습니다.'

임금이 심히 애도하여 궁인(宮人)을 만날 적에 사납게 구는 일이 많았다. 소용(昭容) 김씨(뒤에 仁嬪이 되었다.)가 곡진히 보호하면서 공빈의 묵은 잘못을 들춰내자, 임금이 다시는 슬픈 생각을 하지 않으면서 '제가 나를 저버린 것이 많다'고 하였다. 이로부터 김소용이 특별한 은총을 입어 방을 독차지하니 이는 전에 비할 바가 아니었다.(애초 궁중에는 祖宗朝로부터 金姓은 木姓에 해롭다는 말이 있었기 때문에 여자를 가릴 때부터 언제나 제외하였었는데, 임금이 되어 세 빈(嬪)이 모두 김씨였고, 인목왕후(仁穆王后)가 중전(中殿)의 자리를 잇게 되자 식자들은 불길하지 않을까 의심하였다.)[11]

김희철은 당시 왕실의 채소와 과수 등을 재배하는 관청인 사포서(司圃署)에서 사포라는 관직에 있다. 그의 본관은 충북 옥천이었지만 대대로 원주 동남쪽의 손이곡(孫伊谷)에서 살았다. 손이곡은 일찍이 명종대의 예언가 남사고(南師古)가 "왕기가 서려 있어 장차 국왕이 나올

---

11 『선조수정실록』 권11, 선조 10년(1577) 5월 1일 무자; 『선조실록』 권11, 선조 10년(1577) 5월 27일 갑인. 앞서 편찬된 『선조실록』에는 "공빈 김씨가 졸하였다. 歸厚署의 棺槨이 좋지 않다는 이유로 長生殿의 預差 관곽을 題給하라고 명하였다"라는 광해군의 졸기가 간략히 실려 있을 뿐이다.

곳이다"라고 예언했던 곳이다. 그의 딸이 선조의 후궁(淑儀)으로 뽑혀 왕실에 들어가 임해군과 광해군을 잇달아 낳아 빈(嬪)이 되었다. 하지만 선조의 총애를 받던 첫째 후궁인 공빈 김씨가 후궁들 사이에서 마음의 병을 얻어 산후병으로 일찍 세상을 떠났다. 그러자 두 번째 후궁인 인빈 김씨가 선조의 총애를 독차지했다. 선조는 인빈 김씨 소생인 신성군을 총애했으나 요절하였다. 그 뒤 인빈 김씨는 다시 정원군(仁祖의 아버지)을 낳았다.

이즈음 일본군은 '조선의 길을 빌려 명을 친다'[假道入明]며 선조에게 길을 열라고 통보하였다. 선조는 이에 응하지 않았다. 1592년 4월 13일 일본군은 부산에 상륙하면서 파죽지세로 북상하기 시작했다. 조선군은 준비된 군대인 일본군에 맞서지 못하고 쉽게 무너졌다. 충주를 지키던 도순변사(都巡邊使) 신립(申砬)이 충주의 탄금대(彈琴臺) 전투에서 크게 지고 자살했다는 소식이 선조에게 전해졌다. 조정에서는 '파천론'(播遷論)이 등장했다. 이 소용돌이 속에서 신립의 형인 신잡(申磼)은 선조에게 종묘사직의 장래와 민심 수습을 위해 왕세자(王世子)를 책봉하라고 건의했다. 당시 41세였던 선조는 대신들을 모아 놓고 왕자들 중 누가 왕세자로서 적당한지를 물었으나 대신들은 함구하였다. 선조는 대신들에게 광해군이 어떠냐고 되물었다. 선조는 광해군의 총명함[12]을 알고 늘 염두에 두고 있었다. 임진왜란이 일어난 직후 선조는

12 『政務錄』. "선조가 왕자들 앞에 여러 가지 물건들을 늘어놓고 마음대로 고르게 하였더니 왕자들이 모두 보물을 골랐는데 유독 광해군만은 붓과 먹을 집었다. 선조가 이상하게 여겼다."; 『公司見聞錄』. "선조가 여러 왕자들에게 '반찬감 가운데 무엇이 으뜸이냐'라고 묻자 광해는 '소금입니다'라고 대답했다. 선조가 다시 그 까닭을 묻자 광해는 '소금이 아니면 백 가지 맛을 이루지 못하기 때문입니다'라고 했다. 선조가 다시 '네게 부족한 것이 무엇이냐'고 묻자 광해는 '모친이 일찍 돌아가신 것이 마음에 걸릴 뿐입니다'라고 했다. 광해가 세자가 된 것은 순전히 이 말에 힘입은 것이었다."

매우 절박함을 느끼고 4월 29일에 열 여덟 살의 나이가 된 광해군을 왕세자로 책봉하였다. 하지만 다음날인 4월 30일 새벽, 광해군은 선조를 따라 경복궁을 나와 의주 피난길에 올랐다.

선조는 1592년 5월 20일에 평양에 머물며 광해군을 왕세자로 책봉한다는 교서(敎書)를 반포하고 몸소 편지를 써서 광해군에게 주었다. 선조는 광해군이 왕세자임을 다시 한 번 강조하고 인사권과 상벌권을 넘기며 조정을 둘러 나누어 그에게 '분조'(分朝)를 맡기겠다고 하였다. 이러한 현실 속에서 광해군은 1592년 6월 14일에 1차 분조(임시정부)를 맡아 영변, 운산, 희천, 덕천, 맹산, 곡산, 이천, 성천, 은산, 숙천, 안주, 용강, 강서 등 평안도와 함경도 및 강원도와 황해도 등의 여러 지역을 옮겨 다니며 흩어진 민심을 수습하였다. 한편으로는 의병의 모집과 전투의 독려, 군량과 말먹이의 수집 운반 등 전란 수행을 위한 활발한 활동을 벌였다.[13] 하지만 분조를 이끌며 민심을 수습하고 전란을 수행하던 광해군은 풍찬 노숙의 분조 활동으로 병석에 눕기까지 하였다.

이즈음 조선군은 조총을 앞세운 일본군을 막아내지 못하고 한 달도 안 되어 한양이 함락당하였다. 다급해진 선조는 의승군을 모집하기 위해 묘향산 보현사에 있는 휴정에게 교지를 내려 팔도십육종도총섭(八道十六宗都摠攝)의 직책을 수여하고 전국 승군의 동원과 통솔을 담당하게 하였다.[14] 휴정은 전국의 사찰에 궐기문을 띄워 오천여 명의 승군을 소집하였다.[15]

---

13 한명기, 앞의 책, p.52.

14 『선조수정실록』 권24, 선조 23년 1월 1일 갑진.

15 鞭羊, 「서산행적초」, 『편양당집』 권2 『한국불교전서』 제8책, pp.254~255). 당시 휴정은 募兵의 명분을 '護國'이 아니라 '勤王'으로 표명하였다.

승통(僧統)을 설치하여 승군(僧軍)을 모집하였다. 행조(行朝)에서 묘향산(妙香山)의 옛 승관(僧官) 휴정(休靜)을 불러 그로 하여금 승려를 모집하여 군사를 만들도록 하였다. 휴정이 여러 절에서 승려를 불러 모아 수천여 명을 얻었는데 제자 의엄(義嚴)을 총섭(總攝)으로 삼아 그들을 거느리게 하고 원수(元帥)에게 예속시켜 성원(聲援)하게 하였다. 그리고 또 격문을 보내어 제자인 관동의 유정(惟政)과 호남의 처영(處英)을 장수로 삼아 각기 본도에서 군사를 일으키게 하여 수천 명을 얻었다. 유정은 담력과 지혜가 있어 여러 번 왜진(倭陣)에 사자로 갔는데 왜인들이 신복(信服)하였다. 승군(僧軍)은 제대로 접전(接戰)하지 못했으나 경비를 잘하고 역사를 부지런히 하며 먼저 무너져 흩어지지 않았으므로 여러 도에서 그들을 의지하였다.[16]

당시 휴정의 궐기문을 보고 모인 대표적 승장은 황해도의 의엄(義嚴), 관동의 사명 유정(四溟惟政), 호남의 뇌묵 처영(雷默處英) 등이었다.[17] 8월 26일에는 충청도의 승병장 기허 영규(騎虛靈圭)와 8백여 승군과 의병장 조헌(趙憲)과 7백여 의병은 청주성을 함락시키며 처음으로 전세를 뒤집었다. 이어 같은 달 8월 말경에는 기허 영규와 8백여 승군이 일본군에 포위된 조헌과 7백여 의병을 구하기 위해 금산에서 싸우다가 전부 몰사하였다. 이 전투는 승군의 충의와 전투력에 대한 조야(朝野)의 신뢰를 얻는 커다란 기폭제가 되었다.[18] 계속해서 의승군은 왜군과 싸워 평양성을 탈환하였고 권율(權慄)을 도와 행주산성 전투에 참전하여 전공을 세웠다.[19] 한양에 돌아올 때는 선조를 호위하였으며 군량 보급과 산성 축조 및 수호의 임무 등을 맡았다.[20]

16 『선조실록』 권26, 선조 25년(1592) 7월 1일 무오.
17 『선조수정실록』 권26, 선조 25년(1592) 7월 1일 무오.
18 『선조실록』 권29, 선조 25년(1592) 8월 26일 계축.
19 안계현, 「조선 전기의 승군」, 『동방학지』 제13집(연세대학교 동방학연구원, 1972).

또 전주에 있던 실록과 중요 기록물 및 재조(在朝)의 화상(畵像) 등도 강화와 해주 등을 거쳐 묘향산으로 옮겼고 승직을 수여받은 승려가 그 수호를 맡았다.[21] 휴정의 제자인 유정은 스승을 대신하여 전투를 독려하였고 산성 축조와 군량 조달 등에서도 큰 역할을 하였다. 특히 일본과의 강화 교섭 과정에 조정을 대표하여 파견되었고 정세 분석과 대비책 주달을 담당하였다.[22] 그리고 임란 이후에는 일본에 사신으로 파견되어 국교의 재개와 포로의 쇄환(刷還) 문제 등을 논의하였다.[23] 그 결과 한일 전후 처리 과정에서 보여준 유정의 능력을 높이 평가되어 선교양종판사(禪敎兩宗判事) 직책과 정3품 당상관(堂上官) 첨지중추부사(僉知中樞府事)를 제수받았다.[24] 임진왜란 내내 분조를 이끌었던 광해군은 전쟁의 현장에서 승려들의 활약을 목격하였다. 전쟁이 진행되는 동안 승병장으로 활약했던 유정(惟政, 1544~1614?)이 병이 나자 약을 보내 위로하기도 하였다.[25] 또 유정이 입적하자 장례를 접하고 슬픔을 표하고는 장례에 필요한 무명[木布] 등의 물건을 보내라[題給] 하였다.[26] 휴정 문하에서는 유정과 기허 및 의엄과 처영 이외에도 중관 해안(中觀海眼), 기암 법견(奇巖法堅), 소요 태능(逍遙太能), 청매

---

20 『선조실록』 권48, 선조 27년(1594) 3월 20일 기사.

21 『선조실록』 권53, 선조 27년(1594) 7월 20일 병신; 권83, 선조 29년 11월 7일 기해; 권115, 선조 32년 7월 8일 을묘; 『선조수정실록』 권26, 선조 25년(1592) 7월 1일 무오. 정유재란 때에는 春秋館과 承政院日記 등의 여러 문서들을 묘향산 普賢寺로 옮겼다.

22 惟政, 「甲午九月馳進京師上疏言討賊保民事疏」, 『奮忠紓難錄』(『한불전』 제8책, pp.90~93).

23 『선조실록』 권146, 선조 35년(1602) 2월 3일 병인; 권152, 선조 35년(1602) 7월 20일 기묘; 권172, 선조 37년(1604) 3월 14일 갑자; 『광해군일기』 권35, 광해군 2년(1610) 11월 12일 계축.

24 『선조실록』 권36, 선조 26년(1593) 3월 27일 임오; 권37, 선조 26년 4월 12일 병신, 권57, 선조 27년 11월 1일 기사.

25 『광해군일기』 권21, 1년(1609) 10월 29일 정축.

26 『광해군일기』 권33, 2년(1610) 9월 28일 병오.

인오(青梅印悟) 등의 승병장들이 배출되었다.[27]

하지만 전란에 다수의 승병들이 참여하면서 불교계는 심각한 어려움에 봉착하였다. 병화와 약탈, 사찰의 소진과 토지의 황폐화로 인한 사원 재정 기반의 위축은 말할 것도 없었다. 더욱이 승군 활동 자체가 승려의 본분에 어긋날 뿐만 아니라 그로 인해 수행에 전념하지 못하는 현실이 더 큰 문제로 부각되었다.[28] 그뿐만 아니라 전공을 세워 직책을 받은 승려들 중 일부는 전란 이후에 환속하는 경우가 적지 않았다.[29] 휴정의 제자인 청매 인오는 "참상(慘狀)과 간과(干戈)가 날로 심하고 부역이 해마다 더욱 압박하여 남북으로 갈리고 산중에 희비(喜悲)가 끊어져 통병(痛病)이 이루 말할 수 없다"라고 탄식하였다.[30] 또 정관 일선은 "말법이 쇠하고 세상이 어지러워 백성이 안도하지 못하며 승려 또한 편히 머물지 못한다. 적의 잔해와 사람의 노고를 이루 다 말할 수 없는데 더욱 슬픈 것은 승려가 속복을 입고 종군하면서 죽거나 도망치는 것이다. 또 출가의 뜻을 잊고 계율 실천을 폐하며 허명을 바라고 돌아오지 않으니 선풍이 장차 멈출 것이다"[31]라고 하여 당시의 현실을 개탄하였다.

한편 왕위 계승의 우선 순위에 있던 임해군은 동생이 왕세자 지위를 빼앗아 갔다고 떠벌리며 학문을 닦는데 태만하였다. 선조는 임해군(1574~1609)을 함경도로 보내며 근왕병을 모으고 민심을 수습하라 당

---

27 『선조실록』 권48, 선조 27년(1594) 2월 27일 병자; 권53, 선조 27년 7월 19일 을미; 권80, 선조 29년(1596) 9월 12일 을사.

28 김용태, 「한국불교사의 '호국' 사례 검토와 호국불교 개념의 재고」, 『조계종불교사회연구소세미나 자료집: 호국불교의 재검토』(2011), p.51.

29 惟政, 「乙未派兵後備邊司啓」, 『奮忠紓難錄』(『한불전』 제8책, p.97). 휴정 문하의 義嚴은 도총섭까지 올랐으나 뒷날 환속하여 벼슬을 제수받았다.

30 青梅, 「悼世」, 『青梅集』(『한불전』 제8책, p.150).

31 靜觀, 「上都大將年兄」, 『靜觀集』(『한불전』 제8책, pp.30~31).

부하였다. 하지만 함경도로 들어간 임해군은 근왕병을 모으지 못했을 뿐만 아니라 동생 순화군과 함께 당시 회령으로 귀양을 온 아전 국경인(鞠景仁)[32]에게 포박되어 일본군 장수 가토 기요마사(加等淸正)에게 넘겨졌다. 그리하여 임해군의 포박 사건은 조선 조정에 커다란 부담으로 다가왔다. 결국 임해군은 그 뒤 그는 일본 고원(高原)에 수감되었다. 일본은 명군과 강화협상을 벌이면서 일본군이 한반도에서 철수하고 임해군을 석방하는 대가로 경상도와 전라도 및 충청도를 일본에 넘겨줄 것과 진사사절(陳謝使節)을 보낼 것을 요구하였다.

당시 선조는 일본과 강화를 시도하는 명나라의 처신에 분노하고 있었다. 명나라는 임해군이 포로가 되게 된 책임은 전적으로 선조에게 있다고 압박했다. 이듬해에 임해군은 부산으로 이첩되었다. 하지만 임해군의 딸과 아들은 가토 기요마사에게 붙들려 일본에 압송되어 고국에 돌아오지 못하고 그곳에서 승려(僧侶)가 되어 일생을 보냈다. 그 아들이 바로 일련종 묘안사(妙安寺)의 고승 일연(日延, 1589~1665)이다.[33] 이렇게 되자 광해군은 상대적으로 임해군에 견주어 차별화될 수밖에 없었다. 한편 명군이 남쪽으로 내려간 뒤 명나라 조정은 선조를 대신하여 광해군을 전라도와 경상도 지역으로 내려가 명군을 지원하며 군사관계 업무를 총괄하라고 종용했다.

---

32 함경도는 조선 초기부터 차별을 받아 중앙 조정의 교화가 미치지 못하는 소외된 지역으로서 늘 멸시를 받아왔다. 또한 임란 때에는 일본군의 선무공작에 의해 반역자들이 속출하였다. 아마도 회령으로 귀양을 온 국경인은 조정에 대한 원망과 함께 이러한 분위기에 편승하여 조선 왕자 임해군을 포박하여 일본군에 넘겼을 것으로 짐작된다.

33 양은용, 「선조 장남 임해군 아들 일연의 사상과 행적」, 『한국불교학결집대회자료집』, 2004년 5월. 광해군의 형 임해군의 아들 太雄은 13세 때에 후쿠오카(福岡)의 법성사로 출가해서 일연이라는 법명을 받고 일련종(법화종)의 고승으로 활동하였다. 72세 때 고국 조선이 보이는 후쿠오카(福岡) 물가 언덕에다 번주 쿠로다(黑田忠之)의 후원으로 묘안사를 창건하고 1665년 1월 26일 세수 77세로 입적하였다고 한다.

1차 분조 활동을 끝낸 광해군은 다시 서울을 떠나 '무군사'를 이끌고 남행길에 올랐다. 좌의정 윤두수와 병조판서 이항복, 호조판서 한중등이 무군사에 소속되어 그를 따랐다. 하지만 1594년 봄에 대기근이 들었음에도 관청의 징발과 징세가 그치지 않자 홍주에 머물던 송유진이 반란을 일으켰다. 반란을 진압한 광해군은 분조와 무군사 활동을 통해 조선 팔도의 남북을 대부분 주유하였다. 그 과정에서 나라를 위해 온몸을 던지는 불교의 승병들과 승병장들을 만날 수 있었다.[34] 왕세자가 된 이후 27개월을 지방에서 보내면서 전쟁이 백성들에게 남긴 상처와 밑바닥에 떨어진 민심을 파악할 수 있었다. 이 전쟁 체험 이후 백성들의 삶을 윤택하게 하기 위한 '기미의 외교정책'으로 나타난 것으로 짐작된다.

뒷날 대북파의 영수가 되었던 이이첨(李爾瞻)은 임란 당시 광릉참봉이란 미관말직에 있었다. 그즈음 하늘을 찌르는 위세로 북진하던 일본군이 양주로 들이닥쳤다. 그러자 광릉의 원찰이었던 봉선사의 승려 삼행(三行?)은 세조의 영정을 절에 묻었다. 하지만 일본군은 이 사실을 알고 곧 영정을 찢어 버리려고 했다. 삼행은 일본군에게 애걸하여 돌려받은 뒤 다시 은밀한 곳에 봉안하였다. 이후 한양에 머물던 일본군이 북상하면서 광릉 근처에다 불을 지르며 약탈을 벌였다. 세조의 영정은 다시 소실될 위기에 처하자 개성에 머물던 이이첨이 이 소식을 듣고 낮엔 숲에 숨어있다가 밤이 되면 걸으며 광릉에 도착했다.

---

34 浮休, 「次諸賢避亂書懷」, 『부휴당대사집』 권4(『한불전』 제8책, p.15상). "憂國憂民日益深, 只緣兵火萬家侵, 滿腔雖有忠情在, 隻手無因露赤心." 부휴의 시 「제현들이 피난 가며 적어 보내 준 소회에 답하며」(次諸賢避亂書懷)에 나타난 것처럼 부휴는 '외손'[隻手]이라 전쟁에 참여하지 못하였다고 보고 있다. 그가 처음부터 외손이었는지에 대해서는 알 수 없다. 그리고 광해군이 부휴 선수와 전쟁터에서 만났는지에 대해서는 확정할 수 없다.

그가 도착했을 때 봉선사 주변에는 일본군이 포진하였고 절 입구에까지 불이 번져가고 있었다. 피난하는 승려들 사이에서 가까스로 삼행을 만난 그는 영정을 전해받고 하룻밤에 90여 리 숲길을 걸어 선조가 머물던 행재소까지 영정을 운반하였다. 경기방어사의 보고에 의하면 이이첨이 영정을 넘겨받은 날 밤 봉선사는 물론 광릉의 재실 200칸이 잿더미가 되었다고 전한다. 이처럼 삼행과 이이첨에 의해 일본군에 의해 불타버릴 위기에 처해 있던 세조의 영정을 안전한 곳으로 옮겨 보전할 수 있었다. 이후 이이첨은 왕세자(광해군)의 스승이 되었다. 이처럼 분조시기의 왕세자 광해군은 나라를 위해 목숨을 아끼지 않는 승려들과 승군들을 보면서 불교에 대해 우호적인 생각을 가졌을 것으로 짐작된다.

4. 광해군대의 불교 지원

광해군대에는 불교의 신불에 기반하여 구체적인 시책을 제시하였던 세조대와 같은 불교시책이 제시된 것은 없다. 세조는 간경도감을 설치하여 불전을 간행하였고, 승려의 범죄 혐의가 있을 때 국왕에게 먼저 계청하도록 신분 보장을 하였으며, 도승 선시(選試)의 법을 『경국대전』에 명시하도록 하여 구체적인 정책에 반영하였다. 반면 광해군은 구제적인 불교 시책을 제시하지는 않았다. 하지만 이전 시대와 달리 불교계에 대한 우호적인 입장을 견지하여 간접적인 지원을 통하여 불교계와 관계를 유지하였던 것으로 짐작된다.

임란 이후 광해군은 전후 문화 복구 사업에도 큰 힘을 쏟았다. 임란으로 많은 책들이 소실되자 편찬사업에 힘을 기울인 것이다. 광해군은

『동국여지승람』·『경국대전』·『악학궤범』·『삼강행실도』 등 조선 초기에 간행된 서적들을 재간행하여 국가의 통치자료로 활용함과 동시에 백성 교화에 주력하였다. 『동국신속삼강행실도』(東國新續三綱行實圖)의 편찬에는 광해군이 내부 질서를 위해 노력한 면모가 단적으로 드러난다. 『동국신속삼강행실도』는 조선의 충신·효자·열녀의 사적을 그림으로 정리한 것으로, 세종대의 『삼강행실도』와 중종대의 『이륜행실도』, 『속삼강행실도』의 흐름을 계승한 책이다.[35] 유교 이념에 기반한 통치 체제 아래에서 충효를 강조한 유교 의범에 관련된 저술이 대량 발간되는 것은 자연스러운 일이다. 이러한 분위기와 맞물려 불교계 내부에서도 불교 서적의 간행에 힘을 쏟았다.

임란의 전화로 소실된 불전이 적지 않은 탓이었겠지만 광해군 재위 시절에 간행된 불서들은 경장류와 교장류를 비롯하여 매우 다양하였다. 이들 전적들은 당시 조선불교의 교학과 선학의 흐름을 엿볼 수 있게 한다. 당시 간행된 목록 현황은 다음과 같다.[36]

〈표 1〉 광해군 재위 시절 간행된 불서

분 류	서 지 이 름	간 행 연 도	간 행 처	비 고
經典類	妙法蓮華經	광해군 2년(1610) 2월	全州 歸信寺	
	妙法蓮華經	광해군 3년(1611)	金提 興福寺	
	妙法蓮華經	광해군 6년(1604) 8월	公洪道 충원지청계산 青龍寺	
	妙法蓮華經	광해군 8년(1616)	순천 松廣寺	
	妙法蓮華經	광해군 15년(1623)	公洪道 충원지청계산 青龍寺	

35 김기흥 외, 『제왕의 리더십』(휴머니스트 퍼블리싱 컴퍼니, 2007), p.289.
36 이덕진, 앞의 논문, pp.74~77 참고.

	地藏菩薩本願經	광해군 3년(1611)	尙州 男長寺	
	大方廣圓覺修多羅了義經	광해군 4년(1612) 이후		
	大佛頂如來密因修證了義諸菩薩萬行首楞嚴經	광해군 2년(1610) 11월	順天 松廣寺	
	大佛頂如來密因修證了義諸菩薩萬行首楞嚴經	광해군 2년(1610) 4월	順天 松廣寺	
	金剛般若波羅密經	광해군 즉위년 이래		
	觀無量壽經	광해군 즉위년 이래		
禪書類	勸修定慧結社文	광해군 즉위년(1608) 6월	順天 松廣寺	대명 만력 36년
	誡初心學人文	광해군 4년(1612) 8월	順天 松廣寺	만력 36년
	法集別行錄節要幷入私記	광해군 즉위년(1608) 9월	順天 松廣寺	만력 36년
	法集別行錄節要幷入私記	광해군 5년(1613) 9월	妙香山 內院庵	만력 40년
	看話決疑論	광해군 즉위년(1608) 11월	順天 松廣寺	
	看話決疑論	광해군 9년(1609) 12월	松禾 修甑寺	대명 만력 36년
	圓頓成佛論	광해군 9년(1609)	松禾 修甑寺	간화결의론 後附
	禪源諸詮集都序	광해군 즉위년(1608) 9월	順天 松廣寺	만력 36년
	禪源諸詮集都序	광해군 5년(1613)	妙香山 內院庵	보현사 移鎭
	蒙山和尙法語略錄	광해군 즉위년(1608) 11월	順天 松廣寺	
	禪門綱要集	광해군 즉위년 이래		
	禪門寶藏錄	광해군 즉위년 이래		
	景德傳燈錄	광해군 즉위년 이래		
	緇門經訓	광해군 즉위년 이래		
	大乘起信論疏	광해군 즉위년 이래		
	狗子無佛性話十宗揀病論	광해군 즉위년 이래		
	大慧普覺禪師序	광해군 즉위년 이래		

임란을 통해 대다수 전적이 불타버렸던 현실을 감안하면 이 시기에 간행된 경전은 대체적으로 당시 불자들의 수요에 맞춰 간행한 것들로 짐작된다. 광해군 시대에는 경전류로서는 주로 『묘법연화경』과 『금강경』 및 『관무량수경』과 『수능엄경』 등이 간행되었다. 이것은 조선시대 내내 가장 많이 판각되었던 『법화경』 이외에도 『금강경』 등 여타

경전들의 수요가 적지 않았음을 보여준다. 조선시대 신앙의 지형도를 추적해 보면 『법화경』과 『수능엄경』 등은 법회 의례에서 함께 독송되었음을 알 수 있다. 원효와 지눌과 야운의 수행문을 통합한 『계초심학인문』을 비롯하여 다양한 판목이 개판되고 유통되었다.

분황 원효(芬皇元曉)의 『대승기신론소』를 비롯하여 보조 지눌(普照知訥)의 저술, 규봉 종밀(圭峰宗密), 대혜 종고(大慧宗杲), 몽산 덕이(蒙山德異)의 법어 등이 주로 읽혔음을 알 수 있다. 특히 보조 지눌의 저술이 다수 간행되어 널리 유통되었던 사실은 조선조 불교의 성격을 보여주고 있다. 도표에 의하면 『치문경훈』과 『선문보장록』 등의 선서도 간간이 읽혔음을 알 수 있다. 당시 왕실이 직접 이들 경전의 판각을 지원한 것은 아니라 하더라도 이 도표는 불교계에 대한 광해군 시대 왕실의 불교 인식을 암시해 주고 있다. 불교 전적의 간행은 교단 내의 경제적인 자력갱생과 불교 정책에 대한 완화 과정 속에서 이루어진 것으로 짐작되지만 왕실 비빈들의 후원이 간접적으로나마 이어졌을 것으로 짐작되기 때문이다.

1612년(광해군 4) 2월에 김경립이 군역을 회피하기 위하여 어보(御譜)와 관인(官印)을 위조한 것이 발각되면서 시작된 김직재(金直哉)의 옥사사건이 일어났다. 승려 천인(天印)은 김직재의 동생인 김덕재(金德哉)의 집을 출입하면서 역모 혐의를 받았다. 천인은 고(故) 지사(知事) 허잠의 손자이자 대사간 최유원(崔有源)의 외삼촌이었다. 그의 고변에 부휴 선수(浮休善修)는 천인으로부터 선수의 휘하에 있었던 의승수군(義僧水軍) 승대장(僧大將) 자운 삼혜(慈雲三慧)와 함께 무고를 당하였다.

정국(庭鞫)이 있었다. 박응수(朴應守)에게 형벌을 가하고, 천인(天印)

이 끌어댄 승려 선수(善修)와 삼혜(三慧) 등을 잡아오라고 명하였다.[37]

승려 천옥(天玉), 선수(善修)와 관노(官奴) 풍손(風孫) 등을 국문하였는데, 김황혁의 일에 연루된 사람들이다.[38]

봉산(鳳山) 군수 신율(申慄)의 첩보에 의해 중화의 군사 김경립(金景立/濟世)이 '군역에 충정하지 마라'는 공문(關文)을 위조하였다가 잡혀 신문당하면서 '평산의 대장이 군내에서 반역을 일으키려고 우리 형제로 하여금 허실을 염탐하게 하였기 때문에 왔다'고 꾸며 대었다. 그의 아우 익진(翼辰)을 심문했더니 '팔도의 도대장 김백함(金百緘)이 그의 아버지 김직재의 실직에 분을 품고 반역을 꾸며 무리가 모이기를 기다렸다가 불시에 서울을 침범한다'는 내용이었다. 그리고 김백함과 김황혁이 선조의 아들인 순화군의 양자 진릉군(晋陵君) 태경(泰慶)을 세우려고 역모를 꾀하였다고 실토하였다.

이로부터 국문(鞫問)과 공초(供招)가 시작되어 천옥과 선수와 삼혜 등의 많은 승려들과 사람들이 무고로 투옥되었다. 선조 때에는 청허휴정과 송운 유정이 정여립(鄭汝立)의 모반 사건에 연루되어 투옥되었다가 풀려난 적이 있었다.[39] 부휴 선수 등의 무고처럼 조선시대 승려들의 하옥은 종종 있어 왔다. 김직재의 옥사사건은 당시 실권을 쥐고 있던 정인홍(鄭仁弘)과 이이첨(李爾瞻) 계열의 대북파가 유영경(柳永慶) 계열의 소북파를 제거하기 위해 일으킨 것이었다. 이 사건으로 소북파 인사들 1백여 명이 죽임을 당하였다. 왕옥(王獄)에 갇힌 부휴는 광해군에 의해 국문을 받았다.

37 『광해군일기』 권51, 광해군 4년(1612) 3월 23일 정사.
38 『광해군일기』 권52, 광해군 4년(1612) 4월 5일 기사.
39 『선조수정실록』 권24, 선조 23(1590) 4월 1일 임신.

대사가 두류산에 머물 때 어떤 미친 승려의 모함을 받아 옥에 갇혔다. 이관(理官)은 대사의 기개가 크고[氣宇] 당당하고 말이 논리 정연함을 보고 최찬에게 말하자 (최찬이) 광해군에게 아뢰었다. 광해군은 대사가 죄가 없음을 알고 이튿날 내전 안으로 불러들여 도의 요체를 물어보고 매우 기뻐하였다. (광해군은) 자주빛 금란 가사(紫襴方袍) 한 벌[領], 푸른 무늬 비단 장삼(碧綾長衫) 한 진(袗), 녹색 비단 겹저고리(綠綺重襦) 한 습(襲), 금강석 구슬(金剛數珠) 한 곶(串)과 그 밖의 갖가지 보배 등 후한 예물을 주었다.[40]

광해군 때 부휴대사가 어떤 미친 승려의 참소를 입어 왕옥(王獄)에 붙들려 갈 때 화상도 거기에 연좌되어 결박을 당해 있었지만은 이연(怡然) 흔들리지 않았으므로 그 이관(理官)은 그 분들을 큰 부처 작은 부처라고 하였다.

이튿날 광해군이 친히 액정(掖庭)에서 국치(鞫治)하다가 그 도의 기운이 뛰어나고 그 말이 곧고 바른 것을 보고는 마음으로 이상하게 여겨 그 결박을 풀고 한참동안 문답하였다. 그리하여 광해군은 매우 기뻐하면서 비단가사 두 벌을 나누어 주고는 그 영역(領域)으로 돌아가게 하니 모두 달려와 그들을 절하고 뵈옵는 자가 무수히 많았다.[41]

위의 글들은 마치 선조가 청허 휴정을 국문하던 상황을 방불케 하고 있다. 광해군은 '그 도의 기운이 뛰어나고, 그 말이 곧고 바른 것'을 보고는 결박을 풀고 한동안 문답을 하였다. 국문장의 관리들 역시 부

---

40 白谷 處能, 「浮休堂善修大師碑文」, 李智冠 편, 『韓國高僧碑文總集, 朝鮮朝·近現代』(서울: 가산연구원출판부, 2000), p.79; 「賜報恩闡教圓照國一都大禪師行狀」, 『대각등계집』 권하, 『한글대장경, 대각등계집』(동국역경원), p.262.

41 白谷 處能, 「追加弘覺登階碑銘竝書」, 『대각등계집』 권하; 『한글대장경, 대각등계집』(동국역경원), pp.276~277.

류가 '결박당해 있었지만은 기쁜 듯 흔들리지 않았고', '기우가 당당하고 말이 유창한 것'을 보고, 부휴를 '큰 부처', 삼혜를 '작은 부처'라고 하였다. 최찬의 보고를 받은 광해군은 매우 기뻐하면서 부휴에게 자란 방포 한 벌, 벽능장삼 한 진, 녹기중수 한 습, 금강수주 한 곶과 그 밖의 갖가지 보배 등 후한 예물을 내려주며 위로하였다. 이후 광해군은 부휴 선수와 교류하였고 그가 입적한 뒤에는 그 제자들인 고한 희언(孤閑熙彦, 1561~1647)과 벽암 각성(碧巖覺性, 1575~1660)과도 긴밀한 관계를 유지하였다.

광해군은 임란 이후 왕실의 권위를 높이고 왕의 정통성을 확보하기 위해 일련의 사업을 벌였다. 그는 천자가 하늘에 지내는 제천의식인 교제(郊祭)를 지내려 했고, 무너진 궁궐 축성과 문서 복원 등에서 적극성을 띄었다. 그런데 궁궐을 복원하고 신축하기 위해서는 풍수가가 필요했다. 이 과정에서 풍수에 능했던 성지(性智)는 평소 사대부의 집에 출입하면서 이름이 알려졌다. 성지는 본래 경남 창원에서 태어나 전라도 무안현 승달산 총지사(摠持寺)와 법천사(法泉寺)에 머물렀던 승려였다. 사대부의 집안에 드나들면서 왕에게도 그 이름이 알려져 자문에 응했다.

> 성지가 일찍이 그의 어미의 뼈를 창원(昌原) 안골포(安骨浦) 불모동(佛母洞)에 장사지내고는 말하기를 '나의 후신(後身)은 부처가 될 것으로, 포(浦)와 동(洞)의 이름이 모두 그에 앞선 조짐이다'고 하였다. 대개 불모동의 본이름은 '불못'[火池]으로 로야(爐冶)의 이명(異名)이었다. 마을에 예전에 철로(鐵爐)가 있었으므로 '불못'이라고 이름하였는데 '불모'(佛母)와 속음(俗音)이 비슷하므로 그렇게 칭한 것이었다. 성지(性智)가 방서(方書)에 대해 모르므로 속설로 꾸며대는 것이 모두 이와 같았다.[42]

성지는 자기 어머니를 다비(荼毘)한 뒤에 자신의 후신은 부처가 될 것이라고 예언했다. 누구나 부처가 된다는 불설에 의거하면 이상할 것도 없으련만 평소 유자들에게 술승(術僧) 또는 광승(狂僧)의 풍모로 비쳐졌던 그의 말이었기에 남다르게 들렸음이 분명하였을 것이다. 이러한 술승 성지와 가까이 지낸 광해군의 불교 인식은 기복적으로 흐를 수밖에 없었고 불교를 사회 속으로 확장시키거나 발전시키는 데에는 일정한 한계가 있었다. 왕의 총애를 받은 성지는 궁궐 가까운 곳에 마련된 큰 집에 머물렀고[43] 그에게는 높은 벼슬들이 주어졌다.

> 전교하기를, 성지(性智)는 국사를 위하여 노고가 매우 많으니 의엄(義嚴)의 예에 의거하여 우선 당상(堂上)의 실직을 제수하라 하였다.[44]
>
> 성지를 첨지(僉知)에 제수하라고 전교하였다.[45]
>
> 전교하기를, 첨지 성지(性智)에게 높은 품계를 주고 녹봉을 주라 하였다.[46]

광해군은 풍수승 성지(性智)를 총애하여 휴정의 제자로서 승병장 휴정 이후 도총섭을 맡았다가 환속하여 동지(同知)벼슬을 제수받은 의엄(義嚴, 郭彦修)의 예에 의거하여 당상(堂上)의 실직과 첨지(僉知) 등의 높은 품계를 제수하였다. 아마도 광해군은 그를 조선 초기 전도(奠都) 때에 '인왕산을 주산으로 삼아야 한다'고 했던 무학 자초(無學自超)에 견주었던 것으로 짐작된다. 성지가 높은 벼슬에 오르자 유생들은 '방외의 떠돌이 승려들이 무상으로 출입하였으니, 완연히 하나의

42 『광해군일기』 권101, 광해군 8년(1616), 3월 24일 갑오.
43 『광해군일기』 권139, 광해군 11년(1619) 4월 25일 무인.
44 『광해군일기』 권121, 광해군 9년(1617) 11월 16일 정축.
45 『광해군일기』 권126, 광해군 10년(1618) 4월 13일 임인.
46 『광해군일기』 권145, 광해군 11년(1619) 10월 19일 무진.

가람(伽藍)을 형성하였다'[47]며 조롱하였다.

광해군 4년에 술사 이의신(李懿信)이 "도성의 왕기가 이미 쇠하였으니 교하(交河, 경기 파주)현에 도읍을 세워 순행(巡幸)을 준비해야 합니다"라며 천도를 상소하였다. 광해군은 이 상소를 예조로 내려 보내서 의논하도록 하였다. 이어 비변사로 하여금 답사한 뒤 지형도를 그려오라고 하였다. 하지만 신하들의 격렬한 반대에 부딪쳐 실현하지 못하였다. 천도 계획이 수포로 돌아가자 광해군은 다시 임난 때 무너진 궁궐 등의 축성을 통해 왕의 권위를 세우고자 하였다. 이때 풍수 전문가였던 성지는 적극적인 자문을 하였던 것으로 짐작된다.

> 인왕(仁王)은 석가(釋迦)의 미칭(美稱)으로 산에 예전에 인왕사(仁王寺)가 있었으므로 그렇게 이름한 것이다.[48]

인왕은 인도 재래의 신을 불교가 적극적으로 수용하여 호법신장으로 삼은 존재이다. 때문에 인왕은 석가의 미칭이 아니라 석가의 호법중(護法衆)이다. 인왕은 금강역사(金剛力士) 혹은 금강신(金剛神) 또는 집금강강신(執金剛神) 내지 밀적금강(密迹金剛) 등으로 부르기도 한다. 여기서 인왕산의 이름은 『호국인왕반야바라밀경』에 나오는 인왕에서 따온 것이다. 광해군 7년(1615)에 성지는 중국인 풍수가 시문용(施文用)과 함께 인왕산의 왕기설을 제기하였다. 성지는 "인왕산은 돌산으로 몹시 기이하게 솟아있으며, 인왕(仁王)이란 두 글자가 바로 길한 참언(讖言)이다. 그러므로 만일 왕자(王者)가 그곳에 살 경우 국가의 운수를 늘릴 수 있고 태평시대를 이룰 수 있다"[49]라고 자문하였다.

---

47 申欽, 『象村稿』 권52, 求正錄上, 春城錄.
48 『광해군일기』 권101, 광해군 8년(1616), 3월 24일 갑오.

광해군은 인왕산 아래에 궁궐을 지으라는 성지의 말에 따라 민가 수천 채[50]를 헐어 내고 승군(僧軍)을 동원하여 인경궁과 경덕궁(경희궁) 등을 조성하게 하였다. 새문동에 건립한 경덕궁은 광해군의 이복동생인 정원군(인조의 아버지)의 집터를 빼앗아 지은 궁전이다. 홍정전과 광정전을 정전과 편전으로 한 인경궁[51]은 창궁 때부터 방대한 규모로 지었으며 요역인이 모자라자 1,500여 명의 승군을 추가 동원[52]하여 지은 궁전이다. 임란으로 끊어진 황기와와 청기와 제조 기술을 어렵게 되살려 내어 정전에는 천자가 사용하는 황기와를 올렸고 편전에는 청기와를 올렸다. 하지만 인경궁은 인조반정 이후 인조에 의해 폐궁되어 현재는 그 터조차 확인할 길이 없다.

또 광해군은 중전 유씨의 존경과 신임을 받았던 비구니 예순(禮順)과도 교류하였다. 예순은 인조반정의 주모자였던 이귀(李貴)의 딸이었다. 본래 김자점(金自點)의 동생인 김자겸(金自兼)의 아내였던 예순(禮順, 英日)은 남편이 죽자 남편의 친구와 목사(牧使)의 첩인 정이(貞伊)와 함께 덕유산에서 출가하여 비구니가 되었다. 그 뒤 예순은 간통죄로 몰려 감옥에 갇혔다.[53] 공초가 끝나고 감옥에서 풀려난 예순은 궁궐

49 『광해군일기』 권101, 광해군 8년(1616) 3월 24일 갑오.

50 『광해군일기』 권114, 광해군 9년(1617) 4월 27일 기사. "지금 인경궁을 짓고 계속해서 경덕궁을 지었는데 들보와 기둥은 비록 작으나 칸수는 법궁(경복궁)의 열 배나 되고 별전이 열 몇 채이며, 인왕산 주의를 둘러싸고 있어서 토목의 화려함과 장식의 사치스러움이 예전에 없던 바이다." 통계가 정확한 지는 모르겠으나 임진왜란 전의 경복궁 규모가 약 700여 칸이라 하면 인경궁과 경덕궁의 칸 수는 약 7,000여 칸이나 되는 셈이다. 홍순민, 「조선왕조 궁궐경영과 양궐체제의 변천」(서울대 박사학위논문, 1996).

51 홍석주, 「조선조 광해군대의 궁궐건축에 관한 연구 - 인경궁과 경덕궁을 중심으로」(홍익대 박사학위논문, 2000), p.97. 인경궁의 정전인 홍정전은 인조대에 창덕궁으로 이건되었고 편전인 광정전도 이건되어 창덕궁 선정전이 되었다.

52 『광해군일기』 권161, 광해군 13(1621) 2월 1일 계묘. 인경궁의 공사를 시작하기 위해 각 도의 승군 1천 5백 명을 추가 배정하였다(경신년에 원래 배정한 인원은 6백 명이었다).

로 들어가기를 자청하였고 광해군은 이를 허락하였다. 궁궐로 들어온 예순은 중전 유씨를 비롯하여 후궁들로부터 존경과 신임을 받았다. 일설에서는 그녀를 생불(生佛)이라 일컬어 그 신봉함이 견줄 데가 없었다 하였다.

예순은 선조 이래의 상궁 김개시(金介屎, ?~1623)와 모녀 관계를 맺으며 왕실녀들과 폭넓은 관계를 맺고 왕실 불교에 깊은 영향을 미쳤다.[54] 당시 김개시는 국정에 깊이 관여하여 권신이었던 대북파의 영수 이이첨(李爾瞻)과 선조의 세자 교체설에 대비하여 공조하였던 것으로 알려져 있다.[55] 예순의 아버지 이귀(李貴)는 1623년(광해군 15) 왕을 폐위하려고 모의했다가 탄로가 나 체포되었다. 예순은 김개시에게 알려 이귀가 감옥에서 풀려나오게 하였다. 이귀는 그날 밤 주모자들과 함께 인조반정(仁祖反正)을 일으켰다. 이날 예순과 함께 궁중의 왕실 불교를 주도했던 김개시는 궁궐의 비구니 도량인 정업원(淨業院)에서 불공을 드리다가 반군에 의해 체포되어 처형되었다.[56] 이처럼 광해군은 예순과 같은 비구니와 교유함으로써 기복적인 신앙으로 흐를 수밖에 없었다.

하지만 광해군의 불교에 대한 인식은 선조대 이전과는 분명 달랐다. 광해군은 분조시기를 통해 나라를 위하여 목숨을 던지는 승려들을 통해 불교에 대해 새롭게 인식하게 되었다. 아울러 왕위에 오른 이후에는 경직된 유교의 사유 일변도가 아니라 유연한 불교의 사유에도 관심을 기울였다. 이러한 현상은 아마도 임진왜란과 정유재란에서 불교계

---

53 『광해군일기』 권 81, 광해군 6년(1614), 8월 19일 기해.
54 『연려실기술』 권23, 仁祖朝故事本末, 癸亥靖社.
55 『연려실기술』 권23, 仁祖朝故事本末, 癸亥靖社; 『인조실록』 권2, 인조 1년(1623), 7월 6일 갑오.
56 『광해군일기』 권187, 광해군 15년(1623) 3월 13일 계묘.

가 보여준 역할과 위상과도 긴밀한 관련이 있을 것이다. 물론 이것을 성종 이래 선조대를 거치면서 사림이 주도하는 사회가 형성되었고, 이에 기반하여 정치와 사상 및 의례 등 사회 전반에 걸쳐 성리학적 질서가 공고해 짐으로써 불교 교단이 공적 영역에서 배제되고 위축되는 모습이 나타났을 뿐만 아니라 불교에 대한 경계심이 약화되면서 비롯된 방임의 분위기로 말미암은 것으로 볼 수도 있을 것이다.

하지만 논자는 이와 달리 전란 시에 보여준 의승병의 활약과 불교계의 대사회적 역할이 불교에 대한 유자들의 부정적 인식을 어느 정도 완화시켰기 때문으로 보고자 한다.[57] 분조 시기의 불교 이해와 함께 광해군 시대의 불교 지원은 이러한 맥락에서 이해해 볼 수 있을 것이다.

5. 원찰(願刹) 봉인사와 청계사 재회(齋會)

형 임해군을 낳은 어머니 공빈 김씨는 다시 삼년 뒤 광해군을 낳은 뒤 출산 후유증으로 세상을 떠났다. 공빈 김씨의 능은 경기도 풍양현 적송동에 모셔졌다. 갓 두 살 때 어머니를 여읜 광해군은 어머니에 대한 끝없는 슬픔과 그리움 속에서 30여 년을 보냈다. 편부와 빈(嬪)들 슬하의 왕세자가 느낀 외로움은 이루 말할 수 없었을 것이다. 자식된 사람의 도리로서 공빈 김씨의 추존을 일찍부터 선왕에게 하소연하였으나 허락되지 않았다. 어찌할 수 없는 마음에 하늘만 쳐다보며 답답함을 억누르고 한을 삼켰다. 때문에 어렵게 왕위에 오른 광해군은 이

57 물론 광해군 이후 白谷 處能의 「諫廢釋敎疏」가 잘 보여주고 있듯이 왕실 불당으로 남아있던 淨業院(혹은 자수원, 인수원 등)이 顯宗 대에는 왕실에서 완전히 철폐되었다. 이것은 광해군대 이래 완화되었던 불교 정책이 다시 강화된 하나의 예라고 볼 수 있을 것이다.

제 자신이 대임(大任)을 맡자 낳아 주신 친어머니를 추숭하는 것이 예에 있어서도 실로 불가할 것이 없다고 생각하였다.[58]

…… 주문(奏文)은 다음과 같다. "신은 일찍이 민흉(愍凶)을 만나 태어난 지 겨우 두 살에 자모(慈母)가 돌아가시어 끝없는 슬픔 속에 어언간 30여 년이 지났습니다. 신의 모친 김씨(金氏)는 고 영돈녕 부사 김희철(金希哲)의 딸로서 선부왕(先父王) 신(臣) 휘(諱)께서 명을 받아(受命) 처음으로 맞아들여 부실(副室)을 삼고 궁위에서 일을 받들게 했는데 현덕이 대단히 나타났었으나 불행하게 일찍 서거하였습니다.

또한 선부왕 신 휘께서 신의 불초한 것을 알지 못하시고 천조(天朝)에 상주(上奏), 신으로 후사를 삼으시어 지금에 이르러서는 거듭 황령(皇靈)에 힘입어 선대의 왕업을 계승한 지가 여러 해 되었습니다.

신은 외람되게 황제가 내리신 은총으로 귀하게 나라의 임금이 되었는데도 나를 낳아 길러 준 어머니는 아직까지 명칭(名稱)이 없습니다. 생전에는 제후 임금이 모시는 봉양을 받지 못했고 사후에는 높여 드러내는 존호(尊號)를 더하지 못했으니, 생육해 준 은혜 갚고자 하나 갚을 길이 없어 복받치는 사모의 심정이 한량없으며 말이 여기에 다다름에 오장육부가 찢어지는 듯이 아픕니다.……"[59]

왕위에 오른 광해군은 이듬해(1609) 2월 19일에 먼저 어머니의 존호를 더하는 작업에 착수하였다. 하지만 공빈 김씨의 추존은 많은 신료들의 반대에 부딪쳤다. 광해군은 그런 반대에 대해 가상하다고 치하하면서도 자신의 심사를 제대로 살피지 못한 점을 아쉬워하였다. 그러면서도 추숭하는 일은 천리와 인정으로 헤아려 보더라도 그만둘 수 없는

---

58 『광해군일기』 권27, 광해군 2년(1610) 윤3월 27일 임신.
59 『광해군일기』 권73, 광해군 5년(1613) 12월 11일 갑오.

일로 생각하고 그 뜻을 굽히지 않았다.

광해군 4년 윤11월에는 양사가 공빈 김씨의 책봉 문제에 대해 차자(箚子)를 올리면서 다시 불거졌다. 그러자 광해군은 주청사(奏請使)를 파견하여 본생비(本生妃)를 책봉시켜 달라고 청하려고까지 하였다. 광해군의 완강한 태도를 지켜본 사헌부와 사간원은 차자를 올렸다. 주청사에 대해서는 다시 더 깊이 생각하고 예를 참작하여 잘 살펴 처리하되, 가급적이면 묘당(廟堂)의 의논을 따르도록 하였다. 광해군은 이미 조종이 행한 전례가 있음을 들어 지금 그렇게 하지 못하는 부당함을 이야기 하면서 지극한 심정에서 발로된 것임을 들어 강력하게 추진하였다.[60]

결국 광해군은 공빈(恭嬪)으로 추숭하였고 다시 한 달 뒤에는 자숙단인공성왕후(慈淑端仁恭聖王后)의 존호로 추숭하였으며, 능의 전각 편액인 영희전(永禧殿)을 봉자전(奉慈殿)으로 고치고, 능(陵)을 성능(成陵)으로 추봉하였다.[61] 곧이어 그 능 옆에 있는 보은사(報恩寺)를 능침사찰로 확정하고 불사를 거행하게 하였다. 이러한 일련의 과정은 적자 적손으로서의 정통성을 확보하려는 광해군의 적극적인 노력에 의해서 가능했다.

1619년에 중국에서 진신사리 1과를 보내오자 광해군은 이 사리를 성릉의 능침사찰인 보은사 즉 봉인사(封印寺)에 봉안하게 하였다.

승정원이 아뢰었다. "신들이 삼가 보건대 웅유격(熊遊擊)이 바친 물건

60 『광해군일기』 권60, 광해군 4년(1612) 윤11월 11일 경오.

61 『인조실록』 권22, 인조 8년(1630) 5월 21일 경자. 광해군은 대소 신료들과 양사의 반대를 무릅쓰고 恭嬪을 王后로 추숭하고 成墓를 成陵으로 추봉하였지만 그가 폐위된 뒤 인조 8년 5월에는 공빈 김씨의 묘소에 법제에 어긋나게 세운 석물을 허물 것을 명함으로써 왕릉의 격을 잃어버리고 말았다.

가운데 사리(舍利) 1과가 있었습니다. 사리란 바로 승려를 다비(茶毗)할 때에 나오는 것이니, 그것은 오랑캐의 도(道)이며 더러운 물건입니다. 더러운 물건을 전하에게 바친 의도는 바로 오랑캐의 도(道)로 전하에게 아첨하려는 것이니, 바친 물건은 매우 작지만 그해는 매우 클 것입니다.

옛날에 한유(韓愈)는 부처의 뼈를 맞이해 오는 데에 대하여 간하였으니, 그것은 하늘에 빌어 명을 길게 하는 것이 부처를 섬기는 데에 있지 않고 실로 백성들에게 정성을 다하는 데에 있기 때문이었습니다. 사리를 받지 말아서 이단을 물리치고 문교(文教)를 숭상하는 훌륭한 뜻을 보이소서."

전교하였다. "예조의 관원들로 하여금 의논하여 처리하게 한 다음 보은사(報恩寺)로 보내라."[62]

중국인 웅유격이 어떤 지위에 있었던 인물인지는 알 수 없다. 다만 불교를 신봉한 중국의 사신으로 왔다는 점에서 불교와 관련된 인사로 짐작해 볼 수 있다. 광해군은 그가 모셔온 사리를 왕실의 원찰인 보은사에 보내라고 하였다. '보은사'라는 명칭은 대개 조선 전기 이래 "나라(왕), 혹은 부처 또는 산천의 은혜에 보답한다"라는 뜻을 지닌 일반명사로서의 절을 가리킨다. 그렇다면 이 사리가 봉안되기 전 이곳에 어떤 절이 있었는지는 알 수 없다하더라도 보은사로 명명되면서부터 이 절의 기능은 왕실과 긴밀한 관계 속에서 존재하였다고 볼 수 있을 것이다. 특히 이곳에서 멀지 않은 곳에 공빈 김씨의 묘가 있다는 점을 염두에 둔다면 봉인사로 불리기 전부터 이 절(보은사)은 능침사찰(陵寢寺剎)의 역할을 했던 곳이었을 것이다.[63]

62 『광해군일기』 권138, 광해군 11년(1619) 3월 11일 갑오.

63 고영섭, 「한국불교에서 봉인사의 사격」, 『한국불교사연구』(한국학술정보, 2012), pp.298~299. 광해군의 국문에서 풀려난 부휴 선수는 광해군의 요청에 의해 1609년부터 1614년까지 이 절에 주석했으며 당시 이 절의 이름은 보은사였던 것으로 추정

1610년(광해군 2)에 이곳 보은사는 광해군과 세자의 원찰이 되었던 것으로 추정된다. 그 사이 보은사는 성능과 임해군 내외의 무덤과의 관계로 미루어볼 때 왕실과 긴밀한 교류가 있었을 것으로 추정된다. 1619년에 응유격이 모셔온 진신사리를 이곳 보은사로 모시게 한 것은 이러한 추정을 뒷받침하고 있다. 진신사리는 보은사로부터 200보쯤 떨어진 곳에 지은 부도암(浮圖庵)의 탑 속에 봉안되었다. 이로 인해 절 이름을 '붓다의 사리[印]를 모신 절'이라 하여 봉인사(封印寺)로 개명하였다. 그리고 이듬해인 1620년(광해군 12)에 5월에 "세자 이질(李祬)이 '가 없이 복을 누리고'[壽福無疆] '성군의 자손이 왕실에 번창하기'[聖子昌盛]를 기원하는 사찰"이 되었다. 이후 광해군은 재위 기간 불교계와 교류하면서 직간접적인 지원을 마다하지 않았다.

1622년에 광해군은 광주의 청계사(淸溪寺)로 거둥하여 재회를 시설하였다. 청계사는 고려 말 무학 자초(無學自超)와 철호 조선(鐵虎祖禪)이 머물렀던 이래 조인규(趙仁規) 가문의 원찰이었다. 조인규는 고려 말기의 정치계와 불교계의 실력자였다. 그의 집안에서는 많은 출가자가 배출되었다. 청계사는 조선시대에도 조인규 가문의 원당이었다.[64] 조인규의 11대손인 조운(趙橒)이 지은 「청계산사적기비」(淸溪寺事蹟記碑)에 의하면 당시 청계사는 광해군의 세자의 원찰이 되었던 것으로 보인다.

광해군 때 청계사는 폐세자가 점유하고 있었고 또한 전답과 노비는

된다. 아마도 선수는 이곳에 머물며 조선불교의 재건을 꿈꾸었던 것으로 짐작된다. 그리고 그는 광해군의 심적 물적 지원에 힘입어 이 절을 중창하면서 사세를 확장했다. 선수는 이미 오래 전에 불사리가 이곳에 모셔질 것을 예견하고 '封印寺'라는 절 이름을 광해군에게 적어 주었던 것으로 보인다.

64 황인규, 「趙仁規家門과 水原 萬義寺」, 『수원문화사연구』 제2집(수원문화사연구회, 1998); 황인규, 『고려후기 조선초 불교사 연구』(혜안, 2003).

궁가나 토호들이 탈취하였다. 그리고 그 비석의 비문을 갈아버렸는데 이는 대개 그 전답과 노비를 비에 새겼기 때문이다.[65]

이 기록에 의하면 광해군 때 청계사는 폐세자가 점유하고 있었다고 한다. 그렇다면 대대로 조인규 가문의 원찰이었던 청계사를 세자가 어떻게 점유했을까? 궁가와 토호들이 전답과 노비를 탈취했다면 청계사는 세자가 조인규 가문으로부터 탈취한 것으로 추정해 볼 수 있다. 봉인사를 원찰로 삼았던 광해군은 이번에는 세자의 원찰인 청계사에서 큰 재를 시설하였다. 이때 부휴의 제자들인 벽암 각성과 고한 희언은 이 재회에 증명법사로 참여하였다. 이 일로 1622년(광해군 14)에 3월에 왕은 입적한 부휴 선수에게 '부휴당부종수교변지무애추가홍각대선사선수등계자'(浮休堂扶宗樹教辯智無礙追加弘覺大禪師善修登階者)라는 법호를 추가하였고, 9월에는 그의 제자인 벽암 각성에게 '부종수교행해원묘비지쌍운변재무애대선사각성'(扶宗樹教行解圓妙悲智雙運辯才無礙大禪師覺性)이라는 법호를 하사하였다.[66] 하지만 당시 벽암은 "재회가 끝나고 나자 (대사는) 그 가사를 벗어두고 몰래 가버렸다"[67]라고 적고 있다. 이로 미루어 보면 벽암의 재회 참석은 마지못해 이루어진 일로 짐작된다.

살펴본 것처럼 자신의 원찰로 봉인사를 마련한 광해군은 세자의 원찰인 청계사에 거둥하여 재회를 시설할 정도로 불교에 우호적이었다. 명과 후금 사이에서 유연한 기미의 외교정책을 보여주었던 그는 유교이념 아래의 통치자이면서도 불교를 배타하지 않고 유연하게 대응하

---

65 경기도 편, 『경기금석대관』 5(경기도, 1992). 황인규, 앞의 글, p.71 재인용.
66 이능화, 『조선불교통사』 상(국민서관, 1918; 보련각, 1975), p.487.
67 「고한대사행장」, 『대각등계집』 권하; 『한글대장경, 대각등계집』(동국역경원), p.270.

였다. 하지만 이러한 그의 유연한 외교정책은 뒷날 인조반정을 꾀한 주체로부터 공격의 빌미가 되었다. 『광해군일기』 중초본은 그의 진실을 그대로 보여주고 있다.

> 중원의 형세는 참으로 위태로우니 이러한 때에는 안으로는 자강(自强)을 꾀하고, 밖으로는 기미(羈縻)하여 한결같이 고려가 했던 것처럼 해야만 나라를 보호할 수 있을 것이다. 그러나 근래 우리나라의 인심을 보면 안으로는 일을 분변하지 못하면서 밖으로는 큰소리만 친다. 시험삼아 조정 신료들이 의견을 모은 것을 보면, 장수들이 말한 것은 전부 압록강 변에 나아가 결전해야 한다는 것이니 그 뜻은 참으로 가상하다. 그렇다면 지금의 무사들은 무슨 연고로 서쪽 변방을 '죽을 곳'으로 여겨 부임하기를 두려워하는가? 생각이 한참 미치지 못하고 한갓 헛소리들뿐이다. 강홍립(姜弘立)이 보내온 편지를 보는 것이 무슨 방해될 일이 있는가? 이것이 과연 적과 화친을 하자는 뜻이겠는가? 우리나라 사람은 허풍 때문에 끝내 나라를 망칠 것이다.[68]

이 당시 광해군은 동북아 국제정세를 정확히 관통하고 있었다. 명은 지는 해고 후금은 뜨는 해였다. 명의 원병 요청에 명분을 세워주고 후금의 비위를 건드리지 않는 절묘한 등거리 외교만이 살 길이었다. 광해군은 강홍립 장군에게 1만 3천의 병력을 내주며 명을 돕되, 후금과 원수지게 싸우지 말라고 밀령을 내렸다. 강홍립은 명과 후금의 운명을 가르는 부차(副車) 전투에서 명군이 불리해지자 얼른 후금에 투항해 버렸다. 명의 노여움을 사지 않고 후금의 침략도 모면한 섬광 같은 책략이었다.[69]

---

68 『태백산본 광해군일기』 권166, 광해군 13(1621) 6월 6일.
69 이규원, 『조선왕릉실록』(글로세움, 2012), p.268.

그렇다고 해서 광해군이 명보다 청과 더 긴밀했던 것은 아니었다. 그가 치중했던 안으로의 자강과 밖으로의 기미 정책은 고려(高麗)를 모델로 한 것이었다. 이것은 오늘날의 '반미'(反美)가 아니라 '용미'(用美)처럼, 반명(反明)과 반청(反淸)이 아니라 조선 본위(本位)의 용명(用明)과 용청(用淸)의 지혜였다. 하지만 안으로의 자강과 밖으로의 기미(羈縻) 정책의 진의를 수용하지 못했던 인조반정의 주체들에 의해 그의 진심은 왜곡되었고 결국 인조는 삼전도에서 굴욕적인 항복을 하고 '형제지국'에 이어 '신하지국'이 되고 말았다. 광해군이 유교 중심의 나라에서 불교를 지원하여 원찰을 마련하고, '대명의리'와 '재조지은'만을 외치는 나라에서 안으로의 자강과 밖으로의 기미의 정책의 지혜를 발휘할 수 있었던 원동력은 백성들의 '윤택'을 최우선에 두려고 한 그의 애민(愛民)사상이었다.

광해군은 평소 "위태로워 죽기 직전에 있는 백성들을 보살펴주지 않는다면 백성의 부모된 도리가 아니다"[70]라고 하였다. 따라서 광해군은 분조(分朝) 시기는 물론 명(明)의 쇠멸과 후금(淸)의 등장 및 일본(日本)의 재편과 같은 격변하는 국제 정세 속에서 재위 15년 동안 전후 복구를 통한 안으로의 자강과 밖으로의 기미(羈縻) 정책을 통해 백성들의 윤택을 최우선 순위에 둔 '영명한' 군주였다고 평가할 수 있다. 그가 경직된 유교만이 아니라 유연한 불교를 수용하고, 민족문화의 계승을 위해 헌신하면서도 외래문화의 수용도 배제하지 않았던 것은 이러한 맥락에서 이해할 수 있다.

---

70 『광해군일기』 권24, 광해군 2년(1610) 1월 13일 경인.

6. 정리와 맺음

조선조 역사에서 광해군(光海君)은 연산군(燕山君)과 함께 '왕'(王)이 아니라 '군'(君)으로 불리고 '실록'(實錄)이 아니라 '일기'(日記)로 격하된 왕이다. 그는 죽어서도 무덤이 강등되어 '릉'(陵)이 아니라 '묘'(墓)로 불려지고 있다. 이후 조선 유자들의 대다수 문집에서 폐위된 임금이라는 '폐주'(廢主) 혹은 어둡고 용렬한 왕이라는 '혼군'(昏君) 또는 계모와 동생을 죽인 '패륜아'(悖倫兒)로 불렸고 왕명 역시 광조(光祖)나 광종(光宗)이 아니라 '광해주'(光海主)로 기술되었다. 그리고 그의 재위 연간은 어둡고 문란한 시대라는 '혼조'(昏朝)라고까지 매도되었다. 하지만 근래의 연구에서 광해군은 대동법(大同法) 시행과 화폐 주조, 그리고 은광을 개발하여 적극적으로 사회와 경제 정책을 추진하고 탁월한 외교감각으로 실리외교를 수행한 현명한 군주로 보려는 시각이 확산되고 있다.

광해군은 분조(分朝) 시기는 물론 명(明)의 쇠멸과 후금(淸)의 등장 및 일본(日本)의 재편과 같은 격변하는 국제 정세 속에서 재위 15년 동안 전후 문화 복구사업을 통한 안으로의 자강(自强)과 밖으로의 기미(羈縻) 정책을 통해 백성들의 윤택을 최우선시한 '지혜로운' 군주였다. 광해군은 제1차 분조(分朝)시기와 제2차 무군사(撫軍司) 활동을 통해 나라를 위하여 목숨을 바치는 수많은 승려들의 애국심을 보며 불교에 대한 종래의 인식을 새롭게 하였다. 하지만 광해군은 선조 이래의 상궁 김개시(金介屎)와 모녀관계를 맺으며 왕실녀들과 폭넓은 관계를 맺고 왕실불교에 깊은 영향을 미친 예순(禮順)과 같은 비구니와 교유함으로써 기복적인 신앙으로 흐를 수밖에 없었다. 또 유자들에게 술승(術僧) 또는 광승(狂僧)의 풍모로 비쳐진 성지(性智)와 가까이 지냄으로써 광해군의 불교 인식은 기복적으로 흐를 수밖에 없었고 불교를 사회 속으로 확장시키거나 발전시키는 데에는 일정한 한계가 있었다.

다행히 부휴 선수(浮休善修)와 같은 선승과 그 제자인 벽암 각성(碧巖覺性)과 고한 희언(孤閑熙彥)과 같은 선사들과 교유함으로써 자신의 원찰인 봉인사에 사리를 봉안하고 세자의 원찰인 청계사에서 재회를 시설할 수 있었다. 그리하여 광해군의 불교에 대한 인식은 선조시대 이전과는 분명 달랐다. 광해군은 분조시기를 통해 나라를 위하여 목숨을 던지는 승려들을 통해 불교에 대한 새로운 이해에 접할 수 있었다. 그리고 왕위에 오른 이후에는 경직된 유교의 사유만이 아니라 유연한 불교의 사유에도 관심을 기울였다. 그 결과 불교에 대한 왕과 유자들의 부정적 인식도 어느 정도 완화시킬 수 있었다. 해서 분조 시기의 불교 이해와 함께 광해군 시대의 불교 지원은 이러한 맥락에서 이해해 볼 수 있을 것이다.

따라서 광해군은 분조(分朝) 시기는 물론 명(明)의 쇠멸과 후금(淸)의 등장 및 일본(日本)의 재편과 같은 격변하는 국제 정세 속에서 재위 15년 동안 안으로의 자강과 밖으로의 기미(羈縻) 정책을 통해 백성들의 윤택을 최우선 순위에 둔 '영명한' 군주였다고 평가할 수 있다. 그가 경직된 유교만이 아니라 유연한 불교를 수용하고, 민족문화의 계승을 위해 헌신하면서도 외래문화의 수용도 배제하지 않았던 것은 이러한 맥락에서 이해할 수 있다. 결국 광해군에게 불교는 보다 유연한 사유를 지닐 수 있게 한 원동력이었다고 할 수 있다. 그리고 그것은 백성을 사랑하는 애민(愛民)의 마음으로 나타났다.

제3부 한국불교와 역사 인물

1장 경기도 이천 북악사(영월암)의 역사와 인물

1. 문제와 구상

'자채쌀'과 '도자기'의 고장으로 이름난 경기도 이천(利川)[1]은 삼한 초기 이래 옛 백제의 주요 무대였다. 고구려 제26대 장수왕 63년(475)에는 고구려에 속하여 남천현(南川縣)으로 불렸다. 또 신라 제24대 진흥왕 때에는 한강 일대를 개척하면서 남천주(南川州)로 일컬었다. 이

1 『동국여지승람』 '樓亭'조와 『신증동국여지승람』 제8권 「이천도호부」편에 의하면 이천은 신라시대에는 '南川', '南買', '黃武' 등으로, 고려시대에는 '永昌' 등으로 불렸다. 고려 태조 王建이 후백제 甄萱과 一戰을 벌이기 위하여 福河川에 이르렀는데 洪水 때문에 내를 건널 수 없자 徐穆이라는 사람이 인도하여 '편리하게 대천을 잘 건넜다'[利涉大川]고 전한다. 뒷날 王建이 전쟁에서 승리한 것을 가상히 여겨 『周易』의 '利涉大川'에서 첫 글자인 '利'와 끝 글자인 '川'을 따와 '利川'이라는 이름을 내렸다고 전한다. 「고적」편에 따르면 고려 태조 왕건이 南征길에 올라 이곳에 주둔하고 점을 쳐보았더니, '利涉大川'이라는 占辭를 얻어 '利川'이라는 이름을 하사했다고 전한다. '큰 내[大川]를 건너 이로웠다'는 뜻인 '利涉大川'은 『周易』에 14번이나 나오는 술어이며 '학문과 덕을 쌓고 몸을 기르면 험난한 과정[大川]을 건너 큰 공(功)을 세울 수 있었으며 온 天下가 이롭게 된다'는 뜻을 의미한다.

처럼 이천은 삼국이 이곳에서 각축전을 벌일 정도로 한강 유역과 중국 대륙으로 나아가는 전략적 요충지였다. 고려 이후에는 이천과 남천 두 지명의 군(郡)과 현(縣)과 부(府)를 번갈아 썼으며, 조선 후기의 갑오경장(甲午更張, 1894~1895) 이래에는 이천군(郡)이 되었고 근래에는 이천시(市)로 승격되었다. 이천시 설봉산(雪峰山)[2]에 자리한 북악사(北嶽寺) 즉 영월암(映月庵)[3]은 통일신라 때 창건된 고찰이다.[4] 북악산 즉 설봉산은 신라 진흥왕의 한강 유역 진출과 문무왕의 삼한일통 과정 중 수도 '경주의 북쪽에 있는 산'이라는 뜻에서 붙여진 이름이자 '이천 고을의 북쪽에 있는 산'이라는 뜻에서 붙여진 것으로 짐작된다. 북악사는 바로 이 북악산 즉 설봉산이 품은 절이다.

북악산 주봉 기슭에 높다랗게 자리잡은 북악사는 신라 의상(義湘, 625~702)이 개산한 사찰로 알려져 있다. 하지만 현존하는 유물들로 미루어 보면 통일신라 후기나 고려 초기에 창건된 것으로 추정된다. 삼국시대 이래 북악산 즉 설봉산 일대는 군사적 요충지여서 고구려와

---

2 경기도 이천시 지역을 둘러싸고 있는 이 산은 해발 394미터이며 북악(北嶽), 부악(負岳), 부아악산(負兒岳山), 무학(舞鶴), 부학(浮鶴) 등으로도 불려 오다가 설봉산(雪峰山)으로 불리게 되었다.

3 경기도 이천시 읍내면 관고동 산438번지 설봉산에 자리한 영월암은 대한불교조계종 제2교구 본사인 용주사(龍珠寺)의 말사이다. '관고동'이라는 동명이 시사하는 것처럼 아마도 이 지역에는 '국가의 창고'가 있었을 것으로 짐작된다. 북쪽의 건지산에서 봉화를 올렸기에 북수봉이라고 하였듯이 서쪽의 '설봉산'도 본디 봉화를 올리던 '설봉화산(雪峰火山)'이었다. 그 뒤 '선생님'을 '샘'이라고 부르듯이 '화'자를 빼고 간편하게 설봉산이라고 불렀다. '설봉'의 이두식 표기는 '쇠봉'이었고 '서울'도 이두식으로 읽으면 '쇠울'이 되듯이 말이다.

4 의상이 '북악사(北嶽寺)'로 개산하였으나 조선 중기에 전소된 뒤 낭규(朗奎)가 중창하여 '영월암(映月庵)'으로 개명한 것처럼 寺格이 '寺'에서 '庵'으로 축소된 경우가 더러 있다. 지눌(知訥)이 定慧結社를 시작했던 경북 영천의 팔공산 '거조사(居祖寺)'가 현재는 '거조암(居祖庵)'이 되어 있고, 경허(鏡虛)가 자신의 성태(聖胎)를 보임(保任)한 충남 서산의 '천장사(天藏寺)'가 현재는 '천장암(天藏庵)'이 되어 있는 것이 대표적인 사례이다. 최근에는 경허의 수행처로 널리 알려지면서 천장사로도 부르고 있다.

백제 및 신라 삼국이 이곳을 차지하려고 치열하게 싸웠다. 3차에 걸친 발굴조사에 의하면 맨 처음 쌓아놓은 설봉산성 성벽의 뼈대는 백제식이었고 장대지를 비롯한 성내 시설물 속에서 다량의 백제토기와 백제식 유물들이 모습을 드러냈다. 진흥왕의 한강 유역 진출 이후 신라군은 다시 이 성벽을 수축하여 북방경략을 위한 전진기지로 삼았다. 때문에 이곳은 삼국통일기와 통일신라 후반까지도 군사적 요충지로서 남아 중요한 역할을 하였다. 진흥왕 이후 신라는 금관가야(532)와 대가야(562)를 합병하고 태종무열왕 7년 때(660)에는 당나라의 힘을 빌어 삼국의 힘의 균형을 깨뜨리고 삼한일통의 대업에 나섰다.

이해 5월에 무열왕은 김유신, 진주, 천종 등의 장수와 함께 신라군 정병 5만을 거느리고 출정길에 올랐다. 이들이 경주를 떠난 지 22일 만에 다다른 곳이 이천의 남천정(南川停)이었다. 태종은 이곳에 주둔하며 서해를 건너온 당나라 소정방(蘇定方)에게 태자를 보내 작전 계획을 짜게 하였다. 이후 나당(羅唐)연합군은 백제를 공략하였고, 이어 문무왕도 고구려 공략에 앞서서 남천정(南川停)에 거둥하여 당나라 장수를 만났다. 당시 남천정은 신라의 삼한일통의 주요 무대가 되었으며 남천정의 위치를 비정해 볼 때 지금의 설봉산이었을 것으로 짐작된다. 고려시대에는 산악(山岳)과 나옹(懶翁)이 주석하였으며, 조선시대의 북악사는 임란과 호란이 끝난 뒤 한참을 지나 영조 50년(1774)에 영월 낭규(映月朗奎)에 의해 중창되었다.[5] 이후 대한시대 초기까지 북악사

5 權相老, 『韓國寺刹全書』 하권(동국대출판부, 1979); 李政 편저, 『한국불교 사찰사전』(불교시대사, 1996), p.438. 이들 기록에는 映月 朗奎가 映月庵으로 중창했다고 기록하고 있으나 영월 낭규가 살았던 전후시대에 간행된 『輿地圖書』(1760), 신경준이 펴낸 『伽藍考』(1717~1781년 편찬), 『梵宇考』(1799), 『利川府邑誌』(1842; 1871; 1899) 등에서도 北岳寺로 기록되어 있다. 때문에 북악사를 영월암으로 개명한 것은 1899년 이후부터 1911년 보은(普恩)이 중건할 때였음을 미루어 짐작해 볼 수 있다.

는 이 지역의 구심이었던 북악산의 중심 사찰로 자리하였다. 임진왜란과 병자호란이 일어나자 이천 지역 주민들은 의병으로 떨쳐 일어나 왜적들을 막아내었다. 의병들이 일진일퇴를 거듭하다 북악산 자락의 북악사와 인근 사찰 및 설봉서원 등으로 퇴각하자 왜군들은 이들 사찰과 서원을 무자비하게 소각시켰던 것으로 추정된다.

갑오경장(1894~1895) 공포 직후 12월에 단발령이 내려지자 이천의 구연영(具然英), 김하락(金河洛), 김태원(金泰元), 신용희(申龍熙), 조성학(趙性學) 등은 의병을 규합하여 화포군 1,000여 명으로 이천수창의소(利川首倡義所)를 결성하고 일본군 수비대와 전투를 벌였다. 한때는 2,000명이 넘는 대병력으로 광주의 남한산성을 점령하고 입성한 뒤 인근 지역의 의병들과 연합작전으로 서울 진공 계획을 추진하였다. 하지만 일진일퇴를 거듭하던 의병은 일본군의 잦은 습격을 받으며 해산되었다. 이후 을사늑약(1905), 헤이그 밀사사건을 빌미로 고종이 강제퇴위하고 구한국군 해상 명령을 골자로 하는 한일신협약 정미7조약(1907)이 실시되자 다시 이천 지역의 의병들은 분연히 떨치고 일어나 이천창의소를 결성하였다.[6] 일본군은 이천읍 충화(衝火)사건을 일으켜 읍내 절반 이상의 집들을 불태워 버렸다. 일본군과 교전을 벌이며 일전일퇴를 거듭하던 의병들은 남한산성과 설봉산성을 오가며 전투를 벌였다. 이 과정에서 일부 의병들이 설봉산 일대로 숨어들자 일본군은 토벌대를 파견하여 북악사를 비롯한 인근 사찰과 서원을 불태웠던 것으로 추정된다. 1911년에는 보은(普恩)이 이곳에다 영월암을 중

6 이천시지편찬위원회, 『이천시지2: 인물과 문화유산』(홍익기획, 2001), pp.192~205. 『이천시지』는 1-자연과 역사, 2-인물과 문화유산, 3-민속과 구비전승, 4-정치와 경제, 5-사회와 문화, 6-개인생활과 마을, 7-이천시지자료집의 총 7책으로 간행되어 있으며 전국의 市郡邑誌 중 가장 모범적인 市誌라고 평가할 정도로 조직적으로 구성되어 있다.

건하였으며, 1920년에는 주지 유신암(信庵)이 극락전을 옮겨 세웠다.[7] 1937년에는 조언우(彦佑)가 산신각을 중건했으며, 1941년에는 김명칠(明七)이 대웅전을 중건했다. 1981년에는 송정해(正海)가 삼층석탑을 복원하여 오늘에 이르고 있다.[8] 이 글에서는 경기도 여주의 신륵사와 함께 이천의 대표적 사찰인 북악사 즉 영월암의 역사와 인물의 검토를 통해 옛 북악사의 사격(寺格)과 사명(寺名)이 회복되기를 기대하면서 논의를 시작해 갈 것이다.

2. 경기 남부지역 불교 역사와 문화

경기도는 최치원(崔致遠)이 언급한 것처럼 옛날의 마한 지역이었다.[9] 마한은 옛 백제의 영토로 이어졌으며 이후 통일신라의 강역이 되었다. 경기 남부지역 도시로는 현재 광주, 여주, 이천, 성남, 용인, 안성, 안산 등이 있다. 이들 도시들은 대체로 전통 사찰을 품고 있으며 근래에 지어진 사찰들은 해당 지역 문화의 구심으로 자리해 오고 있다. 이를테면 광주의 장경사(長慶寺), 여주의 신륵사(神勒寺), 양평의 용문사(龍門寺), 이천의 북악사(영월암), 성남의 청계사(淸溪寺), 용인의 와우정사(臥牛精舍), 안성의 칠장사(七長寺), 안산의 쌍계사(雙溪寺)

7 이인수·홍순석, 『이천의 문화재』(이천문화원, 2006), pp.70~716. 이때부터는 이천 지역의 사찰들 주지들이 帶妻僧이 다수였으므로 그들의 이름을 속성과 법명을 붙여 함께 불렀다.

8 이정 편저, 『한국불교 사찰사전』(불교시대사, 1996), p.438.

9 『신증동국여지승람』에 의하면 경기도는 광주목, 여주목, 이천도호부, 양근군, 지평현, 음죽현, 양지현, 죽산현, 과천현, 수원도호부, 부평도호부, 남양도호부, 인천도호부, 안산군, 안성군, 진위현, 양천현, 용인현, 김포현, 금천현, 양성현, 통진현, 양주목, 파주목, 고양군, 영평현, 포천현, 적성현, 교하현, 가평현, 장단도호부, 강화도호부, 풍덕군, 삭녕군, 마전군, 연천현, 교동현으로 되어 있다.

등이 대표적인 사찰이다.

이들 사찰 중 장경사는 현재 남한산성 내에 유일하게 남아 있는 전통 사찰로서 산성 내 여덟 개 절을 총괄하던 총섭이 머물던 사찰이자 전국의 승군을 지휘하는 국방의 임무를 담당하는 사찰이었다.[10] 와우정사는 고구려 보덕(普德)법사를 종조로 하고 있는 열반종의 본산이다. 신륵사는 고려 말 나옹 혜근(懶翁惠勤)대사의 입적처이며, 용문사는 태조 왕건이 극진히 섬기며 국정자문을 의뢰하였던 여엄(麗嚴)의 창건처이다. 청계사는 조선말 경허 성우(鏡虛惺牛)의 출가처이며, 칠장사는 고려 초기 혜소(慧炤)국사 정현(鼎賢)의 주석처이자 경기와 충청 일대에 걸친 남한강 유역 미륵석불입상 벨트[11]의 한 축이다. 옹진군에 있다가 근래에 안산에 편입된 쌍계사는 해당 지역의 대표적인 전통 사찰이다.

경기 남부지역의 불교 역사 문화는 백제의 수도권인 공주와 부여와 익산, 신라의 수도권인 경주와는 또 다른 특징을 지니고 있다. 이들 중에서도 이천 지역의 사찰에 남은 문화 유적들은 통일신라 이래 고려시대에 극성한 불교문화의 흔적을 잘 보여주고 있다. 마장면의 태평흥국 6년명 마애보살반가상(보물 제982호), 호법면의 동산리 마애여래상, 모가면 소고리의 마애여래좌상과 마애삼존불상, 관고동 법왕사 경

---

10 조선정부는 고종 때(1863~1907)까지 250년 동안 북한산성과 함께 이 남한산성에도 전국에서 뽑은 370명의 승려들을 교체하면서 항상 번승(番僧)을 서도록[常駐立番] 하였다. 이천의 북악사 즉 영월암 역시도 설봉산성을 지키는 番僧이 상주하였을 것으로 짐작된다.

11 남한강 유역에 펼쳐진 안성 칠장사의 석불입상(보물 제983호), 이천 북악사의 마애여래입상(보물 제822호), 중원 미륵세계사의 석불입상(보물 제96호), 법주사 청동미륵입상(1964; 1989) 등의 미륵불상들은 이 지역이 미륵신앙을 성했던 미륵불상 벨트였음을 암시해 주고 있다. 강원도 원주의 법천사를 비롯하여 이 일대는 신라 말 고려 초 이래 慈恩(法相)業에 기초한 미륵신앙이 성행했던 곳이었으며, 이들 석불입상은 대개 3~4여 미터 이하의 관음보살상이 아니라 5~10여 미터에 이르는 미륵여래상이라는 점에서 이들 지역이 미륵성지였음을 시사해 주고 있다.

내의 입상석불, 안흥동의 석불입상, 장호원읍 선읍리 신흥사 입구의 입상석불, 대포동의 석조여래입상, 나말 여초에 조성된 것으로 보이는 관고동 북악사 즉 영월암의 석조광배와 연화좌대(향토유적 제3호) 및 고려중기에 조성된 마애보살입상(보물 제822호) 등 주요한 불교 유물이 통일신라 이래 고려시대에 조성되었다.

하지만 조선시대에 들어서면서는 상황이 급변하였다. 조선 태종은 고려 말 이래 불교의 11종파를 7종으로, 세종은 7종을 선교(禪教) 양종(兩宗)으로 구조 조정하면서 주요 사찰만을 부속사찰로 남기고 대부분의 사찰을 통폐합하였다. 정부는 사찰 수를 제한하기 위한 조치로 일부 사찰을 고을의 '복을 비는 사찰'[資福寺院]로 선정하였다. 하지만 정부는 인접 도시인 양평의 보리사와 백암사, 안성의 석남사, 광주의 청계사, 여주의 신륵사 등을 자복사원으로 선정하면서도 이천에는 단 하나의 사찰도 선정하지 않았다.

한편 이천 관내의 중심 사찰인 북악사 즉 영월암은 신라 의상의 개창 이래 산악과 나옹이 주석하고 영월(映月)과 보은(普恩) 등에 의해 중창 또는 중건되어 이천의 불교문화를 간직하고 있는 전통 사찰이다. 다만 북악사에는 통일신라 이후 고려시대의 기록은 남아있지 않고 유물과 유적이 전할 뿐이다.

현존하는 건물로는 대웅전과 삼성각, 동별당(아미타당), 서별당(안심당), 요사채(심검당) 3동이 있다. 유물로는 신라시대의 삼층석탑, 고려중기 산악(山岳)법사가 새긴 대웅전 뒤쪽 10여 미터 바위에 새겨진 마애여래입상(보물 제822호), 석조 등이 있다. 『법화경』 장소류 50여권도 소장되어 있다.[12]

---

12 용주사본말사주지회, 『용주사본말사지』(1984). 「영월암사적기」와 「영월암중건기」

이 기록에 의하면 대웅전 뒤편의 석불 대좌와 광배 및 삼층석탑은 통일신라시대 말에서 고려 초기에 조성된 것이며, 마애여래입상은 고려 중기의 산악(山岳)법사가 새긴 미륵불임을 알 수 있다. 그리고 이 절에는 고려시대의 것으로 추정되는 석조(石槽)가 있다. 이러한 점들로 미루어보아 북악사는 고려 중기 이래 전통적으로 유가(자은)법상계통의 학승들의 거점이었고, 조선 후기에는 밀교와 의례를 중심으로 하는 정토신앙의 사찰이었을 것으로 짐작된다.[13]

조선시대 이후 대한시대에 들어와 이천 관내에 음죽현[14]이 흡수되면서 이천의 지역은 더욱 넓어졌다. 『신증동국여지승람』 불우(佛宇)조에 의하면 1530년 당시 이천의 절로는 석남사, 정수사, 호천사, 백족사가 있었음을 알 수 있다. 그런데 북악사는 당시에 이미 폐사가 되었기 때문인지 이 기록에는 보이지 않는다. 아래 도표는 당시의 관찬지리지나 관찬 읍지에 실려 있는 이천 관내의 사찰과 소재를 자세히 알려주고 있다.

에 전하는 사실 역시 이것과 크게 다르지 않다.

13 김현정, 「영월암 소장 법화경과 변상도」, 『이천 영월암과 전통문화 공간의 활용방안』 자료집, p.87 각주 1) 참조. 현재 영월암의 普門 주지의 증언에 의하면 1950년대 무주 안국사에 머물던 용주사 문중의 正悟 주지가 김제 흥국사의 주지를 지내며 田岡禪師(1898~1975)를 모셨는데 선사와 관련이 있는 것들로 짐작된다고 보고 있다. 이들 『법화경』들은 모두 17세기 간행된 사찰판본 『법화경』으로 戒環의 『妙法蓮華經要解』 7권본 중 권수 판화가 있는 제1권본으로만 40본이 있다. 이들 서책들은 오랫동안 애독해 온 것들로 책장과 겉표지가 낡았으며 몇몇 책에는 펜글씨로 구결을 적은 흔적도 있다.

14 陰竹은 충북 陰城과 안성 竹山(陰平)을 통합한 이름이다. 1914년에 행정구역이 개편되면서 음죽현은 현재의 이천군(장호원)에 편입되었다.

〈표 1〉 이천 지역 사찰의 위치와 문헌 기록[15]

구 분	문헌과 시기	사 찰	위 치
이 천	新增東國輿地勝覽 (1531년, 중종 26)	安興寺	도호부 북쪽 4리 소재
		定岳寺	猪鳴山 소재
		安養寺	五音山 소재
		立石寺	大德山 소재
	東國輿地志 (1655년경)	定岳寺	저명산 소재
		安養寺	오음산 소재
		立石寺	대덕산 소재
	輿地圖書 (1760, 영조 36)	安興寺	정악사·안양사·입석사·송령사는 폐사
		北岳寺	부 서쪽 5리 설봉산 기슭 소재
		安養寺	북악의 하국 소재
		立石寺	신흥사 동쪽 소재
		麻谷寺	부 남쪽 30리 오음산 위 월량촌면 소재
	伽藍考(신경준, 1717~1781 편찬)	北岳寺	부 서쪽 5리 설봉산 기슭 소재
		新興寺	북악의 하국 소재
		藥師庵	신흥사 동쪽 소재
		麻谷寺	부 남쪽 30리 오음산 월량촌면 소재
	梵宇攷 (1799년, 정조 23)	安興寺	부 동쪽 4리 소재, 지금은 폐사
		定岳寺	저명산 소재, 지금은 폐사
		安養寺	오음산 소재, 지금은 폐사
		立石寺	대덕산 소재, 지금은 폐사
		松領寺	부 동쪽 4리 소재, 지금은 폐사
		北岳寺·新興寺·藥師庵는 모두 설봉산 소재	
		麻谷寺	오음산 소재
	利川府邑誌 (1842년, 헌종 8)	安興寺(부 동쪽 4리)·定岳寺(저명사)·安養寺(오음산)·立石寺(대덕산)는 모두 頹落 廢寺	
		新增: 北嶽寺	부 서쪽 5리 설봉산 소재
		新增: 松嶺寺	부 남쪽 7리 소재
		新增: 麻谷寺	부 남쪽 25리 오음산 소재

15 이천시지편찬위원회, 『이천시지2: 인물과 문화유산』(홍익기획, 2001), pp.369~370 참조.

		新增: 新興寺	부 서쪽 4리 설봉산 소재
	利川府邑誌 (1871년, 고종 8)	安興寺·定岳寺·安養寺·立石寺는 모두 頹落 廢寺	
		北岳寺	부 서쪽 5리 설봉산 소재
		新興寺	북악산의 하국 소재
		藥師庵	신흥사 남쪽 언덕 소재
		麻谷寺	부 남쪽 35리 오음산 위 갈마동면 소재
	利川府邑誌(1899년, 광무 3). 5월, 11월	상동	상동
	朝鮮地誌略 이천부읍지 社寺조 (일제시대)	安興寺	동쪽 4리 소재
		定岳寺	저명산 소재
		安養寺	오음산 소재
		立石寺	대덕산 소재
음 죽	新增東國輿地勝覽 (1531년, 중종 26)	石南寺	백족산 소재
		淨水寺·昊天寺 모두 靈岳山 소재	
		百足寺	백족산 소재
	東國輿地志 (1655년경)	石南寺·百足寺는 모두 백족산 소재	
		淨水寺·昊天寺는 모두 영악산 소재	
	輿地圖書 (1760, 영조 36)	石南寺	백족산 소재
	陰竹縣邑誌 (1842년, 현종 8)	石南庵	百足山 소재 퇴락 폐사
		明寂庵	雪城山 소재
	陰竹邑誌 (1899년, 광무 3. 11)	明寂庵	설성산 소재 지금은 퇴락 폐사
	음죽현읍지 (일제시대)	石南寺	백족산 소재
		淨水寺	영악산 소재
		昊天寺	영악산 소재
		百足寺	백족산 소재
이천군	京畿道管內寺刹所在地 (조선총독부, 1941)	봉은사 말사	영월암, 영원암, 은선암, 옥수암
		용주사 말사	신흥암

조선 성종 때 완성한 『동국여지승람』(1421, 50권, 수정본 35권)을 증보한 『신증동국여지승람』(1530, 55권)의 이천도호부 조목에 의하면 당시 확인된 이천 지역의 사찰은 네 개뿐이었음을 알 수 있다. 〈표 1〉에 따르면 당시 이천 관내에 있던 네 개의 절은 도호부 북쪽 4리 지점에 있는 안흥사(安興寺), 저명산 정악사(定岳寺), 오음산 안양사(安養寺), 대덕산 입석사(立石寺)[16] 등이다. 하지만 북악사는 임진왜란과 병자호란이 지난 뒤에 간행된 『동국여지지』(1655)에서도 확인되지 않는다.

한편 『여지도서』(1760)에서 우리는 부 서쪽 5리 설봉산 기슭에 북악사가 있었다는 사실을 접할 수 있다. 그리고 신경준이 편찬한 『가람고』(1717~1781)에서도 북악사를 확인할 수 있다. 그렇다면 1655년에서 1760년 사이에 북악사는 이미 중건되어 있었음이 분명하다. 그런데 1760년에서 1774년 사이에 다시 폐사가 되었고 이에 영월 낭규가 이 절을 중창(1774)한 것인지는 알 수 없다.[17] 다만 당시에 북악사가 존재했다면 그는 폐사지에 사찰을 '중건'(重建)한 것이 아니라 쇠락한 사찰을 '거듭 고쳐 짓고'[重創, 重修] 옛 절 이름 그대로 '북악사'로 붙였음을 알 수 있다. 여기서 주목되는 것은 '중건'을 통한 '개명'이 아니라 '중창'을 통한 북악사 사명의 '계승'이라는 점이다.

과연 조선 중종 때부터 임진왜란과 병자호란 당시 북악사는 이미 폐사되고 절터만 남아 있었을까? 그 때문에 『(신증)동국여지승람』과 『동국여지지』의 두 지리지에서 북악사를 기록하지 않았을까? 북악사가 당시 문헌들에서 처음으로 등장한 것은 영조 때 간행된 『여지도서』

16 『신증동국여지승람』(민족문화추진회, 1969; 1982), pp.34~35.

17 권상로, 『한국사찰사전』 하권(동국대출판부, 1979); 이정 편저, 『한국불교 사찰사전』(불교시대사, 2001), p.438. 이 기록에서 처음으로 "1774년(영조 50) 영월 낭규가 중창하여 영월암이라고 했으며"라고 하여 마치 그가 영월암으로 사명을 바꾼 것으로 오해가 되어왔다.

(1760)에서다. 『여지도서』에는 북악사가 이천도호부 서쪽 5리 설봉산 기슭에 있다고 전한다. 그리고 이 지리지에서도 '영월암'이 아니라 '북악사'로 사명을 적고 있다. 또 현존하는 사료 중 가장 나중에 편찬된 『이천부읍지』(광무 3년, 1899)에서도 '북악사'로 기록하고 있다. 그렇다면 현재의 '영월암'이라는 사명은 영월 낭규에 의해 이루어진 것이 아니라 대한제국(1897~1910) 시기에 펴낸 『이천부읍지』 간행 이후에 어느 주지에 의해 개명한 것으로 추정된다.

한편 조선 후기 문신이었던 홍한주(洪翰周)의 시(1858년작)에서는[18] 북악사를 영월암이라고 부르고 있어 당시에는 이미 영월암으로도 불리고 있었음을 알 수 있다. 그리고 『이천부읍지』(1871)에는 '북악사'라고 되어 있지만, 『이천읍지』 내의 지도인 「경기좌도이천부일경지도」[19] (1872)에는 '영월암'이라고 적고 있다. 그렇다면 이 절에 대해 관찬 사서(지리지)에서는 임란과 호란 이전까지는 북악사라고 불러왔으며 영월 낭규에 의해 '북악사'로 중창되었지만, 사찬 사서(지리지)에서는 이 절을 중창한 당시 영월의 위상을 의식하여 속칭 혹은 통칭 '영월암'으로 불러왔음을 알 수 있다.

그리고 총독부의 『대정오년고적조사보고』(1916)에는 '영월암 부지'로 기록되어 있다. 따라서 우리는 『이천부읍지』 간행(1897~1910) 이

18 洪翰周, "向余以暎月庵一律書示李用汝, 用汝和韻有兀坐不曾勞杖屨之句. 余又疊前韻戲答之." 『海翁詩藁』 卷6, "黃驪公舘對江門, 管領湖山已十分, 借問淸心樓上月, 何如西嶽寺前雲? 孤舟坐看漁人渡, 寒磬行從老釋聞, 勞逸原來隨境異, 莫將詩句兩紛紛." 洪翰周, 「訪暎月菴口占 二絶」, 『海翁詩藁』 卷6.; 洪翰周, 「暎月庵 口呼次香山詩韻得一律 戊午」, 海翁詩藁 卷6. 홍한주(1798~1868)는 조선 후기의 문신이며 洪奭周와는 再從間이다. 이 시에서 보이는 '暎月庵'은 이천의 '映月庵'으로 추정된다. 시문 속의 '黃驪公館'은 여주읍사이며, '淸心樓'는 여주객사이다. 이 시를 읊은 시기는 戊午年 즉, 1858년(철종9) 무렵이다.

19 규장각에 보관하고 있는 「京畿左道利川府一境地圖」(奎 10378)에는 '영월암'이라고 적고 있다. 손신영, 위의 글, pp.44~46 참조.

후부터 『대정오년고적조사보고』의 기록을 통해 대한제국(1897~1910) 말기와 일제 초기에 영월암은 이미 폐사되고 절터만 남아 있었음을 알 수 있다.

> 영월암 부지는 옛 절터이니 생각건대 북악사지일 것이며, 그 석물은 북악사의 유물일 것이다. 영월암 부근에는 한 개의 작은 암자가 있고 산 아래에 절터가 있으며 신흥사(新興寺)와 약사사(藥師寺) 두 절은 지금 폐사되었다.[20]

대정 5년도의 『고적조사보고』 「이천도호부」 조에 의하면 영월암의 전신은 북악사였음을 알 수 있다. 또 영월암은 북악사지에 재건한 사찰이며 그 부근에는 작은 암자가 있었다. 하지만 현재는 부근의 암자 이름과 그 위치를 자세히 알 수 없다. 그리고 북악산 아래에는 신흥사와 약사사 두 절이 있었다. 원래 설봉서원은 현재의 설봉호수 주변에 있다가 현재의 절터로 옮겨온 것으로 알려져 있다. 위의 문헌들에 의거해 추정해 보면 현재의 설봉서원은 『고적조사보고』에서 거론한 북악사 즉 영월암의 동쪽에 있던 약사사(암) 절터임이 분명하다. 그리고 '산 아래'라면 현재의 설봉서원 자리와 그 옆의 자리의 빈터로 추정된다. 그러니까 동쪽의 약사사(암) 자리에는 설봉서원[21]이 들어섰고, 그

20 조선총독부, 「利川郡」, 『大正五年度古蹟調査報告』(1916), p.103; 안진호 편, 『봉은사본말사지』(1943) 제6편 '여주의 사찰' 조. "葛公寺, 興旺寺, 神勒寺, 靈源寺, 隱仙庵, 玉水庵, 映月庵."

21 이천시지편찬위원회, 『이천시지2: 인물과 문화유산』(홍익기획, 2001), pp.417~418. 설봉서원은 명종 19년(1564)에 당시 이천부사였던 鄭磧과 지방 유림의 공의로 徐熙(940~998)와 李寬義(1407~ ?)와 金安國(1478~1543)의 학문과 덕행을 추모하기 위해 창건되었다(이후에 崔淑精(1432~1480)을 추가 배향하였다고 하나 문헌 기록에는 나타나 있지 않다). 선조 25년(1592)에 본래의 자리인 安興池에서 현재의 서원터인 설봉호수 입구 우측으로 이건하였다. 이후 이천유림들에 의해 선현 배향과 지방교육을 담당해 오던 중 대원군의 서원철폐령(고종7년, 1870)으로 훼철되었다. 이후

서쪽에 신흥사가 있었음을 알 수 있다.

〈표 1〉에 의하면 북악사 인근에 있던 신흥사와 약사사(암)와 마곡사 역시 1899년에서 1911년 사이에 폐사되었던 것으로 추정된다.[22] 이렇게 본다면 기록상으로 북악사가 영월암으로 바뀐 시점 역시 고종 광무 3년(1899)에서 『고적조사보고』(1916) 사이로 좁혀진다. 아마도 1899년에서 1916년 사이에 북악사터에 절이 중건되어 '영월암'(映月庵)이란 사명이 붙여졌을 것으로 이해된다. 그런데 이 사이에 해당하는 1911년에 주지 보은(普恩)이 영월암을 중건하였다고 전한다. 그렇다면 영월암이란 사명은 바로 보은이 붙였을 것으로 짐작된다.[23] 한편 일제시대에 간행된 현존 『조선지지도-이천부읍지』에는 북악사 즉 영월암의 존재가 보이지 않으며 조선총독부가 확인한 『경기도관내사찰소재지』(1941)에 따르면 당시 영월암은 영원암, 은선암, 옥수암과 함께 봉은사 말사로 잡혀있다.[24] 이런 맥락에서 보면 보은은 당시 본사였던 봉은사(奉恩寺) 소속의 승려였을 것으로 짐작된다.[25]

북악산 동쪽 자락의 약사암터에 설봉서원을 복원하였다.

22 『利川郡各面各洞被燒戶口數與死傷者調査成冊』(隆熙 元年 1907), 서울대 규장각 소장 奎275590. 당시 영월암에서는 목수들이 일을 하고 있었는데 갑자기 일경들이 들이닥쳐 방화해 16칸이 전소되었다고 한다.; 「淸凉山鎭南樓重建上樑文」(1909). 1907년 당시 남한산성 장경사도 일본기병이 불을 질러 화약고와 진남루가 재가 되고 말았다. 손신영, 「경기도 이천 영월암 대웅전과 가람정비」, 『이천 영월암과 전통문화 공간의 활용방안』 자료집, p.46 재인용.

23 문화재청·(재)불교문화재연구소, 『한국의 사찰문화재 전국 사찰문화재 일제조사 강원도』(2002), p.229. "……八月, 雪峰山映月寺, 造成于德高山鳳腹寺七星幀緣化, 證明比丘 信庵, 誦呪在先, 金魚比丘 禮芸尙奎, 暎峰用植, 鐘頭太洗, 供司常信." 강원도 횡성의 봉복사 칠성탱화의 畵記에 의하면 한때 영월암이 '영월사'로도 불렸음을 알 수 있다. 증명비구인 信庵은 영월암 주지(1918~1927)을 맡았다. 유근자, 「이천 영월암 마애불상과 불교미술」, 『이천 영월암과 전통문화 공간의 활용 방안』, p.58 재인용.

24 당시 이천 관내의 龍珠寺 말사는 청미면 읍리에 있는 신흥암과 장호원포교원이 있었으며, 영월암은 지금의 본사인 용주사의 말사가 아니라 奉恩寺의 말사였다는 사실을 알 수 있다.

25 현재 북악사 즉 영월암은 제2교구 본사인 수원 龍珠寺의 말사로 되어 있으나, 일제

그리고 이러한 몇몇 사실을 통해서 경기 남부지역 불교 역사와 문화 중 특히 이천 지역의 불교 역사 문화는 북악산 즉 설봉산을 구심으로 하여 이루어져 왔음을 알 수 있다. 동시에 영조 때의 영월 낭규가 쇠락한 절을 중창(중수)한 사명은 북악사였으며, 1899년 이후 폐사된 뒤 보은에 의해 중건(1911)되면서 비로소 공식적으로 '영월암'으로 명명하였음을 알 수 있다. 나아가 북악사 즉 영월암은 이 지역 역사 문화의 주축인 불교와 유교 교섭의 한복판에 있던 한양 주변의 본사인 봉은사와 경기도의 본사인 용주사(龍珠寺)의 말사로서 자리하고 있었음을 알 수 있다.

3. 북악사 시기의 역사와 인물

이천 북악사 즉 영월암의 인물에 대해서는 자세히 알려져 있지 않다. 창건주인 의상(義湘)을 비롯하여 마애여래입상을 조성한 산악(山岳), 그리고 이 절에 머물며 마애여래입상 앞에서 지장기도를 하여 어머니의 병을 낫게 한 뒤 은행나무 지팡이를 심었던 나옹(懶翁), 임란과 호란 이후 다시 북악사를 중창한 낭규(朗奎) 등이 대표적인 인물들이다.

시대에 조선총독부가 간행한 『京畿道官內寺刹所在地』(1941)에 따르면 당시 영월암은 영원암, 은선암, 옥수암과 함께 봉은사 말사로 되어 있음을 알 수 있다.

1 부석(浮石) 의상(義湘)

신라 문무왕 때(661~681)에 의상은 원효와 두 차례의 시도 끝에 당나라로 유학하였다. 그 뒤 신라로 돌아와 이곳에 머물며 북악사를 창건하였고 북악사를 감싸고 있는 산 이름도 북악산이라고 하였던 것으로 짐작된다. 의상은 당나라 유학 이후 돌아와(671) 낙산사 홍련암(671)과 부석사(676) 등 여러 사찰을 지은 것으로 알려져 있다. 부석사에 오래 머물던 그는 오진(悟眞), 지통(智通), 표훈(表訓), 진정(眞定), 진장(眞藏), 도융(道融), 양원(良圓), 상원(相源), 능인(能仁), 의적(義寂) 등 10대 제자와 3천 문도들을 길러냈다.[26]

이후 그의 문도들에 의해 신라 하대(802~935)에는 화엄십찰이 지어졌으며 이들 십찰은 의상의 일승원교 화엄교학이 신라사회에 널리 유포되었음을 강조하기 위한 것으로 짐작된다. 그의 문도들에 의해 확립된 화엄십찰은 다음과 같다.

〈표 2〉 화엄 10찰 대조표

번호	崔致遠의 『法藏和尙傳』	一然의 『三國遺事』 '義湘傳敎' 조	義湘弟子 住錫處
1	(팔)공산 美理寺	태백산의 浮石寺	佛國寺의 神琳
2	지리산 화엄사	원주의 毗摩羅寺	石佛寺의 表訓
3	태백산 부석사	가야산의 海印寺	鶻嵓寺의 悟眞
4	가야산 해인사	비슬산의 玉泉寺	
5	웅주 강협 보원사	금정산의 梵魚寺	
6	계룡산 갑사·화산사	남악의 華嚴寺	
7	금정산 범어사		
8	비슬산 옥천사		
9	전주 모산 국신사		
10	한주 부아산 청담사		

26 一然, 『三國遺事』 「義解」, '義湘傳敎'.

최치원의 『법장화상전』이 전하는 화엄 십찰과 일연의 『삼국유사』가 전하는 화엄 육찰[27]은 모두 동일하지 않다. 부석사와 해인사 및 옥천사와 범어사 그리고 화엄사만이 겹친다. 그리고 여기에는 이천의 북악사 즉 영월암은 들어있지 않다. 그런데 『법장화상전』에 나오는 '북악사' 기록은 과연 어디일까? 서울 구파발 진관사 근처에서 발굴된 기와조각에서 '북악사' 기록이 확인되었다고 하지만 이천 북악산 북악사와의 연관성을 확정하기 어렵다. 전국에 의상이 지었다는 사찰은 영주 부석사, 낙산 홍련암, 서산 부석사, 삼각산 의상암, 통영 의상암 등을 비롯해 적지 않은 사찰이 있지만 대부분 그의 이름을 가탁한 절들로 보인다. 마치 원효가 지었다는 전국의 원효사, 원효암, 원효방처럼 말이다.

이천의 북악사 역시 의상이 지었다고 하지만 당대의 기록이 남아있지 않아 그가 이 절을 지었는지 그리고 이 절에서 어떤 일을 했는지에 대해서는 자세히 알 수 없다. 그리고 통일 신라 말 고려 초에는 화엄계 사찰이라고 볼 근거가 보이지 않는다. 고려 중기에 산악(山岳)에 의해 미륵불상이 조성된 것과 통일신라 말 이후 고려시대 이래 이 지역 일대의 신행과 맞물려 생각해 보면 자은(유가, 법상)업에 기초한 미륵계통의 신행이 이루어진 사찰로 짐작된다.

2 ‖ 북악(北嶽) 산악(山岳)

고려 중기에 북악사에 머물렀던 산악(?~?)에 대해서는 자세히 알려져 있지 않다. 『용주사본말사지』에 의하면 산악은 당시에 이 절에 머

27 一然의 『三國遺事』에는 모두 여섯 개의 사찰만 언급하고 있을 뿐 나머지 네 개의 사찰은 생략하고 있다.

물며 대웅전 뒤쪽 10여 미터 바위에 마애여래입상을 새긴 인물로 전해지고 있다. 그가 어떠한 연고로 이절에 머물며 미륵불상을 조성했는지는 자세히 알 수 없다. 마애여래입상은 대웅전 뒤편에 10여 미터 크기의 달걀 형태의 바위에 새겨져 있다. 마애석불은 마치 높은 근기를 가진 고승이 깊은 생각에 있는 듯한 상호를 지니고 있다. 『용주사본말사지』는 이 마애석불이 고려 중기에 산악법사가 새긴 것으로 적고 있다.

> 고려 중기 산악(山岳)법사가 새긴 대웅전 뒤쪽 10여 미터 바위에 새겨진 마애여래입상(보물 제822호), 석조 등이 있다.[28]

석불의 머리는 소발의 형태를 하고 있고, 눈은 지그시 감고 있다. 코는 후덕하고 입술은 두툼하다. 귀는 목까지 길게 늘어뜨리고 있으며, 목에는 삼도가 새겨져 있다. 법의는 편단우견을 하고 있으며 옷주름은 부드러운 사선을 그리며 무릎 아래까지 흘러내리고 있다. 왼팔 아래의 옷자락은 품이 넉넉한 끝단을 지그재그 모양으로 마무리하였고, 법의의 오른편은 몸에 밀착되어 있다. 수인(手印)은 두 손을 가슴 앞에 모아 손바닥을 밖을 향해 펴고 있다. 오른손은 엄지와 약지를 구부린 채 손바닥이 위를 향하게 하였으며, 손바닥에는 '큰 대'[大]자 모양의 손금을 새겼다. 왼손 또한 엄지와 약지를 구부린 형태로 손바닥이 아래를 향하고 있으며 두 손은 거의 닿아 있다. 오른팔은 약간 절개된 바위 부분을 잘 활용하여 팔목 부분을 도드라지게 드러나게 하였다.

아마도 산악은 마치 신라의 양지(良志)처럼 불상 조성을 전문으로

28 용주사본말사주지회, 『용주사본말사지』(1984). 「영월암사적기」와 「영월암중건기」에 전하는 사실 역시 이것과 크게 다르지 않다.

하는 조각승이었을 것으로 짐작된다. 고려 중기의 불교계는 의천을 중심으로 하는 화엄계와 구산선문 그리고 개성 현화사 등을 무대로 하는 유가계가 각축하고 있었다. 당시 유가업(瑜伽業)을 대표하던 융철(融哲)문하에서 유가학을 배운 혜소 정현(慧炤鼎賢)이 안성 칠장사에 머물던 시기였다. 정현은 대사가 된 뒤에 이절에 찾아와 지금의 비각 자리인 백련암(白蓮庵)에서 수도하였다. 당시 그를 찾아온 악인 7명을 교화하여 모두가 크게 깨달아 현인이 되었으므로 사람들이 산 이름을 칠현산(七賢山)이라 하였고 칠장사(漆長寺)에서 칠장사(七長寺)로 고쳐쓰게 되었다고 전한다. 해서 정현은 현종의 명으로 이 절을 크게 중창하였다. 산악이 북악사 마애여래입상을 조성하던 때는 바로 이 시기였다.[29]

이런 점을 고려하면 당시 안성 칠장사와 인근 안성 봉업사(奉業寺)를 축으로 해서 북동으로는 이천의 북악사, 남동으로는 중원 미륵사(세계사), 남으로는 보은 법주사를 축으로 하는 미륵신앙의 벨트를 연상해 볼 수 있다. 칠장사의 석불입상은 인근 봉업사에 있던 것을 옮겨온 것이다. 이들 사찰들은 신라 말 고려 초중기에 조성된 석불입상이 남아 있어 미륵신앙을 기반으로 한 곳임을 알 수 있다. 이렇게 본다면 산악 역시 미륵신앙이 기반이 되었던 이 지역의 석불 입상 조성을 주도하였던 조각승일 가능성이 있다. 그는 북악사에 머물며 마애여래입상 조성을 주도하고 이 지역의 불교 신행의 방향을 미륵사상으로 확립하는데 일정한 역할을 한 인물로 추정된다.

---

29 權相老, 『韓國寺刹全書』하권(동국대출판부, 1979); 李政 편, 『한국불교 사찰사전』(불교시대사, 1996); 이인수·홍순석, 『이천의 문화재』(이천문화원, 2006), p.72. 고려말의 고승인 나옹선사가 부모님을 천도하기 위해 조성한 것이라는 전설이 있지만 수용하기 어렵다.

3 나옹(懶翁) 혜근(惠勤)

고려 공민왕과 우왕 때에 활동했던 나옹 혜근(1320~1376)[30]은 문경 공덕산(功德山) 묘적암(妙寂庵)에서 출가한 뒤 남양주 회암사(檜巖寺)에서 밤낮으로 수행하다가 4년째 되는 날 홀연히 깨달음을 얻었다. 그 뒤 그는 원나라의 대도(大都, 燕都, 북경)의 법원사(法源寺)에 머물고 있던 인도 선승인 지공(指空)을 만났다. 이후 혜근은 정자사(淨慈寺)로 가서 임제 18대 손인 평산 처림(平山處林)의 법을 얻고 불자(拂子)를 전수받았다. 다시 법원사로 가서 지공의 부촉을 받고 공민왕 7년(1358)에 귀국하였다.

그는 고려로 돌아와 요양(遼陽)·평해(平海)·동해 등으로 다니며 설법하다가 대산(臺山)의 상두암(象頭庵)에 머물렀다. 이후 잠시나마 북악사에 머무르며 마애여래입상 앞에서 지장기도를 올려 어머니의 병을 낫게 하였을 것으로 짐작된다. 북악사에 가까운 여주 신륵사 인근의 가정리에 머물렀던 가정 이곡(稼亭 李穀, 1298~1351)의 아들이었던 목은 이색(牧隱 李穡, 1328~1396)이 나옹과 깊이 교유했음을 감안하면 나옹의 북악사 주석을 미루어 짐작해 볼 수 있다. 현재의 북악사 즉 영월암 뜰 앞에 하늘을 찌를 듯 우뚝 솟은 은행나무는 나옹이 떠나기 직전에 꽂아 놓은 두 개의 지팡이가 자란 것이라고 전한다.

> 청산은 나를 보고 말없이 살라 하고
> 창공은 나를 보고 티없이 살라 하네
> 애오라지 사랑도 벗어놓고 미움도 벗어놓고
> 물같이 바람같이 살다가 가라 하네.[31]

---

30 고영섭, 「懶翁의 無心學」, 『한국불학사: 고려시대편』(연기사, 2005).

나옹은 원나라에서 돌아온 뒤 전국을 떠돌며 설법을 하면서 물같이 바람같이 살고자 하였다. 하지만 그는 공민왕의 청을 받고 내전에서 왕을 위해 설법하였다. 이어 그는 해주의 신광사(神光寺) 주지로 있다가 춘천의 청평사(淸平寺)에 머물렀다. 그때 원나라의 보암(普菴)이 지공(指空)의 가사를 가져와 바치고, 1370년 다시 지공의 영골(靈骨)을 받들어 오자 그를 회암사에 모셨다. 그해 개성의 광명사(廣明寺)에 머물면서 선교(禪教) 양종(兩宗)의 납자를 시험하는 공부선(功夫選)을 관장하였다.

나옹은 이듬해 왕사가 되어 '대조계종사 선교도총섭 근수본지중흥조 풍복국우세보제존자'(大曹溪宗師禪教都摠攝勤修本智中興祖風福國祐世普濟尊者)의 호를 받고 수선사(송광사) 주지로 가 있었다. 다시 그는 회암사 주지가 되어 절을 중수하고 교화활동을 펴자 수많은 신도들이 모여들어 대성황을 이루었다. 이에 개성의 조정에서 농번기에 많은 사람들이 모이는 것을 참소(讒訴)하여 밀양의 영원사(靈源寺)로 유배를 가게 되었다. 영원사로 가는 도중 혜근은 여주 신륵사(神勒寺)에서 입적하였다.

고중세 이래 북악사에 머물렀던 주요 인물은 의상과 산악과 나옹 이외에는 자세히 알려져 있지 않다. 하지만 북악산의 산격이나 북악사의 사격으로 보아 적지 않는 인물들이 이 절에 머물렀음을 미루어 짐작해 볼 수 있다.

---

31 懶翁, "靑山兮要我以無語, 蒼空兮要我而無垢, 聊無愛而無憎兮, 如水如風而終我."

4 ▮ 영월(映月) 낭규(朗奎)

북악사를 중창한 영월 낭규(?~1802)는 관동 금성인(金城人)으로 14세에 망월사에서 천봉 태흘(天峰泰屹, 1710~1793)의 문하로 출가한 뒤 사방을 유행하였다. 천봉은 백월 옥혜(白月玉慧)의 고제(高弟)인 풍계 해숙(楓溪海淑)의 법을 이었으니 청허 휴정(淸虛休靜)의 5세손이었다.[32] 낭규는 뒷날 천봉의 법을 이어 청허의 6세손이 되었다.[33] 낭규는 영조 50년(1774)에 이천의 북악산 북악사를 중수하여 오늘의 영월암으로 이어지게 하였다.

그가 북악사를 중창하게 된 까닭은 자세히 알 수 없으나 당시 북악사와 망월사는 같은 문중 혹은 본사였을 것으로 추정된다. 때문에 낭규는 북악사를 중창한 뒤 정조 2년(1778)에 망월사로 돌아와 입적 때까지 이곳에 머물렀다. 그는 망월사에 주석한 이래 법우(法宇) 중창, 계체(階砌) 신축, 개금 신정(改金新幀), 수탑범종(竪塔範鍾) 등 절을 일시에 중흥시킨 공덕주로 널리 알려져 있다.

현재 망월사에는 낭규와 관련된 유적과 유물 및 기록이 적지 않게 남아 있다. 「신수망월사기」(新修望月寺記)에 의하면 낭규가 주도한 불사들에 대해 자세히 알 수 있다. 수관거사 이충익[34]은 낭규의 진영에

---

32 李忠翊, 「議政府 望月寺 天峯堂 泰屹大禪師碑文」, 이지관 편, 『韓國高僧碑文總集: 朝鮮朝·近現代』(가산불교문화연구원, 2000), p.532. 천봉 태흘이 입적하자 幻悅·妙一·朗奎 등 20여인의 제자들은 白川의 護國寺, 文化의 月精寺, 양주의 望月寺에 탑을 세우고 사리를 분장했다. 스승의 주석처인 망월사에 머물던 낭규 역시도 이곳에 머물며 불사에 참석하였다. 1794년에 전체높이 2미터 52센티미터, 탑신폭 81센티미터로 세운 경기도문화재자료 제66호인 '望月寺天峰師太屹塔'의 銘文에는 "西山五世孫, 崇禎紀元, 後三甲寅暮, 春下浣立"이라고 적혀 있다.

33 「天峰碑場後巖壁刻」, 『望月寺誌』. "崇禎後庚子春, 西山六世孫映月朗奎, 三葺而離刻于此處寬刻."

34 영월 낭규에 대해서는 양명학의 태두인 霞谷 鄭齊斗(1649~1736)의 학통을 계승하고 연구한 水觀 李忠翊(1744~1816)의 시 「次韻鄭道十二辰屬詩 四首」, 『椒園遺藁』

찬(贊)을 덧붙이며 세 개의 머리와 세 개의 팔을 지니지 않았으면서도 수행과 불사와 포교를 위해 갖은 손과 갖은 발을 다 하였음을 기리고 있다.[35]

> 정조 3년(1779)에 선월당(先月堂)을 세워 대중을 편안히 머물게 하다.
> 정조 4년(1780)에 대웅전을 중건하고 개금탱화불사를 하다.
> 정조 10년(1786)에 3백 근 범종을 주성하다. 이 해에 주성한 범종의 명문에 의하면 당시 그는 삼강(三綱)의 소임을 맡았음을 알 수 있다.[36]
> 정조 18년(1794)에 낭규 등이 그 사부(師傅) 천봉선사 부도를 서쪽 기슭에다 세우고 3년 뒤(1797) 기적비(紀績碑)를 세우다.
> 정조 24년(1800)에 선월당을 절의 왼편으로, 영산전을 법당 옛터로 옮겨 세우다.
> 순조 2년(1802)에 중창주 낭규가 입적하다.

『신수망월사기』가 전하는 것처럼 낭규는 불사와 의례에 능한 이였다. 그는 의정부 망월사에서 여러 불사를 하면서 현존하는 의례집 중 가장 선본인 망월사본『진언집』간행을 주도하였다. 수관거사(李忠翊)가 쓴 발문에는 영월 낭규의『진언집』간행 연기에 대한 기록이 남아 있다.[37] 이와 연계해 보면 낭규는 밀교 및 정토신앙을 중시한 인

冊1 詩;「新修望月寺記」;「題眞言集後」, 椒園遺藁』冊2 文 참고.

35 이철교,「도봉산의 사찰들: 망월사지」,『다보』1995년 여름호, 통권 14호. '映月堂大禪師朗奎之眞'(음, 壬戌, 12월 17일) 贊曰: 不是三頭三臂, 但見眼橫臭直, 只這一雙兩隻, 使盡萬千手脚. 應機揚眉瞬目, 水觀居士 題.

36 조계종불교문화재연구소,「乾隆51년(1786)銘梵鐘」,『불교문화재자료집성』(조계종출판부, 2001). 당시 낭규는 망월사의 彩鵬과 聖鵬과 함께 三綱(上座, 寺主, 都維那)을 맡았다.

37 水觀居士,「眞言集拔」. "眞言集一部, 舊爲龍巖肅公與其高足白巖宿空鋟錄, 行板藏和順縣, 萬淵寺, 以炭燼今爲映月朗公, 就加修正重鋟藏板, 於楊州望月寺, 冀永流通焉." 이 진언집은 映月 朗奎가 가필 수정한 판본으로 알려져 있다.

물로 추정되며, 그가 중창한 북악사(영월암)의 마애불과 관련지어 본다면 미륵신앙과 지장신앙도 중시한 것으로 짐작된다. 이렇게 본다면 북악사(영월암)가 인접지역에서 미륵신앙과 지장신앙 도량으로 널리 알려진 것은 고려 중기의 산악과 조선 후기의 낭규에 의해서라고 할 수 있을 것이다.

또 그는 인접한 남양주 흥국사 목조 제4의 오관대왕의좌상(五官大王倚坐像, 우2 존상)의 복장유물(1792) 중 목판본 「일체여래비밀전신사리보협다라니」(一切如來秘密全身舍利寶篋陁羅尼)의 말미에는 길월암(吉月庵) 문인(門人)으로 간기(刊記)를 남기고 있다. 또 그 복장 가운데 후령통을 봉하고 붉은 색으로 '증명신낭규근봉'(證明臣朗奎謹封)이라고 적혀 있다.[38] 그리고 목판본 「다라니」 묵서(墨書)의 말미에서는 '완월암'(浣月庵) 문인(門人)으로 간기를 덧붙이고 있다.

낭규는 '흥국사 목조 제7의 태산대왕의좌상'(泰山大王倚坐像, 좌4 존상)의 복장유물(1792)인 목판본 「일체여래비밀전신사리보협다라니」 3편의 말미에다 '길월암 문인'으로 간기를 덧붙이고 있다. 이어 목판본 「삼신주다라니」(三身呪陀羅尼)의 말미에다 '완월암 문인'으로 간기를 덧붙이고 있다. 다시 '흥국사 목조사자상'(좌존상)의 복장유물(1792)인 「삼신주다라니」의 말미에도 '완월암 문인'으로 간기를 덧붙이고 있다. 그리고 '흥국사 목조인왕상'(우1 존상) 복장유물인 「삼신주다라니」의 말미에도 '완월암 문인'으로 간기를 덧붙이고 있다.

'흥국사 목조인왕상'(우1 존상) 복장유물인 「일체여래비밀전신사리보협다라니」의 말미에는 '길월암 문인'으로 간기를 덧붙이고 있다. 또 '흥국사 목조시왕상' 복장유물인 목판본 「일체여래비밀전신사리보협

38 문화재청·(재)불교문화재연구소, 『한국의 사찰문화재 - 전국사찰문화재일제조사 인천광역시·경기도-자료집』(2012), p.206 참조, 유근자 앞의 글, 재인용.

다라니」의 말미에도 '길월암 문인'으로 간기를 덧붙이고 있다. 하지만 현재로서는 길월암과 완월암이 어디이고 누구인지에 대해서는 알 수가 없다. 그리고 시왕전 시왕탱 중 제6의 '변성대왕'(變成大王)도에 증명법사로 참여하였음을 알 수 있다.

병자정축무인(丙子丁丑戊寅)
제육 변성대왕(第六變成大王) 독사지옥(毒蛇地獄)
을묘경진신사(乙卯庚辰辛巳)

건륭오십칠년(乾隆五十七年)
임자윤사월이십(壬子閏四月二十)
사월시역오월이(四月始役五月二)
십육일점안잉(十六日點眼仍)
이봉안우수락(以奉安于水洛)
산흥국사봉○(山興國寺奉○)
천장지구법륜(天長地久法輪)
상전요풍○(常轉堯風○)
선순일장○(扇舜日長○)
연화질(緣化秩)
증명(證明)평안굉○(平安宏○)
영파정○(暎波定○)
영월낭○(暎月朗○)
관허운○(寬虛雲○)[39]

39 성보문화재연구원, 『한국의 불화화기집』(성보문화연구원, 2011), p.940. 1792년, 견본채색, 112*77.8. 경기도 남양주시 흥국사 소장.

아래의 두 번째에 나오는 '영월(暎月) 낭○'는 영월 낭규(映月朗奎)를 가리킨다. 그는 1792년에 조성된 남양주 흥국사 시왕전 시왕탱의 증명법사로 등장하고 있다. 그런데 낭규는 현존하는 시왕탱 제3의 송제대왕(宋帝大王)도, 제5의 염라대왕(閻羅大王)도, 제8의 평등대왕(平等大王)도, 제9의 도시대왕(都市大王)도, 제10의 오도전륜대왕(五道轉輪大王)도와 흥국사 사자탱(使者幀)에는 등장하지 않는다. 아마도 화기(畵記)의 일부가 풍화와 탈자가 되어 온전히 판독이 되지 않은 탓이기도 하지만 현재 해독이 가능한 화기(畵記)들에 입각하면 오직 제6의 변성대왕도에서만 증명법사의 이름을 보여주고 있다.

신라 진평왕 21년 원광(圓光)이 창건하여 수락사로 출발했던 흥국사는 선조 1년에 왕이 자신의 아버지인 덕흥대원군(德興大院君)의 명복을 빌기 위해 원당(願堂)을 짓고 편액(扁額)을 내려 흥덕사(興德寺)라고 이름을 바꾸었다. 때문에 이 절은 덕흥대원군의 원당이었기 때문에 '덕절'이라고도 불렀다. 인조 4년(1626)에는 조정에서 흥국사(興國寺)로 이름을 바꿨다. 정조대(1790년)에는 나라에서 임명하는 관리들이 머물면서 왕실의 안녕을 비는 5규정소(糾正所)로서 봉은사, 봉선사, 용주사, 중흥사, 개원사가 선정되면서 이 절은 봉은사의 말사가 되었다.[40]

이 제6의 변성대왕도(圖)에는 낭규와 함께 증명법사로 참여한 이들이 평월 굉○, 영파 정○, 관허 운○ 등이었음을 알 수 있다. 아마도 이들은 모두 이들 5규정소 사찰 소속의 주지들이었을 것으로 짐작된다. 정조 17년(1793)에는 기허(騎虛)가 정조의 하사금으로 대웅전 등

40 영월 낭규의 주석처였던 망월사에 소속되었던 흥국사와 함께 영월암도 이때부터 봉은사 말사가 된 것으로 추정된다. 정화불사 이후 영월암은 용주사의 말사가 되어 있다.

모든 건물을 중수하였다. 영월 낭규가 흥국사 시왕전의 시왕탱에 증명법사로 참여한 것은 그가 인접 사찰인 망월사에 주석한 대덕이었기 때문으로 짐작된다.[41] 성월 철학(城月哲學)의 입적해인 1802년에 서울 북한산 승가사 내에 세워진 「조선국정헌대부성월당탑비」(朝鮮國正憲大夫城月堂塔碑)의 비음(碑陰)에는 동문(同門), 제자(弟子), 용주사, 남한 구사(九寺), 북한 십일사(十一寺), 승가사, 조연(助緣) 중 용주사 소속으로 낭규(朗奎)의 이름이 적혀 있다. 성월[42]을 조문한 낭규 역시 1802년에 입적하였다. 낭규는 수행과 불사 모두에 뛰어난 승려였다. 따라서 그가 이천 북악사를 중창한 것도 망월사의 중창불사와 같은 맥락에서 볼 수 있을 것이다.

4. 영월암 시기의 역사와 인물

전통적으로 유림 세력이 강했던 이천 지역은 의병운동가와 독립운동가가 다수 출현하였다. 임진왜란과 병자호란 때는 의병들이 분연히 떨치고 일어나 곳곳에서 의혈을 뿌리며 나라를 지켰다. 임진왜란과 병자호란 때에는 전국에 14개의 방번(防番, 보초근무)을 두었다. 남한산성에는 전국 8도를 관할하는 8개의 승영(僧營)사찰과 도총섭이 머

---

41 이 당시 낭규는 자신의 본사인 망월사에 머물며 인접지역의 불사를 지원하였던 것으로 짐작된다.

42 晩省居士 印錫龜, 「朝鮮國正憲大夫城月堂塔碑」, 이지관 편, 『한국고승비문총집』(가산불교문화연구원, 2000), pp.621~623. 寶鏡堂 獅日과 城月堂 哲學은 수원 용주사를 창건할 때 8道 都化主와 副化主를 맡아 창건주 역할을 하였다. 보경은 정조에게 『부모은중경』을 강(講)했던 인연으로 용주사에서 『부모은중경』을 간행하게 했다고 전하며, 정조로부터 八路都僧統과 龍珠寺都摠攝을 받았다는 敎旨가 전한다. 성월은 八道副化主와 경기·전라 兩道의 도화주 책임도 맡았다.

무르며 이를 총괄하는 1개의 사찰(개원사)을 포함해 모두 9(10)개의 사찰[43]에 방번이 있었다. 이 14개 방번에는 각도에서 할당한 인원을 배치하고 공급하였다.

조선 말엽에는 갑오경장과 단발령 시행에 맞서 또다시 수많은 의병들이 분연히 떨치고 일어났다. 1905년 을사늑약과 헤이그 밀사사건을 빌미로 고종의 퇴위와 구한국군의 해산을 골자로 하는 정미7조약이 선포되자 전국에서 의병들이 다시 일어났다. 이천의 의병들은 주로 북악산 즉 설봉산을 배수진으로 하여 활동을 하였으며[44] 멀리는 남한산성까지 나아가 수도 진공 계획을 세우며 목숨을 던졌다.

특히 이천 지역의 의병들은 항일 무장투쟁에 적극적으로 가세하였다. 일본군은 경기도에 배치된 2개 대대 중 1개 대대를 이곳 이천 지역에 파견하였다. 당시 기록에 의하면 일본군은 이천읍 충화(衝火)사건

---

43 남한산성 내에는 개원사, 국청사, 남단사, 망월사, 옥정사, 장경사, 천주사, 한흥사 등 8개 사찰이 있었다. 그런데 『비변사등록』(1694)에는 동림사가, 『여지도서』(1750년대)에는 영원사가 보여 산성의 변화와 함께 사찰이 증설되어 총 10개 사찰이 되었다. 이중 장경사와 망월사, 동림사와 옥정사는 北四寺라 하여 신병기와 새로 만든 무기를 갖추었다. 개원사를 비롯한 한흥사, 남단사, 천주사, 국청사는 南五寺라 하여 오래된 병기와 무기를 보관했다. 구한말 의병의 활동 근거지라는 이유로 일제에 의해 모두 폭파돼 폐사되었으며, 장경사 만이 피해가 적어 일부가 남게 되었다. 남한산성 승영사찰의 승군 숫자는 시대에 따라 조금씩 차이가 있었다. 『중정남한지』의 戶口 조에는 僧戶를 가리켜 元戶 237명과 합쳐서 455명이라고 하였다. 또 僧軍 조에는 총섭 1인, 승중군 1인, 교련관 1인, 초관 3인, 기패관 1인에다 10개의 절에 본래 거주하던 승군 138명이 조련에 참가하고, 의승 356명이 매년 6運으로 나누어 入番했다고 되어 있다. 영조 32년(1756) 이후에는 의승이 번을 서는 것을 없애고, 雇錢을 거두어 원래 거주하던 승려에게 주어 번 드는 것을 대신하였다. 홍경모 저, 광주문화원 번역, 『重訂南漢誌』(2005), 권5, 戶口; 권4, 僧軍 참조. 북한산성도 남한산성에 준해서 짐작해 볼 수 있을 것이다.

44 이천 지역의 대표적 의병장이었던 이수흥(李壽興, 1905~1929) 의사는 1919년 14세 때 부친이 서울로 이사하였는데 부모가 이혼하자 승려가 될 결심을 한 뒤 백사면 원적산 영원사(靈源寺)로 출가하여 2년간 승려로 살다가 환속하였다. 22세의 젊은 나이로 독립군이 되어 군자금 모집을 위해 국내로 잠입하여 동소문 사건, 안성군 사건, 이천군 사건, 수은동 사건 등 '畿內4대사건'을 일으키며 독립운동을 하다가 일제에 체포되어 요절하였다.

을 일으켜 이천 지역의 민가 200여 가구 내지는 그 이상의 가구를 전소시켰다. 이 과정에서 의병들의 아지트 역할을 했던 북악사 즉 영월암도 폭파한 것으로 짐작된다. 그러면 북악사 즉 영월암을 무대로 활동하였던 불교 인물들에 대해 살펴보기로 하자.

1 영월(映月) 보은(普恩)

북악사 즉 영월암을 중건한 영월 보은은 어떻게 살았고 어떤 생각을 하고 살았는지에 대해서는 자세히 알 수 없다. 그는 1899년 『이천부읍지』가 간행된 이후에 폐사된 북악사터에다 1911년에 영월암을 중건한 인물로 알려져 있다. 그가 영월암을 중건할 당시 북악사는 폐사된 채로 남아 있었음을 알 수 있다.

> 영월암 부지는 옛 절터이니 생각건대 북악사지일 것이며, 그 석물은 북악사의 유물일 것이다.[45]

그런데 1911년에 보은이 영월암을 중건한 뒤에 조선총독부에서 조사한 『대정5년도고적조사보고』(1916)에 의하면 영월암은 다시 폐사가 된 것으로 추정된다. 고적조사보고를 할 당시(1916)에 적은 '영월암 부지 옛 절터이니'라는 표현은 보은이 영월암을 중건한 뒤에 절은 또 폐사가 되어 빈 터만 남았던 것으로 이해된다. 그렇다면 1916년 2월 9일까지 주지를 하던 서창수는 의병의 거점이었던 북악사 즉 영월암의 폐사와 관련하여 총독부와 갈등을 빚은 끝에 '사망'한 것으로 추정되며 이즈음 영월암도 다시 폐사가 된 것으로 추정된다.

---

45 조선총독부, 「利川郡」, 『大正五年度古蹟調査報告』(1916), p.103.

1916년 2월 9일까지 영월암의 주지였던 서창수의 입적 이후 영월암은 새로운 주지 이춘응에 의해 다시 중건됐고, 다음 주지인 유신암은 극락전을 옮겨 세웠으며(1920), 그 다음 주지인 조언우는 산신각을 중건하였다(1937). 일제 강점기 영월암의 주지 명단과 임기는 아래와 같다.

〈표 3〉 이천 영월암 일제강점기 주지 이름과 임기

주지 이름	이동연월일	이동 사유	사찰소재지	관보기록일
서창수(徐昌壽)	1916. 2. 9	사망	경기도 이천군 읍내면	1916년 6월 6일, 제1151호(25권, p.538)
이춘응(李春應)	1916. 5. 26	주지 인가	〃	〃
이춘응(李春應)	1918. 4. 23	사직	〃	1918년 5월 6일, 제1722호(35권, p.103)
유신암(劉信庵)	1918. 4. 23	주지 인가	〃	〃
유신암(劉信庵)	1921. 4. 22	임기 만료	〃	1921년 3월 23일, 제2581호(47권, p.996)
유신암(劉信庵)	1921. 4. 22	재임 인가	〃	〃
유신암(劉信庵)	1924. 6. 26	재임 인가	〃	1924년 9월 13일, 제3627호(62권, pp.710~711)
유신암(劉信庵)	1927. 6. 25	임기 만료	〃	1928년 6월 13일, 제436호(77권, pp.825~826)
박춘근(朴春根)	1928. 3. 17	주지 인가	〃	〃
박춘근(朴春根)	1930. 3. 16	임기 만료	경기도 이천군 이천면	1932년 4월 16일, 제1581호(93권, pp.202~203)
조언우(曺彦祐)	1931. 2. 18	주지 인가	〃	〃
조언우(曺彦祐)	1935. 2. 17	임기 만료	〃	1935년 5월 8일, 제2493호(105권, pp.823~824)
조언우(曺彦祐)	1935. 2. 22	재임 인가	〃	〃
조언우(曺彦祐)	1938. 2. 21	임기 만료	〃	1938년 4월 1일, 제3360호(117권, pp.455~456)

조언우(曺彦祐)	1938. 3. 2	재임 인가	〃	〃
하산언우(夏山彦祐)	1941. 3. 1	임기 만료	〃	1941년 6월 12일, 제4314호(130권, p.765)
궁야청일(宮野晴一)	1941. 5. 5	주지 인가	〃	〃
궁야청일(宮野晴一)	1944. 5. 4	임기 만료	경기도 이천군 이천읍	1944년 8월 2일, 제5248호(141권, pp.485~486)
궁야청일(宮野晴一)	1944. 6. 30	재임 인가	〃	〃

〈표 3〉에 의하면 일제 강점기 영월암 주지는 서창수, 이춘응, 유신암, 박춘근, 조언우(夏山彦祐), 김명칠(宮野晴一) 등으로 이어졌음을 알 수 있다. 여기에서 우리는 서창수와 이춘응과 박춘근을 제외하고 유신암과 조언우는 재임을, 김(명칠)청일은 재임한 뒤 해방 이후까지 3임을 하였음을 알 수 있다. 일제의 전시체제가 강화되어 가던 시절에 지방장관의 인가를 받고 주지를 한 조언우는 1941년 3월에 3임의 임기를 마친 뒤에 하산언우로 창씨개명을 한 것으로 짐작된다. 보은 이후 침체되었던 영월암의 중건을 통해 사격을 다시 높인 것은 명칠(청일)이었다.

2 ▌명칠(明七) 청일(晴一)

1941년에 영월암의 주지가 된 명칠은 대웅전을 중건하여 사세를 갖추었다.[46] 이 기록에 의하면 〈표 3〉의 궁야청일은 일인이 아니라 창씨개명한 김(명칠)청일의 일본식 이름이다. 명칠은 일제의 전시체제가 극심했던 1941년에 지방장관의 주지인가를 받기 위해 궁야청일로 창씨개명을 한 것으로 이해된다. 주지로 발령을 받은 명칠은 당시에 잘

46 이천시편찬위원회, 『이천시지2: 인물과 문화유산』(홍익기획, 2001), p.371.

다듬은 석축기단 위에 정면 3칸, 측면 2칸, 14평 크기의 단층 팔작지붕으로 된 대웅전을 중건하였다. 하지만 해방정국을 맞아 좌우익이 혼란하였고 전국의 사찰 또한 쇠락하여 졌다. 해서 명칠은 대웅전을 중수하기 위해 목재가 필요하였다.

> 기사년(고려 창왕 원년, 1389)에 감무(監務) 이우(李愚)가 기사년(1389)에 은혜로운 정사를 베풀어 흩어져 사라진 백성들을 모으고는 개연(蓋然)히 학교를 일으키려는 뜻을 두었다. 처음에 안흥정사(安興精舍)에 생도를 모으고 학장(學長)을 두어 가르치고 길러내기를 날마다 부지런히 하였다. ……(중략)…… 지난 신사년(태종 원년, 1401)에 감무 변인달(邊仁達)이 부임하여 승사(僧舍)를 학교(學療)로 삼을 수 없다며 군의 치소(郡治) 서북쪽 1리 가까운 곳에 몸소 터를 잡아 두 물줄기 합치는 안쪽에다 자리를 정하니 여러 산에 둘러싸인 형세가 그림과 같았다. ……(중략)…… 선성(先聖)의 사당[聖廟]은 언덕 가운데 있고, 재실(齋室)과 낭무(廊廡)는 날개를 벌린 듯 하고, 동쪽에는 누각을 지어 여름에 시원하게 하였다. 수십 년간 이루지 못한 일을 하루에 다 이루게 되었으니, 보는 사람마다 탄상(嘆賞)하지 않는 자가 없었다.[47]

고대의 향교나 서원 및 사찰과 고택들에는 모두 누각이나 정자를 지어 여름을 시원하게 날 수 있게 하였다. 그런데 불교 세계관이 통치이념이었던 고대나 중세를 지나 조선조에 들어서면서 옛 절터에 향교나 서원을 지은 예는 적지 않다.[48] 반면 옛 향교나 서원에 사찰을 지은 사례는 거의 없었다. 과거의 행정관청인 관아의 정문이나 지방 사립대

---

47 權近,「利川新置鄕校記文」, 이천시지편찬위원회,『利川市誌 7: 이천시지 자료집』(홍익기획, 2001), p.25.

48 신라고찰이었던 경상북도 영주시 순흥면 내죽리 小白山 宿水寺터에 周世鵬이 세운 최초의 서원인 紹修書院이 대표적인 곳이다.

학인 서원 및 지방 국립대학인 향교의 건물 일부를 사찰의 법당으로 이건해 온 것은 사례는 거의 알려져 있지 않다.

이천 지역의 국립대학이었던 이천향교는 처음 지금의 안흥리에 있던 안흥정사에서 시작되었다. 하지만 불교의 승사(僧舍)에서 생도들을 훈육하는 것을 마땅히 여기지 않았던 당시 감무가 현재의 자리로 옮겨(1402) 향교를 새롭게 지어 8월 상정(上丁)일에 석전(釋奠)의 예를 거행하였다. 당시 감무였던 변인달이 동쪽에 여름을 시원하게 맞이하려고 풍영루(風詠樓)라는 누각을 지었다. 덕분에 이천향교에 다니던 생도들은 이곳에 모여 사서삼경을 읊을 수 있었다. 이천이 세종 26년(1444)에 이천도호부로 승격된 뒤에 이천향교는 교수 1인에 교생은 90명이었다. 이후 조선 중기까지는 강학(講學)과 선현(先賢) 봉사(奉祀)의 일을 꾸준히 이어왔다. 하지만 조선 후기에 이르러서 강학 기능은 사라지고 봉현(奉賢) 기능만 이어왔다.

그런데 1907년에 일본군이 이천관아로 쳐들어와 헌병주둔소를 설치하였다. 그 뒤 1914년에 이천경찰서를 현대식 건물로 지으면서 객사문(이천초등학교) 등은 불태우면서도 이천 유림과 종중(宗中)의 반발을 의식하여 관아의 상징인 정문(門樓)은 태워버리지 않고 이천향교 앞에 어설프게 이건해 두었다. 일제의 식민지를 거친 뒤 타력으로 해방을 맞이한 우리는 혼란스러운 해방정국을 경험하였다. 그런데 그 사이 이 시기의 향교 관리체계 역시 허술하였다. 여름의 장맛비에 이천향교의 누각인 풍영루가 붕괴되자 이천 유림에서도 한동안 방치하였다.[49]

「청신사 상산 이재의와 청신녀 청주 한원각행 송덕비」(淸信士尙山

49 이천시편찬위원회, 『이천시지2: 인물과 문화유산』(홍익기획, 2001), pp.414~415.

李 公再義, 淸信女淸州韓氏圓覺行 頌德碑, 1948)에 의하면 명칠은 1949년 전후까지 주지 소임을 맡았으며 이름은 김청일(金晴一)이었다. 퇴락한 법당 중창을 계획했던 영월암의 주지 청암 명칠(淸庵[50] 明七)은 1949년에 이천유림들의 양해를 구하고 치우(緇牛)가 끄는 7대의 우차로 풍영루의 체목(體木)을 뜯어 와[51] 영월암 큰 법당을 지으려 준비하였다.[52] 때마침 6.25 전쟁이 일어나 중단된 것을 휴전이 되고난 1953년 11월에 당시의 김해옹 주지가 대웅전을 중수하였다. 아미타전 앞의 긴 주춧돌들은 본디 풍영루의 뜰돌[浮石]이었다고 전한다.[53]

하지만 그래도 문제는 남는다. 풍영루는 향교나 서원의 학동들이 사서삼경을 읊는 누각 이름일지언정 관아 정문의 이름을 그렇게 붙이지는 않기 때문이다. 그렇다면 이천향교에는 권근의 「이천신치향교기문」(利川新置鄕校記文)의 기록처럼 본디부터 풍영루가 있었지만 조선 후기에 이르러 강학(講學)기능이 사라지고 봉현(奉賢)기능만 남기며 향교의 역할이 축소될 때 없애버렸을 것으로 짐작된다. 그 뒤 일본경찰서가 이천관아의 정문을 옮겨오자 옛 풍영루를 의식하여 향교 입구에 누각으로 재건하고 '풍영루'라고 이름을 붙였을 것으로 추정된다.[54]

---

50 宮野晴一로 창씨개명을 했던 김명칠은 이때부터 淸庵이라는 법호를 쓰기 시작하였다.

51 풍영루 이건에 대해서는 당시 이건을 했던 목수의 손자인 吉常基씨(1933~)를 만나(2013년 6월 30일 일요일 오전) 직접 확인하였다고 주지 普門스님에게 전해 들었다. 아마도 합당한 자재값을 주고 풍영루 이건에 타결을 본 것이라 하였다. 1949년 6월 12일 전국유림대회에서 중국 명현 중 정자와 주자 이외는 廢享하고 東國名賢은 東西從享하기로 결정한 뒤 이천향교도 그렇게 配享하였다.

52 대웅전을 지으려 풍월루의 목재를 緇牛가 끄는 우마차 7대가 북악산 즉 영월암의 입구까지 올라왔다. 거기서부터는 인부들이 목도로 목재를 져서 영월암까지 져 날랐다.

53 이천시 문화공보실장을 역임하고 현재 설봉서원의 한승남 관장(72세)을 전화인터뷰(2013년 7월 7일 일요일, 미술사학자 손신영 박사) 한 결과 風詠樓는 본디 利川官衙의 정문이었다고 전한다.

54 이천향교 明倫堂 앞에는 두 갈래의 물줄기가 만나는 지점이 있다. 風詠樓는 아마도 그곳에 있었을 것으로 짐작된다. 지금 이곳은 향교 공원으로 되어 있다.

〈표 4〉 주지 이름과 임기 및 불사 근거

주지 이름	임 기	불 사	근 거	비고
궁야청일(宮野晴一) 김청일(金晴一)	~1943~ 1949~	佛沓獻供 대웅전 중건	佛供獻畓主 權安伊無垢行 頌德碑, 1943년 淸信士尙山李 公再義, 淸信女淸州韓氏圓覺行 頌德碑, 1948[55]	
김해옹(金海翁)	1953~ 1955~	전란 후 복원불사	淸信女 丁亥生 大功德主 金義李氏觀音行禎洙 紀念碑, 1955년	
계운성련(桂雲成鍊)	~1962~	영산회상도 조성 신중도 조성 지장시왕도 조성 칠성도 조성	大雄殿 靈山會上圖 畵記, 1962년 大雄殿 神衆圖 畵記, 1962년 大雄殿 地藏十王圖 畵記, 1962년 三聖閣 七星圖 畵記, 1962년	
김덕현(金德玄)	1964~	법당 중수 및 동서사우 개와불사	法堂重修與東西舍宇蓋瓦佛事竣工紀念, 1964년	
송정해(宋正海)	1981~	영월암 삼층석탑 복원	한국사찰사전, 1979년	

4 ▌퇴경(退耕) 상로(相老)

해방공간 이후 혼란스러운 시대에 이천 지역은 대처승들의 교세가 센 곳이었다. 학승이자 강백이었던 퇴경 상로(1879~1965)는 해방 이후부터 이곳 주지와 깊은 교류가 있었던 것으로 짐작된다. 그는 영월암 대웅전(大雄殿)의 현판과 주련(柱聯)[56] [57]의 글씨를 남기고 있다. 해

55 사찰 입구 오른쪽 언덕에 서 있는 공덕비의 사명이 '義湘映月庵'으로 되어 있어 한때는 의상영월암으로 부른 적이 있음을 알 수 있다.

56 『大方廣佛華嚴經』(80권), 「如來現相品」. "佛身充滿遍法界, 普賢一切衆生前, 隨緣赴感靡不周, 而恒處此菩提座." 퇴경은 『화엄경』의 "佛身普遍十方中, 三世如來一體同,

방 이후 퇴경은 이천 지역에 머물며 교학을 깊이 연찬한 것으로 알려져 있다. 그는 해방과 6.25 이후 동국대학교의 초대 총장을 역임한 뒤에는 한동안 이천 지역의 영월암에 한동안 체류한 것으로 알려져 있다.

퇴경이 이 절에서 무엇을 하였는지는 알 수 없으나 대웅전 편액을 쓰고 주련을 쓴 것으로 보아 당시 대처승이었던 주지와 긴밀하게 교유했던 것으로 짐작된다. 그는 일제시대와 해방 이후에 국학에 매진하여 불교학, 역사학, 국문학, 한문학 등에 괄목할만한 성과를 남겼다. 퇴경이 이곳에 얼마나 머물렀는지는 알 수 없지만 사찰 곳곳에는 그의 흔적이 남아 있다.

5 ▌계운(桂雲) 성련(成鍊)

1954년의 정화불사 이후 대처승이 거주하던 영월암은 비구 중심의 조계종 사찰로 탈바꿈하였다. 1962년 통합종단을 출범시켰던 불교 조계종의 비구였던 계운 성련은 당시 영월암의 회주이자 주지로서 신도들의 시주를 받아 많은 불화를 조성하였다. 대웅전 후불도 화기(1962)[58]

廣大願雲恒不盡, 汪洋覺海渺難窮"을 주련에 써 놓았다.

57 『大方廣佛華嚴經』(60권), 「盧舍那佛品」. "佛身充滿諸法界, 普賢一切衆生前, 應受化器悉充滿, 佛故處此菩提樹."

58 대웅전 후불도 화기:

佛紀二千九百八十九年十二月初八日(壬寅歲)京畿道利川邑雪峰山映月庵點眼奉安于,

證明 比丘 瑞雲漢基, 比丘 月山鐘烈
比丘 慶山喜謚
會主 比丘 桂雲成鍊
金魚 雪峯炳昊
錦潭奉用

에 의하면 당시 회주이자 주지였던 그는 자신과 교유하였던 비구 서운 한기(瑞雲漢基), 월산 종열(月山鐘烈), 경산 희수(慶山喜邃)를 증명법사로 동참시키고 있다. 대웅전 지장시왕도 화기(1962)[59]에도 서운 한

白隱泰允
持殿 沙彌 道禪
誦呪 〃 〃 在東
鐘頭 根培
供司 信女 銀順
別供 淸信女李極樂行
別座 福吉在東
都監 住持比丘桂雲成鍊
化主 淸信女 李觀音行
安大導行

施主秩
京畿道利川郡栢沙面玄方里
乾命 辛亥生 李相協
坤命 乙卯生 金英順
長子 丁丑生 李辰燮
次子 庚辰生 李榮燮
三子 丁亥生 李祐燮
長女 丙子生 李良燮
次女 乙酉生 李孝燮
三女 壬申生 李順燮
四子 甲午生 李勇燮

59 대웅전 지장시왕도 화기:

佛紀二九八九年 壬寅臘月八日京畿道利川郡雪峰山映月庵點眼奉安于

緣化秩
證明 比丘 瑞雲漢基
月山鐘烈
慶山喜璡
金魚 雪峯炳昊
錦潭奉用
白隱泰允
持殿 沙彌 道禪
誦呪 在東
鐘頭 根培
供司 信女 金銀順

기와 월산 종열과 경산 희수가 증명법사로 동참하고 있다. 대웅전 신중도 화기(1962)[60]와 삼성각 칠성도 화기(1962)[61]에도 이들이 증명법

別供 淸信女李極樂行
別座 福吉
化主 淸信女 李觀音行
安大導行
都監 住持 桂雲成鍊

大施主
淸信女 丁亥生 李觀音行
乾命 己巳生 李在吉
坤命 丁丑生 崔今順
童子 戊戌 李承云
童女 辛丑 承順

60 대웅전 신중도 화기:

緣化秩
佛紀二九八九年 壬寅臘月八日京畿道利川郡雪峰山映月庵上壇, 七星, 神衆, 獨聖, 山神, 地藏, 各部幀點眼奉安于
證明 比丘 瑞雲漢基
比丘 月山鐘烈
比丘 慶山喜謚
金魚 雪峯炳昊
錦潭奉用
白隱泰允
持殿 沙彌 道禪
鐘頭 根培
供司 信女金銀順
別供 淸信女李極樂行
別座 福吉
誦呪 沙彌 在東
化主 淸信女 李觀音行
安大導行
都監兼住持 桂雲成鍊

大施主
乾命 丙午生 李老馬
坤命 辛亥生 金順奉
長子 庚寅生 李甲在
次子 壬辰生 李甲宗
長女 壬午生 李貞海

61 삼성각 칠성도 화기:

佛紀二千九百八十九年十二月八日(壬寅歲)京畿道利川郡雪峰山映月庵點眼奉安于

證明 比丘 瑞雲漢基
〃 月山鐘烈
〃 慶山喜謐
會主 〃 桂雲成鍊
金魚 雪峯炳昊
錦潭奉用
白隱泰允
持殿 沙彌 道禪
誦呪 〃 在東
鐘頭 根培
供司 信女 銀順
別供 淸信女李極樂行
別座 福吉在東
都監 住持 比丘桂雲成鍊
化主 淸信女 李觀音行
〃 安大導行

施主秩
京畿道利川邑官庫里三〇四番地
乾命 丁未生 李相翊
坤命 庚戌生 金岩分
長子 長 李建燮
長女 李英子

乾命 癸丑生 李相億
坤命 乙卯生 金 氏
長子 戊寅生 李遠燮
次子 癸未生 李俊燮
己丑生 李貴燮
長女 庚辰生 李禮燮
次女 丙戌生 李惠燮
壬辰生 李文燮

乾命 癸亥生 李相瑾
坤命
長子 丙戌生 李明燮
次子 李寬燮
長女 李大燮

사로 참여하고 있다. 이들은 1954년 정화불사 이후 조계종을 이끈 주역들이었다. 이들은 수도 서울에 가까운 북악사 즉 영월암의 계운과 긴밀하게 교유하였음을 알 수 있다. 이들 이외에도 1953~1955년 전후에 복원 불사를 주도한 김해옹(金海翁) 주지, 1964년의 대웅전 중수와 동서 사우의 개와불사를 주도한 김덕현(金德玄)[62] 주지, 1981년에 영월암 삼층석탑복원과 도량 정비 및 삼성각과 서쪽 요사를 중수한 송정해(宋正海) 주지, 1998년 아미타전을 건립하고 2006년 안심당 뒷편의 2층 요사를 증축한 법정(法定) 주지, 2008년 이래 북악사 즉 영월암의 역사와 문화를 찾아내고 이천 지역 불교문화의 구심역할을 모색하고 있는 보문(普門) 주지 등이 대표적인 사람들이다.[63]

5. 북악사명(北嶽寺名)의 복원과 이천 문화 구심

이천은 삼한시대와 삼국시대뿐만 아니라 고려시대와 조선시대에도 불교와 유학이 성행했던 곳이다. 정치와 경제의 요충지였고 교육과 문화의 중심지였다. 조선 후기 이래는 오랫동안 경기도의 도청소재지였다. 물산이 풍부하고 지리적 위치가 좋아 경상도와 충청도에서 올라

李美變

62 1964년의 법당중수와 동서사우 개와불사 준공 기념에 대한 기록인 「法堂重修與東西舍宇蓋瓦佛事竣工紀念」은 대웅전 건너편 바위에 새겨져 있다. 당시 불사에는 淸信女 化主인 李禎洙, 余性信, 金淸淨, 田殷烈, 崔淑子, 安甫仁과 淸信士 화주인 李鍾國, 李鍾洙, 李附變, 李鍾華로 참여하고 있으며, 특히 大施主(無順)로는 李興栽, 康允用, 崔秉熙, 余東秀, 李相協, 金聖培, 李鍾元, 申鍾哲, 金寬植, 李商兒, 李相翊, 趙漢榮, 朴在德, 李必用, 韓晶洙, 兪弼濬, 李宣雨, 朴祥信, 李鍾恩, 金竣(?)湘, 李鍾環(?), 金順奉, 李在吉이 참여하였다. 住持는 金德玄, 筆執은 金成基, 彫刻은 申容均이었고, 二九九一年 甲辰 暮春에 이루어졌다.

63 김성동의 대표작인 『만다라』의 주인공인 知山의 실제 모델인 '玄夢', 조계종 교육원원 국장을 한 法印 등도 이곳에서 3년 남짓 머물렀다.

오는 물류들은 이곳을 통과하여 한양에 전달되었다. 이천쌀과 도자기, 복숭아 등의 산지로 널리 알려려 인근의 여주와 광주와 함께 풍요로운 도시로 알려져 왔다. 이천 지역의 중심지에 자리한 북악산 일대는 북악사 즉 영월암과 이천향교와 설봉서원 등과 함께 이 지역의 교육과 문화의 중심지였다.

개산 이래 당시의 대표적 지식인이었던 신라의 의상, 고려의 산악과 나옹, 조선의 낭규와 보은, 대한시대의 명칠과 계운 등은 북악사(영월암)에 머물며 이천 지역 불교의 구심으로 자리해 왔었다. 하지만 1950년대의 정화불사를 전후하여 한동안 대처쪽 사찰로 존재하면서 북악사(영월암)의 사격이 가려져 있었다. 다행히 1990년대 이래 이곳 주지들의 리더십에 의해 북악사 즉 영월암의 신도들은 일찍부터 불교의 사회화와 불교문화의 현대화에 적극성을 보였다. 1990대 초에는 영월암의 거사 보살들이 십시일반 갹출하여 80평의 대지를 매입하고 32평 2층으로 된 이천불교회관을 지어 절에 기증하였다. 절에서는 1993년에 불교 유치원을 개원하였고 이후 2층을 더 올려 현재의 불교회관으로 사용하고 있다. 이천 문화의 구심으로서 최근에는 도자기의 고장을 상징하는 이천의 브랜드를 적극 활용한 도자기 사천왕상 탱화를 회관의 3층 법당에 봉안하였다. 앞으로는 영월암 법당에도 도자기 관음탱화를 조성하여 도자기 사찰의 이미지를 극대화할 계획이다.

북악사 즉 영월암 주변에는 문화예술의 거점이 곳곳에 산재해 있다. 사찰 아래에 자리한 설봉서원, 이천시립 월전(장욱진)미술관, 설봉공원을 비롯하여, 이천시립박물관, 설봉호수, 이천세계도자기비엔날레 공원, 이천향교, 이천문화원, 무악문원(이문열) 등으로 이어지는 일련의 문화체험 공간이 즐비하다. 여기에다 설봉 문화제와 설봉산별빛축제 및 이천쌀문화축제와 도자기 축제가 이천을 상징하는 브랜드가 되어가고 있다. 이러한 문화와 교육도시 이천의 구심을 전통문화의 구심이었던 북악사 즉 영월암과 설봉서원 및 향교 등이 주도해 간다면 지방문화와 도시문화의 융복합이 조화롭게 이루어질 것으로 기대된다. 우리의 삶에 구심과 원심이 있듯이 문화에도 구심과 원심이 있기 마련이다. 이러한 점에서 볼 때 이천 지역의 문화적 구심은 종교적 기능과 문화적 기능이 살아있는 불교문화일 수밖에 없다.

따라서 이천 지역의 전통문화의 상징이자 현대문화의 구심은 불교문화가 주도해 가는 것이 자연스럽다. 그러기 위해서는 종교적 기능이 살아있고 문화적 기능이 활발발한 영월암이 북악사의 사명을 복원하고 사격을 드높여 불교문화의 구심으로서 이천 지역 문화의 원심을 이끌어 가야만 할 것이다. 불교와 유교를 배경으로 하는 전통인물을 찾아내어 역할모델로 삼고 도자 장인과 그림 예인들을 찾아내어 현대인물을 내세우는 노력이 병행되어야 할 것이다.

6. 정리와 맺음

경기 남부지역 불교 역사와 문화 중 이천 지역의 불교 역사 문화는 북악산 즉 설봉산을 구심으로 하여 이루어져 왔다. 이 산의 중심에 자리한 북악사는 신라 문무왕 때 의상(義湘)이 초창한 이래 통일신라 말 고려 초기에는 석불대좌와 광배 및 삼층석탑이 조성되었다. 고려 중기에는 산악(山岳)이 마애여래입상을 조성하여 유가(법상)종의 성지가 되어 왔다. 고려 후기에는 나옹(懶翁)이 마애여래입상 앞에서 지장기도를 하여 어머니의 병을 낫게 하였으며, 조선 중기에는 『법화경』 주석서를 수집하며 교관겸수를 지향하는 법화천태신앙의 거점으로 자리해 왔다. 임란과 호란을 거치면서 사찰이 쇠락하자 조선 후기에는 영조 때의 영월 낭규(映月朗奎)가 낡은 절을 중창(重修)한 이후 북악사는 밀교와 의례를 아우른 정토계 신앙의 사찰로도 자리하였다. 대한시대 이후 북악사(영월암)는 미륵신앙과 지장신앙 도량으로 널리 알려져 오고 있다.

한편 조선 후기 문신이었던 홍한주(洪翰周)의 시(1858년작)에서는 북악사를 영월암이라고 부르고 있어 당시에는 이미 영월암으로도 불리고 있었음을 알 수 있다. 그리고 『이천부읍지』(1871)에는 '북악사'라고 되어 있지만, 『이천읍지』 내의 지도인 「경기좌도이천부일경지도」(1872)에는 '영월암'이라고 적고 있다. 그렇다면 이 절에 대해 관찬 사서(지리지)에서 임란과 호란 이전까지는 북악사라고 적어왔으며 그 뒤 영월 낭규에 의해 '북악사'로 중창되었지만 사찬 사서(지리지)에서는 이 절을 중창한 영월의 위상을 의식하여 속칭 혹은 통칭 '영월암'으로 불러왔음을 알 수 있다.

해서 영월 낭규의 입적 뒤 19세기 중엽 이후부터 사명은 '영월암'(映月庵)으로도 불렸으며 1899년 이후 폐사된 뒤에는 보은(普恩)에 의해 중건(1911)되면서 비로소 공식적으로 '영월암'으로 명명하였음을 알 수 있다. 그리고 영월암은 이전부터 이 지역 역사 문화의 주축인 불교와 유교 교섭의 한복판에 있던 한양 주변의 본사인 봉은사와 경기도의 본사인 용주사(龍珠寺)의 말사로서 자리하고 있었음을 알 수 있다. 이후 영월암은 서창수, 이춘응, 유신암, 박춘근, 조언우 주지 등에 의해 사격이 이어져 왔다. 그 이후 쇠락한 법당 중창을 계획했던 영월암의 金明七(晴一) 주지 이래 영월암은 김해웅, 계운 성련, 퇴경 상로, 김덕현, 송정해, 법정, 보문 주지 등에 의해 오늘의 사격을 확보하고 있다.

따라서 이천 영월암과 전통문화 공간의 활용 방안의 급선무는 전통문화의 상징이자 현대문화의 구심은 불교문화가 주도해 나가는 것이 자연스럽다. 먼저 종교적 기능이 살아있고 문화적 기능이 활발발한 영월암이 북악사의 사명을 복원하고 사격을 드높여 불교문화의 구심으로서 이천 지역 문화의 원심을 이끌어 가는 장치를 확보해야만 한다. 그리하여 불교와 유교를 배경으로 하는 전통인물을 찾아내어 역할 모델로 삼고, 도자 장인과 그림 예인들을 찾아내어 현대인물을 내세우는 노력이 병행되어야 할 것이다.

2장 조선 후기 승군제도의 불교사적 의미*

1. 문제와 구상

조선시대 불교는 이전 시대와 달리 국가의 공식적 지원을 받지 않고 스스로 생존을 모색해 온 '자생불교' 혹은 '자립불교'의 성격을 지녀왔다. 여기서 자립 또는 자생의 성격을 지녔다고 해서 조선 전기(14~15세기)에 정부의 비공식적인 지원조차 없었던 것은 아니다. 하지만 그것 역시 왕조 유지를 위한 법제(法制) 안에서 제한적으로 이루어졌다. 15세기 초중반의 태종과 세종대에는 교단이 통폐합되었으며 특히 세종 때에는 승려들의 도성 출입이 금지되었다. 중기(16~17세기) 초인 연산군과 중종 대에 들어서면서는 국가 체제에서 불교적 요소가 배제되었다. 불교계는 국가의 공식적인 지원을 받지 못한 채 오히려

* 이 논문은 2013년 12월 5일 대한불교계종 불교사회연구소가 주최한 학술세미나 발표문을 수정 보완한 글이다.

국가의 세원(稅源)과 군정(軍丁)을 확보하기 위해 이전까지 면제해 왔던 승려(僧人, 僧侶)들의 '세금'과 출가자들에 대한 '예외'조차 인정받지를 못하였다. 그 결과 유교 관료들은 성리학의 정치이념 아래서 불교를 비판하고 승인들의 인권을 평민들과 대등하게 인정하지 않았다.

유교 관료들은 당시 승인들을 무위도식자(無爲徒食者)로 취급하고 그들을 각종 부역에 참여시키는 것을 당연한 일로 생각하고 있었다. 그들은 통치체제에 '뿌리내리지 못한'[非有根着] 유수승(遊手僧)과 유식승(遊食僧)의 노동력을 국가목적에 적절히 이용하려고 하였다. 먼저 집권 관료들은 이들을 승군(僧軍)에 편입시켜 토목수리(土木水理) 공사에 징발하였다. 관료들은 승군제가 정착된 뒤에는 승인들에게 도첩(度牒)과 다름없는 호패(號牌)를 주면서까지 그들의 힘을 지속적으로 활용하려고 하였다. 처음에는 승군들로 하여금 축성(築城)과 방번(防番) 등을 담당하게 했지만 명종 대 이후에는 각종의 지물(紙物)을 생산하는 관제 제지소였던 조지서(造紙署)에도 승군을 배속시켰다.

조선 중기에는 조지서의 생산만으로는 수요를 충분히 감당하지 못하자 차츰 지방관부에서는 그들 자신에게 맡겨진 지공(紙貢)을 사찰에 떠맡겼고 생산한 지물을 상납[1]시키게 하였다. 임진왜란(1592)이 일어나자 자발적으로 일어난 승군은 크고 작은 전투에서 커다란 활약을 하였다. 영규(靈圭)의 승군과 조헌(趙憲)의 의병은 청주성 수복과 금산 전투를 벌였고, 행주산성의 전투에 참전하여 관군을 지원했다. 특히 휴정(休靜)과 유정(惟政)의 승군은 평양성 탈환 전투에 참석하였고, 유정의 승군은 양주의 수락산 전투에 참전하여 큰 승리를 거두었다. 그 결과 일시적인 불교 정책의 완화가 이루어졌으나 후기(18~19세기)에

1 안계현, 「조선 전기의 승군」, 『동방학지』 제45집(연세대학교 동방학연구원, 1972), p.28.

들어서면서는 다시 강화되었다. 임진왜란 이후에 조선정부는 승군을 상설제도화하여 산성 수축과 수비, 사고(史庫) 수호, 궁궐, 관아, 산릉, 성곽, 제언(堤堰) 등의 공역에 승인들을 동원하였다. 이것은 승인들의 정신력과 노동력을 지속적으로 활용하기 위함이었다.

흔히 제도란 법이나 관습에 의하여 세워진 모든 사회적 규약의 체계를 가리킨다. 승군제는 국가가 승군의 효용성을 의식하여 승려들을 군인으로 편입시킨 법제적 규약 체계라고 할 수 있다. 임란과 호란 양란에서 큰 역할을 하였던 승군은 17세기 전반 이후에 새롭게 제시된 불교 정책 아래 승군제로 상설화되었다. 그리하여 승군제는 불교의 사회적 역할, 불교의 사회경제적 실태를 보여주는 주요한 제도로 자리를 잡았다. 이 글에서는 승군에 대한 선행연구들[2]을 검토하면서 승군

2 僧軍制度에 관련된 선행연구로는 다음과 같은 것들이 있다. 우정상, 「남북한산성 의승방번전에 대하여」, 『불교학보』 제2호(동국대학교 불교문화연구소, 1963); 이종영, 「僧侶號牌考」, 『동방학지』 6집(연세대학교 동방학연구원, 1963); 안계현, 「조선 전기의 승군」, 『동방학지』 제13집(연세대학교 동방학연구원, 1972); 여은경, 「조선 후기 산성의 승군총섭」, 『대구사학』 제28집(대구사학회, 1987); 김갑주, 「남북한 산성 의승번전의 종합적 고찰」, 『불교학보』 제25집(동국대학교 불교문화연구원, 1988); 김덕수, 「조선 승군사연구의 의의와 과제」, 『제17회 불교학술연구발표대회 요지(한국불교학회, 1991); 김덕수, 「조선시대 의승군 연구」(원광대 대학원 박사 논문, 1992); 정경현, 「고려전기의 보승군과 정용군」, 『한국사연구』 제81호(한국사연구회, 1993); 박재광, 「임진왜란 초기 의승군의 활동과 사명당」, 『동국사학』 제42집(동국사학회, 2006); 유원준, 「북송말 상승군과 의승군에 관한 연구」, 『중국사연구』 제58집(중국사연구회, 2009. 2); 윤용출, 「17세기 후반 산릉역의 승군 징발」, 『역사와 경계』 제73집(역사와경계사, 2009); 양은용, 「조선시대의 국난과 의승군의 활동」, 『한국 호국불교의 재조명』(불교사회연구소, 2012); 조계종 불교사회연구소, 『한국호국불교자료집』I·II(조계종출판사, 2012); 조계종 불교사회연구소, 『한국 호국불교의 재조명』(조계종출판사, 2012); 고영섭, 「광해군의 불교 인식」, 『한국불교사연구』 제2호(한국불교사학회 한국불교사연구소, 2012); 황인규, 「임진왜란 의승군의 봉기와 전란의 충격」, 『한국불교사연구』 제2호(한국불교사학회 한국불교사연구소, 2012); 김용태, 「임진왜란 의승군 활동과 그 불교사적 의미」, 『보조사상』 제37집(보조사상연구원, 2012); 이종수, 「조선 후기의 승군제도와 그 활동」, 『보조사상』 제37집(보조사상연구원, 2012); 김성은, 「조선 후기 선불교 정체성의 형성에 대한 연구- 17세기 고승비문을 중심으로」(서울대학교 대학원 종교학과 박사 논문, 2012); 손성필, 「16·17세기 조선시대 불교 정책과 불교계의 동향」(동국대학교 대학

제의 정착 이후 승군이 담당하였던 승역(僧役)의 내용과 실태, 의승입번제(義僧入番制)의 실시와 방번전(防番錢)의 징수를 통한 폐해와 그 영향 그리고 승군제가 폐지되는 일련의 과정을 통해서 구국제민(救國濟民)의 숭고한 정신 아래 스스로를 희생했던 승군제의 활동을 조명해 보고자 한다. 그리하여 조선 후기의 승군제도에 대한 불교사적 의의에 대해 살펴보기로 한다.

2. 조선 후기 불교인들의 사회적 역할

조선시대 불교계는 조선사회의 주요한 부분이었다. 조선시기를 크게 전기와 중기와 후기로 나누어 보면 각 시기마다 불교 정책이 다르게 시행되어 왔다. 건국 직후이자 조선 전기인 14세기에는 숭유억불(崇儒抑佛) 정책을 공고히 한 뒤 15세기 들어서는 국역 체제(國役體制)를 확립하였다. 조선 중기인 16·17세기에는 국역 체제가 해체되어 가면서 사족 지배 체제가 형성되어 정착 단계에 들어서게 된다. 하지만 조선 후기인 18세기에 들어서면서 사족 지배 체제가 동요기에 들어서게 된다.[3] 조선을 지탱해 온 사족 지배 체제가 흔들리면서 불교계도 일정한 영향을 받으며 대응해 나갔다.

16세기 전반에 이르러 연산군은 선교(禪教)양종을 혁파하였고, 이어 중종은 왕실의 기신제(忌晨齋)를 폐지하고 『경국대전』의 도승(度僧)조 삭제를 윤허함으로써 불교는 국가와 왕실의 공적 영역에서 사라졌다. 16세기 중반인 명종 대에 문정대비(文政大妃)에 의해 선교 양종

원 박사학위 논문, 2013).

3 손성필, 위의 글, p.10.

이 복원되고 승과와 도승, 불교재의(佛教齋儀)가 다시 설행되어 시행되었다. 그런데 대비의 사후에 허응 보우(虛應普雨)가 순교함으로써 불교계의 구심은 이완되었다.[4] 이후 조선정부는 승군총섭제(僧軍總攝制)를 통해서 불교계를 통제하였다.[5] 임진왜란이 일어나자 선조는 묘향산의 휴정을 불러 승인을 모아 승군(僧軍)을 만들도록 교지를 내렸다. 이를 계기로 공식적인 승군이 시작되었다.

> 행조(行朝)에서 묘향산(妙香山)의 옛 승관(僧官)이었던 휴정(休靜)을 불러 승인(僧人)을 모아서 군사를 만들도록 하였다. 휴정은 여러 절에서 승인들을 모아 수천 명을 얻고서 의엄(義嚴)을 총섭(總攝)으로 삼아 그들을 거느리게 하고 원수(元帥)에게 예속시켜 성원(聲援)하게 하였다. 그리고 또 격문을 보내어 제자인 관동의 유정(惟政)과 호남의 처영(處英)을 장수로 삼아 각기 본도에서 군사를 일으키게 하여 수천 명을 얻었다. 유정은 담력과 지혜가 있어 여러 번 왜진(倭陣)에 사신으로 갔는데 왜인들이 신복(信服)하였다. 승군(僧軍)은 제대로 접전(接戰)은 하지 못했으나 경비를 잘 하고 역사를 부지런히 하며 먼저 무너져 흩어지지 않았으므로 여러 도에서 그들을 의지하였다.[6]

고려시대에 몽고군에 맞서기 위해 승군 즉 항마군(降魔軍)이 잠시 결성된 적이 있었다. 그 이후 조선시대에 승군이 처음 결성된 것은 선조의 행조(行朝) 때였다. 선조는 당시 묘향산의 승관이었던 휴정을 불러 승인으로 구성된 군사를 결성하도록 교지를 내렸다. 당시 휴정은 선조의 교지를 받고 이렇게 답하였다.

---

4 고영섭,「허응 보우의 불교 중흥」,『한국불교학』 제56집(한국불교학회, 2010).
5 당시에 總攝을 맡은 사람들의 면면들을 보면 모두 불교계의 지도자급이었다.
6『선조실록』 26권, 선조 25년(1592) 임진; 명 만력 20년 7월 1일 무오.

나라 안의 승려 가운데 늙고 병들어 나설 수 없는 자들은 신이 이미 명하여 각자 있는 곳에서 수행하며 신령의 도움을 기원하게 하였고 그 나머지는 신이 모두 소집해 오게 하여 종군하게 하고자 합니다. 신 등은 비록 인정(人丁)의 부류[人類]는 아니나 이 나라에서 태어나 성상의 은혜와 훈육을 받았는데 어찌 한 번 죽음을 아끼겠습니까? 목숨을 바쳐 충심을 다하겠습니다.[7]

임란에 앞서 휴정은 정여립(鄭汝立) 사건 때(1589)에 무고로 구속되었다가 선조의 추국(推鞫)을 치르고 무혐의로 풀려났었다. 휴정의 글을 읽은 선조는 그의 인품에 감동을 하여 어필(御筆)로 그린 묵죽(墨竹)과 쓴 시(詩)를 내려준 옛 인연이 있었다.[8] 1592년 임진년 4월에 왜군이 수만 명의 대군을 이끌고 부산포 앞바다를 가로질러 조선반도로 침입하였다. 선조는 조선반도 상륙 이후 파죽지세로 쳐들어오는 왜군을 방어하기 위해 승군의 동원을 추진하였다. 선조의 명을 받은 휴정은 순안(順安) 법흥사(法興寺)에서 전국의 사찰에 격문을 띄워 5천 여 명의 승군을 소집하기에 이르렀다.[9]

휴정은 오천 명의 승인들을 모아 의엄(義嚴)[10]을 총섭으로 삼아 원수 권율(權慄)에게 예속시켜 성원하게 하였다. 또 격문을 보내어 제자인 관동의 유정(惟政)과 호남의 처영(處英)을 장수로 삼아 각기 본도에서 승군을 일으키게 하였다. 승군은 접전은 제대로 하지 못했지만 경비를 잘 하고 역사를 부지런히 하여 잘 뭉쳤으므로 여러 도에서 그들

---

7 편자 미상, 「再造藩邦志」 20, 『大東野乘』 권36.

8 휴정(休靜), 「上蓬萊子書」, 『淸虛堂集』 권3; 「淸虛堂行狀」, 『淸虛堂集』 補遺(『韓國佛敎全書』 제7책, p.701; p.735).

9 언기(彦機), 「西山行蹟草」, 『鞭羊堂集』 권2(『韓國佛敎全書』 제8책, pp.254~255).

10 휴정의 문하였던 그는 '僧王'이라고 비판받을 정도로 큰 위세를 지녔었다. 임란 직후 환속하여 郭彦修라는 본명으로 同知 벼슬을 제수받고 근무하였다.

에게 의지하였다. 때문에 승군들은 임진왜란에서 혁혁한 공을 세울 수 있었다.

> 각도 승려의 수가 상당히 많지만 세상을 등지고 구름처럼 떠도는 무리라서 국가에서 사역시킬 수 없게 되어 있으니, 그들을 사역시킬 수 없을 바에야 한 장의 종이를 주어 적의 수급 하나라도 얻는 것이 낫지 않겠는가? 이와같이 하면 승려들이 다투어 분발하여 각자가 싸우기 위해 날마다 몰려들 것이니, 의병에게 빈 관직을 주어 조정의 법도를 문란케 하는 것과도 다르고, 또 재물을 소비하여 군사를 먹여야 할 정도도 없을 것이다. 이는 이단을 존숭하여 선과(禪科)를 회복시키려는 것이 아니라, 임시로 적을 초토하려는 술책일 뿐이다. 전일에도 본사(本司)와 상의하여 승려로서 적의 머리 한 급을 바치는 자에게는 즉시 선과첩(禪科帖)을 주기로 했었는데, 지금 다시 생각해 보니 이 조항은 진실로 적을 초토하는 일에 유익해서 그만둘 수 없는 것이다. 앞으로 적의 수급을 참획한 승려에게는 각각 선과첩을 주되 즉시 휴정에게 내려 보내어 그로 하여금 반급하게 할 것이니, 속히 이 뜻을 여러 도의 승려에게 하유하는 것이 어떻겠는가?[11]

조총을 앞세운 왜군은 한 달도 채 안되어 한양 도성을 함락시키고 북상하였다. 이렇게 되자 선조는 일각의 반대에도 불구하고 선조는 시세의 급박함으로 인해 승군들에게 선과첩(禪科帖) 지급을 강력하게 추진하였다. 본디 선과첩은 승과에 급제한 승려에게 주는 것이었다. 하지만 전란이 일어나자 정부는 승군에게 적군을 토벌하기 위한 동기 유발과 공로 치하를 위해 선과첩을 지급하였다.

특히 선조는 선과첩 지급이 적을 초토하는 일에 유익해서 그만둘

11 『선조실록』 권39, 선조 26년 6월 29일 임자.

수 없다고 하였다. 결국 승군은 임란에서 큰 공적을 세웠고 호란에서도 큰 역할을 하였다. 그리고 승군은 왜란과 양란에 참여하면서 불교계는 대사회적 존재감을 확보하였고 어느 정도 그 구심을 회복하였다. 이러한 구심은 17세기 중반에 들어서면서 임제태고법통설과 삼문 수업 체계를 형성하는 동인이 되었다.

17세기 전반에 승군(僧軍)과 승직(僧織)이 제도화되었고, 고승의 비문이 다시 건립되기 시작하였다. 중반에는 승려가 호적(戶籍)에 등재되기 시작하였고, 17세기 중반 이래 법통인식과 수행 체계가 어느 정도 정비되면서 불교계 내부는 나름대로 역사의식을 지니게 되었다. 즉 17세기 중반에는 종래의 나옹법통설을 밀어내고 임제의 법맥을 이은 석옥 청공의 인가를 받은 태고 보우를 종사(宗師)로 삼아 환암 혼수-구곡 각운-벽계 정심-벽송 지엄-부용 영관-청허 휴정에 이르는 법계를 세운 임제태고법통설을 제기하여 공고히 하였다. 특히 임제태고법통설을 강력히 주장한 청허계는 편양 언기(鞭羊彥機)의 문도인 편양파를 중심으로 불교계를 재편하였다. 이어 고승비의 건립과 승려문집의 간행이 보편화되었고, 고위 사족층의 고승비문 찬술과 승려문집의 서문 찬술이 일반화되었다.

불교 교단은 17세기 중반에 이르러 오늘날 보편적 특징으로 인식되고 있는 조선 후기의 불교지형을 형성하게 된다. 즉 강학체계를 사집(四集)·사교(四教)·대교(大教)로 구성한 경절문(선)과 원돈문(교)과 염불문(정토)으로 이루어진 삼문 수행의 체계를 세웠다. 그리하여 임제태고법통설과 청허계 편양파 주도 및 삼문 수행의 체계는 이후 조선 후기 불교의 주요한 특징으로 자리를 잡게 된다. 이러한 계기를 만든 동인은 양란에 참여하였던 승군과 이를 계기로 상설화되었던 승군제였다. 승군과 승군제는 승려들의 자의식을 형성하고 인식틀을 확보하게 하였으며 나아가 그들에 대한 사회적 지위와 위상의 변모를 가져다 주었다. 따라서 승군제는 공인(公人)으로서의 승려들의 사회적 역할을 보다 적극적으로 요청받는 주요한 계기를 만들었다고 할 수 있다.

3. 조선 후기 불교 정책의 강화와 완화

조선시대 불교 정책은 시대별로 변화되어 왔다. 즉 전기의 '구속 방임'과 중기의 '편입 강화' 그리고 후기의 '편입과 방임'의 병존으로 이루어져 왔다. 이 과정에서 불교 정책은 국가시책과 맞물려 강화되거나 약화되었다. 17세기 전반에 승군이 제도화되면서 승도들은 성곽 수축과 수리공사 참여, 남북한 산성 의승입번제의 실시와 의승방번전의 징수, 산릉역 등에 징발되었다. 그 결과 불교와 승군 및 승군제에 대한 인식이 변화하기 시작하였다.

1 승려와 승군 인식

조선사회에서 승인들에 대한 인식의 변화를 가져다 준 것은 임진왜란과 병자호란이었다. 조선 전기 이래 승려들의 존재감을 제도적으로 제한해 왔던 유교 관료들은 왜란과 호란을 경험하면서 그들에 대한 인식을 새롭게 하기 시작하였다. 왜란 때에 청허계 사명파의 유정과 허백 명조 등이 도총섭을 역임하면서 보여준 애국 애민 의지, 기허 영규와 의엄 등이 보여준 애족 애민 의지, 그리고 호란 때에 삼남에서 활동한 부휴계의 벽암 각성과 백곡 처능(白谷處能) 등이 남한산성 도총섭을 맡아 보여준 애족 애민 의지는 공인으로서의 유자들의 의식을 환기시켜 주었다. 따라서 유교 관료들은 더 이상 전기 이래의 승려들에 대한 인식으로는 불교계와 대응할 수 없음을 자각하였다. 임진왜란은 선조 대 사림정권이 지향해왔던 명분에 대한 교화의 이념을 더 이상 고수할 수 없는 상황에 직면하게 했다.[12]

불교계 역시 더 이상 전기 이래의 유자들에 대한 인식으로는 유교계에 대응할 수 없음을 자각하였다. 참전에 대한 문제와 부작용에 대한 불교계 내부의 혼란에도 불구하고 의승군(義僧軍)[13]으로 일어선 것은 불자들 스스로 역사 속에 참여하고자 하는 강렬한 의지 때문이었다. 종래처럼 역사 밖에서 시대를 주도하는 유자들을 바라보는 방관자가 아니라 역사 안에 참여하여 그들 스스로 애민과 안민의 마음을 실천하고자 하였다.

유교의 이념에 의해 국가를 통치하는 당시 상황에서 불교의 정법에 의한 치국은 이루어질 수 없는 현실이었다. 하지만 승군들은 백성들에 대한 사랑과 연민으로 시대의 한복판에 참여하여 주체적인 호국의 지평을 열어젖히려 하였다. 국왕이 주체인 타자화된 국가불교 아래에서 호법을 기대할 수 없는 상황을 뛰어넘어 이제는 불자가 주체가 된 자내화 된 참여불교 아래에서 호국을 실천하기로 하였다.[14]

그리하여 당시 불교계는 다수의 승군들이 전란에 참여하였다. 하지만 불교계는 곧 병화와 약탈, 사찰의 소진과 토지의 황폐화로 인한 사원 재정 기반의 위축 등 심각한 어려움에 봉착하였다. 더욱이 승군 활동 자체가 승려의 본분에 어긋날 뿐만 아니라 그로 인해 수행에 전

---

12 손성필, 앞의 글, p.175.

13 임란과 호란 때 국가를 지키기 위해 일어난 의병처럼 스스로 일어난 승군을 義僧軍이라 불렀다.

14 고영섭, 「국가불교의 '호국'과 참여불교의 '호법'」, 『불교학보』 제64집(동국대학교 불교문화연구원, 2013).

념하지 못하는 현실이 더 큰 문제로 부각되었다.[15] 그뿐만 아니라 전공을 세워 직책을 받은 승려들 중 일부는 전란 이후에 환속(還俗)하는 경우가 적지 않았다.[16] 이러한 부작용을 감수하면서까지 불교계가 전란에 참여한 것은 백성들에 대한 애민과 애족 때문이었다.[17]

'근왕'(勤王)이 제왕을 섬기기[王事]를 다하고 충성을 다하려는 부역(赴役)이었던 반면, '월계'(越戒)는 오직 백성들에 대한 애민과 안민의 일념에서 비롯된 호국(護國)이었다. 그리하여 왜군으로부터 백성들을 보호하려는 일념으로 의승군들은 자신들의 존재 이유인 불살생계를 뛰어넘으며[越戒] 역사 안에 참여하였고 시대 속에 투신하였다. 이러한 보살행의 극적인 전개가 바로 월계이자 호국이었던 것이다.[18] 이들의 충의에 대해 정부도 인색하지 않았다.

18세기에 이르러 정부는 휴정과 유정 등을 향사(享祀)하는 사당이 세워져 국가 공인 사액사(賜額祠)로 지정하였다. 영조는 휴정과 유정의 사액사로서 밀양 표충사(表忠寺)에 표충사(表忠祠, 휴정, 유정, 영규 제향, 1738)를 세우게 하였다. 이후 정조는 휴정의 사액사로서 해남 대둔사에 표충사(表忠祠, 휴정, 유정, 처영 제향, 1789)를, 묘향산 보현사에 수충사(酬忠祠, 휴정, 유정, 처영 제향, 1794)를, 계룡산 갑사에 표충원(表忠院, 휴정, 유정, 영규 제향, 1783)을 세워 공식 향사를 치르게 하였다. 당시 정조는 승려들의 향사를 용인하면서 이렇게 말하였다. "불교는 자비가 중요한데 휴정은 그에 부끄럽지 않아 인천(人天)의

---

15 김용태, 「한국불교사의 '호국' 사례 검토와 호국불교 개념의 재고」, 『조계종불교사회연구소세미나 자료집: 호국불교의 재검토』, 2011년, p.51.

16 惟政, 「乙未派兵後備邊司啓」, 『奮忠紓難錄』(『한불전』 제8책, p.97). 휴정 문하의 義嚴은 도총섭까지 올랐으나 뒷날 환속하여 同知 벼슬을 제수받았다.

17 고영섭, 앞의 글, 앞의 책.

18 고영섭, 앞의 글, 앞의 책.

안목이 되었다. 종풍을 발현하고 국난을 널리 구제하는 근왕(勤王)의 원훈이며 상승(上乘)의 교주이다. 속세를 구제하고 은혜를 베푸는 것이야말로 진정한 불교의 자비이다."

정조는 근왕을 위해 분연히 일어난 의승군의 공적을 높이 치하하고 이것이 불교의 진정한 자비라고 크게 내비쳤다. 국난을 맞이하여 충의를 발현한 의승군과 의승장의 공적에 대한 통치자의 인식은 불교의 존재와 승군의 역할에 대한 유자들의 부정적 인식을 멈추게 하였다. 아울러 승군과 승군제는 불교와 승인의 위상을 높여 이후 불교의 존립과 존재감을 확대한 주요한 요인이 되었다. 그리하여 국난의 위급을 맞아 충의를 일으켜 정부로부터 직첩을 받았던 휴정과 유정 및 의엄과 처영 등은 불교와 승인들의 사회적 지위를 높였고 불교의 대사회적 존재감을 확장시켜 조선 후기 이래의 불교 존립의 원동력이 되게 하였다.

2 성곽 수축과 토목 수리공사 참여

승군은 임진왜란 당시부터 국가의 위기에 잘 훈련된 정신력을 발휘하여 국난 극복에 뛰어난 역량을 보여주었다. 이렇게 되자 정부는 승군의 노동력을 지속적으로 활용하기 위해 깊은 관심을 기울였다. 유교 관료들은 긴급한 국방상의 필요에 의해 각지에 산성을 축조하거나 보수하는 한편 산성에 병영(兵營)을 설치하여 주둔하게 하였다. 이와 함께 그들은 승군을 위한 승영(僧營)사찰을 건축함으로써 장기적인 산성수비를 기획하였다.

당시 선조의 질문에 대한 비변사의 답변 기록에 의하면 각 사찰의 승군 숫자는 5~6백 명에 이르른 것으로 추정된다.[19] 승직과 승군의 국가체제 편입은 불교의 유교체제 편입의 시각으로만 볼 것이 아니라 국가 체제 안에서 불교의 입지를 인정받았다는 것을 의미하는 것이기도 하다. 이렇게 하여 임진왜란 이후 17세기 전반에 이르러 승군제도는 제도화되었고 승려들은 성곽 수축과 수리공사에 합법적으로 동원되었다.

비변사는 선조 27년에 지리산의 구성산성, 삼가의 악견산성, 합천의 이숭산성의 축성에 승군으로 전위시킬 것을 상계하였다. 아울러 남원의 교룡산성 수축(雷默 處英 주도), 장성의 입암산성 수축(奇巖 法堅 주도) 때에 사찰을 건축하여 영구지계(永久之計)로 할 것을 건의하여 허가를 받고 있다. 산성의 축성과 수비에 승군을 동원하고 사찰을 건축하여 승영으로 삼는다는 정부의 불교 정책은 임란 이후에도 일관되게 추진되었는데 대표적인 사례가 남한산성이다.[20]

정부의 불교 정책에 의해 승군들은 산성 뿐만 아니라 궁궐, 관아, 산릉, 성곽, 제언 등의 공역에도 동원되었다. 다수의 승군들은 제언 즉 강과 하천의 제방을 쌓아 물길을 다스리는 수리공사에 적극 동원되었다. 또 정부는 대규모 토목공사를 위해서도 전국의 승군을 징발하였다. 징발은 주로 운석(運石) 노동의 규모에 따라 좌우되었다. 당시 승군의 부역기간은 대체로 1개월 즉 30일간이었다. 하지만 승군을 1개월 이상 추가 사역하는 일들도 적지 않았다. 이 때문에 추가 사역은 승군의 저항을 불러일으켜 승군이 집단으로 달아나는 사례를 초래하였다. 물론 추가 사역의 경우에 한해서 역량(役糧)이 지급되었다.[21]

승군은 역량 즉 부역기간의 식량을 그대로 휴대할 수 있었다. 동시에 현지에서 바꿔먹을 수 있고 지참하기 편한 면포 즉 조량미(助糧米)

19 『선조실록』권26, 선조25년 5월 27일.
20 여은경, 앞의 글, 앞의 책, p.57.
21 윤용출, 「조선 후기 산릉역의 승군 부역노동」, 조계종 불교사회연구소, 『조선 후기 승군제도와 승역연구 자료집』(호국불교연구 학술세미나, 2013), p.33.

로 대신할 수도 있었다. 팔도에서 징발된 승군들의 경비와 지참물 즉 역량과 조량미 등은 모두 소속 사찰의 승려들이 공동으로 부담하여 마련하였다. 때문에 승군들의 승역은 전국 사찰의 경제적 부담을 가중시켰으며 사찰의 피폐는 더 하여 갔다.[22] 이렇게 되자 정부에서는 남한산성과 북한산성을 필두로 하여 의승 방번제를 실시하였다.

3 남북한 산성 의승방번제의 실시

남북한 산성의 의승방번제 실시 이후 당시 임진왜란과 정유재란에 참여했던 의승군은 약 5,000여 명에 이르는 것으로 알려져 있다. 그리고 병자호란 당시에는 부휴계(浮休系)인 벽암 각성(碧巖覺性)과 허백 명조(虛白明照) 등의 승장들이 다시 참여하고 있다. 특히 전란이 이어지자 승병은 상설조직화 형태를 띠면서 남북한 산성의 수호대가 결성되고 의승입번제(義僧入番制)로 이어지다가 의승방번제(義僧防番制)로 바뀌었다. 숙종 40년에 의승입번제가 결성될 당시 남북한 산성에 배치된 의승의 정원은 각기 350명으로 도합 700명이었다. 정부는 이들 의승군에게 축성(築城)과 방수(防守) 등의 임무를 부여하고 있어서 전국 사찰의 부담은 매우 컸다.[23]

남한산성은 인조 2년(1624)에 이괄(李适)의 반란(反亂, 1624)이 일어나고 후금의 압력이 가중되자 같은 해 7월에 축성공사를 시작하여 인조 4년(1626)에 완공하였다. 이때 성의 축성에는 처음부터 승군의 동원을 고려하여 관서승(關西僧)의 조발(調發)을 논의하였으나 변경에 대비해야 할 필요가 있었기 때문에 동원하지 않았다.[24] 하지만 같은

---

22 윤용출, 위의 글, 위의 책, p.33.
23 고영섭, 앞의 글, 앞의 책,

해에 남한산성의 감독을 맡은 이서(李曙)가 벽암 각성(碧巖覺性)과 응성(應聖)에게 승군의 동원을 의뢰하였다.[25] 이에 각성과 응성 등이 소집되어 축성 역사의 일익을 담당하였다. 이로 인해 각성은 남한산성 승군의 초대 총섭으로서 8도 도총섭을 겸하게 되었다. 인조 16년(1638) 남한산성을 보수할 때에는 하삼도(下三道) 및 영동(嶺東)의 승도(僧徒)가 동원되었다.[26]

남한산성의 축성에 이어 망월사와 옥정사 등 승군의 승영사찰도 지어졌다. 먼저 지어진 2개 사찰과 새로 건축된 개원사, 한흥사, 국청사, 장경사, 천주사, 동림사, 수종사, 봉은사, 그리고 가장 늦게 지어진 영원사 등 성내 9개의 승영사찰이 있었다.[27] 승군은 편제상으로 보면 8도 도총섭을 겸하는 남한산성의 승군대장인 승군총섭(僧軍總攝) 1인, 승중군(僧中軍) 1인, 교련관 1인, 초관(哨官) 3인, 원거(遠居)승군 138인, 함경도와 평안도를 제외한 전국 6도에서 입번(入番)한 의승(義僧) 356인이 있었다. 남한산성 도총섭은 의승입번제를 통하여 각 도의 사찰과 승려를 장악할 수 있었다.

반면 북한산의 산성 축조는 선조 대부터 제기되어 왔지만 실행에 이르지 못하다가 숙종 대에 이르러서야 축성에 착수하였다. 축성의 분담은 훈련도감과 금위영과 어영청의 3군문(軍門)이 분담하였고 그 공역은 숙종 37년(1711) 4월에 착공하여 같은 해 10월에 완공을 하였다.[28] 훈련도감은 수문 북변에서 용암까지, 금위영은 용암 남변에서 보현봉까지, 어영청은 수문 남변에서 보현봉까지 성역을 담당하였다.

---

24 『인조실록』 권7, 인조 2년 11월 경진.
25 『重訂南漢志』 권9, 하편, 城史.
26 『인조실록』 권26, 인조 16년 2월 신축.
27 이능화, 『조선불교통사』 하(보련각, 1976), pp.828~829.
28 『비변사등록』 제63책, 숙종 37년 10월 18일.

북한산성 축조에서 어김없이 승군들이 동원되었으며 각성과 응성과 함께 도총섭 성능(聖能)이 승군동원의 소임을 맡았다.[29] 북한산성에도 다수의 승영사찰이 건립되었다.

도총섭 성능이 영조 21년(1745)에 편찬한 『북한지』에는 도총섭이 거처하는 중흥사만 증축하였고 나머지 태고사, 서암사, 용암사, 보국사, 보광사, 부왕사, 원각사, 국녕사, 상운사, 진국사 10사와 봉성암, 원효암의 2암자는 산성 축성과 함께 새롭게 건축을 하였다.[30] 승영에는 8도 도총섭을 겸하는 승대장 1인, 중군 좌우별장, 천총 파총 좌우병방 각 1인, 훈련관 기패관 중군병방 각 2인, 오기차지 1인, 도훈군 별고감관 각 1인, 사료군관 10인, 통인 2인, 고직 3인, 책장부 판장무 각 1인, 취수(吹手) 2인, 의승 350인으로 되어 있었다. 그리고 각사에는 승장 1인, 수승 1인, 번승 각 3인씩이 배치되어 있었다. 성능은 모두 북한산성 승군 대장이자 8도 도총섭을 겸하고 있어 남한산성 도총섭과 함께 전국의 사찰과 승려를 통솔하였다.[31]

승군들은 정부의 요역(徭役)에 동원되어 성곽 수호를 담당하였다. 영조 3년(1756)에 정부는 반감 조치를 꾀하였지만 오히려 남한산성에 356명, 북한산성에 351명으로 도합 707명의 정원으로 늘어났다. 성내에 상주하는 승려들을 정원으로 하고 대신 방번전(防番錢)을 내는 방식의 방번제(防番制)를 시행하면서 남북한 산성의 방번전 합계는 모두 14,354냥이었다.[32] 불교계의 과도한 부담에도 불구하고 임란과 호란을

---

29 이능화, 앞의 책, 하권, p.833.

30 이능화, 앞의 책, 하권, p.834.

31 조선 중기 이래 승군을 총괄하는 최고사령관에게 정부는 都摠攝이라는 직책을 주었다. 병자호란이 끝난 뒤에는 남한산성의 總攝이 도총섭의 임무를 겸하였다. 그 이후 숙종 대에 이르러서는 북한산성의 僧大將이 도총섭의 임무를 겸하였다. 아울러 전국 각지에는 총섭을 두어 승군을 조직하고 산성의 수비 임무를 담당하게 하였다.

32 김갑주, 「남북한산성 義僧番錢의 종합적 고찰」, 『불교학보』 제25집(동국대학교 불

전후하여 도총섭제 아래 통솔되어지고 있는 승역(僧役)은 불교계가 존재감을 대내외에 과시할 수 유일한 길이었다. 이러한 과정을 거쳐 불교계는 각 지역 사찰들의 중흥불사를 완수하면서 교계는 임제법통을 확립해 갔고 삼문 수업 체계를 정비해 갔다.[33]

4 ▌산릉역의 승군 징발

선조 대에 각 사찰에 5~6백 명의 승군이 있었다는 기록은 이미 그 이전에 승군이 편제되어 있었다는 것을 의미한다. 승군을 산성을 수호하는 의승제로 편제시킨 것은 인조 2년(1624)에 남한산성을 축조하면서부터이다. 남한산성의 승군이 성곽을 수호하기 시작한 이래 북한산성이 축조되자 이곳에도 승군이 상주하기 시작했다. 아울러 각처의 산성에도 승군이 설치되면서 군역으로서의 승역(僧役)은 더욱 확대되었다.

17세기 이후 '농민개병제'의 군역제가 개편되어 군병의 일부는 훈련도감과 같은 급료병으로 대체되었다. 그러나 '병농분리'의 방식을 취하여 급료병을 확대하려면 소요되는 막대한 재정 지출을 감당할 수 있어야 했다. 게다가 군역의 물납세화(物納稅化)가 촉진되고, 민간에서의 군역 징발이 어렵게 된 시점에서, 외딴 산간에 축조된 산성을 지키는 군병을 다시 확보하는 일은 쉽지 않았다. 산성의 방어능력을 중심으로, 군역의 일부를 승역에 전가한 것은 과도기적인 대안이 될 수 있었다.[34]

하지만 승군에게 부가한 승역은 궁궐, 관아, 성곽, 제언 등의 요역

교문화연구원, 1989), p.233 참조.

33 고영섭, 앞의 글, 앞의 책,

34 윤용출, 「17세기 후반 산릉역의 승군 징발」, 『역사와 경계』 제73집(역사와경계학회, 2009), p.72.

(徭役)을 포함한 잡역이었다. 승군은 성곽 수호뿐만 아니라 제언 등 수리공사에도 동원되었다. 그리고 산릉역에도 승군을 동원하였다. 1659년에 효종이 승하하자 정부는 산릉도감에 지시하여 산릉조성을 준비하게 하였다. 산릉도감에서는 '도감사목'을 정하여 산릉도감의궤 및 등록류를 참고하여 산릉역을 수행하기 위한 과제를 선정하였다. 정부는 국가의 대역 중의 하나인 산릉역에도 승군들을 동원시켰다. 승군들은 요역에 참여하여 왕과 비, 빈과 세자 등의 능묘를 조성하거나 고치거나 이장하였다.

영조 대에 편찬된 『속대전』에서는 "산릉(山陵) 및 조사(詔使) 외에 일체 요역은, 다시 백성을 번거롭게 할 수 없다"라고 규정하였다. 그러나 중국 사신을 접대하는 일과 산릉을 조성하는 일은 민간을 사역할 수 있는 예외적인 부문으로 남겨두었다. 하지만 17세기 후반 이후 산릉역은 대체로 요역에 의해 수행되지 않았다. 현실의 산릉역 노동력 수급 체계는 민간의 요역보다는 승군의 부역에 크게 의존하였다.

따라서 17세기 중엽 이래로 징발된 승군의 수는 큰 폭으로 증대하였다. 17세기 후반에 이르러서야 비로소 승역은 완화되기 시작함으로써 국면의 전환을 보였다.[35] 그러나 이후에도 산릉역은 없어지지 않고 여전히 존재하였다. 산릉역은 승군제가 폐지되는 19세기 후반까지 유지되었다.

35 윤용출, 위의 글, 위의 책, p.73.

4. 조선 후기 승군제도의 정착과 폐지

1 승군제의 정착

정신력과 노동력이 남달랐던 승군이 임란과 호란에서 큰 전공을 세우자 조선정부는 점차 승군의 제도화를 추진하였다. 광해군과 인조시대에 들어서면서 승군제는 일시적인 모립제(募立制)가 아니라 상설제로 전환해 나갔다.

정조가 물었다: "인조 2년(갑자년)에 남한산성을 쌓을 때 승려 각성(覺性)을 팔도도총섭(八道都摠攝)으로 삼아 팔도의 승군(僧軍)을 불러 모으고 부역(赴役)하도록 하여 이 남한산성에 머물도록 하였는데, 대개 승군의 제도가 이때에 비로소 크게 갖추어졌다고 한다. 경 등도 들은 적이 있는가?" 서명응이 말하였다: "과시 이때에 창설되었다 합니다."[36]

병자호란을 치른 인조는 전쟁 시에 임시로 차출해 왔던 의승군 즉 승군을 상설제로 제도화해 나갔다. 그리하여 승군은 팔도도총섭의 지휘 아래 일사분란하게 움직이면서 정부군을 보좌하였다. 승군들 역시 뛰어난 정신력을 발휘하여 부역을 완수하기 위해 임무에 전력하였다.

병자년에 승군(僧軍)의 힘이 가장 도움이 되었습니다. 승인들이 원하는 것은 단지 금관자와 옥관자의 벼슬자리를 얻으려는 것뿐이니, 그들 중에 문자(文字)를 아는 자를 뽑아 승장(僧將)으로 임명하여 큰 사찰에 들어가 거주하게 하면 반드시 유익한 점이 있을 것입니다. 신이 지난해 북문(北門)과 서문(西門)을 건립할 때 민정(民丁)이 3일 일한 것이 승군

---

36 정조 3년 기해(1779); 건륭 44년 8월 3일 갑인.

이 하루 일한 것에도 미치지 못했는데, 대개 승인들은 부역할 때 죽을 힘을 다하기 때문입니다.[37]

유교 관료들은 승군의 일사불란함과 죽음 힘을 다하여 부역을 완수하는 것을 눈여겨 보았다. 그리고 일부의 승군들이 옥관자와 금관자의 벼슬자리를 원한다는 사실을 알고 이를 잘 활용하였다. 승군은 일반 민정(民丁)보다 일도 잘하고 추진력도 남달랐다. 이렇게 되자 관리들은 승군의 효용성에 대해 깊이 숙고하였다. 이 과정에서 의승입번제가 시행되었다.

1) 의승입번제(義僧入番制)의 시행

남북한 산성 축조 이후 정부는 의승입번제를 실시하여 승군을 각종 부역에 동원하였다. 정부는 남북한산성을 축조한 뒤 이곳의 방어를 위해 의승 350명씩을 각 산성에 번을 서게 했다. 승군은 평안도와 함경도를 제외한 전국에 할당된 의승군과 산성 내외 사원의 원거승(遠居僧)으로 구성되었다. 승군들은 남한산성의 10개 사원과 북한산성의 11개 사원에 배치돼 1년에 2개월씩 6회에 걸쳐 윤번으로 복무하였다. 그리고 승군에게 방번을 부과하고 번전을 징수하였다. 이러한 징수의 배경에는 당시 시행된 수취 체제의 변동과 연관되어 있었다.

옛날 우리 효종대왕(孝宗大王)께서는 도성(都城)이 완고(完固)하지 못하여 변란(變亂)이 있으면 반드시 먼저 무너질 것을 깊이 염려하시고, 일찍이 북한산성(北漢山城)을 수축(修築)하여 험조(險阻)에 의거하여 근본을 굳게 하고 나라를 보전하며 백성을 보호하는 계책을 삼았습니다.

37 현종 10년 기유(1699); 강희 8년 6월 20일 신사.

지금 만일 북한(北漢)에 성을 쌓아 내성(內城)을 만들어 종사(宗社)를 이안(移安)하고, 또 조지서(造紙署)의 동구(洞口)를 막아 강창(江倉)을 옮겨 설치하면, 공사(公私)의 축적(蓄積)을 모두 옮겨 들여올 수 있습니다. 이미 북산(北山)의 험조에 의거하여 미리 옮겨 주필(駐蹕)할 곳으로 삼은 뒤에, 혹은 군사를 나누거나 혹은 의병(義兵)을 설치하여 도성을 지키면, 형세가 저절로 장성(壯盛)해지고 근본이 더욱 견고해질 것이니, 반드시 먼저 허물어질 근심은 없어질 것입니다.[38]

의승입번제는 시행 초기부터 지방의 각 사찰이나 승려들에게 적지 않은 부담이 되었다. 승군들은 산성 경비와 이에 딸린 여러 잡역도 감당해야 했다. 이후 정부는 의승입번제를 확대하여 산성의 축조와 수비뿐만 아니라 사고의 수호, 국가 토목공사 등에까지 승군을 동원하였다. 이렇게 되자 승인들의 부역의 과중함은 국가적인 문제뿐만 아니라 사찰 안팎에도 적지 않은 문제를 일으켰다.

2) 의승방번전(義僧防番錢)의 징수

정부는 유교를 통치 이념으로 하면서도 승군을 통해 불교의 사회적 역할을 부분적으로 인정하였다. 승군을 상설제도화하면서 신역(身役)을 통한 승군들의 사회적 역할은 결코 적지 않은 것이었다. 의승입번제를 의승방번제로 확대하면서 번전을 징수하기 시작하였다. 하지만 의승입번제나 의승방번제를 통한 당시 승려들의 승역은 국가 경제적으로나 불교 경제적으로나 적지 않은 문제를 내포하고 있었다.

이단(異端)은 우리 유가(儒家)에서 매우 배척하는 것입니다마는, 우리

38 『숙종실록』 권49, 숙종 36년 10월 26일.

나라의 승도(僧徒)는 그렇지 않아서 신역(身役)에 응하는 평민이나 편오(伍)의 군졸에 지나지 않으니, 그 애호(愛好)하는 것도 평민이나 군졸과 같아야 할 것인데, 남한(산성)의 의승(義僧)이 상번(上番)하는 것은 승도의 괴로운 폐단입니다. 본 도는 큰 절이면 4~5명이고 작은 절도 1~2명인데, 한 명을 자장(資裝)하여 보내는데, 거의 100금이 소비되므로 한 절에서 해마다 4,500금의 비용을 책임지니 저 초의목식(草衣木食)하는 무리가 어찌 의발(衣鉢)을 메고 떠나 흩어지지 않을 수 있겠습니까?[39]

이미 시행 당시부터 승군제도의 폐단은 적지 않았다. 승군의 소속 사찰이 담당해야 할 과도하여 승군 1인당 100금 이상이 들었다. 승군이 4~5명인 큰 절의 경우에는 해마다 4,500금의 비용을 책임져야 했다. 그 결과 일부 승려들은 의발을 메고 절을 버리고 떠나기에 이르렀다. 그러자 비변사에서는 방번 징전을 허용하자고 제안하였다.

영남(嶺南) 사찰 지역의 폐(弊)가 심하다고 하지만 의승의 폐보다 심하지 않습니다. 의승제를 설치한 의의는 산성승(山城僧)으로만 수성(守城)을 전담케 하는 것이 불가하기 때문에 여러 도[諸道]의 각 읍(各邑)으로 하여금 의승을 분정(分定)하여 상송(上送)케 하여 윤체환귀(輪替還歸)토록 했던 것인데, 방번징전(防番徵錢)으로 하면 15냥이 쓰이지만, 스스로 상번하게 되면 남북한 승인의 접대 등의 일까지 모두 의승에게 담당토록 하여 그 비용이 30냥 이상이 됩니다. 그러므로 외방 승려들의 원한이 붕흥(朋興)하고 모두 방번징전(防番徵錢)할 것을 원합니다.[40]

이렇게 되자 맡은 번을 담당하기 위해 해당 번에 올라가는 상번(上番)

---

39 『영조실록』 권81, 영조 30년 4월 29일.
40 『비변사등록』 제123책, 영조 27년 8월 초1일.

만이 아니라 방번 징전을 원하는 사찰들이 생겨나기 시작하였다. 방번 징전으로 하면 15냥이 들지만 스스로 상번하게 되면 남북한 승인의 접대 등에 이르기까지 모두 의승이 담당하여 그 비용이 30냥이나 들게 되었다.

> ……(전략)…… 외방의 의승은 상번을 정지하고 도리(道里)의 원근을 참작하여 방번지가(防番之家)를 작성하고 산성거승(山城居僧)으로 대립(代立)시키며 그들에게 공비(公費)의 많고 적음을 헤아려 고립지자(雇立之資)로 획급(劃給)함으로써 향승(鄕僧)에게는 왕래하는 견디기 어려운 폐단을 제거해 주고 성승(城僧)에게는 대립(代立)하는 수가지리(受價之利)를 얻게 하되 ……(하략)……[41]

상번이 적지 않은 부담이 되자 외방 승려들의 원한이 함께 일어났다. 외방의 승려들은 상번을 정지하고 거처의 원근을 참작하여 방번지가를 작성하여 산성에 거처하는 승려들도 대신 입번시켰다. 그리고 그들에게 공비의 다소를 헤아려 고립(雇立)의 자금을 획일적으로 지급하자 지방 승인과 도성 승인 모두에게 이익이 되는 방번 징전을 원하게 되었다.

> 팔도의 의승이 상번(上番)하는 것은 보장(保障)하는 데에 그 뜻이 있다고 말하겠습니다. 두 관청의 군관(軍官)과 졸예(卒隸)도 모두 각 고을의 시골에서 사는 자에게는 쌀과 베를 거두고 성안에 사는 자를 대신 세우니 어찌 의승에게만 이 사례를 쓸 수 없겠습니까. 이제부터 정식하여 의승은 상번하지 말고 매 사람마다 돈 16냥을 대송(代送)하되 '의승방

41 『비변사등록』 제130책, 영조 32년 정월 12일.

번전'(義僧防番錢)이라 이름하여 각 고을로 하여금 군포(軍布)의 규례와 마찬가지로 거두어 모으게 하면 승도의 큰 폐해를 없앨 수 있을 것입니다.[42]

이처럼 상번의 병폐가 심해지자 각 고을이 관리하는 군포의 규례에 의거하여 승군 1인당 돈 16냥을 대송하는 의승방번전이 제시되었다. 그 결과 의승방번전의 징수가 확대 실시되었다. 방번을 대신하여 번전의 징수 확대로 이어지자 승군제는 더욱 확대되었다.

2 승군제의 확대

양란 이후 승군제가 정착된 뒤에 승군역은 축성역, 산릉역, 지역(紙役), 사고(史庫) 수호 등으로 점차 확대되었다. 승군제의 확대는 불교 즉 승려들의 사회적 역할의 확대를 가져왔다.

1) 축성역(築城役)

정부는 임란과 호란에서 혁혁한 공을 세운 의승군을 상설 승군제로 정착시킨 뒤 남북한 산성의 축조에 다수의 승군을 동원하였다. 평안도와 함경도를 제외한 전국의 각도에서 할당된 승군들이 산성 축조에 동원되었다. 당시 동원된 승군들 중에는 일부 죄를 짓고 도망한 경우도 있었지만 승역으로 차출된 승군이 대다수였다.

북한산성(北漢山城)에 있는 승도(僧徒)는 바로 모두 죄를 짓고 도망한 자들이 모인 소굴인데, 팔도(八道)에 두루 돌아다니며 폐해(弊害)를 일

42 『영조실록』 권81, 영조 30년 4월 29일.

으키는 일이 헤아릴 수 없습니다. 공물연조(貢物年條)를 싼값으로 미리 사들이는데 그것을 싸게 사들이는 때를 당하여 중간에서 강제로 빼앗으니, 그 폐해가 없지 않습니다. 그리고 여러 가지 빚으로 주는 재물도 갑리(甲利)로 서울과 지방에 두루 지급하였다가, 징수(徵收)를 독촉하는 때에 이르러서는 전토(田土)의 문권(文券)도 빼앗는 경우가 많습니다. 여러 도의 의승(義僧)이 많은 경우에는 3백 50명에 이르는데, 번(番)을 면제해 준 돈을 징수하고 있습니다.[43]

17세기 전반기 이래 남북한 산성에 동원된 승군들은 약 350명에 이르렀다. 정부에서는 상번의 여러 폐해에 따른 상소를 받고 부분적으로는 방번 징전으로 개선책을 제시하였다. 이에 일부 승군들은 상번을 면제를 받는 번전으로 대역(代役)하였다. 그 결과 승군들은 축성역뿐만 아니라 산릉역에도 동원될 정도로 승군제는 확대되었다.

2) 산릉역(山陵役)

승군은 17세기 초엽 이래 산릉역까지 담당하였다. 산릉역은 산릉도감에 의해 관리되고 실시되었다. 하지만 민간에서 대동법이 확대 시행되고 전통적인 요역이 물납화되자 17세기 중엽 이후에는 점차 완화되어 갔다. 산성의 역사에 동원된 연군(煙軍) 즉 연호군(煙戶軍)은 약 8~9천 명에 이르렀다. 하지만 농번기에 이들을 동원할 수 없자 승군을 1달 기한으로 복역시키는 안이 제기되었다.

산성의 역사(役事)에는 대개 연호군(煙戶軍)을 부렸는데, 그 수가 8~9천명을 밑돌지 않았습니다. 이번에 동원한다면 농사에 방해가 될 듯하여

---

43 『비변사등록』 제74책, 경종 3년 8월 초4일.

승군(僧軍)과 유위군(留衛軍)만을 우선 계청(啓請)했던 것인데, 승군은 1천 명을 한 달 기한으로 복역시켜야 하겠습니다.[44]

산릉역에서 각도 승군을 징발 사역해 오던 전통은 영조 33년(1757)의 정성왕후와 인원왕후 산릉역을 마지막으로 하여 사라졌다. 당시 영조는 승군 징발 규모를 당초 작성한 것보다 반을 줄이라고 하였다. 특히 그는 산릉에서 석역(石役)을 줄이도록 명하였다. 이는 석역을 줄여 승역을 덜어보기 위한 취지였다.[45]

영조는 승려 또한 백성이라[僧亦民也] 하여 산릉역의 승역을 덜어주려고 하였다. 그는 무거운 승역을 지고 있는 승려야말로 '우리나라에서 가장 약한 자'[我國最弱者]이며 승역이 양역보다 무거운 현실은 잘못된 것으로 보았다.[46] 호남이정사(湖南釐正使) 이성중(李誠中)은 '평민이나 군졸과 같이 승군도 애호해야 한다'고 주장하면서 의승 상번의 폐단을 논의하였다. 정조 역시 남한산성 승군의 유망을 우려하며 '다 같은 내 백성'[均吾赤子]이라고 하여 승군을 위무하였다.

승군에 대한 차별적 대우와 그에 수반한 무거운 승역 부과에 대한 문제를 극복하기 위해 17세기 후반의 산릉역에서는 운석을 위한 차량이 활발하게 운용되기도 하였다. 하지만 18세기 후반에 산릉역이 폐지되기까지 승군은 산릉역을 거의 전담하였다.

3) 지역(紙役)

조선 중기 명종 대 이후부터 승군은 각종의 지물(紙物)을 생산하는

44 『인조실록』 권22, 인조 8년 4월 17일.

45 『영조실록』 권89, 영조 33년 5월 을미; 『승정원일기』 제889책, 영조 15년 4월 4일.

46 『승정원일기』 제666책, 영조 4년 7월 23일; 제810책, 영조 11년 10월 9일.

관제 제지소였던 조지서(造紙署)에도 배속되었다. 하지만 관제의 조지서 생산만으로는 수요를 충분히 감당하지 못하였다. 점차 지방관부에서는 자신에게 맡겨진 지공(紙貢)을 사찰에 과중하게 떠맡기기 시작하였다. 이에 승군은 지물을 생산하여 왕실과 지방 관부에 상납하였다.

> 호남지방의 백면지(白綿紙)와 상화지(霜華紙)의 값을 염세목(鹽稅木)으로 참작하여 결정했지만 그 세목이 몹시 거칠어 각 읍과 승인(僧人)들이 모두 괴로워하고 있으니 종이는 각 읍에 분담시키고 염세목은 잡용에 쓰게 하자고 하였는데 상(上)께서 해당 조에 말하라고 전교하셨습니다. 염세목은 당초 소금 1석에 3필목으로 정하였으니 목품(木品)이 몹시 거칠어 지금은 반을 감하여 소금 1석에 1필 반으로 정하였으니 그 전처럼 몹시 거칠지는 않겠지만 또한 품질이 좋지도 못할 것입니다. 충청도에서는 이미 대동미(大同米) 10두 중에서 변통 마련하여 각 읍에 분정하고 있습니다. 염세목으로 종이 값을 주면 겉으로는 값을 지급하는 것이 되지만 그 값이 부족하고 만일 각 읍에 분담한다면 백징(白徵)에 가까우니 어찌해야할지 모르겠습니다.[47]

호남지방에서는 백면지와 상화지를 주로 생산하였다. 그리고 그 값은 염세목으로 결정하였다. 처음에 염세목은 소금 1석에 종이 3필목으로 정하였다. 하지만 그 세목이 매우 거칠어 각 읍과 승인들이 무척 괴로워하자 효종은 종이는 각 읍에 분담시키고 염세목은 잡용에 쓰게 하라고 해당 조에 명을 내렸다. 그 결과 충청도에서는 대동미 10두 중에서 변통을 마련하여 각 읍에 분정하기에 이르렀다. 그런데 염세목으로 종이값을 지불하게 되면 그 값이 부족하게 되고, 각 읍에 분담하

47 『비변사등록』 제17책, 효종 5년 5월 4일.

면 '세금을 물어야 할 의무가 없는 사람에게 세금을 억지로 거두는' 백징(白徵)이 되어 문제가 생길 수밖에 없었다.

> 세 도의 대동청(大同廳)에서 아뢰었다. "대동의 역은 본디 백성의 고달픔을 구제하기 위한 것이었습니다. (중략) 민간에서는 처음의 대동으로 하면 다시 다른 역(役)이 없을 것이라고 들었는데, 지금 대동 이외의 여러 가지 역이 이처럼 복잡스러우니 백성이 불편하게 여기는 것은 당연합니다."[48]

대동법 실시 이후에도 여러 가지 부역이 복잡스럽게 진행되었다. 그러자 세 도의 대동청에서는 백성들의 고달픔을 구제하기 위한 대동의 부역에 위배된다고 제언하였다. 승군 역시 백성의 일부였기에 그 고달픔이 적지 않았다. 이처럼 종이 부역 즉 지역(紙役)은 승군에게 과중한 부역이 아닐 수 없었다. 따라서 일부 승군들은 지역을 감당하지 못해 현장을 이탈하기도 하였다.

4) 사고(史庫)의 수호

승군들은 축성역과 산릉역 및 지역뿐만 아니라 사고의 수호를 위한 부역을 담당하였다. 정부는 역사를 기록한 실록을 편찬한 뒤 전란을 피해 전국에 사고(史庫)를 만들어 보관하였다. 전기에는 오대산, 태백산, 마니산, 묘향산의 네 곳에 사고를 두었다. 중기의 인조 대에 이괄의 난이 일어난 뒤에는 사고의 보존을 위해 마니산의 사고를 정족산으로, 묘향산의 사고를 적상산으로 옮겨 갔다. 그리고 팔도를 총괄하는 총섭은 이들 사고를 인근 사찰에 주둔하는 승군에게 수호하게 하였다.

---

48 『인조실록』 권5, 인조 2년 3월 8일.

강릉권역에 자리한 오대산 사고는 월정사의 승군이, 봉화의 태백산 사고는 각화사의 승군이 수호하게 하였다. 또 강화 정족산의 사고는 전등사의 승군이, 무주 적상산 사고는 안국사의 승군이 수호하게 하였다. 그리고 승군을 총괄하는 도총섭은 관내의 사찰들과 관리할 뿐만 아니라 그들의 승풍을 바로 잡기[糾正]도 하였다.

> 들어가서는 사각(史閣)을 수호하고[入則守護史閣] 나아가서는 여러 사찰을 바로 잡는다.[出則釐正諸刹][49]

사각 수호 즉 사고의 보호와 제찰(諸刹)의 정리 즉 여러 사찰을 바로 잡는 것은 전국 승려의 기강을 바로잡기 위한 승풍 규정의 일환으로 이루어진 것이었다. 도총섭은 이를 위해 각 도의 승직인 도승통 아래에 도내 각 사찰의 승풍을 바로잡기 위한 규정소를 두었다. 북한산성 도총섭을 역임하였던 선암사의 호암 약휴(護巖若休)는 선암사에 수반 규정소, 금구 금산사를 우도 규정소, 광양 옥룡사를 좌도 규정소로 정한 뒤 간사승(幹事僧)을 두고 승려 규정 업무를 수행하였다.[50]

18세기 말에 전국에 설치된 규정소는 충청도와 경상도 사찰을 관리하는 남한산성의 개원사, 황해도와 평안도의 사찰을 관리하는 북한산성의 중흥사, 전라도의 사찰을 관리하는 수원의 용주사, 강원도의 사찰을 관리하는 선종 도회소 봉은사, 함경도 사찰을 관리하는 교종 도회소 봉선사의 5곳이 있었다.

이들 사찰 중 남한산성의 개원사와 북한산성의 중흥사 그리고 전라

---

49 한국사지총서편찬위원회, 『傳燈寺本末史誌』(아세아문화사, 1978), p.48.
50 이봉춘, 「조선불교 도총섭 제도와 그 성격」, 『사명당 유정』(지식산업사, 2000); 이종수, 「조선 후기의 승군제도와 그 활동」, 『한국 호국불교의 재조명』(조계종 불교사회연구소, 2012).

도 사찰을 관리하던 수원 용주사에는 도총섭이 머물며 승풍 규정의 업무를 총괄하였다. 반면 봉은사와 봉선사는 총섭의 임무를 부여받은 승려가 머물지는 않았지만 조선 전기에 선교 양종 판사가 머물던 곳으로서의 권위를 인정받고 있었다. 이후 종래에 승군을 지휘하던 총섭은 군사적 기능이 약화된 뒤부터는 주로 관할 지역 사찰의 승풍을 규정하는 소임을 담당하였다.

3 승군제의 폐해와 해체

조선 후기에 이르러 승군은 다양한 영역에서 부역을 하였다. 승려들은 공사의 토목과 제언 의 축조 역사, 그리고 지역(紙役) 등에 이르기까지 갖가지 승역을 담당하였다.

> 호서와 호남에 대동법을 실시한 뒤로 인군(烟軍)을 징발해 쓰지 못하기 때문에 공사(公私)의 토목(土木)이나 제언(堤堰)의 축조 역사(役事)를 승려들에게 많이 맡기니 승역(僧役)이 이전보다 배나 무거워 탄식하고 원망하는 폐단이 있게 되었습니다.[51]

당시 승군제 중에서 가장 큰 폐해는 종이를 만드는 부역[紙役]에서 확인되고 있다. 즉 종래에 올리던 백성의 요역 중 백면지 생산은 제일 힘들어 적지 않은 문제를 일으키고 있었다. 그런데도 각 읍에서는 백면지를 모두 승사에 책임을 지워 마련하면서 승인들을 침달하였다.

> 백성의 요역(徭役) 가운데 백면지(白綿紙) 등이 가장 무거운데, 각 읍

51 『비변사등록』 제27책, 현종 9년 11월 6일.

에서는 모두 승사(僧寺)에 책임지워 마련하게 하고 있습니다. 승려의 힘도 한계가 있으니 이들만 침달하는 것은 옳지 못합니다. 전라감영(全羅監營)에 예납(例納)하는 지물(紙物)이 적지 않은데, 근래에 또 새로운 규례를 만들어 1년에 올리는 것이 대찰(大刹)은 80여 권, 소찰(小刹)은 60여 권이 되므로 승려들이 도피하여 여러 사찰이 소연(蕭然)합니다.[52]

그런데 현종 대에는 또 새로 규례를 만들어 1년에 대찰은 80여 권, 소찰은 60여 권의 지물(紙物)을 전라 감영에 예납하게 하였다. 그 결과 다수의 승려들이 도피하여 여러 사찰이 텅 비기에 이르렀다. 이렇게 되지 승군제의 폐단에 대한 상소가 적지 않게 올라왔다.

영남의 법화사(法華寺)는 병자년간(丙子年間)에 교서관(校書館)에 속하였는데 1년에 바치는 백지는 3괴(塊)입니다. 요즈음 어사(御史)의 별단(別單)으로 인하여 각 읍의 사찰로서 경사(京司) 및 궁가(宮家)에 속하는 것은 모두 폐지하게 하였는데 법화사는 다른 사찰과 다릅니다. 교서관은 해마다 계하서책(啓下書冊)을 인출하는데 만일 종이가 없다면 반드시 일이 되지 않습니다. 또 폐지한 뒤에는 법화사 승도가 감영과 병영에서 부담을 지우는 폐단을 우려하여 본관 및 비변사에 진정하여 교서관에 다시 소속되기를 자청하였으니 이를 그대로 교서관에 소속되게 하는 것이 어떠하겠습니까.[53]

한편 비변사에서는 교서관에 속하였던 영남 법화사를 비롯한 각 읍의 사찰에 부과하였던 경사 및 궁가에 속하는 백지 3괴의 예납 의무를 폐지한 것에 대한 상소를 올렸다. 이러한 여론에 힘입어 사찰이 담당

52 『현종실록』 권18, 현종 11년 10월 7일.
53 『비변사등록』 제71책, 숙종 44년 윤8월 6일.

해야할 갖가지 부역을 없애고 이러저러한 갖가지 관청 공납을 금지하기에 이르렀다.

사찰의 폐단으로 말하면 사찰이 타락하고 승려의 수가 적기는 어느 곳이나 마찬가지입니다. 그 원인을 따져보면 종이감의 배정, 길잡이를 세우는 것, 하인들을 침해하는 것, 어깨에 가마를 메는[肩輿] 군정, 돌을 다듬고 나무를 조각하는 등 갖가지 부역과 이러저러한 갖가지 관청공납이 번다하여 과중하기 때문이었는데, 이미 조정에서 없애고 금지하였습니다. 지금에 와서 바로 잡아야할 폐단은 종이감과 미투리 같은 물건의 상납에 불과하니 이는 신(臣)의 감영에서도 금지할 수 있습니다.[54]

하지만 일부 감영에서는 종래의 갖가지 부역과 공납은 이미 조정에서 없애고 금지하였다고 단언하였다. 다만 종래의 관행으로 이어 오던 종이감의 배정과 미투리 같은 물건의 상납을 자기의 감영에서도 없앨 수 있다고 피력하였다. 영조를 지나 정조 대에 이르러 승군제의 문제와 폐해에 대해 비교적 자유로운 지적이 제기되기 시작하였다. 이 과정에서 승군제가 지녀온 적지 않은 폐해가 공유되었고 결국 승군제의 여러 폐해는 승군제의 폐지로 이어졌다.

54 『정조실록』 권31, 정조 14년 8월 23일.

5. 조선 후기 승군제도의 경제사회적 영향

1 사찰의 승역 부담 확대

임진왜란과 병자호란 이후 17세기 전반기에 정착되어 점차 확대된 승군제는 18세기 말엽에 이르러 그 폐해가 심해져 갔다. 이에 정부에서는 승군제의 폐지가 논의되기 시작하였다.

> 근래 승려들이 힘이 어느 곳에서나 다 조잔(凋殘)하여 불필요한 비용은 옛날에 비해 거의 완전히 감면시킨 것과 같지만, 번전을 마련하여 납부할 길은 지금에 와서 더욱 더 어렵고 힘들게 되었다. 혹은 사찰은 있어도 독촉하여 납부할 돈이 없으며, 혹은 승려는 있어도 독촉하여 내게 할 돈이 없으며, 심지어 마을의 평민들이 승려의 신역(身役)을 대신 부담하게 되었으니 한두 해 만에 수습할 수가 없을 것이다. 이제 만일 입번을 면제시키는 것이 전에 없던 혜택이라고 말하면서 수습할 대책을 생각하지 않는다면 이것이 어찌 때에 따라 변통하여 덕의(德意)를 받드는 도리이겠는가. ……(중략)…… 남북한산성에 비용을 지출하는 밑천은 혹시 유리한 대로 구분하여 처리할 방도가 있으면 거의 이제부터 개혁할 수가 있으니, 여러 도에 두루 물어 볼 필요가 없이 후일 차대(次對)할 때 일찍이 수어청과 총융청의 두 군영의 장수를 지낸 신하와 현재 장수로 있는 신하가 따로 잘 토의하고 헤아려서 같이 등대(登對)하여 품신하고 처리하도록 하라.[55]

인조 이래 남북한 산성의 의승입번제가 실시된 이래 상번(上番)을 위한 적지 않은 폐해가 제기되자 영조 대에는 의승번전제로 전환하였

55 『정조실록』 권19, 정조 9년 2월 1일.

다. 하지만 번전(番錢)을 낼 수 없는 사찰이 대다수였다. 한두 해는 신역(身役)으로 대신하기도 했지만 그것만으로 수습할 수가 없었다. 이렇게 되자 입번(立番)을 면제시키는 논의를 시작하였다. 정조는 수어청과 총융청의 전현직 장수가 잘 토의하여 헤아려서 함께 등대하여 품신하고 처리하도록 교지를 내렸다. 이에 경상도 관찰사 조시준(趙時俊)이 도내의 10개 폐단 중 시정해야 할 번전제에 대해 장문의 상소를 올렸다.

도내 의승(義僧)의 폐단입니다. 승역이 지나치게 고통스러운 것이 평민보다도 극심하지만, 그들의 자취가 공문(公門)과 멀기 때문에 품은 마음이 있어도 신리(伸理)할 길이 없습니다.

1) 대저 양역(良役)의 감포(減布)가 있은 이후 민인(民人) 가운데 산문(山門)에 자취를 의탁하는 사람이 거의 없고 어쩌다 하나 있는 정도이기 때문에 이름난 큰 절[巨刹]도 남김없이 잔패(殘敗)되었습니다. 이 때문에 여러 영읍(營邑)이 책응(策應)하는 신역(身役)은 편의에 따라 고치고 감하고 있습니다만, 의승의 번전(番錢)에 이르러서는 감히 변통할 수 없습니다. ……(중략)…… 대저 양정(良丁)의 신역(身役)도 1필씩을 넘지 않고, 악공(樂工)과 장보(匠保)의 부류도 신역(身役)의 다소(多少)가 한결같지 않지만, 어찌 의승 한 명의 번전(番錢)이 22냥이나 될 수 있습니까. 이러한 이유로 쇠잔해진 치도(緇徒)들이 바리때를 버리고 머리를 기르고서 기꺼이 환속(還俗)하기 때문에 백 명 승인[百僧]의 신역(身役)이 열 명 승인에게로 귀결되고, 열 사찰[十寺]의 신역이 한 사찰[一寺]로 집중되어 있습니다. 혹시 두 어명의 가난한 승려가 한 곳의 초암(草庵)을 지키고 있어도 1~2명의 번전을 면치 못하고 있는 탓으로 사전(寺田)과 불기(佛器)가 이미 온전히 남아 있는 것이 없습니다.[56]

56 『정조실록』 권12, 정조 5년 12월 28일.

당시 백성(良丁)의 신역은 1필을 넘지 않았다. 악공과 장인(匠保)의 부류의 신역도 크게 다르지 않았다. 하지만 의승 한 명의 번전은 22냥이나 되었다. 이렇게 되자 쇠잔해진 승도들이 바리때를 버리고 머리를 기르고서 기꺼이 환속하였다. 승인 100명의 신역이 승인 10명에게 귀결되고, 열 사찰의 신역이 한 사찰로 집중되었다. 두어 명의 가난한 승려가 초암을 지키면서 1~2명의 번전을 면하지 못하였다. 결국 사찰에는 밭과 불기가 온전히 남아있지 않았고 번전의 징수는 속가의 부모에게 파급되기에 이르렀다.

> 2) 그리하여 징수가 속친(俗親)에게 파급되고 폐해가 여리(閭里)에 두루 입혀져 간혹 온 경내(境內)에 사찰이 없는 고을이 있게 되었고 그것이 장차 민부(民夫)의 대동(大同)의 신역(身役)이 되게 되어 있으니 폐단의 혹독함이 어찌 이같이 극심한 지경에 이를 수 있습니까. ……(중략)…… 남산산성(南漢山城)에 이르러서는 신이 일찍이 상세히 알고 있는 것이 있습니다. 이른바 번승(番僧)에게 총섭(總攝)과 함께 땔나무[柴]와 기름[油]과 반찬값[饌價] 등을 마련하는 것은 너무 지나친 것과 관련되며, 9개 사찰을 수보(修補)하기 위해서라는 명목[名色]을 덧붙인[添給] 것도 허장(虛張)임을 면할 수 없는데, 대개 이것은 받아들이는 것이 많아서 이렇게 지나친 정례(定例)가 있게 된 것입니다. 남한(산성)이 이러하니 북한(산성)은 미루어 알 수 있습니다.[57]

이러한 폐해는 마을에까지 두루 퍼져 온 경내에 사찰이 없는 고을이 생겨나기에 이르렀다. 승군이 없는 고을에서는 백성들이 신역을 담당할 수밖에 없게 되었다. 또 남한산성의 번승에게는 총섭과 함께 섶[柴]

57 『정조실록』 권12, 정조 5년 12월 28일.

과 기름과 반찬값 등을 마련하게 하였다. 더욱이 9개 사찰의 보수를 위해서라는 외형과 모양을 덧붙인 것도 모두 허세를 부린 것이었다. 남한산성이 이러했으니 북한산성은 미루어 알 수 있었다.

> 3) 신의 의견에는 두 산성의 배용(排用) 가운데 너무 외람된 것과 용비(冗費) 가운데 제거해도 되는 것은 사의를 헤아려 삭제시키고 나서 본도(本道)의 의승 30~40명을 특별히 감액(減額)시키거나 매 이름마다[每名當] 번전의 수효를 감해 주게 하되 삼가 여러 사찰 가운데 그 잔성(殘盛)의 정도에 따라 헤아려 존감(存減)시킴으로써 승도(僧徒)가 일분이나마 힘을 펼칠 수 있는 방도가 되게 하소서.[58]

조시준은 두 산성에 소요되는 비용 중 너무 지나친 것과 없애도 되는 것은 사의를 헤아려 삭제하자는 제안을 제기하였다. 그는 또 해당도의 의승 30~40명을 특별히 감액하거나 담당자의 번전을 감해주게 하여 여러 사찰 중 사세의 정도에 따라 번전을 남기거나 없애주어 승도가 조금이나마 힘을 펼치게 하자고 하였다. 정조는 조시준의 상소를 보고 의승번전을 반감하는 교지를 내렸다. 이 상소는 의승번전을 반감시키는 조치를 내린 시발점이 된다는 점에서 주목을 요한다.

> 을사년 봄에 특별히 명하여 그 돈을 반으로 감해주도록 하고, 공곡(公穀)을 덜어내어 가분(加分)하고 그에 대한 모곡(耗穀)을 취하여 감해 준 절반을 보충하게 하는 것으로 절목을 만들어 준행하였다. 6도 의승 701명의 반번전(半番錢) 14,312냥 8전 중에서 6,708냥 6전 5푼은 급대(給代)하고 1,164냥 7전 5푼은 관(官)에서 방급(防給)하고, 472냥은 보인이 갖추

58 『정조실록』 권12, 정조 5년 12월 28일.

어 바치고, 6,012냥 4전은 승도들이 갖다 바쳤다.[59]

정조는 을사년 봄에 특별히 명하여 번전을 반으로 감해 주도록 하였다. 대신 공공기관이 소유하는 곡식[公穀]을 덜어내어 정해진 분량보다 더 많이 빌려주어 이익을 꾀하게 하고[加分] 백성들에게 빌려 주었던 곡식을 가을에 돌려받을 때에는 곡식을 쌓아 둘 동안에 축이 날 것을 생각하여 한 섬에 몇 되씩 덧붙여 받는 곡식[耗穀]을 취하여 감해 준 절반을 보충하도록 절목을 만들어 이를 준행하도록 하였다. 이처럼 정부의 곡식도 널리 활용되어 백성들에게 실제적인 도움이 되게 하였다. 이렇게 되자 사찰과 승군들의 부담은 한결 적어졌다.

2 ▌불교의 대사회적 존재감 확보

유교를 통치 이념으로 하는 조선이 건국되자 불교 교단은 축소와 통폐합의 변화를 겪게 되었다. 연산군과 중종 대에 이르러서는 종단조차 사라진 채 불교계는 도총섭제를 통해서 그 존재감을 유지할 수 있었다. 임란이 일어나자 승인들은 승군으로 차출되면서 역사 속에 참여하기에 이르렀다. 또 승군은 호란이 일어나면서 다시 남북한 산성의 수호대로 동원되었다. 승군들은 그 정신력과 노동력을 인정받으며 점차 축성과 수비의 역할을 담당하였다. 이 과정에서 정부는 승군의 상설제도화를 기획하였다.

제도가 법이나 관습에 의해 세워진 모든 사회적 규약의 체계를 가리키듯이, 승군제도는 국가가 승군의 효용성을 의식하여 승려들을 군인

59 『日省錄』 4, 문학 4, 『國譯弘齋全書』 제164권(민족문화추진회, 2000), p.199.

으로 편입시킨 법제적 규약 체계라고 할 수 있다. 조선 정부는 전기와 같이 승려와 사찰에 대한 방임과 달리 중기부터는 승려와 사찰을 국가 체제로 점차 편입시켜 나갔다. 17세기 초반에 이르러 유교 관료들은 승군제도 아래 승직과 승군을 국가체제 속에 확립시켰다. 이렇게 편제된 승군제도는 조선 후기에까지 지속되었다.

승군과 승군제는 승려들의 자의식 형성과 인식틀 확보 및 그들에 대한 사회적 지위와 위상이 종래와 달리 변모했음을 보여주는 증좌라 할 수 있다. 승군제가 정착되고 확대되는 동안 불교계는 대사회적 존재감을 유지할 수 있었다. 그리고 유교 관료들 역시 더 이상 전기 이래의 승려들에 대한 인식으로는 불교계와 대응할 수 없음을 자각하였다. 불교계 역시 더 이상 전기 이래의 유자들에 대한 인식으로는 유교계를 대응할 수 없음을 자각하였다. 결국 승군제도는 공인(公人)으로서의 승려들의 사회적 역할을 보다 적극적으로 요청하는 계기를 만들었다. 동시에 승군의 존재와 승군제의 역할은 불교와 승군에 대한 유자들의 부정적 인식을 멈추게 하였다.

그리하여 승군제도는 불교와 승려의 위상을 높여 이후 불교의 존립과 존재감을 확대시켜 주었다. 그리고 불교와 승인들의 사회적 지위를 높였고 불교의 대사회적 존재감을 확장시켜 조선 후기 이래의 불교 존립의 원동력이 되게 하였다. 하지만 18세기 후반 이후 승군제도의 여러 폐해가 지적되면서 그 기능은 약화되었고 교단 내의 승풍을 바로 잡는 기능으로 대체되어 갔다. 따라서 승군제도는 사찰의 승역 부담을 확대시켰다는 점에서는 비판적 시각이 존재하지만, 한편으로는 불교의 대사회적 존재감을 확보시켰다는 점에서 긍정적 시각도 존재한다. 바로 이러한 두 시각에서 승군제도의 영향과 불교사적 의미를 찾을 수 있을 것이다.

6. 정리와 맺음

조선 후기 승군제도는 당시 불교의 사회적 역할, 불교의 사회경제적 실태를 보여주는 주요한 제도였다. 임란과 호란을 전후하여 승군총섭제(僧軍總攝制) 아래 통솔되는 불교계의 현실에서 승역(僧役)은 불교계가 대내외에 존재감을 과시할 수 유일한 길이었다. 조선 중기 이래 불교계는 선교양종(禪教兩宗)이 혁파된 이래 교단이라는 구심은 상실했지만 승군총섭제를 통해서나마 원심을 유지하고 있었다. 이 원심을 동인으로 삼아 불교계는 임진왜란과 병자호란에 참여한 '의승군'(義僧軍)을 통해 어느 정도 구심을 회복해 갈 수 있었다.

17세기 전반에 이르러 승군이 상설 제도화되어 '승군제'로 정착되면서 불교계는 유교의 통치 이념 아래에서 모처럼 자신들을 객관화하고 타자화할 수 있었다. 중반에 이르러 승군제가 확대되면서 팔도도총섭 중심으로 이루어진 구심은 임제태고법통과 삼문 수업 체계를 수립하는 하나의 동인이 되었다. 이를 계기로 불교계는 고승비석의 건립과 승려문집의 간행을 통해 승려들의 자의식을 형성하고 인식틀을 확보하였다. 아울러 승려에 대한 사회적 지위와 위상이 변모되면서 공인(公人)으로서 승려들의 사회적 역할도 보다 적극적으로 요청받기 시작하였다.

유자들은 승군으로서의 존재와 승군제의 역할을 통해 불교와 승려를 바라보면서 종래의 부정적 인식을 어느 정도 불식시킬 수 있었다. 승군제도는 불교의 지위를 올려 승인들의 사회적 위상을 높여 주었으며, 불교의 대사회적 존재감을 확장시켜 조선 후기 이래의 불교 존립의 원동력이 되었다. 그뿐만 아니라 승군과 승군제도는 불자와 유자가 상호 존재를 새롭게 인식하는 계기를 마련할 수 있었다. 불교계 역시도 승군과 승군제를 통해 종래의 수세적이고 피동적인 시선에서 벗어나 공세적이고 능동적인 시각에서 조선사회를 바라볼 수 있게 되었다.

하지만 유교의 통치 이념아래 시설된 승군제도는 내적으로 적지 않은 문제를 안고 있었다. 그리고 승군제도는 사찰의 승역 부담을 확대시켰다는 점에서는 비판적 시각이 존재한다. 반면 유교의 통치 이념 아래에서 불교의 대사회적 존재감을 확보시켰다는 점에서 긍정적 시각도 존재한다. 무엇보다도 승군제도가 참여불교로서의 호국에 대한 재인식을 통해 승려들의 사회적 역할과 역사적 존재감을 표출할 수 있었던 주요한 기제였다는 점은 인정해야만 할 것이다. 바로 이러한 긍정과 부정의 두 시각에서 승군제도의 영향과 불교사적 의의를 찾을 수 있을 것이다.

3장 조선 후기 고승의 비석 건립과 문집 간행

1. 문제와 구상

조선 건국 이후 양란 이전까지 불교는 유자들의 강고한 폐불 정책과 억불 정책에 막혀 그 특유의 주체성과 능동성을 발휘하지 못하였다. 유자들은 유교의 통치 이념을 보완하는 기제로서만 불교의 존재를 허용하려 하였다. 때문에 선교 양종의 폐종과 승과제 금지 및 도첩제 폐지와 도승조 삭제 등 일련의 정책들은 불교의 대외적 존재감을 무력화시켰다. 짧은 기간이나마 문정대비의 후원에 힘입어 허응 보우(虛應普雨, 1510~1565)가 선교 양종과 승과제 복원 및 도첩제와 도승조를 복원하였지만 대비의 승하 이후 이내 다시 대사회적 존재감을 잃고 말았다.[1] 임란과 호란이 일어나 불자들이 승군으로 참여하면서 불교의 대사회적 존재감은 다시 부각되었다. 특히 승군(僧軍)의 활약과 승역

1 고영섭, 「허응 보우의 불교 중흥」, 『한국불교학』 제56집(한국불교학회, 2010).

(僧役)의 실제를 통해 불자들은 자아의식을 확립하였고 이를 통해 대사회적 존재감을 복원해 나갔다.[2]

퇴계 이황(退溪李滉, 1501~1570)와 율곡 이이(栗谷李珥, 1536~1584) 이후로 성리학의 양적 확산과 질적 심화가 이루어지자 유자들은 도통론에 입각하여 계보 확립과 족보 정립을 도모하였다. 임란과 호란 이후 불자들 역시 유자들과 긴밀하게 교유하면서 불교 선법의 정통성을 주장하기 위해 행장을 찬술하고 비석을 수립하려는 노력을 기울였다. 먼저 불자들은 선법의 법통을 수립하고 임란과 호란에 참여한 승장(僧將)들의 전공(戰功)을 기렸다. 특히 임란과 호란 이후 17세기에 고승의 비석 건립을 위해 당시 명망있는 유자들에게 비문 찬술을 부탁함으로써 그들의 사회적 지위를 빌어 자신들의 정체성을 수립하려고 하였다. 그리하여 유자들이 찬술한 고승의 비문으로 비석을 조성함으로써 자신들의 존재감을 확장해 나갔다.

당시 고승 비석은 현실세계에 존재하는 세속권력의 질서 속에 참여하기 위한 매개체였다. 그것은 조선 사회 내에서 불교 집단의 정당성을 증대시키는 기제이기도 했다. 이 사실을 잘 아는 유자들은 처음에는 불자들의 비명 작성을 거절하였다. 하지만 유자들은 불자들의 지속적인 요청과 해당 승장들과의 친분관계를 끊을 수 없어 고승 비문 찬술에 동참하기 시작하였다. 이들의 동참에 힘입어 불자들도 비문 찬술에 점진적으로 참여하였다. 그 과정에서 불교계는 자신의 정체성을 확립하고 자기의 인식틀을 확보하면서 불교의 구심력을 회복해 갔다.

유자들의 비문 찬술과 불자들의 비석 건립은 고승의 문집 간행으로 이어졌다. 당시 유자들은 도통론에 입각하여 계보를 확립하고 족보를

2 고영섭, 「조선 후기 승군제도의 불교사적 의미」, 『한국사상과 문화』 제72호(한국사상문화학회, 2014).

수립하면서 문집 간행에 집중하였다. 이에 발맞추어 불교계도 고승들의 문집들을 간행하고 유통시켰다.[3] 임란 호란 이후 각 사찰의 자생적 경제력은 고승들의 문집 간행을 뒷받침했다. 나아가 불자들은 선원과 강원과 염불원을 기초로 한 참선과 강학과 염불의 수행 체계를 통해 자의식을 확장해 나갔다. 이 글에서는 고승의 비문 찬술과 문집 간행을 통하여 불교와 유교 즉 불자와 유자들이 어떻게 교유했는지 그리고 그것이 조선 후기 불교 교단에 어떤 영향을 미쳤는지에 대해 살펴보기로 한다. 선행연구[4]를 검토하면서 17세기 고승비문 수립과정과 문집 편집과정에서 불교와 유교 즉 불자와 유자들의 소통과정에 대해 살펴보기로 한다.

2. 임란 호란 전후의 정치 사회상

임진왜란(1592) 이후 조선사회를 이끈 광해군은 내정과 외교에서 정치적 역량을 발휘하였다. 임란 때 그는 '분조'(分朝) 즉 임시정부를 이끌며 왜란으로부터 나라를 지켰다. 광해군은 재위에 올라 안으로 사고(史庫)의 정비, 서적의 간행, 호패의 실시 등의 정책을 시행하였

---

3 고영섭, 「부휴 선수계의 선사상과 법통인식」, 『한국불교사연구』 제4호(한국불교사학회·한국불교사연구소, 2014. 2).

4 李晋吾, 「조선 후기 불가한문학의 유불교섭 양상 연구」(한국정신문화연구원 한국학대학원 박사학위논문, 1990); 崔源植, 「조선시대 승려 비명 및 행장 一覽」, 『가산학보』 제7호(가산불교문화연구원, 1998); Sem Vermeersch, "The Eminent Koryo Monks: Stele Inscriptions as Sources for the Lives and Careers of Koryo Monks." *Seoul Journal, 20(2), 2007; The Power of the Buddhas: The Politics of Buddhism during the Koryo Dynasty(918~1392)*, Cambridge: Harvard University Asia Center, 2008; 김용태, 「조선 후기 불교의 임제법통과 교학전통」(서울대학교 대학원 박사학위 논문, 2008); 김성은, 「조선 후기 禪佛教 정체성 형성에 대한 연구 - 17세기 高僧碑文을 중심으로」(서울대학교 대학원 종교학과 박사학위 논문, 2012).

다. 밖으로 국경의 경비에 유의하여 군비를 게을리 하지 않고, 성곽[城]과 해자[池] 및 병기를 수리하여 군사훈련을 실시하면서 국방에 힘썼다. 특히 대외적으로 여진의 후금(청)이 만주에서 일어나는 새로운 정세에 처하여 국제적인 전란에 빠져 들지 않으려 하였다.[5]

그리하여 광해군은 명나라와 후금(청)에 휘둘리지 않고 주체적인 등거리 외교 정책을 펼쳤다. 이러한 외교를 통해 조선은 능동적인 외교력과 실질적인 국방력을 한동안 견지할 수 있었다. 광해군은 임란으로 불타버린 주요 궁궐의 정비를 통해 왕실의 권위를 높이려 하였다. 아울러 경기선혜법 혹은 대동법의 강원도와 평안도 일대로의 확장 시도 및 경기도 일대로의 축소 등을 통해 수취 체계의 변화를 시도하였다. 광해군이 실시한 경기선혜법 혹은 대동법으로 작미(作米)를 통한 공물 변통을 도모하였다는 점에서 그 의미가 적지 않다. 하지만 이것을 경기도 일대로 축소시키면서 본래의 의미를 살리지 못하였다.

한편 반정(反正)을 일으켜 광해군 세력을 무너뜨리고 권력을 잡은 인조는 '친명배금'(親明排金) 혹은 '향명배금'(向明排金) 정책을 통해 명나라와의 관계를 돈독히 하는 한편 후금(청)과는 한동안 소원하게 지냈다. 그런데 반정이 끝나자마자 논공행상에 불만을 품은 이괄(李适)이 난[6]을 일으켜 한양 도성을 침범하자 인조는 이를 피해 공주까지

---

5 명나라가 후금을 치기 위하여 만주로 출병을 요청하였을 때 광해군은 강홍립(姜弘立)으로 하여금 1만여 군대를 거느리고 원조에 응하게 하면서도 형세를 보면서 향배(向背)를 정하라는 밀지를 내렸다. 이에 명군(明軍)이 불리하게 되자 강홍립은 후금에 항복하였고 후금은 조선에 대한 보복적 행위는 없었다.

6 1624년 1월 24일에 인조반정에 혁혁한 공을 세웠음에도 불구하고 2등 공신으로 녹봉을 받았고 반정에 참가한 아들 旃이 논공에서 제외되었다. 그뿐만 아니라 아들 邃가 문관으로 등용되지 못하는 와중에 관서지방에 변환이 있을 징조가 있다하여 都元帥 張晩의 휘하에 副元帥 겸 平安兵使로 좌천되자 이에 불만을 품고 난을 일으켰다. 그는 한양의 도성을 점령하고 인조의 숙부이자 선조의 10子인 興安君 瑅를 추대하여 왕으로 삼고 논공행상을 하였으나 장만 휘하의 관군에게 크게 격파당하여 반란은 진압되었다.

파천을 다녀와야 했다. 뒤이어 인조는 광해군대에 좌의정을 지낸 박홍구(朴弘耉) 등이 주도한 역모사건[7]까지 맞이하면서 왕권이 실추되고 개혁 의지를 잃어버렸다. 더욱이 명나라 희종의 책봉에 즈음하여 책봉사로 건너온 환관 왕민정(王敏政)과 호양보(胡良輔)에게 '봉전지은'(封典之恩) 즉 '정당성 없는 인조 정권에 책봉이라는 은혜를 베풀었다'는 대가로 16만 냥의 은과 인삼을 뇌물로 바치자 국고(國庫)가 바닥이 났다.

게다가 1621년부터 명나라 장수 모문룡(毛文龍)은 요동 수복을 표방하면서 소수의 명군 병력을 이끌고 평안도 철산군의 가도(椵島)에 주둔하고 있었다. 이후 모문룡은 인조의 책봉을 이끌어내는데 결정적 역할을 하면서 조선의 '은인'으로까지 군림하였다.[8] 그는 그곳에 머물며 '회령을 경유하여 오랑캐 지역으로 원정할 것'이라며 군량을 제공해 줄 것과 '길 안내를 위한 향도를 붙여줄 것'을 요구하였다. 모문룡은 실제로는 그럴 능력도 의지도 없었지만 '본래 요동에 살고 있던 한인들 가운데 후금의 지배를 위해 탈출해 온' 요민(遼民)들이 동요하자 점차 후금은 격양될 수밖에 없었다. 결국 '목에 걸린 가시'였던 모문룡과 가도는 후금의 조선침략을 불러들이는 도화선이 되었다.

당시 후금의 누르하치(奴兒合赤, 1559~1626)는 요동과 요서를 파죽지세로 공격하였지만 명나라의 '준비된 지휘관'이자 영원성주인 장수 원숭환(袁崇煥, 1584~1630)의 홍이포(紅夷砲)가 쏟아내는 가공할 위

---

7 1624년 11월에 광해군대에 좌의정을 지낸 朴弘耉 등이 아들과 조카들을 중심으로 불만 세력을 규합하여 광해군을 복위시키고 궁극에는 선조의 일곱 번째 아들인 仁城君 珙(1588~1628)에게 왕위를 넘긴다는 명분으로 일으켰다.

8 인조반정의 원훈이었던 金瑬는 '인조가 책봉된 것은 毛爺 덕분'이라는 상찬을 하다가 1624년 명나라 사신들이 왕래하는 길목인 안주에 그의 공적을 기리는 송덕비까지 세웠다. 그는 모문룡이 진강에서 거둔 승리의 전말을 기록하고 찬양하면서 '모문룡의 은혜를 배신한 광해군의 배은망덕'을 질타하였다. 급기야는 '모문룡이 조선을 후금으로부터 지켜주고 동방의 백성들을 보호해준 덕과 은혜가 하늘과 같다'고 찬양하였다. 한명기, 『역사평설 병자호란』 1(푸른역사, 2013), p.103 참고.

력 앞에 무너지면서 심양으로 철수하였다. 이 전투에서 부상을 입었던 누르하치가 세상을 떠나자 후금은 후계 문제와 경제 문제에 직면하였다. 누르하치는 살아생전에 16명의 아들과 2명의 조카를 두었다. 이중 강성했던 동생 스르가치가 독립하려 하자 그를 먼저 처형하였다. 이어 동생들과 갈등을 빚고 자신에게도 반항하는 장남 추엥(褚英)을 처형한 뒤에도 17명이 남아 있었다. 차남 다이샨(大善)이 실력자로 떠올랐으나 결국 8남인 홍타이지(皇太極)의 이간책으로 밀려난 뒤 홍타이지가 훗날 제위에 올라 태종이 되었다.

후금의 지배자는 팔기(八旗) 왕들의 회의를 통해서 선출하며 그는 팔기 기왕들의 충고를 충실히 따르는 인물이어야 했다. 추대 형식으로 즉위한 홍타이지는 칸의 지위에 걸맞는 권력과 권위를 갖기 위해 고민하였다. 이 과정에서 그는 자신의 권력을 강화하고 산적한 난제들을 해결하는 과정에서 다수의 한인과 몽골족들을 포용하는 정책을 펴나가면서 권력을 강화해 나갔다. 하지만 명목상 '칸'이었던 홍타이지는 자신의 권력을 분점하고 연정하는 공동권력의 한계를 돌파하기 위해 정묘년(1627)에 조선을 침범하였다.

후금의 조선 침범 목적은 홍타이지가 사촌형인 아민(阿敏)에게 조선을 공격하라고 지시하면서 '조선이 오랫동안 후금에게 죄를 지었다'는 것과 '모문룡이 해도에 머물며 탈출하는 반민(叛民)들을 받아들이고 있다'는 것을 비난하면서 "조선도 취할 수 있으면 그렇게 하라"고 하는 『청태종실록』의 기록에서 확인할 수 있다.[9] 이는 태종이 정묘호란을 일으킨 결정적인 계기가 모문룡의 제거에 있었음을 시사해 준다. 결국 인조는 강화도로 파천했으나 곧 화친하여 '명과의 관계를 끊되,

9 한명기, 위의 책, p.156 참고.

후금이 형이 되고 조선이 아우가 되는 형식으로 화약을 맺자'는 국서의 내용을 수정하여 교서를 반포했다.

그러면서도 인조는 '위기에 처한 종사를 구하기 위해 어쩔 수 없이 오랑캐와 화친하지만 명과 관계를 끊으라는 요구만은 절대로 따르지 않겠다'고 강조했다. 결국 회맹을 통해 맹세문을 낭독함으로써 후금과 조선은 형제지국이 되고 말았다.[10] 스스로 '오랑캐와 화친했다'는 명분을 내세워 광해군 정권을 타도한 반정세력들이 '오랑캐와 화친하는' 아이러니가 이루어진 것이었다. 반정세력들은 광해군을 밀어내었던 반정의 명분을 더 이상 내세울 수가 없었다. 인조 10년(1632)부터 후금은 형제 관계를 고쳐 군신 관계를 맺고 세폐(歲幣)를 증가할 것을 요구하였다. 하지만 조선은 이같은 후금의 강압적 정책에 응하지 않았다.

인조 14년(1636)에 내몽고를 평정한 뒤 국호를 청(淸)으로 고친 태종은 12월 2일에 만주, 몽고, 한인으로 조직된 10만 대군을 친히 거느리고 심양을 출발하여 압록강을 넘었다. 인조는 먼저 봉림, 인평 2왕자와 비빈 종실과 남녀 귀족들을 강화도로 보냈다. 인조 역시 뒤따라 파천을 도모했으나 이미 길목이 막혀 소현(昭顯)세자와 조정 신하를 동반하고 남한산성으로 피하였다. 인조는 긴급 사신을 명나라에 보내어 원군을 청하고 또 격문을 일으켜 전국 8도에 보냈다. 결국 남한산성 포위 45일 만에 식량 결핍과 추위로 말미암아 성내 장병이 기력을 잃고 원군도 도중에 청군에게 격파당하였다. 강화도의 함락 소식에 접한 인조는 정월 30일에 성문을 열고 왕세자와 함께 삼전도(三田渡)에 설

10 조선 臣僚들과 호차(胡差, 오랑캐 사신)들은 후금인들이 흰 말과 검은 소를 잡아 피와 골을 그릇에 담은 뒤 새로 만든 誓壇 동서쪽에 서서 맹세문을 낭독하였다. "조선이 향후 후금을 적대시하여 나쁜 마음을 품으면 이와 같이 피와 골이 나오게 되고, 후금이 나쁜 마음을 품으면 이와 같이 피와 골이 나와 하늘 아래서 죽게 될 것이다!"

치된 수항단(受降檀)에서 청 태종에게 항복의 예를 하면서 병자호란은 막을 내렸다.

이처럼 임진-정유년의 왜란과 정묘-병자년의 호란을 겪은 조선은 안팎으로 혼란을 거듭하였다. 인조의 장자인 소현세자(昭顯世子)와 차자인 봉림대군(鳳林大君)은 심양에서 8년간 인질로서의 고초와 굴욕을 겪었다.[11] 그 뒤 소현세자는 효종으로 즉위한 뒤 성곽과 해자를 개수하고 군비를 갖추어 비밀리에 북벌계획을 진행하였다. 하지만 효종 역시 재위 5년(1654)과 9년(1658)에 걸쳐 청군의 나선(羅禪, Russia) 정벌에 원병을 보냈으며 매년 사절을 파견하고 공물을 바쳤다. 인조반정이후 효종과 현종 등에 이르는 17세기 조선은 대외적으로는 명과 후금(청) 및 일본 등과의 갈등과 전란을 겪었으며, 대내적으로는 잦은 역모와 전란에 따른 내부 갈등 등 내우외환에 시달렸다.

당시 불교계 역시 외우내환을 겪으면서도 대외적으로는 승군과 승역을 통해 그리고 대내적으로는 개선된 사회적 위상에 힙입어 경제력을 확보해 가면서 자생불교의 기반을 점차 확립해 가고 있었다. 당시 불자들에게 자생불교의 출발점은 법통의 확립과 비석의 건립 그리고 문집의 간행 등이었다.

3. 고승의 비문 찬술과 비석 건립

조선 전기에도 적기는 하지만 고승의 비석은 건립되었다. 비석 건립의 주체는 국왕 즉 국가였다. 그때에는 왕의 명을 받은 명망있는 유자

---

11 소현세자 시강원, 『瀋陽狀啓』, 정하영 외, 『심양장계: 심양에서 온 편지』(창비, 2008; 2013).

가 비문을 찬술하였다. 당시 조선시대에 유자들은 시대를 주도하는 지식인들이었다. 때문에 이들 중 명망가는 당대의 문장들을 섭렵하였을 뿐만 아니라 세속권력의 한복판에 있었다.

하지만 양종 교단과 승과 등이 사라진 임란 이후에 이르러서는 고승 비석 건립의 주체가 국가가 아니었다. 이제 불교계에서 고승 비석 건립의 모든 것을 기획하고 진행할 수밖에 없었다. 그 과정에서 불교계는 선사들의 법통을 수립하고 임란 호란 때의 전공(戰功)을 기리며 불교의 대사회적 위상을 확장해 갔다.

〈표 1〉 세기별 건립 고승 비석[12]

번호	세기별	기 수	내 용
1	1392~1399	3기	忠州 億政寺 大智國師 智鑑圓明塔비문(1393) 忠州 普覺國師 幻庵(混修)定慧원융탑비문(1394) 砥平 龍門寺 正智國師(智泉)비명(1398)
2	15세기	1기	無學王師妙嚴尊者塔碑文(1410)
3	16세기	0기	兩宗, 僧科, 도첩, 度僧조 폐지
4	17세기	51기	1610년대 1개; 1620년대 0개; 1630년대 5개; 1640년대 12개; 1650년대 12개; 1660년대 10개; 1670년대 3개; 1680년대 6개; 1690년대 7개
5	18세기	94기	
6	19세기	47기	
7	20세기	144기	

14세기의 조선 개국 초에는 고려말의 대표적 선승들인 대지 지감, 환암 혼수, 정지 지천 등 세 국사의 비석 3기가 건립되었다. 이어 15세기에는 무학왕사(자초)의 탑비문 1기가 건립되었을 뿐 다른 비문들은 세워지지 못했다. 하지만 16세기에 이르러서는 양종의 폐지, 승과의

12 최원식, 앞의 글, 앞의 책, 1998 참고; 이지관 편. 『한국고승비문총집』(조선편·근현대)(서울: 가산불교문화연구원출판부, 2000) 참고; 김성은, 앞의 논문, p.3; p.90 참고.

중단, 도첩의 박탈, 도승조의 삭제 등의 영향으로 사회적 존재감이 소멸하면서 고승비석들이 건립되지 못하였다.

16세기 말기에 허응 보우에 의해 복원된 승과로 발탁된 청허 휴정과 사명 유정으로 인하여 불교의 존재감은 점차 회복되어 갔다. 특히 일군의 유학자들과 엘리트 불교승려 사이에서는 종교적 교류뿐만 아니라 문화적 교류와 친분관계가 활발하게 이루어졌다. 진보적인 유학자들 중 일부는 급속히 변하는 사회에 적절하게 대응하지 못하는 유교이념의 한계를 목도하면서 불교에 관심을 갖기도 하였다.[13] 17세기 후반의 불교가 유교세력에 의해 단순히 이단으로 배척되기만 한 것이 아니라 어떤 면에서는 유교와 일상적으로 공존하며 상호적인 소통을 누리고 있었다.[14]

임란 전후에 서울과 서울근교에 거주하며 서울 한가운데 있는 침류대(枕流臺)를 중심으로 활동한 침류대 학사(學士) 등 일군의 문장가와 사상가들의 모임이 불교계와 소통하고 있었다. 이 모임에 속한 많은 유교 지식인들은 전통유학에 대한 회의 속에서 당시의 사회가 직면하고 있는 문제에 부응하기 위해 사회 개선을 추구하고 다양한 사상에 대한 관심을 보였다. 그들은 소위 이단적인 사상에 대해 엄격한 자세를 취하는 대신 다양한 사상을 인정하며 관심을 갖는 등 새로운 경향을 보였다.[15]

서경덕 계열의 학문을 계승하거나 영향을 받은 유희경, 이수광, 유몽인, 임숙영, 심흠 등은 상공업을 통해서 경제를 활성화하고자 했고,

---

13 김성은, 앞의 논문, p.41.

14 이희재, 「17세기 박세당의 유불회통적 불교관」, 『유교사상연구』 제25집(유교사상연구원, 2006), p.27.

15 고영진, 「16세기 후반-17세기 전반 서울 침류대학사의 활동과 그 의의」, 『서울학연구』 제3호(서울학연구원, 1994), pp.137~139.

불-도-유 회통·박학다문·잡학(雜學)적인 사상이 뚜렷하였다.[16] 이 학사운동의 창립자 중 한 사람인 유학자 이수광(李睟光, 1563~1628)[17]은 초기에 노장사상과 불교에 몰두하였다가 뒤에 가서는 성리학에 전념하였다. 아울러 그는 다른 사상에 대하여 포용적인 입장을 계속 유지하였다.[18] 그는 특히 자신의 『선문』(禪門)에서 신라의 원효, 의상, 도선, 진감, 지장 그리고 조선시대의 휴정, 유정, 옥하, 보우 같은 불교 승려들을 중심으로 한국불교의 내력을 단편적으로 소개하며 그 공과를 짚고 있다.[19]

임진-정유재란이 일어나자 불교계에서 승군으로 참여하면서 대사회적 존재감을 어느 정도 회복하였다. 특히 교단이 거둔 전공(戰功)과 국가로부터의 인정 및 지지 그리고 사원의 경제적 기반으로 교단의 대두 혹은 존립 다시 말해서 불교 교단의 자력 지위 회복 이면에 유교적 인사들에 의한 인정과 도움이라는 요인이 있었다. 무엇보다도 서산계의 문도가 임진왜란에서 전공을 세움으로써 불교계의 주도권을 장악하게 되었고 때문에 조선 후기에 국가에 대한 공으로 승려의 지위가 향상되고 일부 승장이 추숭(追崇)된 것은 이 시기 불교가 국난을 겪으며 사회적인 인정과 함께 존립의 기반을 다질 수 있었음을 의미한다.[20]

이러한 사회적 분위기에 힘입어 불교계에서는 정체성의 수립과 인식틀의 확보에 착수하였다. 정체성의 수립은 고승의 비문 찬술을 통한 비석 건립으로 이어졌으며 인식틀의 확보는 고승의 문집 편집을 통한

---

16 이희중, 「조선 중기 서인계 '문장가'의 활동과 사상」(서울대학교 대학원 박사학위논문, 2002), p.3.
17 이수광의 아들 이민구는 소요 태능, 호연 태호, 기암 법견의 비문을 찬술하였다.
18 고영진, 앞의 논문, p.153; p.159.
19 한영우, 「이수광의 학문과 사상」, 『한국문화』 제13호(서울대 한국문화연구원, 1992), p.384.
20 김용태, 앞의 논문, pp.67~69.

간행 유통으로 전개되었다.

그러면 임란(1592~1598) 이후와 호란(1636~1637) 전후에 즉 17세기 당시 유자들이 찬술한 고승 비문들과 불자들이 건립한 고승 비석들을 살펴보기로 하자.

〈표 2〉 17세기 유자 찬술의 고승 비문[21]

번호	찬자	직위	비문 찬술과 비석 이름	立碑年度
1	許筠 (1569~1618)	문신, 소설가	陜川 海印寺 四溟(松雲)大師石藏碑	1612
2	李廷龜 (1564~1635)	문신, 학자	淮陽 表訓寺 白華庵 淸虛(休靜)大師碑	1630
3			淮陽 表訓寺 白華庵 淸虛堂(休靜)大師碑文	1632
4	李敏求 (1589~1670)	문신, 관료	逍遙堂 太能大師碑銘	1649
5			羅州 雙溪寺 浩然堂 太湖法師碑文	1652
6			高城 楡岾寺 奇巖堂 法堅大師碑文	1653
7	李景奭 (1595~1671)	문신, 관료 자헌대부	靈巖 道岬寺 道詵·守眉兩大師碑文	1653
8			安邊 普賢寺 鞭羊堂 彥機大師碑文	1645
9			信川 貝葉寺 東山 松月堂 石鐘碑	1645
10			報恩 俗離山 法住寺 孤閑大師碑銘	1647
11			金溝 金山寺 逍遙堂 太能大師碑文	1651
12			求禮 華嚴寺 碧巖堂 覺性大師碑文	1663
13			安邊 安心寺 虛白堂 明照大師碑文	1662
14			淮陽 表訓寺 虛白堂 明照大師碑文	1662
15	申翊聖 (1588~1644)	광덕대부 선조 사위	鐵原 深遠寺 霽月堂 敬軒大師碑文	1638
16	三一山人 (1570~1636)	전 승려, 관료	安邊 普賢寺 玩虛堂 圓俊大師石鐘碑	1632
17	鄭斗卿 (1597~1673)	문인, 학자 통훈대부	華城 丹光寺 禪華堂 敬琳大師碑文	1646
18			高城 楡岾寺 松月堂 應祥大師碑文	1647
19			鐵原 深遠사 翠雲堂 學璘大師碑文	1652
20			安城 柒長寺 碧應堂 釋崇大師碑文	1660
21			報恩 法住寺 碧巖堂 覺性大師碑文	1664

21 최원식, 앞의 논문, 앞의 책, 1998 참고.

22			高城 楡岾寺 春坡堂 雙彥大師碑文	1671
23	金得臣 (1604~1684)	문신, 시인, 화가	淮陽 金剛山 松月堂 應祥大師碑文 (金剛山 松月堂 應祥大師碑銘)	1645 『柏谷集』6
24	桐岡 病逋	-	淳昌 福泉寺 雪潭堂 自優大師碑	1650
25	金錫冑 (1634~1684)	문신, 관료	安邊 釋王寺 翠微堂 守初禪師碑文 (翠微禪師 守初浮圖碑銘)	1668 『息庵遺稿』 권23
26			高城 楡岾寺 虛谷堂 懶白大師碑文 (虛谷法師碑銘)	1681 『息庵遺稿』 권23
27	崔錫鼎 (1646~1715)	문신, 관료	金堤 金山寺 白谷堂 處能大禪師碑銘 (白谷禪師塔銘)	1680 『明谷集』 권21
28			蔚津 佛影寺 養性堂禪師 惠能浮屠碑銘	1738
29	李明漢	자헌대부	淮陽 表訓寺 白華庵 鞭羊堂 彥機大師碑	1645
30	姜杭	미상	金泉 直指寺 秋潭堂 琯澄大師碑	1667
31	李端相	학자, 문신	淮陽 表訓寺 楓潭堂 義諶大禪師碑	1668
32	趙絅	문신	通津(金浦) 文殊寺 楓潭堂 義諶大師碑	1668
33	趙宗著	문신, 학자	安邊 普賢寺 楓潭大師碑	1681
34	金宇亨	문신	海南 頭輪山 大芚寺 楓潭大師碑	1692
35	柳應雲	'晋陽後人'	天安 廣德寺 淸霄堂 熙玉大師碑	1671이후
36	金普	'宣城後人'	金化 水泰寺 退休堂 時勝大師碑	1682
37	韓致應	문신	海南 大興寺 醉如堂 三愚大師碑銘 (醉如大師碑銘)	1684 『조선불교 통사』 권상
38	權瑎	문신	安邊 普賢寺 靈巖堂 知圓大師石鐘碑	1694
39	李天輔	문신	梁山 通度寺 雪松堂 演初大禪師碑	1694
40	姜尙齊	'前進士'	安邊 妙香山 松坡堂 義欽大師碑	1686

17세기에 유자들이 찬술한 고승비문은 총 40기에 이른다. 이들 고승비문을 찬술한 유자들 중 특히 이정구(3기)와 이민구(3기) 및 이경석(8기)과 정두경(6기) 그리고 김석주(2기)와 최석정(2기) 등은 적게는 2기에서 많게는 8기에 이르는 비문을 찬술하였다. 한 유학자가 이렇게

많은 고승 비문을 찬술하게 된 것은 고승 비문의 건립이 국가의 영역 즉 왕의 허락을 받고 국가의 관리 아래 수립하던 임란 이전과 달리 임란 이후에는 불교계가 도맡아서 하면서 그렇게 된 것으로 짐작된다.

이것은 왕의 허락이나 국가의 관리를 받던 시대에서 벗어나 불교계가 스스로 자생과 자립을 모색하게 된 결과로 보인다. 이제 고승 비석의 건립은 온전히 고승의 제자들이 직접 유자를 찾아가 비명을 요청하고 자금을 모아 비석을 세우는 일을 도맡아서 처리할 수밖에 없었다. 이 과정에서 조선 후기 불교의 자생성과 자립성이 활발하게 생겨나기 시작하였다.

> (대사가) 열반한 뒤에는 몸을 깨끗하게 하고 화장(다비)을 하였다. 사리를 모아서 석종 안에다 간직하고 유점사 서쪽 산기슭 위쪽에다 세웠다. 모든 일은 모두 대사의 상족인 도일(道一), 자중(慈仲), 자일(慈逸)이 실행한 것이다.[22]

여기서 알 수 있는 것처럼 몸을 깨끗하게 하고 화장을 하는 일부터 사리를 모아서 석종 안에다 간직하고 산기슭에 부도를 세우는 일까지 모두 제자들이 거행한 사실을 알 수 있다. 고승이 입적하면 제자들은 먼저 이름이 있는 문신이나 관료를 직접 찾아가 비문 찬술을 요청하고 있다. 이에 찬자들은 하나의 정형화된 서사구조처럼 문도들의 요청을 완곡히 거절하고 있다. 문도들이 유자들을 찾아가 부탁을 하더라도 그들은 흔쾌히 응하지 않고 몇 번이나 거절한 뒤에 마지못해 승낙하곤 하였다. 이 상황은 비문에 자세히 기록되어 있다.

---

22 李敏求, 「高城 楡岾寺 奇巖堂 法堅大師碑文」, 이지관 편, 『한국고승비문총집』 조선조편·근현대편(가산불교문화연구원, 2003), p.129.

이러한 태도는 임금이 찬술을 명령하면 "감히 손을 모으고 머리를 숙여 사양하지 못하고 비문을 짓게 되었다"[23]는 종래의 상례와는 달랐다. 이제 불교계는 자생성과 자립성에 기반하여 스스로 권위와 자존을 마련해야만 하였다. 임란 이후 비문 찬술의 물꼬를 튼 것은 청허 휴정(淸虛休靜, 1520~1604)의 제자인 사명 유정(四溟惟政, 1544~1610)의 비문 찬술이었다. 청허-사명의 제자들이 이정구를 찾아가 비문 찬술을 부탁하자 그는 계속해서 거절하였다. 이에 문도들은 허락을 받지 않으면 물러나지 않겠다고까지 간절하게 요청하고 있다.

> 바라건대 상공께서는 우리 스님에 대한 마지막의 은혜를 베풀어 주십시오. 저희들은 허락하여 주시지 않으면 이 해가 다 가도록 물러가지 않겠습니다.[24]

임진왜란과 정유재란 및 정묘호란과 병자호란에서 승군들이 보여준 전공은 혁혁하였다. 이러한 전공에 힘입어 유자들의 불자들에 대한 인식은 일정한 변화를 가져왔다. 그 결과 엘리트 불교승려들과 유자들의 교류도 점차 이루어졌다. 「표훈사 백화암 청허당 휴정대사비문」의 음기에는 452명이 후원한 시주자 명단(1630; 1632)이 나타나 있다. 여기에 따르면 이들 452명이 모두 관료들이라는 점을 고려하면 당시에 불교가 국가적 차원에서 탄압을 받는 집단이라는 느낌은 거의 없다.[25] 물론 이것은 임란 때에 8도선교도총섭으로서 불교계를 지휘하며 전란을 극복한 주역이었던 휴정에 대한 국가적 보상일수도 있을 것이다.

23 朴宜中, 「忠州 億政寺 大智國師 智鑑圓明塔碑文」, 1393. 이지관 편, 『교감역주 역대 고승비문』(가산불교문화연구원, 2003), p.4.

24 李廷龜, 「淮陽 表訓寺 白華庵 淸虛堂 休靜大師碑文」, 이지관 편, 위의 책, p.215.

25 김성은, 앞의 논문, p.50.

하지만 승장이었던 사명 등 여타의 비석 건립에도 유자들이 시주자로 참여하고 있다는 점에서 보면 임란 전과는 확연히 다른 불교의 사회적 지위와 위상의 변화를 실감하게 된다. 그 결과 1650년도의 비문에서도 흥미로운 변화가 나타나기 시작한다. 국왕의 명령 없이 세워짐에도 불구하고 유자들이 비명의 부탁을 받는 태도가 변화하기 시작하는 것이다. 이를테면 고승의 제자가 유자 이정구의 집안 후손인 이민구에게 비문을 청할 때 거절하는 강도가 약해졌다. 그뿐만 아니라 그는 겸손하게 불교에 대하여 모른다고 하면서 거절하지는 않았다.[26]

> 나는 그대의 도에 어두우니 장차 무엇으로 말하겠는가? 다만 그대의 말에 의지하여 게송으로 지어 말하겠다.[27]

승과를 통해 정식으로 등장한 청허와 사명은 많은 제자들을 거느리고 있었다. 동시에 이들은 임진왜란과 정유재란에서 크게 활약하면서 선조로부터 직첩을 받았다. 청허는 '국일도대선사 선교도총섭 부종수교 보제등계존자'라는 존호를 받았다. 선조는 유정에게 선교양종판사, 당상관, 동지중추부사, 가의대부의 품계를 내리고 3대를 추증(追贈)했다. 그가 입적하자 시호로는 '자통홍제존자'를 내렸다. 이러한 일련의 일들을 계기로 불자들과 승려들은 일정한 교류 관계를 형성하고 있었다. 이러한 교류의 친분은 뒷날 비문 찬술의 요청과 수락 관계로 이어졌다.

휴정의 상대 제자인 사명이 입적한 뒤 하대 제자인 편양계가 형성될 때 언기는 이정구에게 휴정의 비문을 부탁하였다. 이에 월사는 언기의

---

26 김성은, 앞의 논문, p.102.
27 李敏求, 앞의 글, 앞의 책, p.129.

요청을 받아들여 휴정의 비명을 찬술하였다. 이러한 인연은 다음대로 이어져 그의 아들 이명한도 언기의 입적 이후 그의 비문을 찬술하였다. 다시 이정구의 손자인 이단상 역시 언기의 제자인 풍담 의심이 입적하자 비문을 찬술하였다. 이러한 인연에 대해 이단상은 이렇게 기술하고 있다.

> 지금 불문(空門)의 3세대가 대대로 우리 집안에 의탁했다는 사실이 더욱 기이하다. 그 인연을 끝낸다는 말은 있을 수 없다.[28]

휴정-편양-풍담의 선법 계보는 이정구-이명한-이단상의 비문 찬술 계보로 이어졌다. 이정구가 휴정의 비문 찬술을 사양하다가 마지못해 착수한 인연은 끊이지 않고 아들대와 손자대로까지 이어졌다. 이러한 인연은 다시 이정구의 고손자인 이천보에 이르기까지 오대조로 이어지고 있다.

> 옛날 나의 오대조인 월사공(月沙公)이 휴정(休靜)대사의 명문을 지었고, 고조인 백주공(白洲公)은 언기(彦機)대사의 명문을 지었다. 종증조인 정관공(靜觀公)은 의심(義諶)대사의 명문을 지었고, 종조인 지촌공(芝村公)이 설제대사의 명문을 지었으니 휴정대사로부터 설제대사에 이르기까지 4세대가 된다. 그 명문이 모두 우리 집안의 4세대에서 나왔다니 매우 기이한 일이다. …… 나는 부도(浮屠)에 문자를 새기는 것을 좋아하지 않지만 대사들과 5세대의 정의(情誼)가 있으니 어찌 사양할 수 있겠는가?[29]

이러한 인연은 불교와 유교 즉 불자와 유자들의 긴밀한 교유를 시사

---

28 李端相, 「淮陽 表訓寺 楓潭堂 義諶大師碑文」, 이지관 편, 앞의 책, p.22.
29 李天輔, 「梁山 通度寺 雪松堂 演初大師碑文」, 이지관 편, 앞의 책, p.258.

해 주고 있다. 비록 비문 찬술이라는 형식으로 이어지기는 하지만 이들 유자들이 당대 최고의 문장가이자 관료였다는 점과 그들이 쓴 고승 비문의 주인공이 당대 최고의 고승들이었다는 점에서 그러하다. 이러한 교유 관계는 보다 진전되어 추붕대사의 비문 찬술자인 권해(權瑎) 경우에는 생전의 대사와 찬술자 두 사람 사이의 인간적 긴밀성을 보여 주고 있다.

> 특히 추붕대사의 말은 엄격하고 또한 감정적이었으며 대사의 정성으로 추천하였기에 마침내 그의 말로 인하여 다음 게송을 베풀게 되었다.[30]

취운대사의 비문 찬술자인 유자인 정두경의 경우는 당시 여러 대사들과 유람을 함께 하기에까지 이르렀다.

> 나는 옛날에 법견, 성정, 응상, 언기 등 여러 선숙들과 함께 동쪽을 노닐면서 근세의 노덕(老德)에 대하여 논의하였다.[31]

취운 학린대사의 비문을 찬술한 정두경은 살아생전에 대사와 그의 도반들인 법견, 성정, 응상, 언기 대사와 노닐며 근세의 노덕들에 대해 논의할 정도로 친밀한 관계를 형성하고 있었다. 이것은 불자와 유자의 교유가 스스럼이 없었음을 시사해 준다. 이렇게 유자들은 점차 승려들과 교유하면서 좀 더 친근한 관계를 형성하였고 고승 비문 찬술에 보다 긍정적인 태도를 표명하였다. 이러한 태도 변화는 임란과 호란 이후 승군과 승역을 통한 불교계의 사회적 위상의 변화와 맞물려 있다.

---

30 權瑎, 「安邊 普賢寺 靈巖大師石鐘碑」, 이지관 편, 앞의 책, p.334.
31 鄭斗卿, 「鐵原 深源寺 翠雲堂大師碑」, 이지관 편, 앞의 책, p.160.

청허의 입적 이후 제자들은 비석을 세워 불교 교단의 위상을 높이고자 사회로부터 인정을 받고자 할 때에 유학자들의 확인이 중요했다는 사실을 알고 있었다. 여기에는 불교와 유교의 일반적인 사회적 위상의 차이가 있었기에 불교가 사회적으로 인정받기 위해서는 유학자들의 동의와 지지가 필수적이었다는 사실이 반영되어 있다. 그리고 유학자에게 비문을 받아내는 일은 사회 정치적 문제와 더 관련이 있었다. 그러기 위해서는 그들 사이에 생각보다 친밀하고 밀접한 관계가 있었음이 확인되고 있다.[32]

유자들의 비문 찬술에 이어 불자들도 비문 찬술에 동참하기 시작하였다. 이것은 유자들과 인연이 없는 문중들이 스스로 비문 찬술을 착수한 결과이기도 했겠지만 더 이상 유자들의 권위에만 의존하지 않으려는 불교인들의 자의식 형성과 자신감 표현이라는 관점에서 바라볼 수 있다. 17세기 유자들의 비문 찬술에 비해 매우 적기는 하지만 몇몇 불자들은 고승 비문을 직접 찬술하기에 이르렀다. 17세기 불자 승려들의 고승 비문 찬술은 미상까지 포함하면 11기가 보이고 있다.

〈표 3〉 17세기 불자 찬술 고승 비문[33]

번호	찬자	지위	고승행장 및 비문이름	立碑年度
1	栢庵 性聰 1631~1700	불자, 승려	靈巖 道岬寺 妙覺和尙碑	1633
2	미상	미상	信川 貝葉寺 松月堂 應祥大師碑	1647
3	미상	미상	大邱 把溪寺 會眞堂 圓義大師之碑	1648
4	미상	미상	淸河 常泰寺 摩訖 圓覺祖師碑	1648
5	미상	미상	大邱 把溪寺 善光堂 傳明大師碑	1651
6	月渚 道安	불자, 승려	高城 楡岾寺 選佛堂 崇義大師碑	1669

32 김성은, 앞의 논문, p.135 참조.

33 崔源植, 앞의 논문, 앞의 책, 1998 참조. 여기서 未詳은 儒者일수도 있지만 정확히 확인이 되지 않아 여기서는 비문 찬자를 佛子(僧侶)로 집계하였다.

7			三和 寶林寺 蓮華堂 升誠大師碑	1694
8	白谷 處能	불자, 승려	光陽 松川寺 僧大將悔隱長老碑	1671
9	淨源	불자, 승려	洪川 壽陁寺 紅藕堂 善天大師碑	1690
10	雪巖 秋鵬	불자, 승려	安邊 普賢寺 松溪堂 圓輝大師碑	1694
11			安邊 普賢寺 松巖堂 性眞大師碑	1699

17세기에 불교계 모두가 유자들에게 고승 비문찬술을 부탁한 것만은 아니었다. 적지 않은 고승 비문들의 찬자가 대부분 유자이기는 했지만 불자들의 찬술도 있었다. 이들 불자들의 비문 찬술은 유자들의 찬술 연대와 동시대에 이루어졌다. 이로 미루어 짐작해 보면 유자들과 교류 인연이 있는 문중에서는 유자들에게 부탁을 했겠지만 그렇지 못한 문중에서는 스스로 비문 찬술에 착수한 것으로 이해된다.

백암 성총은 「도갑사 묘각화상비문」을 찬술하였고, 월저 도안은 「유점사 선불단 숭의대사비문」과 「보림사 연화당 승성대사비문」을 찬술하였다. 정원은 「수타사 홍우당 선천대사비문」을 찬술하였고, 설암 추붕은 「보현사 송계당 원휘대사비문」과 같은 절의 「송암당 성진대사비문」을 찬술하였다. 이들 이외에도 찬자 미상의 4기가 있다. 여기서는 불자의 찬술로 파악하였다. 이처럼 17세기에는 유자들의 고승비문 찬술뿐만 아니라 불자 승려들의 고승 비문 찬술도 동시에 이루어졌다는 점에서 임란과 호란 전후에 불교계의 정체성 형성과 자의식 수립이 이루어지고 있었다는 사실을 확인할 수 있다. 불교인들의 인식틀 확보는 고승의 문집 편집과 간행 유통과정에서 자연스럽게 이루어져갔다.

4. 고승의 문집 편집과 간행 유통

17세기에 이르러 본격화되기 시작한 고승의 비문 찬술과 비석 건립은 불교의 구심력이 회복되어 가고 있었음을 시사해 준다. 더불어 고승의 문집 편집과 간행 유통은 불교의 대중화가 시도되어 가고 있었음을 암시해 준다. 비문 찬술과 문집 간행은 비문이 지닌 문학성과 문집이 지닌 대중성으로 인해 지식사회로의 파급효과가 매우 크기 때문이다. 주목되는 부분은 당시 유자들이 고승의 비문 찬술에 참여했을 뿐만 아니라 이어 진행되는 문집 간행에서도 고승 문집의 서문을 쓰는 경우가 적지 않았다. 이것 역시 개인적 교류에서 뿐만 아니라 당시의 지식인들이었던 유자들의 권위를 불교계에서 활용하고자 했음을 시사해 주는 증좌라고 할 수 있다. 이러한 노력은 불교계의 정체성 형성과 인식틀 확보로부터 가능할 수 있었다.

대개 해당 인물의 글들을 집성한 문집(文集)은 워낙은 서적의 분류항목으로 사용되었다. 그 첫 용례는 중국 양(梁)나라의 완효서(阮孝緖)가 찬정했다는 서적의 분류목록인 '칠록'(七錄)에서 찾을 수 있다. 완효서는 '칠록'의 4번째 분류항목으로 『문집록』(文集錄)을 설정하고 여기에서 제가(諸家)의 시문에 관한 것을 다루었다. 이후 경(經)·사(史)·자(子)·집(集) 4부의 분류법(分類法)이 일반화되면서 '문집'은 네 번째의 '집부'(集部)에 귀속되었다.

문집은 수록된 저자의 수에 따라 총집(總集)과 별집(別集)으로 구분된다. 총집은 특정한 연고가 있는 두 사람 이상의 시문을 한데 모아 편집한 것이다. 반면 별집은 한 사람의 시문을 모은 것이다. 대개 총집에는 문집명에 세고(世稿)·합고(合稿)·연고(聯稿) 등의 용어가 있어 문집명을 통해 그것이 총집임을 알 수 한다. 해서 문집으로 분류되는 서적은 대부분 별집에 해당되며, 문집은 일반적으로 별집을 가리키는 뜻으로 쓰인다.

문집의 성격은 분류 항목상 구별되는 경부(經部)·사부(史部)·자부(子部)에 속하는 전적과의 대조에서 선명히 드러난다. 경서나 역사서 및 제자백가서가 주종을 이루는 부류의 전적이 특정한 주제의식이나 문체를 의식하고 이루어진 반면, 문집에 수록되는 글은 문체·주제에 따른 제약을 거의 받지 않고 특정한 인물의 전 저작물을 대상으로 한다. 때문에 문집에는 각종 문체의 글이 망라되어 있으며, 특정한 인물이 남긴 업적이나 자취의 총체적 집약체로서의 의미를 지닌다.

이런 점에서 편집 의도상 경부·사부·자부와 같은 부류의 전적에는 공리적(公利的) 성격이 두드러진다. 반면 문집에는 사적(私的)인 성격이 강하게 드러난다. 이러한 사적인 성격은 문중에서 이루어지는 문집의 출간 동기와 밀접한 관련이 있다. 한국의 경우 문집의 출간은 저자의 사후 학연(學緣)·혈연(血緣) 등을 바탕으로 한 조선숭배(祖先崇拜)의 일환으로 이루어진 경우가 많다. 이런 경우 문집 출간의 이면에는 보통 개인 및 가문을 현창하려는 의도가 담기게 된다. 유자들의 문집과 마찬가지로 불교 고승의 문집은 개인 및 문중을 현창하려는 뜻을 담고 있다.

17세기에는 고승들의 비문 찬술과 비석 건립뿐만 아니라 고승들의 문집 편집과 간행 유통도 함께 이루어졌다. 이것은 당시 선법의 정체성 형성 즉 법통 수립에 따른 일련의 노력이 문집 편집과 간행 유통과 분리될 수 없는 작업이었기 때문이다. 청허의 문집에는 허균의 서문이 붙어 있다. 허균은 이 서문을 통해 서산의 법통문제를 기술하고 있다. 이 시기에 이루어진 승려(고승)들의 문집은 대략 아래와 같이 살펴볼 수 있다.

〈표 4〉 조선시대 17세기 승려 문집[34]

번호	법호 법명/ 생몰년도	文集 이름	서문 집필 연도	비 고
1	淸虛 休靜 1520~1604	淸虛堂集	-	
2	靜觀 一禪 1533~1608	靜觀集	1620/1641	
3	智禪 ?~1652?	梵音集	1623(仁祖조 이전)	
4	暎虛 海日 1541~1609	暎虛集	1635	
5	浮休 善修 1543~1615	浮休堂大師集	-	
6	松雲 惟政 1544~1610	四溟堂大師集	1612	
7	霽月 敬軒 1544~1633	霽月堂大師集	1637	
8	靑梅 印悟 1548~1623	靑梅集	1631	
9	奇巖 法堅 ?~1594?	奇巖集	1647	
10	雲谷 沖徽 ?~1613	雲谷集	1629/1663(적멸암 간)	
11	懶庵 眞一 ?~1636?	釋門家禮抄	-	
12	逍遙 太能 1562~1649	逍遙堂集	1795/1795	
13	中觀 海眼 1567~?	中觀大師遺稿	-/1646발	
14	詠月 淸學 1570~1654	詠月堂大師文集	1657	
15	鞭羊 彦機 1581~1644	鞭羊堂集	1647	
16	翠微 守初 1590~1668	翠微大師詩集	1659/1667	
17	虛白 明照 1593~1661	虛白堂詩集	1669	
18	白谷 處能 ?~1680	白谷集	1682/1654	
19	枕肱 懸辯 1616~1684	枕肱集	1695	
20	智禪 ?~1686?	智禪集	1623(仁祖조 이전)	
21	雲峰 大智 ?~1686?	心性論	1686	자장 작성
	18세기 승려 문집	총 21집	1716~1797	
	19세기 승려 문집	총 13집	1801~1879	

고승 문집들은 크게 '논'과 '집'으로 분리할 수 있을 것이다. 고승들의 논지를 담고 있는 논은 일종의 논문이라고 할 수 있으며, 집은 이러한 단편적인 논의들을 집성한 것이다. 운봉 대지의 『심성론』은 당시 논의되고 있던 심성에 대한 불교적 담론을 담고 있으며, 시집과 유고 및 '초'(抄) 등도 문집을 이루는 부분이라 할 수 있다. 이러한 청허 휴정의

34 이진오, 앞의 논문, pp.29~30 참조.

『청허당집』의 편집 과정과 유통을 통해 여타 고승들의 문집 간행이 일반화되어 갔다. 문집을 펴낸 대표적인 승려들은 대부분 임진왜란 때 전세를 뒤엎은 승병들의 활약에 힘입어 이전 시대에 견주어 그 지위와 위상이 높아졌다.

정조 때의 재상(상국)이었던 번암 채제공(樊巖 蔡濟恭, 1720~1799)은 청허의 6대 후손인 월성 비은(月城費隱, 1710~1778)의 제자인 관음사의 홍준(鴻俊)과 쾌경(快鏡)이 편지를 보내 글을 청하자[35] 이에 응한 뒤 『월성집』의 서문을 쓰고 있다. 여기에서 그는 불교와 유교의 소통에 대해 이렇게 기술하고 있다.

> 무릇 유자가 불교를 배척한 것은 마음으로 마음을 보는 데에 공력을 쏟기 때문이요, 안팎을 곧고 바르게 함이 있음을 알지 못하기 때문이다. 요즘 세상을 보자면, 유자라는 이름은 한갓 입과 귀에 있을 따름이요, 곧고 바르게 한다는 말에 있어 참으로 얻음이 있다는 말을 들어보지 못하였다. 이제 불자를 세우고 주먹을 드는 것[竪拂擎拳]에서 이렇게 번거롭지 않은 긴요한 말을 보노라면, 누군들 우리 유자가 쉽게 하지 못하는 것을 승려들은 능히 한다고 생각하지 않겠는가? 스승이 이로써 권면하였으니, 스스로 힘씀을 알 수 있다. 그러한 즉 유교와 불교는 하나로 통한다. 어찌 이단이라고 근심하리오? 그 교설이 날로 새롭고 달로 성대해짐을 어찌 걱정하리오? 나는 이에 기뻐하며 서문을 쓴다.[36]

번암의 서문에 이어 충청도 관찰사였던 동해자 이형원(東海子 李亨元)은 「월성대사문집서문」을 덧붙여 월성 비은의 행장을 밝히고 있다.

---

35 樊巖 蔡濟恭, 「浮屠月城大師詩文藁序」, 『樊巖先生集』.
36 樊巖 蔡濟恭, 「月城集序」, 月城 費隱, 『月城集』(『한국불교전서』 제10책, pp.389하~390상).

당시 고승의 문집에 대한 유자들의 서문 작성의 실례는 적지 않았다. 이것은 불자와 유자들의 친분과 교류 뿐만 아니라 불교와 유교의 사상적 만남으로까지 확장해 이해할 수 있다. 특히 한양과 경기지역의 문인이었던 경화지식인들의 경우가 이러한 사실을 잘 보여주고 있다.

문집은 유자들과 교유하면서 자신들의 살림살이와 사고방식을 보여주는 주요한 기제였다. 서산계 4대 문파의 후손들과 부휴계 7대 문파 문도들이 문집을 간행하면서 이후 선문을 주도해 갔다. 유교 지식인들은 불교 지식인들과 '시'와 '문'과 '차' 등을 통해 교유하면서 불교적 상상력과 인문적 깊이를 확장시켰다. 반면 불교 지식인들은 유교 지식인들과 교유하면서 현실에 대한 이해와 경세에 대한 인식을 심화시켰다. 이러한 불교와 유교 즉 불자와 유자의 교류를 통해 불자와 유자의 정체성이 분명해져 갔고 인식틀이 또렷하게 정립되어 갔다.

그리하여 17세기 불교계의 고승 비문 찬술과 문집 편찬의 과정에서 선법의 법통이 확충되어 갔고 정체성 확립이 이루어졌다. 그것은 조선후기 이후 대한불교의 정체성 확립과 인식틀 확보와 맞물리는 과정이었다.

5. 임제법통 확립과 정체성 수립

비문 찬술의 과정에서 본격화된 법통과 법계의 정리는 한동안 논쟁을 점화시켰다. 그것은 자신의 정체성을 어디에 두느냐에 대한 고뇌의 과정이었다. 임란 직후 사명 송운의 문도인 혜구(惠球)의 부탁을 받은 교산 허균(蛟山 許筠)은 『청허당집』의 서문을 쓰면서 청허 휴정의 법계를 새롭게 정리하였다. 여기서 교산은 「사명송운대사석장비명병서」

를 지으며 청허의 법통을 "목우자(지눌)-강월헌(나옹혜근)을 이었으며, 보제(나옹)에서 다섯 번 전하여 영관에 이르고 청허노사가 그 입실제자이며, 불문에서 사명대사를 성대히 추대하여 서산대사의 전승을 이었다"라고 하면서 지엄→영관→휴정의 원류를 '영명·목우법통설'로 제시하였다.

이어 청허계의 후손인 사암 채영(獅巖采永)은 『해동불조원류』(海東佛祖源流)를 저술하면서 벽송 지엄의 스승 벽계 정심이 벽송(碧松)에게는 선을 전하였고, 정련(淨蓮)에게 교를 전하였다[37]고 하였다. 정련은 학승인 정련 법준(法俊)이며 벽송 지엄과는 사형사제간이다. 채영은 선과 교를 구분하여 '불조의 원류를 지녀온 선사'로서의 벽송 지엄의 모습을 더욱 선양하고 있다.[38]

벽송 지엄의 보조선적 가풍과 임제선적 가풍의 혼재에 대해 학계 일부에서는 지엄은 전법의 내용은 보조선을 표방하면서도, 법계는 순수한 임제적통을 표방하고 있으며, 사상면에 서면 보조계이지만, 법계면에 서면 임제계라 할 것이다. 결과적으로 이러한 법계 설정은 조선불교의 전법을 이중구조로 만든 것이라 할 수 있다[39]고 보았다. 이것은 지엄의 선풍을 허균이 제시한 영명-목우 법통설을 계승하면서도 뒤에 편양이 제시한 임제-태고법통설을 화회하려는 시도로 읽혀진다.

휴정의 많은 제자들 중에서도 상대 제자들(靜觀一禪, 四溟惟政)이 영명-목우법통설을 인정하였음과 달리 하대 제자들(逍遙太能, 鞭羊彦機)

---

37 獅巖 采永, 『西域中華海東佛祖源流』(『한불전』 제10책, p.104). 碧溪正心: ……(중략)… "傳禪于碧松, 傳教于淨蓮."

38 고영섭, 「부휴계의 선사상과 법통인식」, 『한국불교사연구』 제4호(한국불교사학회·한국불교사연구소, 2014. 2).

39 高翊晋, 「碧松智嚴의 新資料와 法統問題」, 『불교학보』 제22집(동국대학교 불교문화연구소, 1985), p.211.

중 편양 언기(1581~1644)는 「서산행적초」에서 스승의 종풍과 법통을 '임제·태고법통설'로 새롭게 자리매김하고 있다. 그는 지엄→영관→휴정의 원류를 '임제→석옥' 적통설로 세웠다.

> 임제종풍(臨濟宗風)이란 그 근본이 있고 원류가 있다. 우리 동방의 태고(太古)화상이 중국으로 들어가 하무산(霞霧山)에서 석옥(石屋淸珙)의 법을 이었다. 그리하여 그 법을 환암(幻庵混修)에게 전하고, 환암은 구곡(龜谷覺雲)에게 전하였으며, 구곡은 등계 정심(登階正心)에게 전하고, 정심은 벽송 지엄(碧松智嚴)에게 전하였으며, 지엄은 부용 영관(芙蓉靈觀)에게 전하고, 영관이 서산 등계(西山登階)에게 전하였으니, 석옥(石屋)은 임제(臨濟)의 적손(嫡孫)이다.[40]

또 편양은 「서산행적초」에 이어 「봉래산운수암종봉영당기」(蓬萊山雲水庵鍾峰影塔記, 1625)에서 임제·태고법통설을 거듭 제시하고 있다.

> 지금 (정관파, 사명파, 소요파, 편양파) 네 문의 자손들은 임제를 잃지 않았기에 근본이 있고 원류가 있다. 우리 동방의 태고(太古)화상이 중국 하무산에 들어가 석옥(淸珙)을 이어 이를 환암(幻庵)에게 전하고, 환암은 이를 소은(小隱)에게 전하고, 소은은 이를 정심(正心)에게 전하고, 정심은 이를 벽송(碧松)에게 전하고, 벽송은 이를 부용(芙蓉)에게 전하고, 부용은 이를 등계(登階)에게 전하고, 등계는 이를 종봉(鍾峰, 惟政 塔號)에게 전하였다.[41]

편양은 휴정 문하의 4대 문파가 모두 임제의 법통을 이어온 태고법

---

40 鞭羊 彦機, 「西山行蹟抄」, 『鞭羊堂集』 권2(『한불전』 제8책, p.254중).
41 鞭羊 彦機, 「蓬萊山雲水庵鍾峰影塔記」, 『鞭羊堂集』 권2(『한불전』 제8책, p.253하).

통을 견지해 오고 있음을 역설하고 있다. 그의 이러한 임제-태고법통설은 유자들의 비문 찬술로 이어졌다. 휴정 문하들의 비문 찬술을 요청받은 월사(月沙) 이정구(李廷龜) 역시 편양의 「서산행적초」를 참고하여 아래와 같은 태고법통설을 담은 「서산(청허당휴정대사)비」(1630)를 썼다.

> 우리 동방의 태고(太古)화상이 하무산에 들어가 석옥(石屋)의 법을 이었는데, 이를 환암(幻庵)에게 전하고, 환암은 구곡(龜谷)에게 전하고, 구곡은 정심(正心)에게 전하고, 정심은 지엄(智嚴)에게 전하고, 지엄은 영관(靈觀)에게 전하고, 영관은 서산(西山)에게 전하였다. 이는 실로 임제(臨濟)의 정맥(正脈)이니 오직 서산이 그 종(宗)을 홀로 얻었다[獨得].[42]

위에서 제시한 편양의 「서산행적초」와 월사의 「서산비」 내용은 대동소이하다. 다만 편양은 환암이 소은(龜谷)에게 전했다 하고, 이정구는 환암이 구곡에게 전했다 하였다. 이에 대해 휴정의 법손이었던 중관 해안(中觀海眼, 1567~ ?)이 지은 행장(1640)은 이러하다.

> 소제자(小弟子) 해안은 오석령(烏石嶺) 망주정(望洲亭) 변두리의 말석(末席) 아래에 자리한 보잘 것 없는 위인이다. 대사(四溟)의 입실(入室)제자 가운데 혜구(惠球)와 단헌(丹獻) 등과 팔방(八方)의 동학(同學)들과 서로 의논하였으니, 청허(西山)는 바로 능인(釋迦佛)의 63대이며 임제(臨濟)의 25세 직손(直孫)이다. 영명(永明)은 곧 법안종(法眼宗)이요, 목우자(牧牛子)는 별종(別種)이며, 강월헌(江月軒)은 곧 평산(處林)에서 분파되었다. 본비(本碑, 許端甫 찬 四溟碑)의 글 가운데에 우리 대사(四溟)

---

42 李廷龜 撰, 「國一都大禪師西山淸虛堂休靜大師碑」, 『조선금석총람』 하권, p.853).

께서 임제로부터 전해 받은 법통의 차례를 빠뜨리고 있어서, 만일에 지혜에 눈 멀고 귀 어두운 자가 오래도록 그대로 전한다면 어찌 이목 있는 이의 놀라움이 아니겠는가. 해안이 비록 변변치는 못하나 사실을 올바르게 적는 붓은 지니고 있다. 그 본비(本碑)에 관해서 여러 번 청하기 때문에 31년 지난 경진년(1640)에 삼가 쓴다.[43]

해안은 허단보의 '영명·나옹법통설'의 주장에 구애받지 않았다. 오히려 선맥의 줄기를 크게 뛰어넘어 휴정이 '능인(釋尊)의 63대'이며, '임제(義玄)의 25대 직손'임을 역설하였다. 해안은 허단보가 사명이 임제로부터 법통을 전해 받았다는 사실을 빠뜨리고 있다며 이 사실을 올바로 적고자 한다고 역설하였다. 또 계곡 장유(谿谷張維)는 중관 해안의 행장을 참고로 하여 지은 「대흥사 청허비」(1641)에서 아래와 같이 적고 있다.

임제 18전(傳)의 석옥 청공으로부터 고려조의 국사 태고 보우가 법을 얻고, 이를 6전하여 우리 대사에게 이르렀다. …… 그 법을 이은 보진(葆眞)·언기(彦機)·쌍흘(雙仡)·해안(海眼) 등이 묘향산과 풍악(금강산)에 비석을 세우기 위하여 월사 이상공(李相公)에게 명문을 이미 받았었다. 또 서로 의논하기를 우리 선사의 영골(靈骨)은 비록 여기에 안장하였으나, 그 자취를 일으키고 법을 얻기는 실로 남쪽이었으며, 천관(天冠)의 여러 사암과 두륜산(頭輪山)의 대흥사는 또한 일찍이 머무신 적이 있었던 곳이니, 어찌 기록을 남기지 않을 수 있겠는가. 이에 해안이 행장을 쓰고 쌍흘이 나에게로 글을 청하여 왔다.[44]

43 中觀 海眼 撰, 「四溟堂松雲大師行蹟」, 『四溟堂大師集』 권7(『한불전』 제8책, p.75상중).
44 張維 撰, 「海南大興寺淸虛大師碑」, 이능화 편, 『조선불교통사』 권상(국민서관, 1918; 보련각, 1976), p.469.

위에서 살펴본 것처럼 교산의 영명·나옹법통설과 편양, 월사, 장유 등의 '임제·태고법통설'에는 각기 문제를 지니고 있다.[45] 선행연구에 의하면 그 문제점은 1) 서산 자신이 그와 같은 법통에 대하여 언급한 사실을 볼 수 없고, 2) 서산 이전의 글이나 그의 당시 또는 입적 직후의 문류들에서도 태고법통에 관한 글귀를 볼 수 없으며, 3) 현재 태고법통 준거의 가장 오래된 문증이라고 할 수 있는 언기 찬의 「종봉영당기」와 「서산행장」 이전의 글에 태고법통과는 다른 법계가 명기되어 있다는 점, 4) 서산법계 일색으로 이루어져 왔다고 해도 과언이 아닌 승단의 현행 의식집에 나옹화상을 조사로서 모시고 있으나, 태고화상의 이름은 보이지 않는다는 점[46] 등이라고 주장하고 있다.

그럼에도 불구하고 종래의 법통설로 수용되어 왔던 영명·나옹법통설을 밀어내고 서로 의논[相議]한 뒤에 최종적으로 임제·태고법통설을 취한 것은 '임제의 정맥'을 겨냥했기 때문이었다. 나옹은 평산의 법을 받았으면서도 지공의 법을 받았을 뿐만 아니라 지공을 더 우선시했고, 휴정의 하대 제자들은 이러한 나옹의 태도를 '임제의 정맥'으로 받아들이기 어려웠다. 결국 그들은 1) 임제 정맥의 확립을 위해서 뿐만 아니라, 2) 대대상승의 선가전통을 살리기 위해서 그리고, 3) 공론(公論)으로서 법계를 정립하였던 것이다.[47]

이러한 법통들은 모두 허균과 이정구와 같은 문신, 관료 등에 비문 찬술을 요청하면서 정리되기 시작하였다. 청허의 문도들은 유자들의 권위를 빌어 스승의 비문을 찬술하면서 법통의 문제를 수립하려고 하였다. 이 과정에서 영명-목우-나옹법통설이 제시되었고 이를 반박하는

---

45 고영섭, 앞의 글, 앞의 책.

46 金暎泰, 「朝鮮 禪家의 法統說」, 『불교학보』 제22집(동국대학교 불교문화연구소, 1985), pp.15~20.

47 金暎泰, 위의 논문, pp.33~36.

임제-태고법통설이 제기되기에 이르렀다. 결국 청허계 문도들이 임란에서 세운 전공과 병자호란에서 청허 방계인 부휴계 문도들이 세운 전공에 힘입어 임제법통이 확립되었고 선법의 정체성이 수립될 수 있었다.

고승의 비문 찬술과 문집 간행 등을 통해 불자들과 유자들의 교류가 깊어지고 서로를 이해하는 지평을 넓혀갈 수 있었다. 그 결과 불교는 유교과 함께 조선 후기 사상사에서 주요한 흐름으로 자리잡을 수 있었다.

6. 정리와 맺음

고려 이래 국가불교적 여운이 남아있던 조선 전기 불교사와 달리 조선 후기 불교사는 자생불교적 기운에 입각하여 보다 역동적이었다. 임란과 호란 이후 불자들은 유자들과 긴밀하게 교유하면서 불교 선법의 정통성을 주장하기 위해 행장을 찬술하고 비석을 수립하려는 노력을 기울였다. 특히 그들은 17세기에 고승의 비문 건립을 위해 당시 명망있는 유자들에게 비문 찬술을 부탁함으로써 유자들의 사회적 지위를 빌어 자신들의 정체성을 수립하려고 하였다. 불자들은 선법의 법통을 수립하고 임란과 호란에 참여한 승장(僧將)들의 전공(戰功)을 기렸다. 그리하여 유자들이 찬술한 고승의 비문으로 비석을 건립함으로써 자신들의 존재감을 확장해 나갔다.

당시 고승 비석은 현실세계에 존재하는 세속권력의 질서 속에 참여하기 위한 매개체였다. 그것은 조선 사회 내에서 불교 집단의 정당성을 증대시키는 기제이기도 했다. 이 사실을 잘 아는 유자들은 처음에는 불자들의 비명 작성을 거절하였다. 하지만 유자들은 불자들의 지속적인 요청과 해당 승장들과의 친분관계를 끊을 수 없어 고승 비문 찬술에 동참하기 시작하였다. 이들의 동참에 힘입어 불자들도 비문 찬술에 점진적으로 참여하였다. 그 과정에서 불교계는 자신의 정체성을 확립하고 자기의 인식틀을 확보하면서 불교의 구심력을 회복해 갔다.

고승 비문을 쓴 이들은 당시 서울과 서울근교에 거주하며 서울 한가운데 있는 침류대(枕流臺)를 중심으로 활동한 침류대 학사(學士) 등 일군의 문장가와 사상가들의 모임이 불교계와 소통하던 유자들이 대부분이었다. 이들 유교지식인들은 전통유학에 대한 회의 속에서 당시의 사회가 직면하고 있는 문제에 부응하기 위해 사회 개선을 추구하고 다양한 사상에 대한 관심을 보였다. 그들은 소위 이단적인 사상에 대해 엄격한 자세를 취하는 대신 다양한 사상을 인정하며 관심을 갖는 등 새로운 경향을 보였다.

이들 유자들의 비문 찬술과 불자들의 비석 건립은 고승의 문집 간행으로 이어졌다. 당시 유자들은 도통론에 입각하여 계보를 확립하고 족보를 수립하면서 문집 간행에 집중하였다. 이에 발맞추어 불교계도 고승들의 문집들을 간행하고 유통시켰다. 임란 호란 이후 각 사찰의 자생적 경제력은 고승들의 문집 간행을 뒷받침했다. 청허의 문도들은 유자들의 권위를 빌어 스승의 비문을 찬술하면서 법통의 문제를 수립하려고 하였다. 이 과정에서 영명-목우-나옹법통설이 제시되었고 이를 반박하는 임제-태고법통설이 제기되기에 이르렀다. 결국 청허계 문도들이 임란에서 세운 전공과 병자호란에서 청허 방계인 부휴계 문도들이 세운 전공에 힘입어 임제법통이 확립되었고 선법의 정체성이 수립될 수 있었다.

아울러 고승의 문집 편찬을 통해 청허계 4대 문파의 후손들과 부휴계 7대 문파 문도들이 문집을 간행하면서 이후 선문을 주도해 갔다.

유교 지식인들은 불교 지식인들과 '시'와 '문'과 '차' 등을 통해 교유하면서 불교적 상상력과 인문적 깊이를 확장하였고, 불교 지식인들은 유교 지식인들과 교유면서 현실에 대한 이해와 경세에 대한 인식을 심화시켰다. 이러한 불교와 유교 즉 불자와 유자의 교류를 통해 불자와 유자의 정체성이 분명해져 갔고 인식틀이 또렷하게 정립되어 갔다. 그리하여 고승의 비문 찬술과 문집 간행은 불자들과 유자들의 교류를 깊게 하였고 이해를 넓게 하였다. 그 결과 불교는 유교과 함께 조선 후기 사상사에서 주요한 흐름으로 자리잡을 수 있었다.

4장 삼각산 화계사의 역사와 인물

- 조선왕실과 대원군가의 불교 인식 및 고봉과 숭산 -

1. 문제와 구상

건국 이후 불교를 통치 이념으로 내세운 고려와 달리 조선은 건국 이후 유교로 통치 이념을 표방하였다. 유교의 통치 이념 아래에서 불교는 국가의 공식적 지원과 통제를 받던 종래의 국가불교와 달리 교단 혹은 불자들은 자생불교 또는 자립불교로 존립 기반을 유지하였다.[1] 조선 전기 이래 유자들은 신유학인 성리학을 정학(正學)으로 삼고 불교에 대해 대대적인 억압정책을 시행하였다. 하지만 고려 이래 불교신행에 대한 '관행적 기풍'과 유학의 '종교적 기능'에는 명확한 한계가 있었기 때문에 불교를 근절할 수는 없었다. 그리고 억불시책 또한 사원세력과 사원경제를 붕괴시키기 위한 전략적 의미를 담고 있었다.[2]

---

1 고영섭, 『한국불학사: 조선·대한시대편』(연기사, 2005); 고영섭, 『한국불교사연구』(한국학술정보, 2012), p.251.

2 金龍祚, 「허응당 보우의 불교부흥운동」, 普雨思想研究會 편, 『虛應堂普雨大師研究』

때문에 다수의 지식인들은 유자로 전향하여 외유내불(外儒內佛) 혹은 양유음불(陽儒陰佛) 또는 적유심불(迹儒心佛)의 방식을 취하였다. 그 결과 조선 전기 사상계는 불교 지형에서 유교 지형으로 급변하였다.

태종은 왕사(王師)와 국사(國師)제도를 없앤 뒤에 도첩제(度牒制)를 엄격히 시행하였다. 사사(寺社)의 토지와 노비를 정리하고 왕릉 근처에 죽은 왕의 명복을 빌고 재(齋)를 올리기 위한 원찰(願刹)을 짓는 것도 금지하였다. 이어 고려 이래 11종[3]이던 불교 교단을 7종[4]으로 통합하고 국가가 지정한 전국의 242개의 사찰만을 인정하고 나머지는 모두 폐사하도록 하였다. 사원 전답 3, 4만결과 사원 노비 8만 명을 몰수하고 나머지 사찰의 전답과 노비를 환수하여 국가에 귀속시켰다. 뒤이어 세종은 고려 이래 불교를 관리하고 업무를 총괄하던 승록사(僧錄司)를 폐지하였고, 7종을 선교 양종으로 통폐합하여 36개의 사찰만을 인정한 뒤 흥천사(興天寺)를 선종도회소(禪宗都會所), 흥덕사(興德寺)를 교종도회소(教宗都會所)로 지정하였다. 고려 광종 때 탄문(坦文, 923~973)이 개창한 보덕암(普德庵)을 옮긴 현재의 화계사 절터에 있었던 사찰도 이즈음 폐사되었을 것으로 추정된다. 아울러 세종 때에는 승려의 도성출입(都城出入)이 금지되고 연소자(年少者)의 출가가 금지되었다. 성종과 연산군은 승려를 환속시켰고, 연산군은 승려의 과거제인 승과(僧科)를 폐지하였다. 중종은 조선통치의 이념적 근간이었던 『경국대전』에서 승려들의 출가에 대해 법제적 근거를 지녀왔던 「도승」

(제주: 불사리탑, 1993), p.89.

3 조계종, 화엄종, 자은종, 중도종, 도문종, 신인종, 총지종, 남산종, 천태법사종, 천태소자종, 시흥종 등의 11종이 있었다.

4 조계종, 천태종, 화엄종, 자은종, 중신종, 총남종, 시흥종의 7종으로 통합하였다. 세종은 이 7종을 다시 선종(조계종, 천태종, 자은종)과 교종(화엄종, 중신종, 총남종, 시흥종)으로 통합하였다.

(度僧) 조목을 없애버렸다.

이렇게 되자 불교 교단은 제도적인 구심을 잃고 정부가 만든 총섭제(總攝制)를 통해 유지해가고 있었다. 그 사이 도학정치(道學政治)를 내세운 사림(士林)들이 등장하면서 불교에 대한 비판은 더욱더 공고해졌다. 그리하여 불교 집안은 왕실 내의 비빈들과 궁녀들 그리고 사대부 집안의 정경부인들과 백성들에 의해 가냘프게 명맥을 유지하였다. 그런데 당시 중종은 기묘사화(己卯士禍, 1519)[5] 이후 실추된 왕권을 다시 세우고 민심을 다잡을 필요가 있다고 판단하고 제한된 범위 내에서 불교 우호 정책을 시행하기도 하였다. 왕실과 가까웠던 서평군(西平君) 이공(李公)이 보덕암을 그 남쪽의 옛 절터로 이건(1522)할 수 있었던 것도 이러한 일련의 정책 속에서 이루어진 것으로 짐작된다. 이후 어린 명종이 왕위에 오르자 수렴청정을 시작한 문정대비는 남양주 회암사에 머무르는 허응 보우(虛應普雨, 1510~1565)를 발탁하여 판선종사도대선사(判禪宗事都大禪師)와 봉은사(奉恩寺) 주지를 맡겨 불교 중흥을 도모하였다. 보우는 선교(禪敎) 양종과 승과(僧科) 복원을 시도하여 불교의 존재감을 확보하였고 도승(度僧) 실시와 도첩(度帖) 부여를 통해 승려들의 지위 향상을 도모하였다. 그는 사상적으로 선법과 교법의 경계를 무화시킨 선교일체론(禪敎一體論)과 불교와 유교의

5 중종은 14년(1519)에 유교정치를 진흥시키고자 趙光祖 등 사림을 다시 기용하였다. 士林들은 중앙으로 대거 진출하고 급진적 개혁을 주장하였다. 이들 중 일부에서 中宗反正 때 공신에 오른 偉勳을 삭제하자는 주장이 일자 중종의 밀지를 받은 洪景舟, 南袞, 沈貞 등이 勳臣들이 반격하여 趙光祖, 金淨, 金埴, 金坵, 尹자임 등을 체포, 구금하면서 일어났다. 결국 신임이 두터워진 조광조를 제거하기 위하여 공신들은 중종의 후궁인 박씨를 시켜 애벌레가 잎사귀를 파먹도록 '走肖爲王'이라는 글자를 꿀로 새겨 놓았다. 애벌레가 그 글자를 파먹자 이것을 중종에게 보여주면서 이 '주'(走)와 '초'(肖)자를 합치면 '조'(趙)라는 글자가 되므로 이것은 '조'씨 성을 가진 사람이 왕이 된다는 말이라고 하였다. 이에 중종은 곧 조광조는 賜死하였고 뒤이어 新進 사림은 禍를 당하였으며 이후 사림 세력은 크게 위축되고 이들이 추진했던 개혁들도 대부분 혁파되었다.

경계를 인정한 불유일치론(佛儒一致論)을 넘어 이들의 경계를 무화시킨 불유일체론(佛儒一體論)을 전개하였다.[6] 보우가 복원한 승과를 통해서 청허 휴정(淸虛 休靜, 1520~1604)과 송운 유정(松雲惟政, 1544~1612)을 발탁하면서 불교계는 비로소 지도자를 길러낼 수 있었다. 하지만 건국 이후 조선정부는 이백 여 년간 본격적인 전란을 경험하지 못하였다. 그 결과 일본의 침입을 예견하지 못하고 선조와 분조(分朝)를 이끈 광해군은 임진왜란(1592)과 정유재란(1597)를 경험하였다.

광해주(光海主) 시대에 화계사는 실화로 인해 모두 불에 타버린 뒤 잇따른 가화(家禍)를 만난 덕흥대원군(德興大院君) 집안[家]의 보시에 의해 중창되어 덕흥대원군가의 원찰이 되었다. 인조 대에 병자호란과 정묘호란을 경험한 이래 조선 중기 말엽의 정치지형은 복잡하였다. 실리를 중시하던 광해군과 달리 명분을 중시하는 인조를 거치는 동안 명과 청 사이에서 줄다리기를 하던 왕실과 신하들은 명분을 추구하는 실세 무리가 주도하였다. 그 결과 효종과 현종, 숙종과 경종, 영조와 정조, 순조와 헌종, 철종과 고종으로 이어지는 일련의 정치질서는 복잡하고 다단하였다. 이후 영조-정조 연간이 되면서 잠시나마 북학(北學)과 실사구시(實事求是)의 학풍이 되살아나 명분 중시의 정치 지형에 일정한 변화가 이루어졌다. 하지만 정조가 승하한 이래 순조-헌종-철종 이래의 정치 지형은 세도(勢道)정치에 의해 더욱 더 혼미해져 갔다. 안으로는 토지세인 전정(田丁), 병역의무인 군정(軍丁), 빌린 쌀을 돌려주는 환곡(還穀)의 문란 등으로 인해 조선의 국세(國勢)는 급격히 기울어졌다. 밖으로는 미국-영길리(영국)-불란서(프랑스)-로서아(아라사, 러시아)-청-일 등의 열강(列强)들이 침범하여 조선의 앞날은 바람

6 고영섭, 「허응 보우의 불교 중흥」, 『한국불교학』 제56집(한국불교학회, 2010).

앞의 등불처럼 위급하였다. 이 글에서는 먼저 이 시기에 흥선대원군(興宣大院君) 이하응(李昰應, 1820~1898)의 후원에 의해 흥선대원군 집안의 원찰이 된 화계사를 통해 선말 한초의 불교계 동향을 분석한다. 아울러 선행연구들[7]을 검토하면서 고려시대의 탄문의 보덕암 초창(初創)에 이어 덕흥대원군의 후원으로 화계동의 옛 절터로 이건하여 화계사로 재창(再創)한 과정 그리고 흥선대원군의 화계사 삼창(三創)의 역사에 대해 살펴본다. 아울러 숭산 행원(崇山行願, 1927~2004)의 주석 이후 전 세계의 사찰로 뻗어가는 삼각산 화계사 역사의 안팎과 인물[8]의 앞뒤를 조망해 보려고 한다.

---

7 서울시 강북구 수유1동 487번지에 소재한 삼각산 화계사 관련 선행 논저에는 다음과 같은 것들이 있다. 安震湖, 『三角山華溪寺略誌』(삼각산화계사종무소, 1938; 2012년 복각본); 김동욱, 「19세기 건축의 생산적 배경과 화계사」, 『화계사실측조사보고서』(서울특별시, 1988); 이철교, 「서울 및 근교사찰지, 봉은본말사지」(제3편, 삼각산의 사찰), 『다보』 1994년 겨울호(대한불교진흥원, 1994); 최완수, 「화계사」, 『명찰순례(3)』(대원사, 1994); 이용윤, 「화계사 관음전 지장삼존도 연구」, 『미술사연구』 제18호(미술사연구회, 2004); 손신영, 「흥천사와 화계사의 건축장인과 후원자」, 『강좌미술사』 16-1(한국불교미술사학회, 2006); 황윤아, 「화계사 명부전의 왕실 발원 불사 연구」(서울대학교 석사학위논문, 2010); 김남인, 「삼각산 화계사」, 『명필, 역사와 해학의 글씨를 만나다』(서해문집, 2011); 최용운, 「숭산행원과 한국간화선의 대중화·세계화」(서강대학교 대학원 종교학과 박사 논문, 2012); 최용운, 「숭산행원의 선사상과 수행론」, 『불교학보』 제62집(동국대학교 불교문화연구원, 2012); 오경후, 「朝鮮後期 王室과 華溪寺의 佛敎史的 價値」, 『신라문화』 제41집(동국대 신라문화연구소, 2013); 한상길, 「근대 화계사의 역사와 위상」, 『대각사상』 제19집(대각사상연구원, 2013. 6); 신규탁, 「숭산 행원의 전법과 화계사」; 김성도, 「화계사 가람의 특성과 역사성」; 지미령, 「화계사 소장 불화의 미술사적 의미」(이상 3편), 『학술논문집: 삼각산 화계사의 역사와 문화』(화계사, 2013).

8 대한불교진흥원, 「화계사」, 『한국사찰의 편액과 주련(상)』(대한불교진흥원출판부, 1997); 정병삼, 「진경시대 불교의 진흥과 불교문화의 발전」, 최완수 외, 『우리 문화의 황금기 진경시대 1』(돌베개. 1998); 정병삼, 「19세기 불교 사상과 문화」, 정병삼 외, 『추사와 그의 제자들』(돌베개, 2002; 2007); 김정숙, 『흥선대원군 이하응의 예술세계』(일지사, 2004); 김형우 외, 「화계사」, 『한국의 사찰(上)』(대한불교진흥원, 2003); 김병우, 『대원군의 통치정책』(혜안, 2006); 신봉승, 『이동인의 나라』 1.2.3(선, 2010); 김종광. 『왕의 여자』(역사의 아침, 2011).

2. 고려 왕실의 보덕암 개창

1 ‖ 경산 삼각산의 명찰

흔히 명산이란 산세가 뛰어나고 아름다워 선인의 발자취와 역사유적이 홍건한 산이다. 아울러 그 안에는 이름 난 절간이 들어 앉아 있고 골짜기의 천석(泉石)이 빼어나게 어우러져 사람의 발길이 끊이지 않는 산을 가리킨다. 그러므로 명산은 위치와 모양 및 품격이 제대로 갖춰진 곳이어야 얻을 수 있는 이름이다. 중국[9]과 달리 우리나라의 오악은 전통적으로 백두산, 금강산, 지리산, 묘향산, 삼각산(북한산)을 일컬어 왔다.[10] 고려는 수도를 개경(개성)에 두면서도 고구려의 수도인 평양을 서경, 백제-통일신라의 요지였던 한양을 남경으로 삼아 수도에 버금가는 별도(別都)로 인식하였다.

전국 오악의 하나인 삼각산은 경산(京山)에 있는 명산 중의 명산으로 알려져 왔다. 고려가 망하고 조선이 건국되면서 이 산은 특히 주목을 받아왔다. 조선 정부는 한양을 도읍으로 삼은 이후 조종산(祖宗山)의 원류에 해당하는 동쪽의 삼각산을 오악으로 숭배하였다. 백운봉(白雲峰 836.5미터), 인수봉(人壽峰 810.5미터), 만경봉/대(萬鏡峰/臺 787미터)에서 이름이 유래한 삼각산(三角山)은 도봉산과 함께 북한산(北漢山)의 핵심을 이루고 있다. 해서 삼각산은 인근의 도봉산과 수락산과 불함산을 거느리면서 넓은 가슴 속에 사찰을 품고 무언의 설법을 하는 넉넉한 산으로 자리해 올 수 있었다.

---

9 중국의 오악은 태산(太山), 화산(華山), 숭산(嵩山), 형산(衡山), 항산(恒山)을 가리킨다.

10 三神山은 금강산(蓬萊山), 지리산(方丈山), 한라산을 일컬었다.

한편 '넓은 덕을 간직한 암자' 즉 보덕암(普德庵)[11]은 고려 초기에 왕사와 국사를 역임한 탄문대사가 개창하고 주석하였던 곳이라는 점에서 고려 왕실과 긴밀한 관계를 가지고 있었을 것으로 이해된다. 예로부터 왕사와 국사를 지낸 고승이 머물던 사찰은 일반 사찰과 사격(寺格)이 달랐기 때문이다. 탄문이 세운 보덕암은 바로 이 삼각산의 길지인 부허동에 자리해 있었다. 조선 중기의 보덕암은 서평공(西平公) 이공(李公)의 후원과 신월(信月)선사의 원력에 의해 옮겨지기 전까지 한양 동쪽 10리 지점에 존재해 있었다. 이렇게 볼 때 보덕암은 중종반정(1519) 이후(1522) 남쪽 화계동으로 이주한 것으로 짐작된다.

이후 이주한 보덕암 즉 현재의 화계사는 백운대에서 만경대와 동장대로 남하한 삼각산 주능선이 남장대로 달리다가 동남쪽 끝자락으로 흘러내린 끝자락에 자리를 잡았다. 굳세게 달려오던 삼각산의 기세가 화계(華溪)에 이르러서 그 기세를 맑디맑은 계곡과 울창한 숲을 이루어내며 푸근한 느낌을 주고 있다. 삼각산 화계사는 서울 중심에서 매우 가깝고 주택가와 인접해 있으면서도 산수가 수려하고 산기슭의 울창한 숲에 감싸여 있어 시내의 번잡함을 잊고 산사의 고요함을 주는 사찰이다. 그리하여 고려 초기에 초창된 보덕암을 계승한 천년 고찰 화계사는 마을과 산이 만나는 지점에 자리하여 서울 시민들의 주요한 휴식처이자 충전처가 되고 있다.

---

11 보덕이란 寺名은 고구려 보장왕(寶藏王) 때 실권자인 대막리지 연개소문이 도교를 받들고 불교를 억압하자 평양 외곽의 영탑사(靈塔寺)에 주석하다가 사교를 받들고 정교(正敎)를 억압하면 나라가 망한다고 왕에게 여러 차례 주청을 했으나 받아들여지지 않자 암자를 완주 고달산으로 옮겨 왔다는 보덕(普德)과 그 이름이 상통한다. 보덕암의 창건 이전에 이곳에 절터가 이미 있었다면 연관성을 고려해 볼 수 있을 것이다. 하지만 고려 초기의 탄문이 보덕암을 초창한 것으로 비정(比定)하게 되면 그와의 연관성을 거론하기는 쉽지 않다.

2 탄문의 보덕암 개창

고려시대에 한양의 동쪽 10리에 있던 부허동(浮虛洞)에 첫 초석을 놓은 화계사의 전신 보덕암은 화계사의 초창 당시 오백 여년의 역사를 간직해 온 암자였다. 하지만 그곳이 어디인지 지금은 정확하게 비정하기가 어렵다. 아마도 현재의 화계사와 멀지 않은 곳에 있었을 가능성이 있다.[12] 당시 화계사 주지였던 권종식(權鍾植) 화상이 사지(寺誌)의 발원을 염원하면서 진호 석연(震湖錫淵, 1880?~1960?) 강백에게 완강히 부탁하여 이루어진 『화계사약지』[13]의 제1장 '편년'(年)에는 보덕암에 대해 다음과 같이 기술하고 있다.

「삼각산 화계사 중수연기문」을 참조해 보면 이러하다. "한양의 동쪽 10리에 부허동이 있고, 마을 안에 절이 있으니 보덕암이라 한다. 세상에는 고려 초에 탄문대사가 개창했다고 전해진다." 살펴보건대 탄문은 곧 고려 광종 왕 때의 법인국사(法印國師)이다. 내가 12년[一紀] 전에 대본산 양주군 『봉선사지』(奉先寺誌)[14]를 수집(蒐集)할 때 그 절의 개산조가 또한 고려 법인국사임을 살펴보고서는 두 절이 동시에 창건되었음을 알 수 있었다. 그렇다면 보덕암은 개창된 이후 오백 여년이 지나서 화계사

---

12 현재 화계사의 동북쪽으로 올라가면 華溪寺와 三聖庵 사이 중간 지점에 옛 절터가 있고 일부 礎石과 藥水가 남아 있다. 아마도 보덕암은 이곳에 있지 않았을까 논자는 추정해 본다. 『삼각산화계사약지』 서두의 p.4 상단에는 무너진 석축과 무성한 풀로 뒤덮인 '古浮虛洞普德庵基地'의 사진이 실려 있다.

13 金華山 應禪庵에 머물던 大隱 金泰治(1899~1989)의 序文이 실려 있다.

14 震浩錫淵, 『雲岳山奉先寺本末寺誌』(대본산봉선사, 1927; 아세아문화사, 1976). 969년 법인국사 탄문이 창건할 때의 이름은 雲岳寺였다. 그 뒤 세조의 비인 정희왕후 윤씨가 세조를 추모하여 능침을 보호하기 위하여 89칸 규모로 중창한 뒤 奉先寺라고 하였다. 1902년 도성 안의 元興寺를 수사찰인 대법산으로 삼았을 때 16개의 중법산 가운데 하나로 지정되어 경기도의 모든 절을 관장했다. 1911년 일제강점기에는 사찰령으로 31본산의 하나가 되었고, 教宗 大本山으로 지정되어 교학 진흥의 주역을 담당하였다.

로 이전되었던 것이다.[15]

탄문 법인(坦文法印, 900~975)은 신라 말 고려 초의 고승으로 경기도 광주(廣州) 고봉인(高烽人, 경기 고양)으로 성은 고씨(高氏)였다. 그는 원효(元曉, 617~686)가 살던 향성산(鄕聖山)의 절터에 암자를 짓고 수년간 수도하였다. 그 뒤 탄문은 고향 인근의 북한산의 장의사(莊義寺)에 가서 신엄(信嚴) 화상에게 『화엄경』을 배우고 신라 신덕왕 3년(914)에 15세의 어린 나이임에도 불구하고 구족계를 받았다. 당시 계사(戒師)의 전날 꿈에 신승(神僧)이 나타나 화엄의 큰 그릇으로서 범상한 인물이 아님을 알렸다고 전한다. 어린 탄문의 명성이 사방에 떨치어 '성사미'(聖沙彌)라고 별호를 삼았다. 그가 경산의 명산 자락에 보덕암을 세운 것도 출가 직후 이곳 고향 인근에 터를 잡아 머물기 위해서였던 것으로 짐작된다. 이어 그는 화엄교학을 깊이 연찬하여 화엄종주로 이름을 떨쳤다.

그 뒤 탄문은 고려 태조의 왕후 유(劉)씨가 왕자(뒤의 光宗)을 낳을 때 법력으로써 편안히 출산하도록 하였다고 한다. 이에 태조는 그를 '별화상'(別和尙)이라 하여 특별히 존경을 하였다. 이후 탄문이 구룡사에서 화엄을 강의할 때는 뭇새들이 날아와 그 방을 둘러싸고 산토끼들이 뜰에 엎드려 가르침을 들었다고 전한다. 광종 19년(968)에 그는 귀법사 주지를 맡았다. 같은 해에 광종은 홍도삼중대사(弘道三重大師)의 호를 내리고 왕사(王師)로 삼았다. 광종 25년(974)에 그는 국사(國師)가 되었으며, 이해에 염주(鹽州) 백천(百天) 지방에 메뚜기 떼의 재해가 심했을 때 법주(法主)가 되어 이를 없애고 대풍이 들게 했다고 전한

15 震浩錫淵, 「年」, 『三角山華溪寺略誌』(삼각산화계사종무소, 1938), p.1.

다. 이듬해 노환으로 국사에서 물러나 서산 가야산 보원사(普願寺)로 돌아가 대중에게 붓다와 같은[如佛] 대접을 받다가 광종 26년(975)에 입적하였다.[16]

오백여 년의 역사를 간직한 조선 전기 보덕암이 자리했던 부허동이 어느 지점인지에 대해서는 자세히 알 수 없다. 그리고 보덕암이 어떤 절이었는지에 대해서도 더 이상의 기록이 존재하지 않아서 상세히 알 수 없다. 그런데 고려 때의 창건 사찰인 보덕암에 있던 목어(木魚)가 보덕암이 창건된 이후 오백 년이 지나 화계사로 이전되었다고 전한다. 그렇다면 보덕암의 오백여 년 역사를 담고 있던 이 목어가 다시 화계사의 오백여 년 역사를 더 담으며 보덕암-화계사로 연속되는 천여 년의 역사를 머금고 있다. 보덕암과 현재의 화계사를 연속시키는 이 목어[17]는 현재 화계사의 범종각 2층 천장에 묶여 있어 보덕암과의 인연을 이어가고 있다.

3. 조선 왕실과 화계사의 접점

조선 왕실은 유교를 통치 이념으로 내세우면서도 사국 및 남북국시대 그리고 고려 이래 통치 이념이었던 불교의 교단과 긴장과 탄력의 관계를 유지해 왔다. 즉 표면적으로는 유교의 통치 이념에 입각하여

---

16 金廷彦,「高麗國運州伽倻山普願寺法印國師寶乘塔碑」, 조선총독부 편,『朝鮮金石總攬』 상(아세아문화사, 1976).

17 유근자,「화계사 불교미술의 재조명」,『삼각산 화계사 제2차 학술세미나 및 제6차 한국불교사연구소 집중세미나 자료집: 삼각산 화계사 역사의 안팎과 인물의 앞뒤』(2013. 12), p.57. 반면 필자는 "현재 범종루에 남아있는 목어 편은 1866년에 조성된 것이 아닌가 생각된다"라고 보고 있다.

국가를 다스리고 제도를 시설하였으나 이면적으로는 불교의 관행적 기풍과 종교적 기능에 대해서는 탄력적으로 대응해 왔다. 그리하여 왕실은 불교 사찰을 후원하면서 왕실의 후손들의 무탈과 장수를 기원하였다. 이러한 인연들로 인해 불사가 이루어지고 원찰로서 명맥을 이어올 수 있었다.

조선 왕실과 화계사의 접점은 중종대의 서평군 이공에서부터 광해주와 인조 대 이후의 덕흥대원군 집안 그리고 고종대의 흥선대원군 및 조대비와 홍대비와 경빈 김씨와 김 상궁 등 36인 등과 긴밀한 관계를 통해 이루어져 왔다. 특히 덕흥대원군 집안과 흥선대원군 집안에 의해 화계사는 왕실과 긴밀한 관계를 유지해 오면서 추사서파의 친필 편액과 관련 기문들을 남기고 있어 화계사 연구의 귀중한 사료가 되고 있다. 그러면 먼저 『삼각산화계사약지』에는 화계사 관련 기문이 10여 종 가까이 실려 있다. 이들 기문들에 대해 살펴보기로 하자.

〈표 1〉 『삼각산 화계사 약지』에서 전하는 불전 관련 기문

殿閣	記文 題目	작성자	年代	記文 內容
전체	三角山華溪寺重修緣起文	釋道月	1619	서평군 이공의 보덕암 이건 화계사 개창, 화계사 전소, 덕흥대원군 집안 후원 중수
전체	三角山華溪寺重建記	太白老樵 臺生	1866	불당과 승료 신창
大雄寶殿	京畿道漢北三角山華溪寺 大雄寶殿重建記文	智異山人 幻空堂 治兆	1870	승려들의 모연으로 퇴락한 대웅보전 중건 조성
觀音殿	華溪寺觀音殿重創丹雘記	湖南 龍龜山人錦藍 東燮	1876	궁중에서 제작한 자수관음보살도(1875)를 상궁들의 후원으로 이운 봉안
觀音殿	華溪寺觀音殿佛糧文		1883	대왕대비 조씨와 왕대비 홍씨, 상궁 16명의 시주로 관음전불량계 시설
山神閣	華溪寺山神閣刱建記	四山無住	1885	산신각을 聖母閣으로 기록

冥府殿	華溪寺冥府殿佛糧序		1897	황해도 백천 강서사에서 지장보살상, 시왕상 이운 뒤 중수 개체하여 이듬해 명부전 건립
전체	京畿道三角山華溪寺成道契序	法溟	1905	만일염불회 성도계 시설
전체	三角山華溪寺萬日念佛會創設記	法雨	1880	만일염불회창설 기문
전체	大雄殿改金佛事大衆同參記		1892	대웅전 개금불사 대중 동참 기문

이 기문들에서 알 수 있는 것처럼 화계사는 기록과 전승이 비교적 잘 유지되어 오고 있다. 조선 왕실은 왕실 내에 내원당을 짓고 궁궐 바깥 한양 인근에 외원당인 원찰을 두어 왕실의 안녕과 왕가의 장수를 빌었다. 조선시대에 세워진 원찰들은 한양 도성의 바깥에 자리하였다. 이들 원찰들은 왕과 비빈들의 능을 수호하고 그들의 영가를 천도하는 역할을 담당하였다. 그런데 왕릉과 비빈의 능 인근에 자리한 능침사찰과 달리 한양 인근에 자리한 원찰들도 있었다.

흥천사는 태조의 계비인 신덕왕후의 능침사찰이었고, 흥국사는 선조의 부친인 덕릉대원군을 모신 덕릉의 능침사찰이었다. 반면 화계사는 이들과 같은 능침사찰이 아니었다. 그럼에도 불구하고 원찰이 될 수 있었던 것은 왕실과 대원군 집안들의 후원에 의해서였다. 화계사가 화재로 인해 중창될 수 있었던 것은 인근의 덕흥대원군 원찰인 흥국사와 연관되어 있었기 때문이다. 중기의 덕흥대원군 집안의 후원뿐만 아니라 후기의 흥선대원군이 영종도 용궁사, 파주 보광사, 흥천사, 흥덕사 불사를 후원하는 과정에서 화계사 후원에도 참여하였기 때문이다.[18] 그러면 경기도 일대에 있었던 조선 왕실의 원찰과 능호를 살펴보기로 하자.

18 손신영, 앞의 글, 앞의 책, p.442.

〈표 2〉 조선시대 사찰과 능호(陵號)[19]

사 찰	능 호	주 인 공	위 치
奉國寺	貞陵	太祖 繼妃 신덕왕후	서울시 성북구 정릉동
奉先寺	光陵	世祖	서울시 남양주 진전읍
佛巖寺	泰陵	中宗 제2비 문정왕후 윤씨	경기도 남양주시 별내면
	康陵	明宗과 인순왕후 심씨	
佛巖寺〈東九陵〉	建元陵	太祖	경기도 남양주시 별내면
	顯陵	文宗과 현덕왕후	
	穆陵	宣祖와 의인왕후, 계비 인목왕후	
	崇陵	顯宗과 명성왕후	
	徽陵	仁祖 계비 장렬왕후	
	惠陵	景宗의 비 단의왕후	
	元陵	英祖와 계비 정순왕후	
	景陵	憲宗과 효현왕후, 계비 효정왕후	
	綏陵	純祖의 세자인 翼宗과 신정왕후	
奉恩寺	宣陵/ 靖陵	成宗 中宗	서울시 강남구 삼성동
守國寺〈西五陵〉	敬陵	德宗과 소혜왕후	서울시 은평구 갈현동
	昌陵	睿宗과 계비 안순왕후	
	明陵	肅宗과 제1계비 인현왕후 제2계비 인원왕후	
	翼陵	肅宗의 원비 인경왕후	
	弘陵	英祖와 정성왕후	
蓮花寺	懿陵	景宗	서울시 동대문구 회기동
興國寺	德陵	德陵大院君	경기도 남양주시 별내면
西三陵	禧陵	中宗 계비 장경왕후 윤씨	경기도 고양시 덕양구
	孝陵	仁宗과 인성왕후 박씨	
	睿陵	哲宗과 철인왕후	
封印寺	成陵	宣祖 후궁 恭嬪 김씨(恭聖王后)	경기도 남양주시 진전읍
奉永寺	松陵	宣祖 후궁 仁嬪 金氏	경기도 남양주시 진전읍
奉陵寺 (金井寺)	章陵	仁祖 부친 元宗	경기도 김포시 풍무동

19 고영섭, 「한국불교에서 봉인사의 사격」, 『한국불교사연구』(한국학술정보, 2012), p.300 참조.

黔丹寺	長陵	仁祖와 仁熱王后	경기도 파주시 탄현면
普光寺	昭寧園	英祖 생모 淑嬪 崔氏	경기도 파주시 광탄면
龍珠寺	顯隆園/ 隆乾陵	思悼世子 正祖	경기도 화성군 태안읍

조선시대에 종단을 통폐합하기 전까지는 한양의 사찰은 본사 중 선종은 선종도회소인 흥천사(興天寺)에서 관할을 하였다. 그리고 교종은 교종도회소인 흥덕사(興德寺)[20]에서 관할하였다. 그 이후 한양에서 멀리 떨어진 세조의 능침사찰이었던 대본산인 남양주 광릉 봉선사(奉先寺)는 경기도 북부를 관할하는 본사로 자리해 왔다. 반면 사도세자와 정조의 능침사찰인 대본산 화성 용주사(龍珠寺) 또는 봉은사(奉恩寺)[21]는 경기도 남부를 관할하는 본사로 자리해 왔다. 경기도의 사찰들은 모두 이들 본사에 소속된 사찰들이었다.

한양 도성 주변 인근의 원찰들인 삼각산 흥천사(興天寺, 돈암동)[22]

20 홍덕사는 서울시 서대문구 연희동 일대의 옛 연희방(延禧坊)에 있었다. 이곳은 조선 태조가 예전에 살던 집 동쪽에 터를 정하여 이 절을 창건하게 한 곳이다. 태조는 이 절을 지어 대대로 나라를 복되게 하며, 위로는 선조를 복되게 하고 아래로는 백성들을 이롭게 하여 종묘사직이 영구히 견고하고 왕실의 계통이 끊이지 않도록 하고자 했다. 세종 6년(1424)에 나라에서 이전의 7종을 선종과 교종으로 통합할 때 이 절은 교종의 도회소(총본사)가 되었으나 연산군(1494~1506) 때 폐사되었다.

21 봉은사는 대한시대(1897~)에 들어 용주사가 본사가 되기 전까지 경기 남부의 사찰들을 관할했던 것으로 확인되고 있다.

22 태조는 계비(繼妃)인 신덕왕후 강씨가 돌아가자 1396년에 왕비의 능역인 貞陵을 皇華坊 北原(지금의 중구 貞洞 경향신문사 자리)에 조영한 뒤 이듬해 정월부터 정릉 동쪽에 절터를 닦고 金師幸이 건축 책임을 맡아 그해 8월에 170칸의 齋宮(願堂)인 興天寺를 짓게 하였다. 태조는 흥천사 건립 공사가 진행되는 동안 몇 차례나 공사 현장에 자주 행차하여 일꾼들을 격려하고, 재물과 식량을 지급하는 등의 관심을 기울였다. 태조 7년에 절 북쪽에 5층 규모의 舍利殿을 짓기 시작하였다. 당시 이 사리전은 당시 한양에서 景福宮 勤政殿의 크기를 뛰어 넘는 가장 크고 화려한 목조 건물이었다고 전한다. 태조는 이 절을 曹溪宗의 본사로 삼고, 왕후의 명복을 빌기 위해 盂蘭盆齋와 薦度會를 베푸는 등 각별한 관심을 보였다. 흥천사는 세종이 종단을 선·교 양종으로 통폐합할 때 선종의 도회소(都會所, 총본사)가 돼 억불정책 속에서도 꾸준히 寺格을 유지해 나갔다. 세종은 특히 즉위 19년(1437)에 사리전을 중수하면서 관아 건물처럼 정기적으로 보수·수리하도록 법제화하는 등 이 절에

와 '덕절'로 불린 수락산 흥국사(興國寺, 덕능리)[23] 등과 함께 '궁절'로 불린 삼각산 화계사(華溪寺, 수유리)[24]는 조선 왕실의 비호를 받으며 긴밀한 관계를 형성하여 덕흥대원군 집안의 원찰과 흥선대원군 집안의 원찰로서 자리하였다. 특히 이들 세 사찰은 왕실의 원찰일 뿐만 아니라 흥선대원군의 친필 편액(扁額)과 비빈들의 후원사실을 적은

대한 지원을 아끼지 않았다. 하지만 억불정책 속에서도 왕실의 지원 속에 寺格을 유지해 갔던 興天寺는 성종 이후 지원이 줄면서 퇴락하기 시작했고, 연산군 10년(1504)에 화재로 전각이 거의 타 버리고 사리전만이 화재를 피하였다. 하지만 복구는 되지 않고 한동안 폐허로 방치되었다. 이후 흥천사는 중종 5년(1510) 3월에 中學의 유생들이 異端을 쓸어버린다고 부르짖으며 밤을 이용하여 불을 질러 보물과 불경 및 통도사에서 전해오는 우리나라 유일의 석가여래의 사리를 안치한 舍利殿마저 불타버려 완전히 폐사(廢寺)되었다. 興天寺가 역사에 다시 등장하게 된 것은 선조 9년(1576)에 왕명에 의해 合翠亭 옛터에 중창되면서부터이다. 워낙은 태종 9년에 貞陵을 북한산 아래로 옮겼을 때 능 가까이에 新興庵이라는 작은 암자가 있었다. 그런데 신흥암이 정릉과 너무 가깝다 하여 현종 10년(1669)에 석문(石門)밖 合翠亭 터로 이건하고 新興寺라고 개칭하였다. 이후 정조 19년(1794)에 聖敏·敬信 두 대사에 의해 지금의 성북구 돈암동 595번지로 옮겨졌다. 고종 2년(1865)에는 興宣大院君의 지원으로 각도에서 시주를 받아 절을 중창하였다. 이때 興宣大院君은 興天寺라는 휘호를 내려 '흥천사'라는 이름으로 복원하도록 했으며 그 현판이 지금도 만세루에 걸려 있다. 이처럼 흥천사(신흥사)는 조선 개국 초부터 왕실과 밀접한 관련이 있어 왔다. 대한제국의 마지막 황태자였던 英親王이 다섯 살 때 쓴 글이 이 절에 남아 있고, 조선왕조의 최후의 왕비 尹妃가 6.25 전쟁 때 피난 갔다가 돌아와 이 절 아래에서 하루 양식 한 홉으로 두 끼 밖에 먹지 못하며 매우 어렵게 살면서도 그 한 홉에서 매일 한 줌씩을 아꼈다가 향과 초를 사들고 흥천사에 올랐다고 전한다.

23 수락산 흥국사는 599년에 신라의 圓光이 창건하여 水落寺라고 하였다. 그 뒤 조선의 선조가 부친인 덕흥대원군의 명복을 빌기 위해 願堂을 짓고 興德寺라는 편액을 내려 이름을 바꾸었다. 아울러 덕흥대원군을 모신 德陵으로 인해 '덕절'로 불렸다. 이 때문에 '덕절 중은 불 때면서 불 막대로 시황초를 내고, 궁절(화계) 중은 불 때면서 초할향을 한다'는 절집 속담이 생겨났다고 전한다. 佛畵를 배울 때 十王草를 그리고 梵唄를 할 때 初喝香을 하는 것은 불화승과 범패승의 기초 수련 과정이기 때문이다. 이후 인조4년(1626) 조정에서 興國寺로 이름을 바꾸었다.

24 삼각산 화계사는 불교 의식을 전담하는 梵唄僧의 양성을 도맡았다. 화계사는 19세기 중반 이후 왕실에 의해 크게 중창된 이래 尙宮들의 출입이 잦았다고 하여 '궁절'로 불렸다. 한편 여주 신륵사는 남양주 중류인 驪江의 끝자락에 자리잡고 있어 '벽절'이라고 불렸다. 반면 서울 신촌의 금화산 봉원사는 본래 연세대 인근에 있다가 현재의 자리로 이전하면서 '새절'로 불렸고, 강남 삼성동의 봉미산 봉은사는 '숭절'로 불렸다.

각종 기문(記文)들을 남기고 있어 당시 이들 세 사찰의 존재감을 짐작해 볼 수 있다.

1 ‖ 서평군 집안의 원찰

보덕암 주지였던 신월(信月)선사와 함께 암자를 이전하여 화계사로 개창하도록 했던 서평군(西平君)[25] 이공(李公)이 누구인지는 정확히 확인되지 않고 있다. 아마도 그는 어느 공신(功臣) 가문의 사람일 것으로 짐작된다. 서평군이 활동하였던 시대의 『중종실록』에도 그에 관한 기록은 전혀 보이지 않는다. 왕실의 종친과 2품 공신에게 주었던 '군'(君)[26]의 작호로 볼 때 실록에 실리는 것이 당연하지만 '이공'은 전혀 나타나지 않는다. 그렇다면 '이공'은 기록의 오류[27]일수도 있을 것이다. 하지만 좀더 확인하지 않고서 단정해서는 아니될 것이다.

만일 그가 왕실의 종친이라면 보덕암을 왕실의 원찰로서 확장해 보려고 했을 것으로 짐작되지만 2품 공신이라면 보덕암을 집안의 원찰로서 삼아 이건해 보려고 했을 것으로 이해된다. 그는 법당 세 곳과 승료 50칸 규모에 소요되는 비용 전부를 담당하였을 것으로 추정되기 때문이다.[28] 그렇다면 이 정도의 재정을 부담할 수 있는 재력을 지녔다는 점에서 왕실의 종친일 수도 있고, 2품 공신 집안이었을 수도 있을 것이다.

25 『중종실록』에는 중종 1년(1506)에 외삼촌 朴元宗(1467~1510)을 따라 中宗反正에 가담하여 靖國功臣의 반열에 오른 韓叔昌(1478~1510)이 '西平君'으로 등장할 뿐이다.

26 震浩錫淵, 「華溪寺山神閣刱建記」, 앞의 책, p.10. 여기에서는 西平君을 '西平大君'으로 적고 있다.

27 오경후, 앞의 글, 앞의 책, p.15.

28 釋道月, 「三角山華溪寺重修緣起文」, 『三角山華溪寺略誌』(삼각산화계사종무소, 1938), p.2.

한양 동쪽 10리 지점에 부허동(浮虛洞)이 있고 마을 안에는 보덕암(普德庵)이란 절이 있다. 세상에는 고려 초에 탄문(坦文) 대사가 개창하였다고 전해오지만 그 뒤의 중창과 중수의 연대에 대해서는 아는 이가 없다. 가정(嘉靖) 원년(1522) 임오년 봄에 서평군(西平君) 이공(李公)이 보덕암에 왕래하면서 암자의 신월(信月) 선사를 따른 지가 오래되었다. 이공이 말하였다: "이 절 남쪽에 화계동(華溪洞)이 있고, 마을 안에 한 절이 창건되었던 터가 있으니, 이 절을 그 곳으로 옮기는 것이 어떻겠습니다?" 신월선사가 대답하였다: "저 또한 그 생각을 한 지가 오래되었습니다." 이에 두 사람이 서로 이전할 것을 협의하고 절 이름을 화계사라고 하였다. 법당은 세 곳이며, 승료는 50칸이었다.[29]

이 기록을 토대로 미루어 짐작해 보면 아마도 서평군은 집안의 원찰로 삼기 위해 보덕암을 이건하는 비용을 전담했을 것으로 이해된다. 신월 선사와 서평군 두 사람의 협의 아래 남쪽 화계동으로 보덕암을 이전하고 절 이름을 화계사라고 하였다. '화계'라는 사명은 '흰 돌이 시내를 맑게 하고[白石淸溪], 꽃 향기가 산을 가득 채워[華香滿山], 그 경치에 합당하게 이름을 붙인 것'[當景得名也]이다.[30] 보덕암을 계승한 화계사는 법당 세 군데와 승료 50칸으로 사격을 높였다. 화계사는 예로부터 "꽃이 아름답고[華美] 시냇물이 아름답고[溪美] 절이 아름답다[寺美]고 해서 세 가지 아름다움[三美]을 구족하였다 할만하다."[31]라고 하였다. 이 때문에 예로부터 화계사는 경산(京山)의 명찰이 되어 왔다.

29 釋道月, 위의 글. 위의 책, p.2.
30 幻空堂 治兆, 「京畿道三角山華溪寺大雄寶殿重建記文」, 앞의 책, p.34.
31 大隱泰治, 「序」, 앞의 책, p.1.

2 ‖ 덕흥대원군 집안의 원찰

전통적으로 조선의 수도인 한양의 지세는 북악산을 주산으로 볼 때 내청룡인 낙산과 외청룡인 안암산이 내백호인 인왕산과 외백호인 안산보다 낮고 그 줄기도 빈약하다고 보아왔다. 때문에 경복궁이 인근한 인왕산과 안산의 지세가 장자에게 불리하여 왕통이 적장자에게 이어지는 경우가 드물었다고 하였다. 설사 이어졌다고 해도 그 자리를 오래 보전하지 못하고 다음 왕통을 내세워야만 했다.[32] 태조 이래 적장자로는 문종과 단종 및 연산군과 인종이 있었지만 이들은 모두 요절(문종)하거나 왕위를 빼앗겨 비명횡사(단종)하거나 내쫓기거나(연산군), 짧은 재위(인종)로 끝이 났다.

이 소용돌이 속에서 성종은 다행히 세종의 성치(聖治)를 모범으로 삼아 조선 전기의 문화를 재건하였다. 성종은 16남 11녀를 낳았으나 정비 소생은 연산군과 중종 형제뿐이고 나머지 14남 10녀는 모두 후궁 소생이었다. 중종에게는 9남 11녀가 있었지만 정비 소생은 인종과 명종 및 5공주가 있었다. 하지만 재위 1년을 채우지 못하고 요절한 인종에 이은 명종 역시 정비 소생 왕자와 왕손을 남기지 못하고 승하하자 '곁가지가 둥치가 된다'[側枝爲幹]는 참언(讖言)처럼 전개되었다. 즉 왕위 계승권에서 멀리 떨어져 있었던 중종의 제8왕자 덕흥군(德興君) 초(岹 1530~1559)의 셋째아들인 하성군(河城君) 균(鈞, 1522~1608)을 국왕의 양자로 내정하여 교육하다가 명종이 재위 22년에 승하하자 인순왕후가 발표한 명종의 유명에 따라 왕위에 올랐다. 그가 바로 선조이다.

선조의 부친인 덕흥(대원)군은 중종의 후궁 안씨(昌嬪 安氏, 1499~1549)

---

32 최완수, 앞의 글, 앞의 책, p.13.

의 3남 1녀 중 막내 왕자였다. 『중종실록』에 덕흥군에 대한 기록은 거의 보이지 않는다. 다만 중종 39년(1544)에는 사헌부에서 해마다 흉년이 드는데도 영선(營繕)하는 역사(役事)가 늘어나자 왕에게 아뢴 대목에서 덕흥군 집안의 얘기가 등장하고 있다.

> 덕흥군의 집은 다 지은 지 이미 오래인데 역사(役事)를 늦추어 아직도 바깥 난간과 담장을 쌓지 않았으니 매우 옳지 않습니다. 본부(本府)가 관원을 보내 적간(摘奸)하자, 원래 배정한 군사는 140명인데 현재 있는 사람은 단지 32명이었습니다. 감역관은 추고(推考)하여 죄를 다스리고 독촉하여 역사(役事)를 끝내게 하소서.[33]

당시에는 왕의 자제나 경대부(卿大夫)들의 저택 역사가 법제(法制)를 크게 벗어나 사회 문제가 되었다. 해서 사헌부는 덕흥군의 집은 이미 50칸이나 되는 저택을 다 지었음에도 불구하고 바깥 난간과 담장을 쌓지 않았다고 지적하였다. 덕흥군은 명종보다 네 살 위여서 명종과 함께 자랐지만 명종보다 8년이나 앞서 타계하여 양주 남면 수락산에 묻혔다. 이때 하성군 균 즉 선조의 나이는 8세였다.

덕흥군이 요절한 것은 입승대통(入承大統)할 첫 번째 조건이 될 수 있었으며, 게다가 하성군의 모친인 하동(부대)부인도 명종보다 한 달 앞서 타계하여 생가 부모의 정치 간여[干政]의 염려가 사라짐으로써 선조의 입승대통은 예정되어 있던 것처럼 신속히 진행되었다. 이제 보위에 오른 선조에게는 생가 부모에 대한 예우의 의례절차가 대기하고 있었다. 선조 3년(1570)에 덕흥군을 덕흥대원군(德興大院君)으로, 그 부인 하동 정씨를 하동부대부인(河東府大夫人)으로 각각 추숭하였

33 『中宗實錄』 102권, 중종 39년 4월 3일. 기사.

다. 조선 왕조 최초로 대원군과 부대부인이 등장하게 된 것이다.[34]

그런데 덕흥군 집안은 한동안 가화(家禍)가 끊이지 않았다. 즉 덕흥군의 장손이자 선조의 장조카인 당은군(唐恩君) 인령(引齡, 1562~1615)이 광해군 7년에 타계하고, 그 다음해인 광해군 8년에는 당은군의 모부인인 하원군(河原君) 부인(夫人) 신안 이씨(新安李氏)가 타계하였다. 또 그 이듬해인 광해군 9년에는 당은군의 장자 응천군(凝川君) 돈(潡, 1579~1617)이 부친의 대상(大喪)을 치르고 나서 바로 타계하면서 3년만에 덕흥대원군 집안의 어른 3인을 여의게 되었다. 이렇게 되자 겨우 17세였던 정한(挺漢, 1601~1671)이 대원군 집안의 주인이 되자 조모인 풍양 조씨(豊壤趙氏, 1571~1629)와 모친인 성산 이씨(聖山李氏, 1583~1654)는 위기의식을 느끼게 되었다. 이즈음 덕흥대원군 이래 선영으로 모시는 수락산 맞은편의 화계사가 응천군의 소상(小喪) 전에 전소(全燒)되었다는 소식을 들었다.

수락산 흥국사와 이웃해 있는 삼각산 화계사는 경산의 명찰로 대중들이 오고 가며 지냈던 사찰이었다. 더욱이 덕흥대원군가의 사패지지(賜牌之地) 안에 있는 절이기 때문에 덕흥대원군 집안의 원찰인 흥국사 대중들의 권고에 의해 화계사의 중찰불사를 통해 가화(家禍)를 모면하고자 원력을 세우게 되었을 것으로 짐작된다. 「삼각산화계사중수연기문」은 당시의 상황을 이렇게 기록하고 있다.

> 홀연히 작년(1618) 9월 15일 밤에 갑자기 방화로 인해 법당[佛宇]과 승료[僧舍]가 모두 불에 탔다. 아, 부허동에서 옮겨 지은 지가 겨우 백년도 지나지 않았는데 영원히 빈터가 될 뻔했구나. 다행히 덕흥대〈원〉군(德興大〈院〉君) 이공(李公)이 재물을 덜어내 재료를 보시하고 장인을 불

34 崔完秀, 앞의 글, 앞의 책, pp.13~14.

러 나무를 다듬어 5개월 만에 낙성하니 법당과 요사채가 예전과 같았다. 이 어찌 훼손됨이 운수가 있고, 이루어짐이 때가 있는가. 그러므로 이루어짐과 훼손되는 것이 모두 때가 있다고 한 것이다. 나는 후손들이 그러한 유래를 알지 못할까 염려되기에 이에 쓴다.[35]

당시 사헌부는 덕흥군 저택 공사를 마무리하지 않은 채 군사 일부를 빼돌려 화계사 중창불사를 한 사실을 알고 있었다. 이에 사헌부는 화계사 중창을 직접 문제삼지 않고 감역관으로 하여금 추고(推考)하여 죄를 다스리고 역사(役事)의 독촉을 끝내라고 청했던 것으로 이해된다. 이처럼 당시 덕흥대원군 집안의 형제(挺漢/ 錫漢, 1614~1677)들은 집안의 가화를 모면하고자 도월(道月)화상과 함께 불사를 하여 법당과 요사채를 크게 일으켰다.[36] 그 결과 이들은 모두 71세와 64세까지 살았으며 정한의 4녀는 당시 노론(老論)의 영수(領袖)였던 우암(尤庵) 송시열(宋時烈, 1607~1689)의 양자인 송기태(宋基泰)에게 출가시켜 노론의 핵심 가문으로 부상하였을 뿐만 아니라 명실상부한 종실의 중심 가문으로 행세[37]해 갈 수 있었다.

3 흥선대원군 집안의 원찰

하늘에 두 해가 있을 수 없듯이 왕조시대에는 한 나라에 두 왕이 있을 수 없었다. 해서 왕의 자손이 권력 아래에서 잔명을 보존하려면 출가를 하거나 광인(폐인)이나 바보가 되지 않으면 아니되었다. 왕손이었던 흥선군(李昰應, 1820~1898)도 시정잡배들과 어울리며 파락호

35 釋道月, 앞의 글, 앞의 책, p.2.
36 臺生, 「三角山華溪寺重建記」, 『三角山華溪寺略誌』, p.2.
37 崔完秀, 앞의 글, 앞의 책, p.325.

(破落戶) 행세를 하였다. 늘 헌 옷과 찢어진 갓을 쓴 채 남루한 옷차림으로 살았다. 한편 흥선대원군이 덕흥대원군 집안의 복을 가져갈 수 있었던 것은 평소 화계사와 긴밀한 관계가 있었기 때문이었다.

흥선대원군과 이하전(李夏銓, 1842~1862)은 친가로는 먼 친척이지만 그의 장인 민치구(閔致久, 1795~1874)가 이하전의 고모부였기에 처가로는 처외사촌 남매간이었다. 때문에 흥선대원군의 부인인 여흥 민씨는 외가의 원찰인 흥국사와 화계사를 자신의 원찰처럼 인연을 맺고 쉽게 출입하고 있었다. 흥선군도 자연스럽게 화계사에 이르러 인연을 맺게 되었다. 하루는 동행이 없이 한양에서 십리길을 걸어 화계사 동구에 도착하였다. 갈증이 나서 약수터를 찾으려는데 절 느티나무 아래에서 한 동승이 나서며 말없이 물 사발을 내밀었다. 대원군은 기뻐서 받아 마셨는데 뜻하지 않게 자신이 제일 좋아하는 꿀물이었다.

깜짝 놀라서 내가 갈증난 것을 어찌 알았으며, 또 내가 꿀물을 좋아하는 것을 어찌 알았느냐고 물었다. 동승은 우리 스님이 시키는 대로 하였으니 저를 따라 가시자고 하였다. 흥선군은 기이하게 여기며 동승을 따라가서 신이한 승려인 만인(萬印)을 만났다. 차차 마음을 터놓고 얘기를 해 나가자 만인은 흥선군의 야심을 꿰뚫어 보았다. 흥선군은 안동 김씨의 척족세도로부터 왕권을 되찾을 수 있는 방법을 가르쳐 달라고 매달렸다. 이에 대사는 이것은 시운(時運)의 인연, 도리는 어쩔 수 없는 것이라고 탄식하면서 이 일을 발설하면 자신은 불가의 중죄인이 되어 그 업보를 면할 길이 없다고 하였다.[38]

만인은 충청도 덕산의 가야산(伽倻山) 가야사(伽倻寺) 금탑(金塔)

38 興宣大院君은 대권을 잡은 뒤에 '만인'을 죽여야 왕통이 길게 유지될 것이라는 말에 따라 천주교 박해를 일으켜 천주교도 '만명'을 죽였으나 실은 만인(萬印)대사가 자신을 찾아 죽이라는 말인데 이것을 잘못 해석하여 오히려 '만인'을 죽인 것이 화근이 되어 왕통을 3대밖에 잇지 못하는 결과를 가져왔다고 한다.

자리가 제왕지지(帝王之地)이니 대원군 부친인 남연군(南延君)의 (경기도 연천) 산소를 그곳으로 이장하면 제왕이 될 귀한 왕손을 얻을 것이라고 가르쳐 주었다. 그리고 대권을 잡고 나면 만인을 죽여야 한다고 하였다. 그렇지 않으면 왕통이 3대를 넘지 못할 것이라 하였다. 흥선군은 자신의 전 재산을 팔아서 만냥 돈을 마련하여 가야사를 찾아가 주지승을 매수하고 가야사에 불을 지르도록 하였다. 그리고 금탑을 허물고 자기의 형제들을 설득하여 탑지에다 남연군의 묘소를 이장하였다.[39]

흥선대원군 이하응은 인조의 제3왕자인 인평대군(麟坪大君, 1622~1658)의 6세손이자 영조의 현손(玄孫)인 남연군 구(球, 1788~1771)의 아들이었다. 그는 사도세자의 증손자로 헌종과는 칠촌지간, 철종과는 육촌지간이었다. 인평대군의 후손은 남인이었기 때문에 60년 동안 세도정치를 펴온 노론 척족세도가(戚族勢道家)인 안동 김씨는 흥선군 일가에게 왕통을 넘겨줄 생각이 없었다. 해서 노론 핵심 가문인 덕흥대원군가의 종손(宗孫)인 이하전를 왕위 계승자로 지목하고 있었다. 하지만 안동 김씨 일파는 그가 지나치게 영민하다고 하여 역모로 몰아 철종 13년(1862)에 사사(賜死)시키고 말았다. 이 일로 인하여 덕흥대원군가는 선조 이후 다시 국왕을 배출할 수 있는 기회를 놓치고 말았다.

반면 평소부터 안동 김씨와 대립 관계에 있는 대왕대비 풍양 조씨와 긴밀한 관계를 맺고 있었던 흥선군은 이 기회를 놓치지 않았다. 흥선군은 안동 김씨가 무소불위의 권력을 휘두르며 왕실과 종친에게 갖가지 통제와 위협을 가하던 철종 시절을 이겨 내었다. 그는 안동 김씨에 대한 호신책으로 시정의 무뢰한(無賴漢) 4인방으로 불리는 '천하장안'

39 최완수, 앞의 글, 앞의 책, p.325.

(千河張安) 즉 천희연, 하정일, 장순규, 안필주 등과 어울리며 파락호 생활을 하였다. 흥선군은 안동 김씨 가문을 찾아 다니며 구걸도 서슴지 않았다. 때문에 그를 두고 세간에서는 '궁도령'이라는 조롱섞인 별명을 붙여줄 정도였다.

이처럼 집권 이전에 흥선군은 안동 김씨의 세도 아래 불우한 처지에 있었다. 21세가 된 1841년에 흥선정이 되었고, 1846년에는 수릉천장도감의 대존감, 동친부의 유사당상, 오위도총부의 도총관 등 한직(閒職)을 지냈다. 그는 시정잡배와 어울려 지낸 호신 생활을 통해 대원군은 서민 생활을 체험하고 국민의 여망이 무엇인지를 몸소 깨닫는 계기를 삼고 있었다.[40] 그는 안동 김씨 가문에 원한을 품고 있던 조대비의 친조카 조성하(趙成夏)와 친교를 맺고 그 자신이 조대비와 인척이라는 관계를 내세워 조대비(趙大妃)에게 접근하였다.

이듬해 철종이 승하하자 '그들이 생각하지 못한 곳으로 출격하여'[出其不意] 자신의 둘째 아들인 고종을 익종에게 입승대통시켰다. 그리고 그 모후가 된 대왕대비 풍양 조씨(豊壤趙氏, 익종비, 헌종의 생모)로 하여금 섭정을 하게 하여 안동 김씨의 세도를 종식시키고 왕권을 되찾아 왔다. 그 결과 이하응은 부친 남연군이 사도세자(思悼世子)의 왕자인 은신군(恩信君) 진(禛, 1755~1771)에게 출계(出系)하여 영조의 현손(玄孫) 자격으로 그 둘째 아들인 고종 희(熙)[41]를 익종(翼宗)에게 입

40 이준, 「문화기행, 인물탐험: 홍선대원군 이하응」, 『재정포럼』(2000년 3월 호), pp.126~127.

41 고종의 휘는 이희(李熙) 또는 이형(李㷩), 초명은 이재황(李載晃), 아명은 이명복(李命福)이다. 초자(初字)는 명부(明夫), 본관은 전주 이씨(全州李氏), 자는 성림(聖臨), 호는 주연(珠淵), 정식 諡號는 '고종통천융운조극돈륜정성광의명공대덕요준순휘우모탕경응명입기지화신열외훈홍업계기선력건행곤정영의홍휴수강문헌무장인익정효태황제'(高宗統天隆運肇極敦倫正聖光義明功大德堯峻舜徽禹謨湯敬應命立紀至化神烈巍勳洪業啓基宣曆乾行坤定英毅弘休壽康文憲武章仁翼貞孝太皇帝)이다. 연호는 建陽, 光武이다.

승대통시켜 처음으로 살아있는 대원군이 될 수 있었다. 흥선군은 덕흥대원군가의 종손인 이하전이 사사(賜死)되었기에 대원군[42]이 될 수 있었으며 그것은 안동 김씨들이 도와준 격이라고 할 수 있다.

흥선대원군은 고종을 대신해서 1864년부터 1973년까지 약 10년간 섭정하였다.[43] 이 기간 동안 그는 집권 이후 안으로는 세도정치를 분쇄하고 쇠락한 왕권을 공고히 했으며, 밖으로는 침략적 접근을 꾀하는 외세에 대적할 실력을 키워 조선을 중흥시킬 과감한 혁신 정책을 강력히 추진하였다. 그는 대왕대비의 특별 유시(諭示)를 빌어 다음과 같은 정책을 발표하였다.

> 국가의 재용(財用)이 고갈하고 민생이 고단하고 기강이 해이하고 풍속이 퇴폐하기가 날로 심하여 수습(收拾)할 수 없게 되었다. 명절이 파괴되고 염치를 상실함이 오늘날보다 심할 수 없어 나라가 위태로운 지경인데 장차 이 허물을 누가 책임질 것인가. 지금 유충(幼沖)한 왕이 첫 정무를 집행하는 날을 맞이해서 함흥유신(咸興維新)의 뜻으로서 이와같이 내 마음을 피력하고 유시(諭示)하는 것이니 무릇 모든 신료(臣僚)는 각자 분발하여 관리는 관리의 직분을 다할 것이며 언관(言官)의 직책에 있는 자는 그 언관(言官)의 직분을 다할 것이며 지방의 방백수령과 근민(近民)의 직에 있는 자도 모두 그 맡은 바 일에 진력할 것을 생각하고 왕의 은혜를 저버리는 죄과를 범하지 않도록 하라.[44]

42 대원군은 당대 왕이 형제나 자손 등의 후사를 남기지 않고 죽어 종친 중에서 왕위를 계승해야 할 때에, 새로 즉위한 왕의 생부가 되는 이를 부르는 호칭이다. 조선시대에 '大院君'에 봉해진 사람은 모두 4인이다. 이들 중 덕흥대원군(선조 父), 정원대원군(인조 父), 전계대원군(철종 父) 등 3인은 모두 죽은 뒤에 추존(追尊)되었고 오직 흥선대원군만이 생전에 대원군에 봉해졌다.

43 흥선대원군은 고종의 왕위 계승 이후 1) 고종의 등극과 동시에 10년간(1864. 12. 8~1873. 11 .5), 2) 壬午事變을 계기로 33일간(1882. 6. 10~1882. 7. 13), 3) 갑오농민전쟁으로 120일간(1894. 7. 23~1894. 11. 23) 세 차례 집권하였다.

44 『고종실록』 권1, 고종 원년 甲子 正月 초10일.

흥선대원군은 왕권의 쇠태를 왕실의 쇠태로 보고 모든 정책을 왕실 재건, 즉 왕권강화에 집중하였다. 그는 국정의 부패와 국력의 쇠미가 양반지배계급과 척족, 권신의 발호에 의해 왕실 주권이 위엄을 상실하고, 탐관 오리의 농간 속에 민심이 이탈된 것으로 보았다. 때문에 그는 척신의 세도와 양반의 발호를 억제하고 문벌과 당색을 타파하려는 일대 혁신 정치를 감행하였다.[45]

흥선대원군이 집권하기 전부터 인연을 맺었던 화계사는 매우 어려운 형편을 맞이하고 있었다. 덕흥대원군 집안의 중창(1618) 이후 247년이 지나자 법당과 요사채가 낡아 무너질 지경에 이르렀다. 고종 3년(1866)에 용선과 범운 선사는 중건을 위한 특별한 대책이 없자 운현궁 앞에 찾아가 울며 하소연하여 비로소 중건을 할 수 있었다.

> (덕흥대원군 집안의 중창)으로부터 247년이 지나 곧 청(清)나라 동치(同治) 병인년(1866) 봄이 되어 그동안 세월이 흐르고 비바람을 많이 겪어 장차 무너질 지경에 이르렀다. 용선(龍船)과 범운(梵雲) 두 선사가 운현대원군(雲峴大院君) 앞에서 울며 하소연[泣訴]하여 지금과 같이 중건하게 되었다. 법당(佛殿)과 요사채(僧房)가 더욱 새로워졌으니, 지금의 고종 즉위 3년(1866)이 되는 때이다.[46]

당시 흥선대원군은 삼각산 흥천사, 수락산 흥덕사(흥국사), 파주 보광사, 영종도 용궁사 불사를 후원하였다. 이를 계기로 화계사의 용선과 범운은 흥선대원군 즉 운현대원군을 찾아가 중건을 위해 후원을 원하며 읍소하였다. 그 결과 화계사는 흥선대원군 즉 운현대원군의

---

45 김윤곤, 「흥선대원군의 쇄국주의적 정책론」, 『한국행정사학지』 제7호(한국행정사학회, 1999), pp.156~157.

46 臺生, 「삼각산화계사중건기」, 『삼각산화계사약지』, p.2.

후원에 의해 법당과 승방이 더욱 새로워질 수 있었다. 하지만 흥선대원군의 사찰 후원은 그의 집권기 이후로는 거의 나타나지 않는다. 다만 그와 인연이 있었던 화계사는 예외였던 것으로 짐작된다. 그의 후원에 힘입어 왕실의 대왕대비 조씨, 왕대비, 홍씨, 경빈 김씨, 상궁 등 궁인들은 자주 화계사에 출입하였으며 이로 인해 화계사는 '궁절'로도 불렸다.

흥선대원군은 10년 동안의 섭정기간 동안 쇄국정책을 통해 민족주체성 확립과 외세 배척을 도모하였다. 그러나 왕권의 안위를 위해 스스로 간택한 며느리 민비 즉 명성황후와의 정권 다툼과 쇄국이라는 시대착오적인 의식 때문에 끝내 불운의 결말을 맞이하게 되었다.[47] 그가 며느리와의 치열한 권력다툼에서 보여준 정권에 대한 집착은 오늘을 사는 우리에게도 많은 것을 시사해 주고 있다. 아마도 풍전등화와 같은 조선의 미래에 대한 과도한 책임감과 그것으로 인한 지나친 독선이 그러한 결과를 초래하지 않았나 생각된다.

4. 조선 왕실과 화계사의 통로

고려 광종대의 왕사이자 국사였던 탄문대사의 보덕암 창건 이래 화계사는 왕실과 긴밀하였다. 화계사의 전신인 보덕암은 중종 대의 왕실의 종친 혹은 2품 공신의 집안이었던 서평군 이공과 인연을 맺어 남쪽 화계동 즉 현재의 화계사 자리로 옮겼다. 이후 화계사는 광해군대의 덕흥대원군 집안과 고종 대의 흥선대원군 집안과 인연을 맺어 왕실의

47 이준, 앞의 글, 앞의 책, p.128.

비호 아래 사세를 크게 확장해 왔다. 특히 화계사와 흥선대원군 집안의 인연은 왕실의 어른이었던 조대비와 홍대비 및 경빈과 상궁들로 이어지면서 왕실 원찰로서의 입지를 확보하였다.

1 조대비와 홍대비의 불사

흥선대원군은 집권 기간에 불사를 피하였지만 이 기간에도 그와 인연이 있었던 화계사의 불사는 예외적으로 지원하였던 것으로 짐작된다. 그의 뒤를 이은 후원자는 왕실의 비빈들이었다. 이들의 화계사 후원은 1875년 원자(元子, 뒤의 純宗, 1874~1926)의 수명장수를 위해 왕비 여흥 민씨(驪興閔氏)[48]와 대왕대비 풍양 조씨(神貞王后, 1808~1849, 익종비, 헌종 생모)와 왕대비 남양 홍씨(孝定王后, 1831~1903, 헌종의 계비) 등이 발원하고 궁녀들이 수놓아 완성한 「자수관음보살도」[49](1874)를 궁중에서 화계사로 봉안하면서 왕실 비빈들의 화계사 불사는 본격화 되었다. 1876년에는 홍대비가 친정 식구들의 영가천도를 빌면서 관음전에 「지장삼존도」(국립박물관 소장)를 봉안하였다.[50]

---

48 이 자수관음상 발원에 閔妃가 참여하였는지는 확인되지 않는다. 「華溪寺觀音殿佛糧文」 施主秩에 그의 이름은 보이지는 않는다. 하지만 그가 왕실의 왕비였다는 점을 고려한다면 대왕대비와 왕대비 및 慶嬪 외 상궁 15인이 참여하는 불사에 그가 빠질 수는 없을 것이다. 민비가 참여한 것으로 본 것은 최완수, 앞의 글, 앞의 책, p.330. 민비가 서울 경기지방의 불사에 후원한 것은 1868년의 서대문구 옥천암, 1872년의 수락산 학도암, 1874년의 청룡사, 1880년의 약수암, 1888년의 관악산 연주암, 1893년의 강화도 보문사의 불사에서 확인된다. 사찰문화연구원, 『전통 사찰총서 4-서울』, p.174; 사찰문화연구원, 『경기도 I』; 『경기도 II』; 『기내사원지』(경기도, 1988) 참조; 손신영, 앞의 글, 앞의 책, p.443의 각주 50) 참조.

49 화계사 관음전에 봉안한 이 자수탱은 관음전이 사라지고 그 옆 자리에 천오백나한전이 자리해 있다. 지금은 현존하지 않지만 『삼각산화계사약지』의 서두 p.2에 '觀世音菩薩像及竹根羅漢'의 사진이 실려 있다.

50 이용운, 「화계사 관음전 지장삼존도 연구」, 앞의 책, pp.99~100. 예전에는 이곳에 관음전이 있었으나 1960년대 중반에 세종대학 崔玉子 이사장의 선친인 최기남이

이 자수관음보살도(자수탱)를 봉안하기 위해 1876년에는 상궁들은 관음전 중창을 적극 후원하고 있다. 「화계사관음전중창단확기」에는 고종 12년(1875) 겨울에 대비수탱(大悲繡幀)을 이운 받아 한 칸 규모의 옛 법당에 봉안했으나 그곳이 낡고 협소하여 고종 13년(1876)에 초암(草庵)선사가 화주가 되고 상궁 청신녀가 공덕주가 되어 관음전을 중건하고 단청을 입혔다고 하였다.

> 화계사가 창건된 지 이미 오래 되었으나 좌우에 법당이 없고 오직 대웅전만이 유일하게 홀로 우뚝 서 있다. 지난 을해년(1875), 관음성상을 수를 놓아 제작했으니 장엄하고 아름답기가 이를 데 없다. 이에 전각을 짓고 봉안하니 우리나라의 모든 사찰 중에 일찍이 없던 일이다.[51]

고종 14년(1877년)에 황해도 백천군 강서사(江西寺)에서 시왕상을 화계사로 이전 봉안하고 이듬해에 시왕전(명부전)을 중수(1878)하고 다시 단청칠을 하였다. 이어 1880년에는 조대비가 정승지(鄭承旨)의 논을 사서 시왕전의 불량(佛糧) 명목으로 헌납하였다.[52] 1883년에는 자수탱을 발원했던 대왕대비 조씨와 왕대비 홍씨를 비롯한 상궁 15인이 관음전 불량계를 조성하였다.[53]

또 명부전의 괘불함에 넣어져 있는 「화계사 괘불도」의 제작에도 조

발원하여 오백나한상을 조성 봉안한 千五百聖殿이 자리하고 있다. 최기남은 1915년 관직에서 물러나 금강산에 들어가서 18나한상과 천불상, 사천왕상 등을 조각하였다. 자신이 조성한 조각상을 여주 신륵사에 봉안했다가 이후에 조각상들을 화계사로 옮겨와 대웅전에 안치했다가 최기남의 가족이 천불오백성전을 낙성한 뒤 오백나한상을 봉안하였다. 사찰문화연구원, 『전통 사찰총서』 4, pp.184~185. 여기에는 私家에 모셔져 있다가 기증된 중국 隋나라 대에 조성한 白大理石制 보살입상이 벽면에 모셔져 있다. 최완수, 앞의 책, p.341.

51 震湖錫淵, 「華溪寺冥府殿佛糧序」, 앞의 책, pp.8~9.

52 震湖錫淵, 傳說, 앞의 책, pp.7~8.

53 震湖錫淵, 앞의 책, p.6.

대비와 홍대비 및 상궁들이 시주로 참여하였다. 특히 화계사 불사에 깊이 후원한 상궁 천진화와 박씨가 대시주질에 이름을 올리고 있으며 다른 상궁들 역시 동참하고 있다. 이들의 발원 내용을 보면 대왕대비와 왕대비의 만수무강과 조대비의 친정아버지인 충헌공(忠憲公) 풍양 조씨(趙氏)의 영가천도를 기원하고 있다.[54]

그리고 (홍대비의 타계 이듬해인) 1904년에는 잘생긴 입술이 안으로 멋있게 숙인 그의 유품인 반질반질한 놋쇠(靑銅, 鍮) 항아리 즉, 두 아름드리의 큼직한 '유수옹'(鍮水甕) 두 벌을 헌납하였다. '물드므' 즉 '유수옹'은 일종의 불끄는 물 즉 방화수(防火水)를 담는 놋쇠항아리이다.

이러한 놋쇠항아리 즉 '물드므'는 창경궁(昌慶宮)의 명정전(明政殿, 1616), 창덕궁(昌德宮)의 인정전(仁政殿, 1804), 선정전(宣政殿, 1647), 대조전(大造殿, 1888) 것과 같은 것이다. 아마도 유수옹은 궁궐의 것이 '궁절'인 화계사로 옮겨진 것이라고 할 수 있다. 화계사는 광해군 시절에 화마에 사찰이 전소되어 덕흥대원군 집안의 후원으로 본 모습을 되찾았던 적이 있었다. 홍대비는 타계 이후에도 화계사의 화마를 누르기 위해 '유수옹'을 기증하여 화계사의 호법신장으로 남아 있고 싶어 했는지도 모른다.

조대비와 홍대비는 젊은 나이에 홀몸이 된 여인들이라는 점에서 깊은 친연성이 있었다. 둘 사이는 시어머니와 며느리였지만 불사를 통해 아홉 겹 궁궐 속에서의 외로움과 한스러움, 궁녀들 사이의 갈등, 불안한 정세 등을 이겨내며 30여 년 동안 화계사의 불사를 지속적으로 후원하였다. 이들의 후원에 힘입어 화계사는 사격(寺格)과 사세(寺勢)를

---

54 掛佛函에는 '大施主 乾命己丑生金完植, 坤命庚子生朴氏, 兩位保體 化主僧雪竇堂章印'의 銘文이 기록되어 있다. 지미령, 앞의 글, 각주 40) 참조.

유지할 수 있었다. 이처럼 왕실의 화계사 후원은 왕실 여인 중 최고 어른들에 의해 주도되면서 비빈과 상궁의 불사까지 이끌어 낼 수 있었다.

2 경빈 김씨와 상궁들의 불사

헌종에게는 두 명의 황후가 있었다. 처음에는 정비 효현왕후 김씨와 혼례를 올렸으나 그는 2년 만에 타계하였다. 이어 계비 효정(정헌)왕후 홍씨를 간택하여 왕비로 책봉하였다. 하지만 후사가 없었다. 헌종은 자식이 없자 왕실의 후사를 위해 헌종 13년(1847)에 경빈 김씨(慶嬪金氏, 1831~1907)를 후비로 맞았다. 경빈은 헌종의 총애를 한 몸에 받았으며 왕은 그를 위해 전각인 창덕궁의 낙선재를 지었으며 처소인 '석복헌'(錫福軒)을 지어 선물하였다. 헌종이 일찍 승하하자 홀로 외롭게 지내다가 광무 11년(1907)에 타계하였다. 그 역시 왕실의 어른인 조대비와 홍대비를 순종하면서 화계사의 불사에 참여하였다.

경빈은 관음전[55] 불량(1883)에 참여하였으며 원자의 무탈과 장수를 위하여 「자수관음보살도」를 조성할 때도 참여하였다. 「자수관음보살도」(자수탱)을 이안해서 우선 고법당(古法堂)에 봉안하면서, 양주 천마산 봉인사(浮圖庵)에 머무르는 당대의 선지식인 환옹 환진(幻翁喚眞, 1824~1904)선사에게 법문을 청하였다. 환옹선사는 법상에 올라 사자후를 쏟아내었다.

경에 이르시기를 "부처님 몸에서 피를 내면 오역죄의 하나가 된다 했

---

55 觀音殿은 대웅전과 천불오백성전 사이에 있었는데 1974년 화재로 소실되어 「지장삼존도」(국립박물관 소장), 〈시왕도〉(명부전 봉안)를 제외한 모든 유물이 소실되었다.

거늘 너희들은 바늘로 부처님 몸을 찔렀으니 아비지옥을 면하기가 어렵다."

계행이 청정하기로 유명했던 환옹선사의 법문을 들은 궁녀들은 두려워하면서 어쩔 줄을 모르며 진땀을 흘렸다. 한참을 있다가 환옹 선사가 말하였다.

> 비록 그렇다고 하더라도 성심으로 불상을 조성한 공덕 또한 없지 않으니 각자 안심하고 믿고 받아서 받들어 행하라[信受奉行][56]

환옹선사의 법문은 궁녀들을 기쁘게 하였고 더욱더 불심을 돈독히 하는 계기가 되었다. 그는 조선 후기 대선사이자 대강백이었던 백파 긍선의 법손으로서 봉인사(浮圖庵)에 머물며 봉선사와 화계사를 오가며 선지식을 길러내고 있었다. 그의 법제자는 봉선사에 주석하였던 월초 거연(月初巨淵, 1858~1934)이었고 월초의 법손이 『불교사전』을 편찬하고 동국역경원을 이끈 운허 용하(耘虛龍夏, 1892~1980)였다.

경빈 역시 일찍 홀몸이 되어 아홉 겹 궁궐에서의 외로움과 한스러움, 불안한 정세와 궁녀들의 갈등 등을 보면서 조대비와 홍대비를 따라 화계사 불사에 적극 참여하였다. 그 결과 현재 가평 현등사에 소장된 〈화계사 칠성도〉(1871)의 시주질에 이름을 올린 '상궁청신녀정사생계심화'(尙宮淸信女戒心華), '상궁청신녀무인생김씨천진화'(尙宮淸信女戊寅生金氏天眞華) 외 3인의 상궁에게 영향을 미쳤다. 명부전 후불도인 「화계사 지장시왕도」의 화기에 의하면 대시주질(大施主秩)에는 상궁 무진생 황씨(尙宮戊辰生黃氏), 상궁 을해생 홍씨(尙宮乙亥生

56 李能和, 「囊橐主義奉佛賣佛」, 『朝鮮佛敎通史』 권하(보련각, 1975).

洪氏), 상궁 갑술생 황씨무심화(尙宮甲戌生黃氏無心花), 상궁신사생남씨보적화(尙宮辛巳生南氏寶積花), 상궁갑오생정씨광도화(尙宮甲午生鄭氏廣度花), 상궁을해생이씨(尙宮乙亥生李氏) 등 6명의 상궁의 이름을 올리고 있다.

이 중에서도 제5염라대왕·제7태산대왕반가상·제9도시대왕(1878년 조성)의 화기(畵記)에 시주자로 이름을 올린 '상궁갑인생엄씨'(尙宮甲寅生嚴氏) 등의 시주를 이끌어 내었다. 상궁 엄씨는 을미사변 이후 고종의 승은을 입어 순헌황귀비(純獻皇貴妃 嚴氏, 1854~1911)의 지위에 오른 엄상궁으로 짐작된다. 그는 화계사 외에도 개운사(괘불도, 1879년 조성), 불암사(괘불, 1895년 조성), 봉원사(괘불도, 1901년 조성), 청룡사(가사도, 1902년 조성), 수국사(아미타후불도, 1907; 현황도, 1907; 신중도, 1907; 감로도, 10907; 나한도, 1907; 십육나한도, 1907년 조성)의 불사에도 시주자로 이름을 올리고 있다. 이처럼 상궁 갑인생 엄씨가 화계사 불사에 등장할 즈음에 불교 공예품이 새로 조성(1897)되거나 다른 사찰에 있는 범종과 운판 등이 이운(移運)되고 있다. 이것은 원자의 무탈과 장수를 위해 조성했던 「자수관음보살도」를 화계사로 이운한 전례처럼 순헌황귀비 엄씨가 영친왕을 낳은(1897) 뒤 이를 기념하기 위한 것으로 이해된다.

그리고 상궁 천진화는 「관음전 지장보살도」의 인권대시주(引勸大施主)로 등장한다. 그는 황해도 백천군 강서사로부터 명부전으로 시왕상을 이안한 뒤 명부전을 중수·개체불사를 했을 당시, 37인의 시주자 중 대표로 이름을 올린 화계사[佛糧施主錄 懸板(1980), 祝願 懸板(1980), 화계사 괘불도(1986)] 불사와 관계가 깊은 인물이다.[57] 그는 화계사 이

57 「華溪寺冥府殿佛糧序」, 震湖錫淵, 앞의 책, p.9. 상궁 김씨 천진화는 대왕대비, 왕대비, 경빈 김씨와 함께 흥선대원군이 영종도 용궁사를 중건할 때 시주자로 참여하였

외에도 영종도 용궁사(永從白雲山瞿曇寺施主秩 懸板), 서울 보문사(改金佛事同參信徒錄 懸板) 불사에도 시주자로 등장하고 있다. 아마도 그는 대왕대비와 황대비 등을 따라 여러 불사에 참여하는 것으로 보아 조대비나 홍대비를 곁에서 모시는 제일 높은 직책인 대명상궁(待命尙宮) 또는 지밀상궁(至密尙宮) 혹은 시녀상궁(侍女尙宮)이었을 것으로 추정된다.

화계사는 흥선대원군에 의해 왕실의 원찰이 된 이후 비빈들과 궁녀들이 오가며 '궁절'이란 이름을 얻었다. 이렇게 30여 년을 화계사에 지속적으로 후원하여 화계사의 사세가 유지되었던 것은 왕실의 최후의 어른으로서 마지막까지 화계사를 후원하였던 경빈 김씨의 지극한 불심에 의해서였다. 그의 지속적인 불심은 상궁들의 후원으로 이어지게 한 원동력이었다.

3 두흠·포선과 월해·월명의 불사

화계사의 불사는 조선 왕실의 후원에 의해 다수의 불사가 이루어졌지만 화계사 상주 대중들에 의한 불사도 있었다. 1905년 납월 초파일(12월 8일) 성도절을 맞이한 두흠(斗欽)과 포선(抱宣) 두 선사가 절집의 여러 도반들과 특별히 신심을 내어 각기 백금의 재물을 내어서 계를 결성하여 '성도계'(成道契)라고 하였다. 더러는 부모와 스승을 위하여, 더러는 자기 몸이 고통을 여의고 열락을 얻기 위하여 발의하였다.

『시경』에 이르기를, "누군들 처음이 있지 않으리오마는[靡不有初], 마

다. 이용운, 앞의 논문, 앞의 책, p.116; 지미령, 앞의 글, 앞의 책, p.136.

지막까지 있는 경우는 드물다[鮮克有終]" 하였으니, 무릇 일을 경영하는 자는 처음 일으킬 때를 가상히 여기지 말고, 마지막에 완성될 때를 귀하게 여겨야 한다. 유위(有爲)의 재산을 출연하여 무루(無漏)의 큰 복을 이루어 위로는 네 가지 귀중한 은혜[四重恩]에 보답하고, 아래로는 세 가지 윤회의 고통[三途苦]에서 벗어나서 법계의 중생들이 다함께 금강대도량 들어서 일제히 납월 8일에 성도한다면 참으로 부처님의 은덕에 보답한다고 할 수 있으리라.[58]

두흠과 포선 두 선사는 성도절을 맞이하여 새로운 발심을 일으켜 수행하자며 성도계를 결성하였다. 이들은 이 성도계를 통하여 불자라면 붓다가 태어난 4월 8일과, 성도한 12월 8일, 원적에 든 2월 보름에 감탄하고 우러러 경모해야 한다고 역설하였다. 그러기 위해서는 유위의 재산을 출연하여 무루의 큰 복을 이루어, 위로는 네 가지 은혜에 보답하고, 아래로는 세 가지 윤회의 고통에서 벗어나서 법계의 중생들이 다함께 금강대도량에서 들어 납월 팔일 밤에 일제히 성도한다면 진실로 부처님의 은혜에 보답한다고 할 수 있을 것이라면서 정진을 제안하고 있다. 이 '성도계' 서문은 납월 팔일에 참여한 불자들의 성도를 위한 일종의 결사문이라고 할 수 있다.

또 화계사에서는 성도계뿐만 아니라 만일염불회도 이루어졌다. 만일염불회의 주관(主管)자인 월해(越海)화상은 1910년 겨울 10월에 뜻을 같이 하는 월초(月初)와 포응(抱應)과 동화(東化) 등 여러 화상들과 함께 화엄산림(華嚴山林)을 협의하여 각기 능력껏 자기 재산을 내거나 더러는 시주자들을 모았다. 팔공산 동화사의 월재(月齋)화상에게 회주(會主)가 되어주시길 청하여 모셨다. 화상은 80권 『화엄경』 한 부를

58 法溟, 「京畿三角山華溪寺成道契序」, 震湖錫淵, 앞의 책, pp.11~12.

한 달 열흘 동안 모두 설하여 환희하며 회향하였는데 말세에 희유한 일이었다. 이때 화계사에 월명(越溟)이라는 화상이 있었다. 그는 입산 출가하여 염불로써 종취를 삼아 정토에 나기를 구한 지가 50여 년이 되었다. 이에 월명 화상이 말하였다.

"스님과 제가 절집의 형제가 되었으니, 제가 죽고 난 뒤의 일을 어찌 말하지 않을 수 있겠습니까? 제 나이 지금 70에 병들어 일어나지 못하고 있으니 목숨이 곧 다할 것입니다. 제 평생에 모든 전답이 양양에 있는데 불과 몇 백 마지기입니다. 그러나 이는 승속 간에 오고간 재물이 아니라 본인이 입산 후 맨손으로 부지런히 일하여 이루어진 재물입니다. 어떻게 하는 것이 좋겠습니까?" 월해화상이 듣고 있을 때에 회주(會主)인 월재(月齋) 화상과 화주(化主)인 월초(月初)·포응(抱應)·동화(東化) 등 같이 자리하고 있던 여러 화상들이 이구동성으로 제안하였다. "스님께서 평소에 염불로써 일상의 수행을 삼으셨으니, 이 전답이 모두 절집으로 들어와 만일염불(萬日念佛)을 한 사람들의 월 보시금으로 쓰인다면 비록 천만년이 지나더라도 염불소리, 금고(金鼓)소리가 이 도량에 끊어지지 않을 것입니다. 비단 만인에게 권면할 뿐만 아니라 화상의 몸이 서방에 가더라도 이름은 이 절에 남아 오래도록 유포될 것이니, 이것이 어찌 세간의 일대인연이 아니겠습니까? 그렇지 않다면 사람이 죽어 황천으로 가더라도 재물은 허무한 데로 돌아갈 것입니다. 원컨대 화상께서는 깊이 살피소서."[59]

화계사의 만일염불회는 처음에는 화엄산림을 통해 재산을 모아 준비를 하였다. 80권 『화엄경』으로 40일 동안 화엄산림법회를 마무리하고 회향하면서 자연스럽게 월명 화상의 보시금으로 인해 만일염불회

59 法雨, 「三角山華溪寺萬日念佛會刱設記」, 震湖錫淵, 앞의 책, pp.12~13.

가 시설되었다. 염불회는 잘 진행되었으며 화계사에는 그의 공덕을 찬양하는 공덕비가 세워졌다.[60] 당시 전국에는 신라 이래 지속되어 왔던 만일염불회가 불교 수행의 전통으로 면면히 이어져 오고 있었다. 고려 초기 이래의 보덕암과 조선 중기 이래의 화계사는 선찰이었지만 점차 염불도량의 면모를 지녀온 것도 이러한 이유 때문이었다.

하지만 대한시대를 거치면서 『화계사약지』 편찬(1938) 직전(1937)을 기점으로 염불도량의 면모는 점차 엷어지고 선 도량으로 변화하기 시작하였다. 해방 이후 화계사는 고봉(古峰)-숭산(崇山)으로 이어지는 선법(禪法)의 전통이 복원되면서 국제적인 선찰(禪刹)로서 거듭나고 있다. 이제 화계사의 정체성은 큰방의 보화루 회랑에 걸려있는 퇴경 권상로(退耕 權相老, 1879~1965)의 '삼각산 제일선원'(三角山第一禪院)이나 대방에 걸려있었으나 현존하지 않는 영선군(永宣君) 박춘강(朴春江)이 쓴 '삼각제일난야'(三角第一蘭若)라는 편액이 보여주는 것처럼 선찰의 전통을 되찾아가고 있다.

---

60 法雨, 위의 글, 震湖錫淵, 앞의 책, p.13. "大功德主 金越溟 沓二百七十六斗落萬日會, 十六斗祭位, 二十八斗落自學祭位, 三十斗落上佐金鏡波" 대공덕주 김월명은 논 276마지기를 만일회에, 16말을 제위에, 28마지기를 자학제위에, 30마지기를 상좌 金鏡波에게 내놓고 있다. 화계사에는 사찰 불사에 크게 기여한 이들을 기리기 위해 이 '越溟堂紀念碑' 이외에도 '梵雲堂功德碑', '韓濱雨功德碑', '金鍾河功德碑', '吳正根功德碑' 등을 세웠다.

5. 선말 한초 이후의 인물과 활동

1 ▌추사서파 방외인의 집합소

조선말 흥선대원군이 화계사의 중건을 후원하면서 추사서파(秋史書派)와 화계사는 깊은 인연을 맺게 되었다. 여기에는 추사 김정희(秋史 金正喜, 1786~1856)의 편액이 있으며 그에게서 난법(蘭法)을 배운 흥선대원군과 위당 신관호(威堂 申觀湖, 1810~1888)는 화계사를 찾아 여러 편의 친필 편액과 주련을 써서 남겼다. 특히 추사의 문하에서 흥선대원군과 동문수학하며 서법(書法)과 난법(蘭法)을 인가받은 당대 예원(藝苑)의 귀재인 위당 신관호의 편액과 주련들은 흥선대원군의 작품들과 함께 추사서파의 위상을 잘 보여주고 있다. '학으로서 자신이 깃들 곳'[鶴棲樓]이라는 백미의 편액을 쓴 흥선대원군은 예서체로 쓴 '화계사'(華溪寺)라는 편액과 주련을 남겼다. 병인양요(1866) 때 프랑스 군대를 진압했던 신관호도 편액(寶華樓)과 주련을 남겼다.

1864년에 섭정에 오른 흥선대원군은 안동 김씨라는 외척에 의해 집정된 60년간의 폐단을 미리 막기 위해 1866년에 부인 민씨의 집안에서 왕비를 간택하여 왕실과 정권의 안정을 도모하고자 하였다. 여성부원군 민치록의 딸이었던 민비는 8세에 부모를 여의고 혈혈단신으로 자랐다. 그는 어릴 때부터 집안일을 돌보며 틈틈이 『춘추』를 읽을 정도로 총명하였다. 궁중에 들어온 민비는 궁내에서 한동안 대단한 칭송을 받았다. 하지만 대원군은 궁녀 이씨에게서 태어난 완화군(完和君)을 편애하여 세자로 책봉하려 하였다. 더욱이 민비는 자신이 낳은 왕자가 사흘 동안 대변이 나오지 않자 때마침 대원군이 보낸 산삼을 먹였는데 이틀 뒤에 왕자가 죽고 말았다. 닷새 만에 왕자를 잃은 민비는 원한이 사무쳤다.

이와 동시에 민비를 중심으로 하는 노론세력과 대원군이 등용한 남인과 북인을 중심으로 한 세력간의 정치적인 갈등이 크게 일어났다. 민비는 대원군을 정계에서 밀어내려 하였고 안동 김씨의 노론세력과 대원군의 권력독점을 우려한 조대비 세력 그리고 대원군에게 무시당하던 대원군 문중 내부의 세력들이 배후에서 그를 지원하였다. 1873년 유림의 거두인 최익현(崔益鉉)이 대원군 탄핵 상소를 올리는 것을 계기로 하여 이듬해 대원군은 실각하고 말았다. 이어 민비는 고종과 민씨 세력을 움직여 일본과 강화도 조약을 맺고 개화를 추진하였다. 하지만 1882년에 민비세력의 개화정책에 불만을 품은 위정척사파와 대원군 세력이 군량미 문제로 임오군란을 일으켜 그를 죽이려 하였다. 극적으로 궁을 탈출한 민비는 청나라에게 개입을 요청하였고 사태는 역전되어 대원군이 청나라로 연행되어 고초를 겪게 되었다.

임오사변(1882) 이후 대원군은 청나라의 지원을 받아 33일간 집권하였다. 이후 민비가 친청(親淸)정책을 시행하자 이에 불만을 품은 김옥균, 박영효, 홍영식, 서재필 등의 급진개화파가 정치개혁과 대원군의 석방을 요구하며 갑신정변(1884)을 일으켜 일시 정권을 장악하였다. 하지만 다시 청나라가 개입하면서 정변은 민비의 승리로 끝나고 말았다. 이어 고종과 민비는 조선 최초의 외국인 고위 관료이자 외교고문이었던 독일인 묄렌도르프((穆麟德)의 주선으로 러시아를 끌어들여 청을 견제하려는 한러(韓露)밀약조약(1884. 7. 7)을 체결하였다. 이렇게 되자 청나라의 위안스카이(袁世凱)는 친러·친미정책을 펼치고 있는 고종과 민비세력을 무너뜨리기 위해 갑신정변 다음해에 귀국한 대원군을 내세웠다. 흥선대원군은 그의 유유한 큰 아들 흥친왕/완흥군(興親王/完興君, 李載冕) 또는 이재면의 아들인 손자 영선군(永宣君)

이준용(李埈鎔, 1870~1917)을 왕위에 올리려고 하였으나 실패하였다.

당시 영선군은 화계사에 드나들며 흥선대원군을 만났으며 화계사(산내 三聖庵[61])는 고종 왕실과 갈등했던 방외인(아웃사이더)과 개화승(李東仁,[62] 卓鼎植/無佛,[63] 車弘植, 李允杲) 및 개화사상가[64]들의 집합소 역할을 하였다.[65] 1894년 갑오경장 직후 6월 21일 일본의 경복궁 쿠데타로 대원군이 개화파와 연립정권을 구성하여 영선군을 다시 국왕에 옹립하려고 하였다. 결국 영선군 이준용은 내무협판 겸 친군통위사에 이어 내무대신 서리로 임명되어 인사권과 군사권을 장악하였다. 하지만 그는 박영효 등 군국기무처 내 개화세력의 반발로 내무협판에서 물러났다. 대원군 또한 주도 세력인 일본과의 정치 노선이 달라 정계에서 은퇴를 당하고 말았다. 당시 친일 정부 또한 '대원군존봉의절'(大院君尊奉儀節)이라는 법을 제정하여 그가 대외 신민과 외국사절을 만날 수 없도록 하였다.

---

61 震湖錫淵, 「附 三聖庵誌」, 앞의 책, p.29. 삼성암은 고종 9년(1872)에 거사 고상진에 의해 '小蘭若'라는 이름으로 창건되어 고종 18년(1881)에 '三聖庵'으로 편액을 고치고 高尙鎭씨와 朴詵默씨의 집안에서 협의한 승려를 선임하여 이곳에 두고 穀食을 주어 奉香하다가 갑신정변(1884) 이후에 건물과 산을 화계사에 부속시켰다.

62 한상길, 앞의 글, 앞의 책, p.43. 이동인은 부산별원을 찾아가 자신을 경기도 화계사 삼성암 승려라고 소개하였다.

63 탁정식(無佛)은 강원도 백담사의 강사 출신으로 개화기에 화계사에 머물고 있었다.

64 이상일, 「갑신정변의 지도자 유대치」, 『동북아』 제4집(동북아문화연구원, 1996); 『장성군민신문』 2005년 6월 6일자; 한상길, 앞의 글, 앞의 책, p.39. 초기 개화사상 형성에 큰 역할을 하였고 갑신정변의 막후 지도자는 劉大致(1814~1884)였다.

65 한상길, 앞의 글, 앞의 책, pp.36~38. 실학과 개화사상을 연결시키는 교량적인 인물은 연암 박지원의 친손자였던 朴珪壽(1807~1877)였다. 그의 개화사상의 보급과 전개 과정에서 주요 역할을 한 인물은 吳慶錫(1831~1879)였다. 박규수는 자신의 재동 집에서 金玉均(1851~1894), 朴泳孝(1861~1939), 朴泳敎(1849~1884), 洪英植(1855~1884), 徐光範(1859~1897), 兪吉濬(1856~1914), 金允植(1835~1922) 등 똑똑한 청년들을 불러모아 『燕巖集』을 강의하고 중국에서 전해오는 신사상을 전수하였다. 이들은 이후 박영효의 집과 普門寺, 奉元寺, 華溪寺 등을 거점으로 개화사상의 이론을 공부하고 신문명을 체득하였다. 특히 화계사는 개화승 4인 가운데 이윤고를 제외한 3인의 재적 사찰로서 중요한 위상을 지니고 있었다.

이렇게 되자 영선군은 주일특명전권공사로 임명을 받았으나 부임하지 않고 있다가 이듬해에 권고사직을 당하였다. 1894년 10월에 그는 군구기무처 의원인 김학우(金學羽)의 암살 사건에 연루되었고, 박영효 등의 친일파 대신들을 암살하려 했다는 죄목으로 종신형을 구형받았다. 왕명에 의해 영선군은 10년으로 감형되고 교동부(喬桐府)로 유배되어 2개월 뒤에 풀려났다. 민비가 친러정책으로 돌아서자 궁지에 몰린 일본은 낭인들과 일본병을 동원하여 궁중을 습격하고 민비를 무참히 난자해 살해하였다. 민비 습격의 주범인 일본의 미우라 고로우[三浦梧樓] 공사(公使)는 대원군의 입궐의 명색을 꾸미기 위해 유폐 생활을 강요당하던 대원군을 받들고 1895년 12월 8일에 경복궁으로 들어가 민비를 시해하고 친일 내각을 세운 뒤 대원군의 위세를 빌려 만행을 은폐하려 하였다.

영선군은 이후 대원군과 미우라 공사와 밀약하여 일본에 3년 유학을 하기로 하고 을미사변(1895년 12월 8일) 직후 일본으로 건너갔다. 1897~1899년에 유럽 각지를 돌아보고 일본의 지바현(千葉縣)에 머물렀다. 하지만 고종이 아관파천(1896년 2월 11일 부터 1897년 2월 20일) 즉, 고종과 태자가 러시아 공사관으로 피신하고 친러 세력이 다시 정권을 잡게 되자 대원군은 양주의 곧은골로 돌아와 은거한지 3년만인 1898년에 79세로 생을 마감하였다. 영선군은 1907년 헤이그 밀사사건으로 고종이 퇴위하고 순종이 즉위한 뒤 귀국하였다. 그는 1910년에 영선군에 봉해지고 육군참장(陸軍參將)이 되었다.

이렇게 국내외의 정사가 급변히 이루어지는 소용돌이 속에서도 조대비와 홍대비 및 경빈 김씨와 상궁들은 불사와 후원 등을 통해 화계사의 사격을 드높였다. 그 결과 조선 왕실과 대한 황실의 화계사 불사와 후원에 대한 흔적들은 지금까지 현존할 수 있었다. 아울러 당시 화계사는 집권에서 밀려난 흥선대원군과 왕실의 고종과 벌어져 있었던 영선군의 인맥 및 개화사상가들 그리고 고종 왕실과 대척점에 서 있던 방외인(아웃사이더)들의 집합소가 되었다. 이 과정에서 화계사에 몰려든 수많은 인물들이 편액과 주련 등을 남김으로써 경산 제일의 명찰로서의 사세를 과시할 수 있었다.

흥선대원군은 스승인 추사의 편액(儼然天竺古蘭若, 象王廻顧)을 구해와 화계사에 걸었던 것으로 추정된다. 이를 계기로 추사의 수제자들인 흥선대원군과 신관호 그리고 정학교(子舍筆)와 박춘식 및 이남식과 오세창 등의 편액과 주련도 화계사에 걸었다. 때문에 이들 편액과 주련은 급변했던 조선 말과 대한 초에 고종 왕실과 대척점에 있던 방외인들이 화계사에 모여든 까닭을 환기시켜 주고 있다. 당시 화계사는 새로운 나라를 꿈꾸었던 젊은이들의 집합소였다. 새로운 나라에 대해 꿈꾸었던 그들의 희망과 기원은 문헌적 자료(사료 등)와 사실적 자료(편액 등)로 남아 있다. 아울러 조선 후기 경산 제일의 문화사찰의 중심부를 형성했던 화계사의 사격을 보여주고 있다.

〈표 3〉 화계사의 편액과 주련

번호	편액 및 주련	연 대	필 자	위 치
1	大雄殿	미상	丁鶴喬	대웅전
2	冥府殿	미상	興宣大院君	명부전
3	觀音殿 *	미상	李南軾	觀音殿 不在
4	羅漢殿 *	미상	錦山善益	山祭堂 不在
5	聖母閣 *	미상	錦山善益	山祭堂 不在
6	華溪寺	미상	興宣大院君	大房
7	華溪寺	미상	申觀號	大房
8	法海道化	미상	興宣大院君	大房
9	祝聖壽千萬	미상	興宣大院君	大房
10	儼然天竺古蘭若	미상	金正喜	大房

11	象王廻顧 *	미상	金正喜	大房
12	三角第一蘭若 *	미상	朴春江	大房
13	華藏樓	미상	朴春江	大房
14	鶴棲樓	미상	興宣大院君	大房누각
15	寶華樓	미상	金正喜[66]/ 申觀浩	大房
16	三角山第一禪院	근래	權相老	大房
17	三聖閣	근래	曉東 幻鏡(1887~1983)	三聖閣
18	三角山華溪寺	최근	無如	一柱門
19	毘盧海藏全無跡 寂光妙土亦無趾 劫火洞然毫末盡 靑山依舊白雲中	미상	興宣大院君 作 申觀浩 筆	大雄殿
20	地藏大聖威神力 恒河沙劫說難盡 見聞瞻禮一念間 利益人天無量事	미상	興宣大院君 筆	冥府殿
21	海上有山多聖賢 * 衆寶所成極淸淨 華果樹林皆遍滿 泉流池沼悉具足	미상	李南軾 筆	觀音殿
22	誰知王舍一輪月 萬古光明長不滅 聞性空時妙無比 思修頃入三摩地 無緣慈心赴群機 明月影入千淵水 法王權實令雙行 雷捲風馳海岳傾 霹靂一聲雲散盡 到家元不涉道程 德勝河沙渾不用 * 淸風明月是知音	미상	丁鶴喬 作 子舍 筆	大房전면

*: 현재 소재 불명.

- 이외에도 주지실에 걸린 오세창(吳世昌)의 작은 주련 10점을 포함하여 총 28점의 현판과 전패 및 주련 등이 보관되어 있다.[67]

---

66 『삼각산약지』, p.24와 『봉은사본말사지』(1943)에는 金秋史로 되어 있으나 '보화루' 글자 왼쪽 하단의 명호를 살펴보면 申觀浩의 필체로 확인된다.

추사의 수제자인 흥선대원군은 '화계사', '명부전', '학서루', '법해도화', '축성수천만' 등 5편의 편액을 썼다. 그뿐만 아니라 그는 대웅전과 명부전의 주련을 짓고 명부전의 주련은 직접 썼다. 명부전의 주련에서는 지장보살의 드높은 원력을 높이 기리고 있다. 무량겁을 두고 설해도 다하기 어렵지만 보고 듣고 예배하는 순간만이라도 인천(人天)에 이익된 일을 베푸는 무량한 원력을 환기하고 있다. 스스로 왕권 회복과 민족주체성 확립 그리고 외세배척을 마무리하지 못한 회한이 지장보살의 원력과 위신력에 담겨있는 듯하다.

지장대성위신력(地藏大聖威神力) 지장보살님의 위신력이여
항하사겁설난진(恒河沙劫說難盡) 무량겁을 두고 설해도 다하기 어렵네
견문첨례일념간(見聞瞻禮一念間) 보고 듣고 예배하는 잠깐 사이라도
이익인천무량사(利益人天無量事) 인천에 이익된 일 헬 수 없어라

반면 추사의 또 한 명의 수제자인 신관호는 '화계사', '화장루' 등 2편의 편액을 썼다. 그리고 흥선대원군이 대웅전의 주련을 짓자 자신이 직접 주련을 쓰면서 비로자나 법해의 무적과 무지의 공능을 드높이 기리고 있다.

비로해장전무적(毘盧海藏全無跡) 비로자나의 법해에는 온전히 자취가 없고
적광묘토역무적(寂光妙土亦無趾) 적광묘토 또한 아무런 흔적이 없네
겁화동연호말진(劫火洞然毫末盡) 겁화가 훨훨 타서 털끝마저 다해도

67 冥府殿에 보관된 6점의 현판과 '主上殿下聖壽萬歲', '王妃殿下壽齊年'을 새긴 2점의 殿牌를 통해 왕실과 긴밀한 관계를 유지했던 화계사의 사격을 엿볼 수 있다.

청산의구백운중(靑山依舊白雲中) 푸른 산은 예전처럼 흰 구름 속에 솟았네

신관호는 고종 13년(1876)에 강화도에서 일본과의 병자수호조약과 고종 19년(1882)에 미국과의 조·미수호조약 당시 조선을 대표했던 인물이다. 그는 시서와 금석학에 뛰어나 스승 추사 김정희로부터 시서와 금석학의 의발을 전수받았던 수제자였다. 추사로부터 "예서첩은 가르친 나보다 훨씬 나은 기쁨이 있으니 문득 내 글씨가 형편없는 것을 깨달았네"라는 극찬을 들을 정도로 뛰어난 명필이었다고 한다.

이처럼 화계사의 편액과 주련은 고종 왕실과 대척점에 있던 방외인들이 모여들어 이루어냈다는 점에서 급변했던 선말 한초의 정치 지형을 시사해 주고 있다. 특히 김정희-이하응/신관호, 정학교, 박춘강, 이남식, 오세창 등의 편액과 전패 및 주련 등은 화계사가 경산 사찰문화의 집대성지이자 진경시대 문화의 정수처로 자리하고 있었음을 암시해 주고 있다. 이외에도 화계사는 조선어연구회 회원들과 우리의 혼과 얼을 담고 있는 한국어의 수호자들과도 긴밀한 관계를 맺어 왔다. 1919년 3.1운동 이후 일본은 문화정치로 정책방향을 변화하여 신문과 잡지의 간행을 대체적으로 자유롭게 허용하였다. 하지만 신문과 잡지마다 한글표기법이 제각각이어서 혼란을 주었다.

당시 국어 학자들은 조선어학회를 창설하고[68] 정서법 통일안 제정에 착수하여 1930년 12월 13일에 맞춤법 통일안 제정을 결의하고 12인[69]이 첫 원안을 1932년 12월에 작성하였다. 먼저 1차 독회에서 넘어

68 한글학회의 전신인 조선어학회는 서대문구 안산 즉 무악산(295.9미터) 혹은 금화산(205미터)에 자리한 새절 즉 奉元寺에서 발족하였다.

69 원안 작성에는 권덕규, 김윤경, 박현식, 신명균, 이극로, 이병기, 이윤재, 이희승, 장지영, 정열모, 정인섭, 최현배 등 12인의 위원이 참석하였다. 이후 김선기, 이갑,

온 수정안을 재검토하기 위해 1932년 12월 25일부터 1933년 1월 4일까지 개성에서 1차 독회를 개최하여 원안을 검토하고 수정위원에게 넘겼다. 1933년 7월 25일부터 8월 3일까지 권덕규, 김선기, 김윤경, 신명균, 이극로(물불), 이윤재(한뫼), 이희승(일석), 장지영, 정인섭, 최현배(외솔) 등 10인이 화계사 보화루에 기거하면서 '격렬한 회의'가 이루어졌다. 통일안이 작성되어 1933년 10월 19일에 임시 총회를 열고 '통일안'을 통과시킬 때까지 세 해 동안 회의를 장장 125회나 거듭하였고, 소요시간은 433시간이나 되었다.[70]

이렇게 해서 당시의 한글날인 1933년 10월 29일에 세상에 공표하였다. 이것이 곧 오늘날 한글맞춤법의 뿌리가 된 「한글맞춤법통일안」이다.[71] 이와 같이 당대의 지성들이 화계사에 모여 우리 민족의 얼이 담긴 한글을 지키기 위해 헌신하였다는 사실은 개화기에 문호개방을 위해 화계사에 모여들었던 개화승과 개화사상가들을 떠올리게 한다. 선말 한초 이후 식민지시대에 민족정체성을 지켜가기 위해 민지(民智)를 모으려고 다시 모여 들었던 공간이 다시 화계사였다는 사실은 일찍이 유길준(俞吉濬)이 『서유견문』(西遊見聞)에서 강조한 '시세'(時勢)와 '처지'(處地)의 메시지를 거듭 환기시켜주고 있다.

이민규, 이상춘, 이세정, 이탁 등 6인이 증원되었다.

70 김선기, 「한뫼선생의 나라사랑」, 『나라사랑』 제13집(외솔회, 1973), pp.39~41. "서울 근교에 있는 화계사에서 한글 맞춤법 제2독회를 열었다. ……(중략)…… 이때에는 물불 이극로 박사가 이질로 누워 있었다. ……(중략)…… 물불은 총무이사와 회의할 대마다 '학회' 회의를 책에 일일이 기록하여 두는 것을 나는 보았다. 이러한 격력한 학술 토론회에서도 한뫼(이윤재)선생은 언제나 주재적 구실을 하였다."

71 한상길, 앞의 글, 앞의 책, p.62.

2 고봉과 숭산 행원의 전법

대한시대(1897~)로 들어서면서 화계사는 전통의 선종 사찰의 면모를 회복해 가기 시작하였다. 선말 한초에는 고종 왕실과 대척점에 있던 흥선대원군과 영선군을 비롯한 방외인들의 집합소가 되었으며, 아울러 개화승과 개화사상가들의 주요 활동 무대였다. 대한시대 초기에는 화계사 주지 월초 거연(月初 巨然, 1858~1934)이 봉원사(奉元寺) 주지 보담(寶潭)과 함께 신학문의 연구와 교육을 목적으로 불교 연구회를 창설하고 근대적 교육기관인 동국대학 전신 명진학교를 개교(1906)하였다. 대한시대 중기 이후에는 선찰로서의 위상을 확립시킨 고봉/덕산, 숭산 등이 머무르며 한양의 대표 사찰로서 확고하게 자리매김해왔다. 이처럼 화계사의 전신언 보덕암은 고려 초기에서 조선 중기까지, 보덕암의 후신인 화계사는 조선 중후기 및 대한시대 이래 왕실과 지식인들과 긴밀한 관계 속에서 '역사의 한복판에 자리한 사찰'이었다.

특히 해방 이후 화계사는 경허-만공-고봉/덕산의 법맥을 이은 '숭산 행원의 해외전법의 교두보'가 되어 왔다. 최근에는 삼각산 국제선원과 계룡산 무상사(국제선원) 등을 통해 세계로 향한 '인물의 중심부를 형성한 사찰'로서의 위상을 확보해 가고 있다. 이러한 화계사의 지위와 위상이 확보되기까지는 지난 100여 년 전의 사찰령 반포(1910)로까지 소급된다. 그 이후 화계사 주지들은 종래의 염불(念佛)도량을 의식하면서도 전통의 선법(禪法)도량으로 전환시켜 나갔다. 지금까지의 화계사 불사를 주도한 역대 주지들의 임기와 불사는 아래와 같다.

〈표 4〉 보덕암-화계사 역대 주지 명단

번호	이름/ 법명	임 기	불 사	기 타
1	坦文	945~975	* 삼각산 浮虛洞에 普德庵 창건	고려 광종기
2	信月	1522~	* 서평군 이공의 후원, 화계사 개명	조선 중종17
3	道月	1618~	* 화재로 전소 * 덕흥대원군 시주로 중창	광해군10
4	龍船 渡海, 梵雲 就堅	1866	* 흥선대원군가 시주로 불전과 승방 보수	고종 3
5	龍船 玩雨	1870	* 龍船(玩雨)과 草庵(基珠)이 대웅전 중수(1870)	고종 7
6	草庵 基珠	1876~	* 산내암자 三聖庵 창건(高尙鎭) * 관음전 중창, 상궁 직조 繡成관음보살상 봉안 * 평남 강서사에서 지장보살상과 시왕상을 모셔옴(1877)	고종 9 고종13 고종14
7	普翊	1880~	* 조대비 명부전 佛糧畓 헌공	고종17
8	錦山 善翊	1883~	* 조대비와 홍대비 시주로 관음전 佛糧契 건립 * 산신각 초창(1885)	고종20 고종22
9		1897~	* 풍기 喜方寺 대종 이운	고종34
10	月初 巨然	1906.2~ 전후	* 越溟화상 양양군 토천면 토지 276마지기 헌납, 만일염불회 설립(1910)	
11	金越海	1912~1915		寺刹令 이후
12	金越海	1915~1918	* 월명당 창설, 만일회 헌답기념비 건립(1916.10) * 범운당 공덕비 건립(1918.7)	
13	城堂 玄荷(正三), 東化昔奉	1921~1922	* 관음전, 명부전 중수 改彩, 대웅전 개금불사 성취(김창환 거사 시주)	
14	韓應權(濱雨)	1922~1924	명부전 중수, 대웅전 개금불사	
15	韓應權(濱雨)	1926~1929	* 대웅전 전면 계단석축과 대중방 전면석축 축조(金鍾夏, 吳正根 시주)	
16	韓應權(濱雨)	1929~1932		
17	權鍾植	1932~1935	* 조선어학회 이희승, 최현배 등 9인 보화루에서 기거하며 한글맞춤법통일안 정리(1933.7)- 10월 공포	
18	權鍾植	1935~1938	* 삼성암 오르는 길에 바위에	安震號(錫淵)

			관음상 조성(1937) * 三角山華溪寺略誌 간행(1938)	정리(1938)
19	朴會鏡	1938~1941	* 시왕전 중수	
20	朴會鏡	1941~1944		
21	李允根	1944~1947		
22	李允根	1947~1950		
23	金海潭	1950~1953		
24	金海潭	1953~1958		
25	崇山 行願	1958.3~ 1962.9.27	* 고봉선사 조실 추대(1958) * 달마회 창설(1958) * 선법회 지도(19590 * 불교신문사 설립 초대 사장 취임	대한불교조계 종 정화 이후 행원선사 주지부임
26	崇山 行願	1962.9.28~ 1971.7.21	* 조실 古峰 景昱선사 열반(세수72세 법랍51세, 1961) * 천불 오백성전 건립(무방거사 시주) - 부친 최기남 조성 봉안 * 주지 숭산당 행원스님 종단 총무부장 재직시 종비생제도 신설. 백상원 건립(1963) * 천불오백성전 건립(1964) * 화계사 임야 10정보(3,000평) 동국대학교 연습림으로 기증(1968)	*조계종단 주지 임명대장 기록 이후
27	崇山 行願	1971.7.22~ 1975.7.27		
28	崇山 行願	1975.7.28~ 1979.7.5	* 범종각 건립, 대종봉안 * 천관 대종 조성 (시주 조봉구거사외 신도동참) * 대웅전 삼존불 조성 * 화재로 관음전 손실(1974.8) * 삼성각 건립(1975)	
29	崇山 行願	1979.7.6~ 1981.10.20	* 조실 悳山 종현선사 열반 (세수81, 법랍55세)	1980.3.16
30	眞庵 修萬	1981.10.21 ~ 1985.1.22	* 요사채 보화루 좌측 축대 및 계단 조성 * 대웅전 삼존불 조성 (시주 권보리심, 이동찬거사, 문보리심외 신도, 조성 손용하 거사) * 보화루에 국제선원 개설 (외국인 승려 방부 정진)	

31	巢林 悟輪	1985.1.23~ 1989.1.31	* 대웅전 서울시 문화재 지정 (서울시유형문화재 제65호) * 憓山 宗晛선사 부도탑 조성 제막식(시주 황일심행, 이상락화) * 법고 보구, 운판, 목어 조성 봉안 (시주 일각거사) * 도감 崔慧光 和尙 化主 대웅전 전면 석계석 나한전 전면으로 이축 * 전통 사찰 지정 등록(제8-1호) * 화계사 입구 달마회관 신축 10월 철근콘크리트 지하1층 지상3층 연건평 427평 준공 * 일주문 입구 화계사 사적지 건립	
32	崇山 行願	1989.2.1~ 1993.1.31	* 대적광전 조성 * 사적비문 정수 주지 표기 * 직무대행 확인 * 국제선원 再개원(1992)-대적광전 4층	
33	城栄 湛悟	1993.2.1~ 1994.5.8		
34	崇山 行願	1994.5.9~ 1994.5.26		
35	崇山 行願	1994.5.27~ 1998.6.1		
36	崇山 行願	1998.6.2~ 2002.6.1	* 일주문 건립, 대적광전 탱화, 닫집 조성 * 사적비 주지 성광이 직무대행 확인 * 화계사 동종 보물지정(보물제 11-5호) 명칭: 사인비구 수성 동종(5) 서울화계사 동종 * 명부전 내부보수, 기와보수, 시왕보수, 지장보살 개금불사	
37	惺光 信願	2002.6.2~ 2006.6.1.	* 조실 숭산당 행원선사 입적 * 대웅전 보수(드잡이, 판벽교체, 지붕기와 보수) * 조계종 총무원장 법장선사 회주 추대	
38	收耕(이병현)	2006.6.2~ 2010.6.11	* 숭산선사 사리탑 조성 및 사리 봉안 * 숭산선사 부도전 조성	

			및 부도 이운불사 대적광전 2층 제일선원 탱화조성 * 수덕사 송원 설정선사 회주 추대 * 도시가스 인입, 전기, 통신선로 정비 및 매설 * 대적광전 2층 보수 제일선원(소법당, 강의실) 개설 * 도량정비- 일주문입구 달마회관 이주 및 철거 * 조실채 보수 주변정비 (담장, 창호, 지붕, 협문) (기존 동남향 협문 동향으로 이축) * 대웅전 안전 진단 및 보강 공사 * 수덕사 방장 松原 雪靖대선사 조실 추대 * 대적광전 이행강제금(6억)부과 처분취소 승소 * 惺光堂 信願선사 회주 추대 범종각 이전, 신축 건립 불사 * 일주문입구 달마회관 철거, 동국대학교 토지사용승인- 종비생 기숙사 백상원 신축	
39	收耕(이병현)	2010.6.10~ 2010.8.10	불교환경연대 활동	
40	秀岩(손종목)	2010.8.11~	* 보화루, 종무소 改補修 공사 * 숭산당 행원 대종사 추모비 조성 및 제막식 * 경내지 확장 국유지 땅 불사 매입불사 * 1~2차 학술회의 개최 (조계사/ 화계사)	현주지 한국불교사 연구소 주관

사찰의 구심은 주지와 총무와 재무와 교무 등 삼직에 의해 구성된다. 하지만 좀더 좁혀 말하면 사찰은 주지의 리더십에 의해 분위기가 좌우된다. 때문에 화계사의 역대주지들이 보여준 살림살이와 사고방식은 화계사의 어제와 오늘과 내일을 잘 보여주고 있다. 이들 주지들은 조선 후기 이래 염불도량의 가풍을 대한시대에 들어서면서 서서히 전통의 선법도량으로 바꾸어 나갔다.

이러한 기반 위에서 해방 이후에 화계사에는 경허 성우(鏡虛惺牛, 1846~1912) - 만공 월면(滿空月面, 1871~1946)의 법을 이은 고봉 경욱(古峰景昱/煜, 1890~1961)[72]/덕산 종현(悳山宗俔, 1895~1986)이 주석

---

72 「金日成 간담 서늘케 한 전설적 백색 테러리스트, 白衣社 총사령 염동진, 대동단 결성」, 『신동아』 2005년 1월 11일자. "한편 일제시대 때 만주에서 평양으로 돌아온 염응택은 평양 기림리 공설운동장 뒷편에 있던 영명사(永明寺)에 자주 드나들었다. 이 절에는 민족주의자들과 일부 사회주의적 성향을 지닌 인사들이 모이곤 했다. 영명사의 주지는 박고봉이었는데 3.1운동 직후 중국으로 건너가 임시정부에도 참여하는 등 독립운동을 하다가 귀국 후 스님이 된 인물. 임시정부 요인이었던 박찬익씨의 동생이라고 백근옥씨는 증언한 바 있다. 이 고봉 스님이 여운형의 조선건국동맹에 대응할만한 조직을 만들 것을 권유해서 염응택은 1944년 8월 대동단을 만들었다. 박고봉은 백관옥과 선우봉을 염응택에게 소개했고 이들은 대동단에 입단했다. 단원 포섭은 염응택이 주로 했는데 중학생들도 포섭대상이었다. 그러나 대동단이 일제에 대항해 독립투쟁했다는 기록이나 증언은 없다. 대동단은 해방후 제2독립운동으로 반공산주의 운동을 할 것을 결정하고 백관옥 등 주요 단원들은 평남도당 위원장이던 현준혁씨를 1945년 9월 평양 거리에서 암살했다. 이들이 먼저 서울로 피신한 뒤 교사 혐의로 체포됐다가 부인의 노력으로석방된 염응택도 박고봉의 권유로 1945년 11월말 서울로 남하했다. 서울에서 한동안 지내던 염응택은 다시 평양으로 잠입해서 대동단 모임을 소집했다. 단원들이 모인 자리에서 염응택은 각자 월남하기로 하고 본부는 서울로 옮긴 뒤 결사대를 파북하겠다고 밝혔다. 서울로 돌아온 염응택은 백관옥 선우봉 등을 만나 대동단을 백의사로 개칭하겠다고 밝혔다. 백의사라는 이름은 염응택이 오랫동안 구상조선 전기 것으로 중국의 남의사와 같은 방법으로 조직을 운용하되 우리 고유의 복색인 흰옷을 상징했다. 서울 서린동의 갑부였던 오동진은 궁정동 일본인 집을 구해 백의사 본부로 쓰게 해주었다. 이영신씨가 추적한 바에 따르면 이 본부는 6.25 전쟁 때까지는 백의사의 소유였다가 환도후 법무장관을 역임했던 이인(李仁)의 손으로 넘어갔다고 한다. 5.16 후에는 중앙정보부가 이 집을 사들여 소위 '궁정동 안가'로 사용했는데 1979년 10월26일 박정희 전대통령이 김재규의 총에 쓰러진 곳이기도 하다. 염응택은 비밀결사 백의사를 정식으로 출범시킨 뒤 궁정동에 머무르기 시작했다. 개별적으로 월남조선 전기 대동단원들과 오동진, 신익희의 측근이었던 조중서 등이 만나 백의사의 근간과 활동 방향을 정했다. 궁정동 새 본부가 정비된 뒤 염응택은 백관옥이나 선우봉에게 누구를 만나는지 언제 돌아오는지 알리지 않고 항상 혼자 외출했고, 방문하는 사람도 항상 혼자 오도록 했다. 가령 '김아무개라는 분이 찾아오셨는데요'하고 전하면 일언반구도 없이 손님을 모시고 밀실로 들어가 몇 시간이고 얘기를 나눈 뒤 돌려보내곤 했다. 백의사가 설립된 뒤 염응택은 주로 염사장으로 불렸지만 공식 직함은 아니었다. 이러한 일련의 행동은 염응택이 백의사 단원들을 영입하는 은밀한 과정이었다. 단원들의 신분을 드러내지 않고 염응택 혼자서 철저하게 점조직으로 얽어매고 있었던 것이다. 이 때문에 백의사 단원의 수가 대한민국 정부가 수립될 때까지 3만여 명에 이르렀다는 설이 있으나 확인할 길은 없다."

하면서 '삼각산 제일선원'으로서의 사격을 확보하기 시작하였다. 화계사의 선풍을 진작시킨 고봉은 1890년에 대구시 지동(池洞) 목골마을에서 태어났다. 사육신 박팽년의 후손이란 자부심과 애국심이 강했던 청년 유생(儒生)이었던 그는 18살에 결혼했으나 1년 뒤에 곧 방랑길에 나섰다. 방랑 도중 고봉은 일하(一河)의 안내를 받고 1911년에 출가를 위해 경남 양산 통도사로 갔다. 그는 여기에 와서도 여전히 양반 행세를 했다.

"그놈들 집 한 번 잘 지어놨구나. 여보게, 거 누가 내 머리 좀 깎아주지 않겠는가?" 젊디 젊은 청년이 천하 제일의 대찰에 와서 승려들에게 반말지거리를 하였다. 승려들은 별 미친놈 다보겠다는 듯이 바라보다가 대장부였던 혜봉 용하(慧峰龍河, 1874~1956) 선사[73]에게 데려다 주었다. 혜봉은 "너를 거드름 피우게 하는 물건이 무엇인고?" 혜봉은 아만(我慢)에 대한 부숴버릴 철퇴이자 그의 윤회를 끊어낼 검을 고봉에게 던져 주었다. 그리고 스승은 고봉의 기고만장한 아만심을 꺾기 위해서 행자 생활을 한지 몇 개월이 지나도 머리를 깎아주지 않았다.

스승을 따라 상주 남장사(南長寺)로 간 고봉은 어느 날 새벽에 법당에서 예불을 마친 뒤 스스로 머리카락을 깎아 버렸다. 이처럼 고봉은 출가 초년부터 독불장군이었다. 처음 공부를 위해 전라도의 외딴섬과 석금산에서 바위처럼 용맹정진하던 고봉은 출가 4년째인 1915년에 팔

73 이성수, 「선지식 61, 혜봉 용하」, 『불교신문』 2540호, 2009. 7. 11. 혜봉은 빼앗긴 나라를 언젠가는 되찾아야 한다는 확고한 신념이 있었다. 상좌 고봉(법명은 경욱) 스님에 대해 김구 선생이 "박경욱 스님은 임시정부 지점장"이라고 했다고 한다. 이는 고봉에게 절대적 영향을 끼친 혜봉의 애국심을 짐작할 수 있는 일화다. 또한 혜봉은 남장사 보광전 닫집 위에 태극기를 몰래 걸어놓기도 했다. 발각되면 경을 칠 일이었지만 위험을 감수했다. '병란 등 나라에 큰 일이 있으면 땀을 흘린다'는 전설이 내려오는 보광전 비로자나 부처님께 조선의 독립을 기원했던 것이다. 古峯·古庵·義庵·一峯선사와 雷虛 金東華 박사가 그의 제자이다.

공산 파계사 성전암에서 머물고 있었다. 이곳에서 더욱 화두에 몰입하던 그는 화장실에 앉았다가도, 또는 걷다가도 삼매에 들어 온종일 꼼짝 않을 만큼 집중하고 있었다. 1915년 4월 어느 봄날이었다. 아침에 꿩 한 쌍이 서로를 부르며 울어대는 소리가 귓전에 닿는 순간 가슴 속에서 붉은 태양이 솟으며 그를 둘러싼 철벽이 자취를 감췄다. 사방이 환해져 걸림이 없었다. "비바람 가고 나니 밝은 태양 솟아났네[風雨過後出出陽]/ 푸른 산 흰구름 눈앞에 뚜렷하니[靑山白雲眼前明]/ 흐르는 물소리 시원도 하여라[潺潺流水凉其中]."

고봉은 1922년에 덕숭산 중턱의 정혜사로 만공선사를 찾아갔다. 그는 만공 앞에서 옷을 벗고 몸에 먹을 가득 묻히고선 백지 위에 엎드렸다. 백지엔 그의 남근이 도드라지게 찍혔다. 고봉이 조실 방에 가 종이를 내놓으니 만공스님이 뚫어지게 바라보았다. "네가 지금 법(진리)을 묻는 것이냐. 그렇지 않으면 장난을 하는 것이냐?" 만공스님이 고봉스님의 종아리를 내리쳤다. 모진 매질에도 고봉스님의 얼굴은 구름을 시비 않는 하늘이었다. 경계에 붙들리지 않는 고봉스님의 견성을 인정치 않을 수 없던 만공은 드디어 인가 법어를 내렸다. "법은 꾸밈이 없는 것/ 조작된 마음을 갖지 마라." 그는 만공으로부터 법맥을 이어받고 고봉(古峰)이라는 호를 받았다.

고봉은 산문 안에서 일대사를 해결한 뒤 불현듯 승복을 벗어버린 채 대구로 향했다. 국권을 상실한 이 나라와 동포를 두고 볼 수만 없었다. 자신의 깨달음이 나라의 회복에 아무런 도움이 되지 않음을 깨달았다. 이때부터 고봉은 항일 독립운동에 참여하게 된다. 서울에서는 3.1운동의 거사 준비가 비밀리에 진행되고 있었다. 대구에는 1919년 3월 8일 서문(西門) 장날을 기해 3천여 명이 독립만세를 불렀다. 고봉은 이 '대구 시위운동 사건'을 주도한 죄로 마산교도소에 1년 6개월간

투옥되어 고문을 당하였다. 이때 받은 고문 후유증으로 그는 평생 몸을 제대로 쓰지 못했다. 그 뒤 정혜사에서 여러 해를 지내다 40세가 되던 해에 거사(居士) 차림으로 방랑길에 올랐다.

임시정부 요인 박찬익의 동생이었던 고봉은 중국으로 건너가 임시정부에 참여하며 독립운동을 하였다. 이어 그는 평양 기림리 공설운동장 뒤편에 있던 영명사(永明寺)의 주지를 역임하면서 당시 민족주의자들과 일부 사회주의적 성향을 지닌 인사들과 교유하였다. 상해(上海)에 있는 독립군을 돕다가 1년 동안 구속되어 모진 고문을 당하였다.[74] 해방 이후 그는 봉암사와 은적암, 봉곡사, 복전암, 미타사에 머무르며 후학을 지도하였다. 그 뒤 그는 덕숭산 정혜사와 백운사 및 서봉사(암) 조실을 역임하였다. 이때에 숭산을 제자로 맞아들였다. 1947년 이후에는 고봉은 화계사에 주석하였고 6.25 이후에는 달마회를 조직해 거사불교를 발전시켰다.[75] 만년에는 화계사에 주석하면서 선풍을 드날렸다.[76]

고봉의 선풍을 잘 보여주는 것은 그의 임종게라고 할 수 있다. 1961년 그는 "다만 알지 못할 것인 줄 알면 그것이 곧 견성"[但知不會 是卽見性]이라는 열반송을 남겼다.[77] '단지불회 시즉견성' 즉 '다만 알지 못

---

74 金正休, 『無常 속에 永遠을 산 사람들』(홍법원, 1969).

75 朴古峰, 『법어집: 겁외가』(화계사, 1961).

76 고봉경욱대선사문도회, 『겁외가』(서울: 이화문화사, 1992), p.254. 고봉의 가풍에 대해 瑞雲은 "첫째, 정신이 도운 정신이다. 둘째, 음식과 행은 막행막식 하나 국민의 혼을 가지고 있다. 셋째, 언어와 행동이 가히 따라 배울 만한 스승이다. 행은 맑고 깨끗하며 솔직 담백하여 허례허식을 즐기지 않고, 명예를 싫어했으며 항상 화두를 들고 살았다. 단지 곡차를 좀 과하게 드시는 경향이 있으나 나라를 잃은 우국지사로서 또 여러 차례 고문을 당해 혈기가 제대로 통하지 아니하므로 약으로 드신 것으로 생각된다. 위선적인 중노릇을 싫어해서 형식적인 입산출가자에겐 차라리 거사생활을 하라고 권할 때가 많았다"라고 평하였다.

77 고봉 景旭을 추모하는 탑(1890~1961)은 화계사 일주문 안의 浮圖塔群 중앙에 서 있다. 그 오른쪽 옆에는 법주사 石霜노사에게 출가 득도하고 만공 월면 문하에서 정진하여 오도 견성하였으며 東山 慧日(1890~1965)의 문하로서 화계사에서 오래 머물다 부산 금정산 범어사 뒷산에서 遷化하였던 도반 悳山(宗晛)大宗師(1895~1986)

할 것인 줄 알면 그것이 곧 견성'[78]이라는 고봉의 살림살이는 곧 숭산[79]에게 '오직 모를 뿐'(Only don't now)의 가풍으로 계승되어 전 세계 불자들에게 전해지고 있다. 이것은 '자기 자신의 무지에 대해 알라'고 강조한 붓다와 소크라테스 그리고 공자의 가르침에서도 확인된다. 이처럼 '무지의 자각'을 강조한 고봉의 가풍은 여러 사람들에게 커다란 울림을 주어 왔다.

숭산(1927~2004)은 평안남도 순천에서 태어났다. 아명은 덕인(德仁)이었다. 해방되던 해에 그는 평양시 대동공대를 다니다 공산주의 반대운동을 하다가 수배령이 내려지자 묘향산 보현사로 피신하였다. 이듬해 숭산은 서울로 올라와 동국대학교 불교학과에 입학하였다. 당시 미국과 소련이 한반도에 38도선을 그어 놓고 신탁통치를 하자 국민들은 크게 분열하여 데모하여 싸워 사회혼란이 극에 달했다. 참담한 시대상을 바라보며 깊이 고뇌하던 그는 입산을 결심하였다. 숭산은 공주 마곡사로 들어가 솔잎 가루 생식을 하며 천수주력 백일기도에 들어갔다. 그의 기도가 백일 째 되던 날 암자 앞길을 어떤 행인이 배낭을 메고 가는데 까마귀가 파다닥 날며 까악까악 했다.

그 순간 숭산은 마음이 활짝 열렸다. 아, 진공묘유가 바로 이 자리구나 하며 그는 시(悟道頌)를 지었다. "원각산 아래 한 길은 지금 길이

의 부도탑과 화계사에서 다비하였던 草夫堂 寂音大宗師(1900~1961)의 부도탑이 있다. 그 왼쪽에는 제자인 崇山(行願)大宗師(1927~2004)의 부도탑과 '傳佛心印 扶宗樹教 曹溪嗣祖 崇山堂行願大宗師碑銘幷序'가 있다.

78 화계사 부도탑전에 모셔져 있는 고봉큰스님추모탑 전면에는 '但知不會 是卽見性'의 가풍이 새겨져 있다.

79 최용운, 「崇山 行願과 한국 看話禪의 대중화·세계화」(서강대학교 대학원 종교학과 박사 논문, 2012); 최용운, 「숭산 행원의 선사상과 수행론」, 『불교학보』 제62집(동국대학교 불교문화연구원, 2012); 장은화, 「한국의 선수행, 그 전개와 변용의 연구」(동국대학교 대학원 선학과 박사 논문, 2013); 신규탁, 「숭산 행원 선사의 선사상」, 앞의 책(화계사, 2013).

아니건만[圓覺山下非今路]/ 배낭 메고 가는 행객 옛 사람이 아니로다[背囊行客非古人]/ 탁탁탁 발걸음 소리는 예와 지금을 꿰었는데[濯濯履聲貫古今]/ 깍깍깍 까마귀는 나무 위에서 날더라[可可烏聲飛上樹].” 곧 바로 만공선사의 제자인 고봉선사를 찾아가 증오(證悟)를 점검받았다. 고봉은 천칠백 공안을 물어 나가도 막힘이 없었다. 그런데 마지막 공안인 “쥐가 고양이 밥을 먹다가 밥그릇이 깨졌다는 것이 있는데 이것이 무슨 뜻이냐?” 하고 물었다. ‘즉여도리’(卽如道理)로 답을 했으나 ‘여여경계’(如如境界)로 답했다며 “아니다” 하였다. 곧 자기가 틀렸다는 것을 알고 곧 즉여(卽如)로 답하자 비로소 인가를 하고 기뻐하였다. 며칠 뒤 건당식(建幢式)을 올리고 숭산(崇山)이라는 법호와 함께 다음과 같은 전법게(傳法偈)를 내렸다.[80]

“일체 법은 나지 않고[一切法不生]/ 일체 법은 멸하지도 않는다[一切法不滅]/ 나지도 않고 멸하지도 않는 법[不生不滅法]/ 이것을 이름하여 바라밀이라 한다[權稱波羅蜜].”[81] 숭산은 불교 정화(1954~1962) 당시 화계사 정화를 담당하였다. 그는 비구와 대처가 극도로 대립하던 당시에 대처측에서 기관지 『현대불교』를 창간(1959)하여 대처측을 옹호하고 비구측을 비난하는 기사를 다수 게재하였다. 이에 총무원장(도총섭) 청담이 정화운동의 이념을 설파할 수 있는 비구측 언론기관의 설립을 간절하게 열망하자 숭산은 『대한불교』(1960. 1. 1)를 창간하였다. 이후 『대한불교』는 1980년의 10.27법란 이후 『불교신문』으로 개명하여 오늘에 이르고 있다.[82]

---

80 月雲 海龍 찬, 「숭산스님비문」(대한불교조계종화계사, 2004), p.6.

81 “示 崇山行願法子 一切法不生, 一切法不滅, 不生不滅法, 權稱波羅蜜. 佛紀二九七七年一月卄五日 德崇門人 古峰 說.”

82 불교신문사편, 「한 장의 신문, 한 사람의 포교사」, 『불교신문 50년사』(불교신문사, 2010), pp.133~134.

그런데 숭산이 일본으로 건너가 해외 포교를 하게 된 예기치 않은 계기가 있었다. 1960년대 중반에 서울 중구 초동에 있었던 동국대학교 기숙사 자리를 공사하던 중 4천여 구의 일본군 유골이 발견된 일에서 비롯되었다.[83] 당시 동대 교내 실무자들은 이 유골들을 없애는 방향으로 뜻을 모았지만 당시 동대 상무이사와 총무부장을 맡고 있었던 숭산의 생각은 달랐다. 그는 유골들이 비록 한국을 식민지배 했던 장본인들의 것이라 할지라도, 훗날 그 후손들이 이것들을 찾으려고 할 때에 문제가 발생할 수 있다는 의견을 제시하여 실무자들이 정한 방침을 만류하였다. 그리고 동국대 총장과 협의하여 이 모든 유골들을 화계사 명부전으로 옮기게 되었다.[84]

이 일이 있은 뒤 오래 되지 않아 숭산의 혜안은 빛을 발하여 현실이 되었다. 박정희 정부가 들어서면서 1963년에는 한·일간 국교정상화가 이루어지고 일본 수상이 한국을 방문하게 되었고 그를 수행한 기자들에 의해 화계사에 안치된 일본군 유골이 알려지면서 일본의 주요 일간 신문에 이 일을 대서특필하게 되었다. 이 소식을 접한 일본의 장관급 인사들까지 화계사를 방문하여 가족들의 유골을 부둥켜 안고 울기도 했고, 마침내 일본정부는 공식적으로 승려들과 정치인들을 한국에 보내 유골들을 인수해 갔다.[85]

이 일로 인해 숭산은 한일 간의 긴장 완화 및 화해 촉진을 위한 상징적인 존재가 되었고, 재일동포들을 위한 불교계의 정신적 지주가 될 수 있는 적임자로서의 이미지도 얻게 되었다. 이때 일본의 국회의원인 오요다니 요시오로부터 일본에 있는 한국사찰에 와서 전법과 교화 활

83 불교신문사편, 위의 책, pp.136~137.

84 숭산행원선사문도회 엮음, 『세계일화, 가는 곳마다 큰 스님의 웃음』(불교춘추사, 2000), p.54.

85 숭산행원선사문도회 엮음, 위의 책, p.55.

동을 해 달라는 서신을 수차례 받았다. 동시에 한국 정부로부터도 일본에서 포교활동을 해 줄 것을 권유받았다. 이처럼 숭산이 해외에 나아가게 된 것은 일본 국회의원의 제안과 함께 정부의 제안에 의해서였다.[86] 당시 정부는 일본이 한국인들을 북송(北送)시키는 것을 막기 위해서 분주하였다. 당시 정부는 이 일을 감당해낼 적임자를 찾았다. 결국 '많이 배우고 설법도 뛰어난' 그에게 전적으로 지원해 줄테니 한국인들을 설득하는 역할을 해달라고 요청하였다.

숭산 이전에 한국불교를 해외에 전법한 이는 박청하 선사와 서경보(徐京保) 선사가 있었다. 하지만 이들 역시 본격적이고 지속적으로 해외 전법에 투신하지는 못하였다. 여러 고민 끝에 숭산은 1962년에 일본으로 건너갔다.

> 일본이 한국인들을 북송하는데 우리는 수교가 안돼 막을 길이 없으니 많이 배우고 설법도 뛰어난 숭산스님이 한국인들을 설득하는 역할을 해달라고 부탁했다는 거야. 그런데 정부가 일본 홍법원 건립 비용을 대기로 해놓고서 이를 지키지 않아 숭산스님이 백방으로 뛰어 돈을 마련했어.[87]

하지만 정부는 숭산과 약속한 일본 홍법원 건립 비용을 대지 않았다. 이렇게 되자 숭산은 잠시만 일본으로 나아가 있고자 했던 계획을

86 숭산행원선사문도회 엮음, 앞의 책, pp.55~56.

87 「"고생해도 大衆과 함께 사는 생활이 최고" 화계사 진암 스님(1924~)」, 『불교신문』 2328호, 2007년 5월 19일자. "봉은사를 나온 스님은 숭산스님과 함께 화계사로 갔다. 화계사는 숭산스님이 정화했다. 그 때 스님 세납은 벌써 마흔 줄에 접어들 무렵이었다. 23세에 큰 교구본사 주지를 하던 스님도 있던 때였다. 스님은 숭산스님이 일본 미국으로 포교를 떠난 뒤 화계사를 맡아 중창했다. 스님은 숭산스님이 일본 홍법원에 간 연유에 대해 새로운 사실을 전해주었다."

수정할 수밖에 없었다. 그는 백방으로 뛰면서 홍법원 건립 비용을 마련하면서 단기적인 해외 전법 계획을 장기적으로 바꿀 수밖에 없었다. 그리하여 1966년에 숭산은 일본 홍법원을 건립하고 해외 전법의 첫걸음을 떼었다.

이후 8년 동안 일본에 머물던 숭산은 초대 홍콩(港香) 홍법원장 박청하 선사에 이어 홍법원을 맡은 뒤 1972년에 미국으로 건너가 보스턴의 하버드대학과 엠아이티(MIT) 사이에 세운 '캠브리지 젠센터'에서 한국불교의 전법을 도모하였다. 이후 그는 32년간 미국에 머물면서 동북부의 로드 아일랜드주의 컴블랜드에 프로비던스 선원(재미 홍법원)을 창설하고 원장에 취임하였다. 1983년 8월에는 이곳을 거점으로 국제 관음선종(觀音禪宗, Kwan Um School of Seon)을 창종하였다.

숭산은 화계사를 한국선의 교두보로 삼아 '세계일화'(世界一花)의 가풍과 '생활즉선'(生活卽禪)의 선풍을 널리 펼치려 하였다. 그는 한국 간화선 수행법에다 동아시아 선불교의 통합적 관점 아래 이미 미주에 정착해 있던 일본 임제선의 장점을 원용하였다.[88] 관음선종에서는 선원의 기능 향상과 수행법에 관한 아이디어를 교환하였다. 그리고 각 선원의 대표자 회의도 개최하여 민주적인 의사결정 과정을 거쳐 제자들의 의견을 수렴하였다.

또 관음선종에서는 법사의 자격을 받고 1년이 경과된 이들 중에서 출가하지 않고 결혼 생활을 영위하면서 승려와 동등하게 설법이나 의식의 집전 등을 할 수 있는 보살중(菩薩衆) 제도를 도입하였다. 보살중 제도는 숭산이 인도의 대승불교를 주도하였던 보살중을 의식하고 환기하면서 이것을 서양인들에게 적합한 가르침과 수행법으로 재창출

---

88 최용운, 「숭산행원의 선사상과 수행론」, 『불교학보』 제62집(동국대학교 불교문화연구원, 2012). 이 때문에 '숭산의 선은 일본선'이라고까지 혹평하는 이들이 있다.

한 것이었다. 이처럼 숭산은 전통의 한국선과 관음신앙을 결합해 현지에 맞게 변용하여 관음선종을 창종하였다. 숭산은 관음선종을 통하여 구 소련을 비롯하여 홍콩, 미국, 캐나다, 폴란드 및 아프리카와 호주 등에 개설된 35개국 150여 개의 사찰에 뿌리를 내렸다.[89]

숭산은 해외 전법을 시작한 이래로 일 년에 한 번씩 한국에 돌아와 머물면서 한국선의 정체성을 환기하였다. 그는 화계사에 국제선원을 개설하고 계룡산에 무상사를 개원하여 눈 푸른 납자들을 출가시키고 참선을 시켰다. 숭산의 가르침을 따르는 이들의 숫자는 현재 약 5만 명에 이르고 있다. 미국인 제자 현각은 그의 저서에서 영국 캠브리지 대학 교재에서 세계 4대 영적 스승으로서 티베트의 달라이라마, 프랑스의 플럼빌리지 수행 공동체를 이끌고 있는 베트남의 틱낫한, 캄보디아 불교의 종정이자 캄보디아의 간디로 평가받는 마하 고사난다와 숭산선사를 꼽는다고 소개하였다.[90]

숭산은 한국불교가 배출한 가장 국제적인 인물이며, 전 세계에서 가장 유명한 한국인 수행자로 알려져 있다. 그는 한국불교의 국제화와 세계화에 크게 기여하고 있으며 숭산이 길러낸 한국인(玄岡圓機), 法鏡許仁居士) 제자와 눈 푸른 제자들(秀峰無等, 大光道眼, 大峯道門, 性香法音, 宇峰法無) 등 7인의 전법제자와 여러 명의 지도법사 및 수계상좌들이 국내외에서 활동하고 있다. 숭산은 경허-만공-고봉으로 이어지는 선맥을 이은 전통 선사였으며 동국대학교 불교대학 사미 기숙사인 백상원을 건립하여 한국불교의 미래를 이끌어갈 종비생들이 수행과

---

89 대한불교조계종 교육원 편, 『조계종사-근현대편』(조계종출판사, 2005 초판 2쇄) pp.241~242. "숭산은 1966년에 일본에 弘法院을 설치하여 본격적인 해외 포교사업에 나섰다. 또한 1972년에는 미국으로 건너가 홍법원을 세운 뒤에 유럽과 아프리카 등에 이르기까지 한국선을 전하며 5만여 명의 외국인 제자들을 두게 두었다."

90 현각, 『하버드에서 화계사까지(1)』(열림원, 1999).

공부를 병행할 수 있도록 뒷받침한 교육자였다.[91]

아울러 그는 화계사 국제선원 설치와 계룡산 자락에 무상사 국제선원의 둥지를 마련하여 국내외 불교계를 소통시킨 전법사였다. 지금 세계의 경제대국으로 자리해 가고 있는 한국은 산업화와 민주화를 거쳐 정보화와 생명화시대로 나아가고 있다. 이제 화계사는 한국불교(禪法)의 세계화와 국제화 프로젝트를 기획하여 숭산 행원이 오랫동안 추진해 왔던 한국선풍의 살림살이를 국내외 지식사회에 널리 펼치는 것이 급선무라고 할 수 있을 것이다.

6. 정리와 맺음

삼각산 화계사는 경산 사찰문화의 집대성지이자 진경시대 문화의 본산지라고 할 수 있다. 이 사찰은 삼미(三美) 즉 꽃이 아름답고[華美] 계곡이 아름답고[溪美] 절이 아름답다[寺美]고 알려져 왔으며, 경산(京山)의 중심사찰로 자리해 오고 있다. 천년의 역사를 간직해 온 화계사는 역사와 문화에 걸맞는 인물들의 주요 무대가 되어 왔다. 고려 광종의 때에 왕사와 국사를 역임한 탄문(坦文法印, 900~975)이 주석하였다. 이후 조선 중기에 이르기까지 화계사의 전신인 보덕암은 경산의 명찰로서 자리하였다.

조선 중기 이래 왕실의 인척이었던 서평군 이공과 덕흥대원군 집안, 그리고 조선 후기에는 흥선대원군 이하응(李昰應, 1820~1898) 집안의 원찰이 되면서 사격과 사세가 드높았다. 특히 흥선대원군과 그의 손자

91 동국대 서울석림회 비구니 수행관인 혜광사는 서울 평창동에 있다.

인 영선군(永宣君), 대왕대비 조씨, 왕대비 홍씨, 경빈 김씨, 엄상궁(순헌황귀비, 엄비), 김상궁(천진화), 황상궁(무심화), 남상궁, 이상궁 등이 자주 드나들며 후원 불사를 하여 '궁절'이라고 불렸다. 이처럼 고려 초기에서 조선 중기까지의 보덕암과 조선 중후기 및 대한시대 이래 천년 고찰 화계사는 왕실과 긴밀한 관계 속에서 '역사의 한복판에 자리한 사찰'이었다.

조선 후기에 화계사는 추사서파(秋史書派)의 수제자인 흥선대원군과 신관호를 필두로, 정학교와 박춘강, 오세창과 이남식 등이 찾아와 편액과 주련을 남김으로써 조선 후기 진경문화의 본산이 되었다. 더욱이 선말 한초에는 고종 왕실과 대척점에 있던 흥선대원군과 영선군을 비롯한 방외인들의 집합소였으며, 개화승과 개화사상가들의 주요 활동 무대였다. 당시 화계사는 염불도량으로 자리해 오고 있었다. 대한시대 이후에는 화계사 주지 월초 거연(月初 巨然, 1858~1934)이 봉원사(奉元寺) 주지 보담(寶潭)과 함께 신학문의 연구와 교육을 목적으로 불교 연구회를 창설하고 근대적 교육기관인 동국대학 전신 명진학교를 개교(1906)하였다. 대한시대 중기 이후에는 선찰로서의 위상을 확립시킨 고봉 경욱(古峰景昱/煜, 1890~1961), 덕산 종현(悳山宗現, 1895~1986), 숭산 행원(崇山行願, 1927~2004) 등이 머무르며 한양(서울)의 대표 사찰로서 확고하게 자리매김해 왔다.

그리고 화계사는 동국대학교 불교대학 비구 수행관인 백상원을 건립하여 한국불교의 미래를 이끌어갈 종비생들이 수행과 공부를 병행할 수 있도록 뒷받침 해오고 있다. 근래에는 경허-만공-고봉으로 이어지는 선맥을 이은 숭산 행원의 해외전법 교두보가 되고 있다. 특히 삼각산 국제선원과 계룡산 무상사(국제선원)를 통해 현강(玄岡圓機)/법경(法鏡許仁居士)/ 수봉(秀峰無等)/ 대광(大光道眼)/ 대봉(大峯道門)/

성향(性香法音)/ 우봉(宇峰法無) 등 7인의 전법제자와 지도법사 및 수계상좌 등 여러 명이 국내외에서 활동하면서 화계사는 '인물의 중심부를 형성한 사찰'로서의 위상을 확보해 가고 있다. 앞으로는 화계사는 관음선종(觀音禪宗)을 창종한 숭산 행원의 가풍을 계승하여 서울의 사찰을 넘어 한국과 아시아 그리고 세계인의 역사와 함께 호흡하는 세계의 사찰로서의 위상을 확보하기를 기대해 본다.

5장 영호(석전) 정호(한영)와 중앙불교전문학교

- 한국의 '월리엄스 칼리지' 혹은 '앰허스트 칼리지' -

1. 문제와 구상

한국의 대표적 사학인 동국대학교(1906~2014)[1]의 전신 중앙불교전문학교(1930~1940)는 한국 인문학의 본산이었다. 중앙불전은 원흥사의 명진학교-불교사범학교-불교고등강숙에 이어 옛 북궐 왕묘가 있던 숭일동(혜화동) 1번지에 자리했던 불교중앙학림과 이를 계승한 태고사(조계사 전신) 총무원의 불교학원을 계승한 불교전수학교에서 승격

1 고영섭, 「東大 '全人교육' 백 년과 '佛敎연구 백 년」, 『불교학보』 제45집(동국대학교 불교문화연구원, 2006); 고영섭, 『한국불교사연구』(한국학술정보, 2012), p.357. 서울 남산에 자리하고 있는 동국대학은 明進학교(1906~1909)-불교사범학교(1909~1910)-불교고등강숙(1910~1914)-불교중앙학림(1915~1922)-불교학원(1922.9~1928.2)-불교전수학교(1928~1930)-중앙불교전문학교(1930~1940)-혜화전문학교(1940~1946)-동국대학(1946~1953)-동국대학교(1953~2014)로 10번이나 그 이름을 변경해 왔다. 교명 '明進'은 『大學』의 제1장 "大學之道, 在明明德, 在親民, 在至於至善"에서 '明'을 따고 佛典의 '精進'의 뜻에서 '進'을 따서 신문화를 명진 또는 개명케 하는 교육기관이어야 한다는 의미에서 붙인 것이다.

한 문과 중심의 단과대학이었다. 당시 중앙불전은 오늘날 대학평가에서 세계 최고의 대학들로 평가받는 하버드-예일-프린스턴 대학을 제치거나 필적하는 미국의 북동부 메사추세츠주에 자리한 작은 대학인 윌리엄스 칼리지(Williams College, 1793~)[2]와 앰허스트 칼리지(Amherst College, 1812~)[3]에 상응하는 학부대학[4]이었다.

당시부터 불교계의 중앙불전은 기독교계의 연희전문과 천도교계의 보성전문과 함께 한국의 3대 사학으로 널리 알려졌고 이후 혜화전문학교로 거쳐 동국대학-동국대학교로 이어지고 있다. 당시 중앙불전의 다섯 명의 교장 중 가장 오랫동안 재직하였던 영호당 정호(映湖堂 鼎鎬, 1870~1948) 즉 석전(石顚)[5] 한영(漢永)은 불도유(佛道儒) 삼교(三敎)와

2 미국의 포브스 지(誌)가 평가하고 있는 세계대학 랭킹에서 윌리엄스 칼리지는 하버드대-예일대-프린스턴대를 제치고 세계 최고의 대학(2010)으로 평가받았다. 포브스지의 평가 기준은 '학자금', '졸업생들의 연봉', '평균부채', '4년 내 졸업비율', '학생들의 만족도' 등 '학생들이 실제로 얻는 혜택과 치르는 비용' 등 아주 실용적인 기준을 평가에 적용하고 있다. 보스톤에서 서쪽으로 240킬로미터 떨어진 한적한 마을인 윌리엄스타운에 자리한 윌리엄스 칼리지는 학부과정의 교양교육에 중점을 두는 인문교양 대학(Liberal Arts College)으로 미국 식민지군의 대령이었던 이프라임 윌리엄스(Ephraim Williams)의 遺贈으로 설립되었다. 학부학생 2,070명, 총 24개 학과 33개 전공으로 학생 대 교수 비율이 7:1이며, 학생 2명에 전 세계 최고 수준의 교수 1명이 지도하는 개인수업인 튜토리얼(Tutorial)은 교수 앞에서 매주 다른 주제를 놓고 자신의 의견을 발표하고 동료의 글쓰기를 심사하는 것으로 잘 알려져 있다.

3 미국의 포브스 지(誌)가 평가하고 있는 세계대학 랭킹에서 하버드대-예일대-프린스턴대학과 경쟁하고 있는 앰허스트 칼리지는 윌리엄스 칼리지와 랭킹을 다투면서 2009년과 2011년에는 세계 최고의 대학으로 평가를 받았다. 보스턴에서 서쪽으로 약 90마일쯤 가면 '파이어니어 밸리'라고 불리는 경치 좋은 지역 중 인구가 3만 5천 명쯤 되는 앰허스트라는 작은 마을에 있다. 이 대학은 인문, 사회, 예술, 과학 등의 기초 학문만을 강조하는 리버럴 아츠 칼리지(Liberal Arts College) 중에서 가장 많이 알려져 있고 또한 입학 경쟁률이 가장 높은 대학으로서 하버드-예일-프린스턴 대학의 인문학 교수들 다수가 이 대학 출신들이다. 학부 학생 1,744명, 총 36개 전공과목이 있으며 대표 전공은 경제학, 영문학, 생물학, 정치학, 심리학이며 학생들의 25%가 복수전공을 하며 대학원 과정은 없다.

4 '리버럴 아츠 칼리지'(Liberal Arts College)는 주로 인문학, 사회과학, 어학 등 교양과목에 중점을 둔 학부 중심의 4년제 대학을 말한다. 이들 칼리지는 학부에서 인성을 갈고 닦은 뒤 대학원에 도전할 학생들이 주로 찾는다.

5 '石顚' 혹은 '石顚山人'이란 詩號는 일찍이 秋史 金正喜(1786~1856)가 白坡 亘璇(1767~1852)

선교율(禪敎律) 삼학(三學) 및 공유(空有)의 교학과 이사(理事)의 종학에 막힘이 없었던 석학이었다. 그는 불교중앙학림의 학장을 역임한 이래 이 대학의 교장과 교수로서 오랫동안 재직하며 중전학풍을 주도하였다.

식민지를 경험한 한국의 교육역사에서 새로운 교육제도의 도입과 정착은 일제의 지속적인 고등교육 저지 획책과 탄압에 맞물려 저항과 확충의 노력을 요청받았다. 때문에 당시 국내 대학들은 일본의 식민지 고등교육정책 아래에서 근대고등교육기관의 위상을 유지하기가 쉽지 않았다. 이와 달리 국내 기독교계는 선교회와 기독교 독지가들의 경제적 원조에 힘입어 재정적 기반을 확충한 세브란스연합의학전문학교(1917), 연희전문학교(1917), 숭실전문학교(1925), 이화여전(1925) 등을 유지해 왔다. 또 천도교는 보성전문학교(1922)를 운영하였다. 반면 불교계는 명진학교(1906)로부터 불교전수학교(1928)에 이르기까지 갖은 차별과 반대를 물리치고 뒤늦게 중앙불교전문학교(1930)로 승격 인가를 받아 관학(官學)의 경성제대(1926)에 대응하는 사학(私學)의 '전문학교' 대열에 합류하였다.

일찍이 영호 정호는 장성 백양사 운문암의 환응 탄영(歡應坦泳, 1847~1929)[6]

에게 '石顚·曼庵·龜淵'이란 글을 써 주면서 "후일 법손 가운데에서 도리를 아는 자가 있거든 이 호를 품수하는 것이 좋을 것"이라고 부탁한 것에서 비롯되었다. 결국 '石顚'은 추사-백파-雪竇 有炯(1824~1889)-雪乳 處明(1858~1903)을 거쳐 영호(석전) 정호(漢永)에게 전달되었고, '曼庵'은 장성 백양사의 翠雲 道珍에게 출가하고 영호 정호 등에게서 경전을 공부한 宗憲(1876~1957)에게 전달되었다. '龜淵'은 누구에게 전해졌는지 알 수 없다. 慧慈, 「漢永鼎鎬」, 『영원한 대자유 1』(서울: 밀알, 2005), p.9. 여기서 漢永은 戶籍名이니 곧 本名이다. 이 글에서는 그가 평생을 비구로서 살았으므로 法號와 法名을 병기하여 映湖 鼎鎬로 표기하되 필요한 경우에는 詩號인 石顚과 本名인 漢永을 괄호로 처리하여 '영호(석전) 정호(한영)'로 쓸 것이다.

6 幻應 坦泳은 1929년 조선불교중앙회에서 徐海曇, 方漢巖, 金擎雲, 朴漢永, 李龍虛, 金東宣 등 7인과 함께 敎正으로 추대되었다. 金光植, 「방한암과 조계종단」, 『한암사상』 제1집(한암사상연구회, 2006), p.160; 金光植, 「조계종단 종정의 역사상」, 『대

에게서 사교(四教)를 배웠다. 이어 그는 순천 선암사의 경운 원기(擎雲 元奇, 1852~1936)[7]에게서 대교(大教)를 수학하였다. 그 뒤 영호는 순창 구암사의 설유 처명(雪乳 處明, 1858~1903)[8]으로부터 법을 전해 받았다. 지방에서 강론을 하던 그는 39세에 유신(維新)의 뜻을 품고 서울로 올라와 불교 개혁운동에 참여하였다. 이후 영호는 중앙학림이 휴교하자 총무원의 불교학원과는 별도로 개운사(開運寺)와 대원암(大圓庵)에서 불교전문강원(1926~1945)을 열어 수많은 선승 학승들과 재가 선생들에게 불교학과 동양문학의 본질을 머금고 있는 인문학 전반에 대해 강론하였다.[9] 때문에 그가 머물던 대원암에는 사계의 대표적인 인물들이 모여 인문학, 동양학, 한국학 연구를 위한 열린 대학이 만들어졌다. 이곳에서 형성된 '석전학통'(石顚學統)[10]은 영호 정호의 '박학'(博學)과 '통재'(通才)에서 기원한 것이었지만 보다 더 근본적인 시원은 대한불교의 유신을 위해 교육에 집중해 온 그의 간절한 원력에서 비롯된 것으로 짐작된다.

영호가 심혈을 기울여 온 교육에 대한 원력과 열정은 백양사 광성의

각사상』 제19집(대각사상연구원, 2013), p.134.

7 擎雲 元奇는 1911년에 변질된 晦光 師璿의 친일적 圓宗에 대항하여 臨濟宗이 창종되었을 때(1911) 임시館長으로 추대되었으며, 1917년 조선불교선교양종교무원이 창립되었을 때는 教正으로 추대되었다.

8 雪乳 處明은 스승 雪竇 有炯이 입적한 뒤 講席을 이어받아 20여 년 동안 수백여 명의 후학을 지도한 뒤 강석을 문인인 映湖 鼎鎬에게 맡겼다.

9 映湖는 평생 4~5만 여권의 장서를 확보하여 탐독했으며 불교학을 기반으로 한 인문학을 통해 4000여 편의 韻文의 漢詩(禪詩)와 散文의 隨筆 및 著譯書를 다수 남겼다.

10 映湖의 문하에는 石農(明湜, 1901~1968), 靑潭(淳浩, 1902~1971), 耘虛(龍夏, 1892~1980), 高峰(泰秀, 1905~1968), 性能(福文), 鐵雲(宗玄, 1906~1989), 雲惺(昇熙, 1910~1995), 雲起(性元, 1898~1982), 聽雨 (景雲, 1912~1975), 남곡(윤명, 1913~1983), 京保(1914~1996) 등의 출가제자와 夕汀(釋靜·石汀) 辛錫正(1907~1974), 未堂 徐廷柱(1915~2000) 등의 재가제자가 있다. 이외에도 碧初 洪命憙(1888~1968), 白華(菊如) 梁建植(1889~1944), 山康 卞榮晩(1889~1954), 六堂 崔南善(1890~1957), 嘉藍 李秉岐(1891~1968), 春園 李光洙(1892~1950), 爲堂 鄭寅普(1893~1950), 凡夫 金正卨(1897~1966), 芝薰 趙東卓(1920~1968) 등이 그의 가르침을 받은 것으로 알려져 있다.

숙(廣成義塾) 숙장을 역임하면서 시작되었다. 그의 교육은 불교계의 중심 교육기관인 명진학교[11]-불교사범학교를 이은 불교고등강숙이 개설되면서 보다 구체화 되었다. 영호는 명진학교 강사로부터 30본산주지회의원 안에 설립한 불교고등강숙의 숙사(塾師, 塾長)에 이어 불교중앙학림[12]의 학장으로 취임하였다. 중앙학림 휴교 이후 총무원의 불교학원(1922~1928)을 거쳐 복원된 불교전수학교가 중앙불교전문학교로 승격되자 그는 제4대 교장을 도맡아 학풍 수립에 남다른 정열을 쏟아부었다. 이후 영호는 중전의 교장 사임과 혜화전문학교(1940~1946)의 명예교수를 사임한 뒤에는 구암사와 내장사로 내려가 만년을 보냈다. 이 글에서는 영호 정호의 행장[13]과 논저들[14] 및 그에 대한 선행연구[15]를 검토하면서 그의 수학과정과 교육이념 및 그가 교장으로 재직

---

11 남도영, 「구한말의 명진학교」, 『역사학보』 제90집(한국역사학회, 1981); 김순석, 「통감부 시기 불교계의 명진학교 설립과 운영」, 『한국독립운동사연구』 제21집(독립기념관, 2003).

12 김광식, 「중앙학림과 식민지불교의 근대성」, 『사학연구』 제71호(사학연구회, 2003).

13 映湖, 「稀朝自述 九章」(『石顚詩鈔』); 鄭寅普, 「石顚上人小傳」; 金映遂, 「故太古禪宗敎正映湖和尙行蹟」(石顚文鈔』); 成樂薰, 「石顚堂映湖大宗師碑文」, 智冠 편, 『韓國高僧總集』(가산문화원, 2000); 김종관, 「石顚 朴漢永先生 行略」, 『전라문화연구』 제3집(전북향토문화연구회, 1988) 등이 있다.

14 映湖는 『戒學約詮』, 『佛教史攬要』, 『石顚詩鈔』, 『石顚文鈔』(石林隨筆, 石林草) 등의 저술과 『精選緇門集說』(編, 懸吐, 釋), 『大乘百法·印明規矩』, 『因明入正理論』(解, 懸吐, 會釋), 『精選拈頌說話』(編, 懸吐, 釋) 등의 역술, 『法寶壇經海水一滴講義』 등 잡지 연재 講述, 『精註四山碑銘』, 『李朝實錄佛教抄存及索引』(18권 19책), 『譯註大東禪敎考』, 고승들의 행장 정리 글 및 불교계 각성과 개혁 촉구에 관한 시사 논설 등을 남겼다.

15 映湖(石顚) 鼎鎬(漢永)에 대한 선행연구로는 다음과 논저들이 있다. 이병주, 「持戒·講說·詩作에 뛰어났던 俊峰」; 이종찬, 「石顚 시의 두 갈래」; 홍신선, 「朴漢永스님의 인물과 사상」; 고재석, 「석전 박한영의 詩選一揆論과 그 문학사적 의의」; 김상일, 「석전 박한영의 이중적 글쓰기와 불교적 문학관」, 이상 5편 『石顚 박한영의 생애와 시문학』(백파사상연구소, 2012); 이종찬, 「石顚의 天籟的 詩論과 紀行詩」, 『한국문학연구』 제12집(동국대학교 한국문학연구소, 1989); 김광식, 「二九五八會考」, 우송조동걸선생 정년논총간행위원회, 『한국민족운동사연구』(나남, 1997); 김광식, 『한국근대불교의 현실인식』(민족사, 1998); 金昌淑(曉呑), 「석전 박한영의 『戒學約詮』과 歷史的 性格」, 『한국사연구』 제107집(한국사연구회, 1999); 황인규, 「중앙불교전

한 중앙불교전문학교 시절의 살림살이와 사고방식을 살펴보고자 한다. 아울러 그가 모색했던 불교 교육자로서의 정체성과 학승으로서의 인식틀에 대해 탐구해 보기로 한다.

2. 영호 정호의 살림살이

영호 정호는 전북 완주군 초포면 조사리에서 태어났다. 어려서부터 그는 향리의 서당에서 『통사』와 사서삼경을 수학한 뒤 서당에서 접장(接長)을 하였다. 17세 되는 해에 영호는 어머니가 전주 위봉사에서 듣고 온 생사법문을 전해 들은 뒤부터 크게 발심하여 출가할 뜻을 품었다. 19세가 되는 해에 그는 강원도 고성 신계사에서 전주 태조산의 금산(錦山)화상을 은사로 하여 수계 득도하고 유점사에서 도첩(度牒) 수여식을 거행하였다. 이어 영호는 장성 백양사로 가서 운문암의 환응 탄영대사에게서 사교과를 수학하였다. 다시 그는 선암사의 경운 원기 대사에게서 대교과를 수학하고 그곳에서 대선(大選) 법계를 품수하였

문학교의 개교와 학풍」, 『불교 근대화의 전개와 성격』(조계종출판부, 2006); 고영섭, 「동대 '전인교육' 백년 '불교 연구' 백년」; 김혜련, 「식민지 고등교육정책과 불교계 근대고등교육기관의 위상: 중앙불교전문학교를 중심으로」; 김광식, 「명진학교의 건학이념과 근대 민족불교관의 형성」, 이상 3편 『불교학보』 제45집(동국대 불교문화연구원, 2006); 김상일, 「石顚 朴漢永의 저술 성향과 근대불교학적 의의」, 『불교학보』 제46집(동국대 불교문화연구원, 2007); 고영섭, 「한국불교학 연구의 어제와 그 이후: 이능화·박정호·권상로·김영수 불교학의 탐색」, 『문학 사학 철학』(대발해동양학한국학연구원 한국불교사연구소, 2007년 여름 통권 8호); 김상일, 「근대 불교지성과 불교잡지: 석전 박한영과 만해 한용운을 중심으로」, 『한국어문학연구』 제52집(한국어문학연구학회, 2009); 김상일, 「石顚 朴漢永의 불교적 문학관」, 『불교학보』 제56집(동국대 불교문화연구원, 2010); 노권용, 「석전 박한영의 불교 사상과 개혁운동」, 『선문화연구』 제8집(한국선리연구원, 2010. 6); 고영섭, 「東大 법당 '正覺院'의 역사와 位相」, 『한국불교학』 제65집(한국불교학회, 2013); 황인규, 「승정전의 불교사적 의의」, 『한국불교학』 제65집(한국불교학회, 2013).

다. 또 영호는 벽하(碧下) 조주승(趙周昇)에게 서예를 배우고, 고환(古懽) 강위(姜瑋)의 시풍(詩風)을 닮으려고 공부를 하였다.

은사 금산의 입적 이후 영호는 석왕사, 신계사, 건봉사, 명주사 등지에서 경학을 연찬하면서 틈틈이 참선에 몰두하였다. 이어 그는 안변 석왕사와 신계사 및 건봉사에 머물며 안거에 들었다. 뒤이어 영호는 선암사에서 중덕(中德) 법계를 품수받고 조선 후기 불교 선문을 중흥시킨 백파 긍선(白坡亘璇, 1767~1852)의 문파를 이은 설두 유형(雪竇有炯, 1824~1889)-설유 처명(雪乳 處明, 1858~1903)에게 '염향사법'(拈香嗣法)을 하였다. 백양사에서 그는 대덕(大德) 법계를 품수 받은 뒤 순창 구암사에서 『염송』과 『율장』 및 『화엄』을 수학하고 설유로부터 법통을 이어 받아 개강하였다.

이때 영호는 추사가 쓴 '석전'(石顚)이란 시호(詩號)를 4대에 걸쳐 전해 받았다. 그 뒤 그는 1896년부터 구암사, 대흥사, 법주사, 화엄사, 범어사 등에서 불법을 강의하여 이름을 떨쳤다. 이어 영호는 산청 대원사의 강청을 받고 진산(晋山)한 뒤 학인 수백 명에게 경학을 강설하였다. 그 뒤 그는 백양사, 대흥사, 해인사, 법주사, 화엄사, 안변 석왕사, 범어사에서 강설삼장의 대법회를 성황리에 시설하였다. 이어 영호는 2차 금강산행을 다녀온 직후인 39세(1908)에 대한불교를 유신하려는 뜻을 품고 서울로 올라와 용운 봉완(龍雲奉玩, 1879~1944)과 금파 경호(琴巴/波竟胡, 1868~1915) 등과 함께 불교의 개혁에 대해 토론하며 불교인의 자각을 촉구하였다.

일제의 경술병탄(庚戌倂呑, 1910. 9. 28)이 이루어진 직후인 10월 무렵에 당시 해인사 주지이자 대한불교계 원종(圓宗, 1908)의 종정이던 회광 사선(晦光師璿, 1862~1933)이 일본 조동종의 관장 이시카와(石川素童)를 만나 단독으로 7개 항의 연합조약을 맺었다. 이에 영호는

1911년 1월에 진응 혜찬(震應慧燦, 1873~1941), 용운 봉완, 성월(性月, 1866~1943), 종래(鍾來, ?~?), 구하(九河, 1872~1965) 등과 함께 전라도와 경상도의 승려들을 순천 송광사에 모아 승려대회를 주도하여 한일불교의 연합을 부정하고 한국불교의 전통이 임제종임을 밝히며 이를 저지하였다. 이어 그는 동지들과 함께 임제종을 세운(1911) 뒤 한국불교의 독자성을 견지하려고 심혈을 기울였다.

영호는 1913년에 『조선불교월보』를 인수하여 불교 월간지인 『해동불보』로 제호를 바꾸고 발행인(사장)이 되어 『해동불보』 1호를 간행하였다. 그는 이 잡지에다 불교의 포교 방법에 대한 논설을 기고하면서 불교유신을 제창하고 불교인의 성찰을 독려하였다. 영호는 1914년 4월 30일에는 본산연합주지회의소에서 사교과와 대교과의 학인을 모집하였고, 7월에는 고등불교강숙의 교육을 총괄하였다. 그리고 10월에는 경성 불교고등강습회 회장 겸 강사를 맡았다.

같은 해에 명진학교를 이은 불교고등강숙이 설립되자 그는 숙사(塾師)를 맡으며 본격적인 교육불사에 투신하였다. 그는 불교고등강숙을 이은 불교중앙학림의 불학강사로 청빙(請聘, 1915) 받은 뒤 학장으로 선출(1919)되었다. 영호는 1921년에 발기된 불교유신회 창립총회에서 '의장'으로 선출되었다. 이듬해 동아일보사가 저명인사들에게 '조선에서 가장 급한 일이 무엇인가'를 질문하자 그는 '부자들의 각성을 촉구'하였다. 이것은 당시 조선 부자들의 졸부 근성에 대한 통렬한 질타였다.

이어 그는 당시 조선불교의 병인을 다섯 가지로 진단하였다. 첫째는 공고(貢高)이니 당시 승려들이 새로운 문명에 대한 지식쌓기를 등한히 하고 스스로 자족에 빠져 있음을 들었다. 둘째는 나산(懶散)이니 나태한 습관에 물들고 산만한 일에 흥미를 두는 병을 들었다. 셋째는 위아(爲我) 즉 망아이생(忘我利生)을 모르는 자아중심주의이니 독단과 편견에 잘못 빠져드는 것을 경계하였다. 넷째는 간인(慳吝)이니 수도자의 실천이 없는 체득의 허구성을 비판하였다. 다섯째는 장졸(藏拙)이니 이는 자기 단점을 숨기고 장점만 내세우는 것이라고 지적하였다.[16] 영호의 이러한 지적은 당시 조선불교의 병증에 대한 세밀한 진단서라고 할 수 있다. 그에게 불교의 개혁은 바로 이 병증을 치유하는 것에서 출발해야만 하였다.

1919년 4월 2일에 영호(石顚)는 지암(智庵鍾郁, 1884~1969) 등과 함께 인천 만국공원에서 개최된 국민대회에 불교계의 대표로 한성임시정부 발족에 참여했다. 이어 그는 불교유신을 위한 총독부 제출 건백서를 불교유신회 15명과 함께 대표로 참여하여 제출하였다. 1922년 5월 29일에 중앙학림이 휴교하면서 영호는 학장에서 물러났다. 1923년에 불교유신회에서 영호 등 7명의 위원에게 사찰령 철폐에 대해 총독부 질의를 하기로 결정하였다. 1924년에 그는 백용성과 함께 『불일』(佛日)지 편집인이 되어 통권 2호를 발간하였다. 1925년에 영호는 조선불교회로부터 조선불서간행회의 대교사(大教師)로 위촉을 받았다. 1929년에 그는 조선불교선교양종에서 7인의 교정[17] 중 한 사람으로 추대되었다. 1933년 4월 29일에 열린 일본 왕 히로히토(裕仁) 생일을 축하하는 천장절(天長節) 경축식에서 영호는 "아, 아, 그란디…… 오늘이 바로 일본 천황 생일이래여, 그러니 잘들 쉬여"라고 단 10초만의 경축사를 하였다. 이후 그는 중앙불교전문학교 교장(1932, 11. 1~1938. 11. 24)을 맡아 헌신한 뒤 69세(1938)에 사임하고, 71세(1940)에는 혜화전문학교 명예교수조차 사임하고 구암사로 내려갔다. 1945년에 영

---

16 朴漢永, 「佛教講師와 頂門一針」, 『朝鮮佛教月報』 제9호(조선불교월보사, 1912. 10).

17 1929년 1월 5일에 열린 조선불교승려대회에서 幻應, 映湖, 漢巖 등 7인의 교정이 추대되었다.

호는 징병과 징용으로 대원암 불교전문강원을 유지할 수 없게 되자 운허(용하)와 운성(승희)에게 전강(傳講)을 하고 폐쇄하였다. 1945년 초에 그는 정읍에서 만년을 보내고자 내장사로 자리를 옮겨 상좌 매곡(梅谷)에게 "여기서 세상을 뜨려고 왔네"라고 말하였다.

이해 8월 15일에 해방이 되자 영호는 조선불교의 첫 교정으로 추대를 받았다. 그리고 그는 내장사에다 '내장사 역경원'을 설립하고 포광 김영수에게 『불교요의경』을 번역해 간행하게 했다. 1946년 1월 29일에 영호는 해방 직후 첫 3.1절을 맞아 구성된 '기미독립선언기념전국대회준비위원회'(己未獨立宣言記念全國大會準備委員會)의 부회장직을 맡아 3.1절의 민족정신을 되살리고 계승(繼承)하는데 진력을 다했다. 그 뒤 그는 1948년 4월 8일 내장사 벽련암(碧蓮庵)에서 세수 79세, 법랍 61세로 원적하였다. 이처럼 그는 대한시대(1897~)의 한복판에서 종교계와 교육계 및 정치계와 문화계 등의 주역으로서 평생을 살았다.

3. 개운사와 대원암의 불교전문강원 개원과 불전

서울시 성북구 안암동 안암산 기슭에 자리한 개운사는 조선 태조 5년(1396)에 지금의 자리 옆에 영도사(永導寺)로 창건되었다. 정조 3년(1779)에 왕의 후궁인 홍빈(洪嬪)의 묘인 명인원(明仁園)이 절 옆에 들어서자 인파 축현(仁坡竺鉉)이 지금의 자리로 옮기고 개운사(開運寺)라고 이름을 붙였다. 반면 범해 각안(梵海覺岸)이 편찬한 『동사열전』(東師列傳, 1894년간)[18]에는 어린 시절에 이 절의 벽담 도문(碧潭道文)

---

18 梵海覺岸, 『東師列傳』(『韓佛全』 제10책).

의 처소에서 주로 양육되었던 고종이 개운사로 이름을 고쳤다고 하였다. 헌종 11년(1845)에 인파 축현의 제자인 지봉 우기(智峰祐祈)가 산내 암자인 대원암과 칠성암을 창건하였다.[19]

대한시대에 이르러 영호가 주석하면서 개운사와 대원암은 동양문화 집담의 '살롱'이자 새로운 '학교'(특히 고등연구반)였다. 그는 박람강기의 대표적 학승으로서 서구의 신지식 내지 사회사상의 이해와 유교, 도교, 기독교 등 동서 사상에도 막힘이 없었다.[20] 영호의 불교계 혁신과 교육에 대한 열정은 중앙학림의 휴교 이후 총무원에서 운영하던 불교학원(1922. 9~1928. 2)과는 별도로 도성 인근에 전통강원의 형식을 재현하고자 하였다. 1926년 10월 26일에 영호는 도성 가까운 이곳 안암동 개운사와 대원암(大圓庵)에서 치문-사집-사교-대교반으로 이루어진 불교전문강원을 개설하고 강주로서 주석하면서 불교계 안팎의 수많은 후학들을 길러냈다. 당시 개운사 강원에서 수학한 영호의 전강제자인 운성은 다음과 같이 증언하고 있다.

> 3년 간 강원을 계속하다가 기사년(1929) 3월에 대원암으로 옮겼다. 대원암 강원은 불교연구원이라고 하였다. 그래서 『화엄경』을 위주로 하여 『전등록』과 『염송』도 강의하였으며, 학인들은 대개 일대시교를 마쳤거나 강사를 지내던 분들이 모였다. 말하자면 연구반이 셈인데 거기에는 두 부류의 학인들이 모였던 것으로 기억한다. 하나는 석전스님의 높은 학력을 사모하고 그 문하에서 배웠다는 긍지를 갖고 싶었던 사람이며, 또 한편에는 고등연구반에서 교학을 탁마하기 위해서 모였다. 그런 만큼 학인들은 그 기초 소양이 다양했고 제각기 독특한 전문 분야를 가진 사

---

19 權相老, 『韓國寺刹全書』(동국대출판부, 1979).
20 朴漢永, 「佛光圓는 未來에 當觀」, 『조선불교월보』.

람이 많았다.

한학에 깊은 조예가 있다든가 시문에 일가견이 있다든가 현대문학에 소양이 있는가 하면 법률학·정치학·철학 방면에 제각기 주견을 가진 사람들이 모여 있었던 것이다. 그 당시 대원암과 칠성암으로 나뉘어 거처하면서 한 방에 무릎이 서로 닿을 만큼 좁게 모여 앉아 열렬히 토론하였다. 대개 80~100여명이 지냈으니 한 방에 10여명이 함께 지냈던 것이다. 아침 쇳송(鍾誦)하고 예불하면 모두 입선한다. 아침 공양하고 그리고 조실스님께 문강한다. ……(중략)…… 그런데 저때에는 스님들 학인 외에도 재가거사들이 강석을 함께 하였다. 조실스님의 학덕을 기려 준수한 청년들이 또한 모여들었다. 지금 기억에 남는 이름으로는 김형태, 김동리, 이봉구, 서정주, 이종율 등 그밖에 또 있었는데 이종율씨는 소식을 모르는지 오래다. 한때 범어서 승적이 있었고 영어에 능숙하고 중앙불전에 학적을 두고 있었다.[21]

운성은 처음 개운사 강원에서 시작하여 3년 뒤에 대원암으로 옮긴 것, 대원암 불교강원의 교과과정과 참가인원, 거처숙소와 재가거사들의 면면까지 다양한 사실을 알려주고 있다. 당시 이곳은 인문학, 동양학, 불교학에 기반한 불도유 삼교, 문사철 삼학 방면에 관심이 깊은 이들이 모여 영호(석전)를 구심으로 하여 하나의 학통을 이루었음을 알 수 있다. 특히 이곳에 모여들었던 재가거사들의 면모는 당시 개운사 대원암 불교강원이 중앙학림의 휴교 이후 총무원의 불교학원과 별도로 이루어진 또 하나의 불교학교였음을 시사해 주고 있다.

우리 스님에게는 세속의 명사들이 많이 출입하였고 저들이 스님을 존

21 雲惺,「노사의 學人 시절: 우리 스님 石鼎 朴漢永스님- 50년 전의 大圓講院」,『불광』 제83호(불광사, 1981. 9), pp.58~60.

경하였거니와 스님도 잘 대해 주셨다. 당시 재주 있기로는 3사람이라고 일컬었던 정인보(鄭寅普)씨, 최남선(崔南善)씨, 이광수(李光洙)씨 등은 1주일(에)도 몇 번씩 찾아올 때도 있었다. 그밖에도 기억에 남는 분은 안재홍(安在鴻)씨, 홍명희(洪命憙)씨 등 당당한 명사들도 있지만 그 밖에 각 분야 사람들이 많이도 찾아왔다. 언론계, 예술계, 학계는 물론 일본인도 있었다. 일본인 가운데 제일 많이 찾아온 사람은 불교학자 다까하시(도오루)(高橋亨)와 총독부 고등탐정이었던 나까무라(中村)가 있다.[22]

또 운성의 증언은 영호를 존경하여 대원암에 모여들었던 당시 각 분야의 저명 인사들의 면모들을 알려주고 있다. 여기에 모인 이들은 언론계, 학술계, 학계, 문화계, 일본인 학자와 관료 등 광폭의 인물들이었음을 알 수 있다. 영호는 일찍부터 출가자와 재가자를 가리지 않고 함께 지방 여행과 현장답사를 자주 다녔다. 그의 여행은 산천의 탐승에 국한한 것이 아닌, 불도량(佛道場) 역참을 비롯한 '조선정신'(朝鮮精神)의 탐구의 일환이었던 사실 때문에 그의 선지식을 유감없이 발휘했다.[23]

우리 스님은 방학 때면 곧잘 여행을 다니셨다. 여행에는 당신 혼자가 아니다. 일행이 많았다. 누구든가 동행하고 싶은 사람은 얼마든지 함께 갔다. 또한 스님이 여행 떠나실 때는 재속 거사들도 대개 함께 했다. 그래서 어떤 때는 일행이 20명 될 때도 있다. 스님과 함께 동행한 거사로는 정인보씨, 홍명희씨, 최남선씨, 안재홍씨 그밖에 예술인 몇 명이 우선 기억에 남는다. 지리산에도 가셨고 금강산에도 가셨다. 금강산에는 나도

---

22 雲惺, 「노사의 學人 시절: 우리 스님 石鼎 朴漢永스님」, 『불광』 제84호(1981. 10), pp.60~61.
23 홍신선, 앞의 글, 앞의 책, pp.82~83.

두 번 모시고 갔었다. 여행하는 목적지는 대개 산이고 절이다. 산에는 으레 절이 있으니 절이 있는 산으로 여행가는 것이다. ……(중략)…… 그런데 우리 스님의 여행을 즐기신 이유가 무엇일까? 나는 당신에게 수행의 의미가 있고 배움의 의미가 있고, 동시에 학인들에게 산 교육을 시키기 위한 뜻이 숨어 있다고 생각된다.[24]

영호의 기행에 합류한 정인보는 이 여행과 답사에 대해 이렇게 회고하였다. "스님을 따라 국내 명승지를 순방하며 산천, 풍토, 인물로부터 농업, 공업, 상업과 노래며 소설에 이르기까지 모두 평소에 익힌 바처럼 모르는 것이 없음으로 그 고장 사람들도 멍하여 말문을 열지 못한다."[25] 이들의 증언에서 알 수 있는 것처럼 영호가 방학 때면 주변의 인사들과 떠난 국토 기행은 단순한 유람이나 관광이 아니었다. 그것은 현장의 경험을 통해 식민지 백성들의 간난과 고통을 온몸으로 체험하는 것이었다.

나아가 그것은 '조선심', 혹은 '민족적 자아를 찾고자 한 운동'의 일환이기도 했다. 1920년대 민족주의 문학의 전개와 함께 이들 문사들은 민족의 혼이 과연 무엇인가를 탐구하고자 했다. 그 탐구는 주로 우리의 신화, 전설, 민속, 역사 등 과거 우리 것들을 통해 이뤄졌다. 우리 국토에 대한 순례 역시 이 같은 노력의 일환이며 국망에 대한 응전의 성격도 있었다. 곧 몸인 국가가 없어진 터에 그 영혼(정신)만이라도 온전히 지켜내야 한다는 신채호·박은식 류의 민족주의 사학의 논리와도 궤를 같이 했기 때문이었다.[26]

---

24 雲惺, 「노사의 學人 시절: 우리 스님 石鼎 朴漢永스님」, 『불광』 제85호(1981. 11), pp.62~63.

25 鄭寅普, 「石顚스님 行略」, 『映湖堂大宗師語錄』(동국출판사, 1988), p.21.

26 홍신선, 앞의 글, 앞의 책, p.87.

우리 역사에서 신라의 화랑과 고려의 거사들 그리고 조선의 유자들이 이어왔던 명산대찰과 명승지를 순례하던 전통[27]은 국망(國亡)이 되면서 한동안 단절되었다. 그러다가 선말 한초에 입국한 외국인 선교사들의 조선 기행문이 간행된 이래 종래의 정신사적 민족사적 기반을 깔고 떠난 국토 순례는 영호에 의해 복원되어 널리 확장되었다. 그리하여 그에 의해 주도된 국토순례는 근대 기행수필이란 우리 문학의 한 갈래를 낳았다. 영호의 『석림수필』을 비롯하여 육당의 『백두산근참기』, 춘원의 『금강산유기』 등은 이러한 그의 국토순례의 영향 속에서 탄생한 기행문학의 절창이라고 할 수 있다.

1927년 10월 15일에 영호는 개운사 강원 개강 1주년 기념식을 열어 경력보고와 강사 제시(提示) 및 수업증서를 수여하였다. 1928년 11월 1일에 그는 개운사 불교전문강원 수료식을 거행하였고 다음날에는 개운사 대원암 강원 낙성식을 치루었다. 1929년 1월 22일에 영호는 개운사에서 교정 7명 중 유일하게 교정 취임식을 하였다. 이해 10월 22일에 그는 개운사 강원 제2회 졸업식을 거행하였다.[28] 영호는 이곳에서 운허 용하(耘虛龍夏, 1892~1980), 운기 성원(雲起性元, 1898~1981), 청담 순호(靑潭淳浩, 1902~1971), 운성 승희(雲惺昇熙, 1908~1995), 일붕 서경보(一鵬 徐京保, 1914~1996), 철기 조종현(鐵驥趙宗玄, 1906~1989), 석정 신석정(夕汀辛/錫正, 1907~1974), 월하 김달진(月下 金達鎭, 1907~1989), 영담 김어수(影潭 金魚水, 1909~1985), 미당 서정주(未堂徐廷柱, 1915~2000) 등 이 나라 동양학계의 석학들을 길러내거나 큰 영향을 주었다.[29]

---

27 고영섭, 「금강산의 불교신앙과 수행전통」, 『보조사상』 제34호(보조사상연구원, 2010).

28 『弘法友』 제1집, 1938. 3, p.73. 1937년 정축년에는 사미과 3명, 사교과 p.16, 수의과 7명이 있었다고 적고 있다.

29 爲堂 鄭寅普, 六堂 崔南善, 春園 李光洙, 碧初 洪命憙, 包光 金映遂(1884~1967), 放隱 成樂熏(1911~1977) 등도 映湖堂의 가르침을 받은 것으로 알려져 있다.

특히 서정주와 함께 시인부락파 동인이자 한시와 선시 및 불경의 번역자였던 월하 김달진과 한국 시조의 초석을 다진 시인이자, 조계종 중앙도교사를 역임하였던 영담 김어수도 영호의 문하에서 수학하였다.

이즈음 만 열 아홉 살(1933)이었던 미당은 중학 선배이자 친구인 배상기(裵想基)의 주선으로 당시 조선불교 교정(敎正)이었던 석전 박한영(石顚 朴漢永, 1870~1948)을 동대문 밖 개운사(開運寺) 대원암(大圓庵)에서 만나 머리를 깎고 한동안 '소년거사'로서 그곳에 머물며 『능엄경』 한 질을 배웠다.[30] 그가 배운 『능엄경』은 '여래의 밀인'과 '보살의 만행'을 설하는 경전이었다. 그의 추천에 의해 이루어진 중앙불전 입학 이후 미당은 일학년 일학기를 비교적 열심히 다녔으나 이후 '시의 조직의 세계에 몰입해 가면서 학교를 아주 나가지 않고'[31] 불교의 인연설과 연기설에 깊이 훈습되었다. 이후 그는 윤회전생설과 삼세인과론의 그물로 자신의 시적 세계를 구축하기 시작하였다.[32]

미당 서정주는 영호의 추천에 의해 중앙불전과 인연을 맺어 훗날 동대 교수와 명예교수를 및 종신교수가 되어 임종까지 문명(文名)을

30 徐廷柱, 「단발령」; 「내 뼈를 덥혀준 석전스님」, 『미당자서전2』(민음사, 1994), pp.9~42. 미당은 開運寺 大圓庵에 머물며 "문필만 가지고만은 먹고 살 수 없는 내게 대학훈장의 급료를 보태 살게 하는 길을 미리 준비해 놓아준 것이다"라며 '그가 직시하고 있는 永遠經營'에 '뼛속이 따스함을 느낀다'고 표현할 정도로 석전에게 깊은 영향을 받았다. 미당은 "절에서 石顚 스님이 좋아 불경을 읽고 있기는 했지만 한 불교신도가 되기에는 나는 아직도 〈정리하지 못한 여러 가지 것과 도달하지 못한 여러 가지 것〉을 가지고 있었다"라며 '고난에 대한 번민'이 있었다. 그가 "이미 소년시절의 그 무작정한 번민심 때문에 한때 사회주의에도 감염되었다가 탈피해서 니체와 그리스 시화의 神性의 분위기에도 상당히 또 젖어 있었던 나로서는 그리스 신화적 그 육감과 혈기라는 것은 여간한 매력이 아니었다. 그리고 나는 아직도 이것을 불교의 그 넓은 세계 속에 내포하여 安閑할 만한 실력도 되지 못했고, 또 그 나이도 아니었던 것이다"라고 고백하고 있는 대목에도 잘 나타나 있다.

31 徐廷柱, 위의 책, p.45.

32 고영섭, 「서정주시의 불교 훈습」, 『불교학보』 제63집(불교문화연구원, 2012. 12).

드날렸다. 그는 여기에서 불교의 주요 경론을 섭렵하였고 그의 작품에 나타난 불교적 상상력은 대부분 젊은 시절 개운사 대원암에 드나들며 배운 것이었다. 그런데 영호(석전)에게 큰 영향을 받은 이는 서정주만이 아니었다. 시인이었던 조종현은 원효종 종정을 역임하였고, 신석정은 전북대 국문과 교수로서 호남문단을 주도하였다.

지훈 조동탁은 영호가 확립해 놓은 중앙불전의 학풍을 이은 혜화전문을 졸업하고 정지용의 『문장』지 추천으로 문단에 등단하였다. 혜화전문과 불교계와의 인연으로 당시 그는 약관을 갓 넘긴 나이에도 불구하고 월정사의 외래강사를 역임하기도 하였다. 그 뒤 지훈은 고려대학교 국문학과 교수로서 민족문화연구소를 개소하여 국학연구와 4.19 이후 국내 지성계를 주도하였다. 이처럼 영호가 주도한 개운사 불교전문강원[33]은 불교중앙학림의 휴교 이후 총무원의 불교학원과는 별도로 유지된 불교학교였다.

당시 개운사와 대원암 불교전문강원은 영호당을 중심으로하는 새로운 불교학교였다.[34] 하지만 총무원의 불교학원이 불교전수학교로 복원된 뒤 중앙불교전문학교로 승격된 이후에 대원암 불교전문강원은 중앙불전과 긴밀하게 연계되고 있었다.

---

33 개운사 대원암의 강학전통은 후대에 呑虛 宅成(1913~1983)이 주석하면서 이어갔으며 중앙승가대학교(1979~)가 개운사에 터전을 마련하는 계기가 되었다.

34 조선불교학인연맹, 『回光』 제2호, 국회전자도서관 보존. 개운사 불교강원을 중심으로 전국 8개 강원이 참여하여 결성한 조선불교학인연맹은 영호당의 영향을 받은 청담 등 젊은 승려들이 '조선의 구제'를 위해 학인들이 마땅히 나서야 한다며 『回光』 이란 잡지를 창간(1928)하였고 2호까지 간행(1932)하였다.

4. 중앙불교전문학교의 승격과 학풍

명진학교의 가장 큰 특색은 승려에게 속학(俗學) 즉 신학문을 교육하는 데에 역점을 두는 것이었다. 반면, 중앙불전의 가장 큰 특색은 재가자에게 입학을 허가하여 출재가자가 함께 공부하는 전기를 열은 것이었다. 그런데 명진학교의 개교 이래 식민지 시절의 중앙불교전문학교는 몇 차례의 동맹휴학과 휴교 및 폐교의 역사를 밟아왔다.

첫 번째는 명진학교 당시(1910년) 전국 72개 사찰의 위임장을 가지고 원종 종무원을 대표하는 (이)회광(사선)이 일본 조동종과의 연합체결을 승낙한 사건에 대한 조선불교계 내의 저항과 반발로 인한 자주적 중흥 운동으로 빚어진 불가피한 휴교였다. 두 번째는 불교고등강숙 당시 조선총독부의 대한불교침투 정책에 굴복한 기성 보수 승려들의 직권으로 인한 강제 폐교였다. 세 번째는 중앙학림 당시 '전문학교 승격'에 대한 요구를 조건으로 한 동맹 휴학이었다. 네 번째는 조선총독부의 강제폐쇄 조치로 자행된 중앙학림의 장기휴교였다. 다섯 번째는 불교전수학교 당시 전문학교로의 승격 요구를 위한 동맹 휴학이었다. 이러한 동맹 휴학과 휴교 및 폐교를 거듭하면서 '중앙불전' 즉 '중전'은 '전문학교' 승격이 늦어졌다.

당시 중앙학림의 강제 휴교는 오히려 전문학교 승격에 대한 불교계 전체의 열망을 고조시키는 촉매가 되었다. 재단은 법인을 설립하고(1922), 불교전문학교 설립 원칙을 제정(1925)하였으며, 교지를 확보하고(1925), 교사 신축을 완공(1927)하는 등 총독부의 전문학교 설립 요건을 완비한 뒤 전문학교 인가 요구안을 다시 제출하였다. 하지만 총독부는 또다시 전문학교의 승격 청원을 기각하고 '전수학교'라는 중등과정 수준의 인가만을 허용했다. 총독부는 "중앙학림이 3.1운동을 전후

해서 항일투사의 온상이었던 점"과 "불교계에 필요한 인재 즉 포교사의 양성이 목적이므로 구태여 전문학교로 할 필요가 없다"라는 이유를 내세워 불허 방침을 고수하였다.

그런데 일본 군국주의는 식민지국 통치에 입각한 '국민'의 재구성 과정에서 '종교'와 '교육'의 양대 축을 절절히 활용하였다. 일본 군국주의는 반도 침투의 도구로서 일본불교를 활용했기에 조선(대한)불교는 다른 종교에 견주어 매우 불리한 상황에 직면해 있었다. 제국의 입장에서 불교는 식민논리의 유연한 주입을 위한 효과적인 방책으로, 조선의 입장에서 불교는 호국정신을 정신적 기조로 하여 식민논리의 부정성을 반증하는 대항기제라는 민족종교로서, 제국/식민의 길항 관계망을 가르고 있었다. 식민통치 내내 조선총독부가 다른 종교계 교육기관에 비해 유독 불교계 고등교등교육기관의 승인을 유보하고 저지한 이면에는 조선의 전 역사를 통해 민족종교로서 불교계가 보여준 주체적이고도 적극적인 행보와 조선인들의 사유와 실천의 정신적 근거로서의 위상에 대한 정치적인 계산이 전제되었기 때문이다.[35]

하지만 그들이 제시한 두 번째 이유는 1902년에 불교계의 고급 인재 양성을 목적으로 설립한 일본 교토의 용곡(龍谷)대학이 이미 전문학교로 승격되어 운영되고 있었다는 사실에 준하면 거부를 위한 명분에 불과하다[36]는 사실을 반추해 볼 수 있다. 문제는 첫 번째 이유 즉 "중앙학림이 항일투사의 온상"이라는 점에 있었다. 하지만 불전학생들의 승격운동이 거듭되고, 당시 언론들 역시 불전 학생들의 동맹휴학을 대대적으로 보도하자 불교계 사학에 대한 총독부 당국의 부당한 차별을 비판하는 여론이 비등하였다. 총독부 역시 더 이상 '전문학교' 승격

35 김혜련, 앞의 글, 앞의 책, p.254.
36 김혜련, 앞의 글, 앞의 책, p.254.

을 거부할 명분이 없었다. 결국 중앙불교전문학교는 1930년 4월 7일에 조선총독부로부터 승격 인가를 받았다.

교명에 대해서는 처음에는 지리적으로 서울 도성의 동대문(興仁之門)과 북대문(炤/弘智門) 즉 숙정문(肅淸/靖門) 사이에 있는 弘化門(東小門)인 혜화문(惠化門)을 따서 '혜화(惠化)전문학교'로 하자는 의견도 있었다. 하지만 총독부는 '불교' 두 글자를 넣어야 된다고 강요하였다. 결국 교단은 혜화전문학교의 교명을 보류하고 '불교전수학교'를 계승하여 '불교전문학교'로 하기로 하였다. 그러나 일본에 '경도(京都)불교전문학교'가 이미 있었기 때문에 그것과 구별하기 위하여 앞에 '중앙' 두 글자를 붙여 '중앙불교전문학교'로 부르게 되었다. 약칭으로는 '중전' 혹은 '불전'으로 불렀으며 학생모자에 붙인 교표에는 '중전'(中專)이라고 표기하였다. 이처럼 중전은 수많은 우여곡절을 겪으며 어렵게 전문학교로 승격될 수 있었다.

> 명진학교(明進學校)로부터 중앙학림(中央學林)이 조선불교(朝鮮佛敎)의 중앙교육기관(中央敎育機關)으로서 이십 년간(二十年間)의 신교육(新敎育)을 행(行)하여 온 것이 그것이다. 이 행위(行爲)의 근저(根柢)에는 적드라도 "은둔적(隱遁的) 산중불교(山中佛敎)로부터 시대(時代)와 민중(民衆)을 인식하는 현대적(現代的) 능화(能化)의 인재(人材)를 양성(養成)하야 자아적(自我的) 입각(立脚)을 도두고 나아가 동국불교(東國佛敎)의 세계적(世界的) 진전(進展)으로서 인간문화(人間文化)에 의의(意義)있는 공헌(貢獻)을 수행(修行)하자"는 인간의 법이적(法爾的) 충동과 동국승가(東國僧伽)로서의 의무심(義務心)이 잠복(潛伏)하였다 아니할 수 없다.[37]

---

37 白山學人, 「東國僧伽의 文化史的 任務」, 『佛敎』 제57호(불교사, 1929), p.6.

백산학인(白山學人)은 명진학교 개교 이래 지난 20여년의 과정 끝에 탄생한 중앙불전에 대해 "은둔적 산중불교로부터 시대와 민중을 인식하는 현대적 능화의 인재를 양성"하여 "자아적 입각을 도두고 나아가 동국불교의 세계적 진전으로서 인간문화에 의의있는 공헌을 수행하자"고 그 의미와 역할을 환기하고 있다. 이러한 '법이적 충동'과 '동국승가로서의 의무심 잠복'이라는 그의 선언은 중앙불교전문학교의 승격이 "조선에서 민간대학이 생기는 날에는 중전이 제일착으로 승격되어", "동양문화를 대표하는 종합대학"이 되기를 갈망하는 김태흡(大隱)의 의식 속에서도 확인할 수 있다. 결국 중앙불전은 그의 말처럼 혜화전문을 거쳐 동국대학과 동국대학교로 나아가면서 조선 제일착의 민간대학과 종합대학이 되었다.

거(去) 4월 7일 부(附)로 총독부 당국으로부터 중앙불교전문학교의 인가(認可) 사령장(辭令狀)이 도당국(道當局)을 경유(經由)하여 나왔다. 조선 전토(全土)의 일만(一萬) 법려(法侶)가 갈망하고 보성고보(普成高普)의 칠백 웅도(雄徒)가 요청하여 불교전수(佛敎專修)의 삼백 학도가 갈구하던 불전(佛專)의 승격문제(昇格問題)가 해결되었다. 차(此)에 대하여 필자는 수무족답(手舞足踏)의 그 흔희(欣喜)한 바를 이길 길이 없다. 그러나 일면(一面)으로는 감개(感慨)가 무량하다. ……(중략)…… 시대가 시대이므로 조선불교가 없다면 이(已)어니와 그래도 만법려(萬法侶)가 조선불교라는 간판을 배부한 이상에 대학은 장차 세운다 하더라도 위선 급한 문제로 불교전문학교(佛敎專門學校) 일개(一個)라도 설치하지 아니한다면 도저히 조선불교(朝鮮佛敎)의 체면을 유지할 수 없다. ……(중략)…… 그런데 이에 대하여 파천황(破天荒)의 호성적(好成績)으로 불기일간(不機日間)에 몽상(夢想)도 하지 못한 중앙불교전문학교(中央佛敎專門學校)라는 명의(名義)로 인가가 나린 기상천외(奇想天外)의 소식을 전(傳)케 됨은 전혀 불타(佛陀)의 가호(加護)와 학교 당국과 교무원(敎務院) 당국의 수뇌간부(首腦幹部)의 민첩(敏捷)한 활동(活動)과 명철(明哲)한 이지(理智)의 사물(賜物)이라고 볼 수밖에 없다. 필자는 불전(佛專)의 승격을 축하하는 동시에 학교측과 교무원측의 제씨(諸氏)의 노력을 찬하(讚賀)하여 마지 아니한다. 조선불교(朝鮮佛敎) 교육의 최고기관(最高機關)은 이것으로서 첫걸음의 해결을 지은지라 필자(筆者)는 조선불교의 신서광(新曙光)의 일수(一數)로 보려 하거니와 다시 제씨(諸氏)에게 빌고저 하는 바는 조선에서 민간대학(民間大學)이 생기는 날에는 우리 중앙불교전문학교가 솔선(率先)하여 제일착(第一着)으로 승격되어 동양문화(東洋文化)를 대표(代表)하는 종합대학(綜合大學)이 되도록 노력하여 주기를 갈망하여 마지 아니한다.[38]

이처럼 김태흡은 중앙불교전문학교의 승격이 "조선불교의 신서광(新瑞光)의 일수(一數)"로 보면서 "조선에서 민간대학이 생기는 날에는 중전이 제일착으로 승격되어", "동양문화를 대표하는 종합대학"이 되기를 갈망하고 있다. 그의 말처럼 중앙불전은 혜화전문을 거쳐 동국대학과 동국대학교로 나아가면서 조선 제일착의 민간대학과 종합대학이 되었다.

이러한 인식들은 "불교학 및 동양문학에 관한 전문교육을 실시함을 목적으로 함"이라는 중앙불교전문학교의 교육목적과도 상통하고 있다. 따라서 동국대학교는 한국의 일개 대학의 의미를 넘어 한국불교계 나아가 한국의 정신문화와 민족문화를 담지하는 상징성을 지닌 대학으로서 존재해 오고 있다. 그러면 중앙불교전문학교의 상징성을 과시하는 학교의 지휘자 즉 교장은 어떤 이들이었을까?

---

38 金泰治, 「朝鮮佛敎의 新曙光」, 『佛敎』 제71호(불교사, 1930. 5).

〈표 1〉 중앙불전 교장 및 학감 등 일람표[39]

학장	교 장	학 감	서무주임
초대	宋宗憲(1930.4~1931.4.22)	金映遂(包光 ~1931.5.2)	
2대	金映遂(1931.4.22~1932.8.30) 교장 및 사무취급	金海隱(~1931.4.22.)	
	白性郁 (학생들 추대, 5.12. 동맹휴학)	金敬注(1931.6.1~)	
3대	朴東一(1932.4.19~) 교장 및 사무취급	許永鎬(1932.9.10~)	
	韓龍雲(신임교장 채용신청서 제출)	許允(永鎬, ~1933.5.4)	
4대	朴漢永(1932.11.1~1938.11.24)	金敬注(1933.5.5~1938.6.8)	金敬注
5대	金敬注(1939.11.24~) 교장 및 사무취급	金敬注 학감 및 사무취급	

〈표 1〉에서 볼 수 있는 것처럼 중앙불교전문학교의 교장은 송종헌, 김영수, 박동일, 박한영, 김경주 등 5명이었다. 이들 중 김영수와 박동일은 '임시교장' 혹은 '교장대우'라 할 할 '사무취급'을 하다가 교장을 역임하였다. 학감(사무취급 포함) 역시 김영수, 김해은, 김경주, 허영호(허윤), 김경주 등 5명이었다. 허윤 즉 허영호는 학감을 연임하였다. 김경주는 서무주임과 학감 및 사무취급을 겸하다가 교장 및 사무취급으로 취임하였다.

이처럼 한국 불자들의 중전에 대한 기대와 염원에도 불구하고 교장의 잦은 교체와 학감(사무취급 포함) 및 서무주임 등의 잦은 전직이 이루어졌다. 초대 교장이었던 송종헌(曼庵)은 1년을 채우자마자 그만두었고 그를 이은 김영수(包光)는 임시교장인 사무취급으로 임명되었다가 보름 뒤에 교장으로 취임하였다. 학생들의 추대를 받은 백성욱(白性郁)은 동맹휴학을 맞아 곧바로 물러났고, 박동일은 중앙불전 내지 교우회 종교부장으로 활동하다가 교장 사무취급에 임명되었다. 한

39 황인규, 앞의 글, p.212 참조.

용운은 신임교장 채용신청서를 제출했으나 임명되지 못하였다. 이어 영호(박한영)가 4대 교장으로 취임하여 학교 발전을 위해 헌신했으나 이듬해에 이르자 학교는 경영난으로 어수선했다. 1933년 1월 16일에 이르러 재단법인 조선불교 중앙교무원 이사회에서 중앙불전의 폐지안이 제출되어 의결키로 하였다.[40]

당시 재단법인 조선불교 중앙교무원이 경영하던 교육기관은 1923년 6월에 인수한 보성고보와 중앙불전 두 학교였다. 그런데 교무원 재정 형편상 양교 운영을 도저히 계속할 수가 없어 양자 택일의 기로에 서게 되었다. 보성고보에는 재단으로부터 년 1만 원의 보조가 필요한 데 비하여 중앙불전은 년간 근 2만 원의 보조가 있어야 유지해 나갈 수 있었다. 때문에 보조금이 적은 보성고보는 계속 교무원에서 경영하고 중앙불전은 정리하여 버리자는 것이었다. 그 대신 불교전문강당 하나를 설치하면 경비는 절약되고도 불교 교육은 더욱 잘 될 것이라는 것이었다.[41]

이에 주객이 전도되고 본말이 뒤바뀐 이 폐지안에 대해 재경 졸업생들[42]의 긴급 심야회의를 비롯하여 교수, 직원, 연석회의 그리고 긴급 학생총회가 잇달아 열려 반대의 포문을 열었다. 이들은 지상에 글[43]을 발표[44]하여 여론을 만들거나 혹은 이사나 평의원을 찾아가 반박과 설

40 동대칠십년사편집위원회, 『동대칠십년사』(동대출판부, 1976), p.45.

41 동대칠십년사편집위원회, 『동대칠십년사』(동대출판부, 1976), pp.45~46.

42 張乙龍, 「二九五八會」 檄文, 『佛敎』 제4호(불교사, 1933). '이구오팔회'는 중앙불전 1회 졸업생들이 조선불교의 전위가 될 것임을 선서하면서 1931년에 결성한 모의이며 그해가 불기 2958년이었기에 이름을 그렇게 붙인 것이다.

43 權相老, 「菩薩行乎아」, 『一光』 제4호; 朴允進, 朴奉石, 趙明基, 朴易夏 등이 글을 발표 하였다.

44 江田俊雄, 「佛傳에 대한 非難에 答함」, 「일광」 4호. "中央佛專은 조선불교 興廢를 決할만한 唯一의 기관"이라며 현 불교 교무원 이사회의 결의에 대해 "驚愕할 일이며 奇怪한 일"이고, "얼마나 冷笑할 일이며, 自殺的 行爲이냐"라고 痛駁하고 있다.

득으로 반대운동을 줄기차게 하였다.

첫째, 교무원에서 보성고보를 경영하는 것은 사회사업이지 엄밀한 의미에서의 불교 교육사업은 아니지만 중앙불전은 흥학 포교를 내세우고 있는 한국불교의 생명체나 다름없으며, 둘째, 교계는 바야흐로 신시대에 맞는 신교육을 받은 동량을 필요로 하는데 재래식 교육인 전문강원 운운은 시대착오도 이만저만이 아니라는 점을 들었다. 당시 교장이었던 영호(박한영)는 교지인 『일광』에다 「근본교육과 명예사업」이란 글을 발표하여 근본정신을 꾸짖고 있다.[45]

……(전략)…… 연즉(然則) 중앙교무원 재단법인은 우리 불교내(佛敎內)에 흥학(興學) 포교(布敎)로 주안(主案)되는 중에 진실(眞實)의 중심은 불전교(佛專敎)를 완성(完成) 차확장(且擴張)하라는 것이다. 무엇 때문에 천백년 이래에 조선에 구백사찰(九百寺刹) 소유재산(所有財産)을 반분(半分)하여 근본교육인 불전교(佛專敎)를 힘쓰지 않는고. 다른 명예를 모의(模議) 주장한다함은 무삼 필연의 내용이 복재(伏在)인지는 부지(不知)로되 석전사문(石顚沙門)도 중앙학림(中央學林) 이래로 중앙교무원 재단법인의 발기자(發起者)의 1인으로서 그 재단을 주장할 시에 중앙학림을 아못쪼록 승격(昇格)하야 불완전하나마 지금까지 중앙교무원이 성립되어 오는 것이다. 만일 불전교(佛專敎)의 근본교육에 휴이(携異)한다하면 근본정신(根本精神)을 망각(忘却)하는 동시에 조선불교까지를 배탈(背脫)하는 것이다.[46]

이처럼 영호는 중전의 근본교육을 훼손하는 것은 근본정신을 망각하는 것일 뿐만 아니라 조선불교까지를 벗어나는 것이라 일갈하고 있

45 朴漢永, 「根本教育과 名譽事業」, 『一光』 제4호(중앙불교전문학교 학생회, 1933).
46 朴漢永, 「根本教育과 名譽事業」, 『一光』 제4호(중앙불교전문학교 학생회, 1933).

다. 결국 중앙불전은 1934년 3월에 열린 폐지 반대 여론과 비난의 화살이 퍼부어지자 그해 3월에 열린 정기 평의원회의에서는 보성고보의 양도를 결정하고[47] 중앙불전은 교단이 계속 운영하기로 하였다. 이후 중앙불전은 교장으로 취임한 영호(박한영)에 이르러 어느 정도 안정되었다. 그는 임기 6년 동안 중앙불전의 학풍을 마련하고 비약을 할 수 있는 토대를 마련하였다.

대학의 학풍은 건학 이념과 지도 정신 즉 교훈에서 살펴볼 수 있다. 중앙불전의 지도 정신 즉 교훈은 영호의 교장시절에 확정되었다. 중앙불전의 지도 정신은 본교의 설립취지와 정신을 잘 알고 있는 원로급 교수들이 교수회에 내놓은 안 중에서 취택되어 1934년에 결택되었다. 그 안은 박한영 교장안과 권상로 교수안 및 김영수 교수안과 김영담 선생안 그리고 강전준웅 교수안이 제시되었다.

〈표 2〉 중앙불교전문학교 지도 정신(교훈) 제시안

提示者 案	指導精神(校訓)	비 고
朴漢永校長 案	① 安心立命 (安斯覺性 立斯慧命) ② 遵教力學 (恪遵教導 力究素學) ③ 樂易慈和 (正容樂易 應物慈和) ④ 超凡向上 (入俗以超 正路以上)	
權相老先生 案	① 信仰 (奧理玄道 非信難入) ② 善行 (對境接物 擇善而行) ③ 慈悲 (社會民衆 拔苦與樂) ④ 節儉 (防絶奢濫 身爲象範) ⑤ 力學 (宇宙萬有 非學莫知)	
金映遂先生 案	① 信實 (勤勇信心 去浮就實) ② 慈愛 (慈悲善心 互相友愛) ③ 攝心 (攝心修善 以悟爲則) ④ 度世 (救度迷世 非我而誰)	최종 채택안

47 보성고보는 1935년 9월 1일에 후임 경영자로 高啓學院(이사장 澗松 全鎣弼)이 결정되어 인계하였다.

金映潭先生 案	① 誠信 (至誠發信) ② 力學 (力究慧學) ③ 超脫 (超俗脫塵) ④ 慈悲 (拔苦與樂)	
江田俊雄先生 案	① 信念 ② 誠實 ③ 勤儉 ④ 慈愛	일본인

중앙불전의 지도 정신(교훈)을 확립하기 위해 교수회에서는 불전에 소향(燒香) 예배(禮拜)하고 이들 다섯 명이 제시안 중에서 추첨을 통해 의견을 모았다. 결국 추첨을 통해 최종적으로 김영수 교수안인 '섭심, 자애, 신실, 도세'를 중전의 지도 정신으로 정하였다. '마음을 깨끗이 가다듬는다'[攝心]와 '참되고 미더운 행동을 한다'[信實]는 자리행(自利行)과 '대중을 자비로 사랑한다'[慈愛]와 '중생을 고(苦)에서 건져낸다'[度世]는 이타행(利他行)을 교훈으로 결정하였다. 이렇게 해서 중전의 지도 정신 즉 교훈은 이후 혜화전문학교와 동국대학-동국대학교에 이르기까지 지도 정신 즉 교훈이 되었다.

이러한 교훈에 기초하여 정해진 당시 중전 학생들의 학년별 이수 교과목은 아래와 같았다.

〈표 3〉 학년별 이수 교과목

교과목 \ 학년		제1학년	수업시수	제2학년	수업시수	제3학년	수업시수
불교학	宗乘	(불조3경)조계종지	2	(금강경)조계종지	2	(拈頌)화엄종지	2
		(기신론)화엄종지	2	(화엄경)동상	2	(화엄경)동상	2
	餘乘	불교개론	2	구사학	2	유식학	2
		각종 강요	2	각종 강요	2	불교서입학	1
			2	인명학	2	불교미술	1
불교사		인도지나불교사	2	조선불교사	2	일본불교사	3

종교학及종교사	조선종교사	1	종교학개론	2		
윤리학及윤리사	국민도덕, 윤리학개론	2, 2	동양윤리사	2	서양윤리사	2
철학及철학사	논리학, 심리학	2, 2	철학개론	2	인도철학사	2
	자연과학개론	1	지나철학사	2	서양철학사	2
교육학及교육사			교육학개론	2	교육사 및 교수법	2
법제 및 경제	법제 및 경제	2				
사회학			사회학개론	2	사회문제及 사회사업	2
한문及조선문학	한문강독	2	조선문학강독	2	조선문학강독	2
	조선어학	2	조선문학사	2	조선유학사	2
국어及국문학	국어강독	2	국어강독	2	국문학	2
영어	영어	2	영어	3	영어	5
음악	음악	1				
체조	체조	1	체조	1	체조	1
합계		34		33		33

학년별 이수 교과목은 동서양 인문 사회 및 예체능까지 폭넓게 구성되어 있다. 중전의 지도 정신 즉 교훈은 불교정신을 기반으로 한 동양문화를 가르치고 배우려는 목표에 맞추어져 있었다. 학교측은 학생들에게 교과목을 1학년은 34학점, 2학년과 3학년은 각 33학점으로 3년간 총 100학점을 이수하도록 하였다. 때문에 월요일에서 토요일에 이르는 교과목 시간표는 매우 다양하게 분포되어 있다. 특히 중앙불교전문학교 제3학년생의 수업 시간표는 아래와 같다.

〈표 4〉 중(앙불교)전(문학교) 제3학년 수업 일과표

요일 / 시간	월	화	수	목	금	토
제1시	英語	因明	教授	支哲	朝文	日佛
제2시	英語	社概	教授	因明	國文	華嚴
제3시	西倫	社概	日佛	支哲	國文	西倫

제4시	東倫	華嚴	體操	印哲	東倫	
제5시	曹溪	佛美	社事	教概	曹溪	
제6시	印哲	教史	社事	教概	朝文	

위 교과목의 몇몇 약칭을 풀어보면 대개 아래와 같다. 사개는 사회학개론, 사사는 사회사업, 서윤은 서양윤리, 동윤은 동양윤리, 교수는 교수법, 교사는 교육사, 교개는 교육학개론, 불미는 불교미술, 일불은 일본불교사, 지철은 지나철학사, 인철은 인도철학, 인명은 불교논리학, 조문은 조선문학사, 국문은 국문학, 조계는 조계종지(금강경)였다. 일과표에는 인문학 중 동양학 한국학의 핵심들을 섭렵할 수 있는 교과목들이 눈에 띄고 있다. 당시 중전 학생들을 가르치고 연구를 했던 선학들의 담임과목은 아래와 같다.

졸업을 앞둔 중전 3학년생들은 조선문학사, 일본문학사, 영어 등의 어문학, 서양윤리, 동양윤리, 인도철학, 불교논리학, 지나철학 등의 철학윤리학, 화엄학, 일본불교사 등의 불교역사철학, 사회학개론, 사회사업, 교육학개론, 교수법 등의 사회과학, 불교미술과 체조 등의 예술체능까지 폭넓게 이수하면서 불교학과 동양문화를 깊이 훈습할 수 있었다. 그리고 이러한 교과과정을 담당하던 중앙불교전문학교의 교수진은 사계의 최고 학자들로 진용이 갖추어져 있었다.

〈표 5〉 중앙불교전문학교 교수진

담 임 과 목	직 명	담 당 자
조계종지, 지나불교사, 국민도덕	학교장사무취급 교수	金敬注
조계종지, 계율학	명예교수	朴漢永
밀교학, 일본불교사, 인도철학사 國語	교수 문학사	江田俊雄
조계종지 구사학, 유식학, 기신학,	교수	金映遂
윤리학개론, 서양윤리사, 윤리학, 철학개론, 종교학개론, 서양철학사	교수 문학사	金斗憲

영어	교수 문학사	鄭駿謨
조선문학강독, 조선종교사, 조선문학사, 한문강독, 조선불교사, 지나문학사	교수 문학사	權相老
화엄학, 지나철학사, 불교개론, 천태학, 정토학	교수 문학사	金芿石
심리학, 교육사, 세계종교사, 종교학개론, 사회사업	교수 문학사	朴允進
삼론학, 포교법, 인도불교사	전임강사 문학사	姜裕文
사회개론, 사회문제	강사 성대교수	秋葉隆
음악	강사	李鍾泰
조선유교사	강사	李丙燾
교육학개어	강사 대교수	松月秀雄
교수법	강사 문학사	三田訓治
체조	강사	朴成熙
국어, 국문학사, 문학개론	강사 문학사	李有服
조선어	강사 문학사	柳應浩
법학통론, 경제원론	강사 문학사	李東華
불전개론	강사 문학사	趙明基
	사무원	金海潤
	사무원	金相烈
	교의 의학박사	任明宰

먼저 불교학을 필두로 하면서도 점차 인문학 전반으로 시야를 넓혀 교장이자 사무취급을 겸한 김경주와 명예교수인 박한영, 전임강사 즉 교수인 강전준웅(江田俊雄), 권상로, 박윤진, 김두헌, 정준모, 이병도, 이동화, 조명기 등의 학자들이 수업을 진행하였다. 이들 이외에도 송종헌, 박동일, 배상하, 뢰미정정(瀨尾靜政), 서원출, 최봉수, 김잉석, 박찬범, 성락서, 고교형(高橋亨), 조용욱, 암기계생(岩崎繼生), 시촌수지(市村秀志), 백중규, 김현준, 안호상, 최남선, 윤행중, 최응관, 박성권, 조학유, 최학연, 김재봉, 변영만, 말영융정(末永隆定), 천야리무(天野利武), 한기준, 백윤화, 석천건삼(石川健三), 이상준, 적송지성(赤松智城), 김종무, 조윤제, 이재욱, 이능화, 김문경, 이희상, 안배능성(安倍能成),

함병업, 박승빈, 김태흡, 허윤(영호), 유이청, 문록선(文琭善), 한영석, 김두영 등의 석학들이 강의를 도맡고 있었다.

이처럼 영호가 주도하였던 중앙불전은 우수한 교수진을 초빙하고 명민한 학생들을 불러들여 한국을 대표하는 인문대학으로 확고하게 자리매김하였다. 학생들은 이들 석학들의 강의를 통하여 전인교육을 받을 수 있었다. 그 결과 수많은 문인과 학자 및 예술가와 문화인들이 배출될 수 있었다.

5. 영호 정호의 사고방식

영호는 그의 시호인 '돌이마' 즉 '석전'(石顚)과 그의 시집과 문집과 수필집의 관사인 '석림'(石林)처럼 '돌과 같이' 굳세고 투철한 교학의 가풍을 견지해 왔다. 즉 '돌이마'와 같은 굳건한 지계(持戒)의 기반 위에서 그의 법호인 '비치는 호수'[映湖]와 같이 깊고도 그윽한 선지(禪旨)의 정신을 담지하여 왔다. 때문에 불도유의 삼교와 선교율의 삼학에 막힘이 없었던 영호에 대한 당대 혹은 후대의 평가는 인색하지 않았다. 강사 시절부터 그는 선암사의 금봉(錦峯)과 화엄사의 진응(震應)과 함께 조선불교 삼대 강백으로 추앙받았다. 이들 중에서도 영호는 강설로나 한시문으로나 계율로나 단연 으뜸이었다고 평가를 받았다. 그리하여 그는 "경사사집(經史子集)과 노장(老莊) 학설을 두루 섭렵하고 서법(書法)까지도 겸통한 대고승"[48]으로 자리매김하였다.

영호는 조선불교의 주체의식에 대한 깊은 사색이 있었다. 특히 조선

---

48 睦楨培, 「石顚스님의 생애와 사상」, 『불광』 제67~71호(불광사, 1980).

사학이 연구되지 않는 것은 중국에 대한 사대주의에서 온다고 하였다. 영호가 조선불교사를 보며 느꼈던 세 가지 문제는 첫째, 조선불교의 탁월함에 대한 기록이 없다. 둘째, 가락국과 금강산이 인도에서 직접 들여온 조선불법의 연원지여서 중국 효명제(孝明帝) 때보다 먼저임에도 실제 기록으로 전하는 바가 없어 겨우 소수림왕 때 불교가 들어왔다. 셋째, 천 년을 단위로 보는 보통 사학의 성질과 달리 출세간법인 불교사학 역시 기사(記事), 기언(記言), 기물(記物) 그 자체인 금석학, 미술학 등 불교사의 자료가 될만한 것은 모두 모아 연구해야 한다고 하였다.[49]

이러한 영호의 주체의식은 같은 의식을 가진 이들과의 교유로 이어졌다. 그는 시서화 대가들이 참여하는 동인인 '산벽시사'(山碧詩社)[50]를 오세창, 김기우, 최남선, 김노석 등과 주도하면서 우리 전통문화에 대한 남다른 안목을 열어 보였다. 전통문화에 대한 영호의 깊은 인식은 그대로 한시로 형상화되어 나타났다. 해서 정인보는 「석전산인소전」(石顚山人小傳)에서 "그의 시의 됨됨은 시사가 보통이 아니고 홀로 그윽하고 오묘해서 그의 높깊은 작품은 곧바로 고인의 작품에 맞먹는다"[51]라고 하였다. 영호의 詩作 원천은 남다른 기행 癖에 있었다. 그는 위로는 백두산에 이르렀고 동으로는 금강산에 올랐으며 아래로는 한라산에 두루 오르내렸다.[52]

---

49 朴漢永, 「讀教史論」, 『조선불교월보』 제13호(조선불교월보사, 1913. 2), p.22.

50 고재석, 앞의 글, 앞의 책, p.124. 당시 이 '山碧詩社'에 동참한 동인들은 영호(석전), 오세창, 김기우, 최남선, 김노석, 우당 尹喜求(1867~926), 우향 丁大有(1852~1927), 관제 이도영(1885~1933), 성당 김돈희(1871~1927), 춘곡 高羲東(1886~1965), 석정 安鍾元(1874~1937) 등의 시서화 대가들 16명이 동참하였다.

51 鄭寅普, 「石顚山人小傳」.

52 백두산과 압록강, 묘향산과 금강산 및 지리산과 내장산, 제주도와 한라산 등을 오르내릴 때는 주로 六堂 崔南善, 嘉藍 李秉岐, 春園 李光洙 등 문인들과 동행하였다.

이 과정에서 영호는 수많은 기행시를 남겼다. 그의 『석림수필』과 『석전시초』에 수록된 글에는 시와 선의 경계를 하나로 보려는 글들이 많다. 특히 영호는 자연의 소리인 천뢰(天籟)를 중시하고 있는 시들이 적지 않으며, 이를 형상화한 시들 대부분이 기행시로 이루어져 있다.[53] 그의 백두산 기행의 결집으로 평가받는 「등백두정부감천지」(登白頭頂俯瞰天池, 7언 46구)에는 장엄한 성산 앞에서 하염없이 볼모가 된 그의 절창이 잘 드러나 있다.

비바람 불어싸도 나는 조바셔
가쁜하게 백두산 정상에 올라
메뿌리는 바위에 밀려 빼어났고
푸른 안개 하늘에 솟아 떠있네
바위들은 오뚝해서 사자와 같고
물새들은 날고 날아 물이 흐르듯
가렸다 개어지면 거북 서린 듯
귀신이 깎은듯한 벼랑도 근심
날씨가 엉기어서 눈보라 되니
움푹한 물갓을 노려서 본다.
모래톱은 어찌저리 새하야지며
떼를 지은 사슴은 유유히 운다.
아침 햇살 우리 땅을 밝히지만은
만주의 가을바람 서늘히 분다.
阿閦佛 나라같이 탈이 없지만
한번 보고 다시 보기 어려웁구나
게다가 하늘은 불그레하니

---

53 이종찬, 앞의 글, 앞의 책, p.44.

뉘라서 함부로 바라를 보랴.
말로서 돌아본 북산의 역사
자고로 몇 사람이 근심을 했나
천하가 힐란하며 서로 다툴 때
천손은 길이길이 우직만 했다.
골짝의 능선들은 평지 같은데
함부로 도랑 나눠 다투었었다.
楚나라 삼려대부 구성진 屈原
대에 올라 비웃은 공자의 모습
아슬하다 천 길로 높이 솟아나
온갖 뜻 벗어나니 조촐하구나.
싸락눈 흩날리어 무지개되고
높은 터전 북두에 가까웁구나.
겉과 속은 맑게 씻겨 달처럼 차서
삽상한 가을바람 갖옷 스친다.
천지가 꾸밈없는 태고 그대로
뭉게구름 붉고 푸른 파도로 변해
지난날 姜瑋의 시 더듬어 보니
누비옷 벗는대도 기상 못 따라
추위의 울부짖음 간신히 참고
혼자서 그윽함을 읊조리었다.
내 행색 멀리왔음 안쓰러워서
그대를 기울여서 옷깃 여민다.
사립 열고 준마를 휘몰아가서
지팡이와 물병 갖고 빈 배를 탔다.
비가 개자 좋은 경치 실컷 맛보고
산과 강을 두루 본 듯 여겨지누나.

곱은 손 녹이면서 돛대 휘모니
거침없는 갈매기들 아예 부럽다.[54]

영호가 백두산 꼭대기에 올라 천지를 내려다보며 쓴 이 시에는 장엄한 성산에 대한 붓의 춤사위가 사뭇 장대하다. 비록 그가 비록 준마를 휘몰고 산과 강을 두루 보고 빈 배를 타며 돛대를 휘몰아 가지만 거침없이 풍경을 맛보는 갈매기가 부럽기만 하다. 이어 영호는 두 번째 금강산에 올라 걸림 없는 자유인의 면모를 보여주고 있다.

신선도 부처도 하느님도 아니건만
하이얀 봉우리에 어리는 보라아롱이
뉘라서 여기 올라 붓을 던졌단 말가
분명히 온몸에 감도는 시요 선인데.[55]

영호는 이 작품에서 시와 선이 둘이 아님을 밝히고 있다. 그는 장엄한 대자연 앞에서 더 이상 붓을 던질 수 없음을 토로하고 있다. 그리하여 영호는 자연 그대로가 시요 선임을 선언하고 있다. 그는 70세(1940) 되던 어느 날 자술의 장편시를 통해 자신의 행장을 적어 「희조자술구장」(稀朝自述九章)이라 하였다. 이러한 영호의 가풍에 대해 제자는 이렇게 적고 있다.

스승은 계행이 엄격하고 곧았으며 단월들의 시주를 받지 않았고 음악

54 朴漢永, 「登白頭頂俯瞰天池」, 『石顚詩抄』 上. "風雨吹吾急, 輕輕上白頭, 岡巒觸石拔, 滄渤騰空浮 (중략) 騏驥奮開華, 杖瓶虛寄舟, 風光饒穩靄, 汀嶂擬巡周, 呵凍催旋旆, 深羞浩蕩鷗."

55 朴漢永, 「歇星臺」. 『石顚詩抄』 上. "非仙非佛又非天, 巖嶂皚皚啣紫煙, 雖道登斯閑擱筆, 通身宛爾入詩禪."

과 여색은 생각하지도 않았다. 이것은 청량국사(清凉國師)가 말한 것처럼 발로는 비구니 사찰의 흙을 밟지 않았으며, 옆으로 거사와 함께 하지 않은 이는 바로 스승을 일컫는 것이다.[56]

영호는 비구의 발로서 비구니 사찰의 흙을 밟지 않았으며, 옆으로 거사와 함께 하지 않을 정도로 계행이 엄격한 곧은 수행자였다. 그는 엄정한 사고방식을 통하여 엄결한 삶을 살았다.

상인(上人)은 지계(持戒)를 더욱 엄격히 하고 만년에는 서울과 교외 사이에 머물며 속세에 드나들었지만 발자취는 조용하여 일찍이 누(累)가 되는 일이 없었다.[57]

중앙불전 교장과 혜화전문학교 명예교수를 사임한 영호는 만년에 모든 공적인 일을 내려놓으며 출가자가 지니고 있는 출가정신의 위의를 그대로 보여주었다. 출가 이후부터 만년에 이르기까지 그의 살림살이와 사고방식은 한결같았다. 때문에 영호가 아끼고 깊이 교유했던 만해와도 승려들의 결혼에 대한 생각만큼은 함께 할 수 없었다. 반면 만해는 1910년 3월 구한국 정부의 자문기관인 중추원에 「불교의 장래와 승니의 결혼 문제」라는 헌의서를 제출하였다. 이어 만해는 이해 9월 또 「승려 결혼의 자유」에 대해 다시 통감부에다 건백서를 제출하였다.

무엇보다도 자주성이 결여되었던 大蓮(日馨, 1875~1942)과 萬海(龍雲) 등의 '승려취처론'에 대해 영호는 보다 근본적인 조치를 위하기 위해

---

56 成樂薰, 「華嚴宗主映湖堂大宗師浮屠碑銘幷書」.
57 鄭寅普, 「石顚山人小傳」.

계율 교재 편찬에 착수하였다. 그는 승려들의 계율엄지(戒律嚴持)의 사상을 고취시키기 위해 몸소 중앙불교전문학교의 계율 교재로서 『계학약전』(戒學約詮)을 만들었다. 이것은 왜색 불교화 되어가는 한국불교에 대한 엄중한 꾸지람이었으며 그 정체성에 대한 확인이었다.[58] 이와 같은 조치는 해방 이후 이승만 대통령의 지시가 발단이 되어 비구·대처 간 정화 운동의 빌미가 되었던 것을 생각할 때 그의 선각자적인 통찰력을 느끼지 않을 수 없게 하는 것이다.[59]

영호의 이러한 엄결성은 학승이자 율사로서의 그의 살림살이와 사고방식을 더욱 더 빛나게 해주었다. 그가 펼쳐낸 '석전'(石顚)의 가풍과 '석림'(石林)의 정신은 불교고등강숙과 불교중앙학림 이래 불교학원 및 불교전수학교와 중앙불교전문학교 그리고 혜화전문학교와 동국대학교에 이르기까지 동대인들의 표층 의식과 심층 마음에서 면면히 이어오고 있다.

6. 정리와 맺음

동국대학교(1906~2014)의 전신이었던 중앙불교전문학교(1930~1940)는 한국 인문학의 본산이었다. 1930년대 당시부터 불교계의 중앙불전은 기독교계의 연희전문과 천도교계의 보성전문과 함께 한국의 3대 사학으로 널리 알려졌다. 중앙불전의 전통을 이은 혜화전문학교(1940~1946)는 동국대학교로 이어졌다. 당시 중앙불전의 제4대 학장이었던 영호 정호(映湖鼎鎬, 1870~1948)가 불교학과 동양문학에 관한 전문교육을

58 고영섭, 앞의 글, 앞의 책, p.77.
59 金曉呑, 앞의 글, 앞의 책, p.211.

실시하였던 학풍은 오늘날 세계 최고의 대학들로 평가받는 하버드-예일-프린스턴 대학을 제치거나 필적하는 미국의 북동부 메사추세츠주에 자리한 작은 대학인 윌리엄스 칼리지(Williams College, 1793~)와 앰허스트 칼리지(Amherst College, 1812~)에 상응하고 있다.

당시 불교학과 동양문학에 관한 전문교육을 실시하기 위해 설립한 중앙불전의 교육목적은 지금도 우리나라 불교 교육사의 한 상징을 넘어 한국 인문대학의 지향에 일정한 유효성을 지니고 있다. 더욱이 우리 학문의 시대정신인 융합하고 복합하는 지평은 불도유의 삼교와 선교율의 삼학 및 문사철의 삼학에 막힘없던 영호의 가풍에 긴밀하게 부합하고 있다. 그가 펼친 인문적 지성은 명진학교의 강사 이래 불교사범학교-불교고등강숙의 숙장(塾長) 및 중앙학림의 학장과 중앙불교전문학교의 교장 그리고 혜화전문학교의 명예교수에 이르기까지 동국대학교 반세기 역사의 디딤돌이자 금자탑이 되었다. 그리고 영호의 인문적 지성은 이후 동대 학풍의 기반이 되었다.

영호는 불교계 유일의 대학이었던 중앙학림이 휴교되자 이 과도기에 총무원에서 유지한 불교학원에 상응하는 개운사와 대원암에 불교전문강원를 개원하고 사미-사집-사교-대교-수의과를 통해 선승과 학승들을 길러내었다. 또 그는 대원암의 집담회를 통해 불교의 현실참여에 대해 깊이 토론하였다. 그뿐만 아니라 영호는 많은 논저를 통하여 번역과 저술의 중요성을 강조했으며 동시에 잡지를 인수하여 편집하고 간행하면서 수많은 불교 개혁의 논설을 썼다. 나아가 그는 일급 시인이자 인문적 지성으로서 다수의 시와 산문을 남겼다. 이러한 영호의 전방위적 역량에 깊게 영향을 받은 중앙학림과 중앙불전 및 혜화전문과 동국대학교 학생들은 불교학과 문사철학으로 계승해 갔다. 불교교학은 권상로, 김법린, 백성욱, 이석호(상순), 정두석, 김동화, 황성기, 장원규, 김잉석, 홍정식, 이종익, 이기영, 원의범, 정태혁, 고익진, 김인덕, 목정배, 오형근 등이 이어 나갔다. 불교사학은 조명기, 우정상, 김영태, 이재창 등이 계승해 갔다.

어문학연구로는 정지용, 김기림, 송요인, 이창배, 백철, 양주동, 조연현, 이병주, 이동림, 김성배, 김기동, 장한기, 최세화, 임기중, 홍기삼 등이 이어 나갔다. 시인 작가로는 한용운, 조종현, 신석정, 김달진, 김어수, 서정주, 조지훈, 이형기, 신경림, 이범선, 이근삼, 황석영, 조정래 등으로 계승해 갔다. 사학으로는 황의돈, 남도영, 이재호, 이영무, 안계현, 이용범, 송준호, 조좌호, 천혜봉 등이 이어 나갔다. 철학으로는 정종, 김용정, 박성배 등이 동서양 사상 전반으로 계승해 갔다. 이처럼 이러한 인문적 지성과 고전적 지식인이 양산될 수 있었던 것은 영호가 터전을 닦고 씨앗을 뿌리며 이끌었던 불교고등강숙-중앙학림-불교학원(총무원)-불교전수학교-중앙불전-혜화전문의 학풍에서 비롯될 수 있었다. 그 결과 불교학 전통은 불교대학의 '인문지성 가풍'으로 이어졌고, 문학지성의 전통은 문과대학과 예술대학의 '문성'(文星) 즉 '문예의 성좌'로 이어져 한국의 인문학 발전에 크게 기여하고 있다.

6장 육당 최남선의 『삼국유사』 인식과 『삼국유사』 「해제」

1. 문제와 구상

육당 최남선(六堂 崔南善, 1890~1957)[1]은 벽초 홍명희(壁初 洪命憙, 1888~1968)와 춘원 이광수(春園 李光洙, 1892~1950)와 함께 '동경으로 유학 갔던 세 명의 천재' 즉 '동경 삼재'로 널리 알려져 왔다. 또 그는 자학(字學)의 최남선, 작문(作文)의 정인보(1893~1950), 해석(解釋)의 권상로(1879~1965)와 함께 '삼대 석학'으로 불려지기도 했다.[2] 최남선은 우리 문화사에서 '판도라의 상자'[3] 또는 근대 해석의 열쇠 코드를 가지고 있는 '지식인의 도사공' 혹은 '지식의 거간꾼'[4]으로 평가받을 만

1 고려대 아세아문제연구소가 편집한 『육당최남선전집』은 현암사(1973~1975)에서 친일 논설을 삭제하여 전15책으로 간행한 이래 역락(2003)에서 전14책으로, 동방문화사(2008)에서 전15책으로 다시 간행하였다.
2 이병주, 「퇴경 권상로 선생과 퇴경당 전서」, 『대중불교』(남산 대원사, 1990. 8), p.77.
3 류시현, 『최남선평전』(한겨레출판사, 2011).
4 표정옥, 「최남선의 『三國遺事解題』에 나타난 記憶의 문화적 욕망과 신화의 정치적

큼 당대의 문제적 인물이었다. 그는 상업에 종사했던 중인 계층의 집안 출신으로서 학문적 편견이 비교적 없어서 일찍부터 불교와 유교뿐만 아니라 서양 문명에 대해서도 손쉽게 접할 수 있었다.

어린 시절부터 고전과 서양 문물을 접하였던 최남선은 일본 유학 이전부터 단군에 대한 지식과 인식이 있었던 것으로 보인다.[5] 이후 그는 일본 유학을 통해 우리 역사에 대한 심층적인 인식이 생겨나면서 단군을 재발견하게 되었다. 그 과정에서 최남선은 단군의 천착과 단군의 이야기를 담고 있는 일연의 『삼국유사』에 깊이 몰입하게 되었다.[6] 일연의 『삼국유사』에 대한 최남선의 인식을 망라하고 있는 「삼국유사 해제」[7]는 그의 『불함문화론』과 함께 조선사 인식, 조선불교 인식, 단군 인식, 가락국 인식, 신라 향가 인식 등 그의 사상적 지형을 보여주는 가장 중요한 글이다. 최남선은 『삼국유사』를 통해 조선인들이 중국인과 일본인에 견주어 보다 뛰어난 문화민족임을 만천하에 선포하기를 열망하였다. 이처럼 일연의 원천 텍스트인 『삼국유사』에 담긴 총체적 의미망을 최남선처럼 기억으로서의 문화적 욕망과 신화로서의 정

전략 연구」, 『Comparative Korean Studies』, 21권 3호(국제비교학회), 2013, p.380.

5 이영화, 「최남선 단군론의 그 전개와 변화」, 『한국사학사학보』 제5집(한국사학사학회, 2002); 김동환, 「육당 최남선과 大倧教」, 『국학연구』 제10집(국학연구원, 2005). 대종교는 1909년에 나철에 의해 창시되었고, 최남선이 조선광문회를 시작하면서 접한 대부분의 국학 관련 인물들이 대종교 인사들이었다. 그중에서도 金教獻과 柳瑾은 그의 정신적 학문적 스승 역할을 했던 인물이며 최남선의 글 속에서도 대종교에 대한 관심과 애착이 있었음을 알 수 있다. 다만 단군 관련 그의 글들은 유학 이전에는 발표되지 않았고 그 이후에 발표되었다.

6 최남선은 단군에 대한 지식과 인식은 『삼국유사』를 만나기 전부터 있었을 것으로 추정된다. 그리고 그는 『삼국유사』의 '고조선' 조목을 통해 단군에 대한 인식을 더욱 심화 확장시킨 것으로 이해된다.

7 최남선 편, 『啓明』 제18호(계명구락부, 1927); 『訂正 三國遺事』(삼중당, 1944); 『增補 三國遺事』(삼중당, 1957); 『增補 三國遺事』(민중서관, 1971); 『三國遺事』(서문문화사, 1990); 최남선전집간행위원회, 『육당최남선전집』 제8책(현암사, 1973), pp.9~167(11종 부록 포함).

치적 전략을 적절히 활용한 이는 거의 없었다.

최남선이 우리의 많은 고전 중에서 유독 『삼국유사』에 집중하였던 것은 이 텍스트가 머금고 있는 민족의식과 문화의식 및 단군의 기록과 신화의 원천 때문이었다. 그는 이들 민족의식과 문화의식을 대립의식으로 제고시켰고, 단군의 기록과 각국의 신화를 일제에 맞서는 정치적 전략으로 활용하였다. 최남선의 고대사에 관한 일련의 집필은 일제의 문화정치에 맞서는 전략이었고 민족의식을 고취시키기 위한 전술이었다. 하지만 그 역시 그 전략과 전술에 휘둘린 감이 없지 않았다. 결국 그는 근대주의와 민족주의의 대립구도가 제국주의의 길항구도 속으로 편입되자 친일로 기울어졌고 스스로 친일 행위를 정당화하는 입장을 견지하였다.

최남선은 임란 때 일본으로 건너가 토쿠가와[德川] 가문에 보존되다 동경대에서 간행된 『삼국유사』를 유학 시절에 입수하여 국내에 새롭게 소개하였다. 이후 그는 이 텍스트를 통해 단군을 발견하고 민족의식과 문화의식을 재구성하였다. 그리하여 일제의 한반도 강점에 대해 그 특유의 저항의 길로 나아갔다. 이 글에서는 이 텍스트가 그에게 어떤 의미로 존재하였으며 그는 어떤 방식으로 이해하고자 했는지에 대해 구명해 볼 것이다. 선행연구[8]의 검토 위에서 최남선의 『삼국유사』

8 石智英, 「육당 최남선의 역사인식-고대사 연구를 중심으로-」, 『이대사원』 제27집(이대사학회, 1994); 김광식, 「최남선의 『조선불교』와 범태평양불교청년회의」, 『새불교운동의 전개』(도피안사, 2002); 류시현, 「여행과 기행문을 통한 민족·민족사의 재인식: 최남선의 사례를 중심으로」, 『사총』 제64권(고려대 역사연구소, 2007); 류시현, 「한말·일제시대 최남선의 문명·문화론」, 『동방학지』 제143호(연세대 국학연구원, 2008); 박수연, 「문명과 문화의 갈림길-최남선과 김기림을 중심으로-」, 『Comparative Korean Studies』, 16권 2호(국제비교학회, 2008); 윤승준, 「육당 최남선의 '단군론' 연구」, 『인문학연구』 제37집(조선대 인문학연구소, 2009); 조남호, 「최남선의 불함문화론」, 『선도문화』 제11권(국제뇌교육종합대학원 국학연구원, 2011); 김광식, 「최남선의 '조선불교' 정체성 인식」, 『불교와 국가』(국학자료원, 2013); 표정옥, 「최남선의 『三國遺事解題』에 나타난 記憶의 문화적 욕망과 신화의 정치적

인식과 「삼국유사해제」를 분석하면서 이후 여타의 「삼국유사해제」에 미친 영향에 대해 살펴보기로 한다.

2. 일본 유학과 고대사 인식

최남선은 1890년 4월 26일에 서울에서 최헌규(崔獻圭)의 차남으로 태어났다. 중인 집안에서 태어난 최헌규는 관상감(觀象監, 觀象所로 개칭)에서 지리학을 공부하고 지금의 기술고시에 해당하는 잡과(雜科) 중 음양과(陰陽科)에 합격하여 관직에 입문하였다. 이후 그는 관상소에서 대궐이나 능의 터와 형세를 살피는 상지관(相地官)으로 일하였으며 1906년에는 종2품 기사에까지 올랐다. 최헌규는 서울의 을지로 일대에서 중국 상인들과 약재 즉 당초재(唐草材) 무역을 통해 상당한 자산을 모았다. 또 그는 지금의 달력에 해당하는 책력 출판사업을 벌여 서울 시내 곳곳에 80여 채의 가옥과 많은 전답을 소유하였다.[9]

평소에 최헌규는 아들이 중인 출신으로서 널리 이름이 나 있던 유대치(劉大致, 1814~1884)와 오경석(吳慶錫, 1831~1879)처럼 그의 가문을 빛내줄 것을 크게 기대하고 언제나 격려하였다. 때문에 최남선에게 아버지는 가장 강력한 후원자였다.[10] 그리고 그의 조부는 갑신혁명 운동의 흑막(黑幕) 지도자였던 유대치(劉大致) 선생을 깊이 숭모하였다. 그의 모친은 독서를 좋아하여 책이라면 무엇이고 탐송(耽誦)하였다.[11]

전략 연구」, 『Comparative Korean Studies』, 21권 3호(국제비교학회, 2013).

9 박진영, 「창립 무렵의 신문관」, 『사이間SAI』 제7호(국제한국문학문화학회, 2009), pp.12~13; 류시현, 『최남선평전』(한겨레출판, 2011), p.22.

10 宋建鎬, 「최남선」, 『한국현대인물사론』(한길사, 1984), p.380.

11 최남선, 「妙觀世音」, 『불교』 제50·51합호(불교사, 1928. 9), pp.62~63.

최남선은 일찍부터 조부와 모친의 영향 아래 불교에 대한 친연성(親緣性)과 불교 서적들에 대한 향모성(嚮慕性)을 지니며 자랐다. 6~7세경에 그는 한글을 배워 기독교의 교리서와 『천로역정』 등을 통해 서양문물을 받아들였다. 또 7~8세경부터 그는 한문을 배우며 중국에서 간행된 서적을 통해 서양문명에 노출되었다. 13세경에 최남선은 경성학당에 다니면서 신학문과 일본어를 배웠다. 이 과정을 통해 최남선은 『황성신문』, 『만국공보』, 『대관조일신문』 등을 접하며 신문명을 받아들였다. 하지만 그가 접한 유년 시절의 서양 이해는 아직 초보적인 수준에 머물러 있었다.

최남선이 본격적으로 서양문명 및 서구의 근대학문과 일본문물을 이해하게 된 것은 일본유학을 통해서였다. 1904년 10월에 그는 황실유학생으로 선발되어 일본유학의 길에 올랐다. 최남선은 최린(崔麟) 등의 동급생과 함께 동경부립 제일중학교에 입학하였다.

> 일본에 이르러 보니, 문화의 발달과 서적의 풍부함이 상상 밖이오, 전일의 국문 예수교 서류와 한문 번역 서류만을 보던 때에 비하면 대통으로 보던 하늘을, 두 눈을 크게 뜨고 보는 것과 같은 느낌이었다. 나는 그런 책이라는 것은 다 좋아서 보고 보고 또 한옆으로 번역까지 하는 버릇이 일본에 가서 더욱 활발해졌다. 그때는 이런 공부로 밤잠도 자지 않고 여기에 정신을 썼었다.[12]

최남선의 눈에 띈 것은 특히 일본 문화의 발달과 서적의 풍부함이었다. 누구보다도 책을 좋아하였던 그는 신지식에 대한 호기심으로 밤잠

12 최남선, 「書齋閑談」, 『새벽』(새벽사, 1954년 12월호); 『육당최남선전집』 제5책, p.440.

도 자지 않고 정신을 집중하였다. 심지어 일본어 원문 옆에 번역까지 하는 버릇이 생길 정도로 몰입하였다. 하지만 그는 동료 유학생들의 방탕한 생활에 견디다 못하여 1905년 1월에 모친이 위독하다는 것을 핑계로 3개월 만에 학교를 자퇴하고 귀국하였다.[13]

1906년 4월에 최남선은 다시 일본에 건너가 와세다(早稲田)대학[14] 고사부(高師部) 지리역사과(地理歷史科)에 입학하면서 홍명희와 이광수와 교류하였다. 그런데 이즈음 학교의 모의국회에서 '조선왕 내조(來朝)에 관한 건'이 채택되자 이에 항의하던 조선 유학생들이 총 퇴학하는 사건이 발생하였다. 그들과 함께 퇴학한 최남선은 그곳에 약 1년을 더 머물다 1908년 6월에 귀국하였다. 결국 최남선의 정규 교육 과정도 12개월 만에 끝이 났고 그의 2차 유학도 끝을 맺게 되었다. 하지만 1~2차 유학기간을 포함하여 약 2년 3개월간 일본에 체류하면서 그는 신학문과 서구 및 일본의 문물을 체험할 수 있었다. 이때의 체험은 이후 최남선이 추진한 조선학 연구의 방향과 불교에 대한 인식에 큰 영향을 끼쳤다.

일본에서 돌아온 그는 1907년에 집안의 막대한 재산을 투입하여 출판사 신문관(新文館)을 세우고[15] 1908년에는 우리나라 잡지의 효시로 알려진 『소년』을 창간하면서 신문화운동을 전개하였다. 1909년에는 청년학우회 설립위원이 되어 안창호와 함께 전국을 순회하여 소년 명사(名士)로서 이름을 떨쳤다. 1910년에 그는 문헌 보존과 고문화 선양을 위해 조선광문회를 조직하여 고전의 수집과 복간 작업을 주도하였

13 趙容萬, 『육당최남선』(삼중당, 1964), pp.57~58.
14 六堂이 와세다대학에 입학한 이후 无涯 梁柱東이 영문과에 입학하여 졸업하였다. 이후 육당은 중앙불교전문학교 불교학과 외래교수를 하였고 무애도 동국대학교 국문학과 교수로 재직하였다.
15 최학주, 『나의 할아버지 육당 최남선』(나남, 2011), pp.138~139.

다. 장지연(張志淵), 유근(柳瑾), 이도영(李道榮), 김교헌(金敎獻) 등이 광문회의 주요 간부로 활동하였다.[16]

당시 신지식인들의 아지트였던 광문회에서는 날마다 세계의 소식을 접하면서 난상토론이 이루어졌다. 1918년 3월 10일에 그가 설립한 출판사 신문관에서 이능화의 『조선불교통사』[17]가 간행되었다. 이에 최남선은 자신이 바라보는 조선불교사 인식을 「조선불교의 대관」이라는 장편의 논문을 써서 『조선불교총보』와 『매일신보』에 기고하였다.[18] 이해(1918)에는 미국의 윌슨 대통령의 민족자결주의가 전해지면서 대한의 독립문제가 거론되기 시작하였다. 최남선은 최린(崔麟), 송진우(宋鎭禹), 현상윤(玄相允) 등과 밀의를 거듭하면서 1919년 2월 하순에 「독립선언서」를 작성하여 3.1운동에 가담하였다. 3월 3일에 그는 일본 경찰에 체포되어 서대문 감옥에 수감되었다. 이러한 과정을 통해 만나게 된 우리 고대사와 우리 불교에 대해 그는 다음과 같이 적고 있다.

> 일본 유학중에 시세(時勢)에 감분(感奮)함이 있어 책을 팽개치고 고국(故國)의 정신운동(精神運動)을 위하여 작은 힘을 다하려고 돌아올새 국민정신의 환기와 통일에 대한 이상적 교과서 특히 역사 및 지리의 그것

---

16 조용만, 위의 책, p.113.

17 『조선불교통사』는 상하 2책의 3부로 간했되었다. 최근 동국대학교 출판부에서 총 8책으로 된 역주본이 나왔다.

18 최남선, 「朝鮮佛敎의 大觀으로부터 『朝鮮佛敎通史』에 及함」, 『조선불교총보』 제11호(三十本山聯合事務所, 1918. 5); 『매일신보』(1918년 6~8월의 총 10회). 『조선불교총보』의 논설에는 9개의 주제가 제시되어 있다. 1. 朝鮮文化의 及한 불교의 영향, 2. 東西交流史에 對한 朝鮮佛敎의 關係, 3. 佛敎流通史에서 朝鮮의 地位, 4. 佛敎義解上에서 朝鮮의 貢獻, 5. (생략), 6. 朝鮮民性에 對한 佛敎의 三大 影響, 7. 佛敎徒야 먼저 歷史的 自覺을 有하라, 8. 外方人의 朝鮮佛敎에 對한 無識, 9. 日本史와 朝鮮史, 더욱 그 佛敎史의 關係. 김광식, 「최남선의 '조선불교' 정체성 인식」, 『불교와 국가』(국학자료원, 2013)에는 이 글이 요약되어 실려 있다.

을 조선적 정(正) 지위에서 편찬함이 급무(急務)일 것을 생각하고 스스로 편찬의 임(任)에 당하여 불교와의 교섭(交涉)은 생각하든이 보담 크게 심밀(深密)한 것이 있어 매우 깊이 불교적 교양을 가짐이 아니면 조선의 문화를 이해치 못할 것을 알았으며 더욱 국조(國祖) 단군(檀君)에 관한 소전(所傳)이 불교중 저술에 있어서 종종(種種)의 문학상 의현(疑眩)을 야기함으로 이 정체를 알기 위하여는 아무것보담 저 불교지식을 수양해야 할 필요에 몰리게 되었습니다. 그리하여 단군기 중심으로 불교의 명상적 고찰을 시험하기 비롯하여 차차 들어가매 저절로 의리적(義理的) 부면(部面)으로 먼저 나가지 아니치도 못하여 얼마 지낸 뒤에는 부지불식(不知不識)하는 동안에 불교해상(佛敎海上)에 제 몸이 둥둥 뜬 것을 스스로 발견하게 되었습니다. 그러나 엄밀히 말하면 이때까지도 지식중심(知識中心), 취미본위(趣味本位)라 할 것이었지 신(信) 그것이라고는 말씀하지 못할 것이었습니다.[19]

최남선은 일본 유학을 통해 '시세'(時勢) 즉 세계정세(世界政勢)를 접하고 큰 충격을 받게 되었다. 이 충격의 결과 그는 '고국의 정신운동' 즉 '국민정신의 환기'와 '통일에 대한 이상적 교과서'인 역사 및 지리의 편찬을 위해 헌신하겠다고 다짐하였다. 이 과정에서 최남선은 국조인 단군에 대한 기록이 불교 속의 저술에 있음을 알게 되었다. 특히 그는 단군의 정체를 알기 위하여 불교지식을 수양해야할 필요를 느끼고 『단군기』 중심의 명상적 고찰을 시험하고자 하였다.

최남선은 우리 고대사 속에서 중국과 일본을 능가하는 한민족의 기백과 자존에 접하면서 크게 고무되었다. 단군의 발견은 그의 독자적 입론인 『불함문화론』으로 이어졌으며 동시에 불교와의 만남으로 확

19 최남선, 「妙觀世音」, 앞의 책, p.64.

장되었다. 하지만 그의 불교에 대한 인식은 의리적 부면으로 나아가기는 했지만 불교의 바다 속에서 그냥 둥둥 떠 다녔을 뿐이었다. 동시에 그는 여전히 지식 중심, 취미 본위에 머물렀을 뿐 불교에 대한 믿음에 이르지는 못하였다.[20]

최남선은 조선을 정(正) 지위에 둔 역사와 지리의 편찬에 헌신하면서 그의 고대사 인식은 국조 단군에 대한 탐구로 기울어갔다. 그 과정에서 그는 불교사의 보물창고인 일연의 『삼국유사』와 깊이 만나게 되었다. 최남선이 만난 『삼국유사』에는 일연의 문제의식과 그의 문제의식이 만나는 지점과 통로가 있었다.

3. 『삼국유사』와 단군의 발견

13세기를 살았던 고려시대 일연은 나라가 몽골의 말발굽에 짓밟히는 현실에 직면하면서 민족의 재건과 문화의 계승에 대해 깊이 고뇌하였다. 그는 불교와 민간에 남겨진 삼국의 이야기를 통하여 민중의 민족의식 함양을 모색하였다. 그 과정에서 일연은 연표를 만들고 이야기를 수집하면서 단군으로부터 비롯된 한민족사를 씨줄로 엮고 날줄로 세웠다. 20세기를 살았던 최남선 역시 나라가 일본의 군화발에 짓밟히는 현실에 직면하면서 민족과 문화의 재건과 계승에 대해 깊이 고뇌하였다. 그는 「계고차존」(稽古箚存, 1918)에서 단군에 대한 생각을 정리하여 한민족의 역사를 재구성하였다. 특히 한민족과 중국과 일본의 대결의식을 부각시킴으로써 우리 민족의 존재감을 확충하였다.

---

20 말년에 그는 평생을 신행하던 불교를 떠나 카톨릭(세례명 崔 베드로 南善, 부인 玄 마리아 永棌)으로 개종하여 크리스천이 되었다.

최남선은 1919년 3월 1일의 독립운동에서 주동으로 참여하여 「독립선언서」를 작성하였고, 민족대표 47인 중의 1인으로 체포되어 2년 8개월간 복역하였다. 복역 후 그는 1922년 8월에 『동명』지를 창간하고 민족적 자각, 민족적 인식을 제고시키기 위해 헌신하였다. 최남선은 1923년 6월에 『동명』지를 폐간한 뒤, 1924년에는 『시대일보』를 창간하여 사장에 취임하였다. 하지만 그는 자금난으로 곧 사임하고 저술, 연구 활동에 전념하였다.

이후 최남선은 한국사 연구에 심혈을 기울여 『불함문화론』(不咸文化論, 1925), 「단군론」(1926), 「아시조선」(兒時朝鮮, 1927), 「삼국유사해제」(1927), 『살만교차기』(薩滿敎箚記, 1927) 등 한민족의 정체성을 확립하는 주요한 논설을 발표하였다. 동시에 그는 대한시대 최초의 창작시조집인 『백팔번뇌』(1926), 역대시조집인 『시조유취』(時調類聚, 1928)를 간행하여 시조 부흥운동에 앞장섰다. 나아가 최남선은 조선심(朝鮮心)을 고취시키고 민족문화를 소개하기 위해 『심춘순례』(1925), 『금강예찬』(1926), 『풍악유기』(1926), 『백두산근참기』(1926) 등을 발표하였다. 1928년에는 함흥 이원에서 진흥왕 순수비 중 하나인 「마운령비」를 발견하여 학계에 보고하였다.[21] 이들 많은 논저들 중 『불함문화론』은 그의 역사인식을 보여주는 대표작이라고 할 수 있다.

이들의 증적(證迹)을 무시하고 단군(檀君)을 후세의 날조에 돌리거나, 또는 수목(樹木) 숭배의 한낱 오래된 전설이라 하며, 그리하여 말살의

21 1928년 10월에 최남선은 총독부 소속 朝鮮史編修會의 위원이 되면서 공개적인 친일행각을 시작하였다. 1933년 10월부터는 李相協의 권유로 총복부 기관지격인 『每日新報』에 장기 집필을 시작하였고, 1938년에는 만주국이 들어서면서 일제가 만든 『滿洲日報』의 고문으로 취임하였다. 1939년에는 만주국 건국대학 교수로 취임하여 滿蒙文化史를 강의하였다.

이유를 중국의 문헌에 그 전함이 없음에 두려고 하는 등은 실로 학문적 불성실이라 하지 않을 수 없다. 비록 단군이 역사적으로 하나의 몽롱한 존재[一朦朧體]라고 하더라도, 그 종교적 방면에서의 오랜 근거는 도저히 움직일 수 없을 것이다.[22]

당시 일본인 학자 나가 키치요는 "단군을 승도(僧徒)의 날조에서 나온 망탄(妄誕)이다"[23]라고 하였고, 시라토리 쿠라키치는 『삼국유사』의 「고기」에 나오는 단목(檀木)이 불교의 우두전단이란 나무에 근거한 가공의 이야기이고, 단군전설은 장수왕대 이후에 만들어졌다[24]고 하였다. 특히 시라토리는 일본어와 한국어의 유사성을 주장하고, 종교성을 강조하였다. 최남선은 한국어와 일본어의 유사성과 종교성을 강조하는 그에게 큰 영향을 받았지만 시라토리의 단군부정론에 대응하여 단군의 역사적 실재와 보편성을 주장하였다. 그리하여 그는 시라토리의 업적을 계승하면서도 그것을 역으로 이용하고자 하였다.

최남선은 '신'(神)을 뜻하는 '밝'과 '천'(天) 즉 단군을 의미하는 '탱그리'를 모두 '밝문명'이라 하여 이들 어원을 우랄알타이 계통에 공통되는 것으로 파악하였다. 그런데 '밝'과 '탱그리'로 대표되는 선도(仙道) 문화는 오랫동안 동아시아에서 천신도로 불리어 왔다. 한국의 천신도는 중국의 신선도, 일본의 수신도와 공통되는 것이다. 하지만 이들은 주로 무속에 관련된 내용일 뿐 수련과 관계된 사상은 보이지 않는다. 이런 맥락에서 본다면 최남선이 일본인 학자들의 이론을 역이용하려 한 것은 그들을 비판하는 계기도 되었지만, 그들의 이론을 스스로 뛰어넘지 못하는 한계도 되었다.[25]

22 최남선, 『불함문화론』, 정재승·이주현 역주(우리역사연구재단, 2008), p.119.
23 那珂通世, 「조선고사고」, 신종원 편, 『일본인들의 단군연구』(민속원, 2009), p.166.
24 시라토리 쿠라키치, 「단군고」, 신종원 편, 위의 책, pp.15~27.

동방문화의 정점으로 삼는 중국의 고대 문화가 실은 불함문화(不咸文化)로서 대부분의 내용을 이루고 있는 점으로 볼 때, 불함문화에 대한 학자의 태도와 관념은 앞으로 많이 개정되어야 할 줄로 생각한다. 다시 말해서, 조선인이건, 일본인이건 자기들의 문화 내지 역사의 동기와 본질을 고찰할 경우에, 무턱대고 중국 본위로 모색함을 지양하고 자기 본래의 면목을 자주적으로 관찰해야 할 것이며, 한 발 더 나아가 중국문화의 성립에 대한 각자의 공동 활동의 자취를 찾아서 동방문화의 올바른 유래를 밝히는 것이 앞으로 노력해야할 방침이어야 할 것이다.[26]

최남선은 종래의 중국 본위의 연구에서 벗어나 '자기 본래의 면목을 자주적으로 관찰해야 할 것'이며, 중국 문화의 성립에 대한 각자의 공동 활동의 자취를 찾아서 '동방문화의 올바른 유래를 밝히는 것'이 앞으로 노력해야 할 방향이라고 명확하게 제시하고 있다. 그는 동방 문화를 탐구하기 위해서는 무엇보다도 단군을 연구해야 한다고 강조하였다.

최남선은 단군을 우리 민족의 시조이자 우리 고유의 것이라며 단군의 존재를 긍정하고 단군론을 학문적으로 수립하고자 노력하였다. 그는『불함문화론』을 제시하면서 단군을 한국의 시조만이 아니라 한국을 중심으로 하는 불함문화권 전체에 존재하는 지도자로서의 모습으로 확장하였다. 나아가 최남선은 단군신화를 신화부와 역사부의 이중구조로 이해하고 신화부에서 단군은 '동북아세아 공동의 건국신화를 답습한 것'[27]이라고 하였다. 이렇게 되자 단군은 동북아시아 전체에서 나타나는 존재가 되었다. 하지만 단군의 외연이 넓어지면서 구심이

---

25 조남호, 앞의 글, 앞의 책, p.55 참고;『육당최남선전집』제2책, p.60하.
26 최남선,『불함문화론』, 앞의 책, pp.121~122.
27 최남선,「檀君小考」,『조선』18호, 1930년 11월;『육당최남선전집』제2책, p.346.

점차 옮어져 단군이 가지고 있는 민족 고유의 성격은 축소되는 결과를 초래하였다.

또 역사부에서 최남선은 지리학적 고찰에 의하면 단군신화의 중심지는 평양 부근이며 따라서 그 영역이 반도내로 축소되어버리는 문제가 있지만, 사실 단군은 역사적으로보다 문화적으로 더 가치가 있다고 하였다. 그 결과 그는 단군을 역사적 실존이 아니라 하나의 문화현상으로 파악함으로써 단군의 역사성을 모호하게 하였다.[28] 이처럼 최남선의 단군 인식에는 문제가 없지 않았다. 하지만 그의 인생에서 1920년대는 가장 절정의 시기였다. 그는 일련의 「단군론」[29] 집필을 통해 조선의 문화의식을 형성하고 문화민족을 구축하고자 하였으며 그 나름대로 커다란 성과를 얻었다.[30] [31]

---

28 석지영, 앞의 글, 앞의 책, p.133.

29 최남선은 「稽古箚存」과 「不咸文化論」에 이어 「檀君 否認의 妄」; 「壇君論」; 「兒時朝鮮」; 「壇君神典의 古義」; 「壇君神典에 들어 있는 歷史素」; 「壇君 及 其硏究」; 「壇君과 三皇五帝」; 「民俗學上으로 보는 壇君王儉」; 「壇君小考」 등에서 볼 수 있는 것처럼 그는 다수의 단군 관련 논설을 연구하였다. 그가 제시한 단군 샤먼론, 『삼국유사』의 사료적 가치 논증, 단군 기사의 역사부와 신화부의 구분, 단군 기사의 토테미즘적 해석은 지금도 단군 연구의 기본틀로 원용되고 있다.

30 하지만 최남선은 1920년대 말부터 民族主義者에서 親日派로 돌아섰다. 그는 해방 이후의 자기 삶의 전환점에 서면서 짧게 서술한 「自列書」에서 1) 조선사편수위원의 수임, 2) 박물관설비위원, 3) 고적보물천연기념물보존위원, 4) 역사교과서편정위원 수촉, 5) 중추원참의 수촉, 6) 만주국립 건국대학 교수 초빙, 7) 전시체제에 조선인 학병을 권유한 계기 등 1920년대 후반부터 1945년 해방에 이르기까지의 일련의 친일 행위에 대해 그의 행적을 해명하는 이유와 논리를 보여주고 있지만 보다 근원적인 이유에 대해서 그의 속내와 의도를 자세히 밝히고 있지 않다.

31 최남선, 「自列書」, 『육당최남선전집』 제10책, pp.530~533. "民族의 一員으로서 反民族의 指目을 받음은, 終世에 씻기 어려운 大恥辱이다. 내 이제 指彈을 받고, 또 거기 理由가 없지 아니하니, 마땅히 恐懼히 省하기에 겨를치 못하려든, 다시 무슨 口舌을 놀려 감히 文過飾非의 罪를 거듭하랴. 解放 이래로 衆謗이 하늘을 찌르고 構誣가 半에 지나되 이를 忍受하고 결코 탄하지 아니함은, 진실로 어떠한 매라도 맞는 것이 혹시 自悔 自責의 誠(意)을 나타내는 一端이 될까 하는 생각이 있기 때문이었다. ……(중략)…… 反民法이 물론 法 그것으로도 尊重해야 할 것이다. 그러나 나는 다만 威力 가진 法이기 때문에 이를 무서워함이 아니라, 이 法의 뒤에 國民大衆이 있음을 알며, 그네의 批判과 요구가 이 法을 통하여 表現되는 것임을 알기 때문에,

이 시기에 최남선은 그의 표현대로 "우리의 조선 상대(上代)를 혼자 담당하는 문헌"[32]이라고 높게 평가한 『삼국유사』를 본격적으로 만났다. 당시 『삼국유사』는 임진왜란 때에 가토 키요마사[加藤淸正]에 의해 탈취당한 뒤 도쿠가와 집안에 모셔져 있다가 도쿄제국대학 국사학과 교수 츠보이 쿠메조(坪井九馬三, 1858~1936)에게 전해졌다. 츠보이는 독일 유학을 마치고 모교의 교수로 재직하면서 『삼국사기』의 '해제'(1892)[33]와 『삼국유사』의 '해제'(1900)[34]를 썼다. 그 뒤 『삼국유사』는 도쿄제국대학 문과대학사지총서(6권)로 간행(1904)되었다.[35] 최남선은 일본 도쿄 유학시절에 이 책을 구입해 왔다. 이 책과의 만남은 그의 인생에서 커다란 전기가 되었다.

이후 최남선은 『삼국유사』 연구에 오랜 시간을 할애하였다. 그는 유학에서 돌아와 고전에 대해 숙고하면서 민족과 문화에 대해 깊이 천착하였다. 이 과정에서 최남선은 "민족은 작고 문화는 크다. 역사는 짧고 문화는 길다"[36]라는 인식이 깊어졌다. 그는 상당히 긴 시간 동안

이 法에 이 法文 이상의 絶對한 權威를 感念하는 者이다. 까마득하던 祖國이 光復이 뜻밖에 얼른 실현하여, 이제 民族正氣의 號令이 굉장히 이 江山을 뒤흔드니, 누가 이 肅然히 正襟치 않을 者이냐. 하물며 몸에 所犯이 있어 惕然히 無膺 自縮할 者야, 오직 공손히 이 法의 처단에 모든 것을 맡기고, 그 呵叱鞭楚를 감수함으로써 조금 만큼이라도 國民 大衆에 대한 惶懼慙謝의 衷情 表示를 삼는 것 외에 다른 것이 있을 수 없다. 삼가 前後 過戾를 自列하여 嚴正한 裁斷을 기다린다. 1949, 2. 12. 麻布刑務所拘置中에서. 反民族行爲 特別調査委員會長 前. 1949년 3월 10일 自由新聞"

32 최남선, 「삼국유사해제」 6. 範圍, 『최남선전집』 제8책.

33 坪井九馬三, 「三國史記 解題」, 『史學會雜誌』 제35호, 1892년(明治 25) 5월, pp.69~73. '新羅高句麗百濟三國史 50권'에 대해 사학회 회원이자 문학박사인 그는 金富軾의 出資와 한국 고대의 몇몇 사서 소개를 중심으로 간략한 해제를 쓰고 있다.

34 坪井九馬三, 「三國遺事 解題」, 『史學會雜誌』 제11편 제9호, 1900년(明治 33), pp.59~72. 츠보이 쿠메조는 비교적 긴 해제를 쓰고 있다. 그는 찬자 一然에 대해 간략히 기술한 이래 고려의 지리 역사를 기술한 뒤 1. 신라인의 敬神 民俗, 신라의 修驗道, 신라인의 敵愾心, 신라인의 歌謠, 신라의 두드러진 風俗(鵄述嶺 神母, 郁面碑) 등에 대해 기술하고 있다.

35 고운기, 『도쿠가와가 사랑한 책』(현암사, 2009) 참조.

36 최남선, 「조선문화의 본질」, 『육당최남선전집』 제9책, p.32.

뜸을 들이며 『삼국유사』를 탐구해간 것으로 짐작된다. 이와 동시에 그는 우선 「불함문화론」과 「단군론」에 몰입하면서 일련의 글을 발표해 나갔다.[37]

당시 신채호, 이능화 등의 많은 학자들은 『삼국유사』의 가치를 인정하면서도 단군을 부정하는 일본의 단군 부정의 논의에 대해 역사적 정치적 측면에서 비판하고 민족적 단군론을 세웠다. 이와 달리 최남선은 언어가 민족의 정신을 반영한다는 문화적인 사상을 입론하여 '밝'과 '당굴'의 어휘를 추적하여 『불함문화론』을 쓴 뒤 단군에 대한 이야기를 적고 있는 『삼국유사』에 깊은 관심을 갖기 시작하였다.

최남선에게 『삼국유사』는 「단군론」과 『불함문화론』과 분리할 수 없는 것이었다. 그는 『삼국유사』를 통해서 「단군론」과 『불함문화론』을 제시하였고 「단군론」과 『불함문화론』을 통하여 『삼국유사』를 반추하였다. 이 과정에서 장문의 「해제」가 탄생되었다.

4. 『삼국유사』의 이해와 「해제」

최남선은 1927년에 계명구락부에서 간행하는 잡지 『계명』에 『삼국유사』 전문과 '해제'를 실었다.[38] 무릇 '해제'란 해당 책을 어떻게 읽어

---

37 최남선, 「조선의 신화」(1930). 여기에서 그는 "신화는 곧 원시종교요 철학이요 과학이요 예술이요 역사"라고 파악하고 이들이 따로 따로 분리되지 않고 인류 지식 전체의 최고 표현임을 강조하였다.

38 최남선, 「新訂 三國遺事 叙」(1946), 『육당최남선전집』 제8책, p.12. '叙'에서 그는 "往年에 『三國遺事』 보급판을 啓明俱樂部로부터 간행하여 好評을 얻고 더욱 解題가 世의 謬許를 입었으나 印本이 많지 못하여 江湖의 수요에 周應치 못함이 유감이었다. 爾來 再刊을 종용하는 소리가 높되 생각하는 바이 있어 이를 주저하더니, 輓近에 이르러 坊人의 請이 더욱 간절하기로 그 勤意를 뿌리치기 어려워서 이에 약간 舛錯을 바로 잡고 고쳐 手民에게 내어 주었다. 前刊本의 解題는 본디 一時의

야 하는지에 대한 '길잡이'이자 먼 길을 떠나는 이들에게 갈 길을 알려 주는 '이정표'라고 할 수 있다. 해서 '해제' 속에는 글쓴이의 철학과 사상이 배어 들어갈 수밖에 없다. 마찬가지로 최남선의 「삼국유사해제」에는 원저자인 일연의 의식과 해제자인 최남선의 인식 사이에 일정한 접점과 통로가 형성될 수밖에 없었다.[39]

이들 두 사람은 몽고가 쳐들어온 '국난'과 일제가 탈취해간 '국망'의 시대를 살았다. 때문에 일연과 최남선 두 사람에게는 역사 이전의 신화에 대한 독자적인 인식이 있었다. 이들 두 사람은 모두 한민족의 시원이자 고조선의 통치자인 '단군'에 대해 지대한 관심을 지녔다. 일

走草이던 것이매 마땅히 전면적 檢討을 더 해야 할 것이로되, 마침 신변이 倥傯하여 이에 暇及치 못하며, 겨우 三國 關係의 古文獻에서 『遺事』의 遺事일 것을 얼마 鈔出 附錄하여, 애오라지 써 歉然한 마음을 自慰하고자 한다"라고 하였다. 「增補 三國遺事 叙」(1954)에서는 "그리고 今般 다시 刊行함에 있어서 역시 全般的인 改訂은 못하였으나 附錄으로 최근에 發見된 「百濟斷碑」와 「新羅帳籍零簡」을 더 加하고, 또 索引을 붙임으로 『增補 三國遺事』라고 題하였다"라고 하였다.

39 최남선, 「삼국유사해제」 14. 撰成年代. 육당은 "一然師에게는 그 撰述의 龍骨이라 할 권제3의 이하가 대개 일연(1206~1289)이 70세 이후 76세까지 약 6, 7년간의 鉛槧임을 짐작하"겠다고 하였다. 그는 그 근거를 '迦葉佛宴坐石'조의 "自釋尊下至于今至元十八年辛巳歲, 已得二千二百二十年矣"와 '前後所將舍利'조의 "元宗 庚午의 記事인" 又至庚午出都之亂, 顚沛之甚, 過於壬辰, 十員殿監主禪師心鑑亡身佩持, 獲免於賊難, 達於大內, 大賞其功, 移授名刹, 今住氷山寺"라고 한 것에 1281년을 주장한다. 여기에 근거해 본다면 『삼국유사』는 1275년 이후부터 6, 7년 동안 작성하여 1281년에 완성한 것으로 이해된다. 반면 일연이 『삼국유사』의 찬자라는 근거는 다만 제5권 첫머리에 실린 "國尊迦智山下麟角寺住持圓鏡冲照大禪師 一然 撰"이라는 24자의 구절에 기인한다. 一然이 충렬왕 9년(1283) 3월에 國尊에 책봉되고, 1284년에 麟角寺를 下山所로 삼았으므로 이 구절이 성립하기 위해서는 1284년 이후의 사실이어야 한다. 그런데 제3권 '前後所將舍利'조와 4권의 '關東楓岳鉢淵藪石記'조를 보면 찬자로서 無極이 보인다. 混丘가 無極이라고 自號하기 시작한 것은 1306년 경의 일이다. 이럴 경우 현행본 『삼국유사』의 성립은 1304~1306년 경을 소급하기 어렵게 된다는 주장도 제기되어 있다. 남동신, 「『三國遺事』의 史書로서의 특성」, 『불교학연구』 제16호(불교학연구회, 2007) 참고. 하지만 六堂은 '無極記'에 대해 "대개 無極이 그 師의 不逮를 補足하려는 婆心에 出한 것이오, 또 그런 것에는 반드시 緣由와 名字를 具署라야 그 責의 存한 바를 밝혔으니 이런 것으로써 後人의 攙入改竄이 많을 줄을 揣摩함은 不當하"다고 하였다. 육당은 단지 무극이 "일연사의 불체를 보족하려는 노파심에서 (자신을) 드러낸 것"이라고 분명히 파악함으로써 일연의 초고의 완성이 1281년임을 역설하고 있다.

연은 단군의 역사를 '고조선'의 조목을 통해 복원하였고, 최남선은 일인 학자들의 단군말살론을 바로 잡기 위해 본격적으로 「단군론」 정립에 뛰어들었다. 그에게 역사는 민족적 자각을 유발하고 진실한 자존심을 조장하고, 확실한 자주력을 수립하기 위한 가장 유력한 것이었다.

> 민족적 자각을 유발하고 나아가서 자각의 내용을 충실케 하여 진실한 자존심을 조장하고, 확실한 자주력을 수립케 하기론 아무러한 시편(詩篇)보다도, 철학설(哲學說)보다도, 가장 유력한 것이 역사이다.[40]

하나의 민족에게 역사에 대한 정당한 이해, 역사에 대한 올바른 인식은 민족적 자각을 위한 디딤돌이 된다. 역사는 민족에 대한 올바른 이해에서 출발하기 때문이다. 최남선은 민족의 형성은 상대가 되는 대립 대상에 대한 대립의 의식이 있어야만 저절로 생기는 것으로 이해한다.

> 나의 생각으로는 '민족'은 본질적으로 필요한 것도 아니며, 당연히 있어도 안 될 것이요, 다만 '대립'의 의식으로만 성립된 것이라고 보게 되었다. 이것은 나의 일종의 자가변(自家辯)이기도 하다. 도대체 민족이라는 것이 인간사회에서 나온 것은 그리 오래지 않다. …… 그래서 나는 '민족'은 하나의 '대립의식'이라고 생각했다.[41]

최남선은 우수한 문화를 자랑했던 중국의 문화는 자기보다 못하다고 생각되는 부족이나 자기와는 다른 문화를 가진 부족을 오랑캐로

---

40 최남선, 「朝鮮歷史通俗講話」, 『東明』 제3호(동명사, 1922. 9. 17), p.11.
41 최남선, 「眞實精神」, 『육당최남선전집』 제10책, p.251.

지칭하면서 모멸하고 천시하였다고 보았다. 그 과정에서 그들이 가진 문화적 우월감이나 민족적 긍지도 생겨날 수 있었다. 그리고 그것은 주변의 열등한 민족에 대한 대결의식이었다고 하였다. 최남선은 일연의 『삼국유사』 역시 좁게는 유교적 사유체제를 보여주고 있는 『삼국사기』에 대한 대결의식에서 시작한 대립적 민족의식의 신화서라고 보았다. 그리하여 그는 우리의 민족 형성의 기틀을 특히 고조선을 계승한 고(구)려에서 찾으려 하였다.[42]

최남선이 우리의 민족 형성을 기틀을 고조선에서 찾지 않고 고(구)려로 잡은 것은 몽고의 침략으로 유린된 (본조) 고려와 일제의 침략으로 유린된 대한의 난경을 고(구)려를 통해 극복하려 했기 때문으로 이해된다. 여기서 '고(구)려'는 말 그대로 '고구려'로 해독해야 할 것이다.[43] 왜냐하면 그는 자신의 대표적 통사인 『조선역사강화』(朝鮮歷史講和, 1930) 제2편 중고(中古)에서 "우리 역사에서 문약(文弱)의 시대를 초래한 것은 바로 고려의 중국화(中國化)의 길 때문이었다"라고 서술하고 있기 때문이다.

이러한 역사 인식[44] 아래 최남선은 단군에 대한 비교적 기록을 상세

42 당시 육당의 역사인식은 『삼국유사』가 그 題名 그대로 '『삼국사기』에서 빠진 내용을 보충한 사서' 혹은 고려시대 '당시 유통되고 있던 삼국 및 통일신라 역사서에서 '빠뜨린 일들'을 수집 정리한 것으로 '『삼국사기』에 대한 遺事的 성격을 지닌다'는 題名적 인식으로는 미흡하다고 파악한 것으로 짐작된다.

43 고려인이었던 一然은 『삼국유사』에서 '高句麗'('句高麗', '句麗)를 '高麗'로 표현한 반면 자신의 나라 '高麗'는 '本朝'라고 표기하고 있다.

44 李康來, 「『삼국유사』의 史書的 성격」, 『한국고대사연구』 제40호(한국고대사학회, 2005). 『삼국유사』는 『삼국사기』를 인용하면서 온전하게 『삼국사기』로 표기하거나, 혹은 허다한 대목에서 『국사』나 『삼국사』 등으로 불러 인용하였고, 인용의 대체적인 맥락은 『삼국사기』와는 다른 정보를 담은 자료와의 對校에 있었다. 전체적으로 보아 『삼국유사』 작업 시에 이루어진 對校의 결과는 『삼국사기』에 크게 신뢰를 부여하는 형태로 나타나고 있다. 이것은 무엇보다도 『삼국유사』 찬자에게 있어 『삼국사기』는 삼국의 根本史書였기 때문이다. 하지만 육당은 '하나의 대립의식'을 통해 민족을 드러내는 것이 당시의 시대정신이라고 파악한 것으로 이해된다.

히 담고 있는 『삼국유사』에 대한 장문의 '해제'를 집필하였다. 이것은 일인 학자들의 단군부정론에 대한 대응이었을 뿐만 아니라 중국과 대등한 우리의 역사를 복원하려는 시도였다. 조선의 유교적 사대주의와는 다르게 고려시대 일연의 『삼국유사』에는 최남선이 주목했던 민족의 개념을 규정할 수 있는 민족문화의 대결의식이 분명하게 드러난다.[45] 일연과 최남선이 만나는 접점 역시 바로 이 대목이다.

일연의 『삼국유사』 「기이」편 서문은 중국을 사대적으로 떠받든 고려 김부식의 『삼국사기』의 사상적 기조와 조선의 사대적 민족관과는 사뭇 다른 주체적 민족의식이었다. 최남선 역시 일체 치하의 대결구도에서 민족의식을 고양하기 위해 『삼국유사』에 주목하였다.[46] 그는 『삼국유사』의 해제에서 개제, 편목, 찬자, 성질, 가치, 범위, 평의, 인용서, 고기, 승전, 향가, 민속과 설화, 위서, 찬성연대, 각간, 유포, 번각의례 등 17가지의 항목을 통해 이 책을 다양하게 분석하였다.

반면 신채호는 "김부식은 『삼국사기』를 편찬한 뒤 일체의 사료를 궁중에 비장하여 다른 사람이 열람할 길을 끊음으로써 박학자(博學者)란 자신의 명예를 보전하는 동시에 국풍파(國風波)의 사상 전파를 금지하는 방법으로 삼았다"[47]라고 하였다. 하지만 신채호는 김부식에 의해 『삼국사기』만이 고대사의 유일한 고전이 된 것을 개탄하면서도, 『삼국유사』를 주요한 역사서로 인정하지 않았다.

이와 달리 최남선은 『삼국유사』에 대해 "일연이 현재의 신문의 잡보(雜報)나 사건의 만록(漫錄)과 같이 삼국에서 빠진 이야기들을 자세히 적고 있으며, 왕과 귀족 중심의 정사보다는 민중이 살아간 실제의

45 표정옥, 앞의 글, 앞의 책, p.383.
46 표정옥, 앞의 글, 앞의 책, p.383.
47 신채호, 『조선사연구초』(범우사, 2004).

이야기에 집중하였다"라고 평가하였다. 이러한 그의 관점은 「삼국유사해제」에 고스란히 반영되어 있다. 그리하여 최남선의 「해제」는 이후 『삼국유사』 번역본 「해제」의 지남이 되었다. 그의 「해제」 17항목의 내용을 요약해보면 다음과 같다.

제1의 '개제'(開題)에서는 제목을 열게 된 시말에 대해 기술하고 있다. 삼국의 유문(遺聞) 일사(軼事)를 채철(採綴)한 『삼국유사』는 『삼국사기』와 한가지로 조선 현존 고사(古史)의 쌍벽이다. '유사'는 정사에 빠져있는 번잡한 사실을 의미하며 이전의 '잡록(雜錄)', '신어'(新語), '잡사'(雜事), '만록'(漫錄), '구문'(舊聞), '쇄문'(瑣聞) 등과 마찬가지로 일사의 세고(細故)를 기재하는 자의 예칭(例稱)이라 기술하고 있다.

제2의 '편목'(篇目)에서는 5권 9편 138조목에 대한 편차와 목차에 대해 서술하고 있다. 최남선은 중종 정덕본(正德本)과 이마니시 류[今西龍]씨의 판본을 대조하여 제3의 「흥법」 끝의 '동경흥륜사금당십성'(東京興輪寺金堂十聖)과 '가섭불연좌석'(迦葉佛宴坐石) 사이에 있던 '탑상제4'(塔像第四)를 독립시키지 않고 「흥법」(興法)에 포함된 조목으로 보고 있다.

제3의 '찬자'(撰者)에서는 저자 일연의 출자와 그의 살림살이와 사고방식에 대해 기술하고 있다. 저자 일연 회연(一然晦然)과 제자인 혼구무극(混丘無極)의 생평을 통한 살림살이와 저술을 통한 사고방식에 대해 설명하고 있다.

제4의 '성질'(性質)에서는 이 책의 체재(體裁)와 구성(構成)에 대해 서술하고 있다. 찬자의 출자와 신분, 성장지 등을 통해 신라(新羅) 중심, 경주(慶州) 일원 중심, 불교(佛教) 중심, 왕대(王代) 중심이 되게 된 연유에 대해 설명하고 있다.

제5의 '가치'(價值)에서는 이 저술이 "뜻하지 않은 한 잉여의 일[一餘業]

이요 한 여한의 일[一閒事]이었을지 모르나 오늘날에는 역설적이게도 이 찬술(撰述)이야말로 일연이 세상에서 이룬 제일 큰 일[出世大業]이었다"라고 서술하고 있다.

『삼국유사』는 보각국존(普覺國尊)에게 있어서는 도리어 일여업(一餘業)요 일한사(一閒事)이었겠지마는, 그러나 시방 와서는 이 불용의(不用意)한 일찬술(一撰述)이야말로 사(師)의 출세대업(出世大業)을 짓게 되었도다. 다른 찬술(撰述)이 설사 모두 천성(千聖)의 비지(秘旨)를 전(傳)하고, 백부(百部)의 묘전(妙典)을 작(作)하는 것이라 하여도, 그 인몰(湮沒) 잔망(殘亡)이 그리 구극(究極)히 원통할 것 없으되, 만일(萬一)에 이 『삼국유사』가 한 가지 침일(沈逸)하였더라 하면 어쩔뻔 하였나 할진대, 과연 아슬아슬한 생각을 금(禁)할 수 없느니라. ……(중략)……[48]

이처럼 최남선은 일연에게 『삼국유사』는 뜻하지 않은[不用意] 한 잉여의 일[一餘業]이요 한 여한의 일[一閒事])이었을지 모르나 오늘날에는 역설적이게도 이 찬술이야말로 그가 세상에 나온 제일 큰 일[出世大業]이었다고 치켜세우고 있다. 그는 만일 이 책이 사라져 우리 고대사를 다시 복원할 수 없게 되었다면 어떻게 되었을까라는 생각을 금할 수 없을 만큼 주요한 가치를 지닌 서물임을 거듭 재천명하고 있다. 또 최남선은 "『삼국사기』의 주관적 자고(自錮)와 무단적 천폐(擅廢)에 반하여 『고기』의 유주(遺珠)를 원형대로 수철(收綴)하야 박고(博古)와 아울러 전기(傳奇)의 자(資)를 삼으려 한 『삼국유사』는 이 두 가지 모두를 지님으로써 오히려 우리 역사를 온전히 볼 수 있게 되었다"라고 하였다. 나아가 그는 "『삼국유사』에는 본사(本史)에서 빠진 옛 기록이

48 최남선, 「삼국유사해제」 5. '價値'.

많이 채입(採入)되고, 또 그것이 대개 원형대로 수록되어 사실 뿐 아니라 명물(名物)과 칭위(稱謂)까지 그대로 충실히 전하고 있어 불후(不朽)의 가치를 지니고 있다"라며 역설하고 있다. 이러한 평가를 통해 최남선은 김부식이 누락한 단군(檀君)의 복원과 가야(伽倻)의 수록을 통해 김부식의 유교적 사대주의에 대한 일연의 문화적 대결의식이라고 파악하고 있다.

제6의 '범위'(範圍)에서는 조선의 생활과 문화의 원두(源頭)와 고형(古形)을 보여주는 『삼국유사』가 '조선 상대(上代)를 혼자서 담당(擔當)하는 문헌'이라고 하였다. 특히 이 저술의 고조선(古朝鮮) 조목에 수록된 단군(壇君)에 대한 기록은 "『유사』의 공이 다만 조선(朝鮮) 일사(一史)에만 그치지 않는다"라고 하였다. 『삼국유사』의 범위는 조선 고대에 관한 신전(神典), 예기(禮記), 신통지(神統志), 내지 신화(神話) 및 전설집(傳說集), 민속지(民俗誌), 사회지(社會誌), 고어휘(古語彙), 성씨록(姓氏錄), 지명기원론(地名起原論), 시가집(詩歌集), 사상사실(思想事實), 신앙(信仰) 즉 불교사재료(佛教史材料), 일사집(逸事集) 등에 이르고 있으니 이 책은 조선고대사의 최고원천이며 일대 백과전림(百科典林)으로 일연의 공은 서방의 '헤로도투스'에 견줄 것이다. 『삼국유사』는 조선의 신학(神學), 조선의 신화학(神話學), 국민(國民) 및 고사신화학(古史神話學), 조선의 사회력(社會力) 및 그 발달사(發達史), 고어학(古語學), 지명학(地名學), 씨족학(氏族學), 사상사(思想史), 종교사(宗教史)를 말할 수 있으랴. 『삼국유사』는 조선고사(朝鮮古史)의 전거(典據)인 동시에 불함문화고사학(不咸文化古史學)의 전거이다고 하였다.

제7의 '평의'(評議)에서는 『삼국유사』를 비판하는 유자들이 비판하는 '탄괴'(誕怪)성이 오히려 신화적 신문(信文)이요 전설적 원형(原形)임을 드러내는 것이며, 신라의 사회력과 종교와의 상관을 고형(古形)

그대로 요연하게 보여주고 있다고 하였다.

제8의 '인용서'에서는 『삼국유사』에 인용된 대부분의 고문(古文, 金石及載籍)의 인용과 극소분의 문견(聞見) 수록(隨錄)을 보여주고 있다. 일연이 참고 인용한 한자문화권의 '경'(經), '사'(史), '자'(子), '전'(傳), '기'(記), '록'(錄), '사지'(寺誌), '비갈'(碑碣), '안독'(案牘) 등의 고문적과 각 나라의 역사기록 및 동류의 이전(異傳) 등에 대해 자세히 기술하고 있다.

제9의 '고기'(古記)에서는 일연이 인용한 고기(古記) 혹은 유서(類書) 등에 대해 『삼국사기』와 고비(古秘)의 문(文), 『동국이상국집』(東國李相國集), 최치원(崔致遠)의 『시문집』(詩文集), 『제왕년대력』(帝王年代曆), 『신라수이전』(新羅殊異傳) 및 기타, 김대문(金大問)의 『고승전』(高僧傳) 및 『화랑세기』(花郎世紀) 등의 글, 최승우(崔承祐)의 『호본집』(餬本集), 홍관(洪灌)의 『편년통록속편』(年通錄續) 등의 글, 『삼국유사』 권1의 「왕력」, 기타 풍류(風流) 국선(國仙)에 관한 사문(事文) 등에 대해 자세히 서술하고 있다. 나아가 "『삼국유사』는 실로 일구(一句)의 중(中)과 일자(一字)의 말(末)에도 왕왕 중대(重大)한 배경(背景)과 내용(內容)이 있음을 짐작할지니라"라고 강조하였다.

제10의 '승전'(僧傳)에서는 『삼국유사』에 인용된 불가의 전적인 『승전』, 『해동승전』, 『고승전』의 출전 용례를 자세히 고찰하여 김대문의 『고승전』과 각훈(覺訓)의 『해동고승전』(海東高僧傳) 및 혜교(慧皎)의 『고승전』(高僧傳)에서 인용하였을 것으로 추정하고 있다. 다만 일연은 각훈은 교학(敎學) 사자사문(賜紫沙門)이오, 『해동고승전』은 왕의 명을 받들어 찬술하였으니[奉宣撰] 필시 당시에 권위로써 산문(山門)에 신행(信行)되던 것이었겠지만 자신은 그것을 그리 중시하지 아니한 양하야 일(事)과 문(文)에 그것을 전의(專依)한 것은 거의 없고 가

끔 대조(對照)나 변석(辨析)에 인출하였을 뿐임을 밝히고 있다. 그 이유를 『해동고승전』은 '문장은 수승하나 사건은 드물며'[文勝事鮮], 상고하여 밝힘[考覈]도 정치하지 않기 때문이라고 보았다.

제11의 '향가'(鄕歌)에서는 『삼국사기』에는 신라의 가사(歌詞)에 대한 적고 있지만 그 사의(辭意)를 직전(直傳)하는 것은 하나도 없다. 하지만 『삼국유사』에는 14수의 신라의 가사의 기원과 종류를 보여주고 있을 뿐만 아니라 그 귀중한 실물 등을 전하여 실로 조선고문학의 겨우 남은[僅存] 유주(遺珠)로 고어문의 절등(絶等)한 보물을 짓고 있다. 모두 당시 이래로 널리 듣고 익혀 외운 것이며 저 대구화상(大矩和尙)의 『삼대목』(三代目)이 전해지지 않지만 오히려 그 편린(片鱗)을 여기에서 보여주고 있다고 하였다.

제12의 '민속(民俗)과 설화'(說話)에서는 『삼국유사』에는 고대국가의 토템의 흔적(熊, 白馬, 鵲, 白鷄), 타부의 풍운(艾蒜忌, 烏忌/午忌-怛忉), 매직의 형해(海歌, 龜家), 신성 기호(天符三印, 天賜玉帶), 마나(諸山川求嗣, 細紵), 퀘티쉬(石鐘), 마세바(大石), 거석 구조(石塚), 천왕 신시(天王神市)의 제례(制禮), 신라의 알천회의(閼川會議) 및 사령지(四靈地) 사실, 가락의 삼월 계욕(三月禊浴)에 담긴 정교일치(政敎一致)인 고사회의 권력관념(權力觀念), 노례왕(努禮王)의 왕통체질원리(王統遞迭原理) 및 원성대왕(元聖大王), 경문대왕(景文大王)에 보인 왕위획득실례(王位獲得實例) 등에 신비(神秘) 본위(本位)인 원시공화제의 혁명방략(革命方略) 등 진역(震域) 고대의 인류학, 종교학, 사회학, 민속학적 중요 사실이 수두룩하다. 특히 『삼국유사』가 담고 있는 향토색과 고원형은 진역(震域)의 원형적 고전설(古傳說)을 엿볼 수 있는 원천이다. 진역 신화학에 대한 『삼국유사』의 지위는 산란(散亂) 영소(零少)한 채로 저 희랍에 있는 '헤시오도쓰'와 '호메로쓰'를 겸한 것이라 말할 수 있으니 신통(神統)과 신사(神史)를 고형(古形) 가깝게 전해주는 것은 오직 『삼국유사』뿐이라고 서술하고 있다.

제13의 '위서'(魏書)에서는 '단군사실'(壇君事實)에 대한 '위서운'(魏書云)이라는 문장에서 현존한 위서에 보이지 않는다는 것과 '고기운'(古記云)이란 것도 무엇인지 모를 허구(虛構)의 것이라 하는 일본학자의 주장에 대해 최남선은 네 가지로 그 주장을 반박하고 있다.

1) 위서는 반드시 금본(今本)인 위수(魏收)의 찬뿐 아니라 이전으로는 등연(鄧淵)과 최호(崔浩) 이하의 편년(編年)과 이표(李彪)와 형만(邢巒) 이하의 기전(紀傳) 등이 있고 이후로는 위담(魏澹)의 갱찬(更撰)과 장태소(張太素)의 별찬(別撰)이 있어 『태평어람』(太平御覽)에 인용한 것만 해도 제가(諸家)를 병수(幷收)하였으니 위수의 찬만을 위서로 인정할 것이 아니다.

2) 설사 위수의 책만으로 인정할지라도 현행하는 『위서』는 송(宋)에 있어 유서(劉恕)와 범조우(范祖禹)의 교정과 또 중흥서목(中興書目)에 보이는 것같이 다시 후인의 보철(補綴)을 거친 것인 즉 『위서』의 면목을 다만 현본(現本)으로 논할 것이 아니다.

3) 『위서』가 또한 탁발(拓跋) 『위사』의 전면이 아니라 시방 『삼국지』 중의 『위지』도 본디 『위서』라 칭하여 『위서』를 『후위서』라 함이 이미 이와 견별(甄別)할 필요에서 나온 것이니 『위서』를 반드시 위수 기타의 탁발씨 역사로만 볼 것이 아니다.

4) 진방(震邦)에서 당(唐)이니 한(漢)이니 하는 것이 이당(李唐)이나 염한(炎漢)을 가리키는 것만 아니라 한은 한에서 시작하고 당은 당에서 시작하여 그 멸망한지 오랜 시방까지도 지나(支那)를 범칭하는 언어 습관이 되었거니와 이제 이 『위서』도 일반적이랄 수는 없으되 탁발위(拓拔魏)와 고구려와는 관계가 밀접할 뿐만 아니라 특히 불법(佛

法)의 동류(東流)는 위(魏)로부터 비롯하였다 함은 진방(震邦) 고래의 전신(傳信)임이 『고승전』 내지 본서에도 실린 것과 같고, 또 범어에 관한 경론의 주(註)와 『음의』(音義)의 해(解)에는 '위언'(魏言)으로 어찌어찌라고 하여 적어도 위자(魏字)가 승도(僧徒)에게 있어서는 한당(漢唐)과 견줄만치 지나(支那)의 대명(代名)으로 이목(耳目)에 익은 것인즉 '위서'라고 범칭한 것이 널리 어느 지나의 문적을 부른 것으로 실상 전후의 양위서(兩魏書)에만 한(限)하는 것이 아니라고 생각할 수 있는 것이라 대개 『삼국유사』의 『위서』를 다만 금본인 『후위서』(後魏書)만으로 표준하려 함이 반드시 정견(正見)이 아님을 먼저 생각할 것이다고 하였다.

제14의 '찬성연대'(撰成年代)에서는 일연이 『삼국유사』 각 조목의 기록을 통해 『삼국유사』를 찬성한 연대를 추정하고 있다. 최남선은 '전후소장사리'(1232~1236), '황룡사구층탑'(皇龍寺九層塔, 1238), '낙산이성'(洛山二聖, 1258), '가섭불연좌석'(1281) 등의 기록을 통해 "일연사(一然師)에게는 그 찬술의 용골(龍骨)이라 할 권제3의 이하가 대개 70세 이후 76세까지 약 6, 7년간의 연참(鉛槧)임을 짐작할지라. 이런 것들로서 통량(通量)하건대 『삼국유사』(혹은 그 主要部라 할 것)는 일연의 70세 이후로 경사(京師)의 부름을 입어[被召]하야 국존(國尊)으로 책봉(冊封)되기까지 운문사(雲門寺)에서 견한(遣閒)한 업적이오, 그 중에서도 그 속사(俗事)의 부(部)인 「왕력」과 「기이」 양편은 아직 송명(宋命)이 있을 그 전기(前期)의 찬성(撰成)일 것"으로 추정하고 있다.

제15의 '간각'(刊刻)에서는 『삼국유사』의 고려 판각본이 있었을 것으로 추정하지만, 조선 중종 임신년간(1512)에 이계복(李繼福)에 의해 재간된 현금본(現今本)인 중간본에는 서발(序跋)과 목차(目次)가 없고 찬자의 서명조차 권5의 머리에 실려 있지만, 고려 고각(古刻)의 풍모를 엿볼 수 있는 각판(刻板)이라고 서술하고 있다. 이후 중간본은 한말까지 유전되었다가 사라졌던 것으로 추정하고 있다. 이어 안정복 구장본(舊藏本)과 조선광문회장본(朝鮮光文會藏本)을 대교(對校)하여 그 차이를 밝히고 있다.

제16의 '유포'(流布)에서는 『삼국유사』의 간행 유포 이후 조선의 유자들은 이 책을 모두 인용하면서도 '그 설이 황탄하다'거나 '황탄하여 따를 수 없다'고 하였다. 뒤에 순암 안(정복)씨의 수택본(手澤本)이란 것이 나와서 아이치[愛知], 이마니시 류[今西龍]씨의 손에 들어가니 대개 중종 7년(正德, 壬申)의 개간본으로서 5권이 구존(具存)하야 대정 10년에 경도제국대학문학부총서 제6으로 파리판(玻璃板)에 영인하여 축소 인쇄되었고, 소화 7년에 경성의 고전간행회에서 원형대로 다시 영인되었으며, 한편 소화 3년에는 조선사학회의 이름으로 이마니시 류씨의 교정에 말미암은 활자본이 간행되니라 하였다. 일본에는 처음 언제 유입하였든지 모르거니와 임진난(壬辰亂)에 취득한 자가 시방 오와리[尾張]의 도쿠가와[德川]씨와 동경의 간다 다카히라[神田孝平, 1830~1898]씨에게 각 1본이 전하는데 「王曆」의 수(首) 2엽(葉)과 기타 수처에 낙장(落張)과 결자(缺字)가 있는 것을 타서(他書)로써 약간 보입(補入)하야 명치 37년(1904)에 (동경)문과대학사지총서의 1서로 활인(活印)하니 경도본이 있기까지 학자의 의거가 된 것이로대 결락 이외에도 구두 기타의 비류(紕謬)가 많으며 후에 개정을 더하여 『일본속장경』에 넣었으나 탈(脫)자는 물론이오 구두(句讀)도 오히려 득의(得宜)하다 할 수 없나니라고 하였다.

간다씨 본에는 안양원(安養院) 장서인(藏書印)이 있으니 안양원이란 것은 도쿠가와 막부의 의원인 곡직뢰 쇼린[曲直瀨正林]의 당호(堂號)이라. 쇼린이 성품이 염정(恬靜)하고 서적을 사랑하니 일즉 임진란의 저 한 장수이던 부전수가(浮田秀家)의 처(妻)의 난질(難疾)을 다스려 주매 수가가 대희(大喜)하여 일즉 난중(亂中)에 취조선 전기 조선서적 천권으로써 그 공로를 갚으니 이 때문에 조선서적의 부장(富藏)으로 국중(國中)에 들린 것이다. 대개 『삼국유사』도 수가(秀家) 소증(所贈)의 하나일지니라 하였다.

제17의 '번각의례'(飜刻儀例)에서는 이본대교(異本對校)와 원거핵구(原據覈究)와 본문비평(本文批評)으로 『삼국유사』의 정본을 작성함이 필요하다. 우선 활판 인쇄 보급판을 계명구락부로부터 간행하였으나 속도와 편리를 위주로 하다보니 판식(板式)과 자양(字樣)을 돌아보지 않아 오류가 적지 않았다. 다행히 재간의 기회를 얻어 순암수택본의 영인건(影印件)과 조선광문회소장 원서(原書) 하권(권제3, 4, 5) 3종과 송석하(宋錫夏)씨 소장의 권제1을 대본(臺本)으로 하여 9가지의 번각 의례를 제시하고 있다. 그리고 해제 끝에는 일연선사의 비문 「고려국의흥화산조계종인각사가지산하보각국존비명병서」(高麗國義興華山曹溪宗麟角寺迦智山下普覺國尊碑銘幷序)를 구초(舊鈔)에 의하여 덧붙이고 있다.

살펴본 것처럼 최남선의 「삼국유사해제」에는 몇 가지 특징이 있다. 당시 그는 『삼국유사』의 「해제」가 전무한 상황에서 이 글을 작성하였다.[49] 최남선은 제1~4항목의 개제, 편목, 찬자, 성질에서 『삼국유사』의 제명과 편명, 성격과 찬자 해명을 통하여 이 서지의 '신문의 잡보나

49 최남선은 츠보이 쿠메조의 『삼국유사』 '해제'(1900)를 보았다. 육당은 자신의 '해제' 14. 撰成年代 말미에 그의 '해제'를 참고했음을 '細注'로 밝히고 있다. 하지만 츠보이가 자신의 '해제' 작성에 큰 영향을 미친 것으로 보이지는 않는다. 그는 츠보이가 '慈藏定律'조에서 강릉군(명주)이라고 한 것은 江陵府의 잘못이라는 지적과, '元曉不羈'조 押梁郡南(章山)을 慶山이라 주석한 것 등에 대해서 인용할 뿐이다. 이외에 그의 '해제'가 육당의 '해제'와 맞닿아 겹치는 내용은 거의 보이지 않는다.

사건의 만록 같은 것을 모은 서류'로 규정하고 찬자의 생평에 대해 자세히 풀이하고 있다. 제5~7항목의 가치, 범위, 평의에서는 『삼국유사』가 지닌 역사적 의의와 평가에 대하여 기술하고 있다. 제8~13항목의 인용서, 고기, 승전, 향가, 민속과 설화, 위서에서는 『삼국유사』의 내용과 참고자료 전반에 대해 서술하고 있다. 제14~15항목의 찬성연대와 각판에서는 『삼국유사』의 찬술연대와 간행 판각에 대해 기술하고 있다. 제16~17항목의 유포와 번각의례에서는 『삼국유사』의 유포와 번각 전반에 대해 서술하고 있다.

최남선은 이 「해제」를 통하여 고판본과 현존본에 이르기까지 우리가 접한 『삼국유사』의 전말을 촘촘히 전해주고 있다. 그의 「해제」는 해당 책을 어떻게 읽어야 하는지에 대한 '길잡이'이자 먼 길을 떠나는 이들에게 갈 길을 알려주는 '이정표'로서의 역할을 톡톡히 해내고 있다. 이처럼 최남선의 「해제」는 이후 번역본에도 일정한 영향을 끼쳤다.

5. 『삼국유사』 '해제'의 전범

『삼국유사』에 대한 최남선의 장문의 「해제」는 이후 『삼국유사』 '해제'의 한 전범이 되었다. 『삼국유사』 번역자들은 저마다 육당의 「해제」를 의식하지 않을 수 없었다. 최남선 이후의 '해제'는 이것보다 더 길게 쓰거나 또는 더 잘 써야 한다는 강박관념 혹은 그 「해제」에 전거를 대면서 그에게 위임하려는 태도까지 생겨났다. 결국 번역자들의 해제는 『삼국유사』의 전모를 한 눈으로 또렷하게 엿볼 수 있도록 전달해야만 하였다. 그러다 보니 '해제' 간에 상호 영향이 있을 수밖에 없었다.

1927년에 최남선의 「해제」가 나온 이후 이루어진 『삼국유사』 번역본들은 사서연역회가 번역한 『삼국유사』[50]와 고전연역회가 번역한 『완역삼국유사』[51] 그리고 북한으로 건너간 리상호의 『삼국유사』 역주본이 대표적인 번역물이다. 반면 대표적인 번역서로 평가받으면서도 최남선(1890~1957)의 정정(訂正)본 보다 한참 뒤에 간행된 권상로(1879~1965)의 『삼국유사역강』(三國遺事譯講, 三國遺事詮譯)[52]이 언제 이루어진 것인지 확인하기 어렵다.[53]

최남선은 대한시대(1897~현재)에 『삼국유사』를 재발견하여 우리 사회에 널리 보급한 주역이다. 때문에 그가 1920년에 펼친 신문화운동의 연장선에서 볼 때 그의 「해제」보다 빠른 '해제'를 찾기는 쉽지 않다. 권상로 역시 이미 1920년대에 『불교』 잡지의 사장으로서 불교 개혁에 깊이 관여하여 많은 논설을 썼다. 하지만 당시 그의 논저들에서 『삼국유사』의 번역과 해제의 흔적은 보이지 않는다. 또 당시 최남선의 「해제」 작업에 권상로가 함께 했는지 여부에 대해서는 자세히 알 수 없다.[54]

이병주(1921~2010)의 글에 의해 추적해 보면 현존본 권상로의 번역본 『삼국유사』의 원형(녹취본)은 1965년 이전에 이루어진 것으로 추정된다. 하지만 최남선의 「해제」가 나온 1927년과는 상당한 시차가 있다.[55] 그렇다면 현존하는 권상로 역해본(1978[56]; 2007[57])의 「해제」는

50 사서연역회, 『삼국유사』(고려문화사, 1946).

51 古典衍譯會, 『완역삼국유사』(학우사, 1954).

52 退耕堂權相老博士全書간행위원회, 『退耕堂全書』 권7(이화문화사, 1998), p.514. 여기에서 李丙疇는 『三國遺事詮譯』이라고 적고 있다. 두 차례 간행한 동서문화사본(1975; 2007)에는 '權相老 譯解'로 나와 있다.

53 退耕堂權相老博士全書간행위원회, 위의 책, p.1103. "위의 번역(『三國遺事譯講』과 『觀音禮文講義』)은 퇴경 권상로 선생의 강술을 녹음해 두었다가 진작에 정리한 것이고, 「보현십원가」의 풀이는 무애 양주동 선생의 석사를 바탕으로 부연한 것임을 경건히 밝혀, 각각 그 그룩을 아로새겨 經緯와 더불어 年紀까지 매겨 표한다. 이는 오로지 잘못을 도맡기 위한 나의 짐짓이다." 1965년 5월 1일 門生 李丙疇 謹識.

54 1920년대에 간행된 누카리야 카이텐(忽滑谷快天)의 『朝鮮禪教史』 간행에 권상로가 깊이 관여한 적이 있다.

최남선의 것을 참고하여 후학들이 덧붙인 것임이 분명해 보인다. 그렇지 않다면 최남선의 「해제」와 이렇게 동일할 수가 없을 것이다.

아래의 〈표 1〉을 통해 비교해 보면 권상로 번역본의 해제는 최남선의 해제를 수용하면서 일부 변형한 것으로 짐작된다. 그 변형의 주체는 권상로가 아니라 그의 제자인 이병주 등의 제자들로 추정된다.

〈표 1〉『삼국유사』 해제 비교표

<table>
<tr><th>번호</th><th colspan="2">최남선 해제(1927)</th><th>권상로 번역본 해제
(1965년 녹취;
1978; 2007)</th><th>리상호
해제(1959)</th></tr>
<tr><td>1</td><td>開題</td><td>삼국유사 제명의 풀이</td><td rowspan="4">1. 삼국유사와
저자 일연</td><td rowspan="13">내용과 표제,
대상 자료,
편찬 체계,
서술 방향,
인용 서지,
저자 일연,
고간본
정덕본의
권차와 편차,
근대 복각
유통본</td></tr>
<tr><td>2</td><td>篇目</td><td>삼국유사 편명의 풀이</td></tr>
<tr><td>3</td><td>撰者</td><td>찬자 일연의 생평</td></tr>
<tr><td>4</td><td>性質</td><td>삼국유사의 특성과 형질</td></tr>
<tr><td>5</td><td>價値</td><td>삼국유사의 문화적 가치</td><td rowspan="3">3. 역사적 의의와 평가</td></tr>
<tr><td>6</td><td>範圍</td><td>삼국유사의 사료적 범위</td></tr>
<tr><td>7</td><td>評議</td><td>삼국유사의 역사적 평가</td></tr>
<tr><td>8</td><td>引用書</td><td>삼국유사의 인용서지</td><td rowspan="6">4. 내용과 참고자료
1) 인용서 2) 고기
3) 승전 4) 향가
5) 민속과 설화 6) 위서</td></tr>
<tr><td>9</td><td>古記</td><td>삼국유사 인용 古記(類書)</td></tr>
<tr><td>10</td><td>僧傳</td><td>고승전류로서의 성격</td></tr>
<tr><td>11</td><td>鄕歌</td><td>신라 가요의 문학적 위상</td></tr>
<tr><td>12</td><td>民俗과 說話</td><td>민속적 가치와 설화적 지위</td></tr>
<tr><td>13</td><td>魏書</td><td>위서의 용례와 인용 문제</td></tr>
</table>

55 권상로의 제자였던 동국대 국문과 김태준 명예교수는 “1960년대 초에 퇴경선생의 왕십리 자택을 찾아가 일주일에 세 번에 걸쳐 약 두 시간씩 강의를 들었으며, 당시 서재를 가득 채웠던 원고는 『退耕堂全書』(12책, 1998)에 모두 수록하지 못한 채 나머지 원고들은 선생의 장남에 의해 인사동 고서점가에 팔려나갔다”라고 전하고 있다. 평소 『삼국유사』에 대한 그의 남다른 관심에 의거해 보면 관련 원고들이 있었을 가능성이 있다. (2014년 6월 3일 목요일 국문과 김상일 교수 전언).

56 1978년 권상로 번역본(동서문화사)에는 상단의 번역문과 하단의 원문 및 육당의 「해제」를 쉽게 푼 ‘해제’만 있을 뿐 註釋이 없었다.

57 2007년 권상로 번역본은 韓定燮이 권상로 번역본에 ‘註釋’을 덧붙여 낸 『삼국유사』에서 脚註를 빌려와 재편집한 것으로 추정된다.

14	撰成年代	삼국유사 찬술 완성 연대	2. 찬술연대와 간행	
15	刊刻	삼국유사 판각과 인간		
16	流布	삼국유사의 유포 전말	5. 삼국유사의 유포와 번각	
17	翻刊義例	이본 대교와 전거 비평		

권상로 번역본의 '해제'는 최남선의 「해제」 17항목을 크게 5항목으로 통합하였다. 육당의 제1~4항목은 『삼국유사』와 저자 일연으로, 제5~7항목은 역사적 의의와 평가로, 제8~13항목의 6개 항목을 통합하여 내용과 참고자료로, 제14~15항목은 찬술연대와 간행으로, 제16~17항목은 『삼국유사』의 유포와 번각으로 묶고 있다. 내용상으로는 최남선의 고투(古套) 문장을 현대적으로 풀고, 지나친 부연과 주석은 축약하거나 생략하였다.

반면 리상호[58]는 1960년에 북한에서 간행한 『삼국유사』 역시 장문의 「해제」를 쓰고 있지만 최남선처럼 항목으로 구분하지 않았다. 다만 「해제」 속에는 내용과 표제, 대상 자료, 편찬 체계, 서술 방향, 인용 서지, 저자 일연, 고간본 정덕본 권차와 편차, 근대 복각 유통본 등에 대개 기술하고 있다. 마지막 부분에 근대에 복각된 유통본들인 1) 일본 동경문과대학 사학총서 활자본(1907년), 2) 경도제국대학 문부총서 영인본(1921년), 3) 경성 계명구락부간 『계명』 제18호 특집(1927년), 4) 조선사학회 활자본(1928년), 5) 경성 고전간행회 영인본(1932년), 6) 경성 삼중당 활자본(1944년)을 소개하고 있다.

이 밖에도 최남선의 「해제」 간행 이후 일본의 삼국유사연구회가 1975~1995년에 완성한 전5책의 『삼국유사고증』[59]이 있다. 이 모임은

58 리상호는 1959년 11월 10일에 해제를 썼고 그의 역주본은 1960년에 북한 과학원 고전연구실이름으로 간행되었다. 이 책은 1990년에 한국의 신서원에서 『국역삼국유사』로 영인되었으며, 1999년에는 조운찬의 교열을 거쳐 까치출판사에서 강운구의 사진을 덧붙여 『사진과 함께 읽는 삼국유사』로 재간행되었다.

미시마 아키히데(三品彰英, 1902~1971)에 의해서 1959년에 창립된 이래 근 40년에 걸쳐 『삼국유사』를 간행하였다. 원문 교감은 물론 번역문의 서너 배에 이르는 상세한 주석은 『삼국유사』가 지닌 의미가 어디에 있는지를 잘 시사해 주고 있다. 지금은 그의 제자뻘인 와카아먀(和歌山) 대학의 무라카미 요시오(村上四男, 1914~) 교수가 이끌고 있다. 이들의 작업이 최남선의 『삼국유사』 인식과 「해제」와 무관하게 이루어진 것은 아니지만 한일 두 나라 사이에서 이루어진 『삼국유사』 연구사를 보여주고 있다는 점에서 시사하는 점이 적지 않다.

대한시대(1897~현재) 이래 최남선에서 시작된 『삼국유사』(교감본[60]; 증보본[61])의 인식과 '해제' 기술은 사서연역회, 고전연역회, 리상호에 이어 이후 이병도(1956; 1977; 2000[62]), 권상로(1965 녹취; 1978; 2007), 이재호(1967: 1997[63]), 이민수(1975; 2013[64]), 이가원(1991),[65] 허경진(2000),[66] 한중연본(2003),[67] 김영태(2009),[68] 김원중(2001[69]; 2010[70]), 최광식·박대재(2014)[71] 역주본으로 이어지고 있다. 이들에 붙어있는 '해제' 혹은 '서언' 또는 '서문' 등은 대부분 최남선의 「해제」를 원용하거나 의거하여 요약해 기술하고 있다. 이처럼 최남선의 「삼국유사해제」

59 三品彰英, 村上四男, 『삼국유사고증』(塙書房, 1975~1995). 여기에는 村上四男이 쓴 짧은 「삼국유사해제」가 실려 있다. 최재목 외 역주, 『삼국유사고증』(미간행).
60 최남선 교감, 『삼국유사』(계명구락부, 1927).
61 최남선 증보, 『訂正삼국유사』(삼중당, 1944; 서문문화사, 1990).
62 이병도 옮김, 『삼국유사』(명문당, 1956; 1977; 2000).
63 이재호 옮김, 『삼국유사』(광문출판사, 1967; 솔, 1999).
64 이민수 옮김, 『삼국유사』(을유문화사, 1975; 2013).
65 이가원 감수, 『삼국유사新釋』(태학사, 1991).
66 허경진 옮김, 『삼국유사』(한길사, 2000).
67 정구복 외 4인, 『역주삼국유사』 1~5(이회문화사, 2003),
68 김영태, 『자세히 살펴본 삼국유사』 1(도피안사, 2009).
69 김원중 옮김, 『삼국유사』(을유문화사, 2001).
70 김원중 옮김, 『삼국유사』(민음사, 2010).
71 최광식·박대재 옮김, 『삼국유사』(고려대출판부, 2014).

는 『삼국유사』 '해제'의 '전범'이자 '전형'이 되고 있다.

최남선은 이 '해제'를 통해서 단군을 복원하려 했고, 역사를 복원하려 하였다. 그는 『삼국유사』를 통해 민족의식과 문화의식을 대립의식으로 제고시켰고, 단군의 기록과 건국의 신화를 일제에 맞서는 정치적 전략으로 활용하였다. 그 전략은 성공적이었고 그 전술은 효과적이었다. 우리는 1945년에 자율적 독립이 아니라 타율적 해방을 맞이하였다. 그리하여 1948년에 각기 정부를 수립한 뒤 분단 66년을 맞이하고 있다. 그렇다면 이 분단의 시대에 남북을 관통하는 통로는 무엇으로 열어갈 수 있을까?

단군(상)이 특정 종교인들에 의해 배제되는 현실에서 우리 민족과 역사를 꿸 수 있는 기제는 과연 무엇일까? 논자는 바로 『삼국유사』가 우리를 하나로 엮을 수 있는 기제라고 생각한다. 논자는 우리 모두가 이렇게 인식하고 실천할 때 『삼국유사』가 머금고 있는 역사공동체와 민족공동체 공간의 회복이 가능할 것으로 보고 있다.

6. 정리와 맺음

육당 최남선은 어린 시절부터 고전과 서양문물을 접하였다. 그는 일본 유학 이전부터 단군에 대한 지식과 인식이 있었고, 일본 유학 이후에는 『삼국유사』를 재발견하여 단군을 복원하고 역사를 복원하였다. 최남선의 민족의식과 문화이식은 일련의 「단군론」 기술과 『삼국유사』에 대한 장문의 「해제」 서술로 이어졌다. 최남선의 「해제」는 그의 「단군론」과 『불함문화론』을 뒷받침하는 주요한 논설이며, 이후 『삼국유사』 '해제'의 '전범'이자 '전형'이 되었다. 그는 『삼국유사』의 재발견을 통하여 단군을 복원하고 역사를 복원하여 불함문화권을 확충하려 하였다.

최남선이 단군을 우리 역사의 구심으로 삼은 것은 매우 큰 의의가 있다고 할 수 있다. 반면 그가 단군을 불함문화권의 원심으로 확산시킨 것은 단군의 초점을 흐리게 한 근거이기도 하였다. 최남선은 우리의 많은 고전 중에서 특히 『삼국유사』에 집중하였다. 그것은 이 텍스트가 머금고 있는 민족의식과 문화의식 및 단군의 기록과 신화의 원천 때문이었다. 그는 이들 민족의식과 문화의식을 대립의식으로 제고시켰고, 단군의 기록과 각국의 신화를 일제에 맞서는 정치적 전략으로 활용하였다. 최남선의 고대사에 관한 일련의 집필은 일제의 문화정치에 맞서는 전략이었고 민족의식을 고취시키기 위한 전술이었다. 하지만 그 역시 그 전략과 전술에 휘둘린 감이 없지 않았다. 결국 그는 근대주의와 민족주의의 대립구도가 제국주의의 길항구도 속으로 편입되자 친일로 기울어졌고 스스로 친일 행위를 정당화하는 입장을 견지하였다.

최남선의 역사 복원과 문화 민족의 열망은 『삼국유사』를 통해서 표출되었다. 그리고 여러 편의 「단군론」과 『불함문화론』의 입론을 통해 확장되었다. 그는 대립의식을 통해 문화민족을 자각하려 하였고 역사의식을 통해 신화를 넘어서고자 하였다. 최남선의 민족의식이 수립될 수 있었던 것은 『삼국유사』와 단군과 가야의 발견에 의해서였다. 이 발견을 계기로 그가 쓴 『삼국유사』에 대한 장문의 「해제」는 이후 『삼국유사』 「해제」의 한 모범이 되었다. 그 이후 『삼국유사』 번역자들은 저마다 육당의 「해제」를 의식하지 않을 수 없었다. 번역자들은 육당의 「해제」보다 더 길게 쓰거나 또는 더 잘 써야 한다는 강박관념 혹은 그 「해제」에 전거를 대면서 그에게 위임하려는 태도까지 생겨났다.

결국 번역자들은 『삼국유사』의 전모를 한 눈으로 또렷하게 엿볼 수 있도록 「해제」를 작성해야만 했다. 그러다 보니 '해제' 간에 상호 영향이 있을 수밖에 없었다.

최남선은 『삼국유사』에 대해 "조선 상대를 혼자 담당하는 문헌"이며 "조선의 생활과 문화의 근원(源頭)와 고형(古形)을 보여주는 것은 오직 이 책이 있을 따름이다"라고 하였다. 그의 말처럼 『삼국유사』는 우리 민족의 유전인자를 고스란히 간직한 보물 창고이다. 여기에는 민족 동질성의 인자인 언어 문자와 역사 문화로부터 철학 사상 및 예술 과학이 담겨 있다. 이처럼 최남선은 『삼국유사』가 민족 공동체와 역사 공동체의 근간이자 민족과 역사의 회복으로 나아가는 이정표이자 길잡이로 인식하고 있었다. 그리하여 그는 『삼국유사』의 핵심과 특장을 「해제」 속에 잘 정리하여 한민족의 정체성을 수립하고 인식틀을 확보해 놓았다.

7장 효성 조명기의 불교사상사 연구

- '총화론'과 '화쟁론'을 중심으로 -

1. 문제와 구상

효성 조명기(曉城[1] 趙明基, 1905~1988)는 한국의 대표적인 인문학자이자 불교학자였다. 그는 평생을 한국의 인문학 불교학 발전을 위해 헌신한 격조 높은 문화인이었다. 효성은 원효 저술의 발굴과 『원효대사전집』의 편집 출간, 『고려대장경』의 영인 간행과 『한글대장경』의 기획 편찬 등 불교 연구의 기초자료 발굴과 집성을 위해 온몸을 바쳤

1 趙明基, 「雅號의 辯」, 『曉城趙明基遺文稿: 韓國佛教史學論集』(민족사, 1989), pp.589~590. 曉城의 어릴 때 이름은 '得龍'이었고, 보통학교 입학 때부터 '明基'란 이름을 썼다. 동경 어느 사찰에 있을 때 종무소에서 통지하기를 입실이 허락되었다며 당호를 '東城'이라 하였으니 그렇게 알라 하였다. 그 뒤 동래의 外叔主가 상경하여 붙여준 '石濃'이라는 호가 6.25 전에 중국에서 온 박유 선생 일행이 불국사에서 그림 한 폭을 그려주면서 쓴 題辭에도 적혀 있는 것으로 보아 그의 雅號라고 할 수 있다. 또 언젠가 동국대학교 재직시절에 書肆를 하는 宋노인이 서실에 찾아와 '曉城'이라 지어 주었다. 아마도 송 노인은 '元曉의 城砦를 세우고 지킨다'는 의미에서 '효성'이라고 지어준 것이라고 짐작된다.

다. 아울러 그는 신라불교와 고려불교에 대한 깊이 있는 논저를 출간하여 이 분야 연구의 기반을 마련하였다. 나아가 효성은 원효학 연구의 기반을 다졌고, 의천학 연구의 저변을 넓혔으며, 불교사상사와 불교문화사 연구의 지평을 확장하여 한국불교사상사 정립에 중추적 역할을 하였다.

무엇보다도 효성은 텍스트를 몸소 발굴 편집하고 전서를 기획 편찬하여 인문학 불교학 연구의 기초를 다졌다. 그는 짧은 시간이나마 불문에 들어 불학을 깊이 연구하였고 다시 (중앙)불교전수학교(1928~1931)를 졸업한 뒤 이 학교 도서관에 사서(司書)로서 근무하였다. 이어 일본의 동양대학(1934~1937)에 유학하여 불교학을 공부하고 귀국한 뒤 경성제국대학 대학원(전공과)에 입학하여 연구를 이어나갔다. 그 뒤 중앙불교전문학교 강사(1939)가 되었고, 경성제국대학 법문학부 종교학연구실의 부수(副手) 발령을 받고 이듬해 조수(助手)로 승진하였다. 뒤이어 경성제국대학 만몽(滿蒙)학술조사단의 일원으로 중국·만주·몽고 등지의 불교유적을 답사하였다. 이후 효성은 동국대학교의 혜화동 교사(校舍)를 남산으로 이전하는 결정적 계기를 마련해 주었으며,[2] 혜

---

2 경기대, 『경기대학교 65년사』(경기대출판부, 2012), pp.38~39. "조명기 선생의 회고에 의하면, 당시 명륜동 校舍는 미 헌병대에 징발되어 있었던 관계로 동국대학 측도 사용하지 못하던 형편이었다. 동국대학교와 오랜 유대관계를 맺어왔던 조명기 선생은 그가 日人으로부터 인수받아 개인적으로 운영하던 필동 소재 사찰 1동 및 대지 3,300평, 國華幼稚園 등을 동국대에 넘기고 그 대신 명륜동 校舍를 임대받기로 양해를 얻어내었다. 이미 규모가 커져버린 동국대학은 캠퍼스를 한 곳에 집결시킬 필요를 느꼈던 관계로 이 교섭을 호의적으로 받아들였다. 그러나 이전하기로 한 명륜동 교사는 미 헌병대가 주둔하고 있어서 당장 이전이 불가능했으므로, 우선 이전할 때까지 만이라도 연지동 구 교사를 이용하기로 재단 측과 합의, 일단 학교를 재건할 것을 결정했다." 이 기록에 의하면 당시 경기대 건립에 관여하던 趙明基 선생이 京畿大學의 校舍 부지를 백방으로 물색하던 중 동국대학의 재단측이 종로구 명륜동 소재의 옛 惠化專門學校 교사를 임대하기로 결정을 내렸던 사실을 알 수 있다. 이 과정에서 동국대학의 筆洞 校舍가 자신이 운영하던 필동소재 사찰 1동 및 대지 3,300평과 국화유치원과 맞바꾸어 이루어졌던 사실을 알 수 있다. 경기대,

화전문학교 교수(1945)가 되어 불교학과장을 맡았으며 이어 불교대학장(1954~1960)으로 취임하여 재임하였다. 뒤이어 교무처장을 겸임하였고, 부총장(1960), 불교문화연구소의 초대소장(1962)을 맡았다. 그리고 일본 동양대학에서 「고려불교에 있어서 대각국사의 지위」로 문학박사 학위(1962)를 받았다.

이후 효성은 연구와 교육뿐만 아니라 학교 행정의 수반인 동국(東國)대학교 총장을 역임하였고 동시에 일찍이 경기대 전신인 조양(朝陽)보육사범학교를 이강혁(李康爀)과 함께 개교하여 학장 및 이사장을 맡아[3] 운영함으로써 행정과 경영 모두에서 역량을 보여주었다.[4] 효성은 한국의 인문학 불교학 연찬을 지속하기 위해 만년에 사단법인 한국불교문화연구원을 설립(1968. 10)하여 불교사학과 불교철학 관련 저술들을 펴내었다. 동국대학교 교수를 마친 뒤에는 명예교수가 되었으며 원광대 대우교수, 일본 경도불교대학 객원교수, 학교법인 경기학원 이사장 등을 역임하면서 후진 교육에 헌신하였다.[5] 효성의 학문적 범위

『경기대학교 65년사』, 2012, pp.27~28. "해방 당시 함께 혜화전문학교 교수로 있던 일본인 左藤(사토) 교수가 귀국할 때 현재의 서울 중구 필동의 東國大學校 자리에 있던 曹洞宗 曹溪寺 절을 조명기 선생께 양도해 주고 떠났다는 것이다(대지 3,300평 및 동 대지에 건립된 사찰 1동, 건평 84평의 부속 건물 등을 구두 언약으로 받았으나, 이후 등기는 미필). 규모가 상당하였던 그 절에는 '국화'라는 유치원(나중에 '약초 유치원'으로 개칭했음)이 부속되어 있었다. ……(중략)…… 해방 직후 우연히 인수한 '國華幼稚園'을 부인인 김민혜 여사와 운영했다." 여기에 의하면 동대 필동 캠퍼스 자리에는 조동종 조계사 절에 이어 국화 유치원이 있었다는 사실을 알 수 있다. 고영섭, 「동대 법당 정각원의 역사와 위상」, 『한국불교학』 제65집(한국불교학회, 2013), 주 35), 주 36) 참조.

3 효성은 이강혁과 함께 설립(1947. 11)한 조양보육사범학교가 경기초급대학으로 승격(1955. 4)하자 동대 보직과 함께 초대학장을 겸임(1964. 3)하였다. '朝陽'은 고조선을 건국한 단군이 백악산의 神市 즉 阿斯達에 도읍을 한 遼寧省의 營州에서 따온 것이다.

4 효성은 남산 大圓精舍에서 대원불교(교양)대학을 개설하여 우리나라 불교 교양 대학의 효시로 키웠으며 이후 한국불교대학도 개설하는 등 교육에 대한 관심이 남달랐다.

5 어현경, 「원효연구 불 지핀 한국불교사학 개척자, 효성거사 조명기(1905~1988)」,

는 역사와 철학 즉 불교사학과 불교철학을 넘나들고 있다. 해서 우리는 그의 학문을 불교사학 중 특히 한국불교사학[6]으로 규정하고 있지만 사실상 그의 학문적 범위는 인문학 전반에 걸쳐 있으며 그중에서도 사학과 철학 및 종교학에 집중되어 있다.

그런데 효성이 심혈을 기울인 신라불교와 고려불교 연구를 중심으로 살펴보면 그의 전공은 한국불교사상사로 모아진다. 하지만 그가 남긴 논저를 검토해 보면 그는 불교사학과 불교철학 전 영역에 걸쳐 있다. 효성의 학문적 방법론에 따르면 불교역사와 불교철학 즉 사학과 철학적 방법론을 주체화하고 자기화 하여 한국불교사학과 한국불교철학으로 온축시켜 갔음을 알 수 있다. 바로 이 점에서 우리는 그를 인문학자 불교학자라고 할 수 있으며, 하위범주로 보면 불교사학자 불교철학자라고 할 수 있을 것이다.[7] 이 글에서 논자는 효성의 학문적 분류와 범위를 인문학 불교학으로 규정한 뒤 그의 논저[8]를 중심으로 불교사학자와 불교철학자의 면모 중에서 특히 한국불교사상사 연구자로서 살펴보고자 한다.[9]

『불교신문』, 2006년 6월 12일자. 동국대 총동문회장과 조계종 전국신도회장을 역임한 고(故) 최재구 의원은 “포교를 위해서는 경향을 묻지 않았고 불교학을 위해서는 해외를 상관하지 않는 분이었다”라고 회상했다. 그가 남긴 논문과 저서는 한국불교사학 정립에 중추적인 역할을 담당했으며, 세상은 그에게 국민훈장 동백장과 일본 제19회 불교전도문화상 및 제1회 동국문화상 등을 수여했다.

6 김영태, 「조명기」, 『한국민족문화대백과사전』 제20책(한국정신문화연구원, 1989).

7 효성은 틈날 때마다 염주를 돌리며 『금강경』을 독송했던 신심 깊은 불자였다.

8 조명기, 『조명기박사화갑기념 불교사학논총』(중앙도서출판사, 1965). 이 논총은 효성의 화갑을 기념해서 동학들의 원고를 모아 집성한 논총이다. 이외에 그의 팔순송수기념논총을 준비하다가 갑자기 입적하는 바람에 대체된 『효성조명기선생 유문고: 한국불교사학논집』(민족사, 1989)과 단행본 및 논문들이 있다. 이 遺文稿에는 효성의 논고들 다수가 수록되어 있다.

9 효성에 대해 발표된 선행연구는 전무하지만, 논자의 2006년 서울대 대학원 종교학과의 〈불교사연습〉 수업시간에 과제 발표문으로 제출한 김명숙의 「근대한국불교학 연구의 선구자 효성 조명기 박사 고찰」이 있다. 필자는 이 글에서 제1장 서론과 제2장의 생애(조명기의 생애, 학문적 업적, 논문 및 저서목록), 제3장의 사상(불교

2. 총화론의 형성과 화쟁론의 탐색

효성은 1905년에 부산에서 태어난 뒤부터 1988년에 입적하기까지 인문학자 불교학자의 이미지를 간직하며 살아왔다. 그의 생평을 더듬어 보면 대학교에서 강의와 연구를 한 교수와 행정과 경영을 한 총장(학장)의 이미지가 병행된다. 하지만 효성은 전직 총장 출신임에도 불구하고 '교수' 혹은 '학자'의 이미지가 더 강렬해 보인다. 그것은 효성의 주요 살림살이와 사고방식이 보직하는 '행정'에 있지 않고, 탐구하는 '연구'에 있었기 때문에 그러할 것이다.

효성은 13세에 외가의 연고지인 통도사 앞마을인 양산군 하북면 지산리로 이주하였다. 이곳에서 그는 보통학교에 입학하고 이때부터 통도사 경해(鏡海) 선사의 각별한 촉망과 지도를 받았다. 17세 때에 보통학교를 졸업하고 동래고등보통학교로 진학하였다. 22세 때에는 동래고등보통학교를 졸업하고 울산 남목(南牧)보통학교의 훈도(訓導)로 2년간 근무하였다.

24세 때에는 통도사 경해(鏡海) 주지에게 득도(得度)하고 선사의 인도에 따라 그해 4월에 상경하여 (중앙)불교전수학교에 입학한 뒤 교학탐구에 나섰다. 당시 (중앙)불교전수학교[10] 교장은 백양사 만암 종헌(1876~1957) 선사였고, 교수진으로는 영호 정호(한영, 1870~1948), 상현 이능화(1869~1943), 산강 변영만(1889~1954), 육당 최남선(1890~1957),

---

총화성 이론, 원효연구, 고려불교의 한 모습, 불교학사와 개론 정의, 민족사상의 원류와 한일문화 교류)과 제4장의 결어로 효성을 고찰하고 있다.

10 불교전수학교는 처음부터 '혜화전문학교'의 교명으로 신청했으나 받아들여지지 않았다. 거듭된 불교계의 요청과 학생들의 데모에 의해 결국 조선총독부로부터 (중앙)불교전수학교로 인가를 받았다. '불전'은 중앙불교전문학교로 이어졌고, '중전'은 다시 혜화전문학교로 이어졌다.

위당 정인보(1893~1950) 등 당대의 최고 석학들이 모여 있었다. 이들 밑에서 효성은 선(禪)과 교(敎)를 비롯하여 문학과 역사와 철학 전반을 섭렵할 수 있었다. 그리고 공부를 심화하여 '융합' 또는 '통합'적 사유를 형성시켜 갔다. 그는 그 과정에서 붓다와 용수, 승랑과 원측, 원효와 의상, 경흥과 태현 등을 만났다.

당시 중앙불전의 교수들과 학생들은 식민지시대 백성으로서 살았기 때문에 한민족의 고통과 민족문화의 왜곡을 온몸으로 느꼈을 것이다. 이 과정에서 효성은 중앙불전의 교수진 중 육당과 상현의 영향을 받았을 것으로 짐작된다. 1910년대에 일본에 유학한 육당은 「조선불교」(1930)라는 논저[11]를 써서 "민족을 보존하고, 나라를 회복하려는 민족적인 의식"을 견지[12]하며 인도의 '서론적 불교'와 지나(중국)의 각론적 불교에 대비하여 조선의 '결론적 불교'로 입론하여 한국불교의 정체성을 제시하였다.[13] 1930년대에 일본에 유학한 효성 역시 「조선불교와 교지 확립」(1937)[14]과 「조선불교의 입교론」(1938),[15] 그리고 「한국불교의 전통적 교학사상」을 통해 우리나라의 고유사상을 "우리 민족의 자율성과 창의성에 기초를 둔 것"이며 "문화적 현상은 실로 인간의 근원적인 것이며 동시에 민족의 생명체의 본령이 되는 것"[16]이라고 하였다. 그는 총화성 원리를 들어 세계 사조의 동향과 한국불교의 활

---

11 최병헌, 「한국불교사의 체계적 인식과 이해방법론」, 『한국불교사연구입문』상(지식산업사, 2013), pp.103~104. 필자는 육당의 「조선불교」를 삼국전통불교사관에 입각한 일본의 식민지 불교사학의 역사 인식에 대항하여 아시아 불교사에서의 한국불교의 위치를 새롭게 정립시키기 위한 논저로 파악하고 있다.

12 김광식, 「최남선의 '조선불교' 정체성 인식」, 『불교 연구』 제37집(한국불교 연구원, 2012).

13 최남선, 「조선불교: 東方 文化史上에 있는 그 地位」, 『불교』 제74호(불교사, 1930).

14 조명기, 「조선불교와 교지 확립」, 『신불교』 제3집(신불교사, 1937).

15 조명기, 「조선불교의 입교론」, 『신불교』 제9집(신불교사, 1938).

16 조명기, 「한국불교의 전통적 教學思想」, 앞의 책, p.235.

동을 기초로 한국불교의 통일성에 배대시키고 있다.

효성의 한국불교사상사 연구의 관점은 '화쟁'(和諍)의 개념을 기초로 한 통불교론 혹은 총화론 또는 통화론에 기반한다. 총화성 즉 통화성은 그의 불교관이며 이것은 그의 사관이자 우주관으로 확장되기도 한다. 이러한 총화성의 담론은 붓다의 중도관에 대한 이해가 깊어지던 1930년대 전후에 분황 원효(芬皇元曉, 617~686)를 만나면서 보다 분명하게 입론되기 시작하였다. 효성은 총화성을 총화주의 체계의 기본 개념으로 상정하였다. 그리하여 효성은 총화론 혹은 통화론의 인식 위에서 불교를 이해하고 있다.[17]

> 총화성의 세계상에 있어서는 여하한 사물이라도 격절(隔絶)하여 독립자존 할 수 없다. 일체의 사물은 총화의 분절(分節)이니 총화에서 생출(生出)하여 각자 생활함에도 불구하고 이 총화와 결부해 있는 것이다. 그러므로 '총화성'은 총화주의 체계의 기본 개념이다. 총화 그것은 실존치 아니한다. 총화하는 것은 일반 개념의 의미이다. 그러니 총화는 분절에서 생(生)하는 것이다. 즉 총화는 분절에서 표현되는 것이나 현실적 실존을 가지는 것은 다만 부분뿐이다. 총화성은 실존하지 않지만 분절에서 표현되고, 분절에서 매개되고, 분절에서 생한다. 그러니 분절 또한 독립적으로 존재하지 않으며 결코 자립할 수 없다. 왜냐하면 분절은 그 개념상 각별히 독립자존 할 것이 아니기 때문이다. 총화성 이외에 분절로서 생(生)할 수 있는 것은 하나도 없다.[18]

한국불교의 통일성 즉 통합성을 설명하는 대목에서 효성의 총화론

17 이러한 화쟁론 혹은 총화론에 대해서는 일찍부터 다양한 평가와 비평이 있어 왔다.
18 조명기, 『신라불교의 이념과 역사』(신태양사, 1962; 경서원, 1982), pp.224~225; 조명기, 「불교의 총화성과 원효의 근본사상」, 고영섭 편, 『한국의 사상가 10인 원효』(예문서원, 2002; 2006), p.49.

또는 통화론은 화쟁론으로 보다 구체화되고 있다. 그는 불교의 중도론을 화와 쟁의 연동적(連動的) 인식에 의한 '총화사상' 또는 '통화사상'으로 파악하고 원효의 화쟁에 상응시킨다. 그리하여 효성은 '분절'의 개념을 대비시키며 '총화'를 '전체화' 혹은 '총체화'로 보고 '총화성'을 일체 사물의 근본 원리로 파악한다. 그리고 그는 이 총화를 불교 진리의 보편성과 한국 지역의 특수성을 아우르며 불교의 '공'(空)과 '유'(有) 개념을 통섭하는 근원적 개념으로 확정한 뒤 이 용어를 화쟁(和諍)의 지향과 통섭으로 연결시키고 있다.

> 불교가 항상 말하는 '유'(有)와 '공'(空)이라는 것은 두 대립되는 개념이지만 물(物)의 존재방법으로서 '유를 싫어하고 공을 좋아한다'는 것은 마치 개개의 수목(樹木)을 버리고 삼림(森林)을 찾는 것과 같은 것이다. 가령 청(靑)과 남(藍)은 동체(同體)이고, 빙(氷)과 수(水)는 동원(同源)이란 것이 다르게 되어 있다고 이해하여도 좋을는지. 본체론(本體論)의 견해에 의해 말하면 만물(萬物)이 일(一)로써 화(和)되는 상태를 총화(總和)라고 말할 수 있다. 일보 나아가서 종합적 관점에서 보면 화(和)와 쟁(諍)으로 출현되는 현상을 지양하면 통섭(統攝)되는 총화(總和)가 이루어진다고 말할 수 있다. 이러한 화(和)와 쟁(諍)의 관련성 속에서 활동하는 상황을 포착(捕捉)하는 것을 인식이라고 말할 수 있다. 이 양상을 가령 '통화연동'(統和連動)이라고 말해보면, 이 통화연동(統和連動)만이 불교 인식론(佛敎認識論)의 원점이라고 하여도 좋을 것이다. 원효의 사상의 근본은 바로 이점에 있는 것이다.[19]

19 조명기, 「總和의 불교적 이해」, 『동대신문』 1975년 6월 3일; 『효성조명기선생유문고: 한국불교사학논집』(민족사, 1989), p.535. 이 논집은 효성이 각 지면에 게재한 논문과 기타 글들을 모아 엮은 것이다.

효성은 본체론적 견해로 말하면 '총화'는 청과 남의 동체(同體)와 빙과 수의 동원(同源)임을 이해함과 같이 '만물'(萬物)이 '일'(一)로써 조화되는 상태라고 말한다. 아울러 그는 총화는 종합적 관점에서 보면 '화'와 '쟁'으로 출현되는 현상을 지양하면 통섭되는 것이라고 하였다. 이 과정에서 활동하는 상황을 포착하는 것을 '인식'(認識)이라고 말한다. 효성은 이 인식을 '통화연동'이라고 하고 이것을 불교 인식론의 원점이자 원효사상의 근본으로 보고 있다. 그는 또 '화'(和)와 '쟁'(諍)을 '연동전화'(連動轉化)하는 즉 정진하고 있는 진행형으로 해명하고 있다.

원효는 인간사회에 화(和)와 쟁(諍)의 이면성(二面性)을 가정한다. 그러나 화(和)라는 것은 실체적인 것이 아니고 기능적인 이해를 필요로 하는 것이다. 이 화(和)를 문법적으로 예를 들면, 그것은 명사(名詞)와 같은 것도 아니고, 형용사적(形容詞的)인 것도 아니다. 그렇다고 해서 동사(動詞)와 같은 것도 역시 아닌 것이다. 이것은 적극적이고 능력적으로 영구히 연동전화(連動轉化)하고 있는 것, 다시 말하면 정진하고 있는 진행형(進行形)과 같은 것이다. 쟁(諍)도 같은 논리로 설명할 수 있는 것이다. 여기에서 화(和)와 쟁(諍)은 대립하는 것으로서 나타나게 하여 두고, 원효는 화(和)의 극치에 달하면 쟁(諍)도 화(和)에 동화하게 되는 것이라고 알았다. 화(和)는 쟁(諍)을 부정하면서 인식하고, 쟁(諍)은 화(和)를 긍정하면서 각립(却立)하는 것은 결국은 화(和)로써 통괄하게 되는 것이다. 즉 화(和)와 쟁(諍)의 관계로서는 찬과 반이 있게 될 것이나, 종극적으로는 연계선을 그리고 쌍방이 합력(合力)하는 작용이 행해져서, 여기에 대생명이 육성되고 우주는 무궁히 운행되어 만유(萬有)는 통화(統和)되고 연동(連動)되는 것이다.[20]

20 조명기, 위의 글, p.535.

효성은 '화'와 '쟁'은 부정하면서 인식하고, '쟁'은 '화'를 긍정하면서 각립하는 것으로 보았다. 그리하여 그는 결국은 쌍방이 연계선을 그리고 합력하는 작용이 행해져서 '화'로써 통괄하게 되며, 여기에 대생명이 육성되고 우주는 운행되어 만유는 통화되고 연동된다고 보았다. 또 효성은 "진정(眞正)한 중도(中道)는 노동하는 육체[苦]와 유식(遊食)하는 정신[樂]에 대한 태도를 중정(中正)하게 가져 노동(勞動)하는 것을 환희(歡喜)하는 것이며, 활동하는 이 생활의 환희를 감각하는 것이 중도의 교리이자 우주와 인생의 통화운동의 진상"[21]이라 하였다.

효성은 "상호에 존재가치를 서로 인정하는데 따라오는 공통치를 가지고 화에 전환시킬 수가 있는 것"이며 "화도 쟁도 모두 없어지고 아무것도 없는 진공상태가 되나 이와 같은 상태만이 통리(統理)된 화(和)라고 볼 수 있게 되며 속박을 벗어나서 자유를 얻을 수 있는 것"[22]이라고 하였다. 이처럼 그는 '화'와 '쟁'의 관계를 부정과 긍정, 대립과 동화의 관계로 파악하고 있다. 즉 효성은 총화의 두 축인 '화'와 '쟁'은 종극에 가서는 연계선을 그리고 쌍방이 힘을 합치는 작용이 행해져서 대생명이 육성되고 우주는 무궁히 운행되어 통화되고 연동된다고 파악하고 있다. 그리하여 그는 화쟁을 '총화'와 '통화'의 연동 즉 '정진하고 있는 진행형'과 같은 것으로 인식하고 있다. 이처럼 효성은 살아있는 역동적인 개념을 '총화'로 표현하고 적극적이고 능력적으로 영구히 연동전화하고 있는 것으로 이해하고 있다.

효성의 총화성 이론은 육당 최남선의 인도 서역의 '서론적 불교'론과 중국의 '각론적 불교'론에 이어 제시한 한국불교의 '결론적 불교'론[23]의 논리적 기반이라고 할 수 있다. 한국불교에 대한 육당의 결론적

21 조명기, 앞의 글, 앞의 책, p.244.
22 조명기, 앞의 글, 앞의 책, p.244.

불교론은 효성에 의해 다시 일승불교로 출발하여 혹은 일대승불교의 이론까지 전개하여 대소승을 초월한 통불교 건립론으로 구체화되었다.

인도불교(印度佛敎)는 원시불교의 다음에 소승불교가 비상한 세력을 펴고 그 다음에 대승불교가 일어나서 양자가 병행하였다. 중국불교(中國佛敎)는 인도에서 대승불교가 일어날 때에 전래하였기 때문에 최초부터 대승불교로서 출발하고 소승불교는 대승의 기초로서의 수학을 할 뿐이며 이것을 궁극이라고 하지 아니하였다. 그리고 전적으로 대승불교의 진의를 추구하는 사이에 당연히 귀결로서 대소승을 합쳐서 일승불교(一乘佛敎)의 이상을 개현하게끔 되었다. 소승(小乘)으로부터 대승(大乘)에 발전한 것이 인도불교의 특색이라 하면, 대승(大乘)으로부터 일승(一乘)에 진전된 것이 중국불교의 특질이라 할 수 있다. 물론 인도에 있어서도 일승사상(一乘思想)은 대승불교의 본질로서는 주창(主唱)해 왔으나 이것이 완전한 교리와 실천을 구비하게 된 것은 실로 중국불교에 있어서 화엄(華嚴), 천태(天台)의 이론과 정토(淨土), 선(禪) 등의 실천이었다. 그리고 한국불교(韓國佛敎)는 최초부터 일승불교(一乘佛敎)로서 출발하여 혹은 일대승(一大乘)의 이론까지 전개하여 대소승(大小乘)을 초월한 통불교(通佛敎)를 건립하였다. 이것을 중국불교의 전부와 아울러 일본에 보내니 일본(日本)에서는 현상(現狀) 그대로 보존(保存)하고 실천(實踐)을 철저히 하고 있는 것이 그의 특색일 것이다. 다시 말하면 각국불교(各國佛敎)는 그 나라의 문화와 민족성을 가미하여 있기 때문에 각각 특수성을 가진 것이니 가령 인도불교를 석존기념적(釋尊紀念的)이라 하면, 중국불교는 교리연구적(敎理硏究的)이라 하고, 일본불교는 보급실천적(普及實踐的)이라 하면, 한국불교는 석존(釋尊) 구원(久遠)의 이상불교(理想佛敎)라 할 수 있다.[24]

---

23 최남선, 「朝鮮佛教: 東方 文化史上에 있는 그 地位」, 『佛教』 제74호(불교사, 1930).
24 조명기, 『신라불교의 이념과 역사』(신태양사, 1962; 경서원, 1982). pp.37~38.

효성은 전불교 사상 한국불교의 지위를 석존기념적인 인도불교와 교리연구적인 중국불교와 달리 '석존 구원의 이상불교'로 자리매김시키고 있다. 이러한 그의 '대소승을 초월한 통불교론'은 다시 뇌허(雷虛) 김동화(1902~1980)의 '종합불교론', 불연(不然) 이기영(1922~1996)의 '종합적 이해론', 하정(荷亭) 안계현(1927~1981)의 '통합불교론', 왕봉(旺峰) 김영태(1932~)의 '민족불교론' 등으로 지지되고 변용되었다. 뇌허는 불교 사상을 될 수 있는 한 생생하게 살리자는 차원에서 자신의 종합불교론의 '종합'의 의미를제시한다.

> 종합이라 함은 현재까지 이 나라 불교인들에게 신앙되고 이해되었던 불교가 비록 종파의 형태를 갖추지 않았더라도 그 사이에서 생생하게 살아 전해옴이 사실인 만큼 그 불교 사상을 될 수 있는 한 살리자는 의미이다.[25]...... 부처가 설한 가르침에 우열을 가려 자기네가 우월하고 나의 것은 열등하다고 하는 것은 종파불교의 큰 편견이라 할 것이다.[26]...... (한국은) 종파불교의 실패라기보다는 원래 이 나라의 민족성이 그 같은 부분적이요 편협한 사상을 좋아하지 않았던 때문이 아닌가 한다.[27]

불연은 모든 종파들에서 거행되는 경론, 염불, 참선, 주송의 동시적 중시에서 통불교인 종합적 이해를 제안하고 있다.

> 한국불교에는 설사 어느 시기에 종파가 유입된 경우에도 교리적으로나 또는 신앙적으로는 그 모든 종파들은 거의 같은 통불교인 종합적 이해를 해 온 것이다. 한국에서는 어느 불교 종파에서나 실제상으로는 거

25 김동화, 「한국불교의 좌표」, 『김동화전집』 제11책(불교시대사, 2006), p.550.
26 김동화, 위의 글, 위의 책, p.548.
27 김동화, 위의 글, 위의 책, p.548.

의 같은 경론을 중시했고, 또 한결같이 염불(念佛)과 참선(參禪)과 주송(呪誦) 등을 동시에 중시해 오고 있다.[28]

하정은 부처의 갖가지 가르침은 결국 하나로 돌아가므로 신라승들은 불교 사상의 여러 분야에 골고루 손을 대어 진실한 학풍으로서 통합불교, 일승불교, 총화불교의 성격을 지녔다고 보았다.

> 신라승(新羅僧)들은 대개 어느 한 종파나 교리 또는 경전에 고집하는 일이 별로 없었다. 거의가 다 불교 사상의 여러 분야에 골고루 손을 대었던 것이다. 부처의 갖가지 가르침은 결국 하나로 돌아갈 수 있다는 통합불교로서, 일승불교로서 총화불교의 진실한 학풍을 지니고 있었다. 이는 분명히 중국불교와 일본불교와는 그 성격을 달리하는 것이다.[29]

왕봉은 통일신라 불교는 창의적인 민족불교를 이룩해 내었고, 대승 또는 일승불교를 지향한 통불교의 시대였으며, 통일 전성기의 불교는 민족불교의 완성이요 총화불교의 결정이라고 보았다.

> 신라 통일기의 불교는 바로 삼국시대 불교의 연장 그것이면서도 그것을 다시 융합 총화하여 창의적인 민족불교를 이룩하였던 것이라고 할 수 있다. …… 처음 전래된 이후 신앙하고 연구하고 응용하였던 불교를 민족의 것으로 독특하게 이루어 놓았던 것이라고 할 수 있다. …… 통일 전성기의 불교는 민족불교의 완성이요, 총화불교의 결정이기 때문이다. 그와 같이 대승 또는 일승불교를 지향한 통불교의 시대이므로 각 종의 분파는 없었던 것이다.[30]

---

28 이기영, 「한국불교와 일본불교」, 『원효사상연구1』(한국불교연구원, 1994), p.633.
29 안계현, 「신라불교의 교학사상」, 『한국불교사연구』(동화출판공사, 1982; 1986), p.101.

이기영과 안계현과 김영태의 논의들은 육당과 효성의 통불교론 즉 총화사상을 계승한 것이었다. 반면 효성의 총화불교 즉 통불교론에 반론을 제기하는 학자들도 있었다. 한국불교의 성격 혹은 특질에 대한 이들의 논의는 육당과 효성 및 불연과 하정 및 왕봉의 '회통론' 내지 '화쟁론'에 대한 극단적인 비판 일색이었다.

> 육당 최남선 이전에는 회통적 한국불교의 성격을 논하는 글이 없었다. 육당 이후 해방을 맞고 전쟁의 와중에서 한국불교를 한목에 가늠하는 연구업적이 있을 리 없다. 70년대에 이르러 한국학의 진흥을 계기로 한국불교 속에서 일관되는 무슨 맥을 찾으려는 노력이 단편적으로 나타났다. 그 가운데 의천이 화쟁국사(和諍國師)의 시호를 원효에게 내린 것에서 화쟁(和諍)이라는 단어가 가장 매력적으로 느껴진 모양이다. 전쟁의 와중에서 평화를 부르짖듯이 해방 이후 사상의 혼란과 갈등 속에서 불교인들이 내세울 수 있는 이념은 회통 평화, 쟁론을 조화롭게 초월함, 통일, 원융무애, 거칠 것이 없는 자유자재한 해탈의 이상 등이 두루 한데 녹아들어 있는 듯싶은 것이었을 것이다. 80년대에 들어와 회통은 한갓 한국불교만의 자랑거리가 아니라, 한국인 전체의 융화정신, 평화애호정신, 관용정신 등으로 소위 정신교육에서 애호하는 구호로 탈바꿈하였다. 개념의 확산치고는 지나친 작희가 아닐 수 없다.[31]

'회통' 혹은 '화쟁'의 개념에 대한 지나칠 정도의 비판은 불교계 밖에서 시작되었다. 심재룡은 '육당 이후 해방을 맞고 전쟁의 와중에서 한국불교를 한목에 가늠하는 연구업적이 있을 리 없다'며 회통의 개념은 한국불교만의 자랑거리가 아니라 80년대에 들어와 소위 정신교육에

30 김영태, 『한국불교사』(경서원, 1997), pp.87~88.
31 심재룡, 『동양의 혜와 선』(세계사, 1990), p.213.

서 애호하는 구호로 탈바꿈하였다고 비판하였다. 그런 뒤에 이 회통은 '개념의 확산치고는 지나친 작희가 아닐 수 없다'고 하였다. 회통 혹은 화쟁 개념의 대중화 혹은 저변화 또는 보편화라는 관점에서 보면 심재룡의 '지나친 작희'라는 냉소적인 표현 역시 '또 하나의 단정'이며 '지나친 작희'가 아닐 수 없을 것이다.

조명기는 일제시대의 한국불교 연구자들과 해방 후 동국대를 중심으로 하여 배출된 한국불교 연구자들 사이를 이어주는 학자이다. 한국불교사 연구에 대한 그의 공헌은 두 저술로 대변된다. 『신라불교의 이념과 역사』(1962)와 『고려 대각국사와 천태사상』(1964)이다. 전자는 주로 원효(元曉), 의상(義相), 원측(圓測), 태현(太賢), 경흥(憬興)의 전기와 저술들을 해제와 더불어 소개하는 책으로서, 본격적인 사상연구는 찾아보기 어렵다. 조명기는 이 책에서 신라 한국불교 사상의 특성을 '총화불교'(總和佛敎) 혹은 '통불교'(通佛敎)임을 거듭 강조하면서 원효야말로 이러한 통불교 정신을 가장 잘 구현한 인물로 극찬하고 있다. 그는 말하기를, "한국불교는 오교구산(五敎九山)으로부터 오교양종(五敎兩宗)이 되고 다시 선교양종(禪敎兩宗)이 되어 선(禪)과 교(敎) 즉 전 불교가 합하여 일종(一宗)이 된 것도 원효사상(元曉理想)에서 보면 결코 우연한 것은 아니다"라고 한다.

아무도 한국불교가 결과적으로 '통불교적'이 되었음을 부정하기는 어렵겠지만, 조명기 이후 한국불교를 천편일률적으로 이러한 시각에서 보는 경향이 보편화되었다는 점은 다시 생각해 볼 문제이다. 한국불교계에서 거의 교조적으로 받아들여지고 있는 이러한 시각이 한국불교사를 올바로 인식하거나 평가하는 데 걸림돌이 되고 있지나 않은지 물어야 한다. 통불교에 대한 찬양은 곧 화쟁(和諍)의 명수 원효에 대한 찬양과 항시 같이 간다. 최남선, 조명기로부터 시작하여 이기영(李箕永)에 이르러

극치에 이르고 있는 원효 찬양이 한국불교사의 올바른 이해에 어떤 의미를 지니는지 역시 심사숙고해 볼 문제이다.[32]

심재룡에 비해 길희성의 평가는 보다 완곡하다. 그는 한국불교에 대한 통불교적 시각에 대해 '천편일률적 시각 경향'과 '교조적 시각'이 한국불교사에 대한 올바른 인식과 평가에 걸림돌이 되지 않느냐고 되묻고 있다. 이러한 길희성의 평가는 한 편으로는 타당한 듯 보인다. 하지만 다른 한 편에서는 한국불교의 숲을 보지 못하고 나무만 보고 비판하는 것으로 이해된다. 그의 주장대로 한국불교가 종파를 소홀히 해서 학문적으로 깊어지지 못했다는 것은 어느 정도 일리가 있는 지적이기는 하다. 하지만 숲을 보면서 동시에 나무를 볼 수 있고 나무를 보면서 동시에 숲을 볼 수 있다. 이런 점에서 본다면 길희성의 비판은 한 면만 보고 있는 것이라 할 수 있다.

길희성은 통불교론자들의 원효 찬양이 한국불교사의 올바른 이해에 어떤 의미를 지니는지 심사숙고해 볼 문제라고 하였다. 그의 지적은 중세와 근세 및 근현대의 우리 후학들이 고대의 선학들에 필적할 만큼 불교를 전관하는 연구 성과를 내지 못한 것에 대한 반성과 분발의 계기가 아니라 일방적인 찬양으로 일관하는 것에 대한 비판으로 읽어야 할 것이다. 그렇다면 그것은 우리가 한국불교사 전반에 대해 온전히 검토하지 못하고 충분히 분석하지 못한 것에 문제가 있는 것이지 통불교론이 방법론적으로 잘못되었다고만 볼 수는 없지 않을까?

심재룡과 길희성과 달리 박태원은 삼국시대와 통일신라시대를 중심으로 하는 고대 한국불교의 이념적 전개는 크게 국가 불교적 전개(호국불교), 통합 이념적 전개(보편성에 입각), 대중 불교적 전개의 세

32 길희성, 「한국불교사 연구의 어제와 오늘」, 『종교연구』 제1호(서강대 종교연구소, 1999).

가지 유형이 주목된다고 정리하고 있다.

호국불교로 일컬어지는 '국가 불교적 전개'가 그 하나이고, 차원 높은 보편성에 입각한 '통합 이념적 전개'가 다른 하나이며, 강한 '대중 불교적 전개'가 그 마지막 유형이다. 국가 불교적 전개는 삼국 불교에 공통적으로 목격된다. 삼국의 불교는 고대 국가의 형성과 발달 시기에 국가 이익에 적극 기여하는 형태로 뿌리내리는 경향을 보여준다. 특히 자료가 비교적 풍부하게 남아있는 신라불교의 경우, 초기에는 국가 불교적 이념으로서의 역할이 돋보이고, 불교를 충분히 소화한 이후로는 시대의 강렬한 요청이기도 하였던 '보편성에 입각한 통합'을 추구하는 면모가 부각된다. 그리고 이 두 이념 지형과 교섭 혹은 분리된 채 강한 서민적 대중성을 목표로 실천적 궤적을 남기고 있는 대중불교 진영이 또 하나의 축으로 자리 잡는다.[33]

박태원의 이러한 관점은 한국불교에 대한 일정한 균형감각 위에서 이루어진 평가라고 할 수 있다. 그는 앞서의 '통합 이념적 전개' 이외에도 '국가 불교적 전개'와 '대중 불교적 전개'의 유형도 제시하고 있다. 자료가 비교적 풍부하게 남아있는 신라불교의 경우도 초기의 '국가 불교적 이념'의 역할과 이후의 '보편성에 입각한 통합'의 추구가 부각된다고 이해하였다. 그런 뒤에 서민적 대중성을 목표로 실천적 궤적을 남기고 있는 대중불교 진영을 덧붙이고 있다.

이러한 관점은 최남선-조명기-김동화-이기영-안계현-김영태로 이어지는 통불교론의 질적 심화와 양적 확장이라고 할 수 있다. 그리고 이것은 효성의 불교사학 정립과정과도 맥을 같이하고 있다. 그는 불교

33 박태원, 『원효와 의상의 통합사상』(울산대출판부, 2004), p.7.

를 접한 젊은 시절부터 균형감각에 입각한 중도론에 입각해 있었다. 그의 세계관은 점차 화쟁의 지향과 통섭의 다른 표현인 통화론 즉 총화론으로 구축되었다. 그의 총화론 즉 통화사상의 형성 배경은 한국불교 사상가들과 일종일파(一宗一派)에 국집(局執)하지 않았던 원효(元曉, 617~686)를 만나면서 보다 구체화되고 본격화되었다고 할 수 있다. 그의 대소승을 초월한 통불교론 역시 총화론의 형성과 화쟁론의 탐색에 의해 도달한 결론적 담론이라고 할 수 있을 것이다.

3. 불교사학 정립과 불교철학 연찬

1 불교사학 정립

역사 연구의 출발이 사관의 정립과 문헌의 확보에서 비롯되듯이 불교사학 연구 역시 문헌의 발굴과 집성 및 사관의 확립과 서술에 의해 이루어진다. 효성은 학생과 강사와 교수를 거치며 역사와 철학 및 종교학의 연찬을 거듭하였다. 그는 불교(강원)-역사(불전)-종교(일본 동양대)-철학(경성제대)을 섭렵한 뒤 자신의 학문적 배경인 불교사학과 불교철학을 탐구하고 다시 이 둘을 종합하는 사상사 연구로 나아갔다. 그것은 불교의 사학, 철학, 종교학을 아우르는 것이었다.

효성은 대학시절부터 원효의 전적을 비롯한 불교 사료 수집에 열정적이었다. 그는 국내외에서 많은 불서들과 금석문을 발굴하고 연구하였다. 그 결과 1950년에 이미 『원효전집』을 발간하였다. 이후 다시 더 증보하여 동국대 불교사학연구실에서 『원효대사전집』(1963)을 재간행 하였다.[34] 이것은 대각국사 의천이 『신편제종교장총록』(3책)에서 수록한 원효의 저술 목록[35] 44부 76(88)권의 집성[36] 이래 처음으로 재집성된 전집이라고 할 수 있다.

해방 이후 효성은 혜화전문학교 교수가 돼 불교학과장을 맡았다. 이즈음 자신이 수집한 원효스님 관련 자료를 토대로 『원효(대사)전집』 간행작업을 시작해 1950년 전 10권의 책으로 발간했다. 이 책은 지금까지 원효 연구사에 빼놓을 수 없는 귀중한 사료로 평가받고 있다. 효성은 또 『고려대장경』 영인 작업에 착수했다. 그가 대장경 영인에 뜻을 둔 것은 해방직전 대장경판 조사에 참여한 것이 계기가 됐을 것으로 추측된다. 태평양 전쟁 말기, 어수선한 국내외 상황 속에서 총독부 고서보존 책임자면서 경성제대 교수였던 후지다 료사꾸가 해인사 장경각에 보관된 대장경판을 조사한 적이 있었다. 그와 함께 2년 간 조사 작업에 동참했던 효성은 해방 후 『고려대장경』 전질 영인 작업에 착수했다. 1963년부터 1973년까지 영인 축소판을 간행, 목록 1권을 포함해 총 48권이 완성됐다. 이 책은 『고려대장경』이라는 이름으로 출판돼 세계 각 나라의 유명 도서관에 보내지기도 했다.[37]

효성은 불교사학 연구 분야를 활성화시키기 위하여 1958년에는 불교대학장으로서 불교대 종합학술지인 『동국사상』을 창간[38]하였다. 그 부록에는 「이조실록불교초존」(李朝實錄佛教抄存)을 계속 연재하여 학문연구에 도움을 주었다.[39] 특히 효성은 관련 자료의 발굴과 집성 및

---

34 효성은 이것을 다시 증광하여 『원효대사전집』(보련각, 1978)으로 펴냈다.

35 고영섭, 「분황 원효 저술의 서지학적 검토」, 『한국불교사연구』 제2호(한국불교사학회·한국불교사연구소, 2013. 2).

36 義天, 「新諸宗教藏總錄」, 『한국불교전서』 제4책(동국대출판부, 1985), pp.679~697.

37 어현경, 『불교신문』, 2006년 6월 14일자.

38 동국대 불교대학 교수 학생들의 종합학술지인 『동국사상』은 1999년 제29집까지 나온 뒤 현재는 휴간되어 있다. 현재는 불교문화연구원의 학술지인 『불교학보』(현재 71집)가 이어지고 있다.

번역과 출간에 힘썼다. 그가 발굴해 낸 자료로는 『원효대사전집』(10책), 『장외집록』 1책(해동고승전), 『장외집록』 2책(동사열전) 비롯하여 희귀본과 귀중본으로 인가받은 책들을 세상에 공개하였다.

효성선생의 연구실에서 고려 고종41년(1254) 남해분사대장도감에서 간행한 유간(惟簡)의 『종문척영집』(宗門摭英集, 상·중·하권 1책)을 볼 수 있는 기회가 있었다. 처음으로 접하는 유일본으로 불교학 연구에 있어서 매우 귀중한 자료였다. 몇 해 뒤 책의 소장처를 확인하니 이미 음성적 거래를 통해 국외로 나갔다는 것이다. 조 박사는 그 행방을 추적해 여러 날 일본에 체류하면서 되돌려줄 것을 설득했지만 복사물을 얻는 것으로 만족해야 했다.[40]

효성은 원본을 찾지 못했지만 사료를 얻기 위해 백방으로 뛰어다녔다. 그의 이런 모습에 학자들은 혀를 내둘렀다. 이밖에도 효성은 김시습(1435~1493)이 쓴 『대화엄일승법계도주병서』의 재간본이나 『조원통록』(祖源通錄, 附錄二), 석가모니 부처를 비롯한 과거칠불(過去七佛)로부터 당나라 말 오대(五代)까지의 선사(禪師) 253명의 행적과 법어·게송·선문답을 담고 있는 『조당집』 등이 세상에 알려지는데 공헌했다. 그는 어렵사리 모은 귀중한 책을 모두 모교인 동국대 도서관에 기증해 주위를 놀라게 했다.[41]

자료의 발굴과 수집에 남달랐던 효성은 1963년에는 불교대학장으로서 황수영, 우정상 교수와 함께 양주 회암사지를 답사하여 「제납박

---

39 동대칠십년사편집위, 『동대칠십년사』(동국대출판부, 1976), p.454.
40 어현경, 『불교신문』, 2006년 6월 14일자. 성균관대 천혜봉 명예교수의 회상에 기초한 것이다.
41 어현경, 『불교신문』, 2006년 6월 14일자.

타 존자 지공부도비」(提納薄陀尊者指空浮屠碑)와 「묘음존자 무학탑비」(妙音尊者無學塔碑)의 비편을 발굴하였다. 이러한 노력에 의해 이루어진 그의 불교사학 관련 저술 목록은 아래와 같다. 여기에는 제관의 『천태사교의』, 유간의 『종문척영집』으로부터 입적 후 간행된 『한국불교사학대사전』(상하)과 간행되지 못한 『한국불교관계잡지논문목록』 등 다수에 이른다. 그는 자료의 집성과 편찬, 해제를 덧붙였으며 강의안과 편저도 펴냈다. 그리고 불교사상사 연구에 필요한 자료라면 자비출판도 서슴지 않았다.

『元曉大師全集』 全 10冊(自費出版, 1949~1950, 3).
『藏外集錄』 제1집(海東高僧傳)(自費出版, 1956, 5).
『藏外集錄』 제2집(東師列傳)(自費出版, 1957, 5).
『佛敎文化史』(講義案)(東國大學校出版部, 1960; 1984).
『新羅佛敎의 理念과 歷史』(新太陽社, 1962).
『高麗 大覺國師와 天台思想』(東國文化社, 1964).
『韓國佛敎思想史』, 『韓國文化史大系』 12(고려대 민족문화연구소, 1970; 1979).
『韓國歷代高僧傳』(삼성미술문화재단, 1973; 1981).
『佛敎福祉論』(油印本, 1975, 1).
『天台四敎儀』(玄岩社, 1982) - 趙明基 解題
『宗門摭英集』(大韓傳統佛敎硏究院, 1982) - 趙明基 解題
「韓國佛敎의 傳統的 敎學思想』(宇石, 1982).
『韓國佛敎福祉學』(寶蓮閣·韓國佛敎文化硏究院, 1983).
『韓國佛敎關係雜誌論文目錄』(未刊)
『韓國佛敎史學大事典』上(寶蓮閣·大韓佛敎文化振興會, 1991).
『韓國佛敎史學大事典』下(寶蓮閣·大韓佛敎文化振興會, 1991).

여기에서 주목되는 것은 특히 『원효대사전집』과 『장외집록』(1, 2집), 그리고 『신라불교의 이념과 역사』(1960)과 『고려 대각사사와 천태사상』(1962) 등이다. 이들 편저서들은 효성의 학문적 경향과 사상적 지향을 가장 잘 보여주고 있기 때문이다. 또 『한국불교사학대사전』상하(1991)와 『한국불교관계잡지논문목록』(미간) 등은 불교 연구에 필요한 사전과 잡지 및 목록과 색인 등 공구서적의 편찬과 『한국불교사상사』(1970; 1979)와 『불교문화사』 및 『불교사회복지론』 간행 등은 효성의 불교사상사 연구에 대한 애정 어린 관심과 사회를 향한 광범위한 활동을 보여주고 있다.

또 효성은 한국불교사 관련 논문을 국내외에서 적지 않게 발표하였다. 그 내용은 대체적으로 인물과 학통 및 주제와 사상 등에 걸쳐 있다.

「印度의 社會와 思想」, 寶蓮閣·韓國佛敎文化硏究院, 1983.
「佛敎의 典籍으로서의 交流」, 嶺南大學校 民族文化硏究所, 1983. 12.
「新羅 順之와 高麗 志謙의 禪思想」, 大韓傳統佛敎硏究院, 1984.
「敎·禪 融和의 求法과 實現, 義天의 生涯와 業積」, 月刊金剛社, 1985. 9.
「西山大師 休靜」, 大韓傳統佛敎硏究院, 1986.
「新羅의 太陽 元曉大師」, 大韓佛敎元曉宗, 1986.
「元曉의 現存書 槪觀」, 國土統一院, 1987.
「韓日古代文化の流動性」, 國書刊行會, 1987.
「元曉의 現存書 槪觀」, 民族社, 1989.

위의 논문들은 그의 관심이 인도로부터 중국을 거쳐 한국 및 일본에 이르기까지 대단히 넓었음을 보여주고 있다. 이들 논문들의 연구내용은 주로 불교사학과 불교철학을 아우르는 불교사상사적 관점에서 이루어지고 있다.

2 불교철학 연찬

효성의 불교철학 연찬을 살펴볼 수 있는 저술은 『불교학대요』(1982)[42]와 『불교학사략』(1983)[43]이라고 할 수 있다. 이 두 권은 자매편처럼 그가 바라보는 불교학의 '대요'와 '약사'를 담아내고 있다. 효성의 만년작에 해당하는 이들 저술들은 모두 그가 문을 연 사단법인 한국불교문화연구원에서 간행하였다. 이것은 그가 정년퇴임 이후에 무엇을 하고 싶었는지를 보여주는 귀중한 근거라고 할 수 있다. 효성은 이들 책에서 인도 및 중국의 불교학의 요체와 불교학의 역사를 사상사적인 측면에서 분류하여 간략히 정리하고 있다.

『佛教學大要』(韓國佛教文化研究院·寶蓮閣, 1982)
『佛教學史略』(韓國佛教文化研究院·寶蓮閣, 1983)

먼저 효성이 간행한 『불교학대요』(1982)는 불교학의 요체를 큰 줄기로 뽑아 정리한 저술이다. 그는 불교학의 요체를 해명하기 위하여 그리고 대중들에게 불교학의 요체를 전달하기 위해 『불교학대요』를 저술하였다. 이 저술은 불교 교리의 요체를 자신의 관점 아래 뽑아 놓은 것이다. 아마도 '불교학개론'으로 추정된다.[44] 무릇 학자는 이십

---

42 조명기, 『불교학대요』(한국불교문화연구원, 1982). 효성의 불교학관을 볼 수 있는 주요한 저작임에도 불구하고 동대도서관 봄산문고 서가에 빠져 있어 살펴보지 못하였다.

43 조명기, 『불교학사략』(한국불교문화연구원, 1983). 이 책은 불교학사를 요약한 저술이다.

44 효성의 『불교학대요』는 김동화의 『불교학개론』과 황성기의 『불교학개론』, 김잉석

대는 어학을, 삼십대는 번역을, 사십대는 논문을, 오십대는 저서를, 육십대는 교과서를 쓰는 것을 학문적 이정표로 삼고 있다. 그러므로 해당 학문 분야의 교과서인 개론서는 한 학자의 만년작이자 대표작이 되는 것이다. 그런 점에서 효성의 『불교학대요』는 불교학 개론서였을 것으로 짐작된다.

효성이 『불교학대요』의 간행에 이어 펴낸 『불교학사략』은 당시에는 흔치 않았던 학문의 역사 즉 불교학사로서 불교의 주요 교학을 일목요연하게 정리해 놓은 저작이다. 효성은 사계의 대가답게 해당 교학의 핵심 졸가리를 뽑아 쉽고 명쾌하게 정리해 놓았다. 그는 불교학의 역사를 문헌자료, 내력, 사상, 사적 지위의 형식으로 풀어나가고 있다. 효성은 불교학사에서 거론하는 분야는 원시불교, 소승불교, 공사상, 유식학, 천태학, 화엄학, 밀교학, 정토학, 선학 등 9개 장으로 나누고 있다. 특히 각 교학의 사상을 다루는 부분에서는 각 교학의 근본사상을 기초로 하여 주요 개념과 학설 및 실천 항목 등을 다루고 있다.

효성은 먼저 원시불교(제1장)에서 문헌자료를 소개하고 내력을 거쳐 사상에 대해 개관하고 있다. 여기서 그는 원시불교의 이상은 불타의 경지인 열반을 증득하는 것이며 그 실천항목으로는 사제와 팔정도를 제시하고 있다. 사적 지위로는 첫째 바라문교의 제식만능주의에 대하여 법(理論과 實際와를 教示) 중심의 종교를 창설하였고, 둘째는 이를 근본 원리로 하여 만유를 해석하려고 하는 고대 철학설에 대하여 연기설을 기본으로 하여 무아설을 창도하였고, 셋째 바라문족 지상주의에 대하여 사성의 평등을 주장한 점 등에 있어서 아리야 민족 고유

의 『불교학개론』, 이기영의 『불교개론』 등을 잇는 주요 저술이었다. 이들 저작들은 이후 동대교양교재편찬위원회의 『불교학개론』, 『불교문화사』, 『불교와 인간』, 『선과 인간』 등의 원류가 되었다.

문화에 일대 혁신을 부여한 신(흥) 종교이며, 동시에 고대의 이상주의와 당시의 경험주의를 종합 지양하는데 입각한 것이라 볼 수 있다 평하고 있다. 또 이것을 후의 발전불교와 비교하면 원시불교의 사제의 조직은 후세 모든 교리의 기초(대강)가 되고, 또 그의 연기설은 불교철학의 중심 사상이 되어 모든 교리가 산출되어 있다. 환언하면 불교 교리의 발달은 사제설의 해석 설명과 연기설의 구명 심화에 있다고 할 수가 있다[45]고 본다.

소승불교(제2장)의 교리의 특질은 원시불교의 근본정신인 무아설을 증명하기 위하여 만유를 분석적으로 설명하는데 있다. 그리고 그 설명에는 5위 75법설과 삼과의 설과가 있다. 소승불교는 원시불교 교리의 대강인 사제설에 기본하여 그의 세목을 치밀하게 연구하여 극히 번잡한 교리를 조직하여 불교철학을 확립하고 일방적으로는 구족계 이십건도(二十犍度)와 같은 정비된 항목으로 조직하여 이것을 충실히 실행하는데 그 특색이 있다고 밝히고 있다. 북방 불교에서는 소승불교를 궁극의 것이라고 하지 않고 이것을 대승과 비교하여 극구(極口) 공격하는 데도 불구하고 그의 연구는 항상 계속되고 있으니 그의 교리는 대승불교의 소재로서 사용하여 온 것이다.[46] 효성은 소승불교가 비난되는 몇 가지 점을 제시한 뒤 이것을 시정하여 원시불교의 진의를 계승 발전시킨 것이 대승불교라 파악하고 있다.

공사상(제3장) 즉 반야중관학을 특징으로 하는 대승불교에 이르러서는 원시불교에 있어서의 무아설을 철저하게 하고 번쇄한 형식상에서 고정하려고 하는 소승불교의 교리에 생명을 부여하는 동시에 대승불교 전반의 기초를 작성한 것이니 후에 발달된 유식, 천태, 화엄, 선

45 조명기, 『불교학사략』(한국불교문화연구원, 1983), pp.26~27.
46 조명기, 위의 책, pp.30~51.

등을 비롯하여 여하한 대승교리라도 공사상에 근저를 두지 아니한 것이 없고 공은 대승사상의 본질적 특징이 되는 것이니 공관이 교리 사상에 가지는 지위는 극히 중요한 것이다.[47] 그러면서 효성은 공사상은 소극적 부정(眞空)면이 승(勝)하고 적극적 긍정(妙有)면이 열(劣)하므로 실대승(實大乘)이 아니고 권대승(權大乘)이라 한다고 덧붙이고 있다.

유식학(제4장)에서 뢰야(賴耶)연기의 교리는 공관(空觀)불교에서 만유가 진(眞)의 존재가 아닌 것을 주장할 뿐이고 그런고로 만유가 안전(眼前)에 존재하는 것과 같은 상을 정(呈)하고 있는가의 설명이 부여되어 있지 아니한데 대하여 만유의 상은 심(心)으로부터 산출하는 것이라고 하는 것을 상밀히 설하면서 그의 가현적(假現的) 존재라고 하는 것을 증명하려고 하는 것이다. 또 아뢰야식이 부단히 상속한다고 설하는 불교의 무아(無我)나 공사상(空思想)에 있어서는 도덕적 행위의 책임자로서의 인격적 주체가 명료치 않은 데에 대하여 이것을 보충하기 위하여 소승불교의 일부에서 제창하고 있던 세의식(細意識) 등의 설을 계승하여 성립한 것이다.[48] 효성은 실재인 진여와 만유와의 관계를 명백하게 하지 아니한 것과 어느 중생만이 불성을 향유하고 일체중생 전부가 불성을 구유하지 아니하는 점에서 아직 대승의 오의(奧義)에 미달하였다고 하여 이것을 권대승(權大乘)이라고 비판하는 것이라 덧붙이고 있다.

천태학(제5장)의 교리는 용수의 『중론』을 근저로 하고 『법화경』을 중심으로 하여 『열반경』을 보조로 하여 선정의 체험에 기인하여 조직한 것이다. 공관불교를 기초로 하여 부정으로부터 긍정에 진공으로부터 묘유에로 전개하여 실상론의 견지에 있어서 대승불교 교리발달의

47 조명기, 앞의 책, p.72.
48 조명기, 앞의 책, p.81.

절정에 달하여 그의 사상은 중국 한국불교에 와서 더욱 발달하여 신라 시대의 원효사상, 고려시대의 대각국사 등을 배출하여 불교 사상 위대한 족적을 남긴 것이다.[49] 천태학에 대한 이러한 효성의 이해는 이후 원효학의 정초와 의천학의 구축에 매진하는 계기가 되었던 것으로 짐작된다.

화엄학(제6장)은 『화엄경』에 의하여 성립된 것으로 천태학이 일체 물(物)에 절대의 가치를 구유하여 있는데 대하여 일체 물(物)의 상호(相互)가 타(他)의 일물(一物)의 근원이 되어 있다고 역설하여 일승사상(一乘思想)을 완성하였다. 때문에 천태학은 성구설(性具說)이고 화엄학은 성기설(性起說)이라 하고, 또 전자는 실상론의 절정이고 후자는 연기설의 구극이라고 할 수 있다. 양자가 모두 일승사상의 대표적 교리로 되어 인도불교를 계승하면서도 그 이상 발달한 중국 한국불교의 2대 철학설이다. 그리고 천태는 귀일(歸一)의 견지에 립(立)하고, 화엄은 섭일(攝一 또는 一元)의 견지에서 일승사상을 확립한 것이다.[50]

밀교학(제7장)은 불교(대승)에 있어서 제의의 방면을 발달시켜서 성립된 것이니 인도 최후의 대승불교의 일파이다. 원시적인 종교 특히 고대 인도에서 유력한 신앙이라고 하는 언어에 신비력을 인정하는 사상을 중심으로 하여 바라문의 제식만능주의를 섭입(攝入)하고 동시에 그의 유신사상을 가미하여 제식기도를 주로 하는 실행적(實行的)인 교이다. 그의 이론적 방면에 있어서는 대승공관(大乘空觀)을 기초로 하여 원융무애(圓融無碍)를 설하고 천태풍의 실상론과 일즉일체(一卽一切)를 설하는 화엄류의 연기설과를 취입하여 성립된 일대 종합적 교의이다. 그리고 실제상으로는 현세이익(現世利益)을 주로 하는 불교적 민

---

49 조명기, 앞의 책, pp.83~92.
50 조명기, 앞의 책, pp.94~103.

간신앙으로 보급되고 중국, 한국 등에서는 각각 민족고유신앙과 혼합한 부분이 적지 않다.[51] 효성은 밀교는 예배를 중요시하는 고로 불의 형상에 대한 연구와 규정이 상세하게 논(論) 되어 있는 고로 불교예술, 특히 불상의 연구에는 밀교의 지식을 필요로 하는 것이라고 덧붙이고 있다.

정토학(제8장)의 교리는 인간성의 암흑면을 내성(內省)하여 번뇌의 근원을 통감하는 동시에 죄업에 고뇌하는 범부를 구제하기 위하여 개인적, 사회적인 악을 제거할 것을 염원하여 성불한 아미타불의 자비에 감격하여 성립된 것이니 자기의 행에 의하여 해탈할 수 있는 것을 본령으로 하는 불교 중에서 타력구제의 교리를 조직한 이채(異彩)있는 것이다. 타력을 고조(高調)하여 미타일불을 립(立)하고 정토에 생(生)하는 것을 목적으로 하여 염불을 창(唱)하는 것을 유일의 행(行)으로 하는 점에 있어서 일반불교와 판이하게 되어 있으나 타력사상은 요컨대 공무아(空無我)의 사상의 일방면의 전개이고 미타일불(彌陀一佛)주의는 대승의 다불사상(多佛思想)을 종합통일한 것이며(一卽多佛), 정토왕생은 열반의 세계에 지(至)하는 예술적 표현이고, 그리고 염불은 본래는 불(佛)을 관념하는 것이니 광의의 선정의 일전(一轉)이고 불(佛)을 관념하는데 대하여 진여실상의 리를 염하는 법의 염불과 보신으로의 불타의 인격, 내용, 덕성 등을 대하는 관상(觀相/想) 염불과 유형적인 불연(佛緣)을 념하는 관연염불(觀緣念佛) 등의 구별이 있으나 종내 창명염불(唱名念佛)을 주로 한다.[52] 효성은 정토문의 교리도 자력(自力) 성도문(聖道門)의 교를 반면으로부터 조망한 것, 또는 인위(因位)에 있는 것이라고 볼 수 있다고 덧붙이고 있다.

51 조명기, 앞의 책, pp.104~113.
52 조명기, 앞의 책, pp.115~120.

선학(제9장)은 좌선에 의하여 불교의 진리를 오득(悟得)하고 이것을 자기의 전 생활에 실현하려고 하는 것이다. 선종의 선(禪)은 조사의 인격(人格)으로부터 인격에로 이심전심(以心傳心)하는 끝에 조사선이 있다. 불교 교리의 견지에서 보면 대승선 특히 일승불교의 사상에 립(立)하여 있으니 중국 당대에 있어서 천태(天台), 화엄(華嚴) 등의 교리가 완성한 후에 그것이 지시한 최고 이념을 체험하는 간이(簡易)하고 직접(直接)적인 방법으로 이것이 성립된 것이니 대개는 선종의 사상은 그 시대의 불교 사상과 평행하는 것이라고 할 수 있다. 그러면 소승불교시대의 선은 소승선(小乘禪)이고 내지 일승불교 전성시대의 선은 당연히 일승선(一乘禪)이 될 것이다. 여기에서 선(禪)이 불교의 총부(總府)라고 자임하는 일면의 이유가 있는 것이다.[53] 효성 역시 선이 불교의 총부라는 한 측면의 주장을 수용하고 있다.

이처럼 효성은 불교학사에 대해 석존의 근본 교리를 기반으로 각 종파가 성립되게 된 배경과 그 발달과정 그리고 그 이념의 지형도 등을 상호 유기적인 관점에서 간략히 서술하고 있다. 그러면서도 그는 대승보살행으로 불교의 실천행을 제시하고 있다. 이것은 불교학사를 조망하는 효성의 인식이 어디에 머물고 있는지를 보여주고 있다는 점에서 주목을 요한다.

효성은 『불교학대요』를 통해 불교학의 개론적 조망을 보여준 뒤 다시 『불교학사략』을 통해 불교학의 역사적 이해를 제시하고 있다. 따라서 불교사학과 불교철학을 아우르는 그의 불교사상사 연구는 불교학의 지형을 새롭게 그려내야 할 과제를 안고 있는 우리들에게 시사하는 점이 적지 않다.

---

53 조명기, 앞의 책, pp.23~132.

4. 원효학의 정초와 의천학의 구축

최근의 학문적 경향인 융복합 즉 '가로지르기'(cross over)의 방법론은 이미 고대의 한국사상가들에게서 확인할 수 있다. 즉 승랑과 원측, 원효와 의상, 경흥과 태현 등의 인식과 논리 속에서 융복합적 방법론의 남상이 있었다. 그럼에도 불구하고 우리는 선학들의 전통을 계승하지 못하고 일종(一宗) 일파(一派)적으로 학문연구를 일삼아 왔기 때문에 깊이가 얕아지고 너비가 좁아진 것인지도 모른다.

물론 시대에 따라 개인에 따라 저술의 완성도 차이는 있을 것이다. 하지만 그것을 종파학이 이루어지지 않았기 때문으로 보는 것은 무리한 시각이다. 일부 통불교에 대한 비판론자들의 역할 모델인 중국과 일본의 종파학(宗派學)이 한국의 통방학(通方學)보다 더 깊은 밀도가 있다고 볼 근거를 찾아보기가 어렵다. 그것은 오히려 고려와 조선 및 대한시대의 정치 사회 경제 문화 과학적 강도와 문학 역사 철학 종교 예술적 역량이 통일신라시대와 같은 시절인연을 앞서지 못했기 때문으로 보아야 할 것이다.

효성은 신라불교와 고려불교에 남다른 애정과 관심을 지녀 왔다. 이 때문에 자료를 구하기 위해 만주, 몽골, 중국, 일본 등을 넘나들었다. 이러한 노력에 의해 『원효대사전집』(10책)과 『경덕전등록』, 『조당집』, 『종문척영집』, 『장외집록』(2책) 등이 나올 수 있었다. 그리고 그 위에서 그의 대표작으로 널리 알려져 있는 『신라불교의 이념과 역사』와 『고려 대각국사의 천태사상』은 신라불교와 고려불교의 성취에 대한 분석과 검토의 결과물이라고 할 수 있다.

1 원효학의 정초

원효는 70세까지 살면서 103(105)부 208(214)여 권의 저술을 남겼다.[54] 하지만 현존 저술은 20(22)여부에 지나지 않는다. 효성은 오랫동안 국내외에서 원효의 저술을 수집하면서 『원효대사전집』[55]을 간행하였다. 효성이 일본 동양대학 유학을 마치고 그동안 수집한 원효 관련 연구 자료를 바탕으로 쓴 졸업논문 「원효연구」는 동양대 교수들로부터 찬사를 받았다. 그는 이 논문을 조선불교 동경유학생회 발간 학술잡지 『금강저』 제22호에 「원효종사의 십문화쟁론」(1937. 1)이라는 제목으로 수록하였다.[56]

효성은 이 논문에서 고려 「관고」(官誥)[57]에서 "화백가지이쟁(和百家之異諍), 합이문지동귀(合二門之同歸)"라는 문구가 화쟁(和諍) 이자(二字)의 출처이며 『십문화쟁론』의 주지이다고 하였다. 이어 "십문(十門)의 십(十)은 복수(複數)의 다(多를) 표함이요 결코 일정한 수량(數量)을 지시함이 아니다. 고로 백가(百家)나 십문(十門)이나 동의(同義)일 것이다. 이문(二門)은 선(禪)과 교(教)를 지(指)함이니 선교(禪教)를 갱(更)히 합(合)하여 일원화하고자 하는 것이다. 신라시대부터 오교구산(五教九山)이 성립(成立)되었으나 교파(教派)는 신라초에 분열이 되었고 선파(禪派)는 중엽 이후이다. 혼돈에서 분열에의 과정과 분열직후의 풍기세력(風紀勢力)은 가히 짐작할 수 있다. 이 기미를 추지(推知)

---

54 고영섭, 「분황 원효 저술의 서지학적 검토」, 『한국불교사연구』 제2호(한국불교사학회·한국불교사연구소, 2013. 2).

55 조명기 편, 『원효대사전집』(보련각, 1975). 이와 별도로 불교학동인회가 대장경을 비롯한 여러 저서에서 찾아 엮은 『원효전집』도 뒤이어 나왔다.

56 조명기, 「원효종사의 『십문화쟁론』 연구」, 『금강저』 제22호(조선불교동경유학생회, 1937. 1), p.123.

57 徐居正, 『東文選』 제27권, 38항 「官誥」. "和百家之異諍, 合二門之同歸."

한 위인(偉人)에게는 반드시 신운동(新運動)이 기립(起立)할 것이다. 고로 『십문화쟁론』은 차(此)에 응(應)함이요, 원효사상(元曉思想)의 결론(結論)이다."[58]

이 글에서 밝힌 또 하나 주목해야 될 지점은 효성의 아리야식관(阿梨耶識觀)이다. "현수(賢首)대사는 무명상, 능견상, 경계상의 삼상(三相)을 아리야식(阿梨耶識) 중에 입(入)하였고, 지상, 상속상, 집취상, 계명자상의 육추(六麤)는 육식(六識)이라 하여 제칠식(第七識)은 논치 아니하였다. 정영(淨影)의 혜원(慧遠)은 무명업상(無明業相), 능견상(能見相), 경계상(境界相), 지상(智相), 상속상(相續相)까지 칠식(七識)이라 하고 집취상(集取相), 계명자상(計名字相), 기업상(起業相), 업계고상(業繫苦相)을 육식(六識)이라 하여 아리야식(阿梨耶識)은 직식(直識)이라고 하였다. 담연(曇延)은 삼세(三細)를 제칠식(第七識)이라 하고 육추(六麤)를 육식(六識)이라 하였으며, 원효는 무명업상, 능견상, 경계상의 삼세(三細)를 제팔식(第八識)이라 하고, 지상(智相)을 칠식(七識)이라 하고, 상속상, 집취상, 계명자상, 기업상을 육식(六識)이라 하고, 업계고상을 고과(苦果)라고 하였다. 여사(如斯)히 현수의 칠식불론(七識不論)은 제치(除置)하고 원효의 삼세(三細)를 팔식(八識)이라 함을 현수(賢首)가 답습(踏襲)하였으니 결국 현수의 『(대승기신론)의기』(義記)는 원효의 재전(再煎)에 불과한 것이다. 더욱 수(隋)나라 담연(曇延)의 『기신론의소』 하권(下卷) 부전(不傳)의 이유를 "전운하권(傳云下卷) 전여해동소동고부전지"(全與海東疏同故不傳之)라 하였으니 가관지사(可觀之事)이다."[59]

효성은 『대승기신론』의 주해자인 담연-혜원과 다른 원효사상의 독

58 조명기, 「원효종사의 십문화쟁론」, 앞의 책, p.136.
59 『속장경』 제71책, 4투.

자성을 삼세육추설(三細六麤說)의 창안에 있다고 밝히고 있으며 법장은 원효의 설을 답습하고 있다고 밝힌다. 원효사상의 특질을 아리야식관 즉 인간과 세계를 바라보는 심성론의 독자성으로 파악한 점은 탁견이라 아니할 수 없다. 다시 말해서 원효가 삼세상을 제팔식으로 본 것과 지상을 칠식으로 본 것 그리고 사상을 육식으로 보고, 업계고상을 고과(苦果)로 본 것을 섬세하게 파악한 것은 효성의 독특한 관점이다. 그리고 그는 "『속장경』에서는 수나라 담연의 『기신론의소』 하권이 전하지 않는 이유를 하권의 전부가 원효의 '해동소'와 같기 때문에 전하지 않는다고 하였으니 이것은 자못 '볼만한 일이다'"[可觀之事] 덧붙이고 있다. 이처럼 그는 원효사상을 불교사상사 속에서 파악하고 있다. 이외에 효성의 원효 관련 논문과 논설은 아래와 같다.

「한국불교의 전통적 교학사상」, 『한국불교사학논집』
「한국불교의 화(和)의 사상」, 『한국불교사학논집』
「신리불교의 교학」, 『한국불교사학논집』
「원효의 화쟁」, 『신라불교의 이념과 역사』
「원효사상의 특질」, 『한국불교사학논집』
「원효의 근본사상」, 『신라불교의 이념과 역사』
「원효의 여성관」, 『한국불교사학논집』
「원효사상의 내력과 지위」, 『한국불교사학논집』
「원효의 복지정신」, 『한국불교사학논집』
「원효대사의 현존저서에 대하여」, 『한국불교사학논집』
「총화의 불교적 이해」, 『한국불교사학논집』

효성의 이들 논설들에는 장문의 논문과 단문의 논설도 포함되어 있다. 그는 한국불교사상사의 연구 과제 아래에서 한국불교의 화(和)의 사상, 신라불교의 교학, 원효의 화쟁, 특질, 근본사상, 여성관, 내력과 지위, 복지정신, 현존저서, 총화 등 원효 관련 주제에 대한 연구를 병행하였다. 1960년대 이래 효성은 이러한 주제들에 대한 연구와 동대 부총장 및 총장과 불교문화연구소장 등의 소임 때문에 원효 연구는 더 이상 진행되지 못하였다. 반면 그에게 영향을 받아 원효 연구에 매진하였던 이기영이 1960년대에 『원효사상』을 간행하여 일반사회와 언론 등에서 큰 조명을 받았던[60] 것과는 대비된다.

살펴본 것처럼 효성은 원효 관련 저술을 발굴 수집하고 집성하여 『원효대사전집』을 간행함으로써 원효학 연구의 초석을 놓았다. 이들 논구들에서 그는 늘 그의 총화론 혹은 화쟁론의 기반 위에서 전개하였으며 그렇게 펼친 불교사상사 연구는 이후 연구자들에게 큰 울림을 주었다. 따라서 효성의 원효학 연구를 위한 정초 위에서 이후 원효 연구자들은 좀 더 넓고 깊게 원효 탐구에 매진할 수 있게 되었다.

2 의천학의 구축

의천은 원효 이후 불교의 모든 방면에 통효하여 원효의 통방학[61]에 필적할만한 학승이었다. 하지만 그는 아쉽게도 47세에 입적하는 바람

60 이기영은 원효의 『대승기신론소』에 대해 강해한 『원효사상』을 통해 서울시문화상을 받으며 큰 반응을 얻었다.

61 고영섭, 「의천의 통방학」, 『한국불학사: 고려시대편』(연기사, 2005). 논자는 의천이 「祭芬皇寺曉聖文」에서 밝힌 것처럼 자은(窺基, 632~682)의 주석과 천태(智者, 538~592)의 설법은 본받을 만한 문장[取則之文]이라고는 할 수 있지만 여러 방면에 통달한 가르침[通方之訓]이라고는 할 수 없다면서 해동보살(원효)만이 性相을 두루 밝히고[融明]하고 古今을 바로 잡아서[隱括] 온갖 다양한 주장 등의 단서를 화합하고, 일대의 지극히 공정한 논의를 얻었음을 보고 그의 신통과 묘용에 감격하고 있다. 논자는 이에 의천의 학문적 지향을 '通方學'이라고 명명하였다. 通方之訓 즉 通學方은 불교의 모든 방면에 通曉한 학문적 지향 혹은 체계를 가리킨다. 이러한 학문적 경향을 의천 이전에 보여준 이는 단연 元曉라고 할 수 있다.

에 그의 역량을 온전히 발휘하지 못했다. 의천의 저술은 10여 부 3백여 권이나 되지만 현존하는 것은 편저인 『원종문류』(圓宗文類)와 『석원사림』(釋苑詞林)의 잔편과 저술인 『간정성유식론단과』(刊定成唯識論單科, 序文만 존)가 남아 있을 뿐이다. 때문에 의천 연구는 원효에 비해 본격화되지 못했다. 그뿐만 아니라 효성 이전에 의천 연구는 국내 학자들에 의해 크게 주목을 받지 못했다.[62]

하지만 효성은 일찍부터 한국불교 전적을 발굴 수집하면서 『초조대장경』에 빠진 교장의 발굴과 편찬을 위해 의천이 국내외에서 자료를 수집하고 집성하였음을 눈여겨 보고 그 역시 한국학 관련 자료의 발굴과 집성에 평생을 헌신하였다. 원효 관련 자료뿐만 아니라 불교 및 한국학 관련 자료가 있으면 그는 어디든지 달려갔다. 효성은 의천 관련 자료와 대장경 및 교장 관련 자료를 발굴 조사하는 과정에서 의천에 대한 이해를 기초로 일본 동양대학에서 의천 연구로 박사학위를 받았다.

이렇게 시작된 그의 의천 연구는 점차 의천학 연구를 위한 사료 구축에 매진할 수 있었다. 의천의 천태사상과 교장(續藏)의 구조를 보여주고 있는 논문 「대각국사의 천태사상과 속장의 업적」[63]에서 효성은 의천의 한국불교사적 지위를 다음과 같이 제시하고 있다.

> 국사의 근본정신은 불교 최고차(最高次)의 사상인 화엄(華嚴)과 천태(天台)를 일불승(一佛乘)으로서 지향하고 정혜쌍수(定慧雙修)의 방법으로서 실천하여 이것으로써 전 사상계를 통일하여 국가에 귀일하고자 한

62 大屋德城, 『高麗續藏經彫造攷』(동경: 편리당, 1937). 오다 도쿠죠에 의해 해인사 敎藏에 대한 연구가 시작되면서 비로소 의천에 대해 주목하기 시작했다.
63 조명기, 『한국불교사학논집』, pp.340~386.

것이니, 이것은 곧 신라의 원효사상을 부흥하여 시폐(時弊)를 교정하고 불교의 본면목에 환원하고자 한 것이며, 그의 구체안으로는 고려불교를 전면적으로 개혁하여 천태종(天台宗)이라 하고 일종(一宗)으로써 전부를 통섭하고자 한 것이다.[64]

효성은 의천이 "장소(章疏) 수집, 학자(學者) 탐방, 간경(刊經) 사업 등 대규모의 사업을 수행하면서 천태를 창종한 것은 그의 최고의 위대성"[65]이라고 할 수 있다고 하였다. 이어 "나대(羅代)의 원효, 의상, 여조(麗朝)의 제관, 대각 등의 중성(衆星)은 모두 전 불교를 일리(一理)에 섭(攝)하는 천태일승(天台一乘)의 이념을 포착한 것이니 그의 현현(顯現)은 국가로서 하고 그의 실수(實修)는 정혜(定慧)로써 하는 것이 국사가 창안한 특색이라 할 수 있다"[66]라고 하였다. 또 효성은 의천의 천태종 창종뿐만 아니라 화폐론(貨幣論)의 제안을 높이 평가하였다.

의천은 개성의 흥왕사에 머물면서 일면으로는 교학의 부흥으로써 통일적 국가 사상을 견고하게 하고, 타면으로는 왕의 자문에 응하여 정무에 헌책하여 국리민복(國利民福)의 기획에도 힘썼다. 그중에서도 물물교환으로써 생활을 하여 불편을 느낀 것은 한둘이 아니어서 국사 시대로부터 백여 년 전 성종 때에 비로소 전화(錢貨)를 주조하였으나 원동(原銅) 부족 등으로 통용되지 못함을 통탄하고 또 중국에서 사용하고 있는 것을 보고 당당하게 화폐의 이익을 논하여 왕의 윤허를 받아 실천에 옮길 수 있도록 하였다. 이후 화폐 사용에 우여곡절이 없지 않았으나 의천이 사상적 지도와 정무적 참여를 실천함으로써 애국애족의 정신을 구현할 수 있었다고 평가하였다.[67]

64 조명기, 위의 책, p.384.
65 조명기, 앞의 책, p.386.
66 조명기, 앞의 책, p.386.

효성은 논문 「고려불교에 있어서의 대각국사의 지위」[68]에서 대각국사의 행장을 비롯하여 저서 및 사상, 전적의 정리, 교장(속장)의 간행, 천태종의 개립, 고려불교 사상 지위 등에 대해 밝히고 있다. 이외에 효성의 의천관련 논저는 다음과 같다.

「의천-대장경에 새긴 국사의 얼」, 『한국불교사학논집』
「의천-때 묻은 왕자의 가사」, 『한국불교사학논집』
「의천의 천태사상」, 『한국불교사학논집』
「천태의 사상」, 『고려대각국사와 천태사상』
「대각국사 문집·외집」, 『한국불교사학논집』
「불교 전적으로서의 교류」, 『한국불교사학논집』
「국보 고려대장경의 가치, 『한국불교사학논집』

효성은 대학생 시절부터 원효학 정초를 위해 자료를 발굴 수집하고 집성 편찬하여 원효사상의 핵심을 적출하고 논리를 구축하는데 힘썼다. 대학원 시절부터는 대장경과 교장 및 의천 관련 자료를 발굴 수집하고 집성 편찬하여 의천사상의 특성을 드러내고 알리는데 힘썼다. 그리하여 그는 원효학 연구의 기반을 확립하였고 의천학 연구의 저변을 넓혔다.

또 고려 의천의 천태종 개종에 이어 새롭게 대한불교천태종이 창종되자 그 종단의 역사적 배경과 철학적 논리를 마련하기 위해 매진하였다. 그리하여 오늘날 대한불교천태종은 주요 종단으로 자리매김할 수 있었다. 효성의 참여는 그 후학들의 참여로까지 이어져 현재의 천태종

---

67 조명기, 앞의 책, p.384.
68 조명기, 『고려대각국사와 천태사상』(동국문화사, 1964; 경서원, 1980).

을 지탱하는 주요한 주춧돌이 되고 있다.

5. 문화사 탐구와 불교사학대사전 편찬 외

효성은 동국대에 재직하면서 학자와 교수 및 행정과 경영 등 여러 방면에서 일을 하였다. 초년에는 『원효대사전집』(1949~1950, 10권) 편찬을 통해 원효학 연구의 기반을 마련했으며 만년에는 『한국불교사학대사전』을 통해 한국불교 연구의 기반을 확립하였다. 1962년에는 불교문화연구소의 초대소장을 맡으면서 『불교학보』를 창간하였다. 1973년에는 홍정식 회장을 중심으로 하는 한국불교학회를 발족하여 이운허, 김동화, 장원규, 최범술 등과 함께 고문으로서 참가하였고, 1975년 12월에 학회 학술지인 『한국불교학』 창간호를 간행하였다.

평소부터 효성은 불교문화사 탐구에 남다른 애정을 가지고 있어 학교의 교양교재 편찬에 힘을 기울였다. 그는 중앙불교전문학교의 〈불교문화사〉 강의를 맡아오면서 강의안으로서 『불교문화사』(강의안, 1960)를 마련해 왔다. 이후 이를 확장하여 동국대학교 교양교재인 『불교문화사』를 간행(1984)하였다. 효성은 『신라불교의 이념과 역사』(1962)를 통해 신라불교의 총화성과 민족성을 밝혀내었고, 『고려 대각국사와 천태사상』(1962)을 통해 고려 의천의 천태사상과 교장 및 여러 업적에 대해 깊이 있게 조명해 내었다.

먼저 효성은 동국대학교 신입생들의 불교문화에 대한 기본적인 이해를 돕기 위해 『불교문화사』를 저술하였다. 그는 한국 문화의 칠할은 불교문화를 기반으로 하듯이 「불교는 한국문화의 최고정수」[69]라고 역설하고 있다. 이 저술은 인도의 불교문화, 중국의 불교문화, 한국의 불교문화의 3부로 구성되어 있다. 『불교문화사』는 한국 일반인들의 불교문화 전반에 대한 종합적 이해를 돕기 위한 교양서이지만 불교문화를 전관하고 있다는 점에서 한국인들의 불교문화사로 읽을 수 있다.

제1편에서는 불교의 발생지인 인도의 불교문화에 대해, 제2편에서는 인도의 불교문화를 수용해 화려하게 발전시킨 중국의 불교문화에 대해, 제3편에서는 이들 두 나라와는 다른 독창적인 불교문화를 꽃피운 한국의 불교문화에 대해 서술하고 있다. 이 저술은 불교문화라는 공통분모를 통해 인도, 중국, 한국이라는 서로 다른 문화권에 대한 포괄적 이해를 가능하게 하고 있다.

제1편의 인도의 불교문화에서는 '불교이전의 인도문화'에서 '불교예술의 발전'까지 다루고 있다. 제2편의 중국의 불교문화에서는 '불교문화의 전래'에서 '불교예술의 발전'까지를 언급하고 있으며, 제3편의 한국의 불교문화에서는 '삼국시대'에서 '최근대'에 이르기까지의 불교문화에 대해 기술하고 있다. 효성의 『불교문화사』는 우리 학계에서 처음으로 간행된 불교문화사라는 점, 불교문화 전반에 대한 종합적인 이해를 돕는 교양서라는 점에서 그 의의가 적지 않다. 또 그는 만해 용운과도 교유한 인연이 있어 「만해 한용운의 저서와 불교 사상」(1973)의 글을 썼으며 이를 계기로 『만해한용운전집』의 책임을 맡아 간행하였다.[70]

효성은 정년 이후에도 몇몇 대학의 명예교수로 활동하면서 자신이 만든 사단법인 한국불교문화연구원에서 『불교학대요』와 『불교학사략』 등을 펴내며 학문적 활동을 계속하였다. 그중에서도 자신이 오랫

---

69 조명기, 「불교는 한국문화의 최고정수」, 『한국불교사학논집』, pp.37~41.

70 『만해한용운전집』은 1960년대부터 간행위원장인 曉堂 崔凡述과 芝薰 趙東卓의 고려대 국문학과 제자들이었던 인권환, 박노준 등에 의해 편집되어 간행될 예정이었으나 지훈의 입적 이후 우여곡절을 겪으며 간행되지 못하다가 결국 1974년에 이르러 효성 조명기의 주도에 의해 신구문화사에서 전5책으로 간행되었다.

동안 서원을 세워왔던 『한국불교(사)학대사전』의 간행을 위해 쉴 겨를이 없었다. 입적 몇 달 전까지 이 사전 편찬을 위해서 내용을 보충하고 교정을 보면서 헌신하였다. 하지만 입적 때까지 『한국불교(사)학대사전』은 출간되지 못하였다. 결국 효성의 입적 뒤에 『한국불교(사)학대사전』(2권)은 유고작으로 간행되었고 『한국불교관계잡지논문목록』은 미간되었다. 그의 『한국불교(사)학대사전』은 한국불교를 역사적으로 조망하기 위해 사찰과 저술 중심의 표제어와 내용으로 편재되어 있다.[71]

효성은 "학문을 연구하는데 있어서는 누구보다 엄격했지만 사람들을 대할 때는 항상 인자하고 자비심 가득한 분이었다"라는 평판을 얻었다. "직접 모시고 있을 때나 그 뒤에도 남의 얘기를 하는 일이 없고, 남을 탓하는 것 또한 본 적이 없다"[72]라는 평가를 받을 정도로 학자의 품격을 지켰다. 효성은 해방 직후 경봉, 용담, 석주 선사를 비롯해 이종익, 장상곤 거사 등과 함께 불교혁신운동에 동참하였다. 그는 일제강점기를 지나오면서 왜색화 된 한국불교 개혁에도 앞장섰다. 장경호 거사가 설립한 불교계 최초의 교양 대학인 대원불교대학 학장을 맡아 재가불자 교육에도 일익을 담당하는 등 불교대중화 운동에도 관심을 가졌다. 이처럼 효성은 학문적 열정으로 만년에 이르기까지 한국불교사상사 연구에 평생을 바쳐 한국불교학 발전에 크게 기여하였다.[73]

---

71 그는 만년에 『한국불교사학대사전』 간행을 위해 노심초사 하였다.

72 어현경, 『불교신문』 2006년 6월 14일자.

73 동대칠십년사편찬위원회, 『동대칠십년사』(동대출판부, 1976), p.525. 그의 총장 시절에는 총학생회 주최 불교대학 학생회 주관으로 추진위원회를 열어 총제작비 56만원을 들여 金泳中 조각가의 제작으로 높이 7척 5촌의 청동입상을 1964년 11월 5일에 동국대학 교정에다 제막하였다.

6. 정리와 맺음

한국의 대표적인 인문학자이자 불교학자였던 효성 조명기(曉城 趙明基, 1905~1988)는 평생 한국의 인문학 불교학 발전을 위해 온몸을 바쳤다. 그는 원효 저술의 발굴과 『원효전집』의 편집 출간, 『고려대장경』의 영인 간행과 『한글대장경』의 기획 편찬 등 불교 연구의 기초자료인 서지류(書誌類)와 금석문(金石文) 발굴과 집성을 위해 생평을 보냈다. 효성은 신라불교와 고려불교에 대한 깊이 있는 논저를 출간하여 이 분야 연구의 기반을 마련하였다. 그리하여 그는 원효학 연구의 기반을 다졌고, 의천학 연구의 저변을 넓혔다. 아울러 그는 불교사상사와 불교문화사 연구의 지평을 확장하여 한국불교사상사 정립에 중추적 역할을 하였으며, 불교의 유신과 민족 독립을 위해 헌신하였던 만해의 글들을 집대성하여 『한용운전집』을 편찬하였다.

효성은 불교의 중도론을 화(和)와 쟁(諍)의 연동적(連動的) 인식에 의한 '총화사상' 또는 '통화사상'으로 파악하고 원효의 화쟁에 상응시킨다. 효성은 붓다의 중도법문을 '총화론'과 '화쟁론'을 통해 한국불교사상사를 탐구하면서 한국불교를 '대소승을 초월한 통불교'로 파악하였다. 그는 육당의 '결론적 불교론'을 심화 확장하여 통불교론으로 더욱 발전시켰다. 그의 통불교론은 이후 한국불교의 성격 규명에서 주요 담론으로 자리하게 되었으며, 김동화, 이기영, 안계현, 김영태 등으로 계승되었다. 그의 총화론 또는 화쟁론은 역동적인 개념이며 진행형의 개념이다. 그는 원효의 화쟁론을 총화론 혹은 통화 사상으로 재해석하여 불교 즉 한국불교의 성격 혹은 한국불교 사상의 특질로 규정하였다. 그리하여 효성은 한국불교사상사를 총화론 혹은 화쟁론의 시각에서 조망하고 있다.

효성은 해방직후 경봉, 용담, 석주 선사를 비롯해 이종익, 장상곤 거사 등과 함께 불교혁신운동에 동참하였다. 그는 일제강점기를 지나오면서 왜색화 된 한국불교 개혁에도 앞장섰다. 그뿐만 아니라 효성은 동국대학교의 남산 교사 이전에 결정적 물꼬를 열었다. 이어 동국대학교 총장을 역임하며 동국사상연구회의 발족, 불교문화연구소의 개소, 한국불교학회의 창설 등 불교발전을 위해 헌신하였다. 또 경기대학교의 전신인 조양사범전문학교를 개교하여 행정과 경영에 참여하였으며 연구와 교육 및 행정과 경영 모두에서 역량을 보여주었다.

만년에 효성은 사단법인 한국불교문화연구원을 개원하여 저술에 매진하였으며 『한국불교사학대사전』과 『불교학대사전』 편찬을 위해 노심초사하였다. 장경호 거사가 설립한 불교계 최초의 교양 대학인 대원불교대학 학장을 맡아 재가불자 교육에도 일익을 담당하는 등 불교대중화 운동에도 관심을 가졌다. 이러한 불교 대중화 뿐만 아니라 효성은 『불교학대요』와 『불교학사략』 등을 저술하고 간행하여 마지막까지도 한국불교학 발전을 위한 정진의 고삐를 내려놓지 않았던 대학자였고 사상가였다.

▶ 조명기 연보

-1905년(1세) 5월 20일: 경남 동래읍 복천동에서 아버지 월천 조항영(趙恒榮)과 어머니 윤복영 사이에서 5남 3녀의 장남으로 태어나다.

-1917년(13세): 외가의 연고지인 통도사 앞마을인 양산군 하북면 지산리로 이주하다. 이곳에서 보통학교에 입학하고 이때부터 통도사 경해(鏡海)스님의 각별한 촉망과 지도를 받다.

-1921년(17세): 보통학교를 졸업하고 동래고등보통학교로 진학하다.

-1926년(22세): 동래고등보통학교를 졸업하고 울산 남목(南牧)보통학교의 훈도(訓導)로 2년간 근무하다.

-1928년(24세): 통도사 주지인 경해스님에게 득도(得度)하고 스님의 지시에 따라 그해 4월에 상경하여 불교전수학교에 입학하여 교학 탐구에 나서다. 당시 교장은 백양사 송만암 스님이었고, 교수진으로는 영호(석전), 정호(한영), 상현 이능화, 산강 변영만, 육당 최남선, 위당 정인보 등 당대의 석학들이 모여 있었다.

-1929년(25세) 9월~11월: 2, 3년 학생들이 중국 방문 수학여행단을 조직하여 김포광의 인솔로 상해, 소주, 항주, 남경, 북경, 봉천 등지의 고적과 명찰을 둘러보고 상해 대한민국 임시정부청사를 방문하다.

-1931년 3월: 불교전수학교를 1회로 졸업하고 3년간 이 학교 도서관 사서로 근무하다.

-1934년 3월: 일본으로 건너가 4월에 동양대학 문학부 불교학과에 입학하다. 이 대학 도서관에서 원효 관련 자료들을 수집해 연구하기 시작하다.

-1937년 3월: 동양대학을 졸업한 뒤 그동안 수집한 원효 관련 연구 자료를 바탕으로 졸업논문 「원효연구」를 발표하여 동양대 교수들로부터 찬사를 받다. 이 논문을 조선불교 동경유학생회 발간 학술잡지 『금강저』 제22호에 수록하다.

-1937년 9월: 일본에서 귀국한 뒤 경성제국대학 법문학부 종교학연구실 전공과(대학원)에 입학하여 학업을 계속하다. 이해에 광산 김씨 김흥엽(金興燁)의 장녀 김민혜(金敏惠)와 결혼하다.

-1939년 6월: 중앙불교전문학교 강사로 발령받고 이 학교에서 '불교개설'과 '불교사' 강의를 담당하다.

-1940년 6월: 일제 통치가 극에 달하고 총독부의 횡포가 심해지면서 『이조불교』를 쓴 고고형(高橋亨) 박사가 강제로 취임하자 박한영 교장과 포광 김영수 교수 등 대부분의 선임교수들이 퇴직하게 되고 효성도 이에 따르다. 이후 종교학 연구실에서 조용히 신라불교 연구에 전념하다.

-1941년 3월: 경성제국대학 법문학부 종교학 연구실에서 부수로 발령을 받다.

-1942년: 조수로 승진한 뒤 8월에는 총독부 박문관의 위촉을 받고 해인사 잡판고(雜板庫)의 조사에 착수하여 원효의 『십문화쟁론』 판목 수장을 비롯하여 수창(壽昌) 2년간의 화엄경판과 원통(元統) 2년 간행의 『백화도량발원문약해』 판목 전질(全帙)의 발견 등 이른바 잡판이 갖는 학술적 가치가 정장(正藏)에 못지 않게 중요한 것임을 이 조사에서 알게 되다.

-1943년 7~9월: 만몽학술조사단의 일원으로 중국, 만주, 몽고 등 여러 나라의 불교유적을 답사하며 라마불교 실태조사에 참여하다.

-1944년 8월: 『경덕전등록』 30권의 일어 번역을 완료하다. 이 번역 사업은 일본 일체경간행회의 위촉을 받고 1941년 10월에 착수했지만 이 번역 원고는 급박해진 전쟁 국면으로 말미암아 간행되지 못했던 것이다.

-1945년: 해방과 함께 9월에 혜화전문학교 교수에 취임하고 불교학과장을 맡다. 당시 교장은 허영호, 교무과장 김동화, 국문학과장 양주동, 사학과장 민영규, 영문학과장 이하윤 등이었다. 이해 12월에 국화 유치원을 설립하여 6.25 전까지 운영하였다.

-1947년 11월: 이강혁(李康赫)과 함께 조양보육사범학교(朝陽保育師範學校, 경기대 전신)를 설립하다.

-1949년 7월: 박봉석과 협력하여 그동안 수집한 원효 관련 자료들을

기초로 『원효대사전집』 발행에 착수하여 이듬해 전10책으로 간행하다.

-1952년 4월부터 1958년 3월: 서울대 문리대 불교학 담당 강사를 하다.

-1954년 3월: 동국대 불교대학장에 취임하여 1960년 6월까지 재임하다.

-1955년 4월: 조양보육사범대가 경기대학으로 승격되자 1964년 3월까지 학장을 겸임하다.

-1955년 7월: 제7회 고등고시위원으로 위촉되어 종교학을 담당하다.

-1957년 4월: 동국대 교학처장을 겸임하다. 5월에 진단학회 이사에 취임하다.

-1959년 10월: 마산대학 이사에 취임하다.

-1960년 11월: 동국대 부총장에 취임하다.

-1962년 3월: 동국대 불교문화연구소 초대 소장에 취임하다. 같은 달에 일본 동양대학에서 논문 「고려불교에 있어서 대각국사의 지위」로 문학박사 학위를 수여하다. 10월에는 불교문화연구소에서 제1회 대장회(大藏會)를 개최하여 여러 수장가들의 응원을 얻어 고려시대의 각종 사경을 전시하다.

-1963년부터 1973년까지: 백성욱총장을 위원장으로 모시고 고려대장경의 영인 축소판을 편찬하여 목록 1권을 포함한 48책으로 간행하다.

-1964년 3월: 동국대 총장에 취임하다. 고려대장경 한글 번역의 필요성을 절감하여 해인사 『팔만대장경』을 간행하기 위한 원을 세우다. 전임 김법린 총장과 운허스님 등과 뜻을 모아 동국대 안에 부설기관으로서 동국역경원을 개원하다. 11~12월: 인도의 사르나트에서 열린 제7차 세계불교대회를 참석하고 여러 불교 성지를 순례하다. 이어 태국, 미얀마, 스리랑카, 베트남, 대만, 일본 등 여러 나

라 불교계를 시찰하고 귀국하다.

-1967년: 문공부 문화재위원회 위원을 역임하다.

-1968년 10월: 사단법인 한국불교문화연구원 원장에 취임하다.

-1970년 12월: 사단법인 문화재보급협회 이사상에 취임하다.

-1972년 11월: 그 간의 업적을 토대로 정부로부터 대한민국 국민훈장 동백장에 서훈되다.

-1973년 3월: 동국대 명예교수가 되다.

-1974년: 원광대 대학원 대우교수가 되다.

-1977년 4월: 일본 경도불교대학 객원교수가 되다

-1981년 3월: 학교법인 경기학원 이사장에 취임하다.

-1982년: 학교법인 금강학원장에 취임하다.

-1985년: 일본 동경에서 제19회 불교전도문화상을 수상하다.

-1986년 12월: 제1회 동국문화상(건학이념 부문)을 수상하다.

-1987년: 한국불교대학장에 취임하다. 『불교학대사전』 간행을 위한 집필을 계속하다.

-1988년 5월 26일: 향년 85세로 입적하다.

▸ 조명기 논문

「元曉宗師의 十門和諍論 硏究」, 朝鮮佛教總同盟東京留學生(1937. 1).

「朝鮮佛教와 教旨 확립」, 『新佛教3』(1937).

「朝鮮佛教의 입교론」, 『新佛教9』(1938).

「義湘의 傳記와 著書」(中央佛教專門學校校友會, 1939).

「太賢法師의 著書와 思想」(中央佛教專門學校校友會, 1940).

「朝鮮佛教와 全體主義」, 『新佛教20』(1940. 2).

「無常辯」, 『新佛教27』(1940. 11).

「元曉의 女性觀」, 『新佛教28』(1940. 12).

「朝鮮佛教雜誌展望」(日文)(四天王寺事務局, 1942. 5).

「圓測의 著書와 思想」,『震檀學報』, 1946. 3).
「3尊의 誕生과 그의 史上의 地位」(東國大學校, 1955. 6. 18).
「佛教의 人間觀」(思想界社, 1956. 2).
「佛教의 死生觀」(海軍本部政訓監室, 1956. 4).
「佛教와 生活의 自由」(新太陽社, 1956. 6).
「古代 印度思想, 婆羅門教·佛教를 中心하여」(思想界社, 1956. 7).
「禪의 現代的 性格」(自由世界社, 1956. 12).
「韓國佛教 發達史」(Korean Nat'l Commission for UNESCO, 1957).
「無學大師의 逸話」(鹿苑社, 1957. 2).
「韓國佛教의 課題」,『教學通報』(1957. 10).
「國寶高麗大藏經의 價値」(東國大學校, 1958).
「空의 理論과 實踐」(知性, 1958. 2).
「佛教는 韓國文化의 最高 精髓」,『大學新聞』(1958. 6. 20).
「東洋思想, 空의 理論과 實踐」(月刊知性社, 1958. 9).
「佛教와 人生, 삶의 念願」(現代文學社, 1959. 1).
「聖誕節과 然燈會」,『東大時報』(1959. 5. 15).
「大覺國師의 天台의 思想과 續藏의 業績」(東國大學校, 1959).
「元曉의 現存著書에 對하여」(韓國思想輯委員會, 1960. 4).
「佛教의 變遷과 系譜」(東洋出版社, 1960).
「우리나라 古代의 宗教思想」(現代佛教社, 1960. 11).
「四溟大師의 私謚」,『黃羲敦 教授 古稀記念論集』(1960. 11).
「人類의 理想과 釋尊의 降誕」,『東大時報』(1961. 5. 22).
「高麗佛教に於ける大覺國師の地位」(東洋大學, 1962).
「佛教의 教理와 慈悲思想」(博友社, 1962).
「佛教의 創意性으로서 民族文化 樹立」(思想界社, 1962).
『高麗 紺紙銀字寫經 : 妙法蓮華經』 全七冊 完秩本(考古美術同人會, 1962. 1).
「宋板別本 寶篋印陀羅尼經經」(考古美術同人會, 1962. 6).

「佛教學 硏究課題」, 『東大時報』(1962. 6. 26).

「宗教의 本質에서 본 佛教」(佛教思想社, 1962. 8).

「佛教教理와 慈悲思想」, 『現代人講座4』(1962. 10).

「우리의 精神風土, 土着된 韓國佛教」, 『國際日報』(1963. 12).

「*A brief history of Korean Buddhism*」(東國大學校, 1964).

「*Prominent Buddhist leaders and their doctrines*」

(Korean Nat'l Commission for UNESCO, 1964. 5).

「*Venerable Bojo : His life, thought, achievement*」

(Korean Nat'l Commission for UNESCO, 1964. 6).

「宗教教育의 必要性」, 『大韓佛教53』(1964. 8).

「佛教와 基督教의 對話는 可能한가, 佛教의 立場에서」(思想界社, 1964. 12).

『밝은 生活』, 상 趙明基 편(東國出版社, 1965).

『밝은 生活』, 하 趙明基 편(東國出版社, 1965).

『義天, 때묻은 王子의 袈裟』(博友社, 1965).

『義天, 藏經板에 새긴 國師의 얼』(新丘文化社, 1965).

『佛教』(學園社, 1966).

「圓測, 梵語와 唯識의 學僧」(新丘文化社, 1966).

「元曉大師의 現存 著書에 對하여」(日新社, 1966).

「韓國佛教要覽, 韓國文化大監」(學園社, 1966. 5).

『天台四教儀, 諦觀 著」, 趙明基 解題(玄岩社, 1969).

『大覺國師文集·外集, 義天 著」, 趙明基 解題(玄岩社, 1969).

『韓國佛教思想史, 韓國 佛教思想의 特質」(高麗大學校民族文化硏究所, 1970).

『韓國佛教圖書 解題」(新羅佛教)(高麗大, 1971. 6).

「四溟大師와 知性」(亞韓學會, 1971. 7).

「韓國佛教と和の思想」(自由社, 1972. 2).

「義天 : 高麗 佛教의 源流」(博友社, 1972).

「韓國佛教는 우리의 精神史」, 『週間宗教』, 1972. 2).

「元曉의 現存著書」(泰光文化社, 1973).

「義天」(煦, 文宗 9-肅宗 6)(中央日報社, 1973).

「圓測」(眞平王 35-孝昭王 5, 613~696)(中央日報社, 1973).

「萬海 韓龍雲의 著書와 佛敎思想」(新丘文化社, 1973).

「百濟の佛教と日本」(アジア公論社, 1973. 9).

「韓國における禪文化」, 『講座禪5』(1974. 5).

「新羅佛敎의 敎學 : 統和理念의 存立」

(圓光大學校 圓佛敎思想硏究院, 1975).

「普照國師의 思想, 禪敎合一定慧雙修」, 『中央日報』(1975).

「百濟 美人의 微笑」, 『月刊中央』(1975. 1).

「韓國의 思想, 義天의 天台學」, 『讀書新聞』(1975. 5).

「總和의 佛敎的 理解」, 『東大新聞』(1975. 6).

「百濟의 佛敎와 日本」(圓光大學校宗敎問題硏究所, 1975. 7).

「梵語와 唯識의 學僧, 圓測」(新丘文化社, 1976).

「經典의 集大成, 義天」(新丘文化社, 1976).

「祖堂集解題」, 『高麗大藏經 解說』(1976. 1).

「三國遺事, 國土守護와 自主的 理念」(三省文化文庫, 1976. 5).

「佛子는 祖國建設의 先驅者」, 『佛光』(1976. 8).

「禪家龜鑑에 對하여」, 『中央日報』(1976. 8).

「元曉의 根本思想」, 『佛光』(1976. 8).

「義湘의 思想과 信仰」(月刊文化財社, 1976. 10).

「朝鮮朝 後期의 佛敎」, 『韓國史論』(1976. 12).

「*Chan Buddhist culture in Korea*」(Univ. of Toronto, 1977).

「民族思想과 佛敎」, 『佛光』(1977. 6).

「韓國佛敎 傳統的 特殊性」(東方思想硏究院, 1978).

「天台學概說」(韓國佛敎文化硏究院, 1978).

「元曉思想의 來歷과 地位」(大韓傳統佛敎硏究院, 1979).

「軍守里 金銅菩薩立像」(中央日報社, 1979).
「元曉思想の歷史と地位」(アジア公論社, 1980. 3).
「元曉思想의 特質」(韓國精神文化研究院, 1980).
「義相學의 諸問題」(大韓傳統佛敎研究院, 1980).
「古代 韓國文化의 東流」(東國大學校日本學研究所, 1981).
「古代韓·日文化交流」(要旨)(東國大學校日本學研究所, 1981).
「韓國佛敎의 傳統的 敎學思想」(月刊朝鮮社, 1981. 2).
「韓國佛敎의 傳統的 敎學思想 : 敎學探究의 韓國的 地平」(アジア公論社, 1981. 4).
「韓國佛敎の傳統的敎學思想 : 元曉大師の統和思想とその定着」(アジア公論社, 1981. 4).
「*The ideoogy and development of popular Buddhism in modern Korea*」, comp. by Han Chong-man, rev. by Cho Myung-ki (Korean Nat'l Commission for UNESCO, 1981. 8).
『天台四敎儀』, 諦觀 著, 趙明基 解題(玄岩社, 1982).
『宗門摭英集』, 조명기 해제(大韓傳統佛敎研究院, 1982).
「韓國佛敎의 傳統的 敎學思想」(宇石, 1982).
『佛敎學大要』(韓國佛敎文化研究院·寶蓮閣, 1982).
『佛敎學史略』(韓國佛敎文化研究院·寶蓮閣, 1983).
『韓國佛敎福祉學』(寶蓮閣·韓國佛敎文化研究院, 1983).
『印度의 社會와 思想』(寶蓮閣·韓國佛敎文化研究院, 1983).
「佛敎의 典籍으로서의 交流」(嶺南大學校 民族文化研究所, 1983. 12).
「新羅 順之와 高麗 志謙의 禪思想」(大韓傳統佛敎研究院, 1984).
「敎·禪 融和의 求法과 實現, 義天의 生涯와 業積」(月刊 金剛社, 1985. 9).
「西山大師 休靜」(大韓傳統佛敎研究院, 1986).
「新羅의 太陽 元曉大師」(大韓佛敎元曉宗, 1986).
「元曉의 現存書 概觀」(國土統一院, 1987).

「韓日古代文化の流動性」(國書刊行會, 1987).

「元曉의 現存書 概觀」(民族社, 1989).

▸ 조명기 편서 및 저서

『景德傳燈錄』 30卷(日譯 未刊).

『元曉大師全集』 全 10冊(自費出版, 1949~1950, 3; 보련각, 1978).

『藏外集錄』 제1집(海東高僧傳)(自費出版, 1956, 5).

『藏外集錄』 제2집(東師列傳)(自費出版, 1957, 5).

『佛敎文化史』(講義案)(東國大學校出版部, 1960).

『新羅佛敎의 理念과 歷史』(新太陽社, 1962).

『高麗 大覺國師와 天台思想』(東國文化社, 1964).

『韓國歷代高僧傳』(삼성미술문화재단, 1973; 1981).

『智慧의 完成: 金剛經新譯』(1974, 2).

『佛敎福祉論』(油印本, 1975, 1).

『法華經新抄: 譯』(三星美術文化財團, 1976, 10)

『法華經과 나』(三省文化文庫, 1977, 2).

『韓國佛敎關係雜誌論文目錄』(未刊).

『韓國佛敎史學大事典』上(寶蓮閣·大韓佛敎文化振興會, 1991).

『韓國佛敎史學大事典』下(寶蓮閣·大韓佛敎文化振興會, 1991).

제4부 한국불교와 시대정신

1장 불교 조계종 종합수도장 오대총림 연구*

- 역사와 문화를 중심으로 -

1. 문제와 구상
2. 불교 총림의 형성과 구조
3. 다섯 총림의 역사와 전통
4. 다섯 총림의 가풍과 문화
5. 종합수도장의 기능과 역할
6. 정리와 맺음

1. 문제와 구상

싯다르타는 생사의 고통을 해결하기 위해 집을 떠났다. 그는 숲과 나무 밑에서 살면서 자기와의 싸움을 벌였다. 숲과 나무는 햇빛을 가려주었고 더위를 씻어 주었다. 깨침을 얻은 싯다르타는 붓다가 되었다. 금강좌에서 일어난 붓다는 중생 제도의 길에 나섰다. 먼저 그는 다섯 제자들을 제도한 뒤 숲과 나무 밑에서 함께 생활했다. 이들로부터 시작된 붓다의 제자들은 가섭 삼형제 등 천 명의 귀의와 야사 등 50인의 귀의로 이내 1,250명의 대식구로 늘어났다. 그런데 이들 대식구가 함께 유행하며 다니는 것은 불가능한 일이었다.

때마침 마가다국 가란타 장자와 빔비사라 왕이 죽림정사를 지어 희

* 이 논문은 2008년 11월 28일 한국불교역사문화기념관 국제회의장에서 대한불교조계종 교육원 불학연구소와 불교신문사가 주최한 「조계종단의 '총림'을 조명하는 대토론회」에서 발표한 논문을 수정 보완한 것이다.

사하였다. 뒤이어 사위국 기타 태자와 급고독(수닷타) 장자가 기원정사를 지어 희사(喜捨)하였다. 이들 두 정사의 기증 이후에도 뜻있는 불자들이 지속적으로 희사하여 다섯 정사들이 생겨났다. 붓다와 제자들은 왕사성의 정사들 중 평지가람인 죽림정사를 시작으로 정착 생활을 시작했다. 나머지 정사들 역시 좌선정사(坐禪精舍)로서 수행도량으로 탈바꿈되어 갔다.[1]

무리(衆)를 이룬 수행자들은 상가(僧伽)를 형성해 갔다. 상가는 많은 수행자들이 한 곳에 화합하여 머무는 곳[2]이다. 수행자들은 이곳에 모여 계율을 지키며 살았다. 때문에 공동생활을 하는 정사는 수행 공동체이자 생활공동체가 되었다. 해서 이 공동체는 여러 승려들이 화합하므로 '승'(僧)이고 큰 나무들처럼 하나로 모여 있어[叢] '림'(林)이라고 했다.[3] 이 같은 생활공동체는 불교 전통에서만이 아니라 다른 종교 전통에서도 나타나고 있다.

불교의 종합수도장인 '총림'은 '빈디야 바나'(vindya-vaṇa, 檀林)를 번역한 말이다. 이것은 또 '빈다바나'(貧陀婆那)로 음역되기도 했다. 총림은 출가자[僧]와 재가자[俗]가 화합하여 한 곳에 머무름이 마치 수목이 우거진 숲과 같다 해서 붙여진 이름이다. 기원 전후로부터 동쪽으로 전래되기 시작한 인도의 요가 명상 수행의 전통은 중국 수양론의 토대 위에서 참선으로 거듭났다. 행주좌와(行住坐臥) 어묵동정(語默動靜)으로 무시선(無時禪) 무처선(無處禪)을 지향하는 참선은 중국의 토양

---

1 龍樹, 『大智度論』 권3(『대정장』 제25책, p.77하). "王舍城有五精舍, 竹園在平地, 餘國無此多精舍."

2 龍樹, 위의 책 권3(『대정장』 제25책, p.80상). "云何名僧伽?. 僧伽秦言衆. 多比丘一處和合是名僧伽."

3 龍樹, 앞의 책 권3(『대정장』 제25책, p.80상). "譬如大樹叢聚, 是名爲林, 一一樹不名林, 除一一樹亦無林. 如是一一比丘不名爲僧, 除一一比丘亦無僧, 諸比丘和合故僧名生."

과 기질에 부합하여 굳건히 자리 잡았다.

교리와 수행이 만나면서 강원과 선원에 이어 점차 율원과 염불원이 생겨났다. 이 중 특히 선원을 중심으로 하는 선찰(禪刹)은 '공덕총림'(功德叢林)으로 불리기도 했다. 선법으로부터 비롯된 총림은 한국에서는 구산선문(九山禪門) 도량으로 퍼져나갔고 이를 이어 특별법회 성격을 지닌 '총림'(叢林)[4] 혹은 '총림회'(叢林會)로 이어졌다. 중국[5]에서는 오가칠종(五家七宗)의 산림으로 뻗어 나갔다. 결국 이들 총림은 점차 네 개의 기능으로 분화되면서 종합수도장이 성립되었다. 다만 고려 초까지만 해도 아직 '산문'이라고 했을 뿐 종합수도장인 '총림'이라고 명명하지는 않았던 것으로 보인다.

한국에서 총림이 본격적으로 논의된 것은 고려 중기의 지눌의 구산선문 통합 이후로 추정할 수 있다. 그리고 여말 선초 이래 단절되었다가 다시 정비된 것은 대한시대(1897~현재[6])로 보아야 할 것이다. 우리

4 한국금석문종합영상정보시스템을 통해 한국금석문 속 '叢林'의 용례를 검색해보니 '38개'가 도출되었다. 가장 이른 용례는 법안선풍을 받아들인 고려 초의 眞觀 釋超(912~964)의 「智谷寺眞觀禪師碑」에 보이지만 문맥으로 볼 때 유학 당시 중국 선종계를 정황을 간접 인용한 것이어서 고려 선종계의 현실로 보기는 무리로 보인다. 그 이외에는 대부분이 지눌의 조계종 통합 이후인 12세기 이후의 기록이 대부분이다.

5 1966~1976년의 문화혁명 이후 불교문화가 다시 부흥하고 있는 중국은 현재 5개 직할시와 23개 성에 다수의 불교총림을 복원해 놓고 있다. 해당 총림의 원로 대덕을 방장으로 추대하는 한국과 달리 중국의 불교 총림 방장은 30대에서부터 80대에 이르기까지 실로 다양하다. 일단 젊은 시절에 방장이 되면 입적할 때까지 그 소임을 맡는 종신제를 원칙으로 하는 중국의 독특한 총림문화 때문으로 보인다.

6 논자는 흔히 우리시대 사람들의 시공관 중심으로 명명하는 '근현대'라는 일반명사를 지양하고 조선과 변별되는 국호인 대한제국을 사용한 1897년부터 현재까지를 남북한 통틀어 '대한시대'로 시대구분하고 있다. 대한제국은 1910년에 망했지만 여전히 남북한 분단 이전의 우리나라를 총칭하는 명칭은 '대한'일 수밖에 없다고 생각하기 때문이다. 그렇다고 해서 '일제식민지' 혹은 '일제하' 또는 '일제강점기'라는 시대구분은 임시정부의 법통을 인정하는 한 적절한 표현이 아니라고 보며 통일 이후에 새로운 '국명'(윤명철, 『광개토대왕과 한고려의 꿈』(삼성경제연구소, 2005). 저자가 예시한 '韓高麗' 참고)이 정해지기 전까지 이렇게 쓰는 것이 효율적인 시대구분이라고 생각해서 사용하고 있다. 200여 년 뒤의 사람들은 우리 시대를 무엇이라

나라 불교 조계종에는 현재 영축총림 통도사, 해인총림 해인사, 조계총림 송광사, 덕숭총림 수덕사, 고불총림 백양사 등 다섯 개의 총림이 있다.[7] 이들 총림들은 저마다 고유한 역사와 전통 및 가풍과 문화 그리고 기능과 역할을 해오고 있다.

따라서 오늘날의 총림은 나말 여초에 형성된 구산선문 이상의 의미를 지니고 있다고 할 수 있다. 이 글에서는 이들 다섯 총림들의 역사와 전통 및 가풍과 문화 그리고 기능과 역할 등을 검토해 보고자 한다.

2. 불교 총림의 형성과 구조

대한시대에는 총림 건설의 필요성에 대해 몇 차례 논의가 있었다. 1926년 9월 용성 진종(1864~1940)은 사찰 및 본산을 청정 비구에게 제공하여야 한다고 주장했다. 그는 대처를 한 사람도 주지에 취임할 수 있게 하려는 일부 본산의 사법(寺法) 개정과 이를 허용하려는 일제 당국의 입장을 저지하기 위해 조선총독부에 건백서를 제출하였다. 여기에 따르면 용성은 계율을 지키는 승려 전용의 본산을 할급하여 청정 사원을 복구하고, 청정 승려가 안심하고 수도할 수 있게 해야 한다고 하였다. 하지만 할급 대상의 본산 및 사찰을 구체적으로 제시하지는

부를 것인가를 생각하기 때문이다. 이런 이유로 해서 '근대' 혹은 '현대'는 일반명사 또는 보통명사로 쓸 수는 있으나 시대구분법으로 사용하기에는 무리가 따른다고 논자는 생각하고 있다.

7 조계종의 다섯 총림 이외에도 태고종의 태고총림(승주 선암사)과 천태종의 금강총림(단양 구인사) 등이 있다. 천태종은 금강총림이라고 공식적으로 부르고 있지는 않지만 구인사에 개설된 승가대학을 '금강승가대학'이라 부르고 있는 점에 근거해 볼 때 이 명명은 나름대로 의미가 있다고 할 수 있다. 2012년 11월에는 대구의 八公叢林 桐華寺와 부산의 金井叢林 梵魚寺 그리고 하동 雙溪叢林 雙磎寺도 모두 총림으로 승격되어 현재 조계종에는 8개의 총림이 개설되어 있다.

않았다.[8]

그 뒤 1921년 창설 이후 침체와 재기를 거친 선학원이 1934년 재단법인 선리참구원으로 새 출발을 하면서 총림 건설 문제는 다시 제기되었다. 이들 수좌들은 스스로 정통 수좌임을 자임하고 있었다. 그들은 그러한 인식 위에서 일본불교 파급으로 나타난 문제점을 극복하면서 불교정화를 꾀하기 위해 '조선불교선종'을 세웠다. 조선불교선종은 전통 교단을 수호하고 일제와의 타협으로 생겨난 각종 부패를 단절시키겠다는 수좌들의 자각으로부터 탄생한 종단이다.[9] 1939년 9월 선학원에 모인 수좌들은 한국 전통선을 재흥시키기 위해 조선불교선종 정기선회(禪會)를 열었다.

이미 교단의 성격을 지니고 있었던 교무원은 이 정기선회에서 '모범총림'(模範叢林) 건설을 위해 전국적으로 산재해 있던 많은 수십 개 선방 중 금강산 표훈사의 암자인 마하연(摩訶衍)을 모범선원으로 지정하여 초참납자(初參衲子)들을 지도하자고 논의했다. 그리고 '마음 놓고 정진할 수 있는 청정사찰을 골라 수좌들에게 할애해 달라'고 청했다. 나아가 모범총림 건설을 위해 지리산, 가야산, 오대산, 금강산, 묘향산 등 5대 명산을 구체적으로 지적하여 청정 비구 전용의 사찰로 할애해 달라는 결의 요청을 하였다. 교섭위원은 경산(擎山)·구하(九河)·종헌(宗憲)으로 정했다. 이들은 중앙선원(선학원)에 조선 선종의 종무원을 두고 조직을 결성하였으며 가야산 해인사에 총림을 세워야 한다고 논의하였다.

---

8 김광식, 「1926년 불교계의 대처식육론과 백용성의 건백서」, 『한국근대불교의 현실인식』(서울: 민족사, 1998); 김광식, 「해인총림의 어제와 오늘」, 『한국 현대불교사연구』(서울: 불교시대사, 2006), p.197.

9 김광식, 「조선불교선종 종헌과 수좌의 현실인식」, 『한국근대불교의 현실인식』(서울: 민족사, 1998), p.224.

해인사에 모범총림으로서 가야총림 건립을 촉발시킨 것은 1945년 9월에 있었던 전국승려대회였다. 여기에서는 일제 패망 이후 식민지 불교의 극복과 불교의 새로운 노선 천명이 요청되었다. 이를 위해 먼저 사찰령의 철폐, 교단 기구의 혁신, 신 집행부의 선출 등 해방 공간 불교계의 진로를 정비하는 가운데 교단의 4대 주요 사업의 하나로 '모범총림'의 건설이 문제되었던 것이다. 결국 1946년 10월쯤 해인사에 모범총림이 개설되었다.[10]

본격적인 총림인 가야총림이 개설되기까지는 총림 건설에 대한 몇몇 사람들의 주도적인 노력이 있었다. 봉암사 결사의 주도자였던 청담 순호(1902~1971)와 퇴옹 성철(1912~1993)은 이미 8.15 해방 이전에 문경 대승사에서 '부처님 당시처럼 재현을 해보자'며 밤새도록 쌍련선원에 앉아 논의를 계속한 결과 가야총림에 대한 구상을 이끌어 내었다.[11] 1946년에 개설된 가야총림은 4년간 지속되다가 6.25 전쟁으로 인해 해체되었다. 이때 해체된 가야총림은 1967년에 해인총림으로 재개되었다.

총림의 우두머리인 '방장'은 고승이 머무는 '4방(方) 1장'(丈)의 거실(암자)[12]을 의미했다. 그 뒤, 이 말은 종합수행도량인 '총림의 수장'을 일컫는 용어가 되었다. 방장은 총림을 이루는 선원과 강원과 율원 및 염불원의 통솔자를 일컫게 되었다. 종래에는 해당 총림에서 선(禪)과

10 김광식, 「해인총림의 어제와 오늘」, 앞의 책, pp.199~200. 해방공간 시기 韓贊奭이 펴낸 『陜川海印寺誌』(서울: 創人社, 1949) p.202의 "총림, 역경, 동국대학, 사찰정화의 4대 사업 중에, 즉 총림이 제일착으로 실천에 옮기게 되자 전국에 허다한 사찰 중에 특히 해인사가 총림 설치할 곳으로 우선 선택이 되어 마침내 1946년 10월에 그 설치를 보게 된 것이다."라는 기록은 이를 뒷받침하고 있다.

11 묘엄 구술· 윤청광 엮음, 『회색고무신』(서울: 시공사, 2002), p.150 참고.

12 一然, 『三國遺事』 권3, 「興法」 3, '寶藏奉老 普德移庵'. 고구려 열반학의 대가인 盤龍寺의 普德은 불교를 배척하고 도교를 받드는[奉道抑佛] 정책을 펼치는 보덕왕에게 '국가에서 도교를 받들고 불법을 억압하면[奉道抑佛] 나라가 망한다'며 여러 차례 개선을 건의했으나 수용되지 않자 자신이 머물던 '거실'(方丈)을 법력으로 날려 完山(全州) 孤大山 景福寺로 옮겨왔다.

교(敎) 및 율(律) 등에 대해 깊은 이해가 있는 원로 대덕을 추대해 왔다. 현재 대한불교조계종은 현재 통도사, 해인사, 송광사, 수덕사, 백양사 다섯 사찰을 배경으로 하는 다섯 총림을 거느리고 있다. 각 총림마다 1인의 방장[13]과 1인(東堂) 혹은 2인(동당·西堂)의 부방장[14]을 두고 있다.

종법인 '총림법'은 총림은 '선원, 승가대학, 율원 및 염불원을 갖추고 본분종사와 방장의 지도하에 대중이 여법하게 정진하는 종합수행도량'이라고 규정하고 있다. 또 총림은 선원·강원·율원 및 염불원 등 4개 원 가운데에서 3개 원 이상을 갖추도록 하고 있다. 하지만 현재 이 요건을 다 갖춘 총림은 영축총림과 해인총림과 조계총림의 삼보 사찰뿐이다. 나머지 총림들은 강원과 선원의 둘만을 통솔하면서 총림이라고 현판을 단 곳도 있다. 다섯 개 총림의 방장과 강원과 선원 및 율원과 염불원의 구조와 조직을 표로 정리하면 다음과 같다.

〈표 1〉 다섯 총림의 구조와 조직표

번호	이름	연혁	방장	강원	총림 선원	율원	염불원
1	영축 총림	1972	鏡峰鼎錫 月下露天 圓明智宗	九河天輔 月雲海龍 성암宗梵 如天無比 圓照覺性 장해圓山 요산志安	九河天輔 鏡峰鼎錫	慧南	
2	가야 총림	1946	曉峰學訥	瑞應東豪 金法麟	鏡虛惺牛 霽山	慈雲盛祐	

13 덕숭총림의 방장이었던 圓潭 眞性 선사가 2008년 봄에 입적한 이후 松原 雪靖 선사가 후임 방장이 되었다.

14 전통적으로 부방장은 선방의 두 축인 東堂과 西堂에서 맡았다.

				崔英煥 (凡述) 金鼎卨 耘虛龍夏 性能福文	龍城震鍾 鏡峰靖錫 東山慧日 曉峰學訥		
	해인 총림	1967	退翁性徹 古庵祥彦 慧庵性觀 道林法傳	伽山智冠 圓照覺性 性柱普光 和禪宗眞 太虛無觀 南洲慧南 下愚守眞	退翁性徹 古庵祥彦	和禪宗眞 太虛無觀	
3	조계 총림	1969	九山秀蓮 廻光壹覺 梵日菩性	雲性昇熙 道圓智雲	九山秀蓮 廻光壹覺 梵日菩性	智賢	
4	덕숭 총림	1984	慧庵玄門 碧超鏡禪 圓潭眞性 松原雪靖	巨芙 宙耕	慧庵玄門 碧超鏡禪 圓潭眞性 松原雪靖		
5	고불 총림	1996	西翁尙純 壽山智宗 鶴峯知詵	雪乳處明 映湖鼎鎬 雲起性元 白雲知興 동성慧權	鶴鳴啓宗 曼庵宗憲 西翁尙純 壽山智宗 鶴峯知詵	동성 혜권	

불교 전래 이래 사찰은 국민 교육기관의 역할을 담당해 왔다. 특히 강원은 불교와 지식인들이 만날 수 있는 통로였다. 강원에서는 축적된 경교 연구와 교육이 이루어졌다. 수나라 때 유학을 갔던 신라의 안홍(安弘)법사는 『능가경』과 『승만경』을 가져왔다.[15] 이어 자장도 귀국하면서 대장경 4백 여 상자 등을 가지고 들어왔다.[16] 이후에도 의상 등의 유학승들에 의해 많은 전적이 들어왔다.

또 고려 석후 의천(釋煦 義天, 1055~1101)은 남송에서 불교 전적

15 金富軾, 『三國史記』 권4, 眞興王 37년(576).
16 一然, 『三國遺事』 권3, 「義解」 5, '慈藏定律.'

3,000여 종을 가져와 일본과 요나라 및 국내 유통본을 종합하여 『신편제종교장총록』(3권)을 만들고 『교장』을 간행했다. 이들을 기초로 하여 많은 경교가 편찬되었고 주석서와 사기(私記) 등이 만들어졌다. 현존하는 강원의 원형은 대개 조선 후기의 삼문 수업[17]의 정비 때에 시설된 것으로 보고 있다.

1 강원

강원(강당)은 삼국시대에 불교가 전래되면서부터 시작되었다. 먼저 교학이 전해지면서 이것을 연찬하고 교육하는 강원의 존재감은 극대화되었다. 하지만 신라 하대에 선법이 전래하면서 강원의 기능은 분화되기 시작했다. 고려 광종은 유교의 과거제도에 상응하여 승과를 실시하였다. 승과는 교종선(教宗選)과 선종선(教宗選)으로 나누어 시행되었다. 하지만 불교 교단이 선종과 교종으로 나뉘어 갈등하면서 적지 않은 폐해가 생겨났다.

의천은 천태종을 개종하여 교관병수(教觀併修)로서 교와 선의 융섭을 시도하였다. 지눌은 조계종을 개종하여 정혜쌍수(定慧雙修)의 기초로서 선종과 교종을 융섭하였다. 하지만 지눌의 노력에도 불구하고 고려 후기에는 다시 선종과 교종이 갈등하였다. 태고 보우(太古 普愚)는 광명사에 원융부를 설치하고 구산선문의 재통합과 승려 교육기관의 쇄신을 도모하였다. 조선 초기 태종 정부는 11개 종단을 7개로 통

17 休靜, 『心法要抄』(『韓佛全』 제8책, pp.647~653). 휴정은 徑截門과 圓頓門을 언급하고 있는 『禪家龜鑑』과 달리 『심법요초』에서는 徑截門과 圓頓門에다 念佛門까지 포함하여 조선 후기의 '三門修業' 혹은 '三門修行'을 언급하고 있다. 휴정이 언급한 삼문은 제자인 鞭羊 彦機에 의해서 다시 거론되고 있다. 眞虛 捌關 역시 『三門直指』에서 삼문에 대해서 거론하고 있다.

합을 시도하였다. 또 세종 정부는 7개 종단을 선교 양종으로 통합하였다. 그 뒤 연산조와 중종 조에는 종단은 물론 승과와 도승 조목까지 폐지시켰다.

하지만 임란과 호란에 승병으로 참여한 뒤 불교의 존재감은 어느 정도 회복되었다. 교단 내부적으로도 자정의 기운이 생겨나기 시작했다. 당시 불교의 선사와 강사들은 삼문 수업을 통해 교단을 재정비하였다. 경절문과 원돈문과 염불문으로 복원된 삼문 수업(三門受業) 또는 삼문 수행(三門修行)[18]은 종합수도장인 '총림'의 복원을 의미했다. 미미하기는 했지만 이때부터 교계의 주체가 회복되면서 어느 정도 교세는 유지하였다. 하지만 영정조 대를 지나 순조와 헌종 및 철종 대를 거치면서 교계는 다시 혼미에 빠져들었다.

그 소용돌이 속에서도 그나마 강원은 명맥을 이어오고 있었다.[19] 대한시대 이후 새로운 총림이 모색되기 시작하여 가야총림(1946)과 고불총림(1947)이 개설되었다. 이후 총림의 강원(강당)은 대외적으로 승가대학이란 명칭으로 부르고 있다. 정부의 교육과학기술부가 인가한 중앙승가대학교와 달리 각종 승가대학은 대한불교조계종이 인가한 대학이다. 현재 조계종은 16개 비구승가대학과 6개의 비구니승가대학을 운영하고 있다.[20]

---

18 休靜, 『心法要抄』(『韓佛全』 제8책, pp.649~650). 여기서 휴정은 '徑截門은 活句이고 圓頓門은 死句이다'고 했다.

19 鏡虛는 동학사 강원의 강주로서 강학하다가 천안 인근 마을에서 콜레라(호열랄)로 죽어가는 사람들을 만난 이후 돌아와 동학사 강원을 폐쇄하고 참선에 몰입하였다.

20 고영섭, 「불교 조계종 고등교육기관 해인대학 연구」, 『한국 현대불교의 교육기관』(조계종 교육원 불학연구소, 2008), p.33. 가임 여성의 인당 출산율(합계 출산율)이 1.20으로 최저(0.96의 홍공 제외)를 기록하고 있는 것처럼 불교 교단의 출가자수 역시 급격히 줄어들고 있다.

2 ▌선원

신라 하대의 선법 전래 이래 전국에는 아홉 개의 산문이 둥지를 틀었다. 선문들은 저마다 새로운 가풍과 문화를 통해 권위를 쌓아갔다. 교종과의 갈등이 지속되었지만 지눌의 구산 선문 통합 이후 선종은 한국불교의 흐름을 주도하기 시작했다. 지눌의 정혜결사는 새로운 수행문화를 만들었고 수행총림의 기반을 다져내었다. 총림의 한복판에 선원이 자리하게 된 것도 이때부터였다.

고려 중기 이래 총림이 형성되면서 선원은 불교의 중심에 서기 시작했다. 선법이 주류를 이루면서 선원의 역할이 확장되자 강원의 역할은 위축되었다. 현존 다수의 저술들이 선원 수좌들의 것이라는 사실이 이를 대변해 주고 있다. 이것은 고려 중기 지눌의 구산 통합 이후 선원이 실질적으로 불교의 중심에 서 있었음을 보여주는 증좌이다. 성리학을 국시로 삼았던 조선조 전후기 역시 그러했다. 총림이 임란과 호란 이후 정비된 삼문 수업 중 선원을 모태로 하여 재정비되었던 사실도 이것을 뒷받침해주고 있다.

총림의 선원에는 총림선원과 일반선원과 특별선원이 있다. 고청규(古淸規)에서처럼 총림선원의 조실은 방장이며 주지 임명에 대한 추천권이 있다. 그 아래에는 편의상으로 둔 부방장격인 전당수좌와 후당수좌가 있다. 선덕(禪德)은 고청규에는 없지만 제방의 이름있는 수좌 및 숙덕(宿德)을 대신한 자리이다. 때문에 조실(또는 방장)→입승(또는 열중) 다음의 직함으로 예우 차원으로 두었다.

지금 선방에서 선덕은 방함록상의 직함이지만 '구참'과 '대덕' 등과 구별하여 '선덕'과 '선현'(禪賢)을 두었다. 또 동당(東堂)과 서당(西堂)은 전관 예우의 직함으로서 방장(또는 조실) 다음에 두었다. 이어 총림의 화합과 기강질서를 관장하는 선원의 책임자인 유나(維那), 그 아래에는 열중(悅衆) 및 청중 등의 소임으로 구성되어 있다. 하지만 일부 총림에서는 유나 대신 단위별 선원처럼 선원장이 선원을 관장하는 경우도 있다.[21]

3 율원

사국시대와 고려시대 및 조선 전기 이후 계율 연구 및 율종의 흔적은 거의 사라졌다. 조선 후기 삼문 수업 혹은 삼문 수행에서도 율원의 존재는 찾아볼 수 없다. 교단이 부재하였기에 마땅히 계단을 시설하고 득도식을 거행할 형편이 못 되었다. 때문에 득도식은 약식으로 거행되었고 공식화되지 않았던 것으로 추정된다. 율원이 다시 설치되기 시작한 것은 1960년대 이후 총림이 정비되면서부터이다. 종래 총림의 주축을 이뤄왔던 선원과 강원이 공고해지기 시작하면서 율원의 개원이 논의되기 시작했다.

율원은 출가자의 정체성을 확립하고 이것을 뒷받침하는 주요한 기구이다. 현재 통도사와 해인사 및 송광사의 삼보사찰에는 총림 율원이 설치되어 있다. 이들 총림 율원 이외에도 최근 율장연구소를 개설하여 『사분율장』을 완역한 파계사(영산율원)와 근래 비구니 율원을 마련한 봉녕사와 청암사가 있다. 국내외의 율장 연구에 힘입어 교단 내에서도 점차 율원의 필요성이 제기되고 있다. 총림 내에 율원이 좀 더 확충된다면 강원-선원-율원-염불원을 통섭해 왔던 총림의 구조가 보완될 것으로 보인다.

---

21 圓融, 「선원의 운영 현황과 문제점」, 『선원총람』(서울: 조계종 교육원 불학연구소, 2000), p.101.

4 염불원

조선 후기 삼문 수업 시기에는 선원(선방)과 강원(강당)뿐만 아니라 염불원(염불당)이 있었다. 물론 당시에는 율원이 없었다. 그런데 역설적이게도 지금의 총림에는 율원은 설치되어 있지만 염불당이 설치된 곳은 없다.[22] 이는 조선 연산조와 중종조 이래 교단을 해체당한 상황 아래서 계단(戒壇)을 설치할 주체와 여건을 만들기 못했기 때문이다. 해서 율원이 존재할 수 없었다. 하지만 조선 후기 및 대한시대에서도 염불당이 복원되지 않은 이유는 한국불교 교단이 선 수행법 중심으로 수행 체계를 수립했기 때문으로 파악된다.

현재는 총림 이외의 사찰에서 부분적으로 능엄주(아비라 기도)와 천수주를 비롯하여 관음 및 육자 주력과 염불선 등을 거행하고 있다. 하지만 염불수행은 아직까지 종단 내부의 공식적인 수행법으로 자리 잡고 있지는 못하고 있다. 만일 조선 후기 삼문 수업에 입각하여 선원과 강원에 상응하는 염불원을 복원할 수 있다면 한국불교의 '통합'적인 전통을 어느 정도 회복할 수 있을 것으로 보인다.

22 이전부터 爐殿에서 염불하는 스님들을 지휘하는 引頭라는 직책을 자원했던 鏡峰 靖錫(1892~1982)은 염불당의 필요성을 강조하며 통도사 극락암 인근에다 염불당 모연금과 신도들이 내놓은 시주금으로 제위답을 한두 마지기씩을 사들이기 시작하여 나락 50섬과 논 1만 2천 평이 되자 1925년 3월 10에 양로만일염불회를 만들어 이끌었던 적이 있다. 27년 4개월 뒤에 회향하는 동안 백련암으로 옮겨서 이어갔고 6.25 전쟁이 일어나기도 했지만 1953년 1월 1일에 1만 일 동안의 염불을 마무리했다. 하지만 그 이후 통도사에서도 염불당을 설치하지는 않았다. 최근 봉선사에서 염불당을 설치하였다.

3. 다섯 총림의 역사와 전통

조계종의 3대 지표는 '역경'(譯經)과 '포교'(布敎)와 '도제양성'(徒弟養成)이다. 경전 번역은 불교의 기반을 정비하여 전문화하는 일이며, 포교는 역경과 양성된 도제를 통해 역경과 전법하는 일이다. 도제양성은 역경과 포교를 담당할 전문적인 인재와 대중화의 주역을 육성하여 적재적소에 배치하는 일이다. 때문에 이들 3대 지표는 모두 상호 독립의 기능과 상호 보완의 역할을 함께 하고 있다.

불교를 널리 펼치기 위한 역경과 포교는 반드시 도제양성을 통해서 이루어질 수밖에 없다. 왜냐하면 인재불사는 모든 분야의 기본이 될 수밖에 없기 때문이다. 종합수도장인 총림의 건설은 곧 붓다로 대표되는 불교의 '전인적 인간상'을 탄생시키기 위한 조계종단의 깊은 의지를 보여주는 것이라고 할 수 있다. 그러면 조계종이 운영하는 5대 총림의 역사와 전통에 대해 살펴보기로 하자.

1 영축총림

현재 조계종의 불교 총림은 산중 사찰의 토대 위에서 운영되고 있다. 이러한 현상은 인도와 중국의 수행 전통 속에서 매우 자연스러운 것이었다. 특히 중국 선종사에서 산과 사찰은 떨어질 수 없는 관계 속에 있어왔다. 우리나라의 경우도 마찬가지이다. 통도사(通度寺)는 신라 선덕왕 15년(646)에 자장에 의해 창건되었다. 영축산은 본디 축서산이었는데 산의 모양이 인도의 영축산과 통한다[此山之形, 通於印度靈鷲山形] 해서 이름을 바꾼 것이다. '승려가 되려는 사람은 모두 붓다의 진신사리를 모신 금강계단에서 계를 받아야 한다'[爲僧者, 通而度之]

는 것과, '모든 진리를 회통하여 일체 중생을 제도한다'[通萬法, 度衆生]는 의미에서 통도사라고 했다고 한다.[23] 이것은 상구보리 하화중생을 '통도'라는 말로 수렴한 것이라고 할 수 있다.

일찍이 자장은 선덕여왕으로부터 재상(冢宰)을 품수받았다. 하지만 여러 차례의 부름에도 응하지 않았다. 여왕은 '출사하지 않으면 목을 베겠다'는 칙령을 내렸다. 이에 자장은 단호히 "내 차라리 하루라도 계를 지키다 죽을지언정, 계를 깨뜨리며 백년을 살기를 원하지 않는다"[吾寧一日持戒而死, 不願百年破戒而生]는 기백을 보였다. 이에 왕은 자장의 결심에 감동하여 그의 수행을 방해하지 않았다고 전한다. 643년 자장이 당에서 귀국할 때 가지고 온 금란가사 한 벌과 진신사리 및 대장경 400여 함을 봉안하고 이 절을 창건하였다고 전한다. 때문에 이 절은 최초로 대장경을 봉안한 사찰이 되었고 금강계단을 쌓아 한국불교의 기반을 다졌다. 특히 붓다의 정골사리를 모신 금강계단은 설악산 봉정암, 오대산 상원사 중대, 사자산 법흥사, 태백산 정암사 등과 함께 오대 적멸보궁으로서 널리 알려져 있다.

이곳은 계정혜 삼학의 결정체이자 반야의 물리적 화현인 불사리를 모신 곳이다. 해서 인도의 지공화상과 원나라 사신들까지 이곳을 참배하였다. 1972(1984)[24]년 통도사는 영축총림으로 승격하면서 사원을 일

23 이기영 외, 『빛깔있는 책들: 통도사』(서울: 대원사, 1991), p.11.

24 6.25 전쟁 전에 통도사 주지를 맡은 경봉은 통도사를 해인사처럼 총림으로 만들기 위해 애를 썼으나 절 살람이 몹시 궁핍하여 그의 뜻을 따르지 않는 몇몇 승려들이 찾아와 사임을 권고받기도 했다. 경봉은 적어도 삼보 사찰인 통도사, 해인사, 송광사만큼은 총림이 되어야 한다는 자신의 뜻을 굽히지 않고 끝내 海東修道院을 만들었다. 당시 교정이었던 한암 중원(漢巖 重遠, 1876~1951)을 宗主(방장 혹은 조실)로 모시고자 했으나 한암은 병이 깊어 거절하는 편지를 보냈다. 해서 한암을 종주로 모시고 총림을 추진하던 계획에 차질이 생겼고, 그의 뜻을 따르지 않는 악인의 무고로 양산경찰서에 출두하여 '야산대'(토벌대)에게 9월과 10월 사이에 15만 원을 주지 않은 것을 빌미로 빨갱이로 몰려 참혹한 고문을 당하자 아직 시절인연이 도래하지 않은 것으로 여기고 그 뜻을 철회한 적이 있다. 그런데 이후 설치된 영축총림

신하였다. 강원과 선원 및 율원을 중심으로 여러 산내 암자를 거느리며 불보종찰로서의 면모를 지녀오고 있다. 월간 『등불』지 간행을 통해 문서포교에 앞장서고 있으며, 1990년대 초에는 영축불교문화연구원을 개설하여 몇 차례의 학술대회를 개최하기도 했으나 현재는 중단되어 있다.

총림 곳곳에는 대한시대에 통도사를 무대 활동했던 근현대의 선사 구하 천보(鷲山/九河 天輔,[25] 1872~1965)와 경봉 정석(鏡峰 靖錫, 1892~1982) 및 벽안(碧眼, 1901~1988)과 노천 월하(老天 月下, 1915~2003) 및 원명 지종(圓明 智宗, 1930?~)의 살림살이가 드리워져 있다.

2 해인총림

해인사는 신라 애장왕 3년(802) 10월 순응과 이엄 두 대사에 의해 창건되었다, 그 뒤 여러 차례의 큰 화재를 만나 대부분의 건물과 요사채가 불탔었다. 하지만 그때마다 다시 불사를 이어와 현재는 75개 말사와 16개의 부속 암자를 거느리고 있다. 이 해인사를 중심으로 설치된 해인총림은 1946년 10월쯤부터 1950년 6.25 전쟁까지 약 4년간 존속되었던 가야총림의 복원이자 후신이다.[26]

은 1972년 승격 기록과 1984년 승격 기록이 혼재하고 있다. 아마도 1972년 설치되었고 1984년에 종단에 등록되었기 때문으로 보인다. 지난 1998년과 1999년의 조계종 분규 사태 이후 통도사는 총림에서 해제되었다가 2006년 다시 총림으로 승격되었다.

25 영축총림 통도사, 『鷲山 九河大宗師 民族運動 史料集』 상하(양산: 대한기획, 2008). 최근 축산 구하의 민족운동 관련 사료집은 구체적인 사료를 통해 한때나마 친일 행위로 평가받은 구하의 일생에 대한 정당한 평가를 시도하고 있다. 鷲山은 自號이고 九河는 法號이며 天輔는 法名이다. 종래 '구하 천보'로 표기되어 왔으나 최근 '축산'이란 자호로 널리 불리고 있다.

26 가야총림은 다시 해인총림으로 이어졌다. 조계종의 나머지 4개 총림이 모두 산 이름을 총림 이름으로 하고 있지만 해인총림이 산 이름을 붙이지 않은 것은 그

해인사 일주문인 홍하문(紅霞門) 정면에는 근대 서예가인 혜강 김규진(金圭鎭, 1868~1934)의 '가야산해인사'(伽倻山海印寺)란 현판을 걸었고 뒷면에는 박해근(朴海根)이 쓴 '해동제일도량'(海東第一道場)이란 현판을 걸었다. 해탈문에는 '화엄' 혹은 '선법'으로 표현되는 '원종'의 총본산답게 '해동원종대가람'(海東圓宗大伽藍)이란 현판을 걸고 있다. 이들 일주문과 해탈문의 현판들이 시사해 주듯 해인사는 '원종'을 지향하는 한국불교의 맥을 이어오고 있다. 특히 조선 태조 7년 이래 『고려대장경』을 봉안하면서[27] '법보사찰'의 칭호를 얻었다. 이 때문에 이 사찰은 한국불교 총본산의 의미를 지니고 있다. 그리고 오대 총림 가운데에서 가장 긴 역사와 전통 및 가풍과 문화를 간직해 오고 있다.

해인사에 관한 종합적인 문헌은 최치원의 「신라가야산해인사선안주원벽기」(新羅伽倻山海印寺善安住院壁記), 「신라가야산해인사고적」(新羅伽倻山海印寺古籍」(고려 태조 25년 기록) 및 「가야산해인사고적」(고종 11년 1184년 판각), 조위의 「해인사중수기」(1491), 「해인사사적비」, 퇴암의 「해인사실화적」 등이 있다.[28] 해인사의 유적은 고운 최치원이 말년에 머물렀던 홍제동 계곡 바위들과 조선의 혜각존자 신미(信眉)와 등곡당 학조(學祖)대사의 중창 및 성사 사명 유정(松雲)대사의 자취가 홍제암 부도 등으로 남아 있다. 백련암 등 산내 16개 암자와 근래 새로운 양식으로 조성된 자운, 성철, 혜암 선사의 부도비가 있다.

또 세계의 문화유산으로 인정받은 해인사 장경각[29]과 『고려대장경』

전신인 가야총림과 구분하기 위해서다. 가야총림에 대한 논구로는 현재 다음의 논문이 유일하다. 김광식, 「伽倻叢林의 설립과 운영」, 『제3회 종단사 세미나 자료집: 한국 현대불교의 교육기관』(조계종 교육원 불학연구소, 2008), pp.1~25.

27 태조 7년 강화도 선원사에 있던 대장경판을 한양 서대문 근처의 支天寺로 옮긴 뒤 이해 5월에 다시 해인사로 옮겼다.

28 이재창 외, 『빛깔있는 책들: 해인사』(서울: 대원사, 1993), pp.6~30.

29 유네스코의 세계의 문화유산선정위원회로부터 인정받은 것은 『고려대장경』 板木

판목을 비롯한 국가 보물 등 70여 점이 산재해 있다. 해인사는 1990년대 중반에 고려대장경연구소를 설립하여 재조본 전산작업을 마무리했으며 이후에는 초조본 대장경의 복원작업까지 마쳤다. 또 월간지 『해인』 간행을 통해 불교 잡지 출판 문화를 선도해 오고 있다. 산내의 백련암은 백련문화재단 성철선사상연구원을 개원하여 정기적인 학술대회와 『백련불교논집』 간행 및 도서출판 장경각을 운영하여 불서들을 번역해 내고 있다. 인물은 구한 말 수선사를 결성한 경허 성우를 필두로 하여 제산, 용성 진종, 경봉 정석, 동산 혜일, 효봉 학눌, 효동 환경, 효당 범술, 고봉, 퇴옹 성철, 고암 상언, 혜암 성관, 도림 법전 등의 살림살이와 사고방식이 곳곳에 스며들어 있다. 강원과 선원 및 율원을 기반으로 한 해인총림은 현재 산내 16암자와 부속 말사 75개를 거느리고 있다.

3 ▌조계총림

송광사는 '조계산 대승선종 송광사'(曹溪山大乘禪宗松廣寺)라고 쓴 일주문 편액처럼 한국 선종의 본산으로 널리 알려져 있다. 처음에는 신라 말 혜린(慧璘)선사가 이곳에 터를 잡고 산 이름을 송광산, 절 이름을 길상사라고 불렀다. 고려 중기 명종 12년(1182) 보조 지눌(1158~1210)이 타락한 불교를 바로잡기 위해 영천 거조사에서 정혜결사를 결성하였다. 하지만 거조사가 몰려드는 대중으로 도량이 비좁아지자 좀 더 넓은 도량을 물색했다. 결사 8년 뒤인 1200년에 폐허 직전인 승주의 길상사로 정혜결사를 옮겨왔다. 그런데 가까운 곳에 있는 정혜사와

이 아니라 대장경을 보관하는 '藏經閣'이다.

이름이 같아 피하려 했는데 고려 희종은 친필로 산 이름을 '조계'(曹溪), 절 이름을 '수선사'(修禪社)로 내려 주었다. 뒤에 수선사를 다시 송광사로 바꾸었다.

송광사에 대한 전반적 기록은 김군수(金君綏)의 「불일보조국사비명」(佛日普照國師碑銘, 1213입비, 1678중건)과 「송광사사원사적비」(松廣寺嗣院事蹟碑, 1678) 및 기산 석진의 『송광사지』 등이 있다. 송광사는 보조 지눌을 비롯해 진각 혜심(1178~1234)-청진 몽여(?~1252)-진명 혼원(1191~1271)-원오 천영(1215~1286)-원감 충지(1226~1292)-자정 일인-자각 도영-담당 □□-혜감 만항(1249~1319)-묘엄 자원-혜각 묘구-각진 복구(1270~1355)-복암 정혜-홍진 □□-고봉 법장(1350~1428)에 이르기까지 16국사를 배출한 '승보종찰'로 불리고 있다. 근세에도 청허 휴정과 쌍벽을 이룬 부휴 선수의 제자들인 취미 수초(1590~1668)-무용 수연(1651~1719)-영해 약탄(1668~1754)-풍암 세찰(1688~1767)-묵암 최눌(1717~1790) 등이 머무르며 사격을 드높였다.

송광사는 고려 인종 대의 석조(釋照)의 중창과 명종 대 지눌의 중창을 필두로 하여 중창을 거듭했다. 이후 송광사 16국사의 마지막 선사였던 고봉화상의 원으로 중창하였으나 정유재란으로 다시 폐허가 되었다. 광해군 1년(1609) 부휴 선수(浮休 善修, 1543~1615)가 제자 벽암 각성 등 400여 명을 이끌고 불사를 했다. 조선 헌종 때 거의 대부분 건물이 불타버리자 헌종 만년 및 철종 대에 걸쳐 다시 중창되었고 1920년에 설월(雪月)과 율암(栗庵)에 의해 전반적 중수가 있었다.[30] 1948년의 여순반란 사건과 1950년의 6.25 전쟁 때에 국군 토벌대는 산중에 은신한 공비 토벌을 위한 작전이라며 절 주변의 숲을 벌채하였

---

30 강건기 외, 『빛깔있는 책들: 송광사』(서울: 대원사, 1994), pp.31~34.

다. 이에 격분한 빨치산들은 절을 지키던 노인들을 학살하고 5월에는 절에 불을 질러 대웅전 등 중심부를 태워버렸다. 1955년 금당(錦堂) 주지와 취봉(翠峰) 화주의 원력으로 대웅전을 비롯한 건물들을 복구하였다.

1969년 조계총림이 설치된 뒤 효봉 학눌(曉峰 學訥, 1988~1966)의 제자인 구산 수련(九山 秀蓮, 1909~1983)/ 회광 승찬(廻光 壹覺/僧讚, 1924~1996)과 구산의 제자인 현호(玄虎)가 1990년도까지 제8차 중창을 하면서 조계총림을 크게 일신시켰다. 외적인 건물불사를 어느 정도 마친 구산은 내적인 사상불사를 시도하였다. 우선 1969년에 후원단체인 불일회를 결성하여 총림을 외호하게 하였고 1970년에는 송광사의 선원인 수선사를 낙성하였다. 1974년에는 서울 경복궁 옆에 송광사 분원 법련사를 두어 불교 강좌와 문화 강좌 및 『불일회보』(현재는 사보 『송광』) 간행 및 불일 갤러리 그리고 불일 출판사 운영 등으로 조계총림의 존재감을 극대화했다. 특히 구산은 지눌에 이어 제2 정혜결사 운동을 제창하여 송광사의 사격을 높이 선양했다. 그리고 송광사에 국내 최초로 불일 국제 선원을 개원하여 외국인 제자들에게 선을 지도하였다.

그를 이은 현호는 1987년에는 보조사상연구원을 개원하여 학술지 『보조사상』을 간행하고 있다. 나아가 구산장학회 결성을 통한 장학사업과 『구산논집』 간행을 통한 학술 사업 등을 병행하여 지식사회에 적지 않은 공헌을 하고 있다. 강원과 선원과 율원을 기반으로 한 조계총림 송광사는 시야를 국내에만 두지 않고 국외로 한 걸음 더 나아갔다. 미주에 삼보사, 고려사, 대승사를 개사하였고, 스위스에 불승사 등을 개원하였다. 근래에는 구라파 지역에도 선원을 두어 한국불교의 세계화에 기여하고 있다. 조계총림은 효봉 원명(曉峰 元明/學訥,[31] 1888~

1966)의 가풍을 이은 구산 수련(1909~1983),[32] 회광 일각(廻光 壹覺, 1924~1996), 범일 보성(梵日 菩成, 1928~), 법흥 도연(法興 度然, 1931~), 법정(法頂, 1932~2010), 현호(玄虎, 1942~) 등의 선사들을 배출하여 오늘도 '승보종찰'의 위상을 이어가고 있다.

4 ‖ 덕숭총림

이 절의 일주문에는 서예가 소전(素筌) 손재형(孫在馨, 1902~1981)이 쓴 '동방제일선원'(東方第一禪院)이란 현판이 걸려있다. 이 현판은 수덕사의 정체성을 선법에 두고 있음을 말해준다. 덕숭산은 '덕을 숭상하는 산'이다. 여기서 덕은 학덕을 의미한다. 이것은 '수덕'이란 절 이름에도 나타나 있다. 이 절의 가풍은 '참선'에서 시작하여 '견성'으로 맺어진다. 이는 '정혜사'라는 산내 사찰과 '견성암'과 '환희대'라는 암자의 이름을 통해서도 알 수 있다.

수덕사는 1987년에 총림 사찰로서의 사격을 획득했다. '학덕을 닦는 도량'이라는 절 이름에 나타나 있는 것처럼 수덕사는 강학의 전통이 강한 절이다. 이는 백제 초기 불교의 성격을 말해준다. 중국의 사서인 『북사』와 『주서』 그리고 『수서』(隋書) 등에도 백제는 '승려와 절과 탑이 매우 많았으며', '도교를 받드는 이는 없었다'[33]고 되어 있다. 아쉽게도 역사서에 등장하는 열두 개 정도의 백제 사찰 가운데 수덕사만이

---

31 김방룡, 「曉峰의 생애와 사상」, 『구산논집』 제1집; 『보조사사상』 제11집(보조사상연구원, 2000).
32 김방룡, 「九山 秀蓮의 생애와 사상」, 『구산논집』 제8집(보조사상연구원, 2006); 고영섭, 「九山 秀蓮의 살림살이와 사고방식」, 『보조사상』 제41집(보조사상연구원, 2014).
33 고영섭 외, 『빛깔있는 책들: 수덕사』(서울: 대원사, 2000), pp.11~12.

백제권 유일의 절로 남아 있다.

수덕사 관련 기록은 일연의 『삼국유사』 「피은」 편 '혜현구정' 조목과 김종직 등이 수정한 『신증동국여지승람』의 「덕산현」 '불우'(佛宇) 조 및 권상로의 『한국사찰전서』 및 운허 용하의 『불교사전』[34]의 기록과 『덕산향토지』[35]의 창건 연기설화 정도에 지나지 않아 아쉽다. 다만 『삼국유사』의 혜현 강학과 고려 공민왕 때 나옹 혜근의 중수했다는 『한국사찰전서』의 기록을 통해 수덕사 사격을 짐작해 볼 수 있을 뿐이다.

이후 조선 중종 23년(1528)의 대웅전 채색 보수, 현종 14년(1673)의 괘불 조성, 영조 27년(1751)과 영조 46년(1770) 및 순조 3년(1803)에 대웅전이 중창되었다. 대한시대 경허 성우(鏡虛 惺牛, 1846~1912)의 법을 이은 만공 월면(滿空 月面, 1871~1946)에 의해서였다. 만공은 절의 주지가 되어 수덕사를 크게 확장하였다. 특히 비구니 하엽(荷葉, 1898~1971)을 제자로 맞아들여 우리나라 최초의 비구니 선방인 견성암과 환희대를 시설하였다는 점에서 여타 총림과는 차별성을 갖는다.

이 절을 대표하는 인물들은 창건자인 지명(智明, 知命)과 『법화경』 수지 독송과 삼론 강론으로 알려진 혜현(慧現, 慧顯, 570~627)이 있다. 이후 경허 성우-만공 월면-혜암 현문(慧庵 玄門, 1884~1985)/ 벽초 경선(碧超 鏡禪, 1899~1986)-원담 진성(圓潭 眞性, 1926~2008)-인곡 법장(仁谷 法長, 1941~2006) 등이 머물며 덕숭산의 가풍을 널리 선양했다. 지금도 혜우(慧雨)·송원 설정(松原 雪靖)·법성 우송(法城 愚松) 등의 원로 수좌들이 덕숭총림의 선맥을 잇고 있다. 또 일본 유학도이자 기자와 여류 문필가로 유명했던 하엽이 출가하여 견성암과 환희대에 머물면서 많은 비구니 수행자들을 배출시켰다. 강원과 선원을 기반으로

34 운허 용하, 『불교사전』(서울: 동국역경원, 1985), p.485.
35 예산문화원 편, 『德山鄕土誌』(예산: 예산문화원, 1996. 11).

한 덕숭총림은 최근 수덕 여관을 입수하여 개조한 전시관과 근역성보 박물관 개설 및 템플 스테이의 상설 등을 통하여 문화의 영역을 넓혀 가고 있다.

5 ‖ 고불총림

1996년에 복원[36]된 고불총림[37] 백양사는 백제 무왕(632) 때 창건되어 고려시대에는 '도사'로 불렸다. 그 뒤 환양(幻羊)이 주석하면서 맹렬히『법화경』을 독송하자 흰 양이 경을 읽는 소리를 듣고 몰려오는 일이 잦았다. 해서 조선 선조 7년(1574)년에 이 절을 중건하면서 백양사로 이름을 고쳤다. 그 뒤 환성 지안(喚醒 志安, 1664~1729)과 도암 인정(道庵 印定, 1805~1883) 및 만암 종헌(曼庵 宗憲,[38] 1876~1957)에 의해 중건되었다.

1947년 만암은 일제 잔재 청산이라는 민족적 과제에 상응하는 식민지 불교청산과 민족정기 함양, 선풍 진작 등 3대 목표 아래 전라도 20여 사암 및 포교당을 동참시켜 호남 고불총림을 결성하였다. 이때 만암은 전남북의 여러 사찰을 동참시켰고 석전, 용성, 운봉, 인곡, 동산, 전강, 석암 등의 고승들이 이곳을 수행처로 삼았다.[39] 이후에는 서

---

36 고불총림은 1996년에 '승격'되어 5대 총림 가운데에서 제일 늦게 총림이 되었다. 여기서는 해방 직후 1947년부터 1950년 6.25 전쟁까지 추진한 고불총림이 있었기 때문에 '복원'이란 표현을 쓴 것이다.

37 김광식, 「고불총림과 불교정화」, 『한국현대불교사연구』(서울: 불교시대사, 2006), pp.77~112.

38 고영섭, 「불교 정화의 이념과 방법」, 『정화운동의 재조명』(서울: 조계종출판사, 2008), p.86, 주) 7. 만암 종헌은 교정과 종정에 오른 뒤 통합종단의 기본노선으로 대처승을 '護法衆'(혹은 교화승)으로 칭하면서 대처승의 존속을 인정한 뒤 대처승을 당대로만 제한하여 상좌를 받지 못하게 함으로써 역사적인 산물이자 현실인 대처승을 자연스럽게 정리해 가자는 입장을 지니고 있었다. 이러한 중도적 가풍이 고불총림에는 계승되어 있다고 할 수 있다.

옹 상순이 이곳에 머무르며 새로운 선풍을 일으켰다. 1996년에는 과거 고불총림의 기능과 위상을 되찾아 조계종의 다섯 번째 총림으로 설치되었다.

설유 처명(雪乳 處明, 1858~1903), 학명 계종(鶴鳴 啓宗, 1867~1929), 영호 정호(映湖 鼎湖, 1870~948), 만암 종헌, 서옹 상순(石虎[40] 西翁 尙純, 1912~2003) 등이 자신들의 살림살이를 보여주었다. 1998년 8월 18일부터 22일까지 이곳 고불총림에서 무차선회(無遮禪會)를 개최하였다. 백양사의 서옹, 해인사의 혜암, 해운정사의 진제 등 대표적 선사들과 전국의 수좌들 및 국내외 저명인사들이 참여한 가운데 고승대법회를 열었다. 그리고 한국선의 정체성에 대한 학술 발표와 활발한 토론이 이어졌다.

강원과 선원 및 율원을 기반으로 한 고불총림은 서옹 상순의 입적 이후에도 그의 참사람 운동 결사를 이어가고 있다. 지금은 수산 지종(壽山 智宗, 1922~2012) 등의 문도들이 그들의 살림살이를 널리 선양하고 있으며 현재는 강원과 선원을 중심으로 26개 말사를 관장하고 있다.

6 불교 정체성 확립의 공간적 기반

이제까지 살펴 온 것처럼 오대 총림의 역사와 전통은 총림별 차이가 적지 않다. 이미 40여년의 역사를 지닌 해인총림과 여타 총림의 역사와 전통은 동일할 수 없다. 각 총림의 구성원들은 시절인연에 따라 자신에게 맞는 수행처를 찾아 이동하기 때문에 일부 소임자가 겹치기

39 조계종 교육원 불학연구소, 『선원총람』(서울: 불교시대사, 2000), p.266.
40 뒷날 石虎는 西翁으로 개명했다.

도 한다. 해당 총림은 해당 지역의 오랜 가풍과 문화를 담보하고 있다. 때문에 강원과 선원 및 율원 등에 머물며 일정 기간 수행과 연찬을 해 온 수행자들의 삶의 흔적을 온전히 살펴보기는 쉽지 않다.

이들 오대 총림은 종합수도장으로서의 위의와 품격을 나름대로 유지해 오고 있다. 이러한 위의와 품격의 유지는 급속한 자본주의의 발달로 인해 물질적 풍요에 붙들려 있는 현대인들의 삶의 양태에 신선한 자극이 되고 있다. 현대인들 대부분은 자신의 삶을 주체적으로 확립하지 못하고 대상화하며 살고 있다. 이러한 현실에 비추어 볼 때 자신의 본래 면목을 찾기 위해 수행하는 공간인 각 총림의 전통과 역사에 대한 평가는 쉽지 않다.

불교의 깨달음은 수행을 통해 이루어지는 것이다. 때문에 불교에서 수행은 불교의 정체성이자 특장이라고 할 수 있다. 수행은 자신을 성숙시켜가는 과정일 뿐만 아니라 평생을 쓸 수 있는 자량(資糧)을 확보하는 일이기 때문이다. 이런 점에서 불교의 총림은 불교의 정체성을 지켜낼 성소이자 기반이라고 할 수 있다. 바로 이러한 시각 위에서 오대 총림의 가풍과 문화는 올바로 평가되어야 한다.

4. 다섯 총림의 가풍과 문화

불교 조계종의 오대 총림의 전통과 역사는 인도와 중국 불교의 전통을 고스란히 계승하고 있다. 인도의 불교 지형도와 달리 중국의 불교 지형도는 급변하고 있다. 중국의 불교는 최근 상당수의 사찰이 재건되고 수행 총림이 복원되고 있다. 대다수 중국 수행자들은 23개 성의 주요 총림에서 연찬과 수행을 병행하고 있다. 이것에 비해 한국불교는 여전히 정체성 확립과 인식틀 확보의 노력이 미진하다고 하지 않을 수 없다.

한국불교는 중국에서 불교가 전래된 이래 자기 고유의 사유 체계를 확립해 왔다. 고구려의 승랑 등과 백제의 혜현 등을 비롯하여 신라의 원광, 안함, 자장 등은 그 역사적 위상과 영향이 적지 않았다. 하지만 현존 저술이 남아 있지 않아 연구가 쉽지 않다. 이들 이외에도 문아(원측), 원효, 의상, 경흥, 의적, 태현 등의 신라 사상가들과 균여, 의천, 지눌, 일연, 백운, 태고, 나옹 등의 고려 사상가들은 모두 총림에 준하는 종합수도장에서 연찬과 수행을 병행했다.

조선시대와 대한시대의 불교의 지형도는 과거에 비해 급변하였다. 불교에 대한 유교 성리학의 과도한 억압과 일본 제국주의의 후원에 힘입은 일본불교 및 기독교(천주+개신)의 공격적인 선교 전략의 구사에 직면했다. 더욱이 대중들의 기호가 다양해지면서 종래의 소극적 전법 방식만으로는 통하지 않게 되었다. 이제 한국불교는 국제 세계에 노출되면서 새로운 시대인식과 역사의식을 가져야만 하게 되었다.

대한시대 이래 일본불교의 영향으로 한국불교의 정체성은 희미해지고 인식틀은 무뎌졌다. 이러한 때에 무엇보다도 시급히 요청되는 것은 한국불교의 고유성을 발견하고 독자성을 온전히 규명해 내는 것이다. 이러한 맥락에서 볼 때 한국불교의 정체성을 집약적으로 갈무리하고 있는 오대 총림의 가풍과 문화는 한국의 대표적 자산이라고 할 수 있다.

1 영축총림의 가풍과 문화

영축총림은 불사리를 봉안한 통도사 경내의 금강계단을 중심으로 한 계율과 관련된 가풍과 문화가 중심을 이루어 왔다. 이와 달리 축산 천보가 주석한 통도사 선원, 경봉 정석이 주석한 극락선원(극락암), 노천 월하가 주석한 보광선원은 선풍이 중심을 이루어 왔다. 한편 도자기 고려대장경을 모신 서운암(성파) 등에서는 예술적 기풍이 함께 공유되어 왔다. 또 국내 단일 사찰로는 가장 규모가 큰 성보박물관(범하)의 개설로 통도사는 불교예술 집성의 대표적 공간이 되고 있다.

영축총림의 가풍과 문화를 보존할 수 있는 과제는 여러 가지가 있을 것이다. 우선적으로 꼽을 수 있는 과제는 불사리를 기반으로 한 계율 문화와 성보박물이 수집한 불교 문화재를 특화하는 일이다. 또 경봉 정석이 이어온 선차 문화를 계승하는 것도 주요한 과제가 될 수 있을 것이다. 그리고 사보『등불』의 지속적 발간과 함께 영축불교문화원의 재가동을 통한 학술 활동 등이다. 따라서 계율과 수선 및 선차와 불교 문화재 등으로 이어지는 문화 벨트를 만들어 낸다면 영축총림은 개성 있는 총림문화를 만들어 갈 수 있을 것이다.

2 ∥ 해인총림의 가풍과 문화

해인총림은 고려대장경이 봉안된 장경각을 중심으로 한 강학의 가풍이 널리 알려져 왔다. 최근에는 한국학술진흥재단의 지원을 받는 고려대장경연구소의 활동으로 인쇄와 출판 및 디지털 문화를 선도해 오고 있다. 또 사보의 울타리를 넘어 불교잡지로서 자리매김한『해인』을 간행해 오고 있다. 그리고 퇴옹 성철이 주석한 백련암은 백련문화재단 성철선사상연구원을 만들어 학술대회와 신행 및 출판 활동을 벌이고 있다. 고암 상언이 주석한 용탑암의 용탑선원, 혜암 성관이 주석한 원당암 그리고 현 종정인 도림 법전이 주석하고 있는 삼선암 등에서도 간화선풍이 널리 펼쳐지고 있다.

경내의 홍제선원과 용탑선원의 탑비들 그리고 최근 현대 불교 문화재의 새로운 방향을 제시한 것으로 평가받는 성철선사 부도탑비와 자운선사 부도탑비 등은 해인총림의 또 다른 문화공간으로 자리 잡아가고 있다. 또 해인초등학교를 인수하여 만든 해인사 성보박물관은 사찰 전시공간의 새로운 모델이 되고 있다. 아울러 최근 시작한 해인사 법보전의 쌍둥이 비로자나불을 기념하여 시작한 '천년의 사진전'(2007~)도 해인사의 새로운 문화로 자리 잡고 있다.

이처럼 해인총림의 가풍과 문화의 특징은 고려대장경으로 대표되는 인쇄 및 출판 문화와 퇴옹 성철 선사/ 고암 상언/ 혜암 성관 등으로 알려진 수선 문화라고 할 수 있다. 이들 브랜드의 가치를 극대화하기 위해서는 고려대장경과 수선 문화를 결합시킬 수 있는 고리를 확보해 가야만 할 것이다.

3 조계총림의 가풍과 문화

조계총림은 고려 보조 지눌 국사의 수선사와 이후 16국사를 배출한 조사전을 중심으로 한 여러 전각들이 승보종찰의 가풍을 잘 보여주고 있다. 일찍이 구산 수련은 송광사 국제선원을 만들어 눈 푸른 납자들을 맞이하여 한국 간화선을 세계화하는데 선도적인 역할을 해왔다. 또 서울에 송광사 분원으로 법련사를 만들어 학술과 출판 및 장학재단과 갤러리를 운영함으로써 현대판 사찰운영의 전형을 제시해 왔다.

또한 보조사상연구원을 만들어 학술지 『보조사상』을 간행하고 있고, 국내 및 국제학술회의를 통해 지눌 및 한국 선법의 우수성을 널리 알리고 있다. 나아가 구산장학재단을 만들어 불교전공학생들에게 장학금을 주고 연구결과물을 『구산논집』에 담아내고 있다. 또한 대중불교문화지인 『불일회보』(90년대 후반 폐간 이후 사보 『송광』으로 통합)를 만들어 불교문화의 선진적 감각을 소개하였고 송광사를 수호하는 재야단체인 불일회를 이끌어 가고 있다.

전통 문화를 계승하고 새로운 문화를 창안하려는 다양한 노력은 목우자 지눌의 가풍을 잇고자 했던 효봉 학눌과 그의 유지를 이으려했던 구산 수련의 노력에 힘입은 결과로 보인다. 이러한 송광사의 가풍과 문화는 어른을 잘 섬기는 절 집안의 아름다운 모습에서 이루어진 것이다. 바로 이 점에서 송광사의 가풍과 문화는 여타의 총림에도 자극을 주고 있다.

조계총림의 가풍과 문화의 특징은 한 마디로 수행자상의 제시라고 할 수 있다. 이 때문에 지눌 등의 16국사와 효봉 학눌-구산 수련 등으로 이어지는 수선 문화를 극대화하는 장치가 요청된다. 그리고 이것을 뒷받침하는 수련 문화 시스템의 구축이 이루어져야 한다. 특히 템플스테이의 활성화는 조계총림의 이미지를 극대화할 수 있는 좋은 브랜드가 될 것이다.

4 덕숭총림의 가풍과 문화

덕숭총림은 경허-만공의 선풍으로 널리 알려진 곳이다. 최근까지 경허-만공을 기리는 노력으로 몇 차례의 학술대회를 개최하고 무불선원을 개설해 왔다. 덕숭산 정상의 정혜사 능인선원과 견성암 및 환희대에서는 백여 명의 납자들이 수행하고 있다. 이러한 수행 가풍과 문화는 경허-만공의 살림살이를 계승하는 것이며 새로운 수선 문화를 만들어가는 것이라고 할 수 있다. 현재 주말마다 템플 스테이를 운영하며 수행도량으로서의 면모를 잘 이어가고 있다.

경내에는 근역성보박물관을 만들어 불교 박물관의 새로운 전형을 만들어 가고 있다. 아울러 재불 화가 이응로가 머물던 일주문 밖의 수덕 여관을 인수 개조하여 선문화 선양을 위한 갤러리로 운영하고 있다. 이러한 일련의 노력들은 미래 사찰 기능의 역할 모델로서 자리매김되고 있다.

덕숭총림의 가풍과 문화의 특징은 경허-만공으로 이어지는 간화선의 전통이다. 해서 이곳은 간화선 전통을 보다 대중화하고 이를 뒷받침하는 노력이 요청된다. 아울러 전통적으로 비구선원과 비구니 선원의 이미지를 극대화하여 수행 문화를 브랜드화 하는 일이 요청된다. 그리하여 한국선의 전통을 국제화하고 세계화하는 데에 매진해야 할 것이다.

5 고불총림의 가풍과 문화

고불총림은 이미 총림을 운영한 경험이 있었다. 한동안 총림이 단절되었다가 1996년 새롭게 총림으로 승격되었다. 이를 계기로 학명 계종/만암 종헌-서옹 상순/수산 지종으로 이어지는 임제선풍을 이어가고 있다. 특히 '선'과 '차'가 둘이 아님을 보여주었던 조주 종심의 가풍을 계승하는 '보차회'와 임제 의현의 무위진인 사상을 현대적으로 재현해 가는 '참사람운동'은 여타 총림들의 모범 사례가 되고 있다.

백양사는 그동안 서옹 상순 등이 주도한 몇 차례의 무차선회를 통해 한국선의 국제화와 대중화를 도모하였다. 앞으로 고불총림의 개성을 극대화하기 위해서라도 무차선회와 같은 선의 대중화 노력이 좀 더 지속적으로 계승되어야 한다. 서옹 상순에 의해 재현된 임제선풍은 운문선원과 고불선원의 수좌들에게 이어져 지금도 『벽암록』 법문으로 전해지고 있다.

최근에는 템플 스테이의 다양한 프로그램 운영을 통해 참가자들에게 고불총림의 가풍과 문화를 적극 전달하고 있다. 고불총림의 가풍과 문화를 이어가기 위한 과제는 학명 계종 이래 이루어졌던 농선일치 혹은 선농일치 전통의 계승이라고 할 수 있다. 아울러 선과 차를 생활화한 보차회의 전통을 계승하여 총림청규로부터 이어지는 수행 문화를 활성화하는 일이다. 그리하여 '농선'과 '선차'의 브랜드를 극대화할 수 있다면 고불총림의 기능과 역할은 좀 더 확장될 것이다.

6 ▌전인적 인간상의 제시

문화를 일구어내고 계승 발전시키는 주체는 사람이다. 해서 해당 총림에서 종래 어떤 인물을 배출하였으며 앞으로는 어떤 가풍과 문화를 생산해 낼 것인가에 대한 보다 냉철한 고민과 반성이 요청된다. 각 총림이 배출해 낸 인물들을 좀 더 입체적으로 조명하고 그들의 삶과 생각을 총림인들의 삶의 전형으로 제시해 내야한다.

그러기 위해서는 우선 다방면의 전문가들에 의해 해당 총림의 인물과 문화에 대한 분석과 검토가 이루어지고 그 결과를 외화시켜야 한다. 나한전과 조사당에는 해당 총림이 배출한 인물들을 빚은 존격을 모시고 역사적 기술로 옮겨 내는 노력도 병행되어야 한다. 이를테면 성철-법전의 살림살이로 알려진 해인총림의 '돈오돈수' 가풍과 지눌의 살림살이로 알려진 '돈오점수' 가풍을 계승한 효봉-구산의 '돈오점수' 가풍처럼 해당 산문의 독특한 역사와 전통에서 우러난 각 산문의 가풍과 문화를 선양해야 한다.

또 고불총림의 만암 종헌-서옹 상순의 살림살이와 덕숭총림의 경허 성우-만공 월면의 가풍, 영축총림의 황룡 자장 이래 축산(구하) 천보/ 경봉 정석-벽안/ 노천 월하의 가풍 등을 연구하고 공론화해야 한다. 그렇게 된다면 구산선문과 같은 각 산문이 보여주었던 개성과 특성보다 넓게 불교의 외연을 확장할 수 있을 것이다. 결국 각 총림은 해당 총림이 배출한 인물과 그의 살림살이 정립과 확장을 통해 총림의 가풍과 문화를 만들어 가야 한다.

우리는 선택과 집중이 요청되는 자본주의 시대에 살고 있다. 자본주의 체제는 많은 문제를 안고 있다. 그렇다고 하더라도 다른 체제를 세워내지 못하는 한 우리는 여전히 이 체제 속에서 살 수밖에 없다. 그러므로 자본주의의 이 도저한 물결을 이겨내기 위해서는 '붓다'로 대표되는 전인적 인간상을 '새로운 삶의 전형'으로 보편화시키는 노력을 배가시켜야 한다.

불자로서의 정체성 확립과 인식틀 확보의 노력 없이 자본주의 시대를 견뎌내기는 쉽지 않다. 때문에 견고한 사상적 갑옷을 입고 수행과 연찬에 매진하는 불교 수행자들의 삶의 모습을 새로운 삶의 역할 모델로서 적극적으로 제시해야만 한다. 그러기 위해서는 붓다의 삶에 대한 확신과 자신의 역할 모델로서 그를 닮으려는 열정을 지닌 사람들을 길러 내는 것이 무엇보다도 중요하다.

따라서 오대 총림은 신라 하대와 고려 초의 구산선문(九山禪門) 혹은 중국의 오가칠종(五家七宗)의 독자적인 가풍을 계승하되 그보다 확장된 '문'(門)과 '림'(林)을 만들어 내야 할 것이다. '문'과 '림'의 개산 정신은 이 시대 총림의 정체성을 확립하고 인식틀을 확보하는 지름길이 될 것이기 때문이다. 그러면 어떻게 해야 '문'과 '림'의 가풍을 온전히 드러낼 수 있겠는가.

5. 종합수도장의 기능과 역할

인도와 중국을 거쳐 한국에 전래된 불교는 긴 세월 동안 한국화되었다. 하지만 한국불교 속에는 여전히 인도불교의 원류적 속성이 간직되어 있다. 인도 및 중국 불교의 특성을 나름대로 소화하여 계승하고 있는 조계종의 총림은 한국불교의 특성을 가장 잘 보여주고 있는 공간이다. 총림 속에는 선종을 지향하면서도 '간경'과 '주력'과 '염불' 및 '운력' 등을 아우르는 한국불교의 종합적 성격이 잘 간직되어 있다.

그러므로 한국불교 문화를 온축하고 있는 조계종의 불교 총림은 한국불교의 내화와 외화를 동시에 담당할 수 있는 구체적인 공간이 된다. 강원과 선원 두 개를 갖춘 총림이든 거기에 염불원 혹은 율원까지 겸비한 총림이든 간에 '종합수도장'으로서 총림은 여타의 단일 사찰이 담보하지 못하는 기능과 역할을 할 수 있는 곳이다.

그럼에도 불구하고 통도사, 해인사, 송광사, 수덕사, 백양사의 총림은 전국 25개 교구본사 중의 한 교구본사의 틀을 벗어나지 못하는 인상을 주고 있다. 총림의 기능은 해당 도의 말사와 암자를 인도하고 이끄는 데에 있지 않다. 총림은 해당 총림의 울타리를 넘어서서 대한불교조계종, 나아가서는 한국불교 전체의 가풍과 문화를 선도하고 지도하는 전진기지가 되어야 한다.

모든 분야의 국제화와 세계화가 이루어지면서 이제 한국불교도 세계 불교 속에서 일정한 내용과 위상을 요청받고 있다. 이러한 시대적 요청에 부응하기 위해서 불교 총림은 한국불교를 국제화할 수 있는 전초 기지가 될 수밖에 없다. 우선 총림 단위에서라도 부설 대학 및 연구소를 설치하여 전초 기지로서의 기능과 역할을 고민하는 주체를 확보해야 한다. 지금의 승가대학을 확장해서 하던 새롭게 부설하던 간에 대학과 연구소의 기능을 적극 활용하여 총림으로서의 지도력과 포용력을 확보해 내야만 한다.

무엇보다도 총림이 지니고 있는 '종합적 성격'과 강원과 선원과 율원 등의 '유기적 특성'은 외국인들이 한국불교를 인식할 수 있는 귀중한 자산이 된다. 때문에 단위 사찰로서는 감당하기 어려운 역할을 총림이 할 수 있는 일이 무엇인가를 찾아내는 것이 중요하다. 지난 몇 년 전부터 불교의 대표적 문화 상품으로 평가받는 '템플 스테이'는 이미 부가가치가 매우 높은 브랜드가 되어 있다. 이제는 템플 스테이와 같은 정례적인 수행 프로그램을 설치하여 국제적인 수행 센터로 거듭나야만 한다. 해당 총림이 마련한 국제간 교류 프로그램을 부설 대학과 연구소와 연계할 수 있다면 총림의 기능은 극대화 될 수 있을 것이다.

이를 위해 각 교구 간 또는 총림 간 연석회의의 설치도 고려해 보아야 할 것이다. 일개 교구가 감당하기 어렵다면 몇 개 교구 단위로 연합하여 총림을 보좌하는 시스템을 확립해야 할 것이다. 나아가 총림 사이의 상호 교류 시스템 설치도 모색되어야 할 부분이다. 이렇게 될 수만 있다면 총림 사이의 선의의 경쟁과 상호 보완의 역할을 할 수 있을 것이다.

각 사찰과 총림이 보유하고 있는 불교 문화재의 교류와 전시도 총림이 할 수 있는 주요한 임무가 될 것이다. 이를테면 건축과 회화 및 공예와 조각 및 서예를 중심으로 한 불교 미술과 범패와 무용을 중심으로 한 불교 음악, 그리고 차도와 서도 등을 통한 불교 수행 등의 문화 콘텐츠는 총림의 커다란 자산이 될 것이다. 부설 성보박물관을 기반으로 이러한 아이디어를 수집하고 연구한다면 다양한 기획 전시도 마련할 수 있을 것이다.

그러기 위해서는 우선 불교 총림의 기능과 역할에 대한 반성의 계기를 가져야만 할 것이다. 지금 40여 년간 불교 총림의 기능과 역할에 대한 공식적인 점검과 토론의 기회를 가져보지 못했다는 것은 크게 반성할 점이다. 조계종의 총림에 대한 종합적 검토는 보다 나은 방안을 도출해 낼 수 있는 계기가 될 것이다. 아울러 불교 종합수도장으로서의 총림이 지니고 있는 역사성과 철학성을 검토하고 가풍과 문화 및 기능과 역할을 심층적으로 조망하는 과정이 정례적으로 마련된다면 좀 더 효율적이고 생산적인 방책들이 도출될 수 있으리라고 본다.

6. 정리와 맺음

지금까지 불교 조계종 오대 총림의 역사와 전통, 가풍과 문화, 기능과 역할 등으로 나누어 살펴보았다. 통도사(영축), 해인사(해인), 송광사(조계), 수덕사(덕숭), 백양사(고불)를 기반으로 한 오대 총림들은 어려운 여건에도 불구하고 불교계 안팎에서 여러 가지 기능과 역할을 해 왔다. 조계종의 3대 지표는 '역경'(譯經)과 '포교'(布敎)와 '도제양성'(徒弟養成)이다. 경전 번역은 불교의 기반을 정비하여 전문화하는 일이며, 포교는 양성된 도제를 통해 역경과 전법하는 일이다. 도제양성은 역경과 포교를 담당할 전문적인 인재와 대중화의 주역을 육성하여 적재적소에 배치하는 일이다.

이러한 삼대 지표에 비추어 볼 때 현재 조계종 오대 총림의 기능과 역할은 일개의 교구본사 이상의 역할과 기능을 넘어서지 못하는 인상을 주고 있다. 그 이유는 총림이 지니고 있는 '종합적 성격'과 강원과 선원 및 율원 등의 '유기적 특성'을 온전히 드러내지 못하고 있는 데에 있다. 이를 보완하기 위해서는 해당 총림권에 들어 있는 각 교구본사와의 상호 독립의 역할과 상호 보완의 기능이 함께 이루어져야만 한다. 도제 양성을 통하지 않고서는 불교의 미래를 기대하기 어렵기 때문이다. 그런 점에서 총림의 건설은 곧 붓다로 대표되는 '전인적 인간상'을 탄생시키기 위한 조계종단의 깊은 의지를 보여주는 것이라고 할 수 있다.

불교가 이 시대에 해줄 수 있는 가장 큰 명약은 눈앞에 부딪치는 '현상' 혹은 '대상'에 대해 흔들림이 없는 마음 자세를 확보해 주는 일이다. 총림은 우리의 몸과 마음을 다스리는 수행의 공간이다. 동시에 수행자를 배출하는 곳이며 물질문명에 지쳐있는 현대인들에게 마음의 평화를 가져다주는 훌륭한 공간이다. 해서 '급속'(急速)한 물질문명에 지쳐 있는 현대인들에게 불교 총림이 보여주는 '서행'(徐行)의 정신문명은 치유의 명약이 될 수 있을 것이다.

총림의 기능과 역할을 극대화하는 지름길은 불교의 전인적 인간상의 제시와 이러한 인간을 만들어내기 위한 시스템을 확보하는 것이다. 이것은 인도 당시부터 불교가 제시해 왔던 자리적 인간상과 이타적 인간상을 탄생시키는 방법이었다. 따라서 우리 시대 불교총림이 해야 할 급선무는 지친 현대인들의 마음을 평화롭게 해주는 총림의 시스템적 기능을 회복하는 일이다. 그리하여 우리들의 마음을 맑고 깨끗하게 할 정신의 산소를 공급하는 일이다. '삶의 새로운 전형'으로서 '붓다'가 우리에게 보여준 것은 마음을 평화롭게 하는 지혜였기 때문이다.

2장 조계총림 송광사의 수행과 문화*

- 수행 전통과 문화 지형을 중심으로 -

1. 문제와 구상

조계총림 송광사[1]는 불교 조계종의 팔대총림[2] 중 조계총림의 본산이자 삼보사찰 중 승보(僧寶)종찰로 알려져 있다. 불보(佛寶)종찰인 영축총림의 통도사와 법보(法寶)종찰인 해인총림의 해인사 및 덕숭총림의 수덕사와 고불총림의 백양사와 달리 조계총림 송광사는 고려 이래 16국사와 2대 왕사를 배출한 대표적인 수행도량이다. 그뿐만 아니라

* 이 연구는 한국연구재단이 주관하는 BK21 사업의 지원을 받아 동국대학교 불교학과의 세계화시대불교학교육연구단이 수행하는 논문게재 지원의 일환으로 이루어졌다.

1 송광사는 전라남도 순천시 송광면 신평리 12번지에 있으며 대한불교조계종의 전국 25개 교구본사 중 제21 교구본사로 편성되어 있다.

2 고영섭, 「조계종 五大叢林의 재검토: 역사와 문화를 중심으로」, 『보조사상』 제31집 (보조사상연구원, 2009. 2). 대한불교조계종은 최근까지 5개 총림을 시설하고 있었으나 2012년 11월에 대구 팔공산의 桐華寺, 부산 금정산의 梵魚寺, 경남 하동의 雙溪寺에 총림을 설치하여 현재 8개의 총림을 운영하고 있다.

이곳은 조선시대의 억불숭유의 정책 아래서도 불교의 문화 지형을 면면히 이어온 총림이자 사찰로 알려져 있다. 고려시대와 조선시대에는 목우(牧牛)가풍과 부휴(浮休)가풍의 계승을 통해 불교의 위상을 굳건히 세워 한국불교의 '수행 전통'과 '문화 지형'을 유지시켜 왔으며, 대한시대에는 효봉(曉峰) 가풍과 구산(九山) 가풍의 계승을 통해 조계총림과 승보종찰로서 한국불교의 문화 지형을 국내외로 확장시켜 가고 있다.[3] 특히 조계총림은 수행 전통을 잘 이어 오고 있을 뿐만 아니라 종명인 '조계종'의 시원이기도 하여 여타의 총림에 견주어 독자적인 브랜드 가치를 지니고 있다. 송광사는 여타의 사찰에 견주어 독특한 문화 지형을 넓혀 가고 있어 다른 총림들과 사찰들의 귀감이 되어 왔다.

조계산 송광사는 신라 말 혜린(慧璘)대사에 의해 길상사(吉祥寺)로 창건되었으나 신라 말 고려 초의 후삼국 전쟁으로 폐사되어 절터만 남아 있었다. 나말 여초 당시 길상사는 고려 초기에 석조(釋照)대사에 의해 중창이 이루어지다가 그의 갑작스런 입적으로 완수하지 못했다. 때문에 한동안 길상사는 한동안 잊혀진 채로 남아있었다. 그 뒤 고려 중기의 보조 지눌(知訥, 1158~1210)선사가 개성 보제사(普濟寺)에서 선종 승과에 합격한 도반 10여 명과 함께 담선(談禪)법회를 거행하였다. 이 법회에서 타락한 고려불교를 바로 세우자며 발의한 것이 송광

3 1960년 이래 미국을 방문했던 한국인 선사는 一鵬 徐京保(1914~1996), 九山 秀蓮 등 여러 명이 있었다. 그중에서도 1970년 초부터 송광사와 법련사를 기반으로 한 九山 秀蓮의 미국과 유럽 등의 해외 포교는 선구적인 작업이었다. 일붕과 구산 이후 미국에 정착한 崇山 行願(1927~2004)은 아시아와 미국 및 유럽으로 觀音禪宗會(Kwan Um School of Seon, 관음선종 웹사이트(www.kwanumSeon.org/teachers-and-teaching) 참조(2013. 1. 31. 검색.)를 결성하여 한국선을 널리 펼쳤으며, 金三友(1941~)는 캐나다와 미국 및 멕시코 등에 禪蓮寺(Seon Lotus Society)를 시설하여 북미자혜불교회(Buddhist Society for Compassionate Wisdom, 자혜불교회 웹사이트(Seonbuddhisttemple.org/korea) 참조(2013. 1. 31. 검색.)를 결성하고 해외 포교 사업을 이어 가고 있다.

사 수행전통 수립의 기원이 되었다. 담선법회(談禪法會)를 마치고 나서 각자의 자리에서 수행하던 중 약 8년이 지났을 때였다. 옛 동지였던 득재(得材)선백이 영천 거조사(居祖寺)에 머물며 그 '결사'(結社)의 실마리를 맺으려 하가산(下柯山) 보문난야(普門蘭若)에 머무는 지눌에게 간절히 청하였다. 그러자 그해 봄에 동행하던 항(肛)선자와 함께 이 절에 옮겨와 옛날에 원(願)을 같이 했던 살아 있는 이들 3, 4인을 불러 모아 법회를 열며 정혜결사(定慧結社, 1190)를 맺으면서 비로소 문화 지형을 확보해 갈 수 있었다.

이즈음 불교계의 교종(教宗)은 참선 수행에 대한 인식과 노력을 배제하고 경전만을 붙들고 공부하였고, 선종(禪宗)은 경학 공부에 대한 인식과 노력을 괄호치고 참선만을 붙들고 수행하였다. 지눌은 당시 교종의 살림살이와 선종의 사고방식을 '단지 문자만 찾으려는 광혜'[但尋文之狂慧]와 '헛되이 침묵만 고수하는 치선'[空守默之癡禪]으로 규정하였다. 그리하여 이 '광혜'와 '치선'을 아울러 중도적 불교 사상을 재천명하기 위해서 '선정과 지혜를 골고루 닦아야'[習定均慧]한다고 역설하였다.[4] 이를 위해 그는 대장경을 열람하면서 '교학의 최정점인 화엄(華嚴)'과 '수행의 대명사인 선법(禪法)'의 접점을 모색하고 통로를 열어젖혔다. 이 사실이 전국에 알려지면서 수많은 대중들이 거조사에 모여들자 장소가 좁아졌고 거처가 부족하였다. 지눌은 제자 수우(守愚)에게 강남 지방을 두루 찾아 결사 안거할 장소를 알아보도록 하였다. 그는 송광산 자락의 옛 절터인 길상사지(吉祥寺址)를 발견하였고 지눌은 이곳을 정혜사(定慧社)로 부르다가 인근의 정혜사(定慧寺)를 피하여 다시 수선사(修禪社)로 이름을 바꾸고 정혜결사를 지속시켜 갔다.

---

4 知訥, 『勸修定慧結社文』(『韓佛全』 제4책, p.699중).

때마침 지눌의 정혜결사를 적극 지지하던 희종(熙宗)은 산 이름을 '조계산'(曹溪山)으로, 절 이름을 '수선사'(修禪社)로 하는 '조계산 수선사'라는 편액을 내려 주었다. 해서 지눌로부터 시작된 정혜결사는 고려 중기 불교사의 새로운 장을 열었다. 지눌의 정혜결사는 신라 말 고려 초에 전국에서 형성된 구산선문과 화엄교단의 갈등을 해소시키는 주요한 기제가 되었다. 동시에 정혜결사는 앞서 있었던 진억(津億)의 수정(水精)결사[5]와 달리 남북국시대인 통일신라와 대발해의 사상적 기반과 문화적 성취를 아울러 통섭하여 고려조의 인문정신과 사회기반을 공고히 하는 견인차가 되었다. 따라서 송광산 길상사는 수선사의 기반이 되면서 정혜 균습(定慧均習)의 수행 전통과 선교 병수(禪教併修)의 문화 지형을 만들어가는 전초기지가 되었다. 그리고 '선교일원'(禪教一元) 혹은 '선교겸수'(禪教兼修)의 기치는 한국불교의 특성이 되었다. 이 글에서는 고려 이래 한국불교사에서 통도사(通度寺)와 해인사(海印寺)와 함께 가장 주요한 총림과 사찰로서 자리해 왔던 조계총림 송광사[6]의 관련 자료들[7]을 통해 그 수행 전통과 문화 지형에 대해

5 고영섭, 「고려불교의 현실참여」, 『한국불학사: 고려시대편』(연기사, 2005). 지눌 이전의 결사는 1129년 지리산 水精寺에서 진행되었던 수정결사가 있다. 慧德王師 소현의 제자인 津億은 유가계통의 경전으로 분류되는 『점찰경』의 가르침에 입각하여 결사를 주도하였다. 그는 몇몇 도반들과 "출가한 사람은 한번 해탈하는 것을 목표로 하는 것 뿐이다. 만일 이것을 빙자하여 높은 명예나 후한 이익을 바란다면 어찌 본심이라고 할 수 있겠는가"라고 탄식하였다. 그리고 자신들의 뜻을 성취할 만한 도량을 찾아 다니다가 지리산 자락의 五臺寺를 중창하여 水精寺라 개명하고 인종 7년 수정사 낙성법회와 함께 시작한 念佛結社였다. 약 3,000여 명이 참여한 대규모 결사였으며 여기에는 여성 불자들도 동참하여 불상과 탑, 대장경을 조성하고 각자의 근기에 따라 염불, 사경 등의 수행을 통해 극락왕생을 발원했다고 한다.

6 송광사의 역사와 문화를 가장 종합적으로 담고 있는 아세아문화사 간행 『조계사송광산사고』는 상(建物部), 중(人物部), 하(雜部) 3편으로 되어 있다. 그런데 역주본의 저본인 '송광사 성보박물관 소장 원본'과 달리 아세아문화사에서 영인한 『조계산송광사사고』 본에는 「山林部」가 빠져 있다. 역주본이 보여주는 것처럼 '성보박물관 소장 원본' 부록에는 「住持先生案」과 「判廳先生案」을 싣고 있어 송광사의 역대 주지 방함들과 판청 방함들에 대해 자세히 알 수 있다.

살펴볼 것이다.

2. 길상사(吉祥寺)와 정혜사(定慧社)의 수행

신라는 천여 년의 역사를 이어 오면서 가야(금관가야, 532; 대가야, 562)와 백제(660)와 고구려(668)를 통합하였지만 말기에는 왕권이 급격히 약화되었다. 극성하였던 경덕왕과 혜공왕 이후 왕들의 재위 기간은 지극히 짧아졌으며 중앙 귀족들 사이의 정치 투쟁과 지방 호족들의 반란은 신라의 사직을 위태롭게 하였다. 지방의 하급 무장이었던 견훤(甄萱)이 반란을 일으켜 완산주(完山州)를 중심으로 후백제를 건국하였고, 경문왕의 후궁 아들이었던 궁예(弓裔)는 철원(鐵原)과 원주(原州)를 무대로 후고구려(摩震, 泰封)를 건국하였다. 신라와 후백제와 후

---

7 조계총림 송광사에 대한 기본 자료와 관련 논구는 아래와 같다. 한국학문헌연구소 편, 『한국사지총서: 조계산 松廣寺史庫』(아세아문화사, 1983); 송광사, 『조계산송광사지』(송광사, 1965; 라인, 2001); 조명제 외3인, 『역주 조계산송광사사고: 인물부』(혜안, 2007); 조명제 외, 『역주 조계산송광사사고: 산림부』(혜안, 2009); 『송광사사료집성』(불교중앙박물관 자료 대여); 『松廣寺入籍簿』; 『송광사재산대장』; 『松廣寺末寺聖寶臺狀』; 『修禪社形止記』; 불일회, 『불일회보영인본』 제1, 2, 3, 4, 5집(불일출판사, 1999); 강건기 외, 『빛깔있는 책들: 송광사』(서울: 대원사, 1994); 송광사성보박물관, 『국보 제42호 송광사 보조국사 목조삼존불감』(송광사, 2001); 이법산, 『5월의 문화인물: 불일보조국사 지눌』(문화관광부, 2001); 배진달, 「송광사 목조삼존불감(국보42호)의 도상과 편년」, 『국보 제42호 송광사 보조국사 복조삼존불감』(송광사, 2001); 고영섭, 「조계종 五大叢林의 재검토: 역사와 문화를 중심으로」, 『보조사상』 제31집(보조사상연구원, 2009. 2).; 藤谷 丙烈, 『송광사 역사사진전』(송광사성보박물관, 2009); 活龍 正洙, 『보조국사 지눌스님 열반 800주기 기념 고려불교문화제전 특별전: 송광사 역사사진전②』(송광사성보박물관, 2010); 김방룡, 「효봉의 생애와 사상」, 『구산논집』 제1집; 김방룡, 『보조사상』 제1집(보조사상연구원, 2000); 김방룡, 「구산 수련의 생애와 사상」, 『구산논집』 제8집(보조사상연구원, 2006); 김방룡, 「구산 수련의 선사상」, 『보조사상』 제38집(보조사상연구원, 2012. 8); 동아대박물관·송광사성보박물관, 『순천송광사 관음보살좌상 복장물』(동아대박물관, 2012).

고구려 삼국의 치열한 갈등 속에서 궁예의 부하였던 왕건(王建)이 지방 호족들과 결탁하여 제왕으로 추대받고 고려(高麗, 918~1392)를 개국하였으며 여러 차례의 전투 끝에 후백제의 견훤왕과 신라의 경순왕을 귀부(歸附)시킴으로써 후삼국을 통일하였다.

삼국을 재통일한 태조 왕건의 흥불 정책과 통치 이념에 힘입어 고려의 정세는 점차 안정을 찾아갔다. 그러나 태조의 승하 이후 혜종-정종대에 왕자의 난이 일어났다. 결국 당시의 실권자인 왕건의 동생 왕식렴(王式廉)과 정치적으로 타협한 광종(光宗)의 등극 이후 고려는 국가의 기반을 확립해 나갔다. 광종은 후주(後周)에서 귀부한 쌍기(雙冀)의 건의에 의해 노비안검법(奴婢按檢法)과 과거제(科擧制)를 실시하면서 지방 호족들을 제압해 나갔다.[8] 동시에 불교의 팔관제와 연등제를 적극 지원하였고 불교계의 탄문(坦文)과 혜거(惠炬) 및 겸신(謙信)과 균여(均如) 등과 교유하면서 상호 긴밀한 관계를 형성해 나갔다. 하지만 균여의 입적과 광종의 승하 이후 고려는 경종과 성종과 목종을 거치면서 소용돌이를 겪었으며 현종과 문종대에 이르러 비로소 대장경의 판각과 조성을 통해 문명국으로서의 자부심을 확립할 수 있었다.

문종의 넷째 아들인 의천과 그 아우의 출가는 왕실과 불교계의 관계를 더욱 더 돈독하게 하였다. 의천은 중국에 밀입국하여 선사들과 교학자들을 만나고 돌아오면서 초조 장경에 없는 많은 불교 전적을 가져와 고려 교장(敎藏) 편찬을 주도하였다. 동시에 교단을 정비하고 천태종을 창종하였으며 주전론(鑄錢論)을 제시하여 화폐를 사용하게 하였고 원효(元曉)와 의상(義湘)을 국사로 추대하여 명예를 드높였다. 하지만 그의 갑작스런 입적으로 선종(禪宗)에서 귀투한 승려들은 다시 조

8 고영섭, 「고려 전기 法眼禪의 수용」, 『한국불학사: 고려시대편』(연기사, 2005), p.63.

계종으로 되돌아갔고 곧바로 천태종으로 출가한 승려들만이 칠곡 지방의 선봉사(僊鳳寺)에서 명맥을 이어 갔을 뿐이다.

앞에서 언급한 것처럼 송광사의 원 절터였던 길상사는 신라 말 혜린(慧璘)대사가 초창한 절이었다. 하지만 길상사는 후백제 전쟁을 치르면서 폐사된 뒤 다시 복원되지 않았다. 고려 인조 때 석조(釋照) 대사에 의해 중창이 진행되다가 대사의 갑작스런 입적으로 인해 낙성되지 못했다. 이후 송광사지는 폐사되어 있었다. 지눌은 선종(禪宗) 승과(僧科)에 합격한 뒤 보제사 담선법회에서 도반들과 함께 타락한 고려불교를 바로 세우자고 제안하였다. 그는 무수한 언설문을 베풀어 방편과 실제의 두 길로서 자자정녕(孜孜叮嚀)히 가르치고 일깨워 주자 여러 동학들은 이 말을 듣고 모두 머리를 숙여 "다음날 능히 이 언약을 이루어 숲 속[林下]에 숨어 뜻을 함께 하는 모임[同社]을 맺게 되면 마땅히 정혜(定慧)라고 합시다"[9] 하였었다. 이후 지눌은 명예와 이익을 피하여 팔공산 청량굴(淸凉崛)에 들어가 선관을 오롯이 닦았다.

그 뒤 그는 3년간 나주(?) 청원사(淸源寺)에 주석하면서 『육조단경』을 열람하다가 "진여자성(眞如自性)은 사념(思念)을 일으켜 비록 육근(六根)으로 보고 듣고 지각하고 인식하지만 만상(萬象)에 물들지 않나니 진성(眞性)은 항상 자재하다"라는 구절을 읽고 홀연히 깨침을 얻었다. 28세(1185) 때에는 이통현 장자의 『신화엄합론』을 읽다가 "관심(觀心)과 사사무애(事事無碍)의 진리는 따로 존재하는 것이 아니라 서로 상통하며 관심 하나만의 자내증(自內證)을 통해서도 화엄의 전체적인 진리를 증득할 수 있다"라는 구절을 발견하고 불교는 불심종(佛心宗, 禪宗)의 진리를 깨치는 데 있음을 확신하였다. 다시 『신화엄합론』

9 知訥, 『勸修定慧結社文』(『韓佛全』 제4책, p.707중).

에서 "몸은 마음의 그림자, 국토 또한 그러하니 지혜가 맑으면 그림자도 맑으며 대소의 인드라망 경계가 모두 그러하다"라는 구절에서 깨닫는 바가 있어 경책을 머리에 이고 감격의 눈물을 흘렸다. 그리하여 지눌은 "세존께서 설하신 말씀은 교(敎)이고, 조사들이 마음으로 전하는 것이 선(禪)이다"라는 확신을 얻기에 이르렀다.

33세(1190)가 되는 해에 팔공산 은해사 거조사의 주지로 있던 도반 득재(得材)의 요청에 의해 지눌의 제안은 8년 만에 정혜결사로 결실을 맺게 되었다. 이해에 지눌은 팔공산 거조사에서 정혜결사를 실천에 옮기기 시작하였다. 지눌은 결사를 위해 맹약문(盟約文)의 필요성을 느끼고 『권수정혜결사문』을 지었다. 그곳에서 그는 『정혜결사문』을 반포하여 뜻있는 사람들의 동참을 호소하였다. 그러자 뜻있는 선사들은 물론 재가 불자 및 유자와 도사들도 동참하였다.

> 엎드려 바라노니 선문(禪門)의 사람이나 교종(敎宗)의 사람, 나아가 유교나 도교의 사람을 막론하고 속세를 싫어하는 뜻이 높은 사람으로서 티끌 세상을 벗어나 세상 밖에 높이 노닐면서 마음 닦는 도를 오로지 하여 이 뜻에 부합하는 이는 비록 지난 날 서로 모여 결계(結契)한 인연이 없더라도 결사문 뒤에 그 이름 쓰기를 허락한다.[10]

지눌은 이곳 거조사에서 먼저 정혜균습(定慧均習)의 살림살이를 제창하고 선교일원(禪敎一元)의 사고방식을 창안하였다. 이 결사에는 왕과 왕후 및 정경대부와 거사 그리고 부인들까지 직간접적으로 동참하면서 고려 불교계의 지형 역시 점차 변화하여 갔다. 당시 결사를 맺기까지의 배경에 대해서는 지눌의 『권수정혜결사문』에 잘 나타나 있다.

---

10 知訥, 『勸修定慧結社文』(『韓佛全』 제4책, p.707중).

때는 임인(壬寅, 명종 12년, 1182)년 정월에 상도(上都, 開城)의 보제사 담선(談禪)법회에 참석하였다. 하루는 동학 10여명과 약속하기를 "이 모임을 파하거든 우리는 명예와 이익을 버리고 산 속에 숨어들어가 '뜻을 함께 하는 모임'[同社]을 만들어 '항상 선정을 익히고'[習定] '지혜를 고르게 닦기'[均慧]에 힘쓰며, '예불을 하고'[禮拜], '경전을 읽고'[轉讀] 나아가 '노동'으로[執勞] '운력'하는 데까지[運力] 각기 자기가 맡은 일을 성실히 해 나가면서 인연을 따라 심성을 수양하여 한 평생을 구속 없이 지내며 멀리 '세상의 이치에 밝아서 사물에 얽매이지 않는 사람'[達士]과 '근본에 통하고자 하는 진실된 마음을 가진 사람'[眞人]의 높은 수행을 따른다면 어찌 기쁘지 않겠는가?"라고 하였다.[11]

처음 개성 보제사의 담선법회 때에는 여러 사람들이 지눌의 제안을 쉽게 받아들이지 않았다. 그들은 "지금은 말법시대를 만나 바른 도리가 잠겨졌으니 어찌 정혜(定慧)로써 업무로 삼을 수 있겠는가? 부지런히 미타(彌陀)를 부르며 정토(淨土)의 업을 닦는 것만 같지 못하다"[12]라며 동참하지 않았다. 이에 지눌은 "때는 비록 천변(遷變)함이 있으나 심성(心性)은 바뀌지 않는 것이니 법도(法道)의 흥쇠를 보는 자는 이 삼승(三乘) 권학(權學)의 소견이고 지혜 있는 사람의 할 바는 아닌 것이다. 그대들과 나는 이 최승 법문을 만나서 견문(見聞) 훈습(薰習)하는 것이 어찌 이 숙연이 아니랴. 스스로 다행스럽게 여기지 않고 도리어 깜냥[分]이 아니라는 생각을 내어 달게 권학인(權學人)이 된다면 가히 선조를 저버리고 최후에는 부처의 종자를 끊어버리는 사람이 될 것이다"[13]라고 하였다.

---

11 知訥, 『勸修定慧結社文』(『韓佛全』 제4책, p.698상중).
12 知訥, 『勸修定慧結社文』(『韓佛全』 제4책, p.698중).
13 知訥, 『勸修定慧結社文』(『韓佛全』 제4책, p.698중).

개성의 담선법회에서 타락한 고려불교를 바로 세우자며 굳게 서약하였던 지눌은 이곳 거조사에서 10년간을 머물며 정진하였다. 하지만 함께 수행하고자 하는 이가 모여들면서 거조사는 저잣거리를 이루었다. 사람은 많고 장소가 좁아 거처가 부족하였다. 지눌은 제자 수우에게 다른 장소를 물색하게 하였다. 그리고 이해(1198년, 41세)에 지눌은 지리산의 상무주암(上無住庵)에 머물며『대혜어록』을 읽고 3차의 전기를 맞이하였다.

> 선은 고요한 곳에도 있지 않고, 또한 시끄러운 곳에도 있지 않으며, 일상의 인연을 따르는 곳에도 있지 않으며, 분별 사량 하는 곳에도 있지 않으니, 먼저 얻은 것을 놓아 없애고 보면 고요한 곳, 시끄러운 곳, 일상의 인연을 따르는 곳, 사량 분별하는 곳에서 깨달음을 들을 수 있다.[14]

이즈음 제자 수우는 강남 지방을 두루 찾아다니다 송광산의 지세를 살피던 중 터가 아름답고 빼어난 곳이었던 길상사 터를 발견하였다. 그곳은 먹을 것이 풍부하고 샘물이 감미롭고 숲이 무성하여 참으로 마음을 수양하고 성품을 정양하며 대중을 모아 복을 지을 장소임을 확신하였다. 이윽고 43세(1200) 때에 수우의 보고를 받은 지눌은 이곳이 정혜결사 확장의 적임지라고 판단하고 결사의 무대를 송광산 길상사 터로 옮겼다. 이것이 곧 길상사(吉祥寺)와 정혜사(淨慧社) 즉 수선사(修禪社)가 만나 본격적인 수행터로 탈바꿈하는 계기가 되었다. 이곳으로 옮긴 뒤 지눌은 인근에 정혜사(淨慧寺)와 같은 사찰이 있음을 알고 절 이름을 수선사(修禪社)로 바꾸고 결사를 공고히 하였다. 1210년 3월 27일에 입적을 앞둔 그날 아침에 한 제자가 물었다. "스님의

14 大慧宗果,『大慧書狀』.

병환은 저 유마(維摩)거사의 병과 같습니까, 다릅니까?" 선사는 들고 있던 육환장을 쾅쾅 두 번 치고 이렇게 말하였다. "그대는 아직도 같고 다름을 배우는가?" 이윽고 지눌은 조계산 푸른 산자락으로 그렇게 걸어 들어갔다.

3. 수선사(修禪社)와 송광사(松廣寺)의 전통

길상사는 혜린 대사의 창건과 석조 대사의 중창 시도에 이어 폐사되었다. 하지만 보조 지눌의 주석 이래 정혜사-수선사-송광사로 사명(寺名)을 바꿔오면서 승보종찰(僧寶宗刹)이라는 이름을 얻었다. 선을 닦는[修禪] 모임[社]이라는, 즉 수선사를 계승한 송광사는 무수한 수행자를 배출하였다. 승보종찰이란 승보 즉 '수행자의 보배를 배출시킨 으뜸 사찰'이라는 뜻이다. 불보종찰인 통도사가 불사리를 모신 사찰이라면, 법보종찰인 해인사는 법사리인 대장경을 봉안한 사찰이다. 반면 승보종찰인 송광사는 승보 즉 승가의 주체인 수행자의 보배들을 간직한 사찰이다. 이러한 전통은 과거뿐만 아니라 현재에도 여전히 유효하다고 할 수 있다.[15]

사국시대와 남북국시대에는 중국의 승관제(僧官制)를 원용하여 국

---

15 해발 887미터에 이르는 송광산 길상사(정혜사) 즉 조계산 송광사의 '松廣'이라는 이름에 대해서는 1) '松'을 파자해 보면 '十八'(木)+公을 가리키며 '廣'은 불법을 널리 펴는 것이므로 18명의 고승들이 나와 붓다의 가르침을 널리 펼 것이라는 설, 2) 보조 지눌이 정혜결사를 옮기기 위해 터를 잡을 때 모후산에서 나무로 깎은 솔개를 날렸더니 지금의 國師殿 뒷등에 떨어졌기 때문에 그 뒷들의 이름을 솔개가 내려앉은 대[鴟落臺]라는 설, 3) 일찍부터 산에 소나무(솔갱이)가 많아서 '솔메'라 불렀고 이에 유래해서 송광산이라 불렀으며 산이름이 절이름으로 바뀌었다는 설이다. 『조계산송광산사고』를 편찬한 전 주지 綺山 錫珍은 세 번째 설이 가장 옳다고 주장하였다. 강건기, 『빛깔있는 책들: 송광사』(대원사, 1994) 참고.

통(國統)과 대국통(大國統)의 제도를 실시하였다. 고려에서는 통치제도의 일환으로서 수행과 경학이 뛰어난 고승을 왕사(王師)로 책봉했으며, 왕사를 역임한 고승을 국사(國師)로 책봉하였다.[16] 반면 선사와 대사는 국가 제도의 일부가 아니라 교단 내부에서 시설한 품계였다. 선사는 참선 수행에 집중하는 승려를 가리키며, 대사는 참선뿐만 아니라 경학과 계율에도 밝았던 이를 일컫는다. 창사 초기부터 현재에 이르기까지 송광사가 배출한 인물들은 〈표 1〉과 같이 크게 국사와 왕사와 선사(禪師)와 대사(大師)로 나눠볼 수 있다.

〈표 1〉 송광사 국사 왕사 및 선사 대사 일람표

시대별	國師	王師	禪師	大師
신라시대				慧璘
고려시대				釋照
	제 1세 普照 知訥			
	제 2세 眞覺 慧諶			
	제 3세 淸眞 夢如			
	제 4세 眞明 混元			
	제 5세 圓悟 天英			
	제 6세 圓鑑 沖止			
	제 7세 慈靜 一印			
	제 8세 慈覺 晶悅			
	제 9세 湛堂 □□			
	제10세 慧鑑 萬恒			
	제11세 慈圓 妙嚴			
	제12세 慧覺 妙軀			
	제13세 覺儼/眞 復丘			
	제14세 淨慧 復菴			
	제15세 弘眞 惠永			

16 박윤진, 『고려시대 왕사·국사 연구』(경인문화사, 2006).

	제16세 普覺 混修[17]			
		懶翁 惠勤		
		無學 自超		
			神化	
			神定	
			慧庵 尙聰	
			□□ 釋宏	
				高峰 志崇
				浮休 善修
				碧巖 覺性
				待價 熙玉
				翠微 守初
				栢百 性聰
				無用 秀演
				影海
				楓巖
				默庵 最訥
				應庵
				霽雲
				碧潭
조선 시대				斗月
				幻海
				臥月
				會溪
				退隱
				奇峰
				優曇
				离峰
				龍雲
				虛舟
				洞虛
				栗庵
				錦溟 寶鼎
				雪月 龍燮

대한시대			龍隱 完燮	
			淸隱 淳弘	
			綺山 錫珍	
			藤谷 丙烈[18]	
			鐵雲 宗玄	
			石頭 寶澤	
			曉峰 學訥	
			九山 秀蓮	
			廻光 壹覺	
			梵日 菩性	
			佛日 法頂	
			法興 度然	
			玄虎	
			玄杲	
			玄峰	
			玄默	
			玄眞	
			玄藏	

송광사는 고려 지눌선사를 필두로 하여 16국사와 나옹과 무학왕사를 배출하였다. 이들 국사와 왕사는 이곳 출신이거나 이곳에 머물 때 국사와 왕사로 책봉되었으므로 송광사의 인물로 집계할 수 있다. 한편 지눌-혜심-몽여-혼원-천영 등으로 이어지는 문도가 아니었음에도 국사에 책봉된 예도 있다. 이것은 당시 실권자였던 최씨 무인정권과의

17 대한불교조계종 교육원 불학연구소, 『선원총람』(민족사, 1998), p.179. 여기에는 15세 홍진 국사 다음에 普覺國師 混修를 적지 않고 高峰 法藏(1350~1428)을 중요인물로서 기술하고 있다. 고봉은 송광사 불사를 주도하여 조선 초기 송광사의 사격을 드높인 인물이지만 국사로 책봉된 적이 없다. 하지만 한국학문헌연구소 편, 『한국사지총서: 조계산 松廣寺史庫』(아세아문화사, 1983); 송광사, 『조계산송광사지』(송광사, 1965; 라인, 2001) 등에는 제16세로 보각국사를 적고 있다.

18 藤谷 丙烈, 『송광사 역사사진전』(송광사성보박물관, 2009). 등곡은 당시 송광사와 도반들 및 관련 사진들을 찍어 남겼으며 2009년 송광사 성보박물관은 그가 남긴 사진사료를 공개하기 위해 '송광사 역사사진전'을 열었다.

긴밀한 연대 속에서 이루어진 것으로 보아야 할 것이다. 다수의 국사와 왕사를 배출한 고려시대에 이어 조선 전기의 보조계 문도들과 달리 중기 이후에는 부휴계 문도들이 주로 이곳에 머무르며 송광사의 임제 법통을 주도하고 승풍 진작에 힘썼다. 대한시대에는 부휴계 고승 대덕들이 이곳에 머물렀으며 조계총림이 설치되자 초대방장이었던 효봉 학눌을 필두로 하여 구산 수련과 회광 일각 및 범일 보성이 주석하면서 총림과 사찰의 가풍을 드높였다.

특히 『송광사사고: 산림부』에 실린 「주지선생안」(住持先生案)[19]을 살펴보면 고려 지눌 이래 송광사를 이끌었던 역대 주지(住持) 방함(芳啣)과 총섭(總攝) 방함, 섭리(攝理) 방함, 판사(判事) 방함 등을 알 수 있다. '방함'이란 안거할 때에 안거에 참석한 아름다운 이들의 직명, 성명, 법명, 나이, 본적, 절이름 등을 기록'한 것이다. 때문에 여기서의 주지 방함은 오늘날 4년 임기를 지니며 사찰 행정을 총괄하는 주지와 달리 수행 중심으로 운영되던 당시의 맥락에서 볼 때 안거에 드는 기간 동안 맡았던 절 소임을 기록한 것으로 보아야 할 것이다. 아울러 총섭 방함과 섭리 방함과 판사 방함은 총섭과 섭리와 판사의 소임을 맡았던 이들의 명부로 보아야 할 것이다.[20] 이외에 송광사성보박물관에 소장된 「송광사형지기」(松廣寺形止記) 역시 당시 송광사의 재정현황을 비롯하여 동산과 부동산 등 사찰의 재무전반에 대해 기술하고

---

19 「주지선생안」은 아세아문화사본 『曹溪山松廣寺寺庫』에는 수록되지 않았다. 하지만 송광사본 『조계산송광사사고』의 '山林部'에는 송광사의 지리, 봉산, 벌채, 산림을 둘러싼 분쟁 등을 싣고 있으며 부록에는 「주지선생안」이 실려 있다. 이 '산림부'에는 '人物部'와 '雜部'와 달리 송광사의 산림 소유 및 경영, 송광사와 일반 사회의 사회경제적 관계, 송광사와 선암사의 토지 소유권 분쟁 등의 사례를 소상히 기록하고 있어 송광사 연구의 귀중한 자료가 되고 있다.

20 叢林 修行을 효율적으로 하기 위해 역할과 소임을 정한 龍象榜과 달리 절의 업무를 총괄하였던 주지의 시대별 명칭이었던 總攝, 攝理, 判事, 住持의 이름만을 기재하고 있다.

있다.[21] 그러면 산림부에 실린 이름들을 표로 작성해 보면 아래와 같다.

〈표 2〉 송광사 정혜결사 및 참석자 안거 방함록[22]

시대별	住持 芳啣	總攝 芳啣	攝理 芳啣	判事 芳啣	소임 기간
고려 시대	普照 知訥				고려 신종 3년(1200)~희종 6년(1210)
	眞覺 慧諶				희종 6년~고종 21년(1234)
	淸眞 夢如				고종 21년~고종 29(1252)
	圓悟 天英				고종 43년~충렬왕 12년(1293)
	圓鑑 沖止				충렬왕 12년~충렬왕 19년(1293)
	慈靜 一印				충렬왕 27(1301), 28(1302)년 무렵까지
	慈覺 道英				충렬왕 27, 28년 무렵~ 충렬왕 말년 무렵
	湛堂 □□				충렬왕 말년 무렵~ 충선왕조
	慧鑑 萬恒				충선왕 말년 무렵~충숙왕 초기
	妙嚴 慈圓				충숙왕 초기~충숙왕 2(1321), 3년(1316) 무렵
	慧覺 妙軀				충숙왕 5(1318), 6년(1319) 무렵까지
	覺嚴 復丘				충숙왕 7(1320), 8년(1321) 무렵까지
	福庵 淨慧				충정왕 2년~공민왕12년(1362) 무렵까지
	弘眞 □□				공민왕12년~공민왕20년(1371) 무렵까지
	普濟 惠勤				공민왕 20년 9월~ 22년(1373) 9월
	妙嚴 自超				공민왕 22년 9월~ 우왕 원년(1375) 여름
	普覺 混修				우왕 원년 가을~ 2년(1376) 3월
	慧庵 尙聰				우왕 2년 여름 무렵까지
	□□ 釋宏				우왕 4(1378), 5년(1379) 무렵까지

21 노명호 외, 『韓國古代中世古文書硏究(上)』(서울대출판부, 2000; 2012).

22 조명제 외의 『역주조계산송광사산고: 산림부』 pp.171~187을 참고하여 시대별, 소임별, 기간별로 구분하여 도표로 작성하였다.

	高峯 法藏				조선 태조 4년(1395)~ 세종 2년(1420)
	□□ 中印				세종 2년~세종 9년(1427)
	□□ 雲谷				세종 9년~세종 13년(1431)
	□□ □□				세종 14년(1432)~성종 7년(1476) 45년간이 빠져 있다.
	□□ 六正				성종 8년(1477) 무렵까지
	□□ □□				성종 9년(1478)~20년(1489) 12년간이 빠져 있다.
	□□ 釋精				성종 21년(1490) 무렵
	□□ □□				성종 22년(1491)~명종 14년(1559) 69년간이 빠져 있다.
	□□ 省全				선조 26년(1593)~선조 30년(1597)
	□□ □□				선조 8년(1575)~선조 25년(1592) 18년간이 빠져 있다.
	□□ 寂然				선조 26년(1593)~ 선조 30년(1597)
	□□ 信安				선조 31년(1598)~선조 40년(1607)
조선 시대	□□ 應禪				선조 41년(1608)~광해군 10년(1618)
	□□ 性旹				광해군 11년(1619)~ 광해군 13년(1621)
	□□ □□				광해군 14년(1622)~인조 17년(1639) 19년간이 빠져 있다.
	松溪 性玄				인조 18년(1640) 무렵까지
	□□ 斐能				인조 25년(1647) 무렵까지
	□□ □□				인조 26년(1649)~숙종 3년(1677) 31년간이 빠져 있다.
	□□ 得雲				숙종 4년 무오년(1678)까지
	□□ □□				숙종 5년(1679)~숙종 31년(1705) 27년간은 빠져 있다.
	□□ 行俊				숙종 32년 병술년(1706) 가을 등
	□□ 思應				정해년(1707) 봄 등
	□□ 琢玉				정해년 가을 등
	□□ 極行				무자년(1708) 봄 등
	□□ 朗祐				무자년 가을 등, 기축년(1709) 봄 등
	□□ 得悟				기축년 가을 등

□□ 道慧				경인년(1710) 봄과 가을 등
□□ 得悟				신묘년(1711) 봄 등
□□ 偉眼				신묘년 가을 등, 임진년(1712) 봄 등
□□ 朗祐				임진년 가을 등
□□ 斗岑				계사년(1713) 봄 등
□□ 贊玄				계사년 가을 등, 갑오년(1714) 봄 등
□□ 澤璘				갑오년 가을 등, 을미년(1715) 봄 등
□□ 稀悟				을미년 가을 등
□□ 起仁				병신년(1716) 봄과 가을 등, 정유년(1717) 봄 등
□□ 朗祐				정유년 가을 등
□□ 朗眼				무술년(1718) 봄 등
□□ 釋璘				무술년 가을 등, 기해년(1719) 봄 등
□□ 策勒				기해년 가을 등
□□ □□				경자년(1720) 봄 등
□□ 圓解				경자년 가을 등
□□ 道慧				경종 원년 신축년(1721) 봄 등
□□ 察玄				신축년 가을 등, 임인년(1722) 봄 등
□□ 覺存				임인년 가을 등
□□ 起仁				계묘년 봄 등
□□ 覺存				계묘년 가을 등
□□ 策勒				갑진년(1724) 봄 등
□□ 巨卞				갑진년 가을 등
□□ 廣善				영조 원년 을사년(1725) 봄 등
□□ 察玄				을사년 가을 등, 병오년(17260 봄 등
□□ □□				병오년 가을 등
□□ 覺存				정미년(1727) 봄 등
□□ 策勒				정미년 가을~ 무신년(1728) 가을 등

	□□ 朗祐				기유년(1729) 봄 등
	□□ 泂荷				기유년 가을 등
	□□ 好忍				경술년(1730) 봄 등
	□□ 俊澤				경술년 가을 등
	□□ 見學				신해년(1731) 봄 등
	□□ 祖玄				신해년 가을 등
	□□ 敬玄				임자년(1732) 봄 등
	□□ 卓勒				임자년 가을 등, 계축년(1733) 봄 등
	□□ 好安				계축년 가을 등, 갑인년(1734) 봄 등
	□□ □□				갑인년 가을 등
	□□ 贊悅				을묘년(1735) 봄 등
	□□ □□				을묘년 가을 등
	□□ 泂荷				병진년(1736) 봄 등
	□□ 了悟				병진년 가을 등
	□□ 見學				정사년(1737) 봄과 가을 등
	□□ 俊澤				무오년(1738) 봄 등
	□□ 眞趣				무오년 가을 등
	□□ 贊悅				기미년(1739) 봄과 가을 등
	□□ 達敏				경신년(1740) 봄과 가을 등
	□□ 好允				신유년(1741) 봄 등
	□□ 眞取				신유년 가을 등
	□□ 慈信				임술년(1742) 봄 등
	□□ □□				임술년 가을 등
	□□ □□				계해년(1743) 봄 등
	□□ 好忍				계해년 가을 등
	□□ 達敏				갑자년(1744) 봄 등
	□□ 贊悅				갑자년 가을 등
	□□ 照澄				을축년(1744) 봄 등
	□□ □□				을축년 가을 등
	□□ □□				병인년(1746) 봄 등
	□□ 慈仁				병인년 가을 등
	□□ □□				정묘년(1747) 봄 등
	□□ 冠軒				정묘년 가을 등

□□ 祖玄				무진년(1748) 봄 등
□□ 達敏				무진년 가을 등
□□ 昌悟				기사년(1749) 봄 등
□□ □□				기사년 가을 등
□□ 好允				경오년(1750) 봄 등
□□ 贊悅				경오년 가을 등
□□ 隱聰				신미년(1751) 봄 등
□□ 善察				신미년 가을 등
□□ 普還				임신년(1752) 봄 등
□□ 昌悟				임신년 가을 등
□□ 文定				계유년(1753) 봄 등
□□ 陟日				계유년 가을 등
□□ 得界				갑술년(1754) 봄 등
□□ 儀和				갑술년 가을 등
□□ 幸信				을해년(1755) 봄 등
□□ 鏡岑				을해년 가을 등
□□ 可一				병자년(1756) 봄 등
□□ 冠浩				병자년 가을 등
□□ 晋奇				정축년(1757) 봄 등
□□ 敬平				정축년 가을 등
□□ 攝楚				무인년(1758) 봄 등
□□ 宇警				무인년 가을 등
□□ 頔華				기묘년(1759) 봄 등
□□ 昌悟				기묘년 가을 등
□□ 利賢				경진년(1760) 봄과 가을 등, 신사년(1761) 봄과 가을, 임오년(1762) 봄 등
□□ 一英				임오년 가을 등
□□ 可雄				계미년(1763) 봄 등
□□ 攝楚				계미년 가을 등
□□ 得初				갑신년(1764) 봄 등
□□ 會英				갑신년 가을 등
□□ 昌悟				을유년(1765) 봄 등
□□ 攝楚				을유련 가을 등
□□ 侃郁				병술년(1766) 봄과 가을 등

□□ 孝學				정해년(1767) 봄 등
□□ 敏行				정해년 가을 등
□□ 侃郁				무자년(1768) 봄과 가을 등
□□ 冠英				기축년(1769) 봄 등
□□ 孝學				기축년 가을 등
□□ 勝鑑				경인년(1770) 봄과 가을 등
□□ 明贊				신묘년(1771) 봄 등
□□ 孝學				신묘년 가을 등
□□ 于榮				임진년(1772) 봄 등
□□ 勝鑑				임진년 가을 등
□□ 雙彥				계사년(1773) 봄 등
□□ 平遠				계사년 가을 등
□□ 敏行				갑오년(1774) 봄 등
□□ 直遠				갑오년 가을 등
□□ 孝學				을미년(1775) 봄 등
□□ 敏行				을미년 가을 등
□□ 勝鑑				병신년(1776) 봄 등
□□ 日益				병신년 가을 등
□□ 雲閑				정조 원년 정유년(1777) 봄 등
□□ 儀卞				정유년 가을 등
□□ 順明				무술년(1778) 봄 등
□□ 直遠				무술년 가을 등
□□ 雲閑				기해년(1779) 봄과 가을 등
□□ 鞠敏				경자년(1780) 봄 등
□□ 必芸				경자년 가을 등
□□ 直遠				신축년(1781) 봄 등
□□ 于榮				신축년 가을 등
□□ 儀卞				임인년(1782) 봄 등
□□ 雲閑				임인년 가을 등
□□ 直遠				계묘년(1783) 봄 등
□□ 謂明				계묘년 봄 등[23]
□□ 孝學				계묘년 가을 등
□□ 儀卞				갑진년(1784) 봄 등
□□ 謂明				갑진년 가을 등
□□ 雲閑				을사년(1785) 봄 등

□□ 鞠敏				을사년 가을 등
□□ □□				병오년(1786) 봄 등
□□ 雲閑				병오년 가을 등
□□ 孝學				정미년(1787) 봄 등
□□ 教訓				정미년 가을 등
□□ 直遠				무신년(1788) 봄 등
□□ 哲明				무신년 가을 등
□□ 勤惠				기유년(1789) 봄 등
□□ 正平				기유년 가을 등
□□ 謂明				경술년(1790) 봄 등
□□ 直遠				경술년 가을 등
□□ 哲明				신해년(1791) 봄 등
□□ 允修				신해년 가을 등
□□ 教訓				임자년(1792) 봄 등
□□ 大榮				임자년 가을 등
□□ 直遠				계축년(1793) 봄 등
□□ 允修				계축년 가을 등
□□ □□				갑인년(1794) 봄과 가을 등
□□ 直遠				을묘년(1794) 봄과 가을 등
□□ 敬守				을묘년 가을 등
□□ 性允				병진년(1796) 봄과 가을 등
□□ 哲明				정사년(1797) 봄 등
□□ 鳳俊				정사년 가을 등
□□ 慶淳				무오년(1798) 봄 등
□□ 鞠敏				무오년 가을 등
□□ 謂明				기미년(1799) 봄 등
□□ 慶淳				기미년 가을 등
□□ 品守				경신년(1800) 봄과 가을 등
□□ 樂天				순조 원년 신유년(1801) 봄 등
□□ 妙察				신유년 가을 등
□□ 悅還				임술년(1802) 봄 등
□□ 性洪				임술년 가을 등
□□ 哲明				계축년(1803) 봄 등
□□ 麗宗				계축년 가을 등
□□ 慶淳				갑자년(1804) 봄 등

	□□ 敍鑑				갑자년 가을 등
	□□ 宇正				을축년(1805) 봄 등
	□□ 戒岑				을축년 가을 등
	□□ 哲明				병인년(1806) 봄 등
	□□ 慶淳				병인년 가을 등
	□□ 疑振				정묘년(1807) 봄 등
	□□ 亨淳				정묘년 가을 등
	□□ 妙察				무진년(18080 봄 등
	□□ 妙諶				무진년 가을 등
	□□ 謹旻				기사년(1809) 봄 등
	□□ 品守				기사년 가을 등
	□□ 模源				경오년(1810) 봄 등
	□□ 明性				경오년 가을 등
	□□ 亨淳				신미년(1811) 봄 등
	□□ 奉芸				신미년 가을 등
	□□ 大榮				임신년(1812) 봄 등
	□□ 敍馹				임신년 가을 등
	□□ 謹旻				계유년(1813) 봄 등
	□□ 鵬性				계유년 가을 등
	□□ 性允				갑술년(1814) 봄 등
	□□ 謹旻				갑술년 가을 등
	□□ 大榮				을해년(1815) 봄 등
	□□ 謹旻				을해년 가을 등
	□□ 來宗				병자년(1816) 봄 등
	□□ 軌朋				병자년 가을 등
	□□ 道祐				정축년(1817) 봄 등
	□□ 宗彦				정축년 가을 등
	□□ 敍馹				무인년(1818) 봄 등
	□□ 厲安				무인년 가을 등
	□□ 亨淳				기묘년(1819) 봄 등
	□□ 快律				기묘년 가을 등
	□□ 倚聖				경진년(1820) 봄 등
	□□ 莊日				경진년 가을 등
	□□ 性允				신사년(1821) 봄과 가을 등
	□□ 奉芸				임오년(1822) 봄 등

	□□ 惠琮				임오년 가을 등
	□□ 幽彦				계미년(18230 봄 등
	□□ 定淳				계미년 가을 등
	□□ 說玉				갑신년(1824) 봄 등
	□□ 滿彦				갑신년 가을 등
	□□ 寶彦				을유년(1825) 봄 등
	□□ 戒洪				을유년 가을 등
	□□ 幽彦				병술년(1826) 봄 등
	□□ 契默				병술년 가을 등
	□□ 眼淑				정해년(1827) 봄 등
	□□ 惠琮				정해년 가을 등
	□□ 眼云				무자년(1828) 봄 등
	□□ 亨淳				무자년 가을 등
	□□ 廣彦				기축년(1829) 봄 등
	□□ 敍駟				기축년 가을 등
	□□ 準學				경인년(1830) 봄과 가을 등
	□□ 幽彦				신묘년(18310 봄 등
		□□ 廣彦			신묘년 가을 등
		□□ 壯鵬			임진년(1832)
		□□ 眼淑			계사년(1833)
		□□ 勸淑			갑오년(1834)
		□□ 應源			헌종 원년 을미년(1835)
		□□ 眼靜			병신년(1836)
		□□ 萬岑			정유년(1837)
		□□ 萬活			무술년(1838)
		□□ 在榮			기해년(1839)
		□□ 契默			경자년(1840)
		□□ 成勳			신축년(1841)
		□□ 親彦			임인년(1842)
		□□ 默源			계묘년(1843)
		□□ 美讚			갑진년(1844)
		□□ 偉賢			을사년(1845)
		□□ 碩岑			병오년(1846)
		□□ 厚源			정미년(1847)
		□□ 處倫			무신년(1848)

	□□ 錦心			기유년(1849)
	□□ 默軒			철종 원년 경술년(1850)
	□□ 宜映			신해년(1851)
	□□ 仁性			임자년(1852)
	□□ 契默			계축년(1853)
	□□ 斗銀			갑인년(1854)
	□□ 性心			을묘년(1855)
	□□ 宜岑			병진년(1856)
	□□ 志云			정사년(1857)
	□□ 準淳			무오년(1858)
	□□ 敬圓			기미년(1859)
	□□ 洪仁			경신년(1860)
	□□ 性敏			신유년(1861)
	□□ 美讚			임술년(1862)
	□□ 志贊			계해년(1863)
	□□ 美總			고종 원년 갑자년(1864)
	□□ 允寬			을축년(1865)
	□□ 翊洪			병인년(1866)
	□□ 宜映			정묘년(1867)
	□□ 憲日			무진년(1868)
	□□ 亘贊			기사년(1869)
	□□ 性敏			경오년(1870)
	□□ 淨旿			신미년(1871)
	□□ 淨佑			임신년(1872)
	□□ 敬圓			계유년(1873)
	□□ 準淳			갑술년(1874)
	□□ 敬寬			을해년(1875)
	□□ 妙還			병자년(1876)
	□□ 平潤			정축년(1877)
	□□ 在信			무인년(1878)
	□□ 君誠			기묘년(1879)
	□□ 奉信			경진년(1880)
	□□ 寬榮			신사년(1881)
	□□ 翊洪			임오년(1882)
	□□ 敬彥			계미년(1883)

		□□ 在昊			갑신년(1884)
		□□捿山鳥			을유년(1885)
		□□ 應寬			병술년(1886)
		□□ 淨旿			병술년
		□□ 斗文			정해년(1887)
		□□ 妙還			무자년(1888)
		□□ 寬榮			기축년(1889)
		□□ 廣芸			경인년(1890)
		□□ 敬文			경인년
		□□ 宇正			신묘년(1891)
		□□ 宥安			신묘년
		□□ 尙眞			임진년(1892)
		□□ 桂訓			계사년(1893)
		□□ 斗玹			갑오년(1894)
		□□ 恪仁			을미년(1895)
		□□ 昌律			병신년(1896)
		□□ 曾律			정유년(1897)
		□□ 恪仁			무오년(1898)
		□□ 性欣			무오년
		□□ 守玹			기해년(1899)
		□□ 寶鼎			경자년(1900)
		□□ 玩珪			신축년(1901)
		□□ 章洽			신축년
		□□ 戒悟			임인년(1902)
		□□ 志玄			임인년
대한 시대			華性 湊炘		임인년
			翠巖 景恩		계묘년(1903)
			錦溟 寶鼎		갑진년(1904)
				栗庵 贊儀	갑진년
				檜城 靈祐	을사년(1905)
				霽本 戒宣	병오년(1906)
				衛松 泰日	융희(隆熙) 원년 정미년(1907)
				雪月 龍燮	무신년(1908)
				友雲 章洽	무신년
				大愚 錦秋	무신년

			檜城 靈祐	무신년
			優海 藏益	무신년
			凝月文奇	무신년
			名房 輪務[24]	기유년(1909)
			龍巖 振秀	경술년(1910)
			榮雲 俊察	신해년(1911)
雪月 龍燮				명치 44년 신해년 11월~ 대정 11년 임술년(1922) 7월
栗庵 贊儀				일술년 7월~소화(昭和) 4년 기사년(1929) 6월
雪月 龍攝				기사년 6월~임신년(1932) 10월
綺山 錫珍				임신년 10월~단기(檀紀) 4278년 을유년(1945) 11월
海隱 裁善				을유년 11월 15일~ 정해년(1947) 12월
翠峯 昌燮				무자년(1948) 1월~기축년(1949) 5월
秋江 鳳羽				기축년 6월~경인년(1950) 10월
錦堂 在順				경인년 11월~병신년(1956) 10월
秋江 鳳羽				병신년 11월~정유년(1957) 8월
錦堂 在順				정유년 9월~계묘년(1963) 2월
翠峯 昌燮				계묘년 3월~정미년(1967) 2월
忍庵 鳳綠				정미년 3월~경술년 1월
翠峯 昌燮				경술년 2월까지

『조계산송광사사고』의 '산림부' 부록으로 실린 「주지선생안」은 송광사의 수행과 문화의 특성을 보여주고 있다.[25] 「주지선생안」에 적은

23 계묘년(1783) 봄에 주지 방함을 맡은 直遠이 謂明으로 바뀐 것으로 보아 어떠한 緣故가 있었던 듯 하다. 직원은 이후에도 여러 차례 주지 방함을 맡고 있다.

24 기유년(1909) 최근에는 日韓併合의 조짐이 있어 民兵들이 봉기하여 산과 들을 침탈하니 대중이 견딜 수 없어 사방으로 흩어졌다. 이때 그 소임을 맡을 수 없었기 때문에 각방에서 돌아가면서 사무를 보았다.

25 『曹溪山松廣寺寺庫: 산림부』에는 「住持先生案」뿐만 아니라 「判廳先生案」 2책이 수록되어 있다. 「주지선생안」은 조선 경종 3년 癸卯년(1723)에 주지 起仁대사가 편록한 것인 반면, 「판청선생안」은 정조 22년 무오년(1798)에 大榮화상이 錄한 것이다. 이것은 곧 이후부터 새로운 法式으로 자리잡았다.

방함(芳啣)이란 안거(安居)에 참여한 이들의 아름다운 이름을 적은 명부이다. 때문에 방함을 기록한 당시 송광사의 수행 전통과 문화 지형을 보여주고 있다는 점에 주목해야 한다. 이 「안」(案)은 임란 이후 순조 경인년(1830) 이전까지는 '총섭으로서의 방함'이, 기로소(耆老所) 원당(願堂)을 세우기 이전까지에는 '섭리(攝理)로서의 방함', 그 이후부터 사찰령 반포 이전까지는 '판사(判事)로서의 방함'이 적혀 있고, 그 이후부터 송광사사고 편찬 당시까지는 '주지(住持)로서의 방함'이 실려 있다는 사실이다. 때문에 총독부의 주지 인가 이전에는 판사와 섭리와 총섭의 임기는 대부분 수행을 겸하며 해당 안거 시에 여름 한 철 또는 겨울 한철의 소임을 순번제로 맡았던 사실을 알 수 있다.

그런데 주지 방함과 총섭 방함 및 섭리 방함과 판사 방함을 살펴보면 몇 가지 특징을 적출해 볼 수 있다. 첫째, 이 방함록은 송광사에서 이루어진 정혜결사에 참석한 이들의 명부로부터 시작되고 있다. 고려 신종 3년부터 희종 6년까지 주지 방함을 맡은 보조 지눌을 필두로 하여 16국사와 2왕사의 역할과 소임도 짐작할 수 있게 한다. 이들 국사와 왕사들은 자신의 경륜을 국가 발전에 이바지하는 임무를 맡았다. 하지만 역대 제왕의 특명으로 주석케 한 국사들과 달리 국사와 왕사제에 변화가 일어나는 조선 초엽부터 도승제와 승과제 등이 사라진 임진왜란 이전까지는 자세히 알 수 없다는 점이다.

둘째, 임란 이후 순조 경인년(1830) 봉산 이전까지는 본군(本郡)의 인가를 얻고, 이후로부터 고종 경자년(1900) 봉산 이전까지는 총섭(總攝)의 명칭으로써 봉상시(奉常寺)의 인가를 얻고, 이후부터 기로소(耆老所) 원당(願堂)을 받들어 세우기 이전까지는 섭리(攝理)의 명칭으로써 4부-궁내부(宮內府)·내부(內部)·장예원(掌禮院)·홍릉관(洪陵官)의 인가를 얻고, 이후부터 사찰령 반포 이전까지는 판사(判事)의 명칭으로써 기로소(耆老所)의 인가를 얻고, 이후부터 오늘날까지는 주지(住持)의 명칭으로써 총독(總督)의 인가[26]를 얻어 소임 이름들이 변천되어 왔음을 알 수 있다. 이것은 인가 담당의 명칭이 본군에서 총섭-섭리-판사-주지로 변천되었고 소임이 이전되었음을 엿볼 수 있게 한다.

셋째, 주지의 소임기간은 고려시대의 수선사주 시기 소임 이후부터 숙종 31년 병술년(1705) 이전까지는 2~30년에 이르기까지 일정하지 않았다. 하지만 숙종 32년 병술년(1706)부터 1830년 이전까지는 안거 단위로 소임기간이 주어졌다. 그리고 1831년 이후부터의 총섭 방함과 1902년 섭리 방함과 1904년 판사 방함 시기에는 1년이었다. 안거 단위의 소임은 음력 4월 15일(봄 중순)과 음력 10월 15일(가을 중순)에 적었으므로 봄 또는 가을에 시작되어 안거가 해제될 때까지였음을 알 수 있다. '주지선생안' 역시 소임 기간을 각 해의 "봄 혹은 가을 등"으로 표기하고 있다. 봄(하안거)만 맡은 경우도 있지만 더러는 가을(동안거)까지 또는 이듬해 봄(하안거)까지 맡은 경우도 있었다. 또 연도와 방함이 결락된 안거가 있어 예외가 있는지는 확인할 길이 없다. 다만 현재의 방함록에 근거해 보면 각 소임은 두 번 혹은 세 번까지 맡은 경우도 있었다. 그리고 이 기간 내의 총섭과 섭리 및 판사와 주지의 직함은 안거 기간 내에만 유효했다는 사실을 알 수 있다.

이러한 전통은 송광사뿐만 아니라 일정한 규모를 가지고 대중생활을 유지했던 사찰들도 다르지 않았을 것으로 짐작해 볼 수 있다. 20세기 이전 사찰의 소임은 수행 공동체를 유지하기 위해 짠 용상방과 같이 수행 법납과 역할 분담의 원칙에 따라 소임이 결정되었고 이행되었음을 알 수 있다. 때문에 당시의 소임은 지금과 같은 4년 임기의 주지

26 조명제 외, 『역주 조계산송광사사고: 산림부』(혜안, 2009), p.169.

와는 달랐다는 사실이 확인된다. 하지만 대한시대부터는 주지의 임기가 정해져 오늘날과 같은 절의 행정 및 제반사를 총괄하는 여타의 주지 소임으로 정착되어 갔다는 사실도 알 수 있다.

4. 목우(牧牛)가풍과 부휴(浮休)가풍의 문화

송광사는 고려 중기부터 조선 전기까지의 목우가풍과 조선 중기 이후의 부휴가풍이 병립하면서 이 사찰의 가풍과 문화를 주도해 왔다. 이러한 가풍과 문화 위에서 조계총림과 승보종찰은 수행처와 수행자가 만나 일구어 온 유서 깊은 수행도량이다. 불교 전통에서보면 종합수도장인 총림과 개별 수행터인 사찰은 늘 연계되어 왔다. 산과 숲에 둘러싸인 선원과 강원 및 율원과 염불원 등으로 이루어진 총림이 숲이라면 개별 사찰은 나무라고 할 수 있다. 송광사는 지난 천여 년 동안 우리 사회와의 접점과 통로를 적극적으로 마련하면서 역사에 능동적으로 참여해 왔다. 이러한 송광사의 살림살이는 대사회적 통로를 모색하고 있는 '조계산 대승선종 송광사'(曹溪山大乘禪宗松廣寺)라는 일주문 편액이 잘 보여주고 있다. '대승선종'을 표방한 것처럼 보조 지눌에 의해 정혜결사가 옮겨 오면서 본격화된 이래 송광사의 전통은 고려후기와 조선시대 및 대한시대에 이르기까지 유지되어 오고 있다.

송광사를 알 수 있는 서지들은 김군수(金君綏)의 「불일보조국사비명」(佛日普照國師碑銘, 1213입비, 1678중건)과 「송광사사원사적비」(松廣寺嗣院事蹟碑, 1678) 및 기산 석진의 『송광사지(松廣寺誌)』 등이다. 송광사는 보조 지눌(1158~1210)을 비롯해 진각 혜심(1178~1234)-청진 몽여(?~1252)-진명 혼원(1191~1271)-원오 천영(1215~1286)-원감 충지

(1226~1292)-자정 일인-자각 도영-담당-혜감 만항(1249~1319)-묘엄 자원-혜각 묘구-각진/엄 복구(覺儼/眞福丘, 1270~1355)-복암 정혜-홍진 □□-보각 혼수(1320~1392)에 이르기까지 16국사를 배출한 '승보종찰'로 불리고 있다. 그리고 왕사로 책봉되었던 나옹 혜근과 무학 자초도 송광사 인물이라고 할 수 있으며 조선 전기의 고봉 법장(高峰法藏, 1350~1428)은 송광사의 사격을 크게 일신한 인물이다. 조선시대에는 청허 휴정과 쌍벽을 이룬 부휴 선수(浮休善修, 1543~1615)의 제자들인 취미 수초(翠微守初, 1590~1668)-무용 수연(無用秀演, 1651~1719)-영해 약탄(影海約坦, 1668~1754)-풍암 세찰(楓岩世察, 1688~1767)-묵암 최눌(默庵 最訥, 1717~1790) 등이 머무르며 사격을 빛냈다.[27]

송광사는 고려 인종 대의 석조(釋照)의 제1차 중창[28]과 지눌을 이은 명종 대의 진각 혜심의 제2차 중창, 여말 선초의 고봉 법장의 제3차 중창(1395), 정유재란 이후 광해군 1년(1609)부터 응선(應禪)과 부휴 선수(浮休 善修, 1543~1615) 및 그 제자 벽암 각성(碧巖覺性) 등 400명과 본사 200여 명과 도합 600여 명에 의해 제4차 중창되었다. 특히 이들 조선 후기불교를 주도적으로 이끌었던 부휴계 선사들은 지눌과 태고 및 휴정의 선풍을 계승하면서 송광사를 지금의 삼보 종찰로 발돋움할수록 사격(寺格)을 크게 올려놓았다. 이후 조선 헌종 8년(1842)에 일어난 큰 불로 대부분의 건물이 불타버리자 14년이 걸려서 철종 7년

---

27 송광사, 『조계산송광사지』(송광사, 1965; 라인, 2001).

28 무릇 불사는 종교적 목적 아래 이루어진 제반 일들을 의미한다. 때문에 중창불사가 성립하기 위해서는 1) 어떠한 사건이 있어야 하고, 2) 모연불사와 같은 의도된 계획이 있어야 하며, 3) 대중들과의 묵시적 합의가 내용으로 있어야 한다. 그래야만 온전히 중창불사라고 할 수 있다. 송광사 홈페이지에 올라있는 제9차 중창은 정부의 공공사업 지원 아래 이루어진 '공사일 뿐' 이러한 조건에 부합되지 않기에 중창불사라고 할 수 없다. 2012년 11월 9일 송광사 템플 스테이관에서 개최된 보조사상연구원 국내학술발표회장에서 전 송광사 玄杲 주지가 송광사 중창불사에 대해서 조언해 주었다.

(1856)에 이루어진 제5차 중창이 이루어졌다. 이후 퇴락한 건물을 고치고 기와를 바꾸기 위해 설월(雪月)과 율암(栗庵)에 의한 제6차 중창(1922~1928)이 이루어졌다.[29] 그러나 송광사는 사세가 여전히 미약하였다.

그 뒤 여순반란(1948) 사건과 6.25(1950) 동란 때에 국군 토벌대는 산중에 은신한 공비 토벌을 위한 작전이라며 절 주변의 숲을 벌채하였다. 이에 격분한 빨치산들은 절을 지키던 노인들을 학살하고 5월에는 절을 불 질러 대웅전 등 중심부를 태워버렸다. 이에 1955년 금당(錦堂) 주지와 부휴계 지도제자인 취봉(翠峰) 화주의 원력으로 대웅전을 비롯한 건물들을 복구하면서 제7차 중창(1955~1960)이 이루어졌다. 그 뒤 조계총림이 설치(1969)되면서 구산(九山)방장과 현호(玄虎) 주지와 현고(玄杲) 총무에 의해 이루어진 제8차 중창(1983~1990)을 거쳐 오늘에 이르고 있다.[30]

5. 효봉(曉峰)가풍과 구산(九山)가풍의 지형

효봉 학눌(曉峰 元明/學訥, 1888~1966)은 50세(1937)에 송광사에 주석하였다. 그는 송광사가 "낯설지 않고 고향집같이 느껴졌다"[31]라고 한다. 그는 지눌선사를 흠모하여 스스로 '지눌을 배운다'[學訥]는 뜻에서 법명을 '학눌'이라 하였고, 법호는 조선 전기 송광사의 사격을 공고히 한 고봉 화상이 꿈속에 나타나 "이 도량을 빛내 달라"[曉峰]라며 게

29 강건기 외, 『빛깔있는 책들: 송광사』(서울: 대원사, 1994), pp.31~34.
30 송광사 홈페이지에는 홍파 주지에 의해 중창된 것을 제9차 중창으로 채택하고 있다.
31 대한불교조계종 교육원 불학연구소, 『선원총람』(불교시대사, 2000), p.185.

송과 함께 주어 '효봉'이라 하였다. 그는 보조국사의 정혜쌍수 정신을 잇기 위해 "계정혜 삼학은 하나도 빠뜨릴 수 없는 것이니 함께 닦아 쉬지 않으면 마침내 정각을 이루게 될 것이다"라고 말하였다. 이후 송광사 삼일암(三日庵)에서 후학을 제접하면서 조실로 머물다가 1946년 가을에 해인사에 가야총림이 설치되자 방장으로 추대되어 그곳으로 떠났다.

1969년 조계총림 설치 이후 효봉 학눌의 제자인 구산 수련(九山 秀蓮, 1909~1983)/회광 승찬(廻光 壹覺/僧讚, 1924~1996)과 구산의 제자인 현호(玄虎), 현고(玄杲), 현봉(玄峰), 현묵(玄默) 등에 의해 제8차 중창이 마무리되면서 조계총림은 명실공히 대표적인 총림으로 자리매김하였다. 송광사는 제8차 중창이라는 외적인 건물불사를 진행하기 전부터 송광사는 내적인 사상(정신)불사를 동시에 제고하고자 하였다. 이를 뒷받침하기 위하여 1969년에 후원단체인 불일회를 결성하여 총림을 외호하게 하였고. 1970년에는 송광사의 선원인 수선사를 낙성하였다.

송광사는 1974년부터 서울 경복궁 옆에 송광사 분원 법련사를 두고 불교 강좌와 문화 강좌 및 『불일회보』(현재는 사보 『松廣』) 간행 및 불일 갤러리 그리고 불일 출판사 운영 등으로 조계총림의 존재감을 극대화했다. 특히 구산은 지눌에 이어 제2 정혜결사운동을 제창하여 송광사의 사격을 높이 선양했다. 그리고 송광사에 국내 최초로 불일국제선센터를 개원하여 외국인 제자들[32]에게 선을 지도하였다.[33] 구산을

32 로버트 버스웰(김종명 역), 『파란눈 스님의 한국선 수행기』(예문서원, 1999; 2000). pp.36~37. 미국 羅城 캘리포니아대학(UCLA)에서 동아시아불교를 강의하고 있는 로버트 버스웰은 1974년 9월에 한국에 도착한 뒤 송광사로 출가하여 慧明이란 이름으로 3년 동안 수행한 뒤 미국으로 돌아갔다. 이외에도 아프리카 우간다 대학에 교수로 재직하는 이, 체코에서 포교하는 호락 등도 송광사에서 수행한 경력이 있

이은 현호는 1987년에는 보조사상연구원을 개원하여 학술지 『보조사상』을 간행하고 있다.

나아가 구산장학회 결성을 통한 장학사업과 『구산논집』 간행을 통한 학술사업 등을 병행하여 지식사회에 적지 않은 공헌을 하고 있다. 강원과 선원과 율원을 기반으로 한 조계총림 송광사는 시야를 국내에만 두지 않고 국외로 한걸음 더 나아갔다. 미주에 삼보사, 고려사, 대승사를 개사하였고, 스위스에 불승사 등을 개원하였다. 근래에는 유럽에도 선원을 두어 한국불교의 세계화에 기여하고 있다. 조계총림은 효봉 원명(曉峰 元明/學訥,[34] 1888~1966)의 가풍을 이은 구산 수련,[35] 회광 일각, 범일 보성(梵日 菩成, 1928~), 법흥 도연(法興 度然, 1931~), 불일 법정(佛日法頂, 1932~2010), 현호(玄虎, 1942~), 현고(玄杲), 현봉(玄峰), 현묵(玄默), 현장(玄藏) 등의 선사들을 배출하여 오늘도 '승보종찰'의 위상을 이어가고 있다.

조계총림은 고려 보조 지눌 국사의 수선사와 이후 16국사를 배출한 국사전과 풍악영각(風嶽影閣) 등을 중심으로 한 여러 전각들이 승보종찰의 가풍을 잘 보여주고 있다.[36] 일찍이 구산 수련은 송광사 국제선원을 만들어 눈 푸른 납자들을 맞이하여 한국 간화선을 세계화하는데 선도적인 역할을 해왔다. 또 서울에 송광사 분원(법련사)을 만들어 학술과 출판 및 장학재단과 갤러리를 운영함으로써 현대판 사찰운영의

다. 구산선사가 송광사에 주석하였던 15년 동안 국적이 다른 약 50명의 외국 승려들이 선사의 지도 아래 참선 수업을 받았다.

33 고영섭, 「조계종 五大叢林의 재검토: 역사와 문화를 중심으로」 참조.

34 김방룡, 「曉峰의 생애와 사상」, 『구산논집』 제1집; 『보조사상』 제11집(보조사상연구원, 2000).

35 김방룡, 「九山 秀蓮의 생애와 사상」, 『구산논집』 제8집(보조사상연구원, 2006).

36 지금도 목우자 등 국사의 영정을 모신 國師殿과 부휴계 선사를 모신 風嶽影閣에는 春秋 茶禮祭가 거행되고 있다.

전형을 제시해 왔다.[37] 여기에다 서울 성북동 길상사를 조계총림에 품으면서 불교뿐만 아니라 이웃 종교와의 대화와 소통의 무대까지 마련하였다. 그리고 구산 선사에 의해 시작된 이래로 지금까지 연중무휴로 매주 월요일에 경전강좌를 개최해 오고 있는 광주 원각사 및 20여개의 복지관을 운영하면서 목우가풍과 부휴가풍 및 효봉가풍과 구산가풍을 이어가고 있다.

전통 문화를 계승하고 새로운 문화를 창안하려는 다양한 노력은 목우자 지눌의 가풍을 잇고자 했던 효봉 학눌과 그의 전법제자인 구산 수련과 불일 법정 등의 대사회적 활동으로 나타났다. 이들의 활동은 송광사와 불교계를 넘어 대사회적 울림으로 그 존재감을 과시하였다. 이러한 울림이 가능할 수 있었던 것은 어른을 잘 모시는 절 집안의 아름다운 모습에서 찾아야만 할 것이다. 그리고 이러한 점에서 송광사의 가풍과 문화는 여타의 총림에도 자극을 주어 왔다.

조계총림과 삼보종찰의 가풍과 문화의 특징은 한 마디로 '올바른 수행자상의 제시'라고 할 수 있다. 때문에 지눌 등의 16국사와 나옹-무학 등의 2왕사 및 효봉 학눌-구산 수련 등으로 이어지는 수선문화를 극대화하는 장치가 요청된다. 그리고 그것을 뒷받침하는 수련문화 시스템의 구축이 이루어져야 한다. 최근 국제적인 명성을 얻어가는 템플 스테이의 활성화와 사찰 음식의 대중화는 조계총림의 이미지를 극대화할 수 있는 절호의 타이밍이라 할 수 있을 것이다. 그리고 우리시대 현대인들이 요청하고 있는 치유와 소통을 위한 '참선수행 캠프' 혹은 '단기출가 캠프' 또는 '전통문화 캠프' 등을 운영하여 새로운 가풍과 문화로 승화시켜야 할 것이다.

---

37 고영섭, 「조계종 五大叢林의 재검토: 역사와 문화를 중심으로」 참조.

현재 송광사는 불일회의 운영과 함께 보조사상연구원을 운영해 오고 있다. 불일회가 조계총림과 송광사를 외호하는 신행단체라면, 보조사상연구원은 조계총림과 송광사를 외화시키는 연구단체라 할 수 있다. 송광사는 일찍부터 여타의 총림과 사찰과 달리 보조 지눌의 사상을 널리 선양하고 송광사 수행 가풍을 펼치며 면면히 이어오고 있다. 1987년에는 보조사상연구원을 만들어 학술지 『보조사상』(현재 42호)을 간행하고 있고, 국내 및 국제학술회의를 통해 지눌 및 한국 선법의 우수성을 널리 알리고 있다.

나아가 구산장학재단을 만들어 미래의 젊은 불교전공학생들에게 장학금을 주고 그 연구결과물을 『구산논집』에 담아내고 있다. 이같은 선법 확산과 학술 연찬의 노력과 조계총림과 송광사의 가풍은 보조사상연구원의 발기취지문에 잘 드러나 있다. 보조 지눌의 '돈오돈수'와 '정혜쌍수'의 가풍을 역설하고 그것을 '제것'이자 '한국불교의 특성'으로 규정하고 있다.

〈보조사상연구원 발기취지문〉

한국불교 1600년의 역사에 수많은 인물이 배출되어 이 땅의 정신문화를 주도해 왔지만, 그중에도 고려의 보조국사 지눌(知訥)이 차지한 비중은 신라의 원효와 함께 거의 절대적이다. 보조스님의 가르침은 현재도 한국불교 곳곳에 깊이 스며 있다. 기울어가던 고려불교를 새롭게 일으키기 위해 정혜결사(定慧結社) 운동을 제창, 수선사(修禪社)를 창설하여 불타 석가모니의 정법을 그 시대에 구현한 것도, 보조스님의 구도자적인 의지에서 비롯된 것이다. 보조스님의 돈오점수(頓悟漸修)와 정혜쌍수(定慧雙修) 및 『진심직설』(眞心直說)에 담긴 뛰어난 사상은 이제 불교계만의 관심사가 아니다. 그의 사상은 오히려 일반 학계와 세계적인 사상계의 관심을 불러 일으켜 현재까지도 끊임없이 꾸준히 연구 발표되고 있는 실정이다.

일찍이 우리들은 제것은 대수롭게 여기지 않고 남의 것만을 높이 우러르는 자주성을 망각한 사대적인 경향 때문에 자기네 조상에 대한 학구적인 관심마저 결여되었었다. 이런 사실을 후손인 우리는 부끄럽고 송구스럽게 생각한다.

오늘날 우리는 과학과 물질 만능의 그릇된 풍조 속에 인간의 진심을 잃은 채 뒤바뀐 가치의식으로 큰 혼란을 일으키고 있다. 그러나 감각적인 세속이 가치만으로 진정한 삶의 길을 이룰 수 없다는 것은, 세계의 양심들이 인식을 같이하고 있다. 오늘의 종교가 당면한 과제가 바로 여기에 있다. 이런 역사적인 요구 앞에 언제까지고 못난 후손으로 자처할 수가 없다.

보조사상을 잉태하고 공표하고 몸소 실천했던 근본도량인 승보의 가람 송광사에서 몇몇 후학들이 뜻을 같이하여, 때 늦은 감이 있지만 보조사상 연구원을 발족하게 된 것이다. 우리는 이 연구원을 통해서 보조사상을 오늘 이 땅에 새롭게 심으려고 한다. 보조스님의 가르침이 편협한 종교계에 머물지 않고 보편적인 인류의 사상으로 수용되고 있음을 상기하면서, 뜻있는 분들의 관심과 동참이 있기를 바란다. 불기 2531년 1월

발기인

廻光僧讚	조계총림 방장
法　頂	조계총림 수련원장
法　興	조계총림 유나(維那)
菩　成	조계총림 율주(律主)
玄　虎	송광사 주지
鏡　日	동국대학교 교수

李 鍾 益	전 동국대학교 교수
姜 健 基	동국대학교 교수
沈 載 龍	서울대학교 교수
吉 熙 星	서강대학교 교수
金 知 見	강원대학교 교수
崔 柄 憲	서울대학교 교수
韓 基 斗	원광대학교 교수
朴 性 焙	미국 뉴욕주립대학교 교수
ROBERT BUSWELL (慧明法師)	미국 UCLA 교수

보조사상연구원의 '발기취지문'에는 이 연구원의 설립 목적을 보조 지눌의 "돈오점수(頓悟漸修)와 정혜쌍수(定慧雙修) 및 『진심직설』(眞心直說)에 담긴 뛰어난 사상"의 선양에 있음을 분명히 하고 있다. 그리고 그것을 '우리 것' 즉 '제 것'으로 규정하고 있다. 동시에 "우리들은 제것은 대수롭게 여기지 않고 남의 것만을 높이 우러르는 자주성을 망각한 사대적인 경향 때문에 자기네 조상에 대한 학구적인 관심마저 결여되었었다. 이런 사실을 후손인 우리는 부끄럽고 송구스럽게 생각한다"라고 언표하고 있다. 그러면서 "우리는 이 연구원을 통해서 보조사상을 오늘 이 땅에 새롭게 심으려고 한다. 보조스님의 가르침이 편협한 종교계에 머물지 않고 보편적인 인류의 사상으로 수용되고 있음을 상기하면서" 동참을 요청하고 있다.

이러한 '발기취지문'은 여타의 인물과 달리 보조 지눌이라는 빼어난 수행자의 수행과 사상을 '보편적인 인류의 사상'으로 펴고자 한다는 점에서 상당한 울림을 지니고 있다. 신라의 대표적인 사상가인 분황 원효와 함께 지눌은 한국의 대표하는 사상가이기 때문이다. 그리고 12세기에 그가 지녔던 역사의식과 시대정신이 오늘날에도 여전히 유효하기 때문이다. 바로 이 점에서 조계총림 송광사의 대사회적 기반과 소통의 기제를 다시 확인하게 된다. 송광사는 보조 지눌의 정혜결사에서 제시한 "돈오점수와 정혜쌍수 및 진심직설 등에 담긴 뛰어난 사상"을 철학적 배경이자 사상적 근거로 삼고 있다. 때문에 국제화 세계화 시대에 보조 지눌의 선법을 확산하고 학술 연찬을 공고히 하기 위한 노력이 더욱 더 요청되는 것이다.

불일회는 이를 위한 조계총림의 외호단체로 마련되었다. 송광사 조계총림의 후원단체로서 시작한 불일회는 국내는 물론 국제적으로 구성된 불교단체로 발돋해 오고 있다. 불조의 혜명을 잇고 불일증휘(佛日增輝) 법륜상전(法輪常轉)의 원력으로 불일 보조국사의 정신을 이어받아 지역사회 발전에 공헌함은 물론 침체된 한국불교의 중흥에 이바지함과 동시에 나아가 불국세계를 건설하겠다는 신행단체이다. 이 단체의 회칙에는 '상구보리 하화중생하는 자리이타의 보살도 실천'을 목적으로 하고 있다.

〈불일회 회칙〉[38]

제1조(명칭): 본회는 불일회(佛日會)라 칭한다.

제2조(위치): 본회의 근본도량은 대한민국 승보종찰 송광사 조계총림에 두고 국내외의 각 지구에는 지회를 둔다.

제3조(목적): 본회는 불조(佛祖)의 혜명(慧命)을 계승할 본분납자(本分衲子)인 도제양성(徒弟養成)을 과업으로 하는 조계총림과 국내외의 불일 국제선원을 후원하며 회원상호간의

38 송광사 불일회, 『불일회보』 제58호, 2529(1985)년 9월 1일.

친목유대와 상구보리(上求菩提) 하화중생(下化衆生)하는 자리이타(自利利他)의 보살도 실천을 목적으로 한다.

제4조(회원): 본회 회원은 독실한 불자(佛子)인 사부대중(四部大衆)으로써 입회성금으로 소정액(白米一口代金以上)의 기금을 납입한다.

제5조(임원): ① 본회의 총재(總裁)는 조계총림의 방장으로 한다. ② 본회는 본회의 운영을 총관하는 총회 회장단을 두며, 총회장 1인, 부회장 약간인, 사무장 1인을 둔다. ③ 본회는 각 지구에 지회 회장단을 두며 회장 1인, 부회장 약간인, 총무, 교무, 재무, 조직, 섭외, 사무장 등 간사 약간인을 둔다.

제6조(임명): ① 총회 회장단은 총회에서 선임하며 총재의 인준(認准)을 얻는다. ② 각 지회 회장단은 지회에서 선임하며 총재의 인준을 얻는다. ③ 본회는 각 지구에 지회 회장단을 두며 회장 1인, 부회장 약간인, 총무, 교무, 재무, 조직, 섭외, 사무장 등 간사 약간인을 둔다.

제7조(임기): ① 본회의 총회 회장단 임원의 임기는 2년으로 하되 중임(重任)할 수 있다. ② 본회의 각 지회 회장단 임원의 임기는 3년으로 하되 중임할 수 있다. ③ 본회의 총재는 임기의 제한을 받지 않는다.

제8조(회의): ① 본회의 정기총회는 매년 1회로 하고 총림측과 협의하여 소집 개최한다. ② 본회의 임시총회와 각 지회 회의는 회장단이 필요에 따라 수시로 소집 개최할 수 있다. ③ 본회의 각 지회에서는 월례법회를 매월 개최할 수 있다.

제9조(운영): ① 적립된 회원의 기금은 총림대표 방장과 각 지회대표 회장 공동명의로 각 지구에 소재한 은행에 예치한다. ② 기본원금은 이유여하를 막론하고 절대 사용하지 못하며

그 이식(利息)만을 사용한다. 단 국외의 경우에는 총림측과 협의하여 별정할 수 있다. ③ 이식의 인출(引出)은 년 4회로 한다. 단 총림이나 분원의 형편에 따라 회장단과 협의하여 수시로 인출할 수 있다. ④ 매월 월례법회 시에는 소정액의 회비를 거출하여 회운영의 자금으로 사용한다. ⑤ 본회와 총림이 설혹 해산되더라도 기금은 회원에게 반납치 아니라고 본회의 목적과 동일한 불사에 사용할 수 있다.

제10조(행사): ① 본회 회원에게는 회원 뺏지를 발급하고 총림이나 분원에서 행하는 불사에 참여할 수 있다. ② 본회 회원과 그 갖고의 축원명부는 총림이나 분원의 대웅전 탁상에 비치하여 항상 삼보의 가호를 기원한다. ③ 본회 회원의 유고시에는 회원 상호간에 서로 협조하며 또 회원의 별세시에는 특별 추도한다.

제11조(부칙): ① 본회의 세칙(細則)은 총림대표와 회원대표들이 상의하여 총회에서 별정할 수 있다. ② 본 회칙에 규정되어 있지 않은 사항은 통상관례에 따른다.

1970년 (음) 3월 25일 제정
(佛日普照國師宗齋奉行日, 제1차 정기총회)
1981년 (음) 3월 25일 개정

불일회는 1969년 9월 5일 대구 불이회를 시작으로 전국에 20여 개의 지회로 발전하였다. 국내의 20여 개를 비롯하여 미국의 로스앤젤레스(고려사), 스위스 제네바(불승사), 미국 카멜(대각사) 등으로 확대되었다. 각 지회는 년 1~2회 불일 대법회를 개최해야 하며, 송광사 조계총림 분원이 있는 지역은 분원에서 모든 법회를 일원화시키고 있다. 분원이 없는 불일회는 적정장소를 정해 월례법회를 개최하고 있다. 불일회는 매년 송광사에서 하계수련대회를 열어 회원의 자질향상과 신심고취, 회원 상호간의 친목을 도모하고 있다. 그리고 매년 송광사 삼월불사(음 3월 24~26일)와 효봉스님 추모제(음 9월 2일)에 봄 가을 두 차례씩 전국적인 모임을 갖고 있다.

불일회는 조계총림 송광사의 외호단체로서만이 아니라 대중 불교 문화지인 『불일회보』(90년대 후반 폐간 이후 사보 『송광』으로 통합)를 만들어 불교문화의 선진적 감각을 소개하였다. 특히 조계총림은 불일출판사를 운영하면서 조계총림 송광사 관련 자료를 비롯하여 대중불서들도 간행해 오고 있다. 송광사가 일찍부터 문서포교에서 남다른 감각을 보여주었고 문화지형의 형성에 뛰어난 시각을 지닐 수 있었던 것은 대중적인 지명도를 지닌 불일 법정과 그를 잇는 일초(一超, 高銀/泰), 돈연(頓然), 석지현(釋智賢), 보원(普願), 지원(智原, 문수사) 등 10여 명의 문인 가풍을 지닌 승려들이 있었기 때문에 가능하였다.[39] 조계총림은 『불일회보』를 통해 사회 각 전문가들과 소통하였고 보조사상연구원을 통해 선법 확산과 학술 연찬의 지평을 넓힘으로써 우리 사회에 조계총림 송광사라는 존재를 분명하게 각인시킬 수 있었다.

현재 송광사에서는 계간 『송광』이 명맥을 잇고 있으며 서울 분원인 법련사에서는 월간 『법련』이 그 뒤를 잇고 있다. 하지만 현재는 과거 『불일회보』가 지녔던 사회와의 소통에 미치지 못한 채 일개 사보로 머물러 있다는 느낌을 주고 있다. 더욱이 근래 불일회는 그 기능이

---

39 공식적으로 문단에 등단은 하지 않았지만 문인가풍을 잇고 있는 이는 玄藏(대원사 주지), 寶鏡(법련사 주지) 등이 있다. 또 九山 방장의 제자이면서 덕숭총림 維那를 맡고 있는 玄眞과 조계총림 유나를 맡고 있는 玄默 등도 문필로 이름을 떨치고 있다.

축소되었고 역할이 위축되었다. 대신 송광사 신행단체인 '송사모'(송광사를 사랑ᄒᆞ는 사람들의 모임)가 그 명맥을 잇고 있다. 때문에 과거 송광사를 대표했던 구산 수련, 회광 승찬, 불일 법정 등의 입적 이후 조계총림은 상대적으로 그 존재감이 미약해진 것을 부인하기 어렵다. 그들을 잇는 후속 인물들의 교단 내의 존재감과 대중적 지명도가 송광사의 울타리를 넘지 못하기 때문이라고 할 수 있다. 이를 극복하기 위해서는 조계총림 내외에서 새로운 인물을 발굴, 집중 지원해 주는 시스템의 확보와 대사회적 소통의 기반을 회복하는 노력이 요청된다.

6. 정리와 맺음

조계총림 송광사는 불교 조계종의 팔대총림 중 조계총림의 본산이자 삼보사찰 중 승보(僧寶)종찰로 알려져 있다. 송광사의 원 절터였던 길상사는 신라 말 혜린(慧璘) 대사가 초창한 절이었다. 하지만 길상사는 후백제 전쟁을 치르면서 폐사된 뒤 다시 복원되지 않았다. 고려 인조 때 석조(釋照) 대사에 의해 중창이 진행되다가 선사의 갑작스런 입적으로 인해 완수되지 않았다. 그 뒤 거조사에서 활동하던 지눌이 이곳으로 이주하여 정혜균습(定慧均習)의 살림살이를 제창하고 선교일원(禪敎一元)의 사고방식을 창안하면서 고려 불교계의 지형은 변모하기 시작했다. 송광사는 고려 지눌선사를 필두로 하여 16국사와 나옹과 무학왕사를 배출하였다. 이들 국사와 왕사는 이곳에 머무는 동안 국사와 왕사로 책봉되었으므로 송광사의 인물로 집계할 수 있다. 조선 중기 이후에는 부휴계 문도들이 주로 이곳에 머무르며 송광사의 임제 법통을 주도하고 승풍 진작에 힘썼다.

대한시대에도 고승 대덕들이 이곳에 머물렀으며 가야총림의 초대 방장이었던 효봉 학눌의 송광사 주석(1937~1946)을 필두로 하여 조계총림의 1·2대 방장인 구산 수련, 제3·4대 방장인 회광 일각 및 제5대 방장인 범일 보성이 주석하면서 총림과 사찰의 가풍을 드높였다. 조계총림 송광사는 보조 지눌(普照知訥)이라는 빼어난 수행자의 수행과 사상을 '보편적인 인류의 사상'으로 펴고자 한다는 점에서 상당한 울림을 지니고 있다. 지눌은 신라의 대표적인 사상가인 분황 원효(芬皇元曉)와 함께 한국의 대표하는 사상가이기 때문이다. 그리고 12세기에 그가 지녔던 역사의식과 시대정신이 오늘날에도 여전히 유효하기 때문이다. 바로 이 점에서 조계총림 송광사의 대사회적 기반과 소통의 기제를 다시 확인하게 된다. 송광사는 보조 지눌의 정혜결사에서 제시한 "돈오점수와 정혜쌍수 및 『진심직설』 등에 담긴 뛰어난 사상"을 철학적 배경이자 사상적 근거로 삼고 있다. 때문에 국제화 세계화 시대에 보조 지눌의 선법을 확산하고 학술 연찬을 공고히 하기 위한 노력이 더욱 더 요청되는 것이다.

조계총림은 고려 보조 지눌 국사의 수선사와 이후 16국사를 배출한 조사전을 중심으로 한 여러 전각들이 승보종찰의 가풍을 잘 보여주고 있다. 일찍이 구산 수련은 송광사 국제선원을 만들어 눈 푸른 납자들을 맞이하여 한국 간화선을 세계화하는데 선도적인 역할을 해왔다. 또 서울에 송광사 분원(법련사)을 만들어 학술과 출판 및 장학재단과 갤러리를 운영함으로써 현대판 사찰운영의 전형을 제시해 왔다. 여기에다 길상사를 조계총림에 품으면서 불교뿐만 아니라 이웃 종교와의 대화와 소통의 무대까지 마련하였다. 전통 문화를 계승하고 새로운 문화를 창안하려는 다양한 노력은 목우자 지눌의 가풍을 잇고자 했던 효봉 학눌과 그의 전법제자인 구산 수련과 불일 법정의 노력에 힘입은 결과로 보인다. 조계총림과 삼보종찰의 가풍과 문화의 특징은 한 마디로 '올바른 수행자상의 제시'라고 할 수 있다. 때문에 지눌 등의 16국사와 나옹-무학 등의 2왕사 및 효봉 학눌-구산 수련 등으로 이어지는 수선문화를 극대화하는 장치가 요청된다. 그리고 그것을 뒷받침하는 수련문화 시스템의 구축이 이루어져야 한다. 최근 국제적인 명성을 얻어가는 템플 스테이의 활성화와 사찰 음식의 대중화는 조계총림의 이미지를 극대화할 수 있는 절호의 타이밍이라 할 수 있다. 그리고 우리시대 현대인들이 요청하고 있는 치유와 소통을 위한 '참선수행 캠프' 혹은 '단기출가 캠프' 또는 '전통문화 캠프' 등을 운영하여 새로운 가풍과 문화로 승화시켜야 할 것이다.

송광사가 일찍부터 문서포교에서 남다른 감각을 보여주었고 문화지형의 형성에 뛰어난 시각을 지닐 수 있었던 것은 대중적인 지명도를 지닌 불일 법정과 그를 잇는 일초(고은/태), 석지현, 돈연, 보원, 지원 등 일련의 문인 가풍을 지닌 승려들이 있었기 때문에 가능하였다. 조계총림은 『불일회보』를 통해 사회 각층의 전문가들과 소통하였고 보조사상연구원을 통해 목우가풍과 부휴가풍 및 효봉가풍과 구산가풍의 확산과 학술 연찬의 지평을 넓힘으로써 우리 사회에 조계총림 송광사라는 존재감을 분명하게 각인시킬 수 있었다. 하지만 송광사는 구산 수련, 회광 승찬, 불일 법정 등의 입적 이후 상대적으로 그 존재감이 미약해진 사실을 부인하기 어렵다. 그들을 잇는 후속 인물들의 교단 내 존재감과 대중적 지명도가 조계총림 송광사의 울타리를 넘지 못하기 때문이라고 할 수 있다. 이를 극복하기 위해서는 조계총림 내외에서 새로운 인물을 발굴하고 그들을 집중 지원하는 시스템의 확보와 대사회적 소통의 기반을 회복하는 노력이 요청된다.

3장 현대 한국불교의 교육 공동체 확보와 수행 공동체 확산*

- '교육[解]불교'와 '수행[行]불교'의 흐름과 과제 -

1. 문제와 구상
2. 불교 세계관의 공유
3. 교육[解] 공동체의 활성화
4. 수행[行] 공동체의 대중화
5. 불교 가치관의 체화
6. 정리와 맺음

1. 문제와 구상

한국불교는 세계화와 정보화 시대를 맞이하고 있다. 한국불교는 과연 시대의 사조와 사회의 변화에 능동적으로 대처할 수 있는 지혜를 '열어가고'[開] 있는가? 한국불교는 진실로 이 시대가 직면하고 있는 여러 문제들을 해결해 나갈 활로를 '제시하고'[示] 있는가? 한국불교는 여러 과제들로 부딪치고 있는 이 시대의 사람들을 '깨치게 하고'[悟] 있는가? 한국불교는 분명 이 시대의 사람들로 하여금 중도에 '들어서게 하고'[入] 있는가?

『법화경』에서는 지극히 중대한 인연[一大事因緣]으로 붓다가 이 세상에 나타난 까닭은 소승과 대승 및 권교와 실교와 다양한 근기들에게

* 이 논문은 2010년 5월 29일 부산의 안국불교대학에서 동아시아불교문화학회가 개최한 '21세기 불교의 진로와 과제'라는 주제 아래 발표한 「'한국불교의 교육 공동체 확보와 수행 공동체의 확산」을 수정 보완한 것이다.

붓다의 지견[佛知見]을 '개시오입'[開示悟入] 하여 일불승[一佛乘]의 가르침을 깊이 알게 하기 위해서라고 설하고 있다. 지난 세기 이래 세계의 불교는 시대의 사조와 사회의 변화에 어떻게 대처를 해 왔는가. 그리고 한국불교는 그 사조와 그 변화에 어떻게 대응해 왔으며, 그 의제들을 해결하기 위해서 무엇을 준비하고 있는가. 이들 문제들에 대해 우리는 거시적인 시각에서 비판적으로 성찰해 볼 필요가 있다.

한국불교의 역사를 추적해 보면 불교와 불교인들은 시대정신과 역사의식을 통해 나름대로 각성의 촉매를 제시해 왔다. 그것은 뜻이 맞는 몇몇 동지들이 붓다의 가르침을 구현하기 위하여 맺은 '결사'(結社)의 형태로 이루어져 왔다. 하여 결사는 당시 사회뿐만 아니라 불교계를 정화시키는 '주요 흐름'으로 부각되었다. 고려시대의 진억(津億, ?~ 1074년경?)은 지리산 오대사(수정사)에서 유가 법상(瑜伽 法相)의 도리에 입각하여 수정결사를 확립하였고, 지눌(知訥, 1158~1210)은 조계 혜능의 가르침에 의거하여 송광산에서 수선결사를 주도했다.

또 요세(了世, 1163~1245)는 만덕산 백련사에서 법화 천태와 정토 이념을 기반으로 한 백련결사를 개최했으며, 대한시대의 경허(鏡虛, 1846~1912)는 수선결사와 미륵 사상을 기반으로 한 정혜결사를 주관했다.[1] 청담(靑潭, 1902~1971)과 성철(性徹, 1912~1993)은 '부처님 법대로만 살아보자'며 봉암사 결사를 주도했다.

조선 말기 이래 불교계는 전정(田政)·군정(軍政)·환곡(還穀) 등 삼정(三政)의 문란(紊亂)에 의해 황폐해졌다. 전국의 사찰 곳곳에는 도적이 들끓었고 많은 사찰이 폐사되었다. 왕궁 가까운 곳에 자리했던 한양 근교의 몇몇 사찰과 지방의 본사급 사찰 일부만이 명맥을 이어갔을

1 고영섭, 『한국불학사: 고려시대편』(서울: 연기사, 2005), p.426.

정도로 피폐했다. 1876년 강제로 문호를 개방당한 조선정부는 임오군란(1883)과 갑신정변(1884) 및 동학혁명(1894)과 갑오경장(1894) 등의 격변을 맞으며 대한제국(1897)으로 국호를 개명하였다. 이어 대한정부는 불교계를 통제하기 위해서 동대문 밖에 원흥사를 설립(1899)하고 사사관리서를 설치(1902)하였다가 폐지(1904)하였다.

정토연구회를 기반으로 모였던 일부 승려들은 1906년에 원흥사에 명진학교(동국대학교 전신)를 창설하였고 원종을 창종(1908)하였다. 이즈음 회광사선(晦光師璿, 1862~1933)에 의해 원종(圓宗)이 일본 조동종과 연합체맹을 체결하자 만해(萬海 龍雲, 1879~1944))와 진응(震慧 應燦, 1873~1941) 등은 부산 범어사에서 임제종을 창종(1910)하였다. 그러나 1910년에 이르러 대한제국은 일본에 국권을 빼앗겼고 일제의 조선총독부는 사찰령을 반포(1911)하여 반도 내의 모든 사찰 재산권과 인사권을 관할하였다. 이로 인해 한국불교는 전통불교와의 단절과 굴절을 경험하면서 왜색화되어 갔다.

일제의 지배 아래에서 대한불교는 교단의 신설과 분종, 친일과 항일의 소용돌이를 경험하면서도 선학원을 중심으로 붓다의 본래 정신을 잃지 않으려고 힘썼다. 해방 이후 한국불교는 각성된 주체들에 의해 조선불교 이래 훼손된 유산과 일제 이래 왜색화 된 불교를 극복하려고 노력했다. 그들은 '부처님 법대로만 살자'며 전통불교를 복원하려고 봉암사 결사(1947~1950)를 추진하였고 수행전통을 회복하고자 가야총림(1948)을 건설하였다. 그러나 6.25 전쟁이 일어나면서 전통 복원의 희망은 물거품이 되었고 다시 원점에서 출발하기 위해 오랜 불교정화(1954~1962) 과정을 경험하였다.

이 시기 한국불교는 미국의 정치적, 문화적 영향 아래 큰 세력을 형성하게 된 기독교(개신교+천주교)의 도전을 받으면서 종교적 정체성의 확립과 대중의 지적 요구를 수용할 수밖에 없었다. 결국 1980년대의 과도기를 거쳐 1990년대에 이르러 '교육 공동체'(불교대학, 解) 확보와 '수행 공동체'(수행 센터, 行) 확산에까지 이르게 되었다. 따라서 현대 한국불교의 특징을 가장 잘 보여주는 의제는 불교대학[2] 확보와 불교 유치원 확산 및 수행 센터 확충과 사찰 순례 확대를 아우르는 '해행(解行)불교'라고 명명할 수 있을 것이다. 이것은 이론과 실천의 균형인 의천의 '교관 병수'(敎觀倂修)와 실천과 이론의 통합인 지눌의 '선교 일원'(禪敎一元)의 또 다른 버전이라고 할 수 있다.

2. 불교 세계관의 공유

불(제)자의 정체성은 '불법승 삼보에 대한 귀의'[三歸依]와 '다섯 가지 계의 수지'[五戒把持]로부터 확립된다. 때문에 붓다의 가르침에 대한 '확신'[信]과 '이해'[解]와 '실행'[行]과 '체증'[證]은 불자로서의 정체성 확립의 기반이 된다. 붓다의 가르침은 붓다의 자내증인 사성제와 십이연기이다. 중도와 연기는 사성제와 십이연기의 포괄적인 표현이다. 즉 사성제는 중도의 구체적 표현이고 십이연기는 연기의 실제적 내용이다.

때문에 사성제와 십이연기는 중도와 연기의 수렴이요, 중도와 연기는 사성제와 십이연기의 확장이라고 할 수 있다. 수렴의 입장에서 보면 사성제와 십이연기가 붓다의 자내증이고, 확장의 입장에서 보면 중도와 연기가 붓다의 자내증이다. 해서 수렴과 확장은 달리 보일 수

2 많은 연구자들이 한국현대불교의 가장 두드러진 특징을 '불교대학 운동'으로 보고 있지만, 논자는 그것뿐만 아니라 '수행 센터 확산'까지를 그 특징으로 보아야 한다고 생각하고 있다. 이것은 한국불교의 주요한 개성이었던 의천의 '敎觀 倂修' 혹은 지눌의 '禪敎 一元'와 그 맥을 같이하는 현상이라고 할 수 있다.

있지만 그 둘이 온전히 다른 것은 아니다.

저 사국시대에 전래된 불교는 소박한 업설 중심으로 불자들에게 수용되었다. '불법을 받들어 믿고 복을 구하라'[崇信佛法求福]는 황제의 조칙에 의해 불법은 복을 구하는 가르침으로 수용되었고, 사찰은 '복을 닦고 죄를 멸하는 곳'[修福滅罪之處]으로 이해되었다. 고대 이래 '구복' 혹은 '수복' 또는 '멸죄'의 기호로 인식된 불교는 고려와 조선과 대한시대를 거치면서 백성들의 마음 속에 점차 내면화되었고 기복화되었다. 때문에 우리의 불자들은 붓다의 자내증을 공유할 기회를 온전히 갖지 못하였다. 다시 말해서 출가자들 이외의 불자들에게 붓다의 사성제와 십이연기의 가르침을 전달할 기구와 방법이 없었다. 이따금씩 사찰 법회의 법문에서 붓다의 가르침이 소개되기는 했으나 불자들에게 체화되기에는 역부족이었다.

대한시대(1897~)에 들어 근대화와 현대화를 경험하기 시작한 불교계 선각자들은 의식 중심과 신행 중심의 불교만으로는 교세의 유지가 쉽지 않다고 판단하고 불자 교육의 중요성을 조금씩 인식해 갔다. 승려들의 외국 유학[3]과 한양 유학[4]이 확대되면서 불교계 역시 교육에 대한 인식이 달라져갔다. 불교계 내부에서는 출가자 중심의 강원(승가대학)뿐만 아니라 재가자까지 아우르는 고등교육기관 설립의 필요성을 절감하였다. 그리고 국민들의 교육 의식이 높아지면서 불자들 역시 자녀들의 교육에 집중하기 시작했다.

---

3 이경순, 「일제시대 불교 유학생의 동향」, 『승가교육』 제2집(조계종 교육원 불학연구소, 1998), p.162. 여기에 따르면 일제시대 사찰별 일본 유학생수(유학생 3명 이상 배출 사찰)는 360명에 이르고 있으며 일제시대 기타(중국, 프랑스, 독일)지역 불교 유학생은 13명에 상당하고 있다.

4 주로 동국대학교의 전신인 명진학교-불교고등의숙-불교사범학교-중앙학림-불교학원-불교전수학교-중앙불교전문학교-혜화전문-동국대학-동국대학교 등에 유학한 학승들이 대부분이다. 이들 중에는 이후 환속한 이들이 적지 않다.

하지만 구한말 이래 선진적이었던 불교계의 교육활동[5]은 점차 위축되어 왔다. 종래 불교계의 정규대학 운영은 동국대학교[6]와 해인-마산대학 경영[7]이 중심이었고 이후 중앙승가대학교가 세워졌다. 다행히 2000년대에 들어서면서 한국불교계는 교육불사의 중요성에 대해 새롭게 인식하기 시작했다. 각 종단은 국가가 인정하는 초중고의 운영뿐만 아니라 정규대학의 신설에 대해 적극적인 자세를 띄기 시작했다. 그 결과 서울불교대학원대학교, 태고종의 동방대학원대학교,[8] 천태종의 금강대학교, 진각종의 위덕대학교가 설립되었다.

불교계의 전통강원은 1990년대에 들어와 모두 승가대학으로 개명하였다. 현재 조계종은 전국에 사미승가대학 13개[9]와 사미니승가대학 6개를 운영하고 있다. 또 대학원으로는 은해사승가대학원, 실상사 화엄학림, 동학사 화엄학림이 있으며, 해인총림 율원, 조계총림 율원, 영

---

5 남도영, 「구한말 불교계의 교육활동」, 『전국역사학대회자료집』 제26집(전국역사학대회 준비위원회, 1983. 5). 여기에 따르면 당시 불교계의 설립 이름과 설립 주체가 확인된 지방교육기관(지방학림)은 19개에 이르고 있다.

6 고영섭, 「동대 '전인 교육 연구' 백년 '불교 연구' 백년」, 『불교학보』 제45집(동국대학교 불교문화연구원, 2006).

7 고영섭, 「불교계의 해인-마산대학(1946~1967) 경영」, 『한국선학』 제22호(한국선학회, 2009).

8 동방대학원대학교는 '동방연서회'가 운영하고 있어 태고종단과는 무관해 보이지만 재단 이사회 내의 이사직 4석을 태고종단 인사에 안배하고 있어 태고종과 무관한 대학이라고 보기는 어렵다. 2012년에는 새로운 재단이 들어서면서 교명을 '동방문화대학원대학교'로 바꾸었다.

9 조계종 교육원 교육위원회, 『승가 기본교육기관 및 전문교육기관 조정(안) 마련을 위한 공청회 자료집』(교육원회, 2010). 현재 사미니 교육기관으로는 통도사, 해인사, 송광사, 수덕사, 백양사, 화엄사, 쌍계사, 직지사, 동화사, 범어사, 불국사, 법주사, 선운사 등 13개 승가대학이 있으며, 사미니 교육기관으로는 운문사, 동학사, 선암사, 봉녕사, 삼선, 유마사 등 6개 승가대학이 있으며 여기에는 약 3분의 2에 해당하는 809여 명의 예비승려들이 교육을 받고 있다. 이외 기본선원에 161여 명이 있고, 동국대학(서울, 경주)에 119여 명이 있으며, 중앙승가대학에 158여 명이 있다. 이들 모두를 합하면 1,247명이 된다. 최근에는 전문교육기관(전문대학원)으로서 한문불전전문대학원, 율장전문대학원, 선학전문대학원, 초기불교전문대학원, 기타 특정 교학 또는 전문연구와 관련한 전문대학원 제도가 추진되고 있다.

축총림 율원, 고불총림 율원, 파계사 영산율원, 봉녕사 금강율원, 청암사 청암율원, 운문사 보현율원이 있다. 태고종은 선암사 강원을, 천태종은 구인사 강원을, 진각종은 진각대학과 진각대학원을 운영하고 있다.

현재 종립 초중고는 조계종이 30여개, 진각종이 4개, 총지종이 1개를 경영하고 있다.[10] 천태종 역시 고등학교 운영을 적극적으로 추진하고 있고, 태고종 역시 자녀들의 교육문제를 심각히 고민하면서 중고등학교 운영을 모색하고 있다. 최근 불교계 종단의 적극적인 교육 공동체의 설립과 아울러 불자들의 능동적인 수행 공동체 참여는 새로운 불교문화를 양산하기 시작했다. 그것은 곧 '교육'[解] 불사와 '수행'[行] 불사로 집약되고 있다.

때문에 종래의 기복불교·의례불교로부터 지성불교·생활불교로의 전환은 한국불교인들의 의식 속에 일찍부터 잠복해 있었다고 할 수 있다. 이를테면 첫 교양 대학으로 꼽히는 대원불교대학의 탄생(1973)은 교육 공동체 건설에 대한 신도들의 요구에 대한 부응이라고 할 수 있다. 1980년대 이래 한국 현대불교는 내적 개혁 추진과 외적 도전 극복을 통해 나름대로 격변기를 이겨 내어 왔다. 특히 이승만 정부 당시의 정화불사 이후 또 다시 전두환 정부의 10.27 법란을 경험하면서 불교계는 대사회적 발언과 참여의 중요성에 대해 어느 정도 눈을 뜨기 시작했다. 이어 1994년 불교 개혁회의의 출범과 함께 이후 불교계는 깨달음의 사회화 및 간화선 확립 프로그램의 운영, 새만금 간척 비판과 사패산 및 영축산 터널 저지, 한반도 대운하 조성안 반대 운동 등을 통해 수행, 교육, 자연, 생태, 환경 보전을 위한 각종 노력을 경주해 왔다. 이들 의제들 중에는 이미 완결된 것도 있지만 아직 진행 중인

10 고영섭, 「해인강원-해인승가대학(1900~2009)의 역사와 문화」, 『불교학보』 제53집 (동국대학교 불교문화연구원, 2010).

것들도 있다.

그렇다면 한국 현대불교의 흐름 속에서 이들 중 가장 대표적인 의제는 무엇일까? 아마도 현대불교의 가장 두드러진 흐름은 교육 공동체의 확보와 수행 공동체의 확산이라고 할 수 있을 것이다.[11] 교육 공동체는 정부인가 고등교육기관의 설립뿐만 아니라 승가대학[12]을 비롯하여 불교 교양 대학과 불교 유치원의 적극적인 설립 노력으로 이어지고 있으며, 수행 공동체는 각 사찰 혹은 신행단체의 자발적 시민선방 설치와 생태환경 공동체(실상사) 및 위빠사나 수행처와 각종 수행 프로그램의 주체적인 설치 운영 등으로 이어지고 있다. 이러한 움직임은 불교 세계관을 공유하려는 한국불교인들의 능동적 활동의 일환으로 파악할 수 있다. 그러면 먼저 불교 세계관을 공유할 수 있는 틀인 불교 교양 대학의 확보 과정에 대해 살펴보기로 하자.

3. 교육[解] 공동체의 활성화

1 불교 교양 대학의 확보

한국불교는 고려시대 이후 조선 정부의 불교 억압 정책과 일제총독부의 불교 왜곡 정책을 경험하면서 크게 위축되어 왔다. 일제로부터

11 이번 세미나 기획에서 나타나고 있는 것처럼 현대의 미국불교는 전통계승으로서의 '신대승'(나바야나(Nava-yana), 일본불교는 '신불교', 대만불교는 '인간불교'로 기호화 되고 있음에 견주어 한국불교는 '해행(解行)불교' 즉 '교육 공동체의 확립'과 '수행 공동체의 확산'으로 규정해 볼 수 있을 것이다.

12 교단내 출가자를 위한 승가대학에 대해서는 이미 다른 논고에서 다룬 적이 있다. 여기서는 교단 밖을 향한 불교인들의 존재감을 드러낸 대표적인 교육 공동체로서 불교 교양 대학과 불교 유치원을 중심으로 살필 것이다.

해방을 맞이하면서 큰 희망으로 부풀었던 한국불교는 그 기대가 싹트기도 전에 미 군정청의 기독교 일변도 정책을 감당해야 했다. 그 틈바구니에서 해방 이후 불교계는 봉암사 결사(1947~1950)[13]와 가야총림의 건설(1948)[14]을 통하여 어느 정도나마 불교의 정체성을 회복하기 시작했다. 하지만 6.25로 인해 불교계는 물적 토대와 인적 토대를 대부분 상실하였다.

설상가상으로 이승만 정부는 분단 이후 미 군정청의 기독교 지원 정책을 계승하였고 한국 종교 지형은 기형적인 형태로 변화해 갔다. 그리하여 불교계는 1954년 이래 8년 동안 과도하게 친일 청산을 시도하면서 숱한 상처를 안고 말았다. 이후 불교계는 몇 차례의 타율적 정화와 내부적 개혁 등을 통해 현대화와 세속화를 경험[15]하였다. 이러한 소용돌이 속에서 불교는 한국 정신사의 맏아들로서의 역할과 민족문화의 기반으로서의 자존을 온전히 감당해 내지 못하였다. 결국 정화불사를 통해 조계종의 정체성은 어느 정도 확립하였지만 여전히 불교교단의 분열과 인재 양성을 위한 물적 토대의 붕괴로 불교의 대사회적 입지는 크게 약화되었다.

이 시기 조계종은 정화불사를 통해 독신교단의 브랜드를 확립해 갔고, 태고종은 전통문화를 통해 전통불교의 이미지를 세워나갔다. 때문에 조계-태고 두 종단은 각기 역할분담을 통해 불교의 존재감을 표현하였고 불필요한 분규는 가급적 지양하였다. 1990년대에 들어서면서

---

13 김광식, 「봉암사 결사의 전개와 성격」, 『한국 현대불교사 연구』(서울: 불교시대사, 2006).

14 고영섭, 「불교 조계종 종합수도장 오대총림 연구」, 『조계종 총림의 역사와 문화』(서울: 조계종출판사, 2009).

15 고영섭, 「불교정화의 이념과 방법」, 『불교정화운동의 재조명』(서울: 조계종출판사, 2008), pp.79~152.

부터 이들 정통 두 종단과 함께 천태종과 진각종 역시 종단별 난제를 해결하고대사회적 이슈에 동참하면서 불교계는 자신의 외연을 크게 확대시켜 가고 있다.

조계종단은 개혁회의(1994) 이후 승가교육의 중요성을 인식하여 종래의 총무원과 포교원 체제에다 교육원을 추가 신설하였고 그 산하에 불학연구소[16]를 설치하여 불교의 대사회적 입장을 나름대로 발언해 왔다. 이러한 과정 속에서 불자들의 사회적 의식도 변화하기 시작했다. 각 사찰의 불교 교양 대학 신설 역시 이러한 사회적 변화 요구에 대한 부응으로 개설된 것이었다. 동시에 종래의 기복불교와 의례불교에 대한 성찰과 불자들의 지적 요구에 대한 응답이기도 했다. 그러면 대한불교조계종 관할 불교대학에 대해 살펴보기로 하자.

〈표 1〉 조계종 관할 불교 교양 대학의 현황

지역	불교대학	커리큘럼	특 징	개강 및 기간	비 고
서울	구룡사불교대학				
	길상사불교대학				
	나란다삼장불교대학				
	대한불교대학				
	봉은불교대학	부처님생애, 대승불교사, 경전의 이해, 중국 및 한국불교사		1년 2학기	봉은사 직할

16 조계종 교육원의 불학연구소는 조계종 개혁회의 이후 가장 괄목할 만한 성과를 내온 곳이다. 대표적인 성과는 조계종의 정체성을 세우기 위해 『승가교육』 8권 간행, 『강원총람』, 『선원총람』, 『간화선』의 편찬 및 '불교수행입문총서' 5권(『간화선 입문』, 『절 수행 입문』, 『염불수행 입문』, 『진언다라니 수행 입문』, 『간경 수행 입문』 등)의 출간과 정기적인 불교사 연구 학술회의의 개최를 통한 '불교사연구총서' 6권의 간행(『불교근대화의 전개와 성격』, 『불교정화운동의 재조명』, 『봉암사결사와 현대 한국불교』, 『비구니승가대학의 재조명』, 『조계종 총림의 역사와 문화』, 『한국 현대불교의 교육기관』)이라고 할 수 있다.

	삼화사이버불교대학	법사, 포교사, 호스피스학	일반포교사, 유아포교사, 인터넷포교사		
	불광불교대학			1년 2학기	불광사 직할
	삼보불교대학	불교기초교리			
	서울불교문화대학				
	수국사불교대학				
	영산불교대학	불교기초교리			
	정법대학	불교개론학, 포교사과정			
	조계사불교대학	주요경전, 불교사, 불교윤리, 불교문화, 포교방법론, 불교와 사회	기본, 대학원 과정	2년 4학기	조계종 직할
	한국불교법사대학	불교학개론, 금강경			서울
	한국불교통신대학	통신강의			
	해동불교범음대학				
	화계불교대학				
경기	구름산불교대학				
	경기불교대학	법화경, 아함경		2년 4학기	수원 용주사내
	묘적사불교대학				남양주
	봉선사불교대학				남양주
	봉영사불교대학				남양주
	봉선사불교대학				남양주
	정각사화엄불교대학				군포
인천	경인불교대학				
	미추홀불교대학				
	부루나불교대학	불교기초교리, 경전강좌			
	인천불교대학	반야, 화엄, 유식, 법화와 같은 불교 사상 전반과 선 수행		1년 2학기	

	전등사불교대학				
강원	강릉불교대학				
	강원불교대학				
	동해불교대학		산중사찰 변화주도		
	신흥사불교대학	불교입문, 불교역사, 불교의 이해와 신행, 불교사회복지, 포교방법론, 경전 등 강의		2년 4학기 과정, 매주 화, 수요일	
	원주불교대학	불교 교리, 문화, 역사, 포교방법론, 경전의 이해, 참선		1년 2학기 과정, 매주 토요일 2시간 강의	원주
	월정사불교대학	초발심자경문, 육조단경, 참선수행, 자원봉사	경전반과 심화반 운영	1년 2학기	
충남	각원사불교대학		독거노인 방문 보호		천안
	보문불교대학				
대전	광제사불교대학	금강경·반야심경·불교철학			대전
	대전불교대학				대전
	백제불교문화대학	불교입문, 사찰의 이해, 불교사	기본, 전문, 대학원 과정	1년 2학기	대전
	보현불교대학	경전·교리·예절		1년 2학기	대전
	수덕사대전불교대학				대전
	통도사대전불교대학				대전
	화엄불교대학				대전
충북	광명불교대학	불교학개론, 유식사상			청주
	법주사불교대학				
	중원불교대학				
	청주불교대학				
	충북불교대학	금강경, 법화경		1년 2학기	청주

부산	고심정사불교대학	조계종 전 종정 성철스님의 생애와 가르침에 대한 집중적 강의		1년 2학기	부산
	내원불교대학				
	로터스불교대학				
	범어사금정불교대학	육조단경, 금강경, 법화경, 서장 집중 강의			
	부산불교 교육대학	불교기초교리			
	부산불교전법대학				
	불지불교대학				
	안국불교대학				
	여래사불교대학				
	여여불교대학				
	영주암불교대학				
	원각불교 교육대학				
	환희불교복지대학				
울산	울산불교 교육대학	불교와 복지			
	울산시민불교대학	기초교리·경전		1년 2학기	
	정토불교대학	불교기초교리			
	황룡사불교대학				
대구	경북불교대학	불교기초교리, 경전강의	주간교리반, 야간경전반	2년 4학기	
	관오불교대학				
	대구불광불교대학			1년 2학기	
	대구불교대학	사찰예절·부처님생애, 경전강의, 신행생활·복지·계율계	주간반, 야간반	2년 4학기	
	마하야나불교대학			2년 4학기	
	법왕불교대학	불교입문			
	보리불교대학				
	한국불교대학				
경북	구미불교대학	경전연구, 요가교육		1년 2학기	

	김천불교대학			3년 6학기	
	덕산불교대학				
	불국사부설교육원	교리·경전·사군자·불화, 도예·서예·꽂꽂이·서각			
	상주불교대학				
	안동대원불교대학			1년 2학기	
	영남불교대학	불교예절·교리·예불문, 기도법·참선법·찬불가 등	기초과정, 경전과정, 인터넷반		
	은해사불교대학			1년 2학기	영천
	천등사불교대학			1년 2학기	
	축서사불교대학				봉화
	포항불교대학	경전강의	교리·포교사시험 대비과정	2년 4학기	
경남	경남불교대학				
	대광불교대학(진해)				진해
	밀양불교대학				밀양
	봉림불교대학(창원)				
	불지수다라불교대학	초발심자경문·금강경			
	비사벌불교대학				
	영축불교대학	교리·예절·의식, 한국불교사·비교종교학·불교윤리	교양반, 전공반	1년 2학기	
	진주불교대학	교리·문화·집전		1년 3학기	진주
	통도사불교대학			1년 2학기	양산
	함양불교대학				
전남	강진불교대학	경전·기초교리·참선		1년 2학기	
	마라난타불교대학				
	목포불교대학	불교입문·다도·예절		1년 2학기	

	영암불교대학				
	진도불교대학				
	해남불교대학	불교기본교리·금강경, 인도·한국·중국불교사			
	화엄사불교대학	불교근본교리, 부처님 생애, 불교역사, 포교이론 및 방법, 사찰예절, 유식론			
광주	광주불교대학	불교이해와 신행, 불교사 이해, 불교문화, 대승불교개설, 반야심경, 천수경, 아미타경 등		2년 4학기 과정, 매주 수·목요일 오후 7~9시 두 차례 진행	
	광주불교문화대학				
	무각사불교대학				
전북	남원불교대학		실상사 운영		
	이리불교대학				
	화엄불교대학	교리·의식실수·경전	대학원과정 대승기실론·육조단경 사회복지론·포교론	1년 2학기	
제주	서귀포불교대학				
	제주불교대학				
	제주불교문화대학			1년 4학기	

위의 〈표 1〉에서 알 수 있듯이 불교 교양 대학은 서울과 부산과 대구 등의 대도시를 비롯하여 전국에 걸쳐 골고루 분포하고 있다. 이러한 현황에는 불교에 대한 올바른 이해를 갈망하는 불자들의 열망이 투영되어 있다. 최초의 불교 교양 대학은 재단법인 대한불교대원회가 신도교육의 일환으로 설립한 대원불교대학(1973)이다. 이후 대원불교

대학의 설립에 자극을 받은 불교계의 여러 종단들은 1980년대 중반부터 종단 및 사찰별로 신도교육을 위한 기초교리 강좌를 개설하기 시작했다.

특기할만한 사항은 한국의 민주화가 완성되어가는 1980년 후반부터 1990년대에 이르러 불교 교양 대학이 양적으로 크게 팽창하였다는 사실이다. 현재 전국에 개설된 조계종 관할 내의 불교 교양 대학 수는 약 260여 개에 이른다. 이외에도 태고종, 천태종, 진각종, 관음종 등 각 종단이 운영하는 불교 교양 대학이 10여 개에 이르고 있으며, 범종단적인 불교 교양 대학도 208개에 이른다.[17] 그런데 이들 불교 교양 대학 중 다수는 종단의 도움 없이 개별사찰이나 재가자에 의해 운영되는 경우가 대부분이다. 그러나 불교 교양 대학의 교과 과정이 교학 중심으로 짜여 있어서 사회적, 신앙적 실천이 뒷받침해 주지 못하고 있다. 바로 이 점이 큰 문제로 지적되고 있다.

현재 종단 등록 대학은 모두 59곳이다. 이중 70년대 설립된 곳은 1곳이며 80년대가 13곳, 나머지 44개교가 90년대에 설립된 것으로 나타나 역사는 그리 깊지 않다. 불교 교양 대학 설립 초기에는 종단의 역할이 거의 전무했다. 70년대는 14곳 중 6곳이 재가자가 세웠고 80년대는 대부분 재가자가 설립자인 것으로 나타났다. 이것은 초창기 신도교육의 필요성을 절감하고 주체로 나선 것이 재가자였으며 조계종과 각 사찰이 제 역할을 다하지 못했다는 것을 말해준다.[18] 다행히 최근에는 교리를 배우고자 하는 신도들의 욕구가 증가하고 있음을 감안하여 각 사찰 스스로가 불교 교양 대학을 적극적으로 신설하고 있다. 일부 단체는 신도들을 타 사찰이나 신행단체에 빼앗기지 않으려는 자구책

17 김철우, 「불교교양 실태조사/해설」, 『현대불교』, 2005년 3월 9일자.
18 박부영, 「불교 교양 대학 불자의식조사」, 『불교신문』, 2002년 2월 15일자.

으로 교양 대학을 신설하는 경우도 없지 않다.

위의 〈표 1〉에는 조계종 관내 100여 개의 불교 교양 대학 현황이 집계되어 있다. 여기에다 종단 사찰의 관리를 받지 않는 불교대학까지 아우른다면 불교 교양 대학 수는 훨씬 더 많을 것이다. 그런데 인구 대비로 볼 때 대한민국 인구의 절반 가까이가 모여 사는 인천·경기 지역의 불교 교양 대학은 상대적으로 부족하다. 때문에 종단 내에서도 이 지역의 불자의 재교육에 문제가 있는 것으로 인식하고 있다. 다만 그들 일부는 활동권인 관내의 서울 소재 불교 교양 대학에서 재교육을 받고 있는 것으로 파악되고 있다. 그러면 조계종 이외 종단 및 범 종단 운영 불교 교양 대학의 현황에 대해 살펴보기로 하자.

〈표 2〉 조계종 이외 종단 및 범 종단 운영 불교 교양 대학의 현황

종 단	불교대학	커리큘럼	특성화	개강 및 기간	지 역
태고종	동방불교대학	불교학, 범패학, 불교미술			서울
	강원불교대학				춘천
천태종	관문사금강불교대학				서울
	대광사금강불교대학				분당
	삼운사금강불교대학				춘천
	삼광사금강불교대학				부산
	정광사금강불교대학	기초교리 ·불교문화사, 비교종교학 ·경전강독			울산
	대성사금강불교대학				대구
진각종	진각대학				서울
	진각대학원				서울
관음종	서울불교대학				서울
법사종	법사불교대학		법사과정, 대법사과정	출강반, 통신반	서울, 부산, 제주

	법사불교대학원		불학연구원과정	출강반, 통신반	서울, 부산, 제주
범불교	금화사불교대학	기초교리,경전반			부산
	능인선원불교대학				서울
	동산불교대학	불교학개론, 선사상, 인도불교사, 중국불교사	불교학과, 불교미술학과, 불교한문학과, 불교다도학과, 사찰음식문화학과	주간반, 야간반	서울
	동산불교대학원		불교학과, 근본불교학과, 다도학과	주간반, 야간반	
	삼화불교대학	불교학과, 불교미술	중국남경중의약 대학과 연계, 개호(케어복지) 복지과 운영		서울
	불교사회복지대학		사회복지전문요원 양성		서울
	정토불교대학	불교 사상, 불교변천사	북한 및 인도 어린이 돕기 운동 주제 특강, 자원봉사분야		서울
	무불선원대학원		인터넷불교대학		서울
	달마불교대학		인터넷불교대학		서울
	삼보사이버불교대학		사이버불교강의		서울
	동국불교전법대학		불교영어와 달마 그리기 강좌 개설		부산
	만불불교대학	불교기초교리, 포교사과정			부산
	새세계불교대학				
	대승사불교대학				
	동함불교대학				
	불교통신대학				가평
	한국불교연구원 전국 구도회		원효학당 정기강좌		전국

조계종 이외 종단이 운영하는 불교 교양 대학과 범 종단 불교 교양 대학 현황은 위 〈표 2〉를 통해 알 수 있다. 반면 태고종은 상대적으로 교육에 대한 부분이 주요 종단에 비해 매우 취약한 편이다.[19] 동방불교대학 이외에 오랜 전통을 지니고 있는 강원불교대학이 있을 뿐이다. 이와 달리 천태종은 서울의 금강불교대학이 6개 권역의 지방 소재 금강불교대학을 관할하고 있다. 일찍부터 중앙집권화가 잘 된 천태종은 금강불교대학 운영을 통해 신도들을 집중적으로 재교육을 시키고 있다. 진각종은 진각대학과 진각대학원을 통해 종도를 재교육시키고 있으며, 관음종은 서울불교대학을 통해서, 법사종은 법사불교대학을 통해서 종도들을 재교육시키고 있다.

최근 대한불교조계종을 비롯한 각 종단이 신도 기본 교육을 의무화하면서부터 불교 교양 대학의 역할이 다시 주목받고 있다. 불교 교양 대학의 개설은 '다양한 영역의 교육기회 제공'과 '신행생활의 심화'라는 측면에서 한국 현대불교의 가장 두드러진 특징 중의 하나가 되어 왔다. 그런데 최근 대형 사찰이 운영하는 불교 교양 대학은 각기 '선택'과 '집중'의 논리에 따라 특성화를 모색하고 있다. 커리큘럼의 특성화는 이미 일반 대학들도 상시적으로 조정하는 시스템을 확보하고 있다.

또 정보화 시대를 맞이하면서 인터넷을 매개한 교육도 활성화되고 있다. 이에 발맞추어 해외 교포와 직장인들의 수강생들도 늘고 있다. 불교는 알고 믿으며 믿는 바를 실천하라는 지성의 종교이다. 따라서 불교 공부의 요체는 배우고[聞], 생각하며[思], 실천하는[修] 세 단계의 조화에 있다고 말할 수 있다.[20] 현재 전국에는 260여 군데의 불교대학

---

19 최근 동방불교대학은 운영상 태고종으로부터 독립한 것으로 알려져 있지만 수강생들은 여전히 태고종도를 대상으로 한다는 점에서 태고종 운영대학으로 분류하였다.
20 박부영, 「불교 교양 대학의 의미있는 변화」, 『불교신문』 2139호, 2005년 6월 18일자.

중 '인터넷 불교대학'을 운영하는 삼보 사이버불교대학, '자원봉사 분야'에 집중하는 서울 정토불교대학, '사회복지전문요원' 양성에 주력하는 서울 불교사회복지대학, 중국남경중의약대와 연계시켜 '중국유학 준비과'를 설치한 서울 삼화불교대학 등처럼 특성화를 주도하는 곳이 적지 않다.

오랜 역사 동안 탄탄한 기반을 다져온 동산불교대학은 사회적 요구에 맞추어 기존의 불교학과 이외에 불교다도학과, 불교미술학과, 불교한문학과, 사찰음식문화학과의 신설하였다. 또 동산불교대학원 역시 불교학과 이외에 근본불교학과, 다도학과를 신설하여 운영함으로써 불교 교양 대학(원)의 역할 모델이 되고 있다. 또 일부 교양 대학에서도 기존의 교리 위주 교과 과정에서 벗어나 장례문화학, 불교한문학, 비교종교학, 사회복지학 과목 등을 신설하여 전문적인 사회교육기관의 기능까지 담당하고 있다. 일반대학들이 기업과 사회의 요구에 따라 경쟁력 있는 교과과정으로 특성화하고 있는 현실을 감안해 볼 때, 이 같은 추세는 계속될 것으로 보인다.

워낙은 신행 단체들의 회원모집의 한 방편으로 설립되었던 것이 불교 교양 대학이었다. 하지만 1990년대에 들어서면서부터 각 신행단체는 도심포교당 기능을 확보하기 위해 불교 교양 대학을 적극적으로 개설 운영했다. 점차 대학의 수가 증가하면서 계층별 분야별 특성화가 이루어졌다. 일부이기는 하지만 예술대학, 문화대학, 환경대학, 통일대학 등과 같이 프로그램 중심의 한시적인 대학도 생겨났다. 대학 수의 증가와 특성화 시도는 불자들의 사회적 참여를 어느 정도 유도하였다. 결과적으로 불교 교양 대학의 활성화는 아래와 같은 순기능으로 나타났다.

첫째, 불자들의 정체성을 제고시키고 인식틀을 확보시켜 주었다. 기복불교와 의례불교의 틀에 머물던 불자들로 하여금 다양한 영역을 배울 수 있는 기회를 제공하였다, 그 결과 비역사적이고 비철학적인 것으로 왜곡되어 온 불교에 대한 관념을 교정시켜 주었다.

둘째, 신행활동을 활성화 하여 정기 법회 참석율이 크게 높아졌다. 법회의 참석을 통해 신행이 심화되었고 신도 간의 친교와 공동체 의식을 함양시켜 주었다. 나아가 재적 사찰과 재학 대학에 대한 소속감이 높아졌다.

셋째, 진정한 불자상을 성찰하는 계기를 마련해 주었다. 이는 참다운 불자의 자세 함양이라는 면에서 매우 긍정적이라고 할 수 있다. 불자들은 불교 교양 대학의 학습을 통해 어떻게 믿는 것이 바른 믿음이며 어떻게 사는 것이 바른 실천인지를 성찰하기 시작했다.

넷째, 불교의 대중화와 생활화를 실현할 수 있는 기회를 마련해 주었다. 불교의 지향이 대중과 생활 속에서 이루어지는 것임을 체감하게 하였다. 그리고 불교 교양 대학의 증가와 특성화는 불제자들에게는 정체성을 제고시켜 주었으며 일반인들에게는 불교에 대한 친연성을 불어넣어 주었다. 나아가 불교 교양대학 졸업생들로 하여금 사회적 기여의 측면을 고려하게 해 주었다. 이와 같은 공능들이 불교 교양 대학 설립의 결실이라고 평가할 수 있다.

재학생 혹은 졸업생을 대상으로 한 설문조사는 불교 교양 대학의 역할과 공헌을 가늠해 주고 있다. 즉 불교 교양 대학에 다니는 사람들 중에는 1) 남자신도가 지적 욕구가 강하고 교육열이 더 높았으며, 2) 신도교육의 주된 연령층은 40대였다. 3) 신행활동은 여자신도들이 더 많이 참여했지만 교양 대학은 남자신도들이 더 많이 참여했고, 4) 학력이 높을수록 신도교육에 대한 욕구도 강했다. 5) 농어민과 사회지도층은 거의 보이지 않아 직업적 편차가 심했으며, 6) 신행기간이 오랠

수록 교육과 포교 열의도 높았다. 7) 불교의 사상과 내용에 대해 알고 싶은 욕구 때문에 입학했으며 관심이 많은 것은 불교 교리였고, 8) 붓다의 깨달음의 요체인 연기설 인과설 윤회설에 대해서는 이해와 믿음의 척도가 높은 반면, 창조설을 믿는 등 교육의 허점도 드러났다.[21] 불교 교양 대학의 급속한 팽창은 위와 같은 순기능 못지않게 다음과 같은 역기능도 있었다. 그것은 몇 가지로 정리해 볼 수 있다.

첫째, 신도 교육이 교리 전달에 집중하여 정작 사회적 실천은 외면하게 했다. 즉 신도 교육이 교리 전달 위주로만 흘러 사회적 실천에 소홀하게 했다. 이 문제를 해소하기 위해서는 전문 교육과목을 선정하여 각 전문 교육기관이 해당 과목을 개설하도록 지도할 필요가 있다. 아울러 사회복지, 어린이 지도, 청소년 활동, 자원봉사 등을 특성화시켜 교육할 수 있는 교육 프로그램과 교육기관의 양성도 필요하다고 할 수 있다.

둘째, 특수 교육과정이 더욱 배제되고 정상인 중심의 교육과정이 보다 심화되었다. 그나마 특수 교육과정에 시설된 학교는 겨우 3개 학교 뿐이며 전체의 7.3%에 불과하였다. 모두가 정상인 중심의 교육과정만 개설되고 장애우 등을 위한 교육과정은 거의 시설되어 있지 않았다. '일체중생 실유불성'(一切衆生 悉有佛性)이라는 불교의 평등주의를 생각할 때 이것은 시급히 개선되어야 할 점이라고 할 수 있다.

셋째, 조계종이 요구하고 있는 등록 기준이 까다로워 운영이 어려워졌다. 이것은 다수의 불교 교양 대학들이 겪고 있는 공통적인 어려움 가운데 하나이기도 하다. 2000년 이후 전국의 불교 교양 대학이 80여개에 달하자 조계종에서는 '신도교육체계 정립'을 목표로 학제와 교제,

21 박부영, 앞의 글. 이 설문조사는 종단등록 불교대학 60개교 대학 졸업생 556명, 수강생 185명 미입학자 와 신입생 916명 등 총 1657명을 대상으로 실시됐다.

교과목, 교수진의 자격 등을 제한하는 신도교육법을 기초로 종단 등록 불교 교양 대학의 설립과 운영 방식[22]을 제도화하기 시작했다.[23] 이에 따라 기초교리와 예절 등을 지도하는 기본 교육과정이 불교 교양 대학에서 분리되었고 불교 교양 대학은 고급 교육과정으로 규정됐다. 그러나 이러한 규정은 신도들의 요구와 지역 특성에 따라 교육 기간과 과목들을 운영하던 각 지역 사찰들에게 적지 않은 부담이 됐다. 지난해와 올해 들어 휴·폐교에 들어간 7곳의 불교 교양 대학 역시 이 점을 제일 원인으로 꼽고 있다.[24] 이것은 외적으로는 종단 등록 문제에 초점이 맞추어져 있지만 내적으로는 대학 교육의 질적 담보 부분에 초점을 맞추어 해결해야 한다.

넷째, 강사의 유명세에 의하여 강의가 이루어져 강의의 질적 수준을

---

22 박부영, 「불교 교양 대학 등록기준 강화」, 『불교신문』, 1997년 4월 8일자. 조계종 포교원(원장 성타)은 신도교육을 전담할 불교(교양)대학의 종단등록 기준의 강화 및 인가제를 적극 검토하기 위해 지난 3일 조계사 문화교육관에서 불교 교양 대학 대표자 30여 명이 참석한 가운데 "종단등록 불교 교양 대학 대표자회의"를 갖고 불교대학 종단등록기준 및 인가제 실시에 관한 사항 등을 논의했다. 이날 회의에서는 그간 신고만으로 등록이 가능했던 종단 등록 교양 대학을 1년 학제, 학생수 50인 이상, 스님 2인 이상을 포함한 4명 이상의 강사진, 20평 이상 시설, 종단 소속스님을 대표자로 하는 등록 기준 강화 방안 등을 토의했다. 또 종단 등록 불교대학 중 스님 3인 이상 및 박사학위 소지자 2인 이상의 강사진, 학생수 70인 이상, 30평 이상의 시설을 갖춘 불교대학은 인가 신청을 받아 2년 학제의 종단 공식적인 교육기관으로 인정하는 인가제실시 방안이 논의됐다. 이와 함께 교양 대학의 교과목 통일 방안과 불교대학 현안 등에 대한 논의가 진행됐다. 한편 포교원은 오는 11월 23일 실시하는 1997년 포교사 고시의 일정과 1996년 고시의 기조를 유지하면서 문제는 대폭 교체한다는 실시 형태, 전형 방법 등의 포교사 고시 요강을 발표했다.

23 조계종의 이러한 조치에 따르지 않겠다는 전국의 불교 교양 대학들은 1996년 6월 20일 오후 2시 한국일보사 13층 송현클럽 내에 모여 창립법회를 열고 불교대학간 정보교환과 협력, 공동 대외 지원 사업 및 대학간 공조 체제 구축 등을 목적으로 가칭 한국불교(교양)대학연합회(이하 불교대학연합회)를 결성하였다. 창립에 앞서 5월 21일 서울에서 열린 발기인 모임에는 동산불교대학, 불교통신대학, 보현불교대학, 동국불교전법대학, 새세계불교대학, 동함불교대학, 금강불교대학, 대승사불교대학 등 전국의 불교대학 대표자들이 참석했다.

24 남수연, 「살길 찾자, 교양 대학 비상」, 『법보신문』, 2004년 9월 13일자.

떨어뜨렸다. 일부 교양 대학에서는 강사진이 부족하자 전 과목을 스님 또는 법사 한두 명이 맡아 강의하는 일이 다반사였다. 다행히 불교학자수의 증가로 대도시의 교양 대학의 강사진이 원활하게 공급되고 있다. 하지만 교양 대학의 증가로 학생수가 상대적으로 감소되었다. 그 결과 대책과 계획 없이 교양 대학을 설립한 신행단체와 사찰들은 학생수 감소로 수업료보다 과다한 강사료가 지출되자 학생수 모집을 위한 편법을 사용하여 또 다른 문제를 만들어내고 있다.[25] 이를 해소하기 위해서는 불교 교양 대학의 차별화와 특성화가 요청된다.

그렇다면 다양한 영역의 교육 기회 제공과 신행생활의 심화 등과 같은 불교 교양 대학의 순기능에도 불구하고 사찰을 기반으로 한 몇몇 불교 교양 대학을 제외한 대부분의 불교 교양 대학들이 운영난에 봉착해 존폐의 기로에 서게 된 현상을 어떻게 설명해야 하는가. 대체적으로 개교 후 2~3년간은 교리와 경전 교육에 목말라하던 불자들이 일시에 불교 교양 대학으로 몰리는 현상이 나타난다. 하지만 몇 년 간

25 「한국불교 어디로…… (12) 불교 교양 대학」, 『불교신문』, 1994년 9월 7일자. 최근 교계신문에 나타난 불교 교양 대학 학생모집 요강을 살펴보면 특전으로 동국대 불교대학원 입학 가능, 법사· 전법사 자격증부여, 해외대학 연수 및 유학 추천, 유아교사 자격증 수여 등을 제시하고 있다. 특히 강남 S불교대학의 경우 '동국대 불교대학원 입학 가능'으로 불자들을 현혹하고 있다는 지적을 받고 있다. 동국대 불교대학원의 석사과정은 대학 학부를 졸업한 자, 연구 과정은 고등학교를 졸업한 자면 누구나 다 가능한데도, S불교대학만 가능한 것처럼 광고해 불자들을 현혹했다는 것이다. 또 각 교양 대학마다 포교사 자격증을 남발 포교사의 위상과 자질을 추락시키고 있다는 지적도 있다. 포교사 품수도 각 교양 대학 학장이 임의대로 봉행, 실질적인 포교사로서 활동에는 큰 도움이 안된다는 것이다. 단순히 학생수 모집만을 위해 편법으로 제시될 이같은 특전은 한때 학생들이 문제를 제기하여 세간에 확대되기도 했다. 그 대표적인 예가 스리랑카와 태국 등지의 외국대학 학위수여 문제 등이다. 우리나라 교육법에는 외국대학 분교를 인정하지 않고 있다. 이 같은 외국대학 분교(특정과)라고 하면서 학생을 모집하는 교양 대학은 현재 교계에 3곳이 있다. 하지만 2010년에는 와서는 인천 송도 등지에 외국대학 분교를 설치할 수 있을 정도로 우리나라 교육법이 개정되었다. 때문에 해당 대학이 인정하는 공식적인 분교라면 크게 문제가 되지 않을 것이다.

반복적으로 수업을 진행하다 보면 불자들 대부분이 강좌를 모두 듣게 된다. 때문에 새로운 수요의 창출 없이 불교 교양 대학의 학생 수급은 이루어질 수 없다. 그리고 기초 교리 강좌 이수생 일부만이 불교 교양 대학 입학을 결심하는 현실 속에서 적정한 규모를 유지해 나가기가 쉽지 않다. 이에 대해 논자는 비판적 성찰을 통해 불교 교양 대학의 미래에 대해 살펴보려고 한다.

첫째, '선택'과 '집중'에 근거한 교과 과정의 제시와 교육의 질적 제고의 강화에 매진할 수밖에 없다. 다른 대학에 견주어 해당 대학이 비교 우위를 차지할 수 있는 분야를 선택하고 그곳에 집중하는 것이다. 무한경쟁 시대에 들어서고 있는 일반 대학들 역시 비교 우위에 입각해 경쟁력 있는 학과로 탈바꿈하고 있는 현실을 감안해 볼 때, 특성화된 교과 과정을 통해 경쟁력 있는 졸업생들을 배출하여 그들의 사회적 기여 방법 등에 대해 고려해야만 한다. 때문에 교과 과정을 신도 재교육 차원에만 머물게 해서는 아니된다. 최근 일부 교양 대학이 다도, 서예, 한문 등과 같은 문화 강좌를 강화하고 있는 것처럼 대다수의 불교 교양 대학들이 변화하는 불자들의 교육 욕구에 부응해야만 한다.

둘째, 안정적인 재정 확충과 우수한 교원의 확보가 요청된다. 현재의 불교 교양 대학은 대부분 수강생들의 등록금에 의존하고 있다. 대학의 운영에 있어 가장 중요한 요소는 재원이다. 오늘날 대학 경영의 핵심은 교육 환경에서부터 우수한 교원의 확보, 그리고 경쟁력 있는 학생의 유치와 전격적인 장학금 지급을 위한 넉넉한 재원의 확보라고 할 수 있다.[26] 현재 수강 인원을 고려할 때 각 불교대학의 연간 수입은

26 박부영, 앞의 글. 필자는 이 글에서 1) 학제와 교육내용, 2) 지원자격, 3) 모집인원, 4) 포교사 고시, 5) 교육환경 건물, 6) 교직원 수, 7) 강의실의 연 면적, 8) 등록금 등의 범주로 분석하고 있다. 즉 필자는 "1) 계절제와 반년제 및 1년제와 2년제 그리고 교리 위주 교과내용의 문제점을 지적하고 있다. 2) 20~40세로 나이제한을

4천 7백만 원에서 4천 8백만 원 가량으로 산출된다. 이를 월별로 환산하면 1백 명 정도를 교육하는 불교대학의 월 평균 수입은 4백만 원 정도가 된다. 그러나 이 수입으로는 강사비, 건물 임대료 또는 관리비, 학사 관리 직원 급여 등을 지급하는 것은 거의 불가능하다는 것이 포교원 관계자의 설명이다.[27] 이런 예산으로는 안정적 대학 운영이 어려우며 우수 교원의 확보도 어려울 수밖에 없다.

셋째, 졸업생들의 진로 및 포교사의 제도적 기반이 마련되어야 한다.[28] 현재 종단 인정 불교대학은 포교사 고시에 응시할 수 있으며 고

둔 곳과 무제한으로 나눠보고 있다. 자격은 각 학교 사정에 따라 달라 50명 이하인 학교에서부터 10,000명이라고 응답한 학교까지 그 편차가 매우 심한 편이다. 3) 설문에 응답한 각 불교 교양 대학의 모집인원 총 수를 환산하면 연간 모집 인원은 9,800명이다. 여기에 통신반 인원 4백 명을 합하면 인원은 1만 명을 넘는다. 등록대학의 59%가 지원자격에 제한을 두지 않고 있으며 기본교육 수료자로 한정하는 대학은 4개교로 전체의 10.3%. 신행생활 1년 이상이라는 가이드 라인을 설정한 대학은 한 곳이었다. 중도 탈락자는 25% 가량이다. 4) 포교사 고시는 포교원은 불교 교양 대학의 종단 등록 이후 졸업생을 대상으로 5년간 5회의 포교사 고시를 실시, 2천 1백명의 포교사를 선발했다. 연도별로 편차는 있지만 대략 연 4백 명 정도의 인원이 불교대학을 졸업한 뒤 포교사가 되는 것을 알 수 있다. 수치로는 졸업생의 7%에 해당한다. 5) 사찰 내와 바깥이 50:50 비율이다. 6) 각 교육기관에서 일하고 있는 교직원의 총 수는 1백 37명으로 조사 대상 학교당 평균 3.3명의 비율을 보이고 있다. 그러나 해당 불교대학에서 강의를 담당하는 교수의 인원까지 포함하고 있는 것으로 판단되기 때문에 실제 교육을 담당하는 교직원의 수는 이보다 매우 적은 것으로 보인다. 7) 강의실의 연 면적은 3천 1백 56평이며 학교당 평균 면적은 83평으로 나타났다. 이를 재학생당 평균 사용면적으로 환산하면 0.42평으로 이는 교육부의 기준을 준용한 불교 등록 규정에 정해져 있는 1인당 1.33평에 못 미치는 수준이다. 8) 등록금은 6만 원에서 10배가 넘는 70만 원까지 편차가 극심했다. 포교원이 나서 조율할 필요가 있는 것으로 보인다. 평균 5만 원 가량의 입학금을 합쳐 학기당 등록금 평균은 20만 원 정도이다. 교재비는 2~3만 원으로 1년제 불교대학에 수강할 경우 연 평균 47~48만 원의 경제적 부담을 지게 된다"라며 진단하고 있다.

27 박부영, 앞의 글.

28 조계종 포교원은 불교 교양 대학의 종단 등록 기준의 강화 및 인가제만을 요구할 것이 아니라, 포교사 고시에 합격한 포교사들에서 '포교사증'만 발급할 것이 아니라 그들이 법회를 운영 권한과 재정적 지원 등의 후속조치까지 책임을 져야 한다. 그렇게 해야만 종단 등록기준의 강화와 포교사 고시의 응시 제한에 대한 사회적 책임을 지는 것이라고 할 수 있다. 또 종단 등록 관리 대학들은 법회 운영 권한과 재정적 지원 등에 대한 적극적인 요구가 있어야 한다.

시에 합격하면 종단 발행 포교사 자격증을 수여한다. 포교사들은 군법당을 비롯한 일부 법당에서 정기적으로 법회를 개최할 수 있는 자격을 갖는다. 하지만 포교사라는 신분 자체가 성직자라는 신분과는 다르기 때문에 봉사직일 뿐만 아니라 군법당이나 비정기적인 법회에서만 법단에 설 수 있을 뿐 그 이외는 전혀 무대가 없다는 한계가 있다. 게다가 이에 대한 보상도 전혀 없다. 때문에 포교사 고시에 합격하더라도 포교사라는 정체성을 확립해 주지 못하고 있어 불교 교양 대학 학생들에게 강력한 학업 동기를 부여하지 못하고 있다.

넷째, 이론을 수행 과정과 접목시켜 불교적 인간상을 제시해야 한다. 불교적 인간은 발심하는 존재이자 서원하는 존재이다. 그는 위없이 바르고 평등한 바른 깨달음을 얻기 위해 자기와의 싸움에서 이겨내는 발심하는 존재이며, 깨달음을 성취할 수 있도록 도와준 모든 인연들에게 자신의 성취를 돌려주는 서원하는 존재이다.[29] 이러한 인간상을 제시하기 위해서는 교과 과정이 수행 과정과 접목되도록 개선할 필요가 있다.

불교 교양 대학이 직면하고 있는 이들 몇몇 문제들의 개선책이 곧 불교 교양 대학 개혁의 방향이 될 것으로 보인다.[30] 이 문제는 한국 현대불교의 특징인 불교 공동체의 또 하나의 축인 불교 유치원의 경우에도 해당되고 있다. 불교 유치원 역시 자녀를 매개로 하는 불교의

29 고영섭, 『불교적 인간: 호모 부디쿠스』(서울: 신아사, 2010).

30 신규탁, 「불교 교양 대학 개혁의 필요성」, 『법보신문』, 2004년 9월 20일자. 논자는 1) 해당 교양불교대학 실무자들이 모여 문제의 심각성을 공유하고, 그런 바탕 위에 각 대학마다 그동안 축적된 경험 자료를 분석하여 대안 마련을 위한 모임을 결성할 필요가 있다. 2) 보다 냉정한 자세로 돌아와 적정한 규모로 교양 대학을 재편성하고 교육 내용을 손질해 현실에 맞게 정비를 해야 한다. 3) 재정비 과정에서 고려해야 할 사항은 수행을 돕는 교육을 마련해서 교육의 장에서 수행의 장으로 변해야 한다. 4) 고객이 필요하지 않는 물건은 만들어도 소용없다는 평범한 이치를 상기하여 대학에서 배운 것을 사회에서 써 먹을 수 있도록 해야 한다.

교육 공동체이기 때문이다. 그러면 불교 유치원은 어떻게 확산되었고 어떠한 과제를 안고 있는지에 대해서 살펴보기로 하자.

2 불교 유치원의 확산

한국 현대불교의 가장 두드러진 특징 중의 하나인 교육 공동체의 또 다른 한 축은 불교 유치원의 확산이라고 할 수 있다. 하지만 종래에는 불교의 현실 문제를 어른 중심으로만 살펴와 정작 중요한 어린이 부분은 상대적으로 소홀히 해 왔다. 교육이 백년의 대계이듯이 불교 유치원 교육은 불교 미래의 지남이 된다. 그런데 불교 유치원은 타종교에 비해서 매우 시기적으로 늦게[31] 설립되었을 뿐만 아니라 숫자적으로도 열세를 면하지 못하고 있다. 이러한 과정은 초중고 불교학생회의 설립 시점과 현황 그리고 각 대학의 불교학생회와 대학생 불교연합회의 설립 시점과 현황에서도 그대로 드러나고 있다.

교육에 대한 불교계의 인식 부족에도 불구하고 그나마 다행스러운 것은 한국 현대불교의 주요한 특징 중의 하나인 교육 공동체의 설립 중 불교 교양 대학과 함께 불교 유치원이 급속한 성장폭을 보여주고 있다는 점이다. 불교 유치원의 개설은 현대불교 이전 시대와 비교하여 두드러진 차이점이 되고 있다. 불교 유치원은 불교 내부의 경쟁에 머물러 있는 불교 교양 대학의 경우와 달리 여타의 사설 유치원과 타종교 유치원과의 경쟁 속에서 살아 남아야 하는 긴박한 상태에 놓여 있다. 때문에 이러한 긴장이 오히려 차별화와 특성화에 따른 선택과 집

31 물론 87년의 역사를 지닌 강릉 관음사의 금천 유치원과 83년의 역사를 지닌 마산의 대자 유치원의 경우도 있다. 이들 유치원 이외에도 30~40년을 상회하는 유치원이 없지 않으나 타종교와 비교해 볼 때 대체적으로 늦다는 의미이다.

중의 논리를 더욱 더 강화시켜 주고 있다.

최근 불교 유치원의 교과 과정은 다양하게 변화해 가고 있다. 특히 각 유치원들은 불교, 어린이, 환경, 문화와 생태환경에 주안점을 두고 다양한 명상을 통한 생태 체험으로 불교유아교육의 정체성을 확립하는데 초점을 맞춰가고 있다. 특히 유아교육에서 강조되는 인성 교육의 최고 덕목을 '더불어 살기'로 모아가고 있다. 해서 유아교육에 생태 중심의 불교 자연관을 자연스럽게 접목시켜 더불어 살아가기(상생)를 위한 유아교육이 이뤄져야 한다[32]는 내용이 제시되고 있다.[33] 이것은 불교의 연기적 세계관을 유아교육 속에 투영시켜내는 교과 과정이라고 할 수 있다. 그러면 한국 현대불교의 두드러진 특징 중의 하나인 전국 불교 유치원의 확산을 현황을 통해서 살펴보기로 하자.

〈표 3〉 전국 불교 유치원 현황

종 단	유치원	교과목정	특 징	개강 및 기간	지역
조계종	동국대학교 부속유치원	요가 아사나와 위빠사나 수행	수계, 불교문화재 탐방, 참선 등 다양한 불교 교육과 창의력 개발 프로그램을 운영	매년 3월초, 2년	경주
	청룡유치원		청룡사 운영		서울
	불광유치원		불광사 운영		
	구룡사유치원		구룡사 운영		
	미타유치원		옥수동 미타사 운영		
	탑주유치원		하월곡 2동(원불교?)		
	칠보유치원		칠보사 운영		

32 이수경, 「인성교육을 위한 불교생태유아교육의 실천방안」, 『불교유아교육을 위한 원장 교사 워크샵 자료집』. 논자는 이 논문에서 동국대학교 부속유치원이 추진하고 있는 자연 친화 교육과 다양한 명상활 동을 소개하고, "아이들이 명상활동을 통해 자기 내면을 깊고 맑게 바라보는 시간을 경험하고, 자연과 사람, 사물과의 진정한 관계를 체험해 보는 시간을 가짐으로써 주변세상을 되돌아보게 된다"라고 설명하고 있다.

33 배지선, 「문화·생태·명상 중심 불교유아교육 필요」, 『현대불교』, 2005년 8월 1일자.

연꽃유치원		정릉4동		
도선유치원		도봉2동		
나나유치원		면목7동		
경원유치원		구의동		
여래유치원		문정동		
세성유치원		응봉동		
꿈나무유치원		목동		
모아유치원				
충신유치원		충신동		
연화유치원		신길1동		
보리유치원		구의동		
룸비니유치원1		구로6동		
룸비니유치원2		홍은3동		
반야유치원		상봉1동		
선재유치원		상계동		
신당유치원		신당1동		
룸비니상수어린이집		마포구 당인동		
선우어린이집		봉은사 운영, 도곡 1동		
쌍문3동어린이집		쌍문3동 장애통합, 조계종재단		
중곡샛별어린이집		중곡3동		
영화사유치원		영화사 운영		
학림사유치원				
연화유치원				의정부
자비유치원				
봉연유치원				
봉화유치원				
금천유치원		월정사 강릉포교원 관음사 운영, 87년 역사		강릉
내원정사유치원		내원정사 운영		부산
영주암유치원		영주암 운영		
운봉사유치원		운봉사 운영		
호돌유치원		정각사 운영		
경덕사유치원				
반야사금강유치원				

	선암사유치원				
	소림사유치원				
	숭림사유치원				
	희락유치원				대구
	희정유치원				
	진천유치원				
	원만사유치원				
	한일사유치원				
	금강유치원		금강사 운영		
	삼인유치원				
	경전유치원				
	참좋은 유치원		관음사 운영		
	법륭사유치원				시흥
	선덕사유아학교				광주
	장안유치원				서울?
	법해사유치원				군포
	중앙유치원		월정사 삼척포교원		삼척
	반야유치원		신흥사복지원		속초
	연화유치원		연화사 운영		진주
	연꽃유치원		선원사		남원
	대자 유치원		83년 역사		마산
	대승유치원		송광사 순천포교당 대승사 운영		순천
	현정유치원		논산시 대교동		논산
태고종	대성사유치원				옥천
	석왕사유치원				춘천
천태종	구강사유치원				서울
	광명유치원		삼광사 운영		부산
	동해유치원				대구
	삼문사유치원				대전
	정광사유치원				울산
	삼운사유치원				춘천
	광제사유치원				횡성
	삼태사유치원				영월

	강릉사유치원				홍천
	성무유치원				원주
	해동사유치원				안동
	금강사유치원				김천
	유성유치원				마산
	유성유치원				창원
	월경사유치원				진주
	서광사유치원				통영
	삼양사유치원				밀양
진각종	신익유치원				대구
	명선어린이집				서울
관음종	고덕2동어린이집		서울복지원 운영		서울
보문종	은영유치원		보문동		서울
선학원	광명어린이집				광명
범불교	능인선원유치원		우면동		서울
	반포복지관유치원		반포동		

〈표 3〉과 같이 전국의 불교 유치원은 대략 약 90여 개로 집계되고 있다. 대체적으로 대도시인 서울과 부산과 대구에 집중되어 있으며, 조계종과 천태종이 비교적 다수의 유치원을 운영하고 있다. 알다시피 불교 유치원은 불교 미래를 위한 적극적인 투자의 의미를 지니고 있어 상당한 재원을 필요로 하는 교육 사업이다. 때문에 재정적 토대가 약한 종단이나 사찰들로서 유치원이나 어린이집을 운영하기는 쉽지 않다. 타종교에서 다수의 어린이집을 운영할 수 있는 것도 사실은 탄탄한 재정적 토대의 확보에 기인한다고 할 수 있다.

문제는 다수의 불자들이 어린 자녀들을 불교 유치원에 보내려고 해도 해당 지역에 불교 유치원이 없어 타종교가 운영하고 있는 어린이집에 보내는 예가 많다는 것이다. 타종교는 유치원에 대해 적극적으로 홍보할 뿐만 아니라 저렴한 교육비 그리고 활발한 선교를 벌이고 있어

아이들의 성장에 상당한 영향을 미치고 있다. 이에 견주어 불교 유치원은 경제적 기반이 약해 홍보에 소극적일 뿐만 아니라 비교적 저렴하지 않은 교육비와 소극적인 포교에 머물고 있어 미래 불자들의 양성 기상도가 밝지만은 않다.

이를 해결하기 위해서는 우선 1) 범 종단적으로 불교 미래 준비를 위해 어린이집 혹은 유치원 운영의 중요성을 강조하는 여론 조성이 필요하며 2) 종단 예산 다수를 불교 유치원 운영에 투자할 수 있는 여건이 형성되어야만 할 것이다. 한국불교계 종단의 전체 예산 중 교육 예산은 매우 제한되어 있다. 그렇다 하더라도 미래 불교의 준비를 위해 교육 예산이 더욱 더 확대해야만 한다. 불교 유치원은 불교 교양 대학과 달리 순기능이 대부분이다. 유치원은 어른의 과거이자 어른의 미래이기 때문이다. 미래를 준비하지 않는 집단은 미래가 보장되지 않는다. 때문에 불교 유치원이 개설은 미래 불교를 준비하기 위한 파종과 같다는 인식의 확산이 요청된다.

불교 유치원의 확대는 불교 교양 대학의 확산과 함께 한국 현대불교의 두드러진 특징의 하나로 파악하려는 노력이 전제되어야 한다. 이들은 불교의 교육 공동체를 이루는 내부의 두 축이다. 이 두 축이 온전히 균형을 이룰 때 그 사이의 초중고 불교학생회와 대학생 불교학생회는 자연스럽게 활성화될 것으로 보인다. 그렇게 된다면 한국불교가 비록 현대사회의 무대에 늦게 동참했지만 미래사회의 준비에는 보다 앞설 수 있을 것이다. 현대 한국불교의 대사회적 위상은 높지 않지만 불교 세계관의 공유를 통한 불교인들의 능동적인 자세가 불교의 존재감을 극대화 할 수 있을 것으로 보이기 때문이다.

4. 수행[行] 공동체의 대중화

1 ▌수행 센터의 확충

이미 언급해 온 것처럼 현대 한국불교의 두드러진 특징은 불교 교양대학의 확보와 불교 유치원의 확산 및 수행 센터의 확충과 사찰 순례의 확대라고 할 수 있을 것이다. 전통적으로 한국 불자들은 수행에 대한 열정이 있어 왔다. 간화선의 활성화는 이 사실을 뒷받침해주고 있다. 한편 한국은 1960~1970년대의 산업화를 마감하고 1980년대 이래 민주화시기를 맞이했다. 민주화시절 내내 군사정부에 대한 비판적 에너지의 발산으로 극도의 대립을 경험하였던 젊은이들은 민주화의 막바지인 1980년대 말엽에 이르자 이념 갈등에서 비롯된 정치적 혼란상 때문에 피로감이 높아졌다. 그들은 오랫동안 바깥으로만 향하던 시선 때문에 심신이 피로해지자 서서히 안쪽으로 시선을 바꾸며 자신을 돌아보기 시작했다.

그런데 당시의 한국의 민주화 과정에 동참[34]하였던 불교계 일부에서도 주요 수행법인 간화선(看話禪)의 효용성에 대한 비판을 제기했다. 그들은 역사의식과 시대정신으로부터 벗어나 이루어지는 수행의 성취에 대해 회의하였다. 때마침 한국불교계에서는 무시이래의 미세 망념을 한꺼번에 돈단(頓斷)할 수 있느냐, 할 수 없느냐 하는 돈점(頓漸) 논쟁이 있었다. 하지만 성불하겠다는 의지가 강한 한국인들에게 간화선 도인이 눈에 쉽게 띄지 않았다. 물론 그 까닭은 수행자들의 정진력 부족 때문이었다. 그뿐만 아니라 올바른 수행법이 갖춰지지 않았기

---

34 당시 불교계는 '민중불교연합'(여익구)과 '실천불교승가회'(지선) 등의 이름으로 민주화운동에 동참했다.

때문이기도 했다. 결국 간화선 도인이 탄생하지 않는 것은 방법이 잘못된 것인가, 아니면 수행이 부족한 탓인가에 대해 확정적으로 결론을 내릴 수가 없었다.

이러한 문제의식은 종래 선방 중심으로 진행되던 출가자 중심의 간화선에 대한 재인식으로 옮겨갔다. 그리고 일상선을 강조하는 참선수행이 출가자만의 전유물이 아니라는 인식이 싹텄다. 나아가 역사의식과 시대정신에 초연한 간화선의 효용성에 대해서도 조심스럽게 문제를 제기하기 시작하였다. 문제의 촛점은 역사와 분리된 종래 수행법과 수행 이후에 직면하는 현실에 대한 무관심이었다. 불교계 내부에서는 새로운 대안이 필요한 시점이었다.

불자들은 종래 사찰의 선방에서 이뤄지는 수행과는 다른 형태를 요청했다. 해서 불교 교양 대학의 설치와는 다른 형태로 수행 센터가 탄생되었다. 이러한 과정 속에서 형성된 것이 이른바 도심 속에서 이뤄지는 '시민선방'이라고 할 수 있다. 이것은 산속에서 성취한 깨달음을 도시민들에게 전하는 과정이기도 했지만, 한편으로는 시민들 스스로가 수행자가 되는 계기를 만들었다. 이미 백봉거사와 종달거사 등에 의해 대도시 중심으로 이루어져 온 시민선방의 역사는 한 세대 이상 지속되어 오고 있었다. 백봉과 종달 거사 이후에도 수는 많지 않지만 시민선방들이 생겨났다. 대표적인 수행 센터는 아래와 같은 곳이라고 할 수 있다.

〈표 4〉 간화선 수행 센터의 현황

수행선원	지도법사	수행법	특 징	비 고
범어사시민선방		화두참선법	토요일 오후 철야정진	부산
수선회	현담	화두참선법		서울
보림회	백봉 김기추,	화두참선법	행주좌와 어묵동정이	서울,

	이수열		화두가 되는 생활선	부산
선도회	종달 이희익, 박영재	화두참선법	향 한 대 탈 동안 앉지 않으면 하루 한 끼를 굶으라	서울
삼보회		화두참선법		서울
현정선원	대우	화두참선법		서울
유마선원	이재열	화두참선법	재가자를 위한 관법 수행	서산
법기선원	강정진	화두참선법		서울
안국선원	수불	화두참선법	새벽반(오전 4~6시), 오전반(오전 10시~낮 12시) 오후반(오후 6시~8시) 운영	서울, 부산, 창원

〈표 4〉에서처럼 간화선 수행 센터의 지도법사는 출가 선사와 재가거사가 혼재해 있다. 안국선원의 경우는 수행과 출가선사의 선법문 중심으로 진행되고 있으며, 보림회와 선도회 및 삼보회와 현정선원 그리고 법기선원과 유마선원의 경우는 수행과 재가거사들의 선법문이 시민선방 프로그램의 중심이 되고 있다. 수선회의 경우는 출가자와 재가자를 초빙하여 선법문을 청해 듣고 있다. 이들 수행 센터는 각기 출가·재가 지도법사에 구애받지 않는다. 다만 수행 방법과 지도 내용을 주체로 하고 있을 뿐이다. 이러한 점에서 간화선 수행 센터는 수행의 대중화를 모색하고 있는 시민선방의 역할을 나름대로 하고 있다.

하지만 몇몇 곳을 제외하고는 시민선방 역시 보다 적극적인 홍보 부족으로 대중들의 참여가 미진하다. 또 현재 시민선방에서 수행하는 연령층도 대부분이 중장년층들이다. 이러한 문제들을 해소하기 위해서는 자신을 돌아보기 쉽지 않은 젊은 층들의 적극적인 참여를 유도해야 한다. 그러기 위해서는 무엇보다도 화두참선법의 높은 문턱을 낮추어 일반인들도 접근할 수 있게 해야 한다. 아울러 많은 이들이 위빠사나 수행 센터로 몰리는 이유를 반면교사로 삼아 수행 과정에 일어나는 현상을 좀 더 친절하게 지도해야 한다. 그렇게 되면 간화선과 통찰선의 간극이 좁아질 것으로 보인다.

위빠사나 수행은 간화선에 대한 내적 회의와 외적 문제 제기가 일어나면서 스리랑카[35]와 태국 및 미얀마[36] 등 본고장으로부터 도입되었다. 1989년 무렵에 본격적으로 국내에 소개된 '테라와다'(上座, 上座部)[37] 불교는 한국불교가 직면하고 있는 여러 문제들에 대한 반성과 성찰을 가져다 주었다. 동시에 대승교학 중심의 한국불교계에 아미달마 교학의 존재감을 재확인시켰다.[38]

이즈음 미얀마와 태국과 스리랑카 고승들의 서적이 국내에 소개되었다.[39] 한동안 바깥으로 에너지를 발산하던 민주화 운동의 주역들 역

---

35 안병희(一中), 「스리랑카 승가의 교학체계와 수행 체계 조사 연구」, 『세계 승가공동체의 교학체계와 수행 체계』(조계종 교육원, 1997), pp.11~83.

36 김재성(正圓), 「태국과 미얀마 불교의 교학체계와 수행 체계」, 『세계 승가공동체의 교학체계와 수행 체계』(조계종 교육원, 1997), pp.87~160.

37 전재성 역, 『맛찌히마니카야』 Ⅰ. 164(한국빠알리어성전협회, 2002), p.512. '테라와다'에 대한 정의는 학자마다 다양하다. 깨달음을 얻기 이전의 싯다르타에게 알라라 깔라마는 자신의 능력을 설명하는 과정에서 '자신의 이론'을 '장로의 이론'(Theravāda)이라고 말한다. 때문에 '테라와다'는 불교 이전에도 '스승을 통해서 내려오는 전통적인 가르침 또는 이론'이라는 의미로 써 온 용어임을 알 수 있다. 동남아시아에서는 "붓다의 가르침을 고스란히 유지하고자 하는 보수적 성향을 지닌 불자들의 모임"을 '테라와다 불교'라고 일컫는다. 그리고 지리적 위치 때문에 학자들은 이들의 불교를 '남방불교'라고도 부르고 漢譯하여 '상좌부 불교'라고도 일컫는다. 학자들 사이에서는 제1차 結集에서 확정된 律藏에 대한 문제제기로부터 '상좌부'와 '대중부'가 갈린 뒤에 분열 이전의 '根本상좌부'와 분열 이후의 '部派상좌부'에 대한 시각 차이가 존재한다. 문제는 테라와다를 '분열 이전의 근본 상좌부'로 볼 것이냐 아니면 '분열 이후의 부파 상좌부로부터 파생된 부파불교'로 볼 것이냐에 집중된다.

38 고영섭, 「부파불교 전래와 전통 한국불교」, 『한국선학』 제24호(한국선학회, 2009. 12).

39 당시 조계종 수행자였던 거해(巨海)의 초청으로 한국에 온 미얀마의 우 판딧따 사야도는 그의 스승 마하시 사야도(1905~?)가 전 세계에 널리 알린 수행법인 위빠사나를 한국에 소개하였다. 그 뒤 거해는 위빠사나선우회를 조직하여 많은 회원들을 이끌고 미얀마 등지에서 수행하면서 테라와다 불교로의 출가를 촉발시켰다. 특히 이 선우회는 90년대 초반 이래 활발한 수행 프로그램과 미얀마 등지의 성지순례법회를 이끌면서 국내에 위빠사나 수행 붐을 조성했다.

시 이제 내면의 자기를 찾고자 위빠사나에 대해 크게 주목하기 시작하였다. 1990년대 중반 이후 일부 국내 출판사와 불교 출판계는 초기 불전들과 동남아 고승들의 저술을 번역해 내면서 남방불교에 대한 새로운 이해의 지평을 확장해 갔다.[40] 동시에 국제통화기금(IMF)시대(1997)를 맞이한 한국은 회사의 운영을 위해 임금이 싼 노동자들을 받아들일 수밖에 없었다.

해서 동남아 출가 수행자들과 노동자들이 국내에 들어오기 시작했다. 출가자와 의식 중심의 북방불교와 달리 재가자와 수행 중심의 남방불교는 대승불교 중심의 국내 불교계의 지형을 변화시키기 시작했다. 지금까지 간화선법을 들고 정진하던 수좌들 일부도 화두를 내려놓고 미얀마 등지로 수행을 떠났다. 그곳에서 그들은 위빠사나를 통해 간화선 수행의 장점과 단점을 비교해 보았다. 국내로 돌아온 뒤에도 그들 중 일부는 여전히 간화선 수행뿐만 아니라 위빠사나 수행을 병행하고 있다.

위빠사나 수행이 저변화 되자 점차 출가 중심 정통교단의 울타리를 넘어서서 재가 중심의 수행 공동체와 수행문화가 탄생하기 시작했다. 점차 수행에 목말랐던 다수의 불자들이 미얀마 등지로 건너가 출가 수행을 하기에 이르렀다. 위빠사나는 대중적인 기반을 확보하고 있는 제3수행법과 함께 널리 확산되면서 새로운 수행법으로 자리를 잡아갔다. 이렇게 되자 교단 내에서도 자기반성에 기반한 변화의 기운이 태동했고, 급기야는 전통 사찰에서도 위빠사나와 사마타 및 아나빠나사띠 수행법을 가르치는 프로그램을 개설하기 시작했다.

---

40 고영섭, 앞의 글. 때마침 미얀마와 태국 및 스리랑카 등지에서 수행을 마치고 돌아온 위빠사나선우회 출신의 김열권 등 재가 수행자들의 활동에 힘입어 테라와다불교는 불교계를 넘어 우리 사회에 새로운 수행법으로 널리 인식되기 시작했다.

2000년대 전후에 이르러 전통 교단은 대중들의 수행에 대한 욕구와 변화를 감지하면서 종래의 간화선을 되돌아보기 시작했다. 아울러 간화선에 전반에 대한 지침을 담은 교재[41]와 간화선 대중화 프로그램[42]을 만들기 시작했다.[43] 하여 한국불교의 브랜드인 간화선의 장점을 극대화하고 단점을 보완하는 노력이 이루어졌다. 아울러 템플 스테이(사찰 체험)가 저변화되면서 간화선 대중화에 대한 관심을 증폭시켜 가고 있다. 이처럼 위빠사나의 확산은 전통 교단에 큰 자극제가 되었고 종래의 수행 방법을 재검검하고 올바른 방향으로 나아가게 하는 촉매제가 되었다. 또 위빠사나 수행자도 크게 늘어나면서 곳곳에 선원과 수행처가 탄생하였고 기성 교단과 변별되는 새로운 불교 공동체가 생겨나기 시작했다. 불교계로 보아서는 일거양득이었고 모두가 사는 윈-윈의 길이었다.[44]

이와 더불어 티베트의 달라이라마와 베트남의 틱낫한의 서적들이 국내에 번역되어 열독되면서 수행 공동체 설립은 더욱 확산되었다. 비록 달라이 라마는 한국에 오지 못했지만 그는 인근 일본과 대만 및 호주 등지에서 한국불교의 발전을 기원하면서 티베트불교에 대한 이해를 확대시켰다. 2003년 봄에 한국에 온 틱낫한은 한국의 동국대학교에서 3박 4일간 함께 수행을 하였다. 이를 계기로 틱낫한이 이끄는 프랑스의 '플럼 빌리지(자두 마을)'는 세계적인 수행처로서 전국에 널리 소개되었다. 그의 수행처를 모델로 한 새로운 수행처가 국내 곳곳

41 조계종교육원(2005), 『간화선』(조계종출판사, 2005).

42 조계종 교육원은 2006년부터 '간화선 대중화를 위한 프로그램'을 개설하여 '간화선 지도사'를 배출했으나 간화선 지도사 배출에 대한 비판의 여론에 접하자 이 프로그램 진행을 중단하고 있다. 대신 '간화선의 대중화를 위한 소통과 모색'을 위해 2009년까지 '제10차 조계종 간화선 세미나'를 거행해 오고 있다.

43 고영섭, 앞의 글.

44 고영섭, 앞의 글.

에 생겨났다. 이 같은 불교 수행 센터의 확산에는 수행에 대한 불자들의 욕구가 담겨 있으며 새로운 수행 문화의 탄생으로 이어졌다.[45]

국내 언론 및 불교계 언론[46]들 역시 동남아시아에 널리 퍼져있는 위빠사나[47] 수행법에 대해[48] 지속적으로 보도하였다. 그에 힘입어 수행 관련 정보들이 공유되었고 교단 안팎에 수행의 필요성에 관한 여론이 조성되었다. 현재 한국불교계 내에서 이루어지는 남방불교 수행처 내지 위빠사나 수행 프로그램이 진행되고 있는 도량들은 아래 〈표 5〉에 집계되어 있다. 이들 선원들은 대체적으로 이름과 대표 및 정진 일시와 위치 등이 확인되는 도량들이다.[49] 아마도 여기에 집계되지 않은 선원들과 프로그램 운영처도 적지 않을 것이다.

〈표 5〉 전국 위빠사나 수행 센터 현황

선원	선원장	정진 일시	위치	비고
보리수선원	붓다락킷따	토요집중수행	경기도 과천	
마하보디선원	냐나로까(慧照)	둘째·셋째 주말	경북 경주 내남면 박달리	
상좌불교 한국명상원	妙圓	월화수토/자율정진	서울 강남/경기도 가평 설악면	
홍원사	性悟	매주 금토 자율정진	서울 관악	
봉인사	寂境	주말 초심수행자 금 9박10일 집중수행	경기도 남양주	
호두마을	能慧	금 2박3일/ 집중수행 5박6일	충북 천안	
마하연위빠사나 명상원	牧牛	매일 자율정진	광주 주월동	

45 고영섭, 앞의 글.
46 『법보신문』 1004호, 2009년 6월 14일자.
47 『법보신문』 967호, 2008년 10월 10일자.
48 『법보신문』 980호, 2008년 12월 30일자.
49 고영섭, 앞의 글.

담마로까 (연방죽선원)	담마위하리(法住)	경험수행자 수시가능	경북 봉화	아나빠나 사띠
깔야나미따 명상선원		수시/월말 집중수행	경기도	
붓다선원 지장사	김열권	목 4박 5일 집중수행	충북 조치원	아나빠나 사띠
직지사		넷째주 금요일 집중수행	경북 김천	
서울 반냐라마	붇다빨라(本願)	토 집중수행/자율정진	서울 서초	
대구 반냐라마	붇다간다	목 집중수행/자율정진	대구	
울산 반야라마	담마디빠	자율정진	울산	
도성사	빤냐완따(忍法)	넷째 일 오전10시	경남 산청	
인월사 담마선원	재범	두 달에 한 번 6박 7일	강원 강릉	
다보사 다보수련원	平等	수시(여름집중수행)	충북 괴산	사마타, 자애명상
한국마하시선원	우또다나	목/자율정진	부평	
붓다의 길따라	빤냐와로(眞用)	화목일/자율정진	부산	
가람사		자율정진	경남 양산	
서운암	法山	화목토	경북 영천시 청통면	
빤디따라마	우빤딧따	주말/자율정진	서울 약수동	
담마코리아		수시	경북 상주 푸른누리 도량	고엥카 명상코스 수행
여래향선원	소빠카(性讚)	수시	경기도 성남시 분당	
정각선원		화목10시/ 월화목토 오후3시	서울	
동양위빠사나 명상선원		주말 자율정진	서울	
반냐라마 사띠스쿨	붇다빨라(本願)	수시/여름집중수행	경남 김해	
오곡도 명상수련원	장휘옥·김사업	수시/여름집중수행	경남 거제	
명상상담연구원	印鏡	수시/여름집중수행	서울 중구 마음바꾸기 명상클리닉	
한국명상원		매주 수/여름집중수행		

통도사 반야암	아눌라	수시/ 여름집중수행	경남 양산	인터넷 수행모임
미얀마선원	산디마	매주 토일/ 여름집중수행	경기도 남양주 마석	
제따와나선원	一默	수시/여름집중수행	서울 강남	사마타-위빠사나 수행
밝은 세상	오원명	수시/여름집중수행	서울 강남	사단법인
만일사	마가	수시/여름집중수행	충남 공주	

남방불교의 대표적인 수행법인 위빠사나 수행은 도입 20여년 만에 괄목할 만한 성장을 하였다. 위의 〈표 5〉의 수행 센터 현황은 급성장한 30여 개의 남방불교 수행도량의 현실을 잘 보여주고 있다. 그 내용을 살펴보면 1) 선원의 전국적인 분포, 2) 사시사철 프로그램의 특성화, 3) 대중적 기반의 확보, 4) 친절하고 용이한 접근 방법 등을 특징으로 한다. 수행의 과정과 결과에 '문답'과 '점검' 등 체계적 지도를 특징으로 하는 위빠사나는 지식층에 큰 관심을 불러일으키면서 '생활선법'으로 자리를 잡아가고 있다. 2008년 12월 30일에는 문화체육관광부 산하의 사단법인 '한국테라와다불교'로 등록하면서 새로운 '교단' 혹은 '종단'으로서 자리매김하고 있다. 이러한 성장의 핵심에는 대중들의 수행에 대한 욕구가 자리하고 있다.[50]

위빠사나 수행에 크게 자극받은 전통 교단 역시 간화선 수행법을 새롭게 대중화해 가고 있다. 그럼에도 불구하고 몸과 마음에서 끊임없이 일어나고 사라지는 현상을 면밀히 관찰해 탐냄과 성냄과 어리석음 등을 끊으려는 위빠사나의 수행 열기는 여전히 식지 않고 있다. 이것은 전통 불교가 해소시켜 주지 못한 대중들의 수행 욕구를 위빠사나가

50 고영섭, 앞의 글.

어느 정도 해소시켜 주고 있기 때문이라고 할 수 있다. 동시에 일상성과 보편성 및 대중성을 지니고 있는 위빠사나 수행의 친연성 때문이라고 할 수 있다.

하지만 대부분의 위빠사나 수행 센터가 도심을 떠나 산속이나 지방 오지에 있어 대중들의 접근이 용이하지 않다. 그뿐만 아니라 수행 참여에 따른 비용이 만만치 않아 대중적인 참여가 이뤄지지 못하고 있다. 각 수행 센터의 빈약한 재정과 물적 토대 때문이기도 하겠지만 보다 전문화되고 대중화되기 위해서는 내적 심화와 외적 확충이 요청된다. 이러한 문제들에 대한 고민을 조직적으로 해 줄 사단법인 등록이 이루어졌으므로 합당한 개선을 기대해 본다. 최근들어 수행의 중요성과 몸과 마음의 변화를 중시한 불자들의 요구에 의해 개설된 간화선 수행 센터(시민선방)와 위빠사나 수행 센터(선원)은 한국 현대불교의 지형을 크게 바꾸고 있다. 그 결과 수행에 대한 다양한 욕구가 변형되어 전통 사찰 혹은 성지 순례로 이어 지고 있다. 그러면 사찰 순례에 대해 살펴보기로 하자.

2 사찰순례의 확대

마이카 시대를 맞이하여 불자들의 동선이 짧아졌다. 전국 문화재의 7할 이상이 불교문화재임을 감안하면 불자들의 성지 순례는 또 다른 수행 과정이라고 할 수 있다. 사찰은 문화재의 보물창고이다. 불교미술사적으로 보더라도 불교건축, 불교공예, 불교회화, 불교조각 등은 모두 사찰 혹은 박물관에 남아 있다. 최근 불교계 역시 사찰 내에 성보박물관을 설치하여 불교문화유산을 특별히 관리 전시하고 있다. 때문에 불교 사상을 공부한 불자들은 점차 불교적 세계관 속에서 불교문화유산을 바라보고 있다.

논자 역시 2002년부터 매 학기 한 번씩 버스 한 대를 인솔하여 '한국사상사 관련 한국불교사 강의기행'을 진행시켜 오고 있다. 전국을 각 도별 권역으로 나누고 구산선문을 거점으로 잡은 뒤 각 산문을 주변의 관련 사찰을 돌며 현장에서 강의하는 방식으로 개최해 오고 있다. 최근에는 주제별 기행을 진행시켜 원효기행, 의상기행, 원효-일연기행, 경허기행, 나옹-무학기행, 경한-혼수 기행 등도 해오고 있다. 또 한중불교 교류 한국불교사 강의기행과 한일불교 교류 한국불교사 강의기행까지 확장해 가고 있다.[51] 이러한 문명 교류적 현장 강의기행은 불교수행의 의미를 새롭게 환기시켜 주고 있다.[52]

최근 도선사는 108사찰 순례를 통해 새로운 수행문화를 만들어 가고 있다. 이 사찰 순례는 단순한 사찰 참배만이 아니라 각 지역 사찰과 문화와 음식이 어떻게 만날 수 있는지를 광범위하게 보여주고 있어 그 의미가 증폭되고 있다. 사찰은 수행처이자 예배처로서 불교문화의 보물창고이다. 이러한 108사찰을 정기적으로 순례한다는 것은 또 하나의 수행이기도 하다. 그리고 우리의 사찰은 전통 사찰 음식과 템플스테이를 통해 한국문화의 주요한 브랜드가 되어가고 있다. 근래에는 유엔 세계관광기구 산하의 스텝재단과 문화관광부와 한국관광공사가

---

51 고영섭 편, 『한국사상사 관련 한국불교사 강의기행 16』(대발해동양학한국학연구원 한국불교사연구소, 2010). 제16차는 중국 강소성과 안휘성을 무대로 수행했던 地藏선사와 절강성을 무대로 수행했던 보운 義通선사와 석후 義天대사, 그리고 불긍거 관음도량을 비롯하여 광동성을 무대로 활동했던 慧能대사의 유적지를 살펴보았다. 제18차는 일본 교토와 나라 및 가마쿠라와 오오사카를 무대로 활동했던 行基대사와 道藏대사와 慧均대사 등의 유적지를 살펴보았다.

52 김종명, 「한국문화유산 영어 현장교육, 현안과 대안 - 불국사와 석불사를 중심으로」, 『정신문화연구』 30-2, 통권 107호(2007. 6), pp.89~117. 논자는 이 글에서 현장 교육은 철저한 사전 준비와 현장 확인과 정보 전달의 유기적 과정의 확보가 중요하다고 강조하고 있다.

연합하여 원효 순례길[53]을 모색하면서 불교 사찰은 순례의 주요 거점으로 주목받고 있다.

짧지 않은 길이어서 순례가 쉽지 않을 것으로 보이지만 몇 차례의 회의와 자문을 거쳐 최종안이 정리되어 가고 있다.[54] 출발지는 집필 성지였던 경주 분황사이며 경주 내 다른 유적지와 포항 오어사 및 고향인 경산의 제석사 등을 거쳐 수원(화성) 남양만의 도착지에 이르게 된다. 원효 순례길은 원효의 유학 루트이자 오도처 기행이기도 하다. 이러한 시도가 성공적으로 안착한다면 사찰 순례 또는 성지 순례는 한국 현대불교의 또 다른 특징으로 자리를 잡을 것이다. 그리고 불자들은 불교 교양 대학에서의 학습을 통해 성지 순례 혹은 사찰 순례의 중요성을 인식할 것이다. 나아가 사찰 순례가 또 다른 수행이자 움직이는 수행 공동체임을 절실하게 인식할 것으로 보인다. 이것은 불교 가치관의 체화 과정이기도 하다.

5. 불교 가치관의 체화

불자로서의 정체성은 발심에서 시작되고 서원에서 마감된다. 발심은 붓다의 가르침에 대한 '확신'[信]과 '이해'[解] 위에서 이뤄지고 서원은 붓다의 가르침을 몸소 체득하려는 '실행'[行]과 '체증'[證] 위에서 완성된다. 삼귀의와 오계수지가 불자로서의 출발점이라면 신-해(信解)

53 경주 분황사에서 수원(화성) 남양만에 이르는 원효의 순례길은 불교계의 사찰 순례와 연계한 대표적인 문화 브랜드로 자리잡을 것으로 추정된다.

54 고영섭, 「고영섭 교수의 원효에세이 6」, 『불교저널』, 2009년 8월 25일자. 논자는 스텝재단과 문화관광부+한국관광공사의 원효순례길 준비팀에 몇 가지 순례길 루트를 제공한 바 있다.

위에서 행-증(行證)으로 나아가는 것은 종착지가 될 것이다. 온전한 교육은 올곧은 수행에서 마무리된다. 삶의 완성은 머리로 아는 것을 넘어 온몸으로 사는 것이기 때문이다. 해서 앎과 삶은 모든 철학과 사상의 벼리가 된다. 한국불교가 의천의 교관 병수와 지눌의 선교 일원을 주요한 지침으로 삼아온 것도 그들의 통찰이 전 불교를 가로지르고 있기 때문이다.

흔히 붓다의 가르침은 사성제와 십이연기로 언표된다. 불교의 대표적 기호인 중도와 연기는 사성제와 십이연기를 포괄적으로 표현한 것이다. 중도의 구체적 표현이 사성제라면, 연기의 실제적 내용이 십이연기이다. 때문에 중도와 연기는 사성제와 십이연기의 확장이요, 사성제와 십이연기는 중도와 연기의 수렴이라고 할 수 있다. 확장의 입장에서 보면 중도와 연기가 붓다의 자내증이요, 수렴의 입장에서 보면 사성제와 십이연기가 붓다의 자내증이다. 때문에 확장과 수렴은 달리 보일 수 있지만 그 둘이 서로 다른 것은 아니다. 불교 수행 공동체는 바로 이 사실을 머리와 가슴을 넘어 온몸으로 체득하는 공간이다.

한국은 세계에서 교육열이 매우 높은 나라이다. 동시에 한국은 세계에서 문맹율이 제일 낮은 나라 중의 하나이다. 널리 알려진 것처럼 한국인들의 가슴은 매우 뜨겁다. 그리고 삶의 본질을 찾으려는 열기와 앎의 가치를 높이려는 체온이 매우 높다. 한국인들이 배움에 대한 열기가 높은 이유는 불교의 훈습론과 근기론, 종자론과 성불론의 수행론 및 유교의 함양과 체찰, 거경과 궁리의 공부론과 같이 '몸의 단련'을 공부의 주요한 방법으로 삼고 있는 불교와 유교의 영향 때문일 것이다.

따라서 현대 한국불교의 주요한 특징은 교육 공동체의 주축인 불교 교양 대학의 창설과 불교 유치원의 개설 및 수행 공동체의 주축인 수행 센터의 확산과 사찰 순례의 확대라고 할 수 있을 것이다. 이러한 시설의 확보와 수행의 실현은 불교 세계관의 공유와 불교 가치관의 체화 과정을 분리하지 않으려는 한국 불자들의 안목이라고 할 수 있다. 그리고 바로 이것이 불교 교양 대학의 창설과 불교 유치원의 개설 및 수행 센터의 확충과 사찰 순례의 확대로 형성된 해행(解行)불교의 논리적 근거라고 할 수 있을 것이다.

6. 정리와 맺음

한국 현대불교의 가장 두드러진 특징은 교육과 수행의 통섭인 '해행(解行)불교라고 할 수 있을 것이다. 1980년대의 과도기를 거쳐 1990년대에 이르러 본격화된 '교육 공동체'와 '수행 공동체'는 불교 교양 대학의 확보와 불교 유치원의 확산 및 수행 센터의 확충과 사찰 순례의 확대로 집약된다. 이것은 이론과 실천의 균형인 의천의 '교관 병수'(敎觀倂修)와 실천과 이론의 통합인 지눌의 '선교 일원'(禪敎一元)의 또 다른 버전이라고 할 수 있다.

불교 가치관의 공유를 위한 불교 교양 대학과 인성교육을 통해 더불어 살아가기를 모색하는 불교 유치원의 활성화는 아래와 같은 변화를 가져다 주었다. 첫째, 불자들의 정체성을 제고시키고 인식틀을 확보시켜 주었다. 둘째, 신행활동을 활성화 하여 정기 법회 참석율이 크게 높아졌다. 셋째, 진정한 불자상을 성찰하는 계기를 마련해 주었다. 넷째, 불교의 대중화와 생활화를 실현할 수 있는 기회를 마련해 주었다. 반면 적지 않은 과제도 남겼다. 첫째, 신도 교육이 교리 전달에 치중하여 정작 사회적 실천은 외면하게 했다. 둘째, 특수 교육과정이 더욱 배제되고 정상인 중심의 교육 과정이 보다 심화되었다. 셋째, 조계종이 요구하고 있는 등록 기준이 까다로워 운영이 어려워졌다. 넷째, 강사의 유명세에 의하여 강의가 이루어져 강의의 질적 수준을 떨어뜨렸다.

나아가 다음과 같은 해결책을 제시하게 했다. 첫째, '선택'과 '집중'에 근거한 교과 과정의 제시와 질적 제고이다. 둘째, 안정적인 재정 확충과 우수한 교원의 확보이다. 셋째, 졸업생들의 진로 및 포교사의 제도적 기반 마련이다. 넷째, 이론을 수행 과정과 접목시켜 불교적 인간상을 제시하는 것이다. 이러한 교육 공동체의 활성화와 함께 최근에는 수행 센터 확충과 움직이는 수행 공동체인 사찰 순례의 확대도 다양해졌다. 특히 수행의 전문화를 시도해 온 도심 속의 시민선방의 개설과 수행의 대중화를 도모해 온 위빠사나 선원의 확산은 한국 현대불교의 두드러진 특징 중의 하나로서 자리해 오고 있다.

따라서 수행 공동체의 한 축인 시민선방은 보다 연령층을 두텁게 하고 좀 더 문턱을 낮추는 노력이 요청되며, 또 다른 한 축인 위빠사나 선원은 도시민들의 접근성과 저렴한 수행 비용을 제시해야 한다. 그렇게 된다면 불자들은 교육 공동체에서 배운 이론과 수행 공동체에서 행한 실천을 행복하게 조화시켜 새로운 불자상으로서 거듭나게 될 것이다. 그것이 곧 금세기 우리 사회와 인류가 직면하고 있는 여러 문제들을 주체적으로 고민하고 능동적으로 해결하는 불교적 인간상을 탄생시키는 길이다.

4장 동대 법당 정각원의 역사와 위상

1. 문제와 구상
2. 명진학교와 원흥사 큰법당
3. 대학선원의 역사와 지위
4. 정각원의 위상과 좌표
5. 대학 법당의 역할과 방안
6. 정리와 맺음

1. 문제와 구상

동서를 막론하고 세계 유수의 대학들은 국가(왕실, 국립)와 공공기관(공립) 및 도시(시립) 또는 개인(사립) 혹은 종교(종립) 계통에 의해 세워졌다. 미국 하버드대학(Harvard University)의 경우는 매사추세츠 주립대학으로 출발(1636)하였지만 존 하버드 목사가 자신의 재산 반액과 전 서적을 기증함으로써 학교 이름을 하버드대학으로 바꾸었다. 예일대학(Yale University)의 경우는 컬리지어트 스쿨로 신학대학의 헌장을 수립하고 출발(1701)하였지만 많은 재산을 기부한 E.예일을 기념하여 교명을 예일대학으로 바꾸었으며, 프린스턴대학(Princeton University)은 뉴저지 컬리지로 출발(1746)하였지만 다수 재산을 기부한 프린스턴을 기념하여 프린스턴대학으로 바꾸었다. 그런데 이들 대학들의 공통점은 신대륙을 찾아 나선 청교도를 기반으로 이루어졌으며 교내에는 많은 교회가 공존하고 있다는 것이다.

하바드대학의 졸업식은 비가 오나 눈이 오나 하버드 뉴 야드(Harvard New Yard)인 더 메모리얼 처치(The Memorial Church)와 해리 엘킨스 와이드너 메모리얼 라이브러리(Harry Elkins Widener Memory Library, 중앙도서관) 사이의 앞마당인 테르센터네리 시어터(Tercentenery Theater)에서 교회 쪽을 무대로 삼을 정도로 종교와 연루되어 있다. 영국의 헨리 2세가 흩어져 있던 학교들을 통합하여 세운 옥스퍼드대학(Oxford University, 1096)과 학자들에 의해 세워진 피터하우스에서 개편 확대된 캠브리지대학(Cambridge University, 1284) 역시 종교계와 긴밀한 관계 속에서 대학을 운영하고 있다. 포르투갈과 스페인에 이어 세계를 지배하였던 네덜란드의 8년 전쟁의 반군 지도자였던 오렌지 공 윌리엄의 의해 세워진 공립 레이던대학(Leiden University, 1575)은 왕실과의 긴밀한 관계 아래 발전한 대학이다. 또 프랑스 파리공교회(公敎會)의 부속학교를 모체로 출발한 파리대학(1215)은 신학부에 있던 로베르 드 소르본 신부가 기숙사 겸 연구소로서 소르본학사(學舍)를 짓자 소르본 대학으로 알려졌으며, 1968년에는 종래의 파리대학이 해체되어 각 13개 대학으로 나눠졌지만 정부와 교회의 지속적 지원에 의해 세계적인 대학으로 성장해 오고 있다.

일본의 정토진종 서본원사파가 세운 용곡대학(龍谷大學, 1639)과 정토진동 동본원사파가 세운 대곡대학(大谷大學, 1665; 1882, 眞宗대학) 그리고 구택대학(駒澤大學, 승려학교, 1592; 고마자와, 1925)과 대정대학(大正大學, 천태종대학, 1884; 진언종대학, 1887; 정토종대학, 1887; 3개 종파 다이쇼로 통합, 1926) 등도 모두 불교계통이 세운 학교이다.[1]

---

1 우리나라의 경우에도 연세대학(1885)과 이화여대(1886) 및 숭실대학(1897)은 개신교계가 세웠고, 동국대학(1906)은 불교계가, 고려대학(1905)은 천도교계가, 성균관

이처럼 세계의 유수한 대학들은 종교와 상호보완적 역할을 하며 성장해 왔다. 반면 중국의 북경대학(北京大學)과 청화대학(青華大學) 및 일본의 동경대학과(東京大學)과 경도대학(京都大學) 등처럼 국가가 설립 주체이거나 운영 예산을 지원하는 국립대학도 적지 않다.

대개 종교계는 초·중·고·대학이라는 교육기관을 통해 자신의 건학이념을 구현하려고 한다. 때문에 학교 내에는 각 종교의 창시자를 모신 '법당'과 '교회'와 '성당'과 '교당'을 지어 정기적으로 '법회'와 '예배'와 '미사'와 '불공'을 드리게 마련이다. 학교를 운영하는 종교계는 종교적 이념과 교육적 이념을 결합시켜 '건학이념'(建學理念) 혹은 '창학정신'(創學精神)이라 명명하고 그 이념과 정신을 지속적으로 환기 독려시키고 있다. 그런데 합리성과 객관성을 추구하는 학문기관과 목적성과 주관성을 의거하는 종교기관의 유기적 결합은 쉽지 않을 때가 종종 있다. 국공립대학과 달리 사립대학의 경우에는 창설자의 절대적인 영향력 아래에 있기 때문에 그의 종교적 입장과 교육적 이념을 받아들이지 않을 수 없기 때문이다. 해서 국공립대와 달리 서양의 사립대학들은 재단 혹은 교단의 종교적 지원 속에서 설립되고 지원받으면서 전통을 계승하고 미래를 견인함으로써 현재의 사회적 위상을 확보해 올 수 있었다.

불교 공인 이래 우리나라 교육은 많은 부분이 사찰에서 이루어져 왔다. 불교 사찰은 교육적 기능을 통해 젊은이들의 지정의(知情意)를 단련시켜 왔으며 정신적 기능을 통해 국민들의 의식을 계도해 왔다.

대학(1946)은 유학계가, 원광대학(1951)은 원불교계가, 서강대학(1960)은 예수회 교단이, 대진대학(1991)은 대순진리회가 세웠다. 이외에도 기독교 장로회가 세운 한신대학(1939), 기독교 성결교회가 세운 서울신학대학(1911), 기독교 감신교회가 세운 감리교신학대학(1905), 기독교 침례교회가 세운 침례신학대학(1953), 예수교 장로회 공의회의 총신대학(1901) 등 다수의 종교계통 대학들이 있다.

하지만 점차 제도와 질서를 중시하는 유교의 시스템을 받아들이면서 국가 교육은 고구려의 태학(太學)과 경당(扃堂), 백제의 박사(五經博士, 醫박사, 易박사), 신라의 국학(國學)과 태학감(太學監), 고려의 국자감(國子監), 조선의 성균관(成均館, 수도 국립대)과 향교(鄕校, 지방 국립대) 및 서원(書院, 지방 사립대)을 통해 이루어져 왔다. 일찍부터 철기가 무성했던 가야 역시 교육기관이 설치되었던 것으로 짐작된다. 그리고 일반 사찰에서는 불교의 기본 교학뿐만 아니라 젊은이들의 인성과 품성의 제고에 힘을 기울여 왔다. 특히 신라는 진흥왕대 이래 원화(源花)와 풍월도(風月道)를 통해 청소년의 수양에 적극성을 보여 사국 통일의 주역들로 키워냈다.

한편 고려 목종 및 현종 대에 활동하였던 최충(崔沖)이 만년에 관직에서 물러나 국가가 운영하는 관학(官學)과 별도로 개인이 운영하는 사학(私學)을 개설하면서 사찰의 교육기능은 점차 불교 내로 제한되어 왔다. 그러나 사찰은 그 이후에도 불교 교육기관으로서의 역할을 지속적으로 유지해 왔다. 성리학이 전래한 고려 후기와 성리학이 군림하였던 조선시대를 거쳐 대한시대에 들어오면서 불교계 내에는 종래와 다른 근대적 사립대학들이 설립되었다.[2] 한국의 대표적 사학인 동국대학교는 명진학교((明進[3]學校, 1906)로 출발하여 불교사범학교-불

---

2 남도영, 「구한말 불교계의 교육활동」, 『전국역사학대회자료집』 16(1983. 5), pp.139~140. 이 글에 의하면 당시 지방교육기관은 明化(수원 용주사, 1906)·鳳鳴(고성 건봉사, 1906)·明信(양산 통도사, 1906)·明立(합천 해인사, 1906)·釋王(안변 석왕사, 1906)·明正(동래 범어사, 1906)·昇仙(승주 선암사, 1906)·大興(해남 대흥사, 1906)·鳳翅(전주 위봉사, 1907)·慶興(대승사, 김용사, 남장사, 용문사, 명봉사, 광흥사, 1907)·新明(양산 통도사, 1909)·普明(승주 송광사, 1909)·江明(산청 대원사, 1909)·普明(하동 쌍계사, 1910)·金龍(문경 김용사, 1910)學校·華山講塾(장단 화장사, 1910)·廣明(달성 동화사, ?)·廣城(장성 백양사, ?)·壺洞(서울, 1912)學校 등 19개에 이르며 설립 및 경영 주체는 모두 전국의 사찰이었다. 고영섭, 『한국불교사연구』(한국학술정보, 2005), p.355 재인용.

3 당시 학교명을 정하기 위해 元曉의 교학을 復興시키자는 '元興'과 『大學』 1장의

교고등강숙-불교중앙학림-불교학원(종단내)-불교전수학교-중앙불교전문학교-혜화전문학교-동국대학-동국대학교로 열 차례나 학교 이름을 바꾸어 오며 오늘에 이르고 있다. 구한말에 전국의 18개 사찰에서 갹출하여 설립한 동대는 학교 내에 법회공간이자 수행공간인 대학선원(1963)과 법당인 정각원(1976) 및 대각전(1997)과 국제선센터(2011)를 설립하여 건학이념을 구현해 오고 있다. 특히 교내 법당인 정각원은 종립대학교의 법당이라는 제한적 의미를 넘어서서 한국 정신사의 근간인 불교 사상을 선양하고 있는 곳이라는 점에서 대학의 강의실과는 또 다른 위상을 지니고 있다. 이 글에서는 우리나라의 대표적 교육기관이자 불교계의 대표적 교내법당인 동국대학교 법당 정각원의 역사와 위상을 검토하여 현재적 모델 제시와 미래적 좌표 설정을 해 보려고 한다.

2. 명진학교와 원흥사 큰법당

동국대 서울캠퍼스는 동대문구 창신동 원흥사(元興寺[4])에서 명진학교로 개교(1906.5.8)하면서부터 종교기관 안에서 출발하였다. 원흥사 큰법당은 사찰의 중심법당일 뿐만 아니라 명진학교 학생들의 건학이념과 창학정신을 환기하는 공간이었다. 1915년까지 이곳에 자리해 있었던 명진학교-불교사범학교-불교고등강숙-불교중앙학림 등은 교명

'明德'과 불교의 '精進'을 결합한 '明進'이 경합했으나 최종적으로 '明進'이 채택되었다.

4 현재 서울시 종로구 창신동에 자리한 창신초등학교(安養庵 옆) 자리이다. 동국대학교는 100주년을 맞이하여 이곳에 標識石을 세우려고 했으나 창신초등학교장의 반대로 실현시키지 못했다. 차후에라도 종로구청과 협력하여 역사적 현장을 알리기 위해 표지석을 세워야 할 것이다.

을 바꿔가면서 원흥사 큰법당을 학교법당으로 활용하였다. 불교중앙학림이 명륜동(혜화동) 1번지 북관묘로 자리를 옮긴 이래 3.1운동 뒤 총독부의 폐교 조치 이후 5년간의 휴교(休校) 기간을 조선불교총무원의 불교학원[5]으로 명맥을 유지할 때는 태고사(조계사) 대웅전을 활용하였다.

동국대는 다시 명륜동 교사에서 불교전수학교로 복교(復校)한 뒤 그곳에서 중앙불교전문학교-혜화전문학교 시대를 보냈다. 1946년 9월에 남산 필동 조동종(曹洞宗) 조계사(曹溪寺)와 국화유치원(國華幼稚園) 자리에 교지를 마련하여 혜화전문학교-동국대학[6]-동국대학교 시대를 맞이하면서 사학으로서 확고하게 자리를 잡게 되고[7] 종교시설의 설치를 고민하게 되었다. 이 사이 불교 교단은 원종(圓宗, 1908)과 임제종(臨濟宗, 1911)으로 대립했으나 총독부의 사찰령 반포(1911. 6)와 사찰령시행규칙 반포(1911.7)로 교단으로서의 역할을 제대로 할 수 없었다.

더욱이 교단은 신사조(新思潮)의 영향을 받은 청년 승려와 일본에서 유학하고 돌아온 젊은 승려들이 전국 사찰을 통할할 중앙 통제기구로서 조선불교 선교양종 중앙총무원(1922. 1)을 설치하자 총독부의 정책을 지지하는 국내 다수의 주지들이 설치한 조선불교 선교양종 중앙교무원(1922. 5)을 세워 분리 대립하다가 극적인 타협 끝에 조선불교중앙교무원(1925)으로 재통합하였다. 이후 불교계는 조선불교선교양종(1928)과 조선불교조계종(1941)과 대한불교조계종(1945)으로 이어지면서 단일 종단으로 재출발하기에 이르렀다.[8] 하지만 1948년 즈음

---

5 고영섭, 「東大 '전인교육' 백년과 '불교 교육' 백년」, 『한국불교사연구』(한국학술정보, 2012), p.368.

6 당시 학교명을 정하기 위해 東國, 新羅, 高麗 등 세 교명이 경합했으나 최종적으로 '東國'이 채택되었다.

7 동대칠십년사편찬위원회, 『동대칠십년사』(동국대학교출판부, 1976) 참조.

에 한반도 전역에 토지조사가 실시되면서 국민들은 좌우익으로 갈라져 극심한 혼란을 겪고 있었다. 그리고 1950년 6월 25에 6.25가 일어나자 동대는 부산 대각사[9]로 교사를 옮겼다.

1953년 9월 28일에 서울이 수복되자 다시 남산으로 올라와 대학원을 설치하면서 종합대학교인 동국대학교로 출발하였다. 6.25 전쟁의 소용돌이를 이겨낸 학교는 권상로(權相老) 초대 총장을 맞이했으나 반년 만에 노환(74세)으로 물러나고 말았다. 백성욱 제2대 총장이 취임하면서 학교시설과 구성기구를 확장하고 새로운 도약을 도모하였다. 하지만 1954년부터 1962년에 이르는 동안 불교 교단은 정화(분규)의 기나긴 터널을 지나면서 많은 혼란과 난관을 겪었다.[10] 교단이 첨예하게 대립하는 소용돌이 속에서도 학교는 대학본관(1958)이자 중앙법당이라 할 석조관(명진관, 1956)과 과학관(1958) 및 교수회관(만해관, 1962)과 중앙도서관(법학관, 1962)을 준공하면서 서울 남산 시대를 열어나갔다. 그리고 1962년에는 비구-대처승을 아우르는 통합종단이 출범하면서 교단이 안정되자 학교는 건학이념인 불교정신에 의해 학생지도에 적극 노력하였다. 1962년 11월 20일에 사범대 학림관 내에 설립한 대학선원은 이러한 배경 속에서 이루어졌다.

경덕궁(경희궁)의 정전인 융정전(숭정전)을 옮겨온(1926. 3; 1976. 9) 동국대 서울캠퍼스 법당 정각원(1976)은 조선 후기 건축의 전형적인 양식을 보여주는 건물이며 서울시 지방유형문화재 제20호로 지정되어 있다. 정각원 건물의 양식을 대강 살펴보면 정면은 5칸, 측면은 4칸이며 배층 팔작 기와지붕으로 되어 있다. 초석과 기둥은 원형이며 축

8 김영태, 『한국불교사』(경서원, 1997), pp.251~368.
9 부산 대각사는 일본 정토진종 동본원사가 세운 포교당 건물을 이어 세운 절이다.
10 고영섭, 「불교 정화의 이념과 역사」, 『불교 정화의 재조명』(조계종출판사, 2007).

부는 기둥 윗부분을 창방으로 짰으며 평방은 보이지 않는다. 그리고 천정은 우물천정 양식인데 천정 중앙은 조정천정으로 되어 있고 청룡과 황룡이 여의주를 희롱하고 있는 다포형식이며 규모는 75.83평이다. 여니 전각과 달리 천정 중앙에 일곱 개의 발톱[七爪]을 지닌 흑룡(黑龍)이 승천하는 모습을 보이고 있어 주목되고 있다. 경주캠퍼스의 법당인 정각원 역시 서울캠퍼스의 법당인 정각원의 쌍둥이 형제처럼 개원되었다.

경주캠퍼스 정각원은 지혜와 자비에 의거한 인간의 자아완성과 불국정토의 이상사회를 건설하고자 하는 불교 정신에 입각하여 진리를 탐구하고 지혜를 체득하여 자비를 실천하는 정진의 도량으로서 전 교직원과 학생들의 심신을 수련하고 올바른 신앙 생활을 계도하기 위하여 설립하였다. 1983년에 도서관 4층에다 법당을 마련하고 봉불식 및 점안식을 봉행하였다. 1987년 교내에 독립된 정각원을 설립하기 위하여 정각원 건립추진위원회를 구성하였고, 1989년 12월 건평 195평 대지 300평의 2층 건물이 완공되어 개원식을 가진 이후 오늘에 이르고 있다. 현재 정각원에서는 고승 및 명사초청 정기법회(년 8회), 각 신행단체의 정기법회 및 수련회, 교양과목인 자아와 명상, 요가 및 다양한 특별강좌가 이루어지고 있다. 또한 교직원 및 학생, 일반불자들의 심신수련의 장소로 항상 개방하고 있다.[11]

서울캠퍼스에는 중앙 법당 정각원 이외에도 또 하나의 법당인 대각전(大覺殿)이 있다. 학교 당국은 동대 100주년 기념사업의 일환으로 원불(願佛) 봉안을 통한 불교 종합병원 건립의 대작불사를 이루고자 원력을 세우고 불제자들의 공덕을 모아 1997년 11월 21일에 대각전

11 동대 경주캠퍼스 정각원 홈페이지(http://site.dongguk.ac.kr/wiz/user/jeonggak/) 참조(2012. 12. 31. 검색).

법당을 개원하였다. 법당 내부 면적은 109평으로 원형과 직사각형이 결합된 독특한 구조로 이루어져 있다. 90주년 기념문화관 이해랑예술극장 입구 좌우의 원형 계단을 통해 출입할 수 있다. 8미터 높이의 천정은 비천도로 장엄하였고 단청 작업을 비롯하여 전체적으로 우아하면서도 세련된 실내 장식이 돋보인다. 만불을 봉안할 불감실은 상단부 13칸, 하단부 14칸으로 되어 있다. 1차로 주불상 뒤편에 광배효과가 나도록 2,185개의 원불상을 배치하였고 향후 만불(萬佛)까지 계속 봉안할 예정이다. 각각의 원불상에는 각 봉안자의 발원문과 봉안자가 제출한 『반야심경』 사경지를 복장(腹臟)하였다. 본존불상은 높이 1.6미터의 금동석가여래좌상으로 동국대학교의 각종 현황 기록과 기념물들을 내장하고 있다.[12] 2011년부터는 한국선(韓國禪)의 세계화를 위해 국제선 센터로 활용하고 있다.

또 좌선실은 구 중앙도서관을 리모델링한 법학관 2층 북측에 60평 규모로 마련된 선실이다. 선실 내부는 현대식으로 장엄되어 있다. 학교 박물관이 소장하고 있는 선운사 천불탱화를 복사하여 안치하였다. 2005년 3월부터 선(禪)관련 과목에 대한 강의 및 선실수 수업이 진행되며, 좌선을 하려는 이들에게 제공되고 있다. 그리고 동국의 종(鐘)과 종각(鐘閣)은 1976년 10월에 조성하였다. 당시 동대 국문과 교수였던 미당 서정주(徐廷柱) 시인은 시인의 감성을 빌어 "이 종소리는 가장 깊은 사랑의 소리니/ 꿈이거든 아름다운 꿈의 꽃 피게 하고/ 생시거든 온통 밝은 사랑의 빛 되게 하며/ 이 누리의 목숨들 영원히 돌아 울려라/ 우리 동국 간절한 소원 가득가득 울려라" 하고 시를 지었다. 종모(宗母)인 첫눈 김진상 작가가 미당의 시를 종의 몸통에 쓰고, 비천상과

12 동대 서울캠퍼스 정각원 홈페이지(http://jeonggak.dongguk.edu/) 참조(2012. 12. 31. 검색).

“섭심(攝心), 신실(信實), 자애(慈愛), 도세(度世)”의 교훈을 사방에 새긴 “동국의 종”을 전통적 방식으로 주조하여 종각에 안치하였다. 범종은 매일 아침과 저녁에 울며, 입학식과 졸업식 및 중요한 학교 행사와 법요식 때 타종된다. 정각원 법당과 상응하는 종교 시설 이외에도 교내 중정에는 김영중(金泳仲) 조각가가 제작한 7척 5촌의 청동입상인 석가불상이 자리해 있다. 불상 앞에는 동국대학교의 상징 동물인 ‘보현보살 코끼리상(父母子)’이 서 있다. 또 본관 옆 룸비니동산에는 명진학교 1회 졸업생인 만해(萬海)선사[13]를 기리는 만해시비와 만해광장이 있다. 이처럼 교육기관인 동대 교내에는 세계 유수의 대학들처럼 다양한 종교시설이 설치되어 있으며 종교적 상징물을 만나볼 수 있다.

3. 대학선원의 역사와 지위

동국대학교 대학선원은 불교정신에 의한 건학이념을 구체적으로 이룩하려 했던 김법린(金法麟) 총장에 의해 1963년 11월 16일[14]에 개

---

13 고영섭, 「만해와 태허」, 『만해학보』 제12호(만해학회, 2012. 8). 만해 용운 선사는 강원도 일대에서 불교 서적뿐만 아니라 동아시아의 정치 정세와 국제 감각을 익히기 위해 세계 지리의 정보를 담은 서계여의 『영환지략』(瀛環志略)과 양계초의 『음빙실문집』(飮氷室文集) 등의 저술들을 읽었다. 그 뒤 그는 경성으로 올라와 1906년 원흥사에 개교한 明進學校의 보조과 과정을 이수하였다. 새로운 문명에 대한 지적 갈증을 느꼈던 만해는 1908년 일본 유학을 단행하였다. 비록 6개월에 지나지 않는 기간이었지만 그가 보고 듣고 느꼈던 것은 엄청난 것이었다. 그가 정규과 학생으로 입학한 것은 아니지만 명진학교에서 보조과 과정을 이수하였고 1930년대에는 동대 외래교수를 담당하여 동대 역사에 큰 족적을 남겼기 때문에 동국대학교에서는 제1회 졸업생으로 인정하고 있다.

14 황인규, 「경희궁 숭정전과 조동종 조계사·대학선원」, 『건학이념 구현 정각원 제1회 학술대회 자료집』(동국대 정각원, 2012). p.55. 논자는 여기에서 대학선원의 개원 연월일은 1962년 11월 20일로 적고 있다. 그런데 『동대칠십년사』에서는 1963년 11월 16일로 적고 있어 차이가 있다. 아마도 실질적인 공간 확보를 기준으로 설치

설되었다. 대학선원의 개설목적은 "물질화되어가고 있는 현대사회의 고민을 해소시키고 안정된 생활윤리를 갖추게 하여 학생들로 하여금 학문과 실수(實修)의 간격을 유기적으로 이루어주고 생활상의 제 문제에 대한 해결에 도움을 주고자 하려는 데에 있었다."[15] 그리하여 "잃어져가는 자기와 조각난 우리들의 생활을 되찾으려는 기치를 높이 들고 발족된" 대학선원은 불교의 생활화와 자기완성을 쌓는 수도장으로서 그 구실을 다하여 왔다. 이곳은 불교대학의 선실습 도량으로 활용되어 왔을 뿐만 아니라 불교를 알고자 하는 불교 학생을 위해 언제나 개방되어 왔다.[16]

초대 대학선원장으로는 서옹 석호(石虎/西翁, 상순, 1912~2003)선사가 맡았다. 석호선사는 토요법회를 개최하고 교내외의 저명인사를 초빙하여 법사로 모시고 법회를 개최하였다.[17] 당시 토요법회의 강사로는 원장이었던 석호선사를 비롯하여 전관응, 이기영, 전진한, 백상창, 서경주, 이종익, 이항령, 서돈각, 박성배, 전준열, 이희익, 이운허, 홍정식, 우정상, 전영추, 김동화, 김항배, 김지견, 이행원, 차법륜, 공철, 청담 순호(靑潭淳浩, 1902~1971), 고산(古山) 등이었다. 이후 서옹 석호선사가 대학선원장을 사임하자 한동안 공석 중이었던 원장직에 탄허 택성(呑虛宅成, 1913~1883)선사가 제2대 원장을 맡았다.[18] 탄허

연월일을 잡은 것으로 추정된다.

15 동대칠십년사편찬위원회, 『동대칠십년사』, pp.400~401.

16 동대칠십년사편찬위원회, 『동대칠십년사』, pp.400~401.

17 〈동아일보〉 1964년 2월 5일자. "禪思想의 보급을 위하여 지난 11월 20일에 문을 연 東國大學校 부설 大學禪院에는 그동안 參禪의 뜻을 둔 많은 인사들이 모여 들어 東國禪友會를 조직하고 1일 하오에는 百여명의 회원이 모여 첫 參禪法會를 열었다. 지난 25일에 발족을 본 東國禪友會는 參禪과 禪이념 연구를 통한 佛敎의 생활화와 현대화를 위한 모임으로 회원은 대학생·교수·가정주부들이다. 同會는 會長으로 金法麟씨(東大總長) 副會長으로는 趙明基씨(東大佛敎大學長)와 黃利着씨(黃山德씨 부인)를 선출하여 널리 문호를 개방하여 매주 土曜日 하오 2~3시에 大學禪院에서 參禪法會를 열기로 하였다."

선사는 지도법사를 맡아 마음과 지혜 및 견성과 평화에 대한 강의를 비롯하여 보조(普照)법어 강의를 지속하였다. 이어 일붕 경보(一鵬京保) 선사가 제3대 원장을 맡았으며, 불교대학의 홍정식(洪庭植) 교수의 〈불교입문〉, 우정상(禹貞相) 교수의 〈선가귀감〉 강의, 전준열(全俊烈) 강사의 〈선의 요체〉 강의가 이어졌다. 1971년에는 비좁았던 선실을 대학원 건물 안으로 옮기고 개당 법요식을 올리면서 대학선원에 대한 친밀감을 높여 갔다. 그리고 대학선원에 이어 학교법당인 정각원이 확보되기까지 이곳에서 종교 행사를 이어왔다.

원흥사의 큰법당과 태고사(조계사)의 대웅전에 뒤이어 대학선원을 뿌리로 하고 있는 학교 법당 정각원은 교내의 만해광장 아래에 자리했던 숭정전을 현재의 자리로 옮겨(1976) 장엄한 뒤 1977년에 문을 열었다. 이후 동대 서울캠퍼스 정각원은 교내의 법당일뿐만 아니라 불교종립학교의 대표적 법당으로 자리하고 있다. 현재 서울캠퍼스 내에는 종교시설로서 과거 대학선원(1963)의 맥을 이은 정각원(1977)[19]과 대각전(1997) 및 동국의 종과 좌선실, 그리고 교정 중앙에 7척 5촌의 청동 석가불상이 서 있으며, 경주캠퍼스에도 교내 법당인 정각원이 있다. 서울캠퍼스 정각원의 전신은 경복궁(景福宮)과 창덕궁(昌德宮)과 창경궁(昌慶宮) 및 인경궁(仁慶宮)과 함께 조선조 5대 궁전의 하나였던 경덕궁(慶德宮, 慶熙宮)의 정전인 융정전(隆政殿, 崇政殿)이었다. 본디 인왕산 자락에 있던 사저는 선조의 다섯째 왕자였던 정원군(定遠君, 元宗으로 追崇)의 집이었다. 광해군(光海君, 9년, 1617)은 측근의

---

18 고영섭, 「呑虛 宅成의 생애와 사상」, 『한국불교학』 제63집(한국불교학회, 2012).

19 서울시 중구, 『숭정전, 정밀실측보고서』(2010. 11). 정각원은 서울시에서 1985년부터 5차례의 발굴 조사를 실시했고, 그 결과를 토대로 숭전전을 6년에 걸쳐 복원했다. 경희궁 숭정전은 창경궁 명정전과 함께 조선 중기 궁궐건축 연구에 중요한 자료가 되고 있다.

풍수가인 성지(性智)가 정원군 집터에 왕기가 서려 있다는 말을 듣고 이를 누르기 위해 궁궐로 승격 개축하였다고 전한다.[20] 광해군은 이곳을 경덕궁이라 하고 정전을 융정전이라 명명하였다.

그런데 임진왜란 때 소실되어 재건한 법궁(法宮)인 창덕궁과 창경궁이 인조반정(仁祖反正)과 이괄(李适)의 난(亂)을 거치면서 또 다시 소실되자 인조는 광해군이 지은 궁궐이었지만 이궁(離宮)인 경덕궁으로 이어(移御)하였다.[21] 그리고 인조는 광해군의 측근 풍수가였던 성지(性智)가 '정원군 집터에 왕기(王氣)가 서려 있다'는 말을 듣고 이를 누르기 위해 궁궐을 지었다는 말을 변용하여 자신의 생부가 살았던 집터를 중심으로 활용하면서도 경덕궁보다 더 화려하고 크게 지었다는 인경궁을 원래의 주인에게 돌려주자는 논의를 발의하여 이듬해에 본격적으로 기와와 재목을 훼손하고 철거하였다.

그리고 정전(正殿)은 명나라와 청나라 사이에서 등거리 외교를 펼친 광해군과 달리 인조 재위시절 명나라 의종(毅宗, 1611~1644) 즉 '숭정제'(崇禎帝, 1628~1644년 재위)를 떠받들기 위해 '융정전'(隆政殿)을 발음이 같은 '숭정전'(崇政殿)으로 바꾼 것으로 짐작된다.[22] 그런데 신

20 고영섭, 「광해군의 불교 인식」, 『한국불교사연구소 제2차 집중세미나 자료집: 광해군시대의 재조명』(2012); 고영섭, 「광해군의 불교 인식」, 『한국불교사연구』 제2호 (한국불교사연구소, 2013. 2).

21 조선시대에는 재난에 대비해서 이궁 양궐(二宮 兩闕)체제를 유지하였다. 왕이 정사를 하며 생활하는 궁궐인 '法宮'과 화재 등 만일을 대비해 세워둔 궁궐인 '離宮' 및 왕이 潛邸시절에 궁 밖에 머물던 집인 '別宮'과 왕릉에 행차할 때 도중에 머무르는 곳인 '行宮'이 있었다. 이외에도 임금의 아버지가 머물던 궁전(운현궁), 정식 왕비(正宮)가 되지 못한 임금의 생모를 모시는 사당인 육상궁(毓祥宮) 등이 있었다. 임진왜란 전에는 경복궁이 法宮이었고 창덕궁과 창경궁이 離宮이었다. 하지만 임란 이후에는 경복궁이 불타자 창덕궁과 창경궁이 법궁이었고 새로 지은 경덕궁(경희궁)이 이궁이었다. 19세기 이후에는 경복궁이 법궁이고 창덕궁과 창경궁과 경운궁과 경희궁이 이궁이었다. 대한제국시대에는 다른 궁궐들이 기능을 잃어버리자 경운궁(덕수궁)만이 법궁이 되었다. 이처럼 法宮과 離宮은 상황에 따라 서로 바뀔 수 있었다.

하들의 하례(賀禮)를 받고 정령(政令)을 반포하던 경덕궁은 영조 36년(1760)에 이르러 경희궁(慶熙宮)으로 이름이 바뀌었다. 아마도 광해군을 밀어내고 재위에 올랐던 인조의 부친인 원종(元宗, 定遠君)의 시호와 같다는 이유와 폐주(廢主) 광해군이 지었다는 이유 때문에 궁전의 이름을 고친 것으로 추정된다. 이후 경희궁 숭정전은 조선 후기 고종 재위 시절에 대원군에 의해 경복궁이 중건되기까지 동궐(東闕)이었던 창덕궁과 창경궁과 변별하여 '서궐'(西闕)로 불려지면서 주요한 궁전으로서 위상을 지녀왔다.

당시 서궐이었던 경희궁(慶熙宮)은 공식 의례와 조회(朝會)를 하는 정전(正殿)인 숭정전(崇政殿), 왕이 국정 사무를 보는 편전(便殿)인 자정전(資政殿), 왕의 개인 생활·침식하는 대전(大殿)인 융복전(隆福殿), 왕비가 생활하는 중궁전(中宮殿)인 회상전(會祥殿), 내전인 집경당(集慶堂), 흥정당(興政堂), 경륜재(經綸齋), 위선당(爲善堂), 상휘당(祥暉堂), 함춘헌(含春軒), 안희합(安喜閤), 지효합(至孝閤), 내천의 별실인 덕유당(德游堂), 덕유당의 부속 공간인 사물헌(四勿軒), 내전의 하례(賀禮) 공간인 광명전(光明殿)이 있었다. 또 왕의 어진(御眞)을 봉안하는 태령전(泰寧殿), 왕의 신위(神位)를 모셔두는 계상당(啓祥堂), 대비전(大妃殿)

---

22 『英祖實錄』 95권, 영조 36년 2월 癸卯조. "上以敦義門內闕號, 與章陵謚號同音, 故名大臣館閣堂上, 會賓廳議入, 改以慶熙." 윤정, 「영조의 경희궁 改號와 移御의 정치사적 의미」, 『서울학연구』 36(서울시립대학교 부설 서울학연구소, 2009. 2) 참조. 필자는 이 실록을 근거로 "영조가 자신의 왕통을 '三宗血脈'으로 입증시켜 주었던 仁元王后와의 관계를 적극 표방하고 그녀의 사적이 집적되어 있는 慶熙宮에 상주하기 위해 광해군 廢政의 사적이라는 인식을 불식시키고 조선 후기 왕통의 출발지로서 즉 元宗(諱는 琈, 명으로부터 마지막으로 받은 정식 謚號는 '恭良敬德仁憲靖穆章孝大王')과 仁祖의 사적이라는 것'을 전면에 내세우기 위해, 慶德이 원종의 시호인 敬德과 음이 같다는 것을 거론한 것"으로 풀고 있다. 논자는 正殿 이름을 '崇政'殿으로 개명한 것 역시 궁호(宮號)를 개호(改號)한 것과 같은 맥락에서 이해할 수 있다고 생각한다. 또한 이것은 인조의 측면에서 바라볼 때 광해군의 '廢政'에 대응하는 '崇政'의 의미를 강조하기 위함일 수도 있다.

인 장락전(長樂殿), 대비전의 부속 건물인 봉상루(鳳翔樓), 용비루(龍飛樓), 대비전의 별당인 어조당(魚藻堂)과 동궁전의 내당(內堂)인 즙희당(緝熙堂), 양덕당(養德堂), 동궁전의 부속 건물인 중서헌(重書軒), 동궁전의 별당인 경선당(慶善堂), 세자의 사무 공간인 경현당(景賢堂), 세자의 서재인 문헌각(文獻閣), 세자가 강학하는 존현각(尊賢閣), 혼천의(渾天儀)를 설치한 규정각(揆政閣), 휴식 공간인 청한정(淸閒亭), 춘화정(春和亭)으로 구성되어 있었다.[23]

하지만 이후 경덕궁 즉 경희궁의 정전이었던 융정전 즉 숭정전이 화재[24]에 의해 몇 차례나 재건[25]되었는지에 대해서는 알 수가 없다. 다만 기록들[26]을 통해서 몇 차례의 수리[27] 사실을 알 수 있을 뿐이다.[28] 고종 연간에 경복궁이 중건되자 경희궁은 궁궐로서의 기능을 상실하였고 이내 변형되었다. 그리하여 경희궁의 대다수 전각들은 훼손되거나 철거되어 서궐로서의 위상을 잃어버리고 말았다. 이후 숭정전은 그 용도가 네 번이나 바뀌면서 적지 않게 변용되었을 것이라고 생각된다. 일제는 을사늑약(1905) 이후 조선에 대한 지배권을 공고히 하면서 경희궁의 일부 건물을 매각(1907)한 뒤 융희 3년 그곳에 통감부가 세

---

23 〈동아일보〉, 1988년. 1월 15일자 참고. 서울시 신문로 2가에 사적 271호로 지정된 경희궁 부지 총면적은 서울고 자리와 중앙기상대, 서부교육구청, 전매청관사, 남쪽 도로 일부 등에 이르는 7만 2천 8백 평으로 殿·閣·堂·樓·門 등 모두 98개의 건물이 있었다. 일제의 해체 이후 92년 만에 정정인 융정전(숭정전) 권역과 임금의 침소인 隆福殿까지 복원하였다. 일제가 궁 안에 판 방공호(防空壕)를 뒤로 하고 그 앞으로는 1993년에 서울특별시박물관으로 개관한 뒤 2002년에 개명한 서울역사박물관이 들어서 있다.

24 肅宗 24년(1698) 경덕궁의 承暉殿서 화재 발생.

25 純祖 31년(1831) 소실된 전각을 재건.

26 純祖 20년(1829) 경희궁내 회상전, 홍정당, 정시각, 사현각 등 소실.

27 高宗 26년(1860) 崇政門 소실.

28 『慶德宮修理所儀軌』(1693); 『承政院日記』(1711, 1786, 1878), 『內閣日曆』(1860), 『日省錄』(1878), 『官報』(1904) 등에서 수리의 흔적을 엿볼 수 있다.

운 일본인 중학교(1909)를 세웠다. 경술병탄(1910) 이후에는 다시 통감부 중학교를 경성중학교(1915)로 개명하였다. 이후 궁터 9천 1백 52평을 중앙관상대 부지로 사용(1923)하였고[29] 경성중학교는 경기도로 이관(1925)하여 경성공립중학교(서울고 전신)로 개칭하였으며 부지 내의 건물은 경기도의 관할로 넘겼다.

당시 경희궁에서 마지막까지 남아 있던 전각들은 숭정전(崇政殿), 회상전(會祥殿), 흥정당(興政堂), 흥화문(興化門) 등이었다. 그리고 정전이었던 숭정전은 1926년 3월에 남산에 조성된 일본 조동종(曹洞宗) 사찰인 조계사(曹鷄寺)에 매각된 뒤 지금의 동국대 만해광장에 이건되어 본전으로 사용되었고 학생회관과 후문 사이에 황건문(皇建門)[30]도 옮겼다. 이곳에서는 1927년 서울 대화정 조동종 경성별원(京城別院) 조계사(曹溪寺) 대법당 대불(大佛) 경찬식(經讚式)이 거행되었다. 그리고 회상전은 주지 집무실로 활용되었다. 하지만 조동종 조계사의 화재로 인해 주지 집무실인 회상전은 1936년 1월 14일에 소실되고 말았다.[31] 흥정당은 장충동 인근에 조성된 일본 사찰 광운사(光雲寺)에 매각하여 이전 건립하였고, 경희궁의 정문인 흥화문은 이등박문(伊藤博文)을 기리는 사찰인 박문사(博文寺, 현 신라호텔)의 정문으로 활용되었다. 해방 뒤에는 혜화전문학교 기숙사 출입문으로 사용되다가 1973년에는 현재의 신라호텔 정문이 되었다. 1994년에는 서울시의 경희궁 복원계획에 의해 현재의 위치로 옮겨 세워졌다.[32]

---

29 〈동아일보〉, 1988년 1월 15일자 참고.

30 붉은 단청을 한 皇建門(皇建其極의 略稱)은 평양에 세웠던 檀君殿의 정문이었는데 1905년 을사늑약(乙巳勒約) 이후 민족정신을 부추긴다하여 왜병이 헐어 불하한 것을 왜절 조계사 주지가 옮겨다 복원한 문이다.

31 박성진, 「평양의 황건문이 남산으로 내려온 까닭은? - 궁궐 전각의 민간 이건과 변용」, 『궁궐의 눈물, 백년의 침묵』(효형출판사, 2009), pp.137~141.

32 박성진, 위의 글, 위의 책, pp.122~141.

1946년 9월에 터를 잡은 동대의 남산 필동 부지는 옛 북관묘(北關廟)[33] 즉 현 혜화동 서울과학고(옛 普成中高)에 있던 혜화전문학교 부지[34]와 교환하여 터를 잡은 곳이다.[35] 경희궁 본전이었던 숭정전은 남산 자락의 조동종 조계사의 대학선원 자리에 잡은 이래 동대가 이곳으로 옮겨 오면서 몇 차례의 용도 변경이 생겼다. 6.25 전쟁시에는 인민군의 일개 부대가 대학 교사에 주둔하면서 숭정전을 본부로 사용하는 동안

---

33 조선 후기 大儒였던 尤庵 宋時烈의 생가터(宋子洞)에 고종 20년(1883) 때 명성왕후에 의해 세워진 北關廟는 北關聖廟로서 關雲長을 모셨다. 지금 동관묘 한 구석에 서 있는 북관묘 廟庭碑에는 "崇敎坊 동북 모서리 宋洞之曾朱壁下에 北關廟를 세운다"는 글귀가 있다. 이 朱壁을 드리운 바위는 千載巖이라 불리고 있다. 1915년 당시 조선불교계는 이곳 명륜동(혜화동) 1번지에 있던 普成고보를 인수하고 그곳으로 불교중앙학림을 옮겼다. 1934년 보성고보를 澗松 全鎣弼이 운영하는 東城學園에 넘겼다. 보성고보를 이은 보성중고등학교는 이곳에 있다가 1988년 송파구 방이동으로 교사를 옮기고 그 자리에 서울 과학고가 들어섰다. 현재 이곳에 있던 北廟는 흔적도 없이 사라졌으나 동쪽 신설동에는 東關聖廟 즉 東廟가 남아 있다.

34 경기대, 『경기대학교 65년사』, 2012년, pp.38~39. "조명기 선생의 회고에 의하면, 당시 명륜동 校舍는 미 헌병대에 징발되어 있었던 관계로 동국대학 측도 사용하지 못하던 형편이었다. 동국대학교와 오랜 유대관계를 맺어 왔던 조명기 선생은 그가 日人으로부터 인수받아 개인적으로 운영하던 필동 소재 사찰 1동 및 대지 3,300평, 國華幼稚園 등을 동국대에 넘기고 그 대신 명륜동 校舍를 임대받기로 양해를 얻어 내었다. 이미 규모가 커져버린 동국대학은 캠퍼스를 한 곳에 집결시킬 필요를 느꼈던 관계로 이 교섭을 호의적으로 받아들였다. 그러나 이전하기로 한 명륜동 교사는 미 헌병대가 주둔하고 있어서 당장 이전이 불가능했으므로, 우선 이전할 때까지만이라도 연지동 구 교사를 이용하기로 재단 측과 합의, 일단 학교를 재건할 것을 결정했다." 이 기록에 의하면 당시 경기대 건립에 관여하던 조명기 선생이 京畿大學의 校舍 부지를 백방으로 물색하던 중 동국대학의 재단측이 종로구 명륜동 소재의 옛 혜화전문학교 교사를 임대하기로 결정을 내렸던 사실을 알 수 있다. 이 과정에서 동국대학의 筆洞 校舍가 자신이 운영하던 필동소재 사찰 1동 및 대지 3,300평과 국화 유치원과 맞바꾸어 이루어졌던 사실을 알 수 있다.

35 경기대, 『경기대학교 65년사』, 2012, pp.27~28. "해방 당시 함께 혜화전문학교 교수로 있던 일본인 사토(左藤) 교수가 귀국할 때 현재의 서울 중구 필동의 동국대학교 자리에 있던 曹洞宗 曹溪寺 절을 조명기 선생께 양도해 주고 떠났다는 것이다(대지 3,300평 및 동 대지에 건립된 사찰 1동, 건평 84평의 부속 건물 등을 구두 언약으로 받았으나, 이후 등기는 미필). 규모가 상당하였던 그 절에는 '국화'라는 유치원(나중에 '약초 유치원'으로 개칭했음)이 부속되어 있었다. ……(중략)…… 해방 직후 우연히 인수한 '國華幼稚園'을 부인인 김민혜 여사와 운영했다." 여기에 의하면 동대 필동 캠퍼스 자리에는 조동종 조계사 절에 이어 국화유치원이 있었다는 사실을 알 수 있다.

이곳에 보관해 왔던 적지 않은 귀중 도서가 없어졌다.[36] 1.4 후퇴에는 다시 중공군이 본교에 주둔하면서 이곳에 간직해 왔던 귀중한 총서류와 지지(地誌) 등이 자취를 감추었다. 그 뒤 한동안 숭정전은 도서관과 제1강의실 및 체육관으로 사용되었다.[37] 1976년 9월 숭정전은 현재의 자리로 옮겨 법당으로 장엄한 뒤, 1977년 2월 정각원으로 이름하여 다시 개원되었다.[38] 조선조 왕들이 집무를 보던 경희궁의 정전이 이제 석존이 불법을 전하는 대웅전으로 탈바꿈하였다.

이후 서울시는 문공부가 협력하여 1988년 올림픽을 계기로 우리 문화의 우수성과 독창성을 국내외에 알리기 위해 경희궁 복원 사업을 추진하면서 동대 내의 정각원을 이전 복원[39]하려 하였다. 이에 학교는 '숭정전 이전 복원에 대한 회신'을 통하여 단호하게 거절하였다.[40] 결

---

36 동대칠십년사편찬위원회, 『동대칠십년사』, p.88.

37 동대칠십년사편찬위원회, 『동대칠십년사』, p.88.

38 당시 정각원의 현판글씨는 미술학부의 裵吉基 교수가 쓰기로 했으나 여의치 않아 서예가 一中 金忠顯이 쓴 '正覺院' 편액을 걸었다. 그리고 이건 당시에 걸려 있었던 어필로 추정되는 '崇政殿'의 편액은 법당 안 어간 처마에 걸었다. "菩提樹下成正覺, 爲度衆生普賢身, 如雲充遍盡未來, 東國常放大光明, 法轉常轉於法界, 自他一時成佛道"라는 柱聯과 법당 우측면의 "信爲道元功德母, 長養一切諸善法, 斷除疑網出愛流, 開示涅槃無上道"(『華嚴經』「賢首品」) 및 "摩訶般若波羅密"이라는 5폭 柱聯과 법당 좌측면의 "山河大地安前花, 萬像森羅亦復然, 自性方知元淸淨, 塵塵刹刹法王身, 無量劫中修行滿"의 5폭 柱聯은 당시 이사장을 역임하고 있던 통도사의 蔡碧眼 선사가 썼다.

39 〈조선일보〉, 1987년 11월 13일자. "이전 62년만의 本殿 이전. 이전된 지 62년만인 내년에 원래의 위치인 경희궁터(전 서울고교 자리)로 옮기기로 서울시가 최종 확정한 숭정전. 현재 동국대 구내에 있는 이 숭정전은 경희궁의 본전이다."라는 기사와 사진이 실려 있다.

40 서울시는 문공부와 협의하여 경희궁을 복원한다는 방침 아래 동국대 교정에 옮겨져 있는 崇政殿, 신라호텔 정문으로 쓰이고 있는 興化門, 사직공원 뒤편에 있는 黃鶴亭을 당초의 자리인 구 서울고 부지로 옮겨 옛 모습을 되살리기로 하고 동국대에 공문을 보냈다. 이에 동국대학교는 "숭정전 이전 복원에 대한 회신"(88.3.18)이란 공문을 작성하여 서울특별시 문화과장에게 보냈다. 그 전문의 제4항은 다음과 같다. "우리학교에서는 (숭정전에 대해) 45. 8. 15 미군청청에 적산불하를 신청, 46. 9월부터 본교 소유로서 구내 장충동 2가 산14-1로 이전하여 강의실 및 법당으로 사용하여 오던 중 77. 3. 1에는 전각의 누수 등으로 원형의 훼손이 심한 상태에서

국 서울시는 교내 법당 정각원을 참고하여 경희궁 내에다 정전인 숭정전을 새로 조성하였다. 또 교내에는 최근 한국선(韓國禪)의 전진기지로서 활용하기 위해 국제선 센터(Dongguk University International Seon Center)[41]로 탈바꿈한 대각전이 있다. 그리고 경주캠퍼스에도 건학 이념에 기반한 신행생활의 기틀을 마련하기 위하여 1983년에 도서관 4층에 개설한 정각원 법당을 계승하여 1989년에 지은 대지 300평에 건평 195평의 2층으로 된 정각원 법당이 있다.

정각원에는 교육기관 내의 건학 이념과 창학 정신을 견인하는 원장이 상주하고 있다. 정각원장은 교육기관 내의 건학 이념과 창학 정신을 뒷받침하고 있어 그 역할과 책무는 막중하다고 할 수 있다. 원장의 철학과 사상이 교육기관 내의 이념과 정신의 풍향을 좌우하기 때문이다. 대학선원 시절의 원장이었던 석호(石虎)선사와 탄허(呑虛)선사 및 일붕(一鵬)선사의 가풍이 당시 대학내 건학 이념과 창학 정신의 지형을 크게 좌우해 온 것처럼 정각원 시대 원장의 가풍 역시 중요하게 자리매김해 왔다. 역대 원장 소임을 맡은 이들의 이름과 소속 및 재임 기간은 다음과 같다.

본교의 건학이념인 섭심, 신실, 자애, 도세를 구현하기 위한 개교 69주년 기념사업의 일환으로 학생 및 교직원 등의 범동국인의 적극적 모금 운동을 전개하여 우리 학교 내 장충동 2가 산 197-11의 현 위치에 원형을 복원 이전하고 오늘에 이르기까지 42년간 보수 단장하여 불타정각을 신수하는 조장으로 전 동국인은 물론 전국불자들의 자아완성의 산실인 법당이며, 또한 사단법인 불교 종합학원의 상징적 건물로서 그 존재의 중요성에 대한 인식이 널리 일반화 되어 있음을 감안하여 볼 때 숭정전(정각원)의 이전은 현실적으로 어려우며, 더욱이 2만여 재학생, 6만여 동문 및 전국불자들에게 자극을 주어 예상되는 과격한 시위, 이로 인한 사회혼란의 원인으로 야기될 것이 심히 우려되므로 복원 이전은 불가한 것으로 사료되오니 널리 양지하시기 바라며, 아울러 이러한 본교의 입장을 이해하시어 재검토하여 주시길 앙망합니다."

41 한국선의 세계화를 위한 전진기지로 설치된 국제선센터에서는 정기적으로 '불교영어강의'를 개설하고 있다.

〈표 1〉 서울캠퍼스 역대 정각원장

대수	법호 / 법명	소속	재직 기간
제 1대	伽山 智冠	동국대 선학과 교수	1979. 2 ~ 1979. 2
제 2대	伽山 智冠	동국대 선학과 교수	1979. 2 ~ 1980. 10
제 3대	鎭煥	동국대 선학과 교수	1980. 10 ~ 1982. 3
제 4대	顯菴 印幻	동국대 선학과 교수	1982. 3 ~ 1988. 2
제 5대	法山 鏡日	동국대 선학과 교수	1988. 2 ~ 1991. 2
제 6대	玄覺	동국대 선학과 교수	1991. 2 ~ 1993. 2
제 7대	無心 普光	동국대 선학과 교수	1993. 3 ~ 1995. 2
제 8대	法山 京日	동국대 선학과 교수	1995. 3 ~ 2005. 1
제 9대	眞月	버클리대 철학박사	2005. 1 ~ 2006. 8
제10대	宗浩	동국대 선학과 교수	2006. 9 ~ 2009. 3
제11대	中和 法陀	클레이톤대 철학박사	2009. 3 ~ 현재

서울캠퍼스 정각원장은 주로 불교대학의 선학과 교수진이 맡아 교내의 건학 이념과 창학 정신을 구현해 왔다. 최근에는 불교대학 출신의 정각원장이 소임을 맡아 교내 종교 지형의 제반 업무들을 지휘하고 있다. 정각원에는 상임교법사와 교직원 및 조교들이 원장을 보좌하고 있다. 경주캠퍼스 정각원장의 이름과 소속 및 재직기간은 아래와 같다.[42]

〈표 2〉 경주캠퍼스 역대 정각원장

대 수	법호 / 법명	소속	재직 기간
제 1대	道業	동국대 불교학과 교수	1985. 3 ~ 1989. 2
제 2대	法慧	동국대 불교학과 교수	1989. 3 ~ 1994. 1
제 3대	道業	동국대 불교학과 교수	1994. 2 ~ 1998. 2
제 4대	法慧	동국대 불교학과 교수	1998. 3 ~ 1999. 2
제 5대	性本	동국대 선학과 교수	1999. 3 ~ 2001. 2
제 6대	道業	동국대 불교학과 교수	2001. 3 ~ 2003. 2
제 7대	法慧	동국대 불교학과 교수	2003. 3 ~ 2004. 8

42 동대 경주캠퍼스 정각원 홈페이지(http://site.dongguk.ac.kr/wiz/user/jeonggak/) 참조(2012. 12. 31. 검색).

제 8대	道業	동국대 불교학과 교수	2004. 9 ~ 2006. 2
제 9대	法慧	동국대 불교학과 교수	2006. 3 ~ 2008. 2
제10대	道業	동국대 불교학과 교수	2008. 3 ~ 2009. 8
제11대	도홍 花郞	동국대 선학과 박사	2009. 9 ~ 2011. 8
제12대	도홍 花郞	동국대 선학과 박사	2011. 9 ~ 2014. 2
제13대	覺性	뿌네대 철학박사	2014. 3 ~ 현재

경주캠퍼스 정각원장은 주로 불교대학의 불교학과와 선학과 교수진이 맡아 교내의 창학 정신과 건학 이념을 실현해 왔다. 최근에는 서울캠퍼스 불교대학 출신의 정각원장이 소임을 맡아 경주캠퍼스의 제반 업무를 총괄하고 있다. 근래에 건학 109년을 넘긴 동국대학교와 정각원의 역사는 점점 길어지고 대 사회적 위상은 높아지고 있다. 그렇다면 지난 109여 년의 과거뿐만 아니라 현재로부터 새로운 100여 년의 미래를 위하여 일반 대학의 법당과 종립학교의 법당이라는 기능을 지닌 정각원의 역사와 위상에 걸맞는 좌표 설정과 역할 모색이 필요하다고 할 수 있다. 왜냐하면 오늘날 우리 사회 전 방위에서 미래 인재를 길러내는 대학에 대한 기대와 열망이 요청되고 있기 때문이다.

4. 정각원의 위상과 좌표

동국대학교는 “본교는 불교정신을 바탕으로 학술과 인격을 연마하고 민족과 인류사회 및 자연에 이르기까지 지혜와 자비를 충만케 하여 서로 신뢰하고 공경하는 이상세계의 구현을 건학이념으로 한다”라고 선언하고 있다. 동시에 교육 목적을 “본교는 건학이념에 따라 학술의 이론과 응용 방법을 연구 교수하여 불교를 비롯한 한국문화의 세계화에 노력하며 민족과 인류사회의 이상 실현에 기여할 지도적 인재의 양성을 목적으로 한다"라고 제시하고 있다. 이러한 건학 이념과 교육 목적 아래 마음을 깨끗이 가다듬는 섭심(攝心), 참되고 미더운 행동인 신실(信實), 대중을 자비로 사랑하는 자애(慈愛), 중생을 고통에서 건져 내는 도세(度世)를 교훈으로 삼고 있다.

흔히 건학 이념과 교육 목적을 담은 교훈은 해당 학교가 사회에 길러 내고자 하는 이상적인 인간상을 담고 있다. 동대의 건학 이념과 교육 목적에 나타난 인간상 또한 '불교를 비롯한 한국문화의 세계화 노력'과 '민족과 인류사회의 이상실현에 기여하는 지도적 인재'의 육성에 맞춰져 있다. 여기에 따르면 동국대학교의 존재 이유는 건학 이념과 교육 목적이 제시하는 인재의 양성에 있다고 할 수 있다. 동국대학교와 원흥사의 큰법당과 태고사(조계사)의 대웅전에 뒤이어 대학선원을 뿌리로 하고 있는 정각원은 이러한 인재를 양성하려는 동국대학교의 건학 이념과 교육 목적 제고의 중심 센터임에 틀림없다. 따라서 동대 정각원은 불교 종단의 대표적 대학법당이자 종립 초중고대학 내 법당의 역할 모델로서 자리하지 않으면 아니된다.

그러면 일반대학의 법당과 종립학교의 법당으로서 어떤 좌표를 설정하고 무슨 역할을 하여야 할까? 정각원의 설립 취지를 살펴보면 아래와 같다.

> 정각원은 동국대학교가 건학이념을 구현하려는 목적으로, 정관과 학칙에 따라 설치한 중앙지원조직 기관이다. 대학인들에게 불교정신을 바탕으로 학문 연구와 인격 도야로 현대와 미래 사회의 선지식 즉 선각적 지도자가 되도록 하려는 사업을 한다. 그를 위하여 각종 법회 운영과 불교 강좌를 마련하고, 신행 수련을 지도하며 상담을 하는 등, 구성원 개인은 물론 각종 단체의 신행 활동을 지원하고 학교공동체의 종교 행사

를 주관한다. 정각원, 대각전, 좌선실 등 법당 및 수련시설을 망라하여 불상과 탱화 등 성상과 종각 및 각종 종교시설을 관리 운영하며, 『법요집』과 『정각도량』 등 포교자료 발행과 인터넷 운용 등을 통하여, 건학이념 구현에 관련된 제반업무를 수행한다. 정각원은 원장을 중심으로 법사와 사무직원 및 조교들로 구성되어있고, 원장은 학교의 교무위원회와 정책위원회 및 건학이념구현위원회에 위원으로 복무하며, 건학이념 구현 업무에 총괄적 책임을 지고 있다. 정각원장실과 사무실, 상담실, 교·강사실은 만해관과 연결된 연구동 남쪽에 자리하고 있으며, 그 옆에 정각원 건물과 종각이 있다. 학교 정문으로 들어오면 우측으로 첫 번째 건물이다. 교·직원과 학생은 물론 불교에 관심 있는 모든 이들에게 개방되어 있다.[43]

이 설립 취지에서 주목되는 부분은 불교 정신을 바탕으로 하는 '건학 이념 구현'과 '현대와 미래 사회의 선각적 지도자(선지식)가 되도록 한다'는 것이다. 이처럼 불교정신을 바탕으로 현대와 미래 사회의 선지식이 될 수 있도록 뒷받침하려는 정각원의 설립취지는 건학 이념과 교육 목적에 잘 부합하고 있다. 그러면 이러한 건학 이념과 교육 목적에 부합하는 교훈을 담지하는 불교적 인간상은 어떻게 만들어질 수 있을까? 그리고 정각원은 그러한 인간상을 만들어 내기 위하여 어떻게 좌표 설정을 해야 하며, 어떠한 역할 모델을 만들어 내야 할까? 먼저 현재 정각원이 수행하는 주요 업무를 살펴보면서 방안을 모색해 보기로 하자.[44]

---

43 동국대학교 서울캠퍼스 정각원 홈페이지(http://jeonggak.dongguk.edu/) 참조(2012. 12. 31. 검색).

44 정각원이 교내 전반에서 종교 기능을 지니고 있는 법당이고, 건학 이념을 상징적이고 실제적으로 구현하고 있는 불교대학(불교학부-불교학전공, 인도철학전공, 선학전공/ 불교사회복지학과)과 일반대학원(불교학과/ 인도철학과/ 선학과) 및 불교대

서울캠퍼스 정각원의 주요 업무는 아래와 같이 제시되어 있다. 경주 캠퍼스 정각원의 주요 업무 역시 크게 다르지 않다.

1) 교내의 법회 등 종교행사 주관
2) 교·직원과 학생 및 동문 등 모든 이들의 신행 상담
3) 교·직원 인사 업적평가에 신행 평점
4) 각종 신행단체 활동 협조
5) 수계식 및 수련회(신규 교·직원 수계식 및 수련회, 조교 및 산하학교 교원 수련회 수계식)
6) 군종법사후보생교육
7) 학기 중 『정각도량』 출판
8) 『법요집』 발간
9) 토, 일요일은 일반시민에게 개방(결혼식 등)
10) 건학 이념 구현과 관련된 제반 사업[45]

정각원의 주요 업무는 일반 사립대학의 종교 시설에서 이루어지는 것들과 크게 다르지 않다. 다만 여기에서 주목되는 부분은 여타의 종립학교에서 담당하는 업무들과 달리 7)의 『정각도량』 발간과 9)의 토, 일요일에는 일반시민에게 법회와 결혼식 등의 개방 및 10)의 건학이념 구현과 관련된 제반 사업이다. 정각원이 한국의 대표적인 사립대학의

학원(불교학과/ 불교사학과(차문화콘텐츠학과/융합요가학과)/ 불교사회복지학과/ 명상심리상담학과/ 생사의례학과(생사문화산업학과)과 불교학술원 산하의 동국역경원, 불교문화연구원(한국불교융합학과/불교한문아카데미), 종학연구소, 불교문화재콘텐츠연구소 등은 교육기능과 연구기능을 지니고 있는 교육기관이자 연구기관이다. 때문에 이들 조직과의 유기적인 관계설정 위에서 정각원의 위상과 역할을 논의할 수 있으나 이들 기능들이 정각원의 주요 업무에 들어있지 않아 여기서는 자세히 다루지 않았다.

45 동국대학교 서울캠퍼스 정각원 홈페이지(http://jeonggak.dongguk.edU/) 참조(2012. 12. 31. 검색).

법당이라는 점과 대표적인 종립학교의 법당이라는 점에서 볼 때 이들 세 업무는 학교의 울타리를 넘어서서 대 사회적으로 확산될 수 있는 것들이기 때문이다.

우선 7)을 제외한 1)부터 8)까지는 주로 교내에서 이루어지는 업무들이다. 반면 7)과 9)와 10)의 경우에는 교내의 구성원뿐만 아니라 교외의 일반인에게까지 파급 효과를 미칠 수 있는 업무들이다. 7)의 『정각도량』은 서울캠퍼스 정각원과 경주캠퍼스 정각원 및 일산캠퍼스와 미국 LA캠퍼스까지 공유하는 대표적인 불교 매체이다.[46] 2012년 10월 부로 가을호인 139호까지 간행하고 있는 이 매체는 초기에는 '학기 중 월간'으로 간행하다가 최근부터는 '학기 중 계간'으로 펴내고 있다.[47] 『정각도량』에는 교내외의 스님들과 교수들 및 불교계 필자들이 자신이 경험한 불교 이야기들을 싣고 있어 일반인들의 불교 이해를 재고시키고 있다.

정각원의 토요일 법회와 결혼식 등에는 교내의 학생과 교직원들만이 아니라 교외의 일반인들이 참여하고 있다는 점은 유념해야 할 대목이다.[48] 토요법회는 대학 내의 법당 기능을 넘어서서 대학 밖에까지 불교신행의 영향이 파급되는 업무라고 할 수 있다. 법회에 참석하는 이들은 동문을 비롯하여 가족들과 친지들 및 불교 재단이 운영하는

---

46 동국대학교 교내외를 연결하는 매체인 〈동대신문〉과 〈동국포스트〉 및 〈동국대학원신문〉 그리고 인터넷 매체인 〈동국인 Dongguk In〉과는 또 다른 네트워크를 형성하고 있다.

47 몇 년 전부터는 토요법회를 활성화하기 위해 서울캠퍼스는 2009년 2월 2월 28일부터 매주 『정각원 토요법보』를 간행하고 있으며 현재 2012년 10월까지 139호를 간행하고 있다. 경주캠퍼스 정각원은 1992월까지 『정각』을 통권 14호까지 간행해 오다가 1993년 9월부터는 서울캠퍼스 정각원과 함께 『정각도량』을 펴내고 있다.

48 동국대 동창회는 서울대, 연세대, 고려대, 이화여대, 서강대, 성균관대, 한양대, 건국대 등과 같이 독립된 건물을 유치하지 못하고 있어 동문들의 결혼식 및 고희연 등 다양한 행사들 대부분이 교내 법당과 상록원 식당 등에서 이루어지고 있다.

대표적 대학의 법회라는 상징성이 있어 적지 않은 불자들이 기대를 갖고 참여하기 때문이다. 특히 정각원의 토요법회는 우리 사회에서 지명도가 높은 교내외의 석학들을 초빙하여 개최해 오던 1960년대 대학선원 토요법회의 현대적 계승이라고 할 수 있다.

최근 5년간 정각원 토요법회가 크게 활성화되면서 법회강사의 강론에 대한 기대가 높아지고 있다. 여기에 초빙되는 강사들의 면면들을 살펴보면 우리 사회 각 방면에서 나름대로 입지를 구축한 전문직 종사자들이다.[49] 법회에 참여하는 이들 역시 전문직에서 활동하거나 퇴직한 거사와 부인들이 대다수이다. 대개 토요법회에 참여하는 이들은 여타의 사찰에 참여하는 이들보다 고학력자들이 다수이며 수준 높은 강의를 기대하는 불교신자들이다. 현재 법회에 참석하는 이들의 만족도는 매우 높은 것으로 파악되고 있다.

정각원은 토요법회의 활성화를 계기로 최근에는 정각원 불교 아카데미[50] 및 불교 합창단[51]으로까지 외연을 넓혀가고 있다. 이러한 현상을 고려하여 보다 정치한 교과 과정 수립과 치밀한 전문강사 섭외 및 대내외적 기반을 확보해야 할 것이다. 동시에 학교 당국과 유기적으로 협동하여 역사정신과 시대정신을 아우르는 선각적 지도자(선지식)의

49 동국대 서울캠퍼스 정각원 홈페이지(http://jeonggak.dongguk.edu/). 참조. 토요법회 강론에 참여하는 연사들은 교내외 여러 교수진들을 비롯하여 종교계, 학계, 문화계, 예술계 등 다양한 분야에서 자기 목소리를 가지고 있는 이들이다. 최근에는 교직원을 위한 수요법회와 학생들을 위한 월요법회에서도 우리 사회 각계의 전문가들을 초빙하여 강론을 들을 수 있는 기회를 마련하고 있다.

50 동국대 평생교육원의 불교전문반과 달리 정각원 불교 아카데미에서는 불교를 처음 접하는 불자를 위한 '불교입문반', 불교를 체계적으로 배우려는 불자를 위한 '불교교리반', 경전공부를 하고자 하는 불자를 위한 '불교경전반'으로 반을 운영하고 있다. 또 초등학교 고학년(4, 5, 6학년)을 위한 '어린이 불교영어 법회'를 운영하고 있다.

51 정각원에서는 불교음악을 활성화하기 위해 교직원 합창단과 불자 합창단을 조직하여 각종 불교 행사에 참여시키고 있다.

발굴과 지원에 힘을 다해야 한다. 그리하여 '국가를 대표할 수 있는 인재의 양성'과 '세계를 주도하는 인물의 배출'에 전력투구해야만 한다. 그것이 곧 동국대학과 동대 법당 정각원의 역사를 공고히 하는 이정표이며 위상을 제고하는 지름길이다.

5. 대학 법당의 역할과 방안

국가(왕실)가 세운 국립대학과 공공기관 및 도시가 세운 공/시립대학과 달리 개인이 세운 사립대학과 종교계가 세운 종립대학은 학교 설립 주체의 철학과 사상에 의해 운영되고 있다. 특히 종교계가 세운 대학에는 해당 종교의 세계관이 대학의 건학 이념과 창학 정신에 깊이 스며들어 있다. 때문에 대학에 투영되어 있는 종교 이념과 신앙 정신은 학문의 보편성에 비추어볼 때 일정한 제약이 될 수도 있다. 반면 건학 이념과 창학 정신에 부응하는 인재의 양성이라는 목표에서 보면 종교 이념과 신앙 정신은 해당 대학의 존재 이유와 존립 근거가 된다는 점에서 그 의의를 지닐 수 있다.

대학의 이상과 종교의 지향이 충돌하지 않고 상호 상승되기 위해서는 건학 이념과 창학 정신이 대학인들에게 스며들 수 있도록 역사의식과 시대정신의 무늬를 입히는 노력이 필요하다. 역사의식이 '어떠한 사회 현상을 역사적 관점이나 시간의 흐름에 따라 파악하고, 그 변화 과정에 주체적으로 관계를 가지려는 의식'이라면, 시대정신은 '한 시대의 문화적 소산에 공통되는 인간의 정신적 태도나 양식(樣式) 또는 이념'이라고 할 수 있다. 때문에 역사의식은 정체성의 확립으로 귀결되고 시대정신은 인식틀의 확보로 집중된다.

역사의식과 시대정신은 '이론적 지식인'이 '실천적 지성인'으로 옮겨가게 하는 주요한 동력이 된다. 역사의 현상에 대한 바른 인식과 시대의 요청에 대한 바른 정신은 해당 대학이 제시하는 건학이념과 창학정신에 그 뿌리를 둘 수밖에 없다. 동국대학교의 경우에는 지혜와 자비의 가르침인 불교정신을 기반으로 하는 재단이라는 점에서 여타의 사립대학 및 종립대학과는 일정한 시각 차이가 있다. 동국대학교 정각원이 지혜와 자비의 가르침을 전하는 공간이라는 점과 대학의 이상과 가치를 실현하는 장소라는 점에서 두 지향이 상호 보완되고 상호 상승될 수 있기 때문이다.

동국대학교가 불교 정신을 바탕으로 '민족과 인류사회의 이상실현에 기여할 지도적 인재의 양성'을 목적으로 존재 이유를 설정하고 있다면, 본교 법당인 정각원은 대학의 건학 이념을 구현하고 지도적 인재의 양성을 위한 전진기지로서의 역할을 하는 곳이어야 한다. 이를 위해서는 동대에서 배출한 지식인과 지성인에 대한 탐구를 통해 역사인식을 제고하고 그들을 통해 시대정신을 구현할 수 있도록 해야 한다. 여기서는 대학 법당의 이상적 모델 확립을 위해 '건학 이념'과 '인문 정신' 및 '문화예술'과 '미래 인재'의 범주로 몇 가지 안을 제시해 보고자 한다.

1. '건학 이념'을 대내외에 드높인 상징적 인물에 대한 발굴과 연구 및 교육 프로그램 운영
   1) 만해 용운, 퇴경 권상로, 허영호, 백성욱, 김법린, 서옹, 숭산 등의 생애와 사상 연구
   2) 효성 조명기, 뇌허 김동화, 김잉석, 김영수, 이기영, 서경수 등의 학문과 철학 연구

3) 김달진, 이원섭, 석지현, 원의범, 정태혁, 김영태 등의 역경과 역사 연구

2. '인문 정신'을 대내외에 드높인 대표적 인물에 대한 발굴과 연구 및 교육 프로그램 운영
   1) 무애 양주동, 석제 조연현, 이동림, 이병주, 송요인 등의 학문과 사상 연구
   2) 정지용, 김기림, 신석정, 서정주, 조지훈, 이범선, 신경림, 황석영 등의 시인작가 연구
   3) 황의돈, 황수영, 안계현, 남도영, 정종, 김용정, 김항배 등의 역사와 철학 연구

3. '문화예술'을 대내외에 드높인 국제적 인물에 대한 발굴과 연구 및 교육 프로그램 운영
   1) 이해랑, 장한기, 유현목, 김재용, 이근삼, 김흥우 등의 예술과 철학 연구
   2) 남산 문학비 벨트, 만해시비- 미당시비- 지훈시비- 신경림시비 등 문인 벨트 형성
   3) 김무송, 박영석, 김성한, 한대화 등의 삶과 철학 연구

4. '미래 인재'를 발굴 지원하기 위한 기획 및 지원을 위한 장기 프로젝트 운영
   1) 학문간 우수 인재 발굴과 지원 - 전국 영어 말하기 대회 우승자 등
   2) 국제학회 논문 발표자 발굴 및 지원 - 학문 분야별 3~5인 발굴
   3) 파워엘리트 장학금의 활성화를 통한 강소 정예 인재의 육성

프로젝트 지원

4) 우주 개발 인재(조광래 등 나로호 발사 주역) 육성 프로젝트 지원

대학의 과거와 현재와 미래는 결국 해당 대학이 어떤 인물을 배출했는가에 달려 있다. 위의 몇몇 제시안들은 동국대학이 우리 사회에 쌓아온 과거의 '브랜드 가치'를 극대화하고 미래의 브랜드 가치를 자내화하기 위한 방안들이다. '건학 이념'과 '인문 정신'과 '문화예술'의 세 가지 범주는 이미 타계한 과거 인물이나 원로 중심이지만, 네 번째의 범주는 미래 인재를 위해 제시한 프로젝트이다. 과거와 원로 인물들이 쌓아온 영광을 미래의 인재들이 계승하여 더욱 확대 발전시키는 프로젝트의 지속적 운영은 대학의 미래와 직결된다. 때문에 과거의 브랜드 가치 유지를 위해 특단의 조치가 필요하며, 동시에 미래의 브랜드 가치 창안을 위해서도 특단의 조치가 요청된다. 미래 인재는 과거의 영광을 자신의 자량으로 삼아 미래의 비전으로 제시하기 때문이다. 이러한 네 가지의 모델 제시는 학교 당국과 정각원의 유기적 협력 체제 아래 가능할 수 있을 것이다.

한 나라의 최고 지도자인 대통령을 배출한 대학과 그렇지 않은 대학의 차이는 크게 차이가 나기 마련이다. 대통령의 배출은 해당 대학의 인적 물적 정신적 문화적 역량이 리더십으로 수렴되어 그 사회의 중심부를 형성하고 있어야만 가능하기 때문이다. 대통령을 배출한 대학은 그의 정치적 공과를 막론하고 그 대학의 브랜드 가치를 크게 높이고 있기 때문이다. 마찬가지로 해당 분야의 최고의 전문가들이 지속적으로 탄생되기 위해서는 해당 집단의 인적 물적 정신적 문화적 역량이 뒷받침되어야만 한다. 과거의 영광을 현실에 재현하고 미래의 비전을

현실로 견인하기 위해서는 학교와 동문과 학부모와 재단과 교단이 전심 전력하여 모든 역량을 결집시켜야 한다.

한국의 대표적인 사학인 동국대학교의 과거와 현재를 근거로 미래를 예단해 볼 때 가장 급선무는 '과거 인재를 귀하게 여기는 문화적 풍토의 확립'과 '미래 인재의 지속적 발굴과 지원의 지속'에 있다고 할 수 있다. 오랫동안 키워 놓은 현재 인재를 방치하거나 가능성이 있는 미래 인재를 배제하는 오류를 범하지 않기 위해서는 불교 정신을 건학 이념으로 하여 장대한 꿈과 드넓은 이상을 심어주고 키워주어야 한다. 그러기 위해서는 학교당국과 정각원 법당이 '현재 인재의 기백과 자존을 높여주는 노력'뿐만 아니라 '미래 인재의 기백과 자존을 높여줄 수 있는 방안'을 창출해 내야 할 것이다. 이것은 동국대학교 법당인 정각원이 건학이념을 기초로 '선각적 지도자'(선지식)를 탄생시키고자 하는 설립 취지와도 잘 부합하기 때문이다.

6. 정리와 맺음

동서를 막론하고 세계 유수의 대학들은 정부(왕실, 국립/왕립)와 공공기관(공립) 및 도시(시립) 또는 개인(사립) 혹은 종교(종립) 계통에 의해 세워졌다. 대개 종교계는 유치원·초·중·고·대학이라는 교육기관을 통해 자신의 건학 이념을 구현하려고 한다. 학교를 운영하는 종교계는 종교적 이념과 교육적 이념을 결합시켜 '건학 이념'(建學理念) 혹은 '창학 정신'(創學精神)이라 명명하고 그 이념과 정신을 지속적으로 환기 독려시키고 있다. 그런데 합리성과 객관성을 추구하는 학문기관과 목적성과 주관성에 의거하는 종교 기관의 유기적 결합은 쉽지 않을 때가 종종 있다. 하지만 국공립대학과 달리 사립대학의 경우에는 창설자의 절대적인 영향력 아래에 있기 때문에 그의 종교적 입장과 교육적 이념을 받아들이지 않을 수 없다. 세계의 유수한 대학을 살펴보면 국공립대와 달리 사립대학들은 재단 혹은 교단의 종교적 지원 속에서 설립되고 지원받으면서 전통을 계승하고 미래를 견인함으로써 현재의 사회적 위상을 확보해 올 수 있었다.

구한말에 전국의 18개 사찰에서 갹출하여 설립한 동국대학교는 명진학교 내의 원흥사 큰법당, 불교학원 내의 태고사(조계사) 대웅전에 뒤이어 법회 공간이자 수행 공간인 대학선원과 법당인 정각원 및 대각전과 국제선 센터를 설립하여 건학 이념과 창학 정신을 구현해 오고 있다. 특히 법당인 정각원은 종립대학교의 법당이라는 제한적 의미를 넘어서서 한국 정신사의 근간인 불교 사상을 선양하고 있는 곳이라는 점에서 대학의 강의실과는 또 다른 위상을 지니고 있다. 최근 건학 109년을 넘긴 동국대학교와 정각원의 역사는 점점 길어지고 대사회적 위상은 높아지고 있다. 이제는 지난 109여 년의 과거뿐만 아니라 현재로부터 새로운 100여 년의 미래를 위하여 일반 대학의 법당과 종립학교의 법당이라는 기능을 지닌 정각원의 역사와 위상에 걸맞는 좌표 설정과 역할 모색이 필요하다. 그것은 오늘날 우리 사회가 기대하는 '미래 인재의 배출'이란 요청과 맞물려 있기 때문이다.

동국대학이 우리 사회에 쌓아온 과거의 '브랜드 가치'를 극대화하고 미래의 브랜드 가치를 자내화하기 위해서는 '건학 이념'과 '인문정신'과 '문화예술' 등의 세 가지 범주처럼 이미 타계한 과거 인물의 계승뿐만 아니라, '미래 인재'를 위한 프로젝트의 지속적 가동이 요청된다. 과거의 인물들이 쌓아온 영광을 미래의 인재들이 계승하여 더욱 더 확대 발전시키는 프로젝트의 지속적 운영은 대학의 미래와 직결된다. 때문에 과거의 브랜드 가치 유지를 위한 특단의 조치가 필요하며, 동시에 미래의 브랜드 가치 창안을 위한 특단의 조치도 요청된다. 미래 인재는 과거의 영광을 자신의 자량으로 삼아 미래의 비전으로 제시하기 때문이다. 동대의 건학 이념과 교육 목적에 나타난 인간상은 '불교를 비롯한 한국문화의 세계화에 노력'하며, '민족과 인류사회의 이상실현에 기여하는 지도적 인재'라고 할 수 있다. 그러므로 동국대학교의 존재 이유는 건학 이념과 교육 목적이 제시하는 인재의 양성에 있다.

동국대학교와 정각원은 이러한 인재를 양성하려는 동국대학교의 건학 이념과 교육 목적 제고의 중심 센터가 되어야 한다. 그러기 위해서 동대 정각원은 불교 종단의 대표적 대학법당이자 종립 초중고대학 내 법당의 역할 모델로서 자리하지 않으면 아니된다. 먼저 학교 당국과 유기적으로 협동하여 역사정신과 시대정신을 아우르는 선각적 지도자(선지식)의 발굴과 지원에 힘을 다해야 한다. 그리하여 '국가를 대표할 수 있는 인재의 양성'과 '세계를 주도하는 인물의 배출'에 전력투구해야만 한다. 그것이 곧 동국대학과 동대 법당 정각원의 역사를 공고히 하는 이정표이며 위상을 제고하는 지름길이다. 동국대학과 정각원의 급선무는 '과거 인재를 귀하게 여기는 문화적 풍토의 확립'과 '미래 인재의 지속적 발굴과 지원의 지속'에 있다고 할 수 있다. 오랫동안 키워놓은 현재 인재를 방치하거나 가능성이 있는 미래 인재를 배제하는 오류를 범하지 않기 위해서는 불교정신을 건학 이념으로 하여 장대한 꿈과 드넓은 이상을 심어주고 키워주어야 한다. 그러기 위해서는 학교 당국과 정각원 법당이 '현재 인재의 기백과 자존을 높여주는 노력'뿐만 아니라 '미래 인재의 기백과 자존을 높여줄 수 있는 방안'을 창출해 내야만 할 것이다. 이것은 동국대학교 법당인 정각원이 건학

이념을 기초로 '선각적 지도자'(선지식)를 탄생시키고자 하는 설립 취지와도 잘 부합하기 때문이다.

참고문헌

▲1부 1장
E. H. Car., *What is History*, 곽복희, 『역사란 무엇인가』(청년사, 1996).
江田俊雄, 『朝鮮佛教史の研究』(산희방불서림, 1979).
高橋亨, 『李朝佛教』(보련각, 1979).
고영섭, 「대한시대 불교학 연구의 지형」, 『불교 근대화의 전개와 성격』(조계종출판사, 2006).
고영섭, 「한국 불교학 연구의 어제와 그 이후」, 『문학 사학 철학』 통권 9호(대발해동양학한국학연구원 한국불교사연구소, 2007).
고영섭, 「한국불교학 연구의 어제와 그 이후」, 『문학 사학 철학』, 제11호(동국대 한국불교사연구소, 2005).
고영섭, 「한중일 삼국의 근대불교학 연구방법론」, 『불교학보』 제51집(동국대 불교문화연구원, 2009).
고영섭, 『원효, 한국사상의 새벽』(한길사, 1997; 2002).
고영섭, 『한국불교사: 조선 · 대한시대편』(연기사, 2005).
권상로, 『조선불교약사』(신문관, 1917. 8).
길희성, 「한국불교사 연구의 어제와 오늘」, 『한국종교연구』 제1호(서강대 종교연구소, 1999).
김영태 외, 『한국불교사의 재조명』(불교시대사, 1994).
김영태, 「머리말」,『한국불교사개설』(경서원, 1986).
김영태, 『한국불교사』(경서원, 1997).
김용조, 「허응당 보우의 불교 부흥운동」, 보우사상연구회 편, 『허응당보우대사연구』(제주: 불사리탑, 1993).
김용태, 「근대불교학의 수용과 불교전통의 재인식」, 『한국사상과 문화』 제54집(한국사상문화연구원, 2010).
김용태, 「동아시아 근대 불교연구의 특성과 오리엔탈리즘의 투영」, 『역사학보』 제210집(한국역사학회, 2011).
김종만, 「호국불교의 반성적 고찰: 한국불교 전통에 대한 비판적 검토」, 『불교평론』 제21호(불교평론사, 2004).
김종명, 「'호국불교' 개념의 재검토」, 『불교연구』 제17호(한국불교연구원, 2000).
남동신, 「한국불교사의 인식과 방법론」, 『불기 2552년 부처님 오신날 봉축세미나: 한중일 삼국의 불교와 인문학의 소통』(동국대학교 불교문화연구원, 2008).
박한용, 「호국불교의 비판적 검토」, 『불교평론』 제49호(만해사상실천선양회, 2011 겨울).
守其, 『大藏校正別錄』(『高麗藏』 제38책).

신용하, 「구한말 한국민족주의와 사회진화론」, 『인문과학연구』 창간호(동덕여대, 1995).
신채호, 『조선상고사』(동서문화사, 1977).
심재룡, 「한국 불교의 오늘과 내일: 한국불교학의 연구연황을 중심으로」, 『철학사상』 제11집(서울대학교 철학사상연구소, 2000).
심재룡, 「한국불교는 회통불교인가」, 『불교평론』 제3호(불표평론사, 2000).
이광린, 「구한말 진화론의 수용과 그 영향」, 『한국개화사상연구』(일조각, 1979).
이기백 외, 『한국사상사방법론』(소화, 1997).
이기백, 『한국사신론』(일조각, 1967; 1972).
이기운, 「김시습의 법화 천태사상」, 『한국천태종사』(천태종출판사, 2010).
이봉춘, 「한국 불교지성의 연구활동과 근대불교학의 정립」, 『근대 동아시아의 불교학』(동국대출판부, 2008).
이봉춘, 「한국불교사 연구의 현황과 과제」, 『한국의 불교학연구, 그 회고와 전망』(동국대 불교문화연구원, 1994).
이재헌, 「근대 한국불교학 성립의 배경과 과정」, 『이능화와 근대불교학』(지식산업사, 2007).
임석진 감수, 『철학사전』(이삭, 1986).
조명기, 『신라불교의 이념과 역사』(경서원, 1980).
조성택, 「근대불교학과 한국근대불교」, 『민족문화연구』 제45집(고려대 민족문화연구원, 2006).
조은수, 「'통불교' 담론을 중심으로 본 한국불교사 인식」, 『불교평론』 제21호(불교평론사, 2001).
青柳南冥, 『조선종교사』(경성: 조선연구회, 명치 44).
최남선, 「朝鮮佛敎-동방문화사상에 있는 그 지위」, 『불교』 제74호(불교사, 1930. 8).
한영우, 『다시 찾는 우리 역사』(경세원, 1997; 2004; 2007).
忽滑谷快天, 『朝鮮禪敎史』, 정호경(보련각, 1978).
황인규, 「한국근현대 불교사 서술과 고승」, 『한국불교사연구』 창간호(2012. 8).
「崔瑩傳」 『高麗史』.

▲1부 2장

河千旦, 「海東宗乘統官誥」.
義天, 「祭芬皇寺曉聖文」, 『大覺國師文集』.
覺訓, 「釋順道」, 『海東高僧傳』(『韓國佛敎全書』 제6책).

元曉, 『涅槃經宗要』(『韓國佛敎全書』 제1책).
元曉, 『十門和諍論』(『韓國佛敎全書』 제1책).
元曉, 『本業經疏』(『韓國佛敎全書』 제1책).
一然, 『三國遺事』(『韓國佛敎全書』 제6책).
고영섭, 「『三國遺事』 「興法」편과 「塔像」편의 성격과 특징」, 『신라문화제학술논문집』 제35집(경주시 신라문화선양회, 2014).
金暎泰, 「『열반경종요』에 나타난 和會의 세계」, 고영섭 편, 『한국의 사상가 원효』(예문서원, 2002).
고영섭, 「효성 조명기의 불교사상사 연구」, 『한국불교사연구』 제4호(한국불교사연구소, 2014. 2).
고영섭, 「육당 최남선의 『삼국유사』 인식과 「삼국유사해제」, 『한국불교사연구』 제5호(한국불교사연구소, 2014. 8).
고영섭, 「한국불교의 보편성과 특수성」, 『대학원연구논집』 제6집(중앙승가대학교 대학원, 2013).
고영섭, 「한국불교의 보편성과 특수성-생태관, 평등관, 여성관」, 『한국불교사연구』(한국학술정보(주), 2012).
고영섭, 「분황 원효 本覺의 決定性 탐구」, 『불교학보』 제67집(동국대학교 불교문화연구원, 2014. 4).
고영섭, 「분황 원효의 和諍會通 논법 탐구」, 『한국불교학』 제71집(한국불교학회, 2014. 9).
고영섭, 「원효 一心의 神解性 연구」, 「불교학연구」 제20호(불교학연구회, 2008).
김영호 엮음, 『한국불교의 보편성과 특수성』(한국학술정보(주), 2008)
조명기, 『신라불교의 이념과 역사』(신태양사, 1960).
최남선, 「조선불교-동방문화사상에 있는 그 지위」, 『불교』 제74호(불교사, 1930).
최병헌, 「한국불교사의 체계적 인식과 이해방법론」, 『한국불교사연구입문』 상(지식산업사, 2013).
이기영, 「한국불교의 근본사상과 새로운 과제」, 『한국불교연구』(한국불교연구원, 1982).
권상로, 「조선불교사의 이합관」, 『불교』, 제62호(불교사, 1929. 4).
김상영, 「한국불교의 보편성과 특수성」, 한국불교연구원, 『2013년 불교학술세미나자료집: 불교의 특수성과 보편성』(한국불교연구원).
김영호 엮음, 「원효 화쟁 사상의 독특성 - 廻諍(인도) 및 無諍(중국)과의 대조」,
심재룡, 「한국불교 연구의 한 반성」, 「동양의 智慧와 禪」(세계사, 1990).

▲2부 1장

고려대장경편찬위, 『(高麗大藏經』 제48책(동국역경원, 1963).

보조사상연구원, 『보조사상』 제1집~제40집(1987~2013).

효성조명기선생팔십송수편찬위원회, 『高麗佛籍集逸』(동국대출판부, 1985).

이재창 · 이만 역, 『韓國佛敎解題事典』(동경: 국서간행회, 1982).

이지관, 『역주 고승비문』(전7책, 1992~2011).

이정 편, 『韓國佛敎寺刹事典』(불교시대사, 1994).

한국불교학회, 『한국불교학』 제1집~제67집(1975~2013).

한국불교전서역주단, 『한글본 한국불교전서』(동국대출판부, 2009~2020).

한국불교전서편찬위, 『韓國佛敎全書』제14책(동국대출판부, 1979~2004).

한글대장경편찬위원회, 『한글대장경』(동국역경원, 1965~2000).

권상로, 『韓國佛敎寺刹事典』(이화출판문화사, 1994).

권상로, 『韓國寺刹事典』(동국대출판부, 1998).

불교학연구회, 『불교학연구』 제1집~제37집(1999~2013).

김영태, 『韓國佛敎史料抄存』(海外文獻抄輯, 동국대 불교문화연구소, 1991).

김영태, 『三國新羅時代佛敎金石文考證』(민족사, 1992).

동국대 불교대학, 『동국사상』, 제1집~제29집(1958~1999).

동국대 불교문화연구소, 『韓國撰述佛書展觀目錄』(동국대출판부, 1966)

동국대 불교문화연구소, 『韓國佛敎撰述文獻總錄』(동국대출판부, 1976).

동국대 불교문화연구원, 『불교학보』 제1집~제66집(1963~2013).

동국대학교 불교문화연구원, 『抄錄譯註 朝鮮王朝實錄 佛敎史料集』(불교학술연구소, 2003).

▲2부 2장

W. Pachow, 『燉煌韻文集』(高雄, 1965).

鎌田武雄, 「中國佛敎聖地 九華山を 開いた 新羅僧」, 『羅唐佛敎의 再照明』(제11회 국제학술회의, 1993).

高榮燮, 「無相과 馬祖: 무상선과 마조선의 연속과 불연속」, 『불교학보』 제44집(동국대 불교문화연구원, 2005).

高榮燮, 「無相의 無念觀」, 『한국불교학』 제49집(한국불교학회, 2007).

權悳永, 『古代韓中外交史: 新羅遣唐使硏究』(서울: 일조각, 1997).

道原, 『景德傳燈錄』권4(『大正藏』 제51책).

柳田聖山, 『禪의 語錄 3: 初期의 禪史』(동경,1976).

無住 제자 편찬,『歷代法寶記』(774년경)「無相傳」(『大正藏』 제51책).
朴海鉉,「新羅 孝成王代 政治勢力의 推移」,『역사학연구』 12(전남대, 1993).
변인석,『정중무상대사』(파주: 한국학술정보(주), 2009).
불교전기문화연구소 편,『정중무상선사』(서울: 불교영상, 1995).
費冠卿,「九華山 化城寺記」,『全唐文』 694권.
謝樹田,「慈風長春 慧日永曜」,『불교대학원논총』, 제1집(동국대학교 불교대학원, 1993).
小白田宏允,「チベトの禪宗と『歷代法寶記』」, p.154. 펠리오 116의 8, 자료(A):『金禪師禪錄』.
辛鍾遠,「新羅五臺山事蹟과 聖德王의 卽位背景」,『최영희선생화갑기념: 한국사학논총』(1987).
神淸,『北山錄』 권6, 慧寶의 注記.
呂聖九,「新羅 中代의 入唐求法僧 硏究」(국민대학교대학원 국사학과 박사논문, 1997).
李基白,「浮石寺와 太白山」,『김원룡정년기념사학논총』(1987).
李基白,「三國遺事 塔像篇의 意義」,『이병도구순기념사학논총』(1987).
李商隱,『唐梓州慧義精舍南神院四證堂碑銘並序』(836~840년경)(『全唐文』 권780).
이종익,「동아시아 선종사에서 정중 무상의 지위」,『한국불교학』 제1집(한국불교학회, 1975).
一然,『三國遺事』권3, 塔像4, '溟州五臺山寶叱徒太子傳記'.
鄭性本,『中國禪宗의 成立史的 硏究』(민족사, 1991).
宗密,『圓覺經大疏鈔』 권3의 下(『續藏經』 제14책).
宗密,『圓覺經大疏鈔』 권3의 下(『續藏經』 제14책).
贊寧,『宋高僧傳』 권19,「無相傳」(『大正藏』 제50책).
贊寧,『宋高僧傳』 권20,「感通」6-3, '唐池州九華山化城寺地藏傳'(『大正藏.』 제50책).
贊寧,『宋高僧傳』 권20,「處寂傳」.
贊寧,『宋高僧傳』 권22의 感通篇 總論 '無相免其任俠'(『大正藏』 제50책).
贊寧,『宋高僧傳』 권9,「神會傳」.
川崎ミチユ,「修道偈, II - 定格聯章 -」, 田中良昭 等 編,『敦煌佛典と禪』(대동출판사, 1980).
최석환,『정중무상평전』(서울: 불교영상, 2009).
崔彦僞,「忠州淨土寺法鏡大師慈燈塔碑」, 朝鮮總督府 編,『朝鮮金石總覽』 卷上(아세아문화사, 1976).
崔仁滾,「奉化太子寺朗空白月栖雲塔碑」, 朝鮮總督府 編,『朝鮮金石總覽』 卷上(아세아문화사, 1976).

胡適, 「跋裵休的唐故圭峰定慧禪師傳法碑」, 柳田聖山 편, 『胡適禪學案』(正中書局).
胡適, 「裵休가 쓴 唐의 圭峯定慧禪師傳法碑의 跋文」, 『淨衆無相禪師』(불교영상회
보사, 1993).
『新修科分六學僧傳』 권5; 『神僧傳』 권8 「釋地藏」.
『中國思想資料選集』 제4권(동경: 弘文館).

▲2부 3장
金富軾, 『三國史記』.
一 然, 『三國遺事』.
廬山 慧遠, 「沙門不敬王者論」
『高麗史』「世家」 2, 太祖
Jataka, vol. V, p.414.
智冠 編, 「海南大興寺淸虛堂休靜大師碑文」, 『韓國高僧碑文總集: 朝鮮朝·近現代』
(가산불교문화연구원, 2000).
惟政, 「乙未派兵後備邊司啓」, 『奮忠紓難錄』(『한불전』 제8책).
普雨, 「寫經跋」,『懶庵雜著』(『韓佛全』 제8책).
靜觀, 「上都大將年兄」,『靜觀集』(『한불전』 제8책).
靑梅, 「悼世」, 『靑梅集』(『한불전』 제8책)
中村 元, 『宗教と社會倫理』(동경: 암파서점, 1969).
高橋亨, 「李朝僧將の詩」, 『조선학보』 제1호(조선학회, 1951)
安啓賢, 「韓國僧軍譜」, 『한글대장경』 제152책(동국역경원, 1970),
「華嚴寺先生設案錄」, 『불국사화엄사사적』 부록(고고미술동인회, 1955).
覺岸, 『東師列傳』 권2, 淸虛尊者傳.
『雜阿含經』(『고려장』 제18책; 『대정장』 제2책).
고영섭, 「虛應 普雨의 불교 중흥」, 『한국불교학』 제56집(한국불교학회, 2010).
『增一阿含經』제 51권(『대정장』제2책).
『金光明經』 권8, 「王法正論品」.
『太祖實錄』 권3, 태조 2년(1393) 1월 21일(정묘).
고영섭, 『한국불학사: 조선시대편』(연기사, 2005).
고영섭, 『불교경전의 수사학적 표현』(경서원, 1997).
고영섭, 「한국불교사 연구의 방법과 문법」, 『한국불교사연구』, 제1호(한국불교
사연구소·한국불교사학회, 2012. 8).
고영섭, 「광해군의 불교인식」, 『한국불교사연구』 제2호(한국불교사연구소·한국

불교사학회, 2013).
中村 元(차차석 역), 『불교정치사회학: 불교적 이상사회에 대한 경전자료의 새해석』(불교시대사, 1993),
하이데거(이기상 역), 『존재와 시간』(살림, 2008).
조준호, 「인도에서의 종교와 정치권력-세간과 출세간에서의 정교분리를 중심으로」, 『불교와 국가권력, 갈등과 상생』(조계종 불학연구소·종교평화위원회, 2010).
조준호, 「경전상에 나타난 호국불교의 검토」, 『제2차 종책토론회 자료집: 한국불교사에서 호국불교 전통의 재조명』(조계종 불교사회연구소, 2011).
이기영, 「인왕반야경과 호국불교- 그 본질과 역사적 전개」, 『동양학』 제5호(단국대 동양학연구소, 1975).
신동하, 「신라 불국토사상의 전개양상과 역사적 의의」(서울대 국사학과 박사 논문, 2000).
질 들뢰즈 · 페릭스 가타리(이정임 · 윤정임 역), 『철학이란 무엇인가』(현대미학사, 1995).
김진석, 『초월에서 포월로』(솔, 1994).
김갑주, 「남북한산성 義僧番錢의 종합적 고찰」, 『불교학보』 제25집(동국대학교 불교문화연구원, 1989),
김상현, 「고려시대의 호국불교 연구」, 『학술논총』 제1집(단국대학교, 1976).
김영태, 『壬辰倭亂의 僧將들』(동국대출판부, 1979).
김영태, 「신라불교 호국사상」, 『崇山박길진박사화갑기념 한국불교사상사』(원광대출판국, 1975).
김영진, 「식민지 조선의 황도불교와 공(空)의 정치학」, 『한국학연구』 제22집(인하대 한국학연구소, 2010).
김동화, 『불교의 호국사상』(불교신문사출판국, 1976).
김종명, 「'호국불교' 개념의 재검토-고려 인왕회의 경우」, 『종교연구』 제21호(한국종교학회, 2001).
김용태, 「한국불교사의 호국 사례와 호국불교 인식」, 『대각사상』 제17집(대각사상연구원, 2012).
장지훈, 「신라 중고기의 호국불교」, 『한국사학보』 4(한국사학회, 1998).
양은용, 「조선시대 국난과 의승군의 활동」, 『불교사회연구소 호국불교 의승군 세미나 자료집』(2011).

▲2부 4장
惟政, 「甲午九月馳進京師上疏言討賊保民事疏」, 『奮忠紓難錄』(『한불전』 제8책).
白谷 處能, 「賜報恩闡教圓照國一都大禪師行狀」, 『대각등계집』 권하, 『한글대장경, 대각등계집』(동국역경원).
白谷 處能, 「浮休堂善修大師碑文」, 李智冠 편, 『韓國高僧碑文總集, 朝鮮朝·近現代』(서울: 가산연구원출판부, 2000).
靑梅, 「悼世」, 『靑梅集』(『한불전』 제8책).
稻葉岩吉, 「光海君時代の滿鮮關係」(경도제국대학 박사학위 논문, 1933).
浮休, 「次諸賢避亂書懷」, 『부휴당대사집』 권4(『한불전』 제8책).
申欽, 『象村稿』 권52, 求正錄上, 春城錄.
金煐泰, 「普雨 殉教의 역사성과 그 의의」, 『불교학보』 제30집(동국대학교 불교문화연구원, 1993).
고영섭, 「虛應 普雨의 불교 중흥」, 『한국불교학』 제56집(한국불교학회, 2010년 춘계).
金容祚, 「허응당 보우의 불교부흥운동」, 『허응당보우대사연구』(제주: 불사리탑, 1993).
고영섭, 「한국불교에서 봉인사의 사격」(2008).
鞭羊, 「서산행적초」, 『편양당집』 권2(『한국불교전서』 제8책).
『태백산본 광해군일기』 권166, 광해군 13(1621) 6월 6일.
『선조수정실록』 권24, 선조 23(1590) 4월 1일 임신.
『선조수정실록』 권11, 선조 10년(1577) 5월 1일 무자.
『선조수정실록』 권26, 선조 25년(1592) 7월 1일 무오.
『선조수정실록』 권24, 선조 23년(1590) 1월 1일 갑진.
『선조실록』 권115, 선조 32(1599)년 7월 8일 을묘.
『선조실록』 권152, 선조 35년(1602) 7월 20일 기묘.
『선조실록』 권172, 선조 37년(1604) 3월 14일 갑자.
『선조실록』 권146, 선조 35년(1602) 2월 3일 병인.
『선조실록』 권83, 선조 29(1596)년 11월 7일 기해.
『선조실록』 권57, 선조 27년(1594) 11월 1일 기사.
『선조실록』 권29, 선조 25년(1592) 8월 26일 계축
『선조실록』 권48, 선조 27년(1594) 3월 20일 기사.
『선조실록』 권80, 선조 29년(1596) 9월 12일 을사.
『선조실록』 권53, 선조 27년(1594) 7월 19일 을미.

『선조실록』 권36, 선조 26년(1593) 3월 27일 임오.
『선조실록』 권11, 선조 10년(1577) 5월 27일 갑인.
『선조실록』 권48, 선조 27년(1594) 2월 27일 병자.
『선조실록』 권37, 선조 26년(1593) 4월 12일 병신.
『선조실록』 권53, 선조 27년(1594) 7월 20일 병신.
『선조실록』 권26, 선조 25년(1592) 7월 1일 무오.
『연려실기술』 권23, 仁祖朝故事本末, 癸亥靖社;
洪熹는 「廢主光海君論」(1935).
『인조실록』 권22, 인조 8년(1630) 5월 21일 경자.
『인조실록』 권2, 인조 1년(1623), 7월 6일 갑오.
『광해군일기』 권21, 1년(1609) 10월 29일 정축.
『광해군일기』 권33, 2년(1610) 9월 28일 병오.
『광해군일기』 권161, 광해군 13(1621) 2월 1일 계묘.
『광해군일기』 권145, 광해군 11년(1619) 10월 19일 무진.
『광해군일기』 권187, 광해군 15년(1623) 3월 13일 계묘.
『광해군일기』 권139, 광해군 11년(1619) 4월 25일 무인.
『광해군일기』 권126, 광해군 10년(1618) 4월 13일 임인.
『광해군일기』 권138, 광해군 11년(1619) 3월 11일 갑오.
『광해군일기』 권101, 광해군 8년(1616), 3월 24일 갑오.
『광해군일기』 권121, 광해군 9년(1617) 11월 16일 정축
『광해군일기』 권114, 광해군 9년(1617) 4월 27일 기사.
『광해군일기』 권35, 광해군 2년(1610) 11월 12일 계축.
『광해군일기』 권81, 광해군 6년(1614), 8월 19일 기해.
『광해군일기』 권73, 광해군 5년(1613) 12월 11일 갑오.
『광해군일기』 권51, 광해군 4년(1612) 3월 23일 정사.
『광해군일기』 권24, 광해군 2년(1610) 1월 13일 경인.
『광해군일기』 권52, 광해군 4년(1612) 4월 5일 기사.
『광해군일기』 권60, 광해군 4년(1612) 윤11월 11일 경오.
『광해군일기』 권27, 광해군 2년(1610) 윤3월 27일 임신.
「고한대사행장」, 『대각등계집』 권하; 『한글대장경, 대각등계집』(동국역경원),
차차석, 「백곡처능의 『간폐석교소』와 탈유교주의」(2009).
고영섭, 「한국불교에서 봉인사의 사격」, 『한국불교사연구』(한국학술정보, 2012).
이규원, 『조선왕릉실록』(글로세움, 2012).

이덕진, 「한국역사에서 광해군의 위치」(2008).
이병도, 「광해군의 대후금정책」(1959).
이종수, 「임진왜란 후 유학자의 인식 변화」(2011).
이능화, 『조선불교통사』 상(국민서관, 1918; 보련각, 1975).
박해당, 「광해군(1575~1641)시대 대표적인 고승들의 국가의식」(2009).
탁효정, 「조선시대 왕실 원당의 의미」(2011).
안계현, 「조선 전기의 승군」, 『동방학지』 제13집(연세대학교 동방학연구원, 1972).
한명기, 『광해군: 탁월한 외교정책을 펼친 군주』(역사비평사, 2000).
김기홍 외, 『제왕의 리더십』(휴머니스트 퍼블리싱 컴퍼니, 2007).
김방룡, 「봉인사의 고승 부휴선사의 사상과 그의 법통관」(2008).
김상일, 「광해군대 문인 사대부의 불교 인식과 승려와의 시적 교유」(2011).
김경집, 「광해군의 불교관과 봉인사의 창건」(2008).
김용태, 「한국불교사의 '호국' 사례 검토와 호국불교 개념의 재고」, 『조계종불교사회연구소세미나 자료집: 호국불교의 재검토』(2011).
김용태, 「임진왜란 이후 불교시책의 변화와 불교계의 동향」(2009).
양혜원, 「광해군의 궁궐 축성과 승려 인식」(2011).
양은용, 「선조 장남 임해군 아들 일연의 사상과 행적」, 『한국불교학결집대회자료집』, 2004년 5월.
경기도 편, 『경기금석대관』 5(경기도, 1992).
홍석주, 「조선조 광해군대의 궁궐건축에 관한 연구 - 인경궁과 경덕궁을 중심으로」(홍익대 박사학위논문, 2000).
홍순민, 「조선왕조 궁궐경영과 양궐체제의 변천」(서울대 박사학위논문, 1996).
황인규, 「趙仁規家門과 水原 萬義寺」, 『수원문화사연구』 제2집(수원문화사연구회, 1998).
황인규, 『고려후기 조선초 불교사 연구』(혜안, 2003).
황인규, 「광해군과 봉인사」(2008).

▴3부 1장
「天峰碑場後巖壁刻」, 『望月寺誌』
『大方廣佛華嚴經』(60권), 「盧舍那佛品」(『대정장』 제9책).
『大方廣佛華嚴經』(80권), 「如來現相品」(『대정장』 제10책).
『동국여지승람』 '樓亭' 조.
『신증동국여지승람』제8권, 「이천도호부」편(서울: 민족문화추진회, 1969; 1982).

『利川郡各面各洞被燒戶口數與死傷者調査成冊』(隆熙 元年 1907), 서울대 규장각 소장(奎 275590).
高榮燮, 「懶翁의 無心學」, 『한국불학사: 고려시대편』(서울: 연기사, 2005).
權近, 「利川新置鄕校記文」(1403), 이천시지편찬위원회, 『利川市誌 7: 이천시지 자료집』(서울: 홍익기획, 2001).
규장각, 「京畿左道利川府一境地圖」(奎 10378).
晩省居士 印錫龜, 「朝鮮國正憲大夫城月堂塔碑」(1802), 이지관 편, 『韓國高僧碑文總集: 朝鮮朝·近現代』(서울: 가산불교문화연구원, 2000).
문화재청·(재)불교문화재연구소, 『한국의 사찰문화재 전국 사찰문화재 일제조사 강원도』(2002).
성보문화재연구원, 『한국의 불화화기집』(서울: 성보문화연구원, 2011).
水觀居士, 「眞言集拔」.
안진호 편, 『봉은사본말사지』(1943) 제6편 '여주의 사찰' 조.
영월암, 「法堂重修與東西舍宇蓋瓦佛事竣工紀念」(1964) 탁본(2013).
용주사본말사주지회, 『용주사본말사지』(수원: 용주사, 1984).
이인수·홍순석, 『이천의 문화재』(이천문화원, 2006).
李政 편저, 『한국불교사찰사전』(서울: 불교시대사, 1996).
이천시지편찬위원회, 『利川市誌 7: 이천시지 자료집』(서울: 홍익기획, 2001).
이천시지편찬위원회, 『이천시지2: 인물과 문화유산』(서울: 홍익기획, 2001).
이철교, 「도봉산의 사찰들: 망월사지」, 『다보』 통권 14호(1995 여름호).
李忠翊, 「議政府 望月寺 天峯堂 泰屹大禪師碑文」(1797), 이지관 편, 『韓國高僧碑文總集: 朝鮮朝·近現代』(서울: 가산불교문화연구원, 2000).
一然, 『三國遺事』「義解」, '義湘傳敎' (『한국불교전서』 제6책).
조선총독부, 「利川郡」, 『大正五年度古蹟調査報告』(1916).
退耕權相老박사전서간행위원회, 『韓國寺刹全書』상권(이화문화출판사, 1994).
홍경모 저, 광주문화원 번역, 『重訂南漢誌』(2005), 권5, 戶口; 권4, 僧軍.
洪翰周, 「訪暎月菴口占 二絶」, 『海翁詩藁』 卷6.
洪翰周, 「暎月庵 口呼次香山詩韵得一律 戊午」, 『海翁詩藁』 卷6.

▲3부 2장
고영섭, 「광해군의 불교인식」, 『한국불교사연구』 제2호(한국불교사학회 한국불교사연구소, 2012).
고영섭, 「국가불교의 '호국'과 참여불교의 '호법'」, 『불교학보』 제64집(동국대학교 불교문화연구원, 2013).
고영섭, 「허응 보우의 불교 중흥」, 『한국불교학』 제56집(한국불교학회, 2010).
김갑주, 「남북한산성 의승번전의 종합적 고찰」, 『불교학보』 제25집(동국대학교 불교문화연구원, 1988).
김덕수, 「조선 승군사연구의 의의와 과제」, 『제17회 불교학술연구발표대회 요지』(한국불교학회, 1991).
김덕수, 「조선시대 의승군 연구」(원광대 대학원 박사논문, 1992).
김성은, 「조선후기 선불교 정체성의 형성에 대한 연구- 17세기 고승비문을 중심으로」(서울대학교 대학원 종교학과 박사논문, 2012).
김용태, 「임진왜란 의승군 활동과 그 불교사적 의미」, 『보조사상』 제37집(보조사상연구원, 2012).
박재광, 「임진왜란 초기 의승군의 활동과 사명당」, 『동국사학』 제42집(동국사학회, 2006).
손성필, 「16·17세기 조선시대 불교정책과 불교계의 동향」(동국대학교 대학원 박사학위 논문, 2013).
안계현, 「조선전기의 승군」, 『동방학지』 제13집(연세대학교 동방학연구원, 1972).
양은용, 「조선시대의 국난과 의승군의 활동」, 『한국 호국불교의 재조명』(불교사회연구소, 2012).
彦機, 「西山行蹟草」, 『鞭羊堂集』 권2(『韓國佛敎全書』 제8책).
여은경, 「조선후기 산성의 승군총섭」, 『대구사학』 제28집(대구사학회, 1987).
우정상, 「남북한산성 의승방번전에 대하여」, 『불교학보』 제2호(동국대학교 불교문화연구소, 1963).
유원준, 「북송말 상승군과 의승군에 관한 연구」, 『중국사연구』 제58집(중국사연구회, 2009. 2).
惟政, 「乙未派兵後備邊司啓」, 『奮忠紓難錄』(『한불전』 제8책).
윤용출, 「17세기 후반 산릉역의 승군 징발」, 『역사와 경계』 제73집(역사와경계사, 2009).
이능화, 『조선불교통사』 하(보련각, 1976).
이봉춘, 「조선불교 도총섭 제도와 그 성격」, 『사명당 유정』(지식산업사, 2000).
이종수, 「조선후기의 승군제도와 그 활동」, 『보조사상』 제37집(보조사상연구원, 2012).
이종수, 「조선후기의 승군제도와 그 활동」, 『한국 호국불교의 재조명』(조계종 불교사회연구소, 2012).

이종영, 「僧侶號牌考」, 『동방학지』 6집(연세대학교 동방학연구원, 1963).
정경현, 「고려전기의 보승군과 정용군」, 『한국사연구』 제81호(한국사연구회, 1993).
조계종 불교사회연구소, 『한국 호국불교의 재조명』(조계종출판사, 2012).
조계종 불교사회연구소, 『한국호국불교자료집』I · II(조계종출판사, 2012).
편자 미상,「再造藩邦志」 20, 『大東野乘』 권36.
한국사지총서편찬위원회, 『傳燈寺本末史誌』(아세아문화사, 1978)
황인규, 「임진왜란 의승군의 봉기와 전란의 충격」, 『한국불교사연구』 제2호(한국불교사학회 · 한국불교사연구소, 2012).
休靜, 「上蓬萊子書」, 『淸虛堂集』 권3; 「淸虛堂行狀」, 『淸虛堂集』 補遺(『韓國佛教全書』 제7책).
『비변사등록』 제123책, 영조 27년 8월 초1일.
『비변사등록』 제130책, 영조 32년 정월 12일.
『비변사등록』 제17책, 효종 5년 5월 4일.
『비변사등록』 제74책, 경종 3년 8월 초4일.
『선조실록』 26권, 선조 25년(1592) 임진; 명 만력 20년 7월 1일 무오.
『선조실록』 권39, 선조 26년 6월 29일 임자.
『숙종실록』 권49, 숙종 36년 10월 26일.
『승정원일기』 제666책, 영조 4년 7월 23일; 제810책, 영조 11년 10월 9일.
『승정원일기』 제889책, 영조 15년 4월 4일.
『영조실록』 권81, 영조 30년 4월 29일.
『영조실록』 권89, 영조 33년 5월 을미.
『인조실록』 권22, 인조 8년 4월 17일.
『인조실록』 권7, 인조 2년 11월 경진.
『日省錄』 4, 문학 4, 『國譯弘齋全書』 제164권(민족문화추진회, 2000).
『정조실록』 권12, 정조 5년 12월 28일.
『정조실록』 권19, 정조 9년 2월 1일.
『정조실록』 권31, 정조 14년 8월 23일.
『重訂南漢誌』 권9, 하편, 城史.

▲3부 3장

Sem Vermeersch, "The Eminent Koryo Monks: Stele Inscriptions as Sources for the Lives and Careers of Koryo Monks." *Seoul Journal*, 20(2), 2007.
Sem Vermeersch, *The Power of the Buddhas: The Politics of Buddhism during the*

Koryo Dynasty(918~1392), Cambridge: Harvard University Asia Center, 2008.

高榮燮, 「부휴계의 선사상과 법통인식」, 『한국불교사연구』 제4호(한국불교사학회/ 한국불교사연구소, 2014. 2).

高榮燮, 「조선후기 승군제도의 불교사적 의미」, 『한국사상과 문화』 제72호(한국사상문화학회, 2014).

고영진, 「16세기 후반-17세기 전반 서울 침류대학사의 활동과 그 의의」, 『서울학연구』 제3호(서울학연구원, 1994).

高翊晋, 「碧松智嚴의 新資料와 法統問題」, 『불교학보』 제22집(동국대학교 불교문화연구소, 1985).

金暎泰, 「朝鮮 禪家의 法統說」, 『불교학보』 제22집(동국대학교 불교문화연구소, 1985).

김성은, 「조선후기 禪佛教 정체성 형성에 대한 연구 - 17세기 高僧碑文을 중심으로」(서울대학교 대학원 종교학과 박사학위 논문, 2012).

김용태, 「조선후기 불교의 임제법통과 교학전통」(서울대학교 대학원 박사학위 논문, 2008).

樊巖 蔡濟恭, 「月城集序」, 月城 費隱, 『月城集』(『한국불교전서』 제10책).

獅巖 采永, 『西域中華海東佛祖源流』(『한불전』 제10책).

소현세자 시강원, 『瀋陽狀啓』, 정하영 외, 『심양장계: 심양에서 온 편지』(창비, 2008; 2013).

李廷龜 撰, 「國一都大禪師西山淸虛堂休靜大師碑」, 『조선금석총람』 하권(아세아문화사, 1976).

이지관 편. 『한국고승비문총집』(조선편 · 근현대)(서울: 가산불교문화연구원출판부, 2000).

李晋吾, 「조선후기 불가한문학의 유불교섭 양상 연구」(한국정신문화연구원 한국학대학원 박사학위논문, 1990).

이희재, 「17세기 박세당의 유불회통적 불교관」, 『유교사상연구』 제25집(유교사상연구원, 2006).

이희중, 「조선중기 서인계 '문장가'의 활동과 사상」(서울대학교 대학원 박사학위 논문, 2002).

張維 撰, 「海南大興寺淸虛大師碑」, 이능화, 『조선불교통사』 권상(국민서관, 1918; 보련각, 1976).

中觀 海眼 撰, 「四溟堂松雲大師行蹟」, 『四溟堂大師集』 권7(『한불전』 제8책).

崔源植, 「조선시대 승려 비명 및 행장 一覽」, 『가산학보』 제7호(가산불교문화연구원, 1998).
鞭羊 彦機, 「西山行蹟抄」, 『鞭羊堂集』권2(『한불전』 제8책).
한명기, 『역사평설 병자호란』1(푸른역사, 2013).
한영우, 「이수광의 학문과 사상」, 『한국문화』 제13호(서울대 한국문화연구원, 1992).

▲3부 4장
安震湖, 『三角山華溪寺略誌』(삼각산화계사종무소, 1938; 2012년 복각본).
고영섭, 『한국불교사연구』(한국학술정보, 2012).
고영섭, 『한국불학사: 조선·대한시대편』(연기사, 2005).
고영섭, 「허응 보우의 불교 중흥」, 『한국불교학』 제56집(한국불교학회, 2010).
金龍祚, 「허응당 보우의 불교부흥운동」, 普雨思想研究會 編, 『虛應堂普雨大師研究』(제주: 불사리탑, 1993).
오경후, 「朝鮮後期 王室과 華溪寺의 佛敎史的 價値」, 『신라문화』제41집(동국대 신라문화연구소, 2013).
최완수, 「화계사」, 『명찰순례(3)』(대원사, 1994).
최용운, 「숭산행원과 한국 간화선의 대중화· 세계화」(서강대학교 대학원 종교학과 박사 논문, 2012).
최용운, 「숭산행원의 선사상과 수행론」, 『불교학보』 제62집(동국대학교 불교문화연구원, 2012).
이철교, 「서울 및 근교사찰지, 봉은본말사지」(제3편, 삼각산의 사찰), 『다보』 1994년 겨울호(대한불교진흥원, 1994).
이용윤, 「화계사 관음전 지장삼존도 연구」, 『미술사연구』 제18호(미술사연구회, 2004).
지미령, 「화계사 소장 불화의 미술사적 의미」, 『학술논문집: 삼각산 화계사의 역사와 문화』(화계사, 2013).
한상길, 「근대 화계사의 역사와 위상」, 『대각사상』 제19집(대각사상연구원, 2013. 6).
손신영, 「홍천사와 화계사의 건축장인과 후원자」, 『강좌미술사』 16-1(한국불교미술사학회, 2006).
신규탁, 「숭산 행원의 전법과 화계사」, 『학술논문집: 삼각산 화계사의 역사와 문화』(화계사, 2013).
김남인, 「삼각산 화계사」,『명필, 역사와 해학의 글씨를 만나다』(서해문집, 2011).
김성도, 「화계사 가람의 특성과 역사성」, 『학술논문집: 삼각산 화계사의 역사와 문화』(화계사, 2013).
김동욱, 「19세기 건축의 생산적 배경과 화계사」, 『화계사실측조사보고서』(서울특별시, 1988).
황윤아, 「화계사 명부전의 왕실 발원 불사 연구」(서울대학교 석사학위논문, 2010).

▲3부 5장

鄭寅普, 「石顚上人小傳」.
映湖, 「稀朝自述 九章」, 『石顚詩鈔』.
金映遂, 「故太古禪宗敎正映湖和尙行蹟」, 『石顚文鈔』.
成樂薰, 「石顚堂映湖大宗師碑文」, 智冠 編, 『韓國高僧總集』(가산문화원, 2000).
고영섭, 「東大 '全人교육' 백 년과 '佛敎연구 백 년」, 『불교학보』 제45집(동국대학교 불교문화연구원, 2006).
金昌淑(曉呑), 「석전 박한영의 『戒學約詮』과 歷史的 性格」, 『한국사연구』 제107집(한국사연구회, 1999).
고영섭, 「東大 법당 '正覺院'의 역사와 位相」, 『한국불교학』 제65집(한국불교학회, 2013).
고영섭, 『한국불교사연구』(한국학술정보, 2012).
고영섭, 「한국불교학 연구의 어제와 그 이후: 이능화·박정호·권상로·김영수 불교학의 탐색」, 『불교 근대화의 전개와 성격』(조계종출판부, 2006).
노권용, 「석전 박한영의 불교 사상과 개혁운동」, 『선문화연구』 제8집(한국선리연구원, 2010. 6).
이병주 외, 『石顚 박한영의 생애와 시문학』(백파사상연구소, 2012).
이종찬, 「石顚의 天籟的 詩論과 紀行詩」, 『한국문학연구』 제12집(동국대학교 한국문학연구소, 1989).
남도영, 「구한말의 명진학교」, 『역사학보』 제90집(한국역사학회, 1981).
김혜련, 「식민지 고등교육정책과 불교계 근대고등교육기관의 위상: 중앙불교전문학교를 중심으로」, 『불교학보』 제45집(동국대 불교문화연구원, 2006).
김순석, 「통감부 시기 불교계의 명진학교 설립과 운영」, 『한국독립운동사연구』 제21집(독립기념관, 2003).
김상일, 「石顚 朴漢永의 저술 성향과 근대불교학적 의의」, 『불교학보』 제46집(동국대 불교문화연구원, 2007).
김상일, 「石顚 朴漢永의 불교적 문학관」, 『불교학보』 제56집(동국대 불교문화연구원, 2010).
김상일, 「근대 불교지성과 불교잡지: 석전 박한영과 만해 한용운을 중심으로」, 『한국어문학연구』 第52집(한국어문학연구학회, 2009).
김종관, 「石顚 朴漢永先生 行略」, 『전라문화연구』 제3집(전북향토문화연구회, 1988).
김광식, 「二九五八會考」, 우송 조동걸선생 정년논총간행위원회, 『한국민족운동사연구』(나남, 1997)
김광식, 『한국근대불교의 현실인식』(민족사, 1998).
김광식, 「명진학교의 건학이념과 근대 민족불교관의 형성」, 『불교학보』 제45집(동국대 불교문화연구원, 2006).
김광식, 「중앙학림과 식민지불교의 근대성」, 『사학연구』 제71호(사학연구회, 2003).
황인규, 「승정전의 불교사적 의의」, 『한국불교학』 제65집(한국불교학회, 2013).
황인규, 「중앙불교전문학교의 개교와 학풍」, 『불교 근대화의 전개와 성격』(조계종출판부, 2006).

▲3부 6장
石智英, 「육당 최남선의 역사인식-고대사 연구를 중심으로-」, 『이대사원』 제27집(이대사학회, 1994).
고려대 아세아문제연구소 편집, 『육당최남선전집』(현암사, 1973~1975) 1~15책.
조남호, 「최남선의 불함문화론」, 『선도문화』 제11권(국제뇌교육종합대학원 국학연구원, 2011).
최학주, 『나의 할아버지 육당 최남선』(나남, 2011).
최남선, 『불함문화론』, 정재승·이주현 역주(우리역사연구재단, 2008).
최남선, 『삼국유사』(서문문화사, 1990).
표정옥, 「최남선의 『三國遺事解題』에 나타난 記憶의 문화적 욕망과 신화의 정치적 전략 연구」, 『Comparative Korean Studies』, 21권 3호(국제비교학회, 2013).
류시현, 『최남선연구』(역사비평사, 2009).
류시현, 『최남선평전』(한겨레출판사, 2011).
류시현, 「여행과 기행문을 통한 민족·민족사의 재인식: 최남선의 사례를 중심으로」, 『사총』 제64권(고려대 역사연구소, 2007).
류시현, 「한말·일제시대 최남선의 문명· 문화론」, 『동방학지』 제143호(연세대 국학연구원, 2008).
이영화, 『최남선의 역사학』(경인문화사, 2003).

이영화, 「최남선 단군론의 그 전개와 변화」, 『한국사학사학보』 제5집(한국사학사학회, 2002); 김동환, 「육당 최남선과 大倧教」, 『국학연구』 제10집(국학연구원, 2005).

박수연, 「문명과 문화의 갈림길-최남선과 김기림을 중심으로-」, 『Comparative Korean Studies』, 16권 2호(국제비교학회, 2008).

윤승준, 「육당 최남선의 '단군론' 연구」, 『인문학연구』 제37집(조선대 인문학연구소, 2009).

김광식, 「최남선의 『조선불교』와 범태평양불교청년회의」, 『새불교운동의 전개』(도피안사, 2002).

김광식, 「최남선의 '조선불교' 정체성 인식」, 『불교와 국가』(국학자료원, 2013).

▲3부 7장

경기대, 『경기대학교 65년사』(경기대출판부, 2012),

고영섭, 「동대 법당 정각원의 역사와 위상」, 『한국불교학』 제65집(한국불교학회, 2013).

고영섭, 「분황 원효 저술의 서지학적 검토」, 『한국불교사연구』 제2호(한국불교사학회 · 한국불교사연구소, 2013).

고영섭, 「의천의 통방학」, 『한국불학사: 고려시대편』(연기사, 2005).

길희성, 「한국불교사 연구의 어제와 오늘」, 『종교연구』 제1호(서강대 종교연구소, 1999).

김광식, 「최남선의 '조선불교' 정체성 인식」, 『불교연구』 제37집(한국불교연구원, 2012).

김동화, 「한국불교의 좌표」, 『김동화전집』 제11책(불교시대사, 2006).

김영태, 「조명기」, 『한국민족문화대백과사전』 제20책(한국정신문화연구원, 1989).

김영태, 『한국불교사』(경서원, 1997).

大屋德城, 『高麗續藏經彫造攷』(동경: 편리당, 1937).

동대칠십년사편찬위원회, 『동대칠십년사』(동대출판부, 1976).

박태원, 『원효와 의상의 통합사상』(울산대출판부, 2004).

徐居正, 『東文選』 제27권, 38항 「官誥」.

심재룡, 『동양의 혜와 선』(세계사, 1990).

안계현, 「신라불교의 교학사상」, 『한국불교사연구』(동화출판공사, 1982; 1986).

어현경, 「원효연구 불 지핀 한국불교사학 개척자, 효성거사 조명기(1905~1988)」, 『불교신문』, 2006년 6월 12일자.

義天,「新編諸宗教藏總錄」,『한국불교전서』 제4책(동국대출판부, 1985).
이기영,「한국불교와 일본불교」,『원효사상연구1』(한국불교연구원, 1994).
조명기 편,『원효대사전집』(보련각, 1978).
조명기,「불교의 총화성과 원효의 근본사상」, 고영섭 편,『한국의 사상가 10인 원효』(예문서원, 2002; 2006).
趙明基,「雅號의 辯」,『曉城趙明基遺文稿: 韓國佛教史學論集』(민족사, 1989).
조명기,「원효종사의『십문화쟁론』연구」,『金剛杵』 제22호(조선불교동경유학생회, 1937. 1).
조명기, 『불교학대요』(한국불교문화연구원, 1982).
조명기,『고려대각국사와 천태사상』(동국문화사, 1964; 경서원, 1980).
조명기,『불교학사략』(한국불교문화연구원, 1983),
조명기,『신라불교의 이념과 역사』(신태양사, 1962; 경서원, 1982).
조명기,『조명기박사화갑기념 불교사학논총』(중앙도서출판사, 1965).
최남선,「조선불교: 東方 文化史上에 있는 그 地位」,『불교』 제74호(불교사, 1930).
최병헌,「한국불교사의 체계적 인식과 이해방법론」,『한국불교사연구입문』 상(지식산업사, 2013).
『속장경』 제71책, 4투.

▲4부 1장
休靜,『心法要抄』(『韓佛全』 제8책).
金富軾,『三國史記』 권4, 眞興王 37년(576).
一然,『三國遺事』 권3,(『韓佛全 』 제6책).
龍樹,『大智度論』 권3(『대정장』 제25책).
고영섭,「불교 조계종 고등교육기관 해인대학 연구」,『한국 현대불교의 교육기관』(조계종 교육원 불학연구소, 2008).
사지편찬위원회,『범어사본말사지』(서울: 아세아문화사, 1990).
예산문화원 편,『德山鄕土誌』(예산: 예산문화원, 1996. 11).
고영섭,『한국불학사: 신라시대편』(서울: 연기사, 2005).
고영섭,「불교 정화의 이념과 방법」,『정화운동의 재조명』(서울: 조계종출판사, 2008).
고영섭 외,『빛깔있는 책들: 수덕사』(서울: 대원사, 2000).
조계종 교육원 불학연구소,「해인사 해인총림 선원」,『선원총람』(서울: 교육원 불학연구소, 2000).

묘엄 구술·윤청광 엮음, 『회색고무신』(서울: 시공사, 2002).
유석암 설법, 『범망경』(서울: 대학출판사, 1981).
이재창 외, 『빛깔있는 책들: 해인사』(서울: 대원사, 1993).
이기영 외, 『빛깔있는 책들: 통도사』(서울: 대원사, 1991).
한국금석문종합영상정보시스템.
운허 용하, 『불교사전』(서울: 동국역경원, 1985).
김방룡, 「九山 秀蓮의 생애와 사상」, 『구산논집』 제8집(보조사상연구원, 2006).
김방룡, 「曉峰의 생애와 사상」, 『구산논집』 제1집; 『보조사사상』 제11집(보조사상연구원, 2000).
김광식, 「伽倻叢林의 설립과 운영」, 『제3회 종단사 세미나 자료집: 한국 현대불교의 교육기관』(조계종 교육원 불학연구소, 2008).
김광식, 『한국현대불교사 연구』(서울: 불교시대사, 2006).
김광식, 『한국근대불교의 현실인식』(서울: 민족사, 1998).
김광식, 「김지효의 꿈, 범어서 총림건설」, 『불교학보』 제49집(동국대 불교문화연구원, 2008).
강건기 외, 『빛깔있는 책들: 송광사』(서울: 대원사, 1994).
영축총림 통도사, 『鷲山 九河大宗師 民族運動 史料集』 상하(양산: 대한기획, 2008).

▲4부 2장

강건기 외, 『빛깔있는 책들: 송광사』(서울: 대원사, 1994).
高榮燮, 「고려불교의 현실참여」, 『한국불학사: 고려시대편』(연기사, 2005).
고영섭, 「구산 수련의 살림살이와 사고방식」, 『보조사상』 제41집(보조사상연구원, 2014. 2).
고영섭, 「조계종 五大叢林의 재검토: 역사와 문화를 중심으로」, 『보조사상』 제31집(보조사상연구원, 2009. 2).
김방룡, 「九山 秀蓮의 생애와 사상」, 『구산논집』 제8집(보조사상연구원, 2006).
김방룡, 「구산 수련의 선사상」, 『보조사상』 제38집(보조사상연구원, 2012. 8)
김방룡, 「曉峰의 생애와 사상」, 『구산논집』 제1집; 『보조사상』 제11집(보조사상연구원, 2000).
노명호 외, 『韓國古代中世古文書研究(上)』(서울대출판부, 2000; 2012).
대한불교조계종교육원 불학연구소, 『선원총람』(민족사, 1998).
대한불교조계종교육원 불학연구소, 『선원총람』(불교시대사, 2000).
大慧 宗杲, 『大慧書狀』

동아대박물관 · 송광사성보박물관, 『순천송광사 관음보살좌상 복장물』(동아대박물관, 2012).
藤谷 丙烈, 『송광사 역사사진전』(송광사성보박물관, 2009).
로버트 버스웰, 『파란눈 스님의 한국선 수행기』, 김종명(예문서원, 1999; 2000).
배진달, 「송광사 목조삼존불감(국보42호)의 도상과 편년」, 『국보 제42호 송광사 보조국사 목조삼존불감』(송광사, 2001).
불일회, 『불일회보영인본』 제1, 2, 3, 4, 5집(불일출판사, 1999).
송광사 불일회, 『불일회보』 제58호, 2529(1985)년 9월 1일.
송광사 성보박물관, 『국보 제42호 송광사 보조국사 목조삼존불감』(송광사, 2001).
송광사, 『松廣寺末寺聖寶臺狀』
송광사, 『송광사사료집성』(불교중앙박물관 자료 대여).
송광사, 『松廣寺入籍簿』
송광사, 『송광사재산대장』
송광사, 『修禪社形止記』
송광사, 『조계산송광사지』(송광사, 1965; 라인, 2001).
이법산, 『5월의 문화인물: 불일보조국사 지눌』(문화관광부, 2001).
조명제 외, 『역주 조계산송광사사고: 산림부』(2009, 혜안).
조명제 외, 『역주 조계산송광사사고: 산림부』(혜안, 2009).
조명제 외3인, 『역주 조계산송광사사고: 인물부』(혜안, 2007).
知訥, 『勸修定慧結社文』(『韓佛全』 제4책).
한국학문헌연구소편, 『한국사지총서: 조계산 松廣寺史庫』(아세아문화사, 1983)
活龍 正洙, 『보조국사 지눌스님 열반 800주기 기념 고려불교문화제전 특별전: 송광사 역사사진전②』(송광사성보박물관, 2010).

▲4부 3장
고영섭, 「고영섭 교수의 원효에세이 6」, 『불교저널』, 2009년 8월 25일자
고영섭, 「동대 '전인 교육 연구' 백년 '불교 연구' 백년」, 『불교학보』 제45집(동국대학교 불교문화연구원, 2006).
고영섭, 「부파불교의 전래와 전통 한국불교」, 『한국선학』 제24집(한국선학회, 2008).
고영섭, 「불교계의 해인-마산대학(1946~1967) 경영」, 『한국선학』 제22호(한국선학회, 2009).
고영섭, 「불교정화의 이념과 방법」, 『불교정화운동의 재조명』(서울: 조계종출판

사, 2008)
고영섭, 「해인강원-해인승가대학(1900~2009)의 역사와 문화」, 『불교학보』 제53집(동국대학교 불교문화연구원, 2010).
고영섭, 『불교적 인간: 호모 부디쿠스』(서울: 신아사, 2010).
고영섭, 『한국불학사: 고려시대편』(연기사, 2005).
김광식, 「봉암사 결사의 전개와 성격」, 『한국 현대불교사 연구』(서울: 불교시대사, 2006)
김종명, 「한국문화유산 영어 현장교육, 현안과 대안 - 불국사와 석불사를 중심으로」, 『정신문화연구』 30-2, 통권 107호(2007. 6)
김철우, 「불교교양 실태조사/해설」, 『현대불교』, 2005년 3월 9일자.
남도영, 「구한말 불교계의 교육활동」, 『전국역사학대회자료집』 제26집(전국역사학대회 준비위원회, 1983. 5)
남수연, 「살길 찾자, 교양 대학 비상」, 『법보신문』, 2004년 9월 13일자.
박부영, 「불교 교양 대학의 의미있는 변화」, 『불교신문』, 2139호, 2005년 6월 18일자.
배지선, 「문화·생태·명상 중심 불교유아교육 필요」, 『현대불교』, 2005년 8월 1일자.
신규탁, 「불교 교양 대학 개혁의 필요성」, 『법보신문』, 2004년 9월 20일자
안병희(一中), 「스리랑카 승가의 교학체계와 수행 체계 조사 연구」, 『세계 승가공동체의 교학체계와 수행 체계』(조계종 교육원, 1997)
이경순, 「일제시대 불교 유학생의 동향」, 『승가교육』 제2집(조계종 교육원 불학연구소, 1998)
이수경, 「인성교육을 위한 불교생태유아교육의 실천방안」, 『불교유아교육을 위한 원장 교사 워크샵 자료집』.
전재성 역, 『맛찌히마니카야』 Ⅰ. 164(한국빠알리어성전협회, 2002)
조계종교육원(2005), 『간화선』(조계종출판사, 2005).
『법보신문』 1004호, 2009년 6월 14일자.
『법보신문』 967호, 2008년 10월 10일자.
『법보신문』 980호, 2008년 12월 30일자.

▲4부 4장

『英祖實錄』 95권, 영조 36년 2월 癸卯조.
〈동아일보〉 1964년 2월 5일자.
〈조선일보〉, 1987년 11월 13일자.

〈동아일보〉, 1988년 1월 15일자
서울시 중구, 『숭정전, 정밀실측보고서』(2010. 11)
동대칠십년사편찬위원회, 『동대칠십년사』(서울: 동국대출판부, 1976).
경기대, 『경기대학교 65년사』(서울: 경기대출판부, 2012),
남도영, 「구한말 불교계의 교육활동」, 『전국역사학대회자료집』 16(1983. 5).
김영태, 『한국불교사』(경서원, 1997).
박성진, 「평양의 황건문이 남산으로 내려온 까닭은? - 궁궐 전각의 민간 이건과 변용」, 『궁궐의 눈물, 백년의 침묵』(효형출판사, 2009),
윤정, 「영조의 경희궁 改號와 移御의 정치사적 의미」, 『서울학연구』 36(서울학연구소, 2009. 2).
고영섭, 「東大 '전인교육' 백년과 '불교 교육' 백년」, 『한국불교사연구』(한국학술정보, 2012).
고영섭, 「불교 정화의 이념과 역사」, 『불교 정화의 재조명』(조계종출판사, 2007).
고영섭, 「呑虛 宅成의 생애와 사상」, 『한국불교학』 제63집(한국불교학회, 2012).
고영섭, 「만해와 태허」, 『만해학보』 제12호(만해학회, 2012. 8).
동국대학교 서울캠퍼스 정각원 홈페이지(http://jeonggak.dongguk.edu/).
동국대학교 경주캠퍼스 정각원 홈페이지(http://site.dongguk.ac.kr/wiz/user/jeonggak/).
고영섭, 「광해군의 불교 인식」, 『한국불교사연구소 제2차 집중세미나 자료집: 광해군시대의 재조명』(2012).
고영섭, 「광해군의 불교 인식」, 『한국불교사연구』 제2호(한국불교사연구소, 2013. 2).
황인규, 「경희궁 숭정전과 조동종 조계사·대학선원」, 『건학이념 구현 정각원 제1회 학술대회 자료집』(동국대 정각원, 2012).

영문 목차 및 영문 초록

Part I. Junction between History of Korea and History of Korean Buddhism

I. Method and Grammar for the Description of Korean Buddhism

CONTENTS

ABSTRACT

Buddhism that was originated from India was introduced to Korea via China in 372. while The royal families of Goguryeo(372), Baekje(384) and Gaya(452) accepted Buddhism actively, Silla(527) accepted it after serious conflict with traditional belief. After all, Buddhism was adopted upon Korean people's requests and transmitted in to Korean society through active, independent efforts and roles of Korean people. A Buddhist view of the dependent arising has been the duty, order and culture of Korean people and it has taught us how to live, how to develop and how to be inter-related. At the same time, it has suggested the way of philosophy and thinking. However, the history of Korean Buddhism was not described in existing general history because of historian's deep recognition over period classification method, history description grammar, historical viewpoint & subject, theme & issue, event & system, scholastic mantle & person. As a result, only the history of scholastic mantle (school) and the life of person (high priest) were described without deep, various viewpoints. However, we can describe the history of Korean Buddhism from the various viewpoints, because they contain the historian's outstanding vision about historical reality and philosophical situation.

Without synthetic request about the description of the history of Korean Buddhism, the historians haven't concern about the method and problem related to the history of Korean Buddhism. for this reason, the history of Korean Buddhism was not popularized and could not be a main thema in Korea history. It resulted in insufficient researchers and lack of the desirable history of Korean Buddhism so far. The main reason is that the motive to secure the critical mind in the short history of Korean Buddhism is not prepared. We are living in the global age of the 21st century which is a century of culture. In this century, in which the east and the west communicate and the south and the north are fused, the history is requested as a cluster of knowledge. In order to publish the history of Korean Buddhism with speciality and popularity, it is necessary to recognize the method and grammar to describe the history of Korean Buddhism, establish the viewpoint about dependent arising or middle way, secure essential theme and issue about human understanding and world recognition. in this way, we can describe the history of Korean Buddhism variously in the near future.

If the method and grammar requested in the description of the history of Korean Buddhism can be considered more deeply and historical viewpoint & subject, theme & issue, event & system, scholastic mantle(school) & person(high priest) are critically recognized, we can publish the history of Korean Buddhism with speciality and popularity in the near future. For this purpose, we need to expand the current study confined to the study on the lives and philosophies of high priests into the study on their roles in the current society. In addition, we need to expand the Buddhist into all the four groups comprising the Buddhist community in relation with the subject of the history of Korean Buddhism and the space, Korean society where the subject acted, should be also described. In order to expand the subject of the history of Korean Buddhism into all the four groups comprising the Buddhist community(사부대중), we need to search for Buddhist nun, lay man and lay woman as well as Buddhist monk, restore their existences through historical record and make an effort to describe all the four groups comprising the Buddhist community evenly.

The history of Korean Buddhism that will be published in the future should be able to analyze, review and describe the entire areas of the history of Korean Buddhism as well as historical viewpoint & subject, theme & issue, event & system, scholastic mantle & person. When those are performed, the history of Korean Buddhism can be expanded into all areas of Korean history and can be popularized. More organic cooperation system between researchers is required for this purpose. We can shorten the time to publish the history of Korean Buddhism with specialty and popularity in that way. The review and analysis of the previous works on the history of Korean Buddhism are one of the main works that should be performed to publish the new history of Korean Buddhism.

Keywords history, doctrine of karma, doctrine of dependent arising, historical viewpoint of the middle way, subject, theme, issue, event, system, scholastic mantle, person.

II. The Tradition and Uniqueness of Korean Buddhis
- Focusing on 'Hwajaenghoetong' Logic of Wonhyo -

CONTENTS

ABSTRACT

The purpose of this study is to research the tradition and uniqueness of Korean Buddhism through the Hwajaenghoetong logic of Bunhwang Wonhyo who is the representative philosopher in korea. The tradition of a country means that "the desirable thought, custom and behavior succeeded from one group or community of the past becomes the system and they are succeeded to the present." Therefore, the history and culture of Korea and furthermore, the tradition of Korean Buddhism are the history and culture where the thoughts, customs and behaviors of Korean Buddhists have been succeeded to the present. When the Buddhism was introduced to Korea for the first time, Korean people excluded and attacked it on the basis of shamanism. After the conflict between two thoughts for a long time, Korean people accepted it as their belief system. At the same time, Korean people tried to change the Buddhism to make their unique view of the world and view of value.

For these reasons in korean Buddhism, the unique growing process and result that were achieved in the geographical, cultural, political and social soil over continent, peninsula and island were harmonized. Then, what is the tradition of Korean Buddhism distinguished from Indian Buddhism, Chinese Buddhism and Japanese Buddhism? Previous studies proposed the characteristic or nature of Korean Buddhism through 'the theory of Buddhism for national protection' and 'the theory of interpenetrated Buddhism'. on the other hand, Buddhism for national protection was the mechanism of participating Buddhism or practical Buddhism that copes with the defense of religion in the age of national Buddhism. Therefore, it is hard to say that Buddhism for national protection has the tradition and uniqueness of Korea as they are. However, unlike the theory of Buddhism for national protection, the theory of interpenetrated Buddhism which is characterized by the trans-sectarian tendency has become the tradition and uniqueness of Korean Buddhism. This tradition really begun from Bunwhang Wonhyo who tried the synthesis and unification of the history of East Asian Buddhist philosophy by Hwajaenghoetong logic.

Through the process of understanding about 'various assertions' by Hwajaeng, Wonhyo proceeded with harmony (fusion) about 'collect of The sutra sentences'. First of all, he unfolded three 和(會文) processes after passing through two 'understanding(異諍) processes'. In this way, he clarified 'various assertions' of Buddhism before harmonizing 'collect of The sutra sentences經文(會釋)'. Especially, in the part to enlighten the nature of Buddha in the end, the Hwajaenghoetong logic is logically exposed. Wonhyo proceeded with the 'process of combining different sentences通(文異)' that applies to different thing and the 'process of gathering similar meanings會(義同)' that is adjusted to same thing through Hoetong. If '4 kinds of Impurity and Purity(染/淨), Two causes(二因) and Suitable Present(當/現), Two effects(二果) are not different, why one mind is called? If it is not necessary to call one mind, it may apply to various things. Because it is not different, all things are everywhere the same of One flavour(一味平等) and they are Hoetong. It is the 'process of gathering similar meanings會(義同)' that is performed on the 'process of combining different sentences通(文異)'. Here, Hoetong (the 'process of combining different sentences通(文異)' and the 'process of gathering similar meanings會(義同)' are completed through Hwajaeng ('the process of understanding解(異諍)' and the 'process of harmonizing和(會文)').

Wonhyo's Hwahoe (Hwajaenghoetong logic) is a unique thinking system which is distinguished from revolving dispute(廻諍), of Indian Nagarjuna(龍樹) and non-dispute(無諍) of Chinese Giljang(吉藏)/Huisi(慧思). Therefore, the uniqueness of Korean Buddhism is fermented through physical mixing after being influenced by the tradition established by Wonhyo and matured through chemical 'boiling' to show the characteristic and nature of Korean Buddhism. Wonhyo tried to overcome the local characteristic of doctrine and school about a certain theme and issue by Hwajaenghoetong logic. In this way, he showed the inclination of unification and the trnas-sectarian tendency. It goes beyond the restriction of doctrinal teaching and exceeds the yoke of denomination. And it is shown as the inclination of interpenetrated Buddhism that synthesizes Seon and Doctrine and unifies All Sects(諸宗) for understanding them. Therefore, trans-sectarian tendency and the inclination of interpenetrated Buddhism were materialized by Hwajaenghoetong logic of Bunhwang Wonhyo. After all, it was confirmed as the tradition and uniqueness of Korean Buddhism.

Keywords tradition, uniqueness, Hwajaeng, Hoetong, view of Harmonization, the theory of interpenetrated Buddhism, the theory of Buddhism for national protection, trans-sectarian tendency, interpenetrated Buddhism.

Part Ⅱ. **Korean Buddhism and National Community**

Ⅰ. Achievements and Tasks on the Study of Korean Ancient Buddhism

- Focusing on the Study of Buddhist History and Buddhist Philosophy from 1970s to 2010s -

CONTENTS

1. Problem and plan
2. Scope of Korean ancient Buddhism
3. Considerations on the previous studies and their performances.
4. Suggestion of next research projects and plans
5. Comparison and analysis of overseas research performances
6. Summary and conclusion

ABSTRACT

This paper analyze and review the previous studies on Korean ancient Buddhism and its tasks. The study on the Buddhism in the period of four countries-Unified Silla and Daebalhae, which belongs to the introduction of Korean Buddhism, is the first research process adopting Indian Buddhism and Chinese Buddhism through its introduction, acceptance and official approval. Buddhism in this period was a process to establish 'pride of korean study' and 'self-esteem of korean buddhism' and to assimilate Indian Buddhism and Chinese Buddhism into Korean Soil to find ourselves. It was the process to establish 'pride of Korean study' and 'self-esteem of Korean Buddhism'.

Here, the researcher classifies ancient Korean Buddhism by country and age and analyzes each subject and character by the history of Buddhist Philosophy such as Thoughts of Prajñā-Madhyamika-Samron, Yogācāra-Vijñāptimatrata-Beopsang, Esoteric Buddhism, Dasabhumika-Mahāyāna samparigraha śāstra-Sraddhotpāda śāstra, Lotus-Tiantai-Teaching and meditation, Huayan-One Vehicle-Beopseong, Pure Land-Yeombul-Yeombulseon and Methods of Dhyāna -Vipaśyanā-practice of meditation. The achievement beginning from Seungrang, Uiyeon and Bodeok of Goguryeo, Gyeomik, Hyeongwang and Hyegyun of

Baekje and Wongwang, Anham and Jajang of Silla and being connected to Woncheuk, Wonhyo, Uisang, Gyeongheung, Uijeok and Taehyeon of United Silla was wide and deep enough to be fairly compared to other philosophers of East Asia. Besides them, Wonpyo, Hyecho, Musang, Jijang and Hyegak were the citizens of the world. Korean Buddhist scholars concentrated on practice rather than theory while accepting Indian Buddhism and Chinese Buddhism. Beyond 'Doctrine' of India that concentrates on practice rather than theory and 'Teaching of Sect' of China that concentrates on theory rather than practice, they fused theory and practice in the frame of Korean Buddhist studies. for this reason, the achievement of Buddhist scholars from the age of four countries to the age of Unified Silla and Daebalhae became the 'pride of Korean studies' and 'self-esteem of Korean Buddhism' in all study fields.

Although the previous studies on them was macroscopic, rough study, the future study should be microscopic, detail study. Therefore, it should find out their real aspects and expand the effort to connect them to real face of Korean people. For the last half century, the study on ancient Korean Buddhism was the effort to create the rough outline to overcome Japanese colonial view of history and establish historical view of a nation. Now, it is time to walk the history of this age on own feet and establish right philosophy on the basis of the balance between the world's universal view of history and special view of history. For this purpose, the study on the process to introduce, accept and official approve Buddhism in Goguryeo, Baekje, Gaya, Silla and Daebalhae should be deepened. In addition, it is necessary to analyze Odaesan Association and Odaesan Hwaeom Mandara belief. The study on school, philosophy and character should be diversified and subdivided beyond a certain school, philosophy and character. The study on Buddhist exchange between Korea, Japan, China and India, Buddhist Pilgrim monks and Buddhist missionary monks should be deepened and expanded.

Previous countless studies on ancient Korean Buddhism have been accumulated for the last half century. The current assignment of Korea is to search for various methodologies for a new study on the basis of introspecting evaluation of previous studies. Korean Buddhist scholars should analyze and extract the unique recognition and logic of Korean Buddhism contained in historical material and literature on the basis of excavation of basic Korean Buddhism history material and restoration of compiled literature. It is necessary to search for the study on Korean Buddhism while recognizing university & specialty, centrality & centrifugality and synthesis & uniqueness. Now as Korean studies the study on Korean Buddhism is facing a new aspect. According to the request of consilience in the age of globalization namely, the request of this age to provide fusing, complex information, it is necessary to closely communicate with related study as well as internal study related to ancient Buddhism study. The reason that this request is assigned to the person majoring this field repeatedly is that ancient Korean Buddhism contains a real aspect of Buddhist studies and became the logical base and actual foundation to communicate with internal study and related study.

Keywords Indian Buddhism, Chinese Buddhism, Korean Buddhism, ancient Korean Buddhism, study of Buddhist history Buddhist philosophy, internal study, related study.

II. The Life and Thoughts of Jeongjung Musang(淨衆 無相)

CONTENTS

ABSTRACT

In order to identify Jeongjung Musang, we need to examine his birth and deeds after joining the monkhood. In spite of some recordsindicating that he was the third son of King Seongdeok, if we carefully examine the historical materials, it is probable that he was Bugun, the third son of King Sinmun. Heumdol, Bocheon, Hyomyeong and Bugun, three sons who were thought to be offsprings of King Sinmun and his first wife, the daughter of Kim Heumdol were deleted from the history after Kim heumdol's Revolt had failed. On the other hand, Yi Hong, Heumdol and Sajong, three sons of King Sinmun and Queen Sinmok found their places in the mainstream of the history.

Fortunately, after Hyomyeong was restored to the throne by the name of King Seongdeok, under his wise reignthe court of the middle period of Silla could secure a certain level of stability and prosperity. Joining the monkhood, Musang left Silla and went to China where he gained a reputation through his devotion to fierce ascetic practice. Staying mainly in Sichuan province, he created an independent Seon tradition combining the Three Phrases of (無憶)-(無念)-(莫妄) with the three-folds of Learnings of morality(戒學), concentration(定學) and wisdom(慧學). Majo Doil, Bodang Muju and Jeongjung Shinhoe who were under his instruction later laid the foundation for early Seon Buddhism.

The genealogy of Musang divided into three including Sinhoe(神會) branch succeeding the Jeongjung Order, Muju(無住) branch initiating the

Bodang Order after diverging from the Jeongjung Order and lastly, Majo(馬祖) branch inventing the Hongju Order. In addition, confirmed is the connection between Musang's legacy and 念佛禪 advocated by Beopjo(法照) succeeding Seungwon(承遠). In the early history of Seon Buddhism, we need to highlight that each branch of Seon Buddhism after Musang diverged keeping close ties with his teachings. This is because Musang served as a bridge to link the mainstreams of Seon Buddhism that continued until the separation of the Northern School and the Southern School.

To explore Musang's 無心學 thoroughly requires first a complete introduction of 無相語錄. In reality, only through some materials partially available can we attempt to reconstruct the structure of 無心學. Under these circumstances, academic focus should be placed on the connection between the Three Phrases and the three-folds of learning. Both 無憶 and 莫妄 are the concepts to be covered by 無念 and the contents and methods of 引聲念佛 serve as another pillar of 無心學. 五更轉 as well can be considered one of the methods to carry out 引聲念佛. Thus, there should be a more extensive study to restore the life and ideas of Jeongjung Musang who played a pivotal role in the early history of Seon Buddhism in the sense that it can be an important key to the understanding of the Seon history of East Asia.

Keywords without reflection, without a thought, three-folds of learning

III. 'Dharma Protection' in State Buddhism and 'State Protection' in Engaged Buddhism

CONTENTS

ABSTRACT

The purpose of this study is to search for the coexistence between country and religion or Buddhism and king. The ideal king who realized the lesson of Buddha for ruling ideology 'protected country' with the principle, 'ruling country with righteous law'. Therefore, the ideal king of the western areas of India became the king through an order and they ruled and edified country with an order. Therefore, there was a some kind of social contract between 'Buddhist order(the Buddhism) that advocates an order' and the country (king) that rules country with an order. However, the Buddhist topology has changed since Buddhism was introduced to East Asia.

The search for ideal king, construction of state-protection temple and repulse of Japanese invasion through mundurubibeop(文豆屢秘法) created the opportunity to reconsider Buddhism, which was previously recognized as the existence out of the history, as the existence in the history. Therefore, from the viewpoint of Buddhism, the state Buddhism that was led by king to rule and protect country with the lesson of the Buddha can be deterritorialized Buddhism and engaged Buddhism that was led by Buddhists can be reterritorialized Buddhism. Unlike ancient 4 countries, United Sila, Balhae and Koryeo that adopted Buddhism as a ruling ideology, the kings' tendencies to protect Buddhism were almost absent in the age of Joseon Dynasty that adopted Confucianism as a ruling ideology.

Therefore, Buddhists should secure their own sense of being through participating a patriotic movemoent. According to the request of king, the monk army was initiated. However, it could rise bearing exceeding precepts (越戒) by recognizing historical consciousness and spirit of the age. Therefore the state Buddhism was not the government-inspired Buddhism devoted to a certain government but it can be a model of 'engaged Buddhism' participating in the history actively. Unlike state Buddhism that is led by a king, engaged Buddhism that is led by Buddhists is the one to participate in the history and the age. Unlike state Buddhism in which king that has a leading position, Engaged Buddhists have a independent viewpoints in the history and participate social activites positively. It was not only for the loyalty to a king or not motivated by the command of a king. Unlike State Buddhism that was led by king, It was engaged Buddhism led by Buddist themselves for the purpose of protecting the state.

Although 'Dharma protection' was performed by kings with Buddhist Policy, 'state protection' could become a independent Dharma protection by participating in the society. It was not a passive geworf(被投) about history and reality but an active entwurft(企投). It was not the passive transcendence of today's reality but the active embracement & transcendence of it. The mind of entwurft and embracement & transcendence corresponds to engaged Buddhism that is active for and actively participates in the reality issues such as ecology, nature, environment, unification and human right. The meaning of the state Buddhism shown by monk army in the age of Joseon Dynasty should be understood as Buddhism that was led by 'engagement' originated from the activeness of subject.

Keywords Dharma protection, state protection, State Buddhism, engaged Buddhism, the royalism, exceeding precept, deterritorialization, reterritorialization, geworf, entwurft, transcendence, embracement & transcendence

Ⅳ. Gwanghaegun's view towards Buddhism

CONTENTS

ABSTRACT

The purpose of this study is to research Gwanghaegun's view towards Buddhism. He tried to rescue Joseon by searching for strenuous effort internally and Gimi externally in the rapidly changing East Asian situation in the middle end of Joseon Dynasty. In the history of Joseon Dynasty, along with Yeonsangun, Gwanghae was called 'Gun' rather than 'King' and Silrok was degraded to 'Ilgi'. After his death, his grave has been called 'Myo' rather than 'Neung'. Joseon Confucian scholars called him 'Pyeju' meaning dethroned king, 'Hongun' meaning dark, mediocre king or 'immoral person' who killed step mother and brother in many books. His king name has been described as 'Gwanghaeju' rather than Gwangjo or Gwangjong. His reign has been degraded to 'Honjo' meaning dark, immoral age. In the recent study, however, the viewpoint to consider him as wise king who performed Daedongbeop, cast currency and developed silver mind to promote social and economic policy and performed a benefit diplomacy with outstanding diplomacy sense has been enlarged.

Gwanghaegun was 'wise' king who gave a priority to the abundant lives of people by searching for strenuous effort internally and Gimi policy externally in the rapidly changing international situation including Bunjo (court division), extinction of Ming, appearance of Qhing and reorganization of Japan. Gwanghaegun renewed his recognition over Buddhism while seeing the patriotism among the Buddhist monks who sacrificed their lives for country in the first Bunjo age and the second Mugunsa activity. However,

Gwanghaegun had no choice but to have Shamanic Fortune Belief while having mother-son relationship with a court lady Kim Gae-Si and exchanging with Buddhist nun Yesun who had deep relationship with royal ladies and gave deep effect to royal Buddhism. While having a close relationship with Seongji who was considered as magic monk or mad monk by Confucian scholars, Gwanghaegun's view towards Buddhism had no choice but to have Shamanic Fortune Belief and he had limit in expanding or developing Buddhism in society.

Fortunately, while exchanging with Seon master like Buhyu Seonsu and his disciples, Byeokam Gakseong and Gohan Huieon, he could enshrine his Sari in his the family temple, Bonginsa and establish an assembly for commandment in his prince's family temple, Cheonggyesa. Gwanghaegun's view towards Buddhism was clearly different from that in the age before the reign of King Seonjo. Gwanghaegun could understand Buddhism newly through the priests who sacrificed their lives for country in Bunjo age. After he crowned, he paid attention to the thought of Buddhism as well as the thought of stiffened Confucianism. In this way, he could relax king's and Confucian scholar's negative recognition over Buddhism. We can understand Buddhism assistance in the age of Gwanghaegun as well as Buddhism in Bunjo period in this way.

Therefore, Gwanghaegun can be evaluated as a 'wise' king who gave a priority to the abundant lives of people by searching for strenuous effort internally and Gimi policy externally in the rapidly changing international situation including Bunjo (court division), extinction of Ming, appearance of Qhing and reorganization of Japan for 15 years of his reign. The reason that he adopted flexible Buddhism as well as stiffened Confucianism and he succeeded traditional culture but did not exclude the foreign culture can be understood in this context. After all, Buddhism was a driving force to give flexible thought to Gwanghaegun. It was expressed as compassion and loving-kindness towards people.

Keywords Gwanghaegun, Bunjo, Mugunsa, Gimi policy, family temple, Bonginsa, Cheonggyesa, an assembly for commandment, Buhyu Seonsu, Byeokam Gakseong, Gohan Huieon.

Part Ⅲ. Korean Buddhism and Historical Figures

Ⅰ. The History and Figures of Bukaksa(Youngwolam) in Icheon

CONTENTS

ABSTRACT

The present paper examines the history and figures of Bukaksa(Youngwolam) in Icheon, which was a representative temple of the southern Gyeonggi-do Province. In the southern Gyeonggi-do Province, Buddhist history and culture of Icheon was displayed around Bukaksan, otherwise called, Seolbongsan. Tradition says that Bukaksa, which is located in the center of Seolbongsan, was constructed by Uisang at the reign of King Munmu of Silla Dynasty. In the late Unified Silla and early Goryeo Dynasty, stone Buddha stand, halo or aureole, and 3-story pagoda were constructed. In the mid-Goryeo Dynasty, Standing Rock-carved Buddha was constructed by Sanak and it became the shrine of Yuga School (Yogācāra) or Beopsang (dharma-lakṣaṇa) School. In the late Goryeo Dynasty, Naong did pray to Ti-tsang (Kṣitigarbha) in front of Standing Rock-carved Buddha for his sick mother, so that she cured from an illness. In the mid-Joseon Dynasty it was a stronghold for Beopwa and Cheon Tae belief which aims for Gyogwangyeomsu(敎觀兼修) by collecting commentaries on the 『Lotus Sūtra (Saddharmapuṇḍarīka-sūtra)』. As the temple declined by experiencing Japanese and Manchu invasions in the mid Joseon Dynasty, it was reconstructed by Youngwol Nanggyu in the reign of King Youngjo. Since then, Bukaksa was the temple of Pure Land (sukhāvatī) belief covering Esoteric Buddhism and ceremonies. Since Korean Empire, it has been known as a center for Mi-reuk (Maitreya) and Ti-tsang (Kṣitigarbha) beliefs. In a poem written by Hong Han-Ju, a civil servant in the late Joseon Dynasty, Bukaksa was named as Youngwolam, from which we come to know that it was called Youngwolam at that time. While it is named as 'Bukaksa' in the 『Icheonbueupji』(1871), it has another name 'Youngwolam' in the 「Gyeonggijawodoicheonbuilgyengjido」 (1872), which is a map in the 『Icheoneupji』. In a geographical book published by the government, it is mentioned as 'Bukaksa' before the Japanese and Manchu invasions, and it was reconstructed by Youngwol Nanggyu by that name. However, in a geographical book published privately it has been commonly called 'Youngwolam' recognizing the achievement of Youngwol who reconstructed the temple.

In this way, we come to know that since the mid 19th century after Youngwol Nanggyu's passing away, the temple has been called 'Youngwolam'. Since the temple was destructed in 1899 and reconstructed in 1911 by Boeun, it has been officially called 'Youngwolam'. Also we come to know that Youngwolam has been a branch temple of the temples, Bongeunsa and Yongjusa. The former is the main temple in the capital, the center of relationship between Buddhism and Confucianism, main axes of local history and culture. And the latter is the main temple in the Gyeonggi-do Province. Since then, its heritage has been maintained by Seo Chang-Su, Lee Chun-Eung, Yu Shin-Am, Park Chun-Geun and Jo Eon-Woo. Since chief priest Kim Myung-Chil who planned to reconstruct declined temple, its heritage has been preserved by Kim Hae-Ong, Gyeun, Seongryeon, Toegyeong Sangro, Kim Duk-Hyun, Song Jung-Hae, Beopjung and Bomun.

Therefore, it is the most essential to use Youngwolam in Icheon and the space of traditional culture. This should be led by Buddhism, the icon of traditional culture and the centripetal modern culture. First of all, it is necessary for Youngwolam which is active temple in terms of religion and culture to secure the devices to lead centrifugal culture of Icheon by centripetal Buddhist culture by restoring its original name and improving its quality. Thus it is necessary to search for the traditional person in the background of Buddhism and Confucianism and to select the person as a role model. At the same time, the effort to search for pottery masters and painters to nominate modern person should be made. Moreover, it is necessary to attempt to interpretate traditional culture in modern perspectives through temple stay and monastic cuisine and to search for the channel between practical use and art by connecting the symbolic brand, pottery of Icheon to modern culture.

Keywords Bukaksa, Youngwolam, Pungyoungru, Standing Rock-carved Buddha, Uisang, Sanak, Naong, Nanggyu, Boeun, Cheongil, Doegyung, Gyeun.

II. The Buddhist Historical Meaning of Monk Army in the Late Joseon Dynasty

CONTENTS

ABSTRACT

The purpose of this study is to research the Buddhist historical meaning of monk army, which became the sense of being to society and played the social role in the late Joseon Dynasty. In the late Joseon Dynasty, the monk army system was the main mechanism to show the social role of Buddhism and socioeconomic situation of Buddhism. Around Japanese and Chinese invasions, in the situation that the army was controlled by system of the director in command of monk army(僧軍總攝制), compulsory labor of monks(僧役) was only the way for Buddhist society to show its sense of being internally and externally. Since the mid Joseon Dynasty when Seon school and Doctrine school were revolved, although Buddhism has lost the subjective pivot, the order, it has maintained centrifugal force through system of the director in command of monk army. By driving the centrifugal force, the Buddhist society could recover its center through 'monk army raised in the cause of justice' that participated in Imjin Japanese Invasion and Byeongja Chinese Invasion.

In the early 17th century, as the monk army system was settled permonetly, the Buddhist society could be objectified and otherized under the ruling ideology of Confucianism. In the mid age, as the monk army system was enlarged, the pivot consisting of the center of the director in command of eight province(八道都摠攝) became a drive to establish 'assertion on the patriarchate of Imjae-Taego'(臨濟太古法統說) and 'system of study on the three gates'(三門修業體系). With this motive, the Buddhist society formed the self-consciousness for monks and established the recognition frame by establishing epitaphs of the eminent monks(高僧碑) and publishing their anthologies(僧侶文集). Moreover, as the social position and status of monk were changed, the social role of monk as a public man was actively requested.

The Confucianist could remove the existing negative views towards Buddhism and monks on account of the existence of monk army and role of monk army system. The monk army system improved the social position of Buddhism and monk by raising the status of Buddhism and monk. In addition, it has enlarged the Buddhist sense of being to society to become the driving force for the Buddhist existence since the late Joseon Dynasty. Monk army and monk army system could establish the motive to enable Buddhist and Confucianist to recognize each other in a new way. The Buddhist society could also discard the existing defensive, passive viewpoint to see the Joseon society with offensive, active viewpoint.

Of course, the monk army system that was established under the ruling ideology of Confucianism had many problems internally. In addition, there is a criticism on account of the fact that it enlarged the temple's burden for compulsory labor of monks. However, there is also a positive viewpoint that it secured the Buddhist sense of being to society under the ruling ideology of Confucianism. It should be admitted that the monk army system became the main mechanism to express the monk's social role and historical sense of being through the reconsideration on the defense of country as engaged Buddhism. The effect of monk army system and its Buddhist historical meaning can be found in positive and negative perspetives.

Keywords Seon school and Doctine school, monk army, defense of country, system of the director in command of monk army, assertion on the patriarchate of Imjae-Taego, system of study on the three gates, compulsory labor of monks.

III. Construction of Tombstone and Publication of Anthologies in memory of eminent monks in the Late Joseon Dynasty

CONTENTS

ABSTRACT

This thesis examines how Buddhism and Confucianism communicated each other by studying construction of tombstone epitaph and publication of anthologies in memory of eminent monks.

National buddhism in Goryeo still remains in the early Joseon dynasty.

Buddhism in the late Joseon dynasty is more dynamic than that of the early Joseon Dynasty on account of it's spontaneous sprit. Buddhists made an effort to construct tombstone and publish activities to argue legitimacy of Seon of buddhism in cooperation with Confucianists after Japanese and Manchu invations invasions. Buddhists tried to establish their own identity by requesting eminent Confucianists to write tombstone for the construction in memory of eminent monks in 17th century.

Buddhists established Seon linage and praised monks who fought against enemy to protect Korea during the Japanese and Manchu invations. Buddhists enhanced their own position by constructing epitaphs in memory of eminent monks written by Confucianists. Epitaphs in memory of eminent monks served as means to participate in the order of power in the mundane world. It also served as means to enhance legitimacy of buddhist group in Joseon. Confucianists who noticed the intention of buddhist group refused to write epitaph in memory of eminent monks at first.

However, as buddhists continued to request then to write they were obliged to do so. With their support Buddhists also participated in writing epitaph gradually. Buddhist community recovered power by establishing their own identity and securing their own recognition framework during the process. Confucianists who wrote tombstone in memory of eminent monks communicated with Buddhist community.

The Confucianists were chimryudae-centered scholars who lived in and around Seoul. They with a skeptical view of confucianism showed an interest in various thoughts and pursued improvement of society to solve the problems which the society was faced. They had an interest in unorthodox thoughts and recognized diverse thoughts instead of showing rigorous attitude toward heretical thoughts. They focused on publishing anthologies by establishing tradition and making genealogy based on Dotong theory. In keeping pace with the Confucianists, Buddhist community requested Confucianists to write epitaph and pursued the construction of tombstone and published anthologies of eminent monks.

Financial means that each temple had after Japanese and Manchu invasions supported publication of anthologies in memory of eminent monks. Disciples of Cheongheo tried to establish dharma linage by writing tombstone in memory of Cheongheo with the help of authorities of Confucianists. Meanwhilw the course theory of dharma linage Yongming-Moku-Naong was presented and its counter theory by Linzai-Taego was raised.

Dharma linage originated from Linzai was established and identity of dharma was set up with the help of distinguished war services by disciples of Cheongheo during the Japanese invasion and disciples of Buhyu during the Manchu invasion.

Descendants of 4th family of Cheongheo and disciples of 7th family of Buhyu published anthologies in memory of eminent monks and led Seon school. Confucian intellectuals expanded imagination of buddhism and depth of humanities by carrying out exchange with Buddhist intellectuals through poem, writing and tea and Buddhist intellectuals expanded understanding of reality by carrying out exchange with Confucian intellectuals.

Such exchange between Buddhism and Confucianism contributed to clarifying their identity and establishing their outlooks more clearly. Publication of anthologies and writing of tombstone in memory of eminent monks increased mutual understanding between Confucianists and Buddhists. Such activities helped Buddhism to be one of the main thoughts in the late Joseon Dynasty together with confucianism.

Keywords national Buddhism, native Buddhism, scholars in Chimryudae, theory of dotong, theory of dharma linage by Naong, theory of dharma linage by Taego.

IV. History and Figure of Samgaksan Hwagyesa
- Royal Families of Joseon Dynasty and Deawongun Family's view towards Buddhism and Gobong and Sungsan -

CONTENTS

ABSTRACT

The purpose of this study is to research the history and figure of Samgaksan Hwagyesa, which is the summation place of Gyeongsan temple culture and the stronghold of Jingyeong culture. The temple is known for 3 beauties. Namely, flower, valley and temple. It has been the central temple in the mountains around the capital Hwagyesa with the history of 1 thousand year has been the main stage for the figures who our history and culture. Tanmun(900~975) who was a royal glory national priest under the rule of King Gwangjong of Goryeo resided in the temple. Since then, Bodeokam, which was a forerunner of Hwagyesa, has been the famous temple of Gyeongsan until the mid Joseon Dynasty.

As it become family temple of SeopyeongGun Lee Gong and Deokheung Daewongun Family in the mid Joseon Dynasty and Heungseon Daewongun Family in the late Joseon Dynasty, its temple grade and temple power were great. Especially, Heungseon Daewongun, his grandson Yeongseon Gun, Grand Queen Jo, Queen dowager Hong, Gyeongbin Kim, Court Lady Eom(Sunheonhwang Gwibi, Queen Eom), Court Lady Kim, Court Lady Hwang(Musimhwa), Court Lady Nam and Court Lady Lee visited and supported the temple frequently hence it was called 'Royal Temple'. In this way, Bodeokam from the early Goryeo to the mid Joseon Dynasty and Hwagyesa from the mid-late Joseon Dynasty to Daehan Empire with the 1,000 years history has been 'the temple located in the center of history' in the close relationship with royal family.

Since the late Joseon Dynasty, Heagyesa became the stronghold of Jingyeong culture of the late Joseon Dynastry as Jeong Hak-Gyo, Park Chun-Gang, Oh Se-Chang and Lee Nam-Sik left framed picture and Juryeon(a verse couplet carved or written on a plank which is put on a pillar) from the beginning of Heungseon Daewongun Lee Ha-Heung(1820~1898) and Shin Gwan-Ho, who were best pupils of Chusa Calligraphy School. In the end of Joseon and the beginning of Daehan, it was the place where the outsiders including Heungseon Daewongun and Yeongseon Gun who are opposed to the royal family of Gojong were gathered. It was a main stage for the enlightened priests and philosophers. At that time, Hwagyesa was a truth plot of to repeat the name of a Buddha. In early Daehan Empire, Wolcho Geoyeon who was a chief priest of Hwagyesa(1858~1934) and Bodam who was a chief priest of Bongwonsa founded Buddhist Study Institution for the purpose to study and educate modern science and opened the modern education institution, Myeongjin School, which was a forerunner of Dongguk University(1906). After the mid Daehan Empire, Gobong Gyeonguk(1890~1961) who founded the status of Seon mediation temple, Deoksan Jonghyeon(1895~1986) and Sungsan Haengwon(1927~2004) resided there to confirm the position of representative temple of Hanyang(Seoul).

After that, Hwagyesa founded Baeksangwon, which is a training center for bhiksus at Dongguk Buddhist College and supported the training and study of orderal expenditure student(宗費生) who will lead the future of Korean Buddhism. Recently, it has been the bridgehead of overseas propagation of Sungsan Haengwon who inherited the lineage connected to Gyeongheo-Mangong-Gobong. Especially, as 7 disciples of the Dharma propagation(傳法弟子) such as Hyeongang, Beopgyeong, Subong, Daegwang, Daebong, Seong- hyang and Ubong, Dharma supervisor(指導法師) and a disciple to receive the entire commandments(授戒上佐) acted in Korea and overseas countries through Samgaksan International Buddhist Temple and Gyeryongsan Musangsa (international Buddhist temple), Hwagyesa has confirmed the status of the temple forming the central part of figure. It is expected that Hwagyesa succeeds the family tradition of Sungsan Haengwon who founded Kwan Um School of Seon and that confirm the status of the temple with the history of Korea, Asia and the world.

Keywords Tanmun, Bodeokam, Hwagyesa, family temple, SeopyeongGun, Deokheung Daewongun, Baeksangwon, Gobong Gyeonguk, Chusa Calligraphy School, Heungseon Daewongun,Yeongseon Gun, Hongwolcho, Sungsan Haengwon, Kwan Um School of Seon.

V. Yeongho Jungho and Central Buddhist College
– 'Williams College' or 'Amherst College' of Korea –

CONTENTS

ABSTRACT

The purpose of this study is to research the life and thought of Yeongho Jung Ho who proposed the mental, philosophical and cultural coordinates of Dongguk University(1906~2014) in its entire history. Central Buddhist College(1930~1940) that was the previous organization of Dongguk University was the head of Korean liberal arts. Since 1930s Central Buddhist College has been known as the top 3 private schools along with Yeonhui College of Christianity and Bosung College of Cheondogyo. Hyehwa College that connected the Central Buddhist College was linked to Dongguk College - Dongguk University. The academic tradition (the specialized education about Buddhist Studies and East Literature) that was performed by Yeongho Jung Ho, who was the 4th dean of Central Buddhist College, was equal to that of Williams College(1793~) and Amherst College(1812~) that are small colleges located in Massachusetts State of USA and whose academic tradition is better than or equal to Havard, Yale or Priceton University, which have been evaluated as the world best universities in recent university evaluation.

The educational purpose of Central Buddhist College that was confirmed as the specialized education about Buddhist Studies and East Literature has been still effective for the orientation of Korean liberal arts colleges beyond the symbol of History of Korean Buddhist Education. The prospect for fusion and complex, which is the sprit of the time of study, closely conformed to the academic tradition of Yeongho who was familiar Buddhism, Taoism and

Confusianism, The three learnings of training(Seon), doctrine(Dhama) & discipline(Vinaya), The three studies of Literature, History and Philosophy. His liberal arts intelligence has been the steppingstone and monumental work of Dongguk University for about half a century from the lecturer of Myungjin School to the Head of College of Buddhist Education-Buddhist High School, Dean of Jungang School, Dean of Central Buddhist College and Honorary Professor of Hyehwa College. Yeongho's liberal arts intelligence became the foundation of academic tradition of Dongguk University.

When Jungang School that was the only Buddhist university was closed, he opened the Buddhist Lecture Hall in Daewonam & Gaeunsa that conformed to the Buddhist academy maintained in Chongmuwon in the transit period and trained Seon masters and learned priests through Sami -Sazip-Sagyo-Daegyo-Suui Department. He discussed the participation of Buddhism in the reality deeply through the discussion meeting in Daewonam. Yeongho emphasized the importance of translation and writing through many books. At the same time, he wrote many leading articles for Buddhism reformation by editing and publishing magazine. Furthermore, as the famous poet and liberal art intelligent, he left many poems and proses. The students of Jungang School, Central Buddhist College, Hyehwa College and Dongguk University who were deeply affected by the versatile abilities of Yeongho succeeded his Buddhist Studies and Literature Philosophy. Buddhist Education Studies was succeeded by Gwon Sang-Ro, Kim Beop-Rin, Baek Seong-Uk, Lee Seok-Ho (Sangsun), Jung Du-Seok, Kim Dong-Hwa, Hwang Seong-Gi, Jang Won-Gyu, Kim Ing-Seok, Hong Jung-Sik, Lee Jong-Ik, Lee Gi-Young, Won Ui-Beom, Jung Tae-Hyuk, Ko Ik-Jin, Kim In-Duk, Mok Jung-Bae, Oh Hyung-Geun. Buddhist Historical Studies were succeeded by Jo Myung-Gi, Uh Jung-Sang, Kim Young-Tae, Lee Jae-Chang, etc.

Language and Literature Studies were succeeded by Jung Ji-Yong, Kim Gi-Rim, Song Yo-In, Lee Chang-Bae, Baek Chul, Yang Ju-Dong, Jo Yun-Hyun, Lee Byeong-Ju, Lee Dong-Rim, Kim Seug-Bae, Kim Gi-Dong, Lee Sang-Bo, Jang Han-Gi, Choi Se-Hwa, Lim Gi-Jung and Hong Gi-Sam, etc. As poet and writer, there were Han Yong-Un, Jo Jong-Hyun, Shin Suk-Jung, Kim

Dal-Jin, Seo Jung-Ju, Jo Ji-Hun, Lee Hyung-Gi, Shin Gyung-Rim, Lee Beom-Seon, Lee Geun-Sam, Hwang Seok-Young, Jo Jung-Rae, etc. Historical Studies was succeeded by Hwang Ui-Don, Nam Do-Young, Lee Jae-Ho, Lee Young-Mu, Ahn Gye-Hyun, Lee Yong-Bum, Song Jun-Ho, Jo Jwa-Ho, Chun Hye-Bong, etc. Philosophy was succeeded by Jung Jong, Kim Yong-Jung, Park Sung-Bae, in the general eastern and western philosophy. The reason that the intelligence of liberal arts and traditional intelligent have been produced was the academic tradition of Buddhist High School- Jungang School-Buddhist Academy(Chongmuwon)-Buddhist Learning School- Central Buddhist College-Hyehwa College that were founded, nurtured and led by Yeongho. As a result, the tradition of Buddhist Studies was led to the 'academic tradition of liberal art intelligence' and the tradition of literature intelligence was led to the 'constellation of literature' in the college of liberal arts and the college of arts, contributing to the development of Korean liberal arts.

Keywords Yeongho (Jung Ho), liberal arts intelligence, Daewonam Buddhist Lecture Hall, Buddhist Learning School, Buddhist High School, Jungang School, Buddhist Academy, Central Buddhist College, constellation of literature. Myungjin School, College of Buddhist Education.

VI. A Study on Yukdang Choi Nam-Sun's view towards the 『Samgukyusa』 and his 『Samgukyusa Interpretation』

CONTENTS

ABSTRACT

The purpose of this study is to review Yukdang Choi Nam-Sun's recognition over the 『Samgukyusa』 and the 「Samgukyusa Interpretation」. He experienced the classic and western culture from the childhood. He had the knowledge and recognition about Dangun prior to the study in Japan. After returning from Japan, he rediscovered the 『Samgukyusa』 and restored Dangun and history. The national consciousness and cultural consciousness of Choi Nam-Sun was led to the description of 「Dangun Theory」 and the long 「Interpretation」 about the 『Samgukyusa』. The 「Interpretation」 of Choi Nam-Sun was a main editorial to support his 「Dangun Theory」 and 『Buddhist Culture Theory』, After that, it became the 'standard' and 'tradition' of 'interpretation' of the 『Samgukyusa』. He tried to enlarge the baundary of Bulham Culture by restoring Dangun and history through the rediscovery of the 『Samgukyusa』.

Choi Nam-Sun's selection of Dangun as the center of Korean history was very meaningful. On the contrary, his intention to enlarge Dangun as the center of the baundary of Bulham Culture was the basis to blur the focus on Dangun. Among many classics, he especially focused on the 『Samgukyusa』. It was due to the national consciousness and cultural consciousness, the record about Dangun and the origin of mythology contained in the text. He reconsidered the national consciousness and cultural consciousness as the confronting consciousness and used the record about Dangun and the mythology of each country as the political strategy to fight against Japan. Choi Nam-Sun's general description about the ancient history was the strategy against the cultural policy of Japan and the one to improve the national consciousness. However, he was shaken by the strategy and tactic. After all, as the conflict composition between modernism and national consciousness is biased to the antagonistic composition of imperialism, he became the pro-Japan collaborator and adhered to the position to justify the pro-Japan activity.

Choi Nam-Sun's aspiration for history recovery and cultural people was expressed through the 『Samgukyusa』 and it was enlarged through various arguments of 「Dangun Theory」 and 『Bulham Cultural Theory』. He tried to enlighten the cultural people through confronting consciousness and tried to go beyond the mythology through historical consciousness. The national consciousness of Choi Nam-Sun could be founded because of the discovery of the 『Samgukyusa』, Dangun and Gaya. Because of the discovery, the long 「Interpretation」 about his the 『Samgukyusa』 became the standard for 「Interpretation」 about the 『Samgukyusa』. After that, the translator of the 『Samgukyusa』 should pay attention to Yukdang's 「Interpretation」 about the 『Samgukyusa』. Translator had the obsession thought to write long or better 「Interpretation」 than Yukdang's one and the attitude to assign it to Yukdang by citing the authority of 「Interpretation」. After all, the translator should prepare 「Interpretation」 in the way that he shows the whole story of the 『Samgukyusa』 at a glance. It was connected to the mutual effects among 'interpretations'.

In the 『Samgukyusa』, Choi Nam-Sun said, "Only the book is responsible for the area before Joseon Dynasty and shows the origin and old form of Joseon's life and culture." As he said, the 『Samgukyusa』 was the treasure warehouse containing the gene of Korean people. Here, the factor of people's homogeneity ranging from linguistic character to history, culture, philosophy, art and science is contained. Like that, Choi Nam-Sun recognized the 『Samgukyusa』 as the milestone and guide to go to the recovery of people and history as well as the origin of national community and historical community. He arranged the key and characteristics of the 『Samgukyusa』 in his 「Interpretation」 well to establish the identity of Korean people and secure the recognition frame.

Keywords Dangun Theory, Bulham Cultural Theory, Samgukyusa, Samgukyusa Interpretation, the national consciousness, the cultural consciousness, the confronting consciousness.

VII. A Study on the History of Hyoseong Jo Myeong-Gi's Buddhist hilosophy

CONTENTS

ABSTRACT

The representative human science scholar and Buddhist scholar, Hyoseong Jo Myeong-Gi(1905~1988) devoted his entire life to the development of Humanities and Buddhist studies in korea. He spent his whole life to discover the book of Wonhyo, edit & publish the 『Wonhyo Collection』, photoprint & publish the 『Goryeodaejanggyeong』 and plan & compile the 『Korean Daejanggyeong』. He devoted his entire life to the discovery and collection of bobliography class(書誌類) and epigraphy sentence(金石文), which are primary sources for Buddhist studies. Hyoseong published in-depth thesis about Silla Buddhism and Goryeo Buddhism to prepare the foundation of the field study. In this way, he firmed the foundation of Wonhyo Science Study and enlarged the base of Uicheon Science. Furthermore, Hyoseong enlarged the horizon of the study on Buddhist philosophy history and Buddhist culture history to play the pivotal role for establishing history of Korean Buddhist philosophy. He compiled the 『Han Yong-Un Collection』 by collecting the books of Manhae who devoted himself to the reformation of Buddhism and people's independence.

Hyoseong interlocked control harmony theory the middle way control harmony theory the middle of Buddhism with harmony(和) and controversy(諍) and grasped it as 'total harmony theory'(總和論) or 'control harmony thoweory'(統和思想) and matched it with Wonhyo's harmony controversy. He researched Korean Buddhist philosophy history through 'total harmony theory' and 'harmony controversy theory" which are Buddha's the middle way embrace Buddhism(中道法門) and grasped Korean Buddhism as 'integration Buddhism(通佛教) transcending Mahāyāna and Hīnayāna doctrine'. Hyoseong deepened and expanded 'concluding Buddhism theory of Yukdang' and developed it into integration Buddhism theory. His integration Buddhism theory became the main discussion in the process to clarify the characteristic of Korean Buddhism in the future and it was succeeded to Kim Dong-Hwa, Lee Ki-Young, Ahn Gye-Hyun, Kim Young-Tae, etc. Hyoseong's total harmony theory or harmony controversy theory is a dynamic and on-going concept. He reinterpreted Wonhyo's harmony controversy theory as total harmony theory or integration harmony thought(統和思想) and regulated it as the characteristic of Korean Buddhism or Korean Buddhist thought. Therefore, Hyoseong considered history of Korean Buddhist philosophy from the viewpoint of total harmony theory or harmony controversy theory.

Shortly after liberation, Hyoseong participated in Buddhism Reformation Movement along with Priest Gyeongbong, Yongdam and Seokju and Layman Lee Jong-Ik and Jang Sang-Gon. While passing through Japanese colonial era, he led the reformation of Korean Buddhism that was changed into Japanese style. In addition, he triggered the movement of Namsan school building of Dongguk University. After that, he became the principal of Dongguk University and devoted himself to the development of Buddhism by beginning Dongguk Thought Research Institution, opening Buddhist Culture Research Institute and founding the Korean Association for Buddhist Studies. In addition, Hyoseong founded Joyang Teacher's School, which was a former body of Kyonggi University, participated in administration and management and showed his ability in study, education, administration and business administration.

In his later life, he opened Korean Association for Buddhist Studies to devote himself to writing. He made his best to compile the 『Dictionary of Korean Buddhist history』 and the 『Dictionary of Buddhist Science』. Hyoseong was a principal of Daewon Buddhist College, which was the first Buddhist college founded by Layman Jang Gyeong-Ho and played the partial role in the education of lay disciples. In this way, he paid attention to Buddhism Popularization Movement. Besides the effort for Buddhism popularization, he wrote and published 『Bulgyohakdaeyo』and 『Bulgyohaksaryak』 and he made constant effort for the development of Buddhist studies in korea.

Keywords Wonhyo's anthologies, Goryeodaejanggyeong, total harmony theory, Integration Buddhism theory, Korean Daejanggyeong, harmony controversy theory, Korean Association for Buddhist Studies.

Part IV. Korean Buddhism and the Spirit of the age

I A Study on the Five Comprehensive Temples, General Ascetic Centers of Jogye School

CONTENTS

1. Problem and plan
2. Formation and structure of Buddhist comprehensive temples
3. History and tradition of the five comprehensive temples
4. Tradition and culture of the five comprehensive temples
5. Function and role of general training center

ABSTRACT

The purpose of this study is to research histories, traditions, customs, cultures, roles and functions of five comprehensive temples, which are general ascetic centers of Jogye School. The five comprehensive temples such as Tongdosa(Yeongchuk), Haeinsa(Haein), Songgwangsa(Jogye), Sudeoksa(Deoksung) and Baekyangsa(Gobul) have played various roles around Buddhist world in spite of difficult conditions. 3 mottos of Jogye School are 'sutra translation', 'propagation' and 'disciple nurturing'. Sutra translation is the work to maintain and specialize the ground of Buddhism and propagation is the work to translate sutra and teach Buddha through trained disciple. Disciple training is the work to train specialized manpower, who will be in charge of sutra translation and propagation and who will lead population of Buddhism and deploy the right man in the right place.

When considering three mottos, the functions and roles of current five comprehensive temples of Jogye School do not go beyond role and function of a doctrinal school's headquarter. The reason is that comprehensive temples' roles of 'comprehensive characteristics' such as meditation hall, monk' school and vinaya schools' roles of 'organic characteristics' are not properly performed. In order to improve the problem, there shall be a mutually independent role and mutually reinforcing function between doctrinal schools' headquarters. It is because it is hard to expect the future of Buddhism without training disciples. In this sense, the construction of comprehensive temple shows the deep will of Jogye School to bear 'whole human image' that the representative of the Buddha.

The most important role of Buddhism in this age is to secure an firm attitude not shaken by phenomenon or object that people encounter. Comprehensive temple is an training center to cultivate our bodies and minds. At the same time, It is an outstanding place to produce monastics and to provide modern people who are tired of material civilization with mental peace. In this way, the mental civilization of 'slow movement' which comprehensive temple introduces to modern people who are tired of rapid material civilization, can be a good healing medicine.

The shortcut to maximize function and role of comprehensive temple is to suggest whole human image of Buddhism and secure the system for producing this kind of human. This has been a way to produce self-seeking and altruistic human image Since Buddhism emerged in India Therefore, comprehensive temple shall recover its systematic function to provide modern people who are tired with mental peace. At the same time, the most urgent thing that comprehensive temple has to perform in this age is to provide people with mental oxygen that can purify mind. It is because 'Buddha' showed us the wisdom to make mind peaceful as a 'new pattern of life'.

Keywords five comprehensive temples, sutra translation, propagation, disciple training, comprehensive characteristic, self-seeking human image, altruistic human image, Whole human image.

II. A Study on the Training and Culture of Jogye Vindyavana Hall Songgwangsa
– Focusing on the training tradition and cultural topography -

CONTENTS

ABSTRACT

The purpose of this study is to research the training tradition and cultural topography of Jogye Vindyavana Hall Songgwangsa. Jogye Vindyavana Hall Songgwangsa is known as the stronghold of Jogye Vindyavana Hall among 8 Vinaya Hallms, and as a Seungbo temple among 3 main temples. Gilsangsa, which was the origin temple site of Songgwangsa, was the temple founded by Priest Hyerin(慧璘) in the late of Silla Dynasty. However, Gilsangsa was not recovered again after it was destroyed during Post Baekje War. Although its reconstruction was proposed by Priest Seokjo(釋照) in the reign of King Injo(仁祖) of Goryeo Dynasty, it was not completed because of the sudden death of the priest. After that, as Jinul(知訥), who acted in Geojosa(普濟寺), moved here, advocated the life of balance practice of Meditation and Wisdom(定慧均習) and created the way of thinking of unitary of Seon and Kyo(禪教一元), the topology of Joseon Buddhism began changing. Songgwangsa has produced Priest Jinul, 16 national priests and royal priests such as Naong and Muhak. These national and royal priests stayed in Songgwangsa until they were appointed for their duties. Therefore, they belong to the people of Songgwangsa. Since the middle of Joseon Dynasty, apprentice of Buhyoo lineage(浮休系 門徒) stayed here, leading dharma lineage of Imje(臨濟 法統) of Songgwangsa and trying to enhance the temple tradition.

In the age of Daehan Empire, high priests stayed here. The first chief priest of Gaya Vindyavana Hall, Hyobong Haknul(premier of Songgwangsa: 1937~1946), the 1st and 2nd chief priest of Jogye Vindyavana Hall, Gusan Suryeon, the 3rd and 4th chief priest Hoegwang Ilgak and the 5th chief priest Beomil Boseong stayed here, enhancing the tradition of Vinaya Hall and temple. Jogye Vindyavana Hall has a significant force in the sense that it has displayed 'universal human thought' through the training and thought of the great disciplinant(Bojo Jinul). It is because Jinul was the philosopher representing Korea with Bunhwang Wonhyo who was the representative philosopher of Silla. In addition, his historical consciousness and the spirit of the times are still valid today. We can check the social foundation and communication base of Jogye Vindyavana Hall Songgwangsa in this point. Songgwangsa uses "Sudden Enlightenment and Gradual Cultivation(頓悟漸修), Balance Cutivation of Meditation and Wisdom(定慧雙修) and the great thought contained in the 『Jinsimjokseol』" as the background of philosophy and the ground of thought. Therefore, more effort to enlarge the training method of Bojo Jinul and confirm the study of scholarship is required in the global age.

Jogye Vindyavana Hall shows the tradition of the temple producing the great priest around various Buddhist memorial buildings such as Suseonsa of Bojo Jinul and Josajeon producing 16 national priests. Gusan Suryeon founded the international Seon school in Songgwangsa, invited foreigners and led the globalization of Korean Ganhwa Seon. In addition, he founded the branch of Songgwangsa in Seoul so as to run academic, publishing and scholarship foundation and gallery, suggesting the contemporary model of temple operation. He also established the stage for the conversation and communication with neighboring religion by embracing Seongbuk-dong Gilsangsa. It seems that various efforts to succeed traditional culture and create new culture were possible because of the efforts of Hyobong Haknul, his disciples, Gusan Suryeon and Bulil Beopjeong. The characteristic of tradition and culture of Jogye Vinaya Hall and the temple producing the great priest can be briefly summarized as 'the proposal of right disciplinant image. Because of this reason, the measure to maximize the practicing Seon(修禪)

culture connected from 16 national priests including Jinul to 2 royal priests such as Naong Hyegeun(懶翁惠勤) and Muhak Jacho(無學自超), Hyobong Haknul(曉峰學訥) and Gusan Suryeon(九山秀蓮). Moreover, the training culture supporting it should be constructed. The activation of temple stay and monastic cuisine that have been famous internationally can be a golden opportunity to maximize the image of Jogye Vinaya Hall.

The reason that Songgwangsa showed an excellent sense of document propagation and had an outstanding eye for the creation of cultural topography was many priests with literacy tradition such as famous Bulil Beopjeong(佛日法頂), Ilcho(一超, 高銀/泰), Seokjihyeon(釋智賢), Donyeon (頓然), Bowon(普願), Jiwon(智元), etc. Jogye Vindyavana Hall could imprint the existence of Jogye Vindyavana Hall Songgwangsa by communicating with various social specialists through the『Bulilhoebo』, expanding Moku, Buhyu, Hyobong and Gusan tradition through Bojo's Thought Research Center and enlarging the horizon of study og scholarship. However, It is an undeniable fact that sonnwangsa's existence is weak comparatively after Gusan Suryeon, Hoegwang Seungchan and Bulil Beopjeong passed away. The existence and public awareness of follow-up persons have not gone beyond the fence of Jogye Vindyavana Hall Songgwangsa. In order to overcome this problem, the effort to search for new competent persons in and out of Jogye Vindyavana Hall and recover the ground of social communication is required.

Keywords Jogye Vindyavana Hall, 3 main temples, Gusan tradition. Seungbo temple, Gilsangsa, Jeonghyesa, Suseonsa, Songgwangsa, Moku tradition, Buhyu tradition, Hyobong tradition,

III. Security of Education Community and Expansion of Training Community in Modern Korean Buddhism
- Flow and Assignment of 'Education(解) and Training(行) Buddhism' -

CONTENTS

ABSTRACT

The paper surveys the flow and assignment of modern Korean Buddhism(1946~) from the viewpoint of the Buddhism of apprehending and following the teaching(解行佛教). It can be said that the most outstanding characteristic of modern Korean Buddhism is the consilience of education and training. Especially, 'education community' and 'training community', which were activated in 1990s via the transition period in 1980s, are integrated as the expansion of Buddhist university and Buddhist kindergarten and the enlargement of training center and temple pilgrimage. It may be another version of Uicheon's to practice together of teaching and meditation(教觀併修)' that is a balance between theory and practice and of Jinul's one source of Seon and Gyo(禪教一元)' that is the combination of practice and theory.

The activation of Buddhist university for sharing the Buddhist value and Buddhist kindergarten for searching for the coexistence through personality education resulted in following changes. First, it enabled Buddhists to reconsider their identity and secure the cognitive framework. Second, it increased the participation ratio of regular ritual by activating faith and practice activities. Third, it prepared the motive to reconsider the ideal picture of Buddhists Fourth, it provided the opportunity to realize popularization and generalization of Buddhism. On the contrary, it left many assignments. First, the education for Buddhists is confined to the doctrine, resulting in low participation in social activities. Second, special curriculum was excluded and the curriculum for the masses were deepened. Third, the registration standard required by Jogye School was so strict that its operation became difficult. Fourth, the fame of lecturer was main factor in lecture hence the quality of lecture decreased.

Furthermore, following solutions were suggested. First, to suggest the curriculum based on 'selection' and 'concentration' and to consider quality. Second, to secure stable finance and superior lecturer. Third, to establish the direction of graduate and systematic ground of missionary. Fourth, to suggest the Buddhist human image by connecting theory to training process. As these education communities are activated recently, training centers are enlarged and temple pilgrimages, which are mobile training communities, are enlarged variously. Especially, the Vipassanā training, which searches for specialization of training and citizen propagation and training popularization in down town, is position as one of outstanding characteristics of modern Korean Buddhism.

Therefore, it is necessary to make an effort to secure various age groups and loose admission for citizen propagation, which is an axis of training community. As for Vipassanā, which is another axis, it is necessary to widen its admission towards citizens and low training fee. In this way, Buddhist with the theory learned in education community and the practice acted in training community will meet happily, resulting in being reborn as a new Buddhist image. It is the way to create the Buddhist human image to solve various problems that our society and human being face in this century subjectively and actively.

Keywords the Buddhism of apprehending and following the teaching, education community, training community, Buddhist human image, to practice together of teaching and meditation, one source of Seon and Gyo,

IV. A Study on the History and Status of 'Jeonggakwon', Buddhist Sanctuary of Dongguk University

CONTENTS

ABSTRACT

The purpose of this study is to research the history and status of Jeonggakwon, Buddhist sanctuary of Dongguk University, which is the representative private school in Korea. Regardless of east and west, the world famous universities have been founded by state(royal family) or private or religious group. Usually, the religious group tries to embody the ideology of school foundation through educational institutes such as kindergarten, elementary, middle and high schools. The religious group operating the school names it 'school foundation ideology' or 'school creation spirit' by combining religious ideology and educational ideology to encourage the ideology and spirit continuously. In many cases, however, the organic combination between the academic institute searching for rationality and objectivity and the religious institute relying on subjectivity are not easy. Unlike national or public university, private school is under the absolute influence of founder, hence it has no choice but to accept the founder's religious point of view and educational ideology. Considering the world famous universities, unlike national or public universities, private universities are founded and supported by the religious groups so that they could inherit the tradition, lead the future and secure the present social status.

Dongguk University, which was founded with the assistances of 18 eminent temples in the late of Joseon Dynasty, founded Daehakseonwon, which is the place for Buddhist ceremony and training, Jeonggakwon, which is Buddhist sanctuary in school to embody school foundation ideology and school creation spirit. Especially, Jeonggakwon(Buddhist sanctuary) goes beyond the Buddhist sanctuary of university and enhances the Buddhist philosophy, which is the ground of history of Korean thought. Therefore, it has the status different from the lecture room. The history of Jeonggakwon and Dongguk University that celebrated the 106th anniversary recently have improved the social status with long history. Now, it is necessary to search for setting the coordinate and role suitable for the history and status of Jeonggakwon that has the functions of the Buddhist sanctuary of general university and the Buddhist sanctuary of religious university for the past 106 years of history and the future 100 years. It its because it is interlocked with the social request for 'production of the future talent'.

In order for Dongguk University to maximize the 'brand value' of the past that it has accumulated in Korean society, and to create the brand value of the future, not only 3 catagories such as 'school foundation ideolgy', 'humanistic sprit' and 'culture&art', but also continual operation of the project for the 'future talent' is required. The continual operation of the project which the current people succeed the honor accumulated by the past people and make efforts to enlarge is directly connected to the future of university. Therefore, the special measure to maintain the past brand value and to create the future brand value should be taken at the same time. It is because the future people propose the future vision by using the past honor as their own resource. The human image shown in school foundation ideology and educational goal of Dongguk University is the competent person with leadership who 'makes an effort to globalize Korean culture including Buddhism' and 'contribute to the ideology realization of people and human society'. Therefore, reason for the existence of Dongguk University is to produce the people proposed by school foundation ideology and educational goal.

Dongguk University and Jeonggakwon should be the central centers to reconsider the school foundation ideology and educational goal of Dongguk

University to train the competent person. For this purpose, Jeonggakwon should be positioned as the role model of the representative university Buddhist sanctuary of Buddhist Order and the Buddhist sanctuary of elementary school, middle school, high school and university. First of all, we should make the best effort to search for and assist pioneering leaders (pre-knowledge) who have the historical mind and the spirit of the age through the organic cooperation with school authority. Therefore, we should 'train the people that can represent the country' and 'produce the people that can lead the world'. That is the milestone to confirm the history of Dongguk University and Jeonggakwon and the shortcut to reconsider the status. The urgent work of Dongguk University and Jeonggakwon is to 'establish the culture trend to give priority to the past competent person' and 'continue to search for and assist the future competent person'. In order not to disregard the current competent person who has been trained for a long time or exclude the future competent person with potential, the university should provide them with great dream and wide ambition by selecting Buddhist spirit as school foundation ideology. For this purpose, school authority and Jeonggakwon should 'make efforts to improve the current competent person's spirit and self respect' and 'create the method to improve the future competent person's spirit and self respect'. It is because Jeonggakwon conforms to the foundation goal to produce pioneering leaders on the basis of school foundation ideology.

Keywords Jeonggakwon, school foundation ideology, pre-knowledge.the present competent person, the future competent person, school creation spirit, brand value,